2019年

国家统一法律职业资格考试精编教材

[卷一]

中国特色社会主义法治理论、法理学、宪法、中国法律史、国际法、司法制度和法律职业道德、刑法、刑事诉讼法、行政法与行政诉讼法

袁 江 主编

图书在版编目(CIP)数据

国家统一法律职业资格考试精编教材／袁江主编．—北京：北京大学出版社，2019.6
ISBN 978-7-301-30497-6

Ⅰ．①国… Ⅱ．①袁… Ⅲ．①法律工作者—资格考试—中国—自学参考资料 Ⅳ．①D92

中国版本图书馆 CIP 数据核字(2019)第 081134 号

书　　　名	国家统一法律职业资格考试精编教材 GUOJIA TONGYI FALÜ ZHIYE ZIGE KAOSHI JINGBIAN JIAOCAI
著作责任者	袁　江　主编
责 任 编 辑	陆建华　王欣彤
标 准 书 号	ISBN 978-7-301-30497-6
出 版 发 行	北京大学出版社
地　　　址	北京市海淀区成府路 205 号　100871
网　　　址	http://www.pup.cn　http://www.yandayuanzhao.com
电 子 信 箱	yandayuanzhao@163.com
新 浪 微 博	@北京大学出版社　@北大出版社燕大元照法律图书
电　　　话	邮购部 010-62752015　发行部 010-62750672　编辑部 010-62117788
印 刷 者	大厂回族自治县彩虹印刷有限公司
经 销 者	新华书店
	787 毫米×1092 毫米　16 开本　74 印张　1707 千字 2019 年 6 月第 1 版　2019 年 6 月第 1 次印刷
定　　　价	198.00 元（全二卷）

未经许可，不得以任何方式复制或抄袭本书之部分或全部内容。
版权所有，侵权必究
举报电话：010-62752024　电子信箱：fd@pup.pku.edu.cn
图书如有印装质量问题，请与出版部联系，电话：010-62756370

《国家统一法律职业资格考试精编教材》
主创人员

一、主编

袁江:原国家司法考试中心副主任、全国律师协会副秘书长。

二、学科负责人(按考试大纲顺序排列)

高其才(中国特色社会主义法治理论、法理学、中国法律史、司法制度和法律职业道德):清华大学法学院习惯法研究中心主任、教授、博士生导师。

焦洪昌(宪法):中国政法大学法学院院长、教授、博士生导师、中国宪法学研究会副会长。

杜新丽(国际法、国际私法、国际经济法):中国政法大学仲裁研究院院长,教授、博士生导师,中国国际私法学会副会长,中国国际经济法贸易仲裁委员会仲裁员,北京仲裁委员会仲裁员。

邬明安(刑法):中国政法大学刑事司法学院教授、硕士生导师。

卫跃宁(刑事诉讼法):中国政法大学刑事诉讼法学研究所所长、教授、博士生导师。

张锋(行政法与行政诉讼法):中国政法大学法学院教授、硕士生导师,资深律考、司考辅导专家。

隋彭生(民法):中国政法大学合同法研究中心主任、教授、硕士生导师,资深律考、司考辅导专家。

李玉香(知识产权法):中国政法大学教授、中国科学技术法学会副会长、华科知识产权司法鉴定中心执行主任、中国商务部知识产权海外维权专家。

魏敬淼(商法、经济法、环境资源法、劳动与社会保障法):中国政法大学民商经济法学院教授,硕士生导师。

杨秀清(民事诉讼法与仲裁制度):中国政法大学民商法学院副院长、教授、博士生导师,中国民事诉讼法学会理事。

序

袁江　原国家司法考试中心副主任

法律职业是一个崇高的职业。在西方传统中,律师、法官、医生叫作 PROFESSION(职业),其特殊意义在于对社会正义负有特别责任和人道主义使命,PROFESSION 中的"PRO",是宣示、承诺、公共责任、对社会正义负有的特殊职责。本人有幸作为以鱼跃龙门这一中华民族古老的神话为吉意、以法律职业教育为使命的龙门书院策划的《法考大家谈》和《对话法考培训机构掌门人》两档对话专栏的主持人,与各主要法律学科的教授、博士生导师、国家司法考试(以下简称"司考")和国家统一法律职业资格考试(以下简称"法考")培训专家深入交流司考变法考后考生、培训机构面临的新课题、新挑战,收获颇丰,并且愿意将这些心得收获通过文字的形式传递给法考考生。为此,我们策划编撰了这本《国家统一法律职业资格考试精编教材》。

我个人认为本书有以下三大特点:

第一,用途的"双向定位"。

首先,本书是法律职业资格考试备考的指导性、实用型教材。

无论是司法考试还是国家统一法律职业资格考试,万变不离其宗。

一考变两考,备考的考生首先要参加客观题的考核,系统化地复习考试大纲圈定范围内的基本知识是必需的基本功。本书参照首届法考及近5年的司考大纲要求与法考政策定位,依次解读法律职业资格考试需要理解的基本知识、基础理论和基本观点,篇幅简短精练,突出强化必须记忆的要点,适合系统化、体系化地复习、理解和记忆。

其次,本书是法律职业共同体从业人员的学习、培训用书。

司考变法考,"老人老办法、新人新办法"的政策已定。对于已经在岗、不需要参加法考的"老人",有组织地进行法律职业资格考试要求掌握的法律知识体系的培训很有必要,即使对一些没有条件组织集中、集体培训学习的机构,小范围地组织学习或者自学,也是很有必要的。

第二,五项赋能,高度富集。

首先,本书各主要法律学科的主笔,大多是参加过相关立法研讨、立法起草的一流法学家。

其次,本书部分法律学科的主笔同时兼任着重要的社会职务,具有丰富的法律实战经验。在司考变法考、强调通过增加案例来考查实战能力的背景下,不管是对法考考生还是法律职业共同体中的其他人员都是很有帮助的。

再次,本书各主要法律学科的主笔大部分是具有多年全国律师资格考试、司考培训经验的专家,在教材编写过程中,将其培训经验融合进教材,可以达到与老师"面对面"地学习与交流的效果。

从次,本书不仅从教学的视角出发进行编写,还融合了以往司考考生备考的相关经验,使教材详略得当,更加贴近备考考生需求。

最后,本书也是我将个人从司考伊始到末届司考的工作经验和体会感受传达给备考考生们和法律职业共同体的同仁的媒介,以期与法律职业共同体的同仁一道为我国法治事业的发展共同发力、携手同行。

第三,体例清晰、内容简明、直击考点重点。

清晰的体例和简明的内容适合备考考生在相对较短的时间内集中学习,也便于法律职业共同体的同仁们在工作之余个人学习或集体培训使用。

应试如农耕,春种、夏长、秋收、冬藏,选好一本教材进行系统化、科学化地复习备考,方能事半功倍、鱼跃龙门。

本书根据2019年公布的法考大纲进行了调整。并且,龙门书院读书会《法考大家谈》专栏计划邀请本书主编和各学科负责人,对新考试大纲的变化做专题访谈,敬请关注。

最后,引用唐代诗人袁皓的两句诗,作为对法考备考考生的祝福:

九万抟扶排羽翼,十年辛苦涉风尘。

升平时节逢公道,不觉龙门是崄津。

目　　录

第一编　中国特色社会主义法治理论

第一章　中国特色社会主义法治建设基本原理 ……………………………… 002
第二章　法治工作的基本格局 ………………………………………………… 005
第三章　法治工作的重要保障 ………………………………………………… 013

第二编　法理学

第一章　法的本体 …………………………………………………………… 018
第一节　法的概念 ……………………………………………………… 018
第二节　法的价值 ……………………………………………………… 020
第三节　法的要素 ……………………………………………………… 021
第四节　法的渊源 ……………………………………………………… 023
第五节　法的效力 ……………………………………………………… 025
第六节　法律部门与法律体系 ………………………………………… 026
第七节　法律关系 ……………………………………………………… 026
第八节　法律责任 ……………………………………………………… 028

第二章　法的运行 …………………………………………………………… 029
第一节　立法 …………………………………………………………… 029
第二节　法的实施 ……………………………………………………… 030
第三节　法适用的一般原理 …………………………………………… 033
第四节　法律解释 ……………………………………………………… 034
第五节　法律推理 ……………………………………………………… 035
第六节　法律漏洞的填补 ……………………………………………… 036

第三章　法的演进 …………………………………………………………… 036
第一节　法的起源与历史类型 ………………………………………… 036
第二节　法的传统与法律文化 ………………………………………… 037
第三节　法系 …………………………………………………………… 037
第四节　法的现代化 …………………………………………………… 038
第五节　法治理论 ……………………………………………………… 038

第四章　法与社会 …………………………………………………………… 039
第一节　法与社会的一般理论 ………………………………………… 039
第二节　法与经济 ……………………………………………………… 039

第三节	法与政治	040
第四节	法与道德	040
第五节	法与宗教	041

第三编 宪法

第一章 宪法基本理论 ··· 044
- 第一节 宪法的概念 ·· 044
- 第二节 我国宪法的历史发展 ··· 046
- 第三节 宪法的渊源 ·· 049
- 第四节 宪法规范 ··· 049
- 第五节 宪法效力 ··· 050

第二章 国家的基本制度（上）··· 050
- 第一节 人民民主专政制度 ·· 050
- 第二节 国家的基本经济制度 ··· 051
- 第三节 国家的基本文化制度 ··· 052
- 第四节 国家的基本社会制度 ··· 053

第三章 国家的基本制度（下）··· 053
- 第一节 人民代表大会制度 ·· 053
- 第二节 选举制度 ··· 054
- 第三节 国家结构形式 ··· 055
- 第四节 民族区域自治制度 ·· 056
- 第五节 特别行政区制度 ·· 057
- 第六节 基层群众自治制度 ·· 059

第四章 公民的基本权利与义务 ·· 060
- 第一节 公民基本权利与义务概述 ··· 060
- 第二节 我国公民的基本权利 ··· 061
- 第三节 我国公民的基本义务 ··· 062

第五章 国家机构 ··· 062
- 第一节 国家机构概述 ··· 062
- 第二节 全国人民代表大会 ·· 063
- 第三节 中华人民共和国主席 ··· 066
- 第四节 国务院 ·· 067
- 第五节 中央军事委员会 ·· 068
- 第六节 地方各级人民代表大会及其常务委员会、地方各级人民政府 ············· 068
- 第七节 监察委员会 ·· 072
- 第八节 人民法院和人民检察院 ·· 073

第六章 宪法的实施与监督 ·· 074
- 第一节 宪法实施概述 ··· 074

第二节　宪法的修改 ……………………………………………………… 075
　　第三节　宪法解释 ………………………………………………………… 075
　　第四节　宪法监督 ………………………………………………………… 076

第四编　中国法律史

第一章　先秦时期的法律思想与制度 ……………………………………… 078
　　第一节　西周时期的法律思想与制度 …………………………………… 078
　　第二节　春秋战国时期的法律思想与制度 ……………………………… 080
第二章　秦汉至魏晋南北朝时期的法律思想与制度 ……………………… 081
　　第一节　秦汉时期的法律思想与制度 …………………………………… 081
　　第二节　魏晋南北朝时期的法律思想与制度 …………………………… 083
第三章　隋唐宋元时期的法律思想与制度 ………………………………… 085
　　第一节　隋唐时期的法律思想与制度 …………………………………… 085
　　第二节　宋元时期的法律思想与制度 …………………………………… 087
第四章　明清时期的法律思想与制度 ……………………………………… 089
　　第一节　明清时期的法律思想与制度 …………………………………… 089
　　第二节　清末的法律思想与制度 ………………………………………… 091
第五章　中华民国时期的法律思想与制度 ………………………………… 093
　　第一节　民国初期的法律思想 …………………………………………… 093
　　第二节　南京临时政府的法律制度 ……………………………………… 094
　　第三节　北京政府的法律制度 …………………………………………… 095
　　第四节　南京国民政府的法律制度 ……………………………………… 097

第五编　国际法

第一章　导论 ………………………………………………………………… 102
　　第一节　国际法的概念、渊源和基本原则 ……………………………… 102
　　第二节　国际法与国内法的关系 ………………………………………… 104
第二章　国际法的主体与国际法律责任 …………………………………… 105
　　第一节　国际法主体 ……………………………………………………… 105
　　第二节　国际法律责任的构成和形式 …………………………………… 111
　　第三节　国际责任制度的新发展 ………………………………………… 112
第三章　国际法上的空间划分 ……………………………………………… 113
　　第一节　领土 ……………………………………………………………… 113
　　第二节　海洋法 …………………………………………………………… 115
　　第三节　国际航空法与外层空间法 ……………………………………… 120
　　第四节　国际环境保护法 ………………………………………………… 122

第四章 国际法上的个人 ... 123
- 第一节 国籍 ... 123
- 第二节 外国人的法律地位 ... 124
- 第三节 引渡和庇护 ... 126
- 第四节 国际人权法 ... 126

第五章 外交关系法与领事关系法 ... 127
- 第一节 外交关系法 ... 127
- 第二节 领事关系法 ... 130

第六章 条约法 ... 132
- 第一节 概述 ... 132
- 第二节 条约的缔结 ... 133
- 第三节 条约的效力、适用和解释 ... 134
- 第四节 条约的修订和终止 ... 135

第七章 国际争端的和平解决 ... 136
- 第一节 国际争端与解决方法 ... 136
- 第二节 国际争端的法律解决方法 ... 137

第八章 战争与武装冲突法 ... 139
- 第一节 战争与战争法 ... 139
- 第二节 战争状态与战时中立 ... 139
- 第三节 对作战手段的限制和对战时平民及战争受难者的保护 ... 140
- 第四节 战争犯罪 ... 141

第六编 司法制度和法律职业道德

第一章 司法制度和法律职业道德概述 ... 144
- 第一节 司法和司法制度的概念 ... 144
- 第二节 法律职业道德的概念和特征 ... 146
- 第三节 法律职业道德的基本原则 ... 146

第二章 审判制度与法官职业道德 ... 147
- 第一节 审判制度概述 ... 147
- 第二节 审判机关 ... 147
- 第三节 法官 ... 148
- 第四节 法官职业道德 ... 152
- 第五节 法官职业责任 ... 152

第三章 检察制度与检察官职业道德 ... 155
- 第一节 检察制度概述 ... 155
- 第二节 检察机关 ... 156
- 第三节 检察官 ... 156

  第四节 检察官职业道德 ……………………………………………………… 161
  第五节 检察官职业责任 ……………………………………………………… 162
第四章 律师制度与律师职业道德 …………………………………………………… 162
  第一节 律师制度概述 ………………………………………………………… 162
  第二节 律师 …………………………………………………………………… 163
  第三节 律师事务所 …………………………………………………………… 165
  第四节 律师职业道德 ………………………………………………………… 167
  第五节 律师执业行为规范 …………………………………………………… 168
  第六节 律师职业责任 ………………………………………………………… 173
  第七节 法律援助制度 ………………………………………………………… 174
第五章 公证制度与公证员职业道德 …………………………………………………… 175
  第一节 公证制度概述 ………………………………………………………… 175
  第二节 公证机构和公证员 …………………………………………………… 176
  第三节 公证程序与公证效力 ………………………………………………… 178
  第四节 公证员职业道德 ……………………………………………………… 180
  第五节 公证职业责任 ………………………………………………………… 180
第六章 其他法律职业人员职业道德 …………………………………………………… 182
  第一节 法律顾问职业道德 …………………………………………………… 182
  第二节 仲裁员职业道德 ……………………………………………………… 184
  第三节 行政机关中从事行政处罚决定审核、行政复议、
      行政裁决的公务员职业道德 ………………………………………… 186

第七编 刑法

第一章 刑法概说 ……………………………………………………………………… 190
  第一节 刑法的渊源与机能 …………………………………………………… 190
  第二节 刑法的解释 …………………………………………………………… 191
  第三节 刑法的基本原则 ……………………………………………………… 192
  第四节 刑法的适用范围 ……………………………………………………… 192
第二章 犯罪概说 ……………………………………………………………………… 194
  第一节 犯罪的概念 …………………………………………………………… 194
  第二节 犯罪的分类 …………………………………………………………… 194
第三章 犯罪构成 ……………………………………………………………………… 194
  第一节 构成要件要素 ………………………………………………………… 194
  第二节 犯罪客体（法益）……………………………………………………… 195
  第三节 犯罪的客观要件 ……………………………………………………… 195
  第四节 犯罪主体 ……………………………………………………………… 197
  第五节 犯罪主观要件 ………………………………………………………… 198

第四章　犯罪排除事由 …… 199
- 第一节　正当防卫 …… 199
- 第二节　紧急避险 …… 200
- 第三节　其他犯罪排除事由 …… 200

第五章　犯罪未完成形态 …… 201
- 第一节　犯罪未完成形态概述 …… 201
- 第二节　犯罪预备 …… 202
- 第三节　犯罪未遂 …… 202
- 第四节　犯罪中止 …… 203

第六章　共同犯罪 …… 205
- 第一节　概述 …… 205
- 第二节　共同犯罪成立条件 …… 205
- 第三节　共同犯罪的形式 …… 206
- 第四节　共同犯罪人的分类及其刑事责任 …… 207
- 第五节　共同犯罪的特殊问题 …… 211

第七章　单位犯罪 …… 212
- 第一节　概述 …… 212
- 第二节　单位犯罪的定罪 …… 213
- 第三节　单位犯罪的处罚 …… 213

第八章　罪数形态 …… 214
- 第一节　罪数的区分 …… 214
- 第二节　实质的一罪 …… 215
- 第三节　法定的一罪 …… 216
- 第四节　处断的一罪 …… 216

第九章　刑罚概说 …… 218
- 第一节　刑罚的概念和特征 …… 218
- 第二节　刑罚的目的和功能 …… 218

第十章　刑罚种类 …… 219
- 第一节　主刑 …… 219
- 第二节　附加刑 …… 221
- 第三节　非刑罚处置措施 …… 222

第十一章　刑罚裁量 …… 223
- 第一节　量刑概述 …… 223
- 第二节　量刑情节 …… 223
- 第三节　量刑制度 …… 226

第十二章　刑罚执行 …… 227
- 第一节　减刑 …… 227
- 第二节　假释 …… 228

第十三章 刑罚消灭 228
第一节 概述 228
第二节 追诉时效 228
第三节 赦免 229

第十四章 罪刑各论概说 229
第一节 刑法分则的体系 229
第二节 刑法分则的条文结构 229
第三节 刑法分则的法条竞合 231

第十五章 危害国家安全罪 233
第一节 重点罪名 233
第二节 普通罪名 233

第十六章 危害公共安全罪 234
第一节 重点罪名 234
第二节 普通罪名 236

第十七章 破坏社会主义市场经济秩序罪(1):生产、销售伪劣商品罪 238
第一节 重点罪名 238
第二节 普通罪名 239

第十八章 破坏社会主义市场经济秩序罪(2):走私罪 240
第一节 重点罪名 240
第二节 普通罪名 241

第十九章 破坏社会主义市场经济秩序罪(3):妨害对公司、企业的管理秩序罪 242
第一节 重点罪名 242
第二节 普通罪名 243

第二十章 破坏社会主义市场经济秩序罪(4):破坏金融管理秩序罪 244
第一节 重点罪名 244
第二节 普通罪名 245

第二十一章 破坏社会主义市场经济秩序罪(5):金融诈骗罪 247
第一节 重点罪名 247
第二节 普通罪名 248

第二十二章 破坏社会主义市场经济秩序罪(6):危害税收征管罪 248
第一节 重点罪名 248
第二节 普通罪名 249

第二十三章 破坏社会主义市场经济秩序罪(7):侵犯知识产权罪 250
第一节 重点罪名 250
第二节 普通罪名 251

第二十四章 破坏社会主义市场经济秩序罪(8):扰乱市场秩序罪 251
第一节 重点罪名 251
第二节 普通罪名 253

第二十五章　侵犯公民人身权利、民主权利罪 ········· 253
第一节　重点罪名 ········· 253
第二节　普通罪名 ········· 260

第二十六章　侵犯财产罪 ········· 265
第一节　重点罪名 ········· 265
第二节　普通罪名 ········· 273

第二十七章　妨害社会管理秩序罪(1)：扰乱公共秩序罪 ········· 274
第一节　重点罪名 ········· 274
第二节　普通罪名 ········· 276

第二十八章　妨害社会管理秩序罪(2)：妨害司法罪 ········· 280
第一节　重点罪名 ········· 280
第二节　普通罪名 ········· 282

第二十九章　妨害社会管理秩序罪(3)：妨害国(边)境管理罪 ········· 283
第一节　重点罪名 ········· 283
第二节　普通罪名 ········· 284

第三十章　妨害社会管理秩序罪(4)：妨害文物管理罪 ········· 284
第一节　重点罪名 ········· 284
第二节　普通罪名 ········· 285

第三十一章　妨害社会管理秩序罪(5)：危害公共卫生罪 ········· 285
第一节　重点罪名 ········· 285
第二节　普通罪名 ········· 287

第三十二章　妨害社会管理秩序罪(6)：破坏环境资源保护罪 ········· 288
第一节　重点罪名 ········· 288
第二节　普通罪名 ········· 289

第三十三章　妨害社会管理秩序罪(7)：走私、贩卖、运输、制造毒品罪 ········· 290
第一节　重点罪名 ········· 290
第二节　普通罪名 ········· 293

第三十四章　妨害社会管理秩序罪(8)：组织、强迫、引诱、容留、介绍卖淫罪 ········· 294
第一节　重点罪名 ········· 294
第二节　普通罪名 ········· 295

第三十五章　妨害社会管理秩序罪(9)：制作、贩卖、传播淫秽物品罪 ········· 296
第一节　重点罪名 ········· 296
第二节　普通罪名 ········· 297

第三十六章　危害国防利益罪 ········· 297
第一节　重点罪名 ········· 297
第二节　普通罪名 ········· 297

第三十七章　贪污贿赂罪 ········· 298
第一节　重点罪名 ········· 298
第二节　普通罪名 ········· 303

第三十八章　渎职罪 ··· 304
第一节　重点罪名 ··· 304
第二节　普通罪名 ··· 307
第三十九章　军人违反职责罪 ··· 308

第八编　刑事诉讼法

第一章　刑事诉讼法概述 ··· 311
第一节　刑事诉讼法的概念 ··· 311
第二节　刑事诉讼法的制定目的与任务 ··· 312
第三节　刑事诉讼的基本理念 ··· 312
第四节　刑事诉讼的基本范畴 ··· 312
第二章　刑事诉讼法的基本原则 ··· 313
第一节　侦查权、检察权、审判权由专门机关依法行使 ··· 313
第二节　严格遵守法律程序 ··· 313
第三节　人民法院、人民检察院依法独立行使职权 ··· 314
第四节　人民法院、人民检察院和公安机关分工负责、互相配合、互相制约 ··· 314
第五节　人民检察院依法对刑事诉讼实行法律监督 ··· 314
第六节　各民族公民有权使用本民族语言文字进行诉讼 ··· 314
第七节　犯罪嫌疑人、被告人有权获得辩护 ··· 314
第八节　未经人民法院依法判决，对任何人都不得确定有罪 ··· 314
第九节　保障诉讼参与人的诉讼权利 ··· 315
第十节　认罪认罚从宽处理 ··· 315
第十一节　具有法定情形不予追究刑事责任 ··· 315
第十二节　追究外国人刑事责任适用我国刑事诉讼法 ··· 315
第三章　刑事诉讼中的专门机关和诉讼参与人 ··· 316
第一节　刑事诉讼中的专门机关 ··· 316
第二节　诉讼参与人 ··· 317
第四章　管辖 ··· 321
第一节　立案管辖 ··· 321
第二节　审判管辖 ··· 323
第三节　特殊情况的管辖 ··· 325
第五章　回避 ··· 326
第一节　回避的理由、种类与适用人员 ··· 326
第二节　回避的程序 ··· 327
第六章　辩护与代理 ··· 328
第一节　辩护 ··· 328
第二节　刑事代理 ··· 334

第七章　刑事证据 ································· 335
　第一节　刑事证据概述 ······························· 335
　第二节　刑事证据的种类 ····························· 336
　第三节　刑事证据的分类 ····························· 339
　第四节　刑事证据规则 ······························· 340
　第五节　刑事诉讼证明 ······························· 344

第八章　强制措施 ································· 346
　第一节　强制措施概述 ······························· 346
　第二节　拘传 ······································· 346
　第三节　取保候审 ··································· 347
　第四节　监视居住 ··································· 350
　第五节　拘留 ······································· 352
　第六节　逮捕 ······································· 353
　第七节　强制措施的变更 ····························· 359

第九章　附带民事诉讼 ····························· 359
　第一节　附带民事诉讼概述 ··························· 359
　第二节　附带民事诉讼的提起 ························· 360
　第三节　附带民事诉讼的财产保全 ····················· 361
　第四节　附带民事诉讼的审判 ························· 361

第十章　期间、送达 ······························· 362
　第一节　期间 ······································· 362
　第二节　送达 ······································· 363

第十一章　立案 ··································· 364
　第一节　立案概述 ··································· 364
　第二节　立案程序与立案监督 ························· 365

第十二章　侦查 ··································· 366
　第一节　侦查概述 ··································· 366
　第二节　侦查行为 ··································· 367
　第三节　侦查终结 ··································· 373
　第四节　补充侦查 ··································· 375
　第五节　侦查监督 ··································· 376

第十三章　起诉 ··································· 376
　第一节　概述 ······································· 376
　第二节　提起公诉的程序 ····························· 377
　第三节　提起自诉的程序 ····························· 381

第十四章　刑事审判概述 ··························· 381
　第一节　刑事审判的概念与特征 ······················· 381
　第二节　刑事审判模式 ······························· 381
　第三节　刑事审判的原则 ····························· 382

第四节　审级制度 ………………………………………………………… 383
　　第五节　审判组织 ………………………………………………………… 383
第十五章　第一审程序 ……………………………………………………………… 386
　　第一节　公诉案件第一审程序 …………………………………………… 386
　　第二节　自诉案件的第一审程序 ………………………………………… 395
　　第三节　简易程序 ………………………………………………………… 397
　　第四节　速裁程序 ………………………………………………………… 398
　　第五节　判决、裁定和决定 ……………………………………………… 399
第十六章　第二审程序 ……………………………………………………………… 400
　　第一节　第二审程序概述 ………………………………………………… 400
　　第二节　第二审程序的提起 ……………………………………………… 401
　　第三节　第二审程序的审判 ……………………………………………… 402
　　第四节　对查封、扣押、冻结在案财物的处理 ………………………… 405
第十七章　死刑复核程序 …………………………………………………………… 406
　　第一节　死刑复核程序 …………………………………………………… 406
　　第二节　判处死刑缓期二年执行案件的复核程序 ……………………… 408
　　第三节　法定刑以下判处刑罚以及犯罪分子具有特殊情况，
　　　　　　不受执行刑期限制的假释案件的复核程序 ……………………… 409
第十八章　审判监督程序 …………………………………………………………… 409
　　第一节　概述 ……………………………………………………………… 409
　　第二节　审判监督程序的提起 …………………………………………… 410
　　第三节　依照审判监督程序对案件的重新审判 ………………………… 415
第十九章　执行 ……………………………………………………………………… 417
　　第一节　概述 ……………………………………………………………… 417
　　第二节　各种判决、裁定的执行程序 …………………………………… 418
　　第三节　执行的变更程序 ………………………………………………… 421
　　第四节　对新罪、漏罪和申诉的处理 …………………………………… 424
　　第五节　人民检察院对执行的监督 ……………………………………… 425
第二十章　未成年人刑事案件诉讼程序 …………………………………………… 425
　　第一节　未成年人刑事案件诉讼程序概述 ……………………………… 425
　　第二节　未成年人刑事案件诉讼程序的方针和原则 …………………… 426
　　第三节　未成年人刑事案件诉讼程序具体规定 ………………………… 427
第二十一章　当事人和解的公诉案件诉讼程序 …………………………………… 430
　　第一节　刑事和解的适用条件 …………………………………………… 430
　　第二节　刑事和解适用案件范围 ………………………………………… 430
　　第三节　刑事和解的程序 ………………………………………………… 431
第二十二章　缺席审判程序 ………………………………………………………… 432
第二十三章　犯罪嫌疑人、被告人逃匿、死亡案件违法所得的没收程序 ……… 433

第二十四章	依法不负刑事责任的精神病人的强制医疗程序	436
第一节	强制医疗程序概述	436
第二节	强制医疗具体程序	437
第二十五章	涉外刑事诉讼程序与司法协助制度	440
第一节	涉外刑事诉讼程序	440
第二节	刑事司法协助	442

第九编　行政法与行政诉讼法

第一章	行政法概述	445
第一节	行政法基本概念	446
第二节	行政法的法源	447
第三节	行政法的基本原则	447
第二章	行政组织与公务员	448
第一节	行政主体	448
第二节	行使行政职权的非政府组织	450
第三节	公务员法	452
第三章	抽象行政行为	454
第一节	抽象行政行为概述	454
第二节	行政法规	455
第三节	规章和有普遍约束力的决定、命令	456
第四章	具体行政行为概述	459
第一节	具体行政行为的概念和分类	459
第二节	具体行政行为的成立和效力	459
第三节	具体行政行为的一般合法要件	461
第四节	具体行政行为的类型	461
第五章	行政许可	463
第一节	行政许可概述	463
第二节	行政许可的设定	464
第三节	行政许可的实施主体	465
第四节	行政许可的实施程序	466
第五节	行政许可的撤销与注销	468
第六节	法律责任	469
第七节	行政许可诉讼	469
第六章	行政处罚	471
第一节	行政处罚的概念和原则	471
第二节	行政处罚的种类与设定	472
第三节	行政处罚的实施主体、管辖与适用	474
第四节	行政处罚的决定程序	475

第五节　行政处罚的执行程序 477
　　第六节　治安管理处罚 478
第七章　行政强制 479
　　第一节　行政强制法概述 479
　　第二节　行政强制的设定 483
　　第三节　行政强制措施实施程序 484
　　第四节　行政机关强制执行程序 486
　　第五节　申请人民法院强制执行 488
第八章　行政合同与行政给付 488
　　第一节　行政合同 488
　　第二节　行政给付 489
第九章　行政程序与政府信息公开 490
　　第一节　行政程序 490
　　第二节　政府信息公开 491
第十章　行政复议 494
　　第一节　行政复议的概念和原则 494
　　第二节　行政复议范围 494
　　第三节　行政复议参加人 495
　　第四节　行政复议的申请和受理 497
　　第五节　行政复议案件的审理 500
　　第六节　行政复议的决定和执行 502
第十一章　行政诉讼概述 504
第十二章　行政诉讼的受案范围 505
　　第一节　应予受理的案件 505
　　第二节　不予受理的事项 506
第十三章　行政诉讼的管辖 507
　　第一节　级别管辖 507
　　第二节　地域管辖 508
　　第三节　裁定管辖 508
第十四章　行政诉讼参加人 510
　　第一节　行政诉讼的原告 510
　　第二节　行政诉讼的被告 512
　　第三节　行政诉讼第三人 515
　　第四节　共同诉讼人 516
　　第五节　诉讼代理人 517
第十五章　行政诉讼程序 517
　　第一节　起诉与受理 517
　　第二节　第一审普通程序 521
　　第三节　简易程序 521

第四节　第二审程序 522
　　第五节　审判监督程序 523
第十六章　行政诉讼的特殊制度与规则 524
　　第一节　行政诉讼证据 524
　　第二节　行政诉讼的法律适用 529
　　第三节　行政案件审理中的特殊制度 530
　　第四节　涉外行政诉讼 535
第十七章　行政案件的裁判与执行 536
　　第一节　行政诉讼的判决、裁定与决定 536
　　第二节　行政诉讼的执行与非诉行政案件的执行 540
第十八章　国家赔偿概述 543
　　第一节　国家赔偿的概念 543
　　第二节　国家赔偿的构成要件 543
第十九章　行政赔偿 545
　　第一节　行政赔偿的范围 545
　　第二节　行政赔偿当事人 546
　　第三节　行政赔偿程序 547
　　第四节　行政追偿的概念和条件 549
第二十章　司法赔偿 550
　　第一节　司法赔偿的范围 550
　　第二节　司法赔偿的当事人 551
　　第三节　司法赔偿程序 552
第二十一章　国家赔偿方式、标准和费用 553
　　第一节　国家赔偿的方式 553
　　第二节　国家赔偿的计算标准 553

第十编　民法

第一章　民法概述 559
　　第一节　民法的概念和调整对象 559
　　第二节　民法的基本原则 559
　　第三节　民事法律关系 560
　　第四节　民事权利 561
　　第五节　民事责任 562
第二章　自然人 564
　　第一节　自然人的民事权利能力和民事行为能力 564
　　第二节　监护 565
　　第三节　宣告失踪与宣告死亡 567
　　第四节　个体工商户和农村承包经营户 568

第三章　法人和非法人组织 569
第一节　法人概述 569
第二节　法人的设立、变更和终止 570
第三节　营利法人 571
第四节　非营利法人 572
第五节　特别法人 573
第六节　非法人组织 574

第四章　民事法律行为 574
第一节　民事法律行为概述 574
第二节　意思表示 575
第三节　民事法律行为的效力 576
第四节　附条件和附期限的民事法律行为 578

第五章　代理 579
第一节　代理的概念、特征和要件 579
第二节　代理的类型 580
第三节　违反代理职责、代理事项违法及其他违法代理行为 581
第四节　代理权与无权代理 582
第五节　代理终止 583

第六章　诉讼时效与期间 584
第一节　诉讼时效 584
第二节　期间 587

第七章　物权概述 588
第一节　物权的概念和效力 588
第二节　物权的变动 588
第三节　物权的保护 590

第八章　所有权 591
第一节　所有权概述 591
第二节　国家所有权、集体所有权、私人所有权与其他所有权 591
第三节　业主的建筑物区分所有权 592
第四节　相邻关系 593
第五节　所有权的特别取得方法 594

第九章　共有 596
第一节　共有的概念和特征 596
第二节　按份共有 597
第三节　共同共有 598

第十章　用益物权 599
第一节　用益物权概述 599
第二节　土地承包经营权 599
第三节　建设用地使用权 600

第四节　宅基地使用权 601
　　第五节　地役权 601
第十一章　担保物权 603
　　第一节　担保物权概述 603
　　第二节　抵押权 603
　　第三节　质权 607
　　第四节　留置权 609
　　第五节　担保物权的竞合 610
第十二章　占有 610
　　第一节　占有概述 610
　　第二节　占有的效力和保护 611
　　第三节　占有的取得和消灭 611
第十三章　债的概述 612
　　第一节　债的概念和要素 612
　　第二节　债的发生 613
　　第三节　债的分类 613
第十四章　债的履行 615
　　第一节　债的履行规则 615
　　第二节　债的不履行和不适当履行 616
第十五章　债的保全和担保 616
　　第一节　债的保全 616
　　第二节　债的担保 619
第十六章　债的移转和消灭 623
　　第一节　债的移转 623
　　第二节　债的消灭 625
第十七章　不当得利、无因管理 627
　　第一节　不当得利之债 627
　　第二节　无因管理之债 628
第十八章　合同的订立和履行 629
　　第一节　合同订立的程序 629
　　第二节　合同的内容和解释 632
　　第三节　双务合同履行的抗辩权 633
第十九章　合同的变更和解除 634
　　第一节　合同的变更 634
　　第二节　合同的解除 634
第二十章　合同责任 636
　　第一节　违约责任 636
　　第二节　缔约过失责任 638
第二十一章　转移财产权利的合同 639
　　第一节　买卖合同 639

第二节	赠与合同	644
第三节	借款合同	646
第四节	租赁合同	648
第五节	融资租赁合同	651

第二十二章 完成工作成果的合同 … 653
第一节 承揽合同 … 653
第二节 建设工程合同 … 653

第二十三章 提供劳务的合同 … 657
第一节 运输合同 … 657
第二节 保管合同 … 658
第三节 委托合同 … 658
第四节 行纪合同 … 659
第五节 居间合同 … 660

第二十四章 技术合同 … 661
第一节 技术合同概述 … 661
第二节 技术开发合同 … 662
第三节 技术转让合同 … 663
第四节 技术咨询合同和技术服务合同 … 664

第二十五章 婚姻法 … 665
第一节 结婚 … 665
第二节 离婚 … 667
第三节 夫妻关系 … 670
第四节 父母子女关系 … 671

第二十六章 继承法 … 672
第一节 继承与继承权 … 672
第二节 继承权的取得、放弃、丧失 … 673
第三节 法定继承 … 673
第四节 遗嘱继承、遗赠和遗赠扶养协议 … 674
第五节 遗产的处理 … 677

第二十七章 人格权和身份权 … 679
第一节 人身权概述 … 679
第二节 人格权 … 679
第三节 身份权 … 682

第二十八章 侵权责任概述 … 683
第一节 侵权行为的概念和分类 … 683
第二节 侵权行为归责原则 … 683
第三节 一般侵权行为的构成要件 … 684
第四节 共同侵权行为 … 685
第五节 侵权责任 … 686

第二十九章　特殊侵权责任 689
第一节　特殊主体的侵权行为与责任 689
第二节　产品责任 691
第三节　机动车交通事故责任 691
第四节　医疗损害责任 692
第五节　环境污染责任 694
第六节　高度危险责任 694
第七节　饲养动物损害责任 695
第八节　物件损害责任 696

第十一编　知识产权法

第一章　知识产权法总论与著作权 700
第一节　知识产权概述 700
第二节　著作权的客体 701
第三节　著作权的主体 702
第四节　著作权的内容 703
第五节　著作权的限制 705
第六节　邻接权 707
第七节　著作权侵权行为 708
第八节　计算机软件著作权 708

第二章　专利权 710
第一节　专利权的主体 710
第二节　专利权的客体 710
第三节　授予专利权的条件 711
第四节　专利申请 711
第五节　专利权的内容和限制 712
第六节　专利侵权 713

第三章　商标权 715

第十二编　商法

第一章　公司法 722
第一节　公司法概述 722
第二节　公司的设立 724
第三节　公司股东与股东权利 727
第四节　公司的董事、监事、高级管理人员 732
第五节　公司财务与会计制度 733

第六节　公司债券 ··· 734
　　第七节　公司的变更、合并与分立 ·· 735
　　第八节　公司的解散与清算 ··· 736
　　第九节　外国公司的分支机构 ·· 738
　　第十节　有限责任公司 ··· 738
　　第十一节　股份有限公司 ·· 744
第二章　合伙企业法 ·· 751
　　第一节　合伙制度概述 ··· 751
　　第二节　普通合伙企业的设立条件和程序 ···································· 751
　　第三节　普通合伙企业的财产与损益分配 ···································· 752
　　第四节　普通合伙事务的执行 ·· 753
　　第五节　普通合伙与第三人的关系 ·· 754
　　第六节　普通合伙的入伙与退伙 ··· 755
　　第七节　特殊的普通合伙企业 ·· 757
　　第八节　有限合伙企业 ··· 757
　　第九节　合伙的解散与清算 ··· 759
第三章　个人独资企业法 ·· 760
　　第一节　个人独资企业概述 ··· 760
　　第二节　个人独资企业的设立 ·· 761
　　第三节　个人独资企业的投资人及事务管理 ································· 761
　　第四节　个人独资企业的解散与清算 ·· 762
第四章　外商投资法 ·· 763
　　第一节　外商投资概述 ··· 763
　　第二节　投资促进 ·· 764
　　第三节　投资保护 ·· 764
　　第四节　投资管理 ·· 765
第五章　企业破产法 ·· 766
　　第一节　一般规定 ·· 766
　　第二节　破产的申请与受理 ··· 767
　　第三节　管理人 ··· 771
　　第四节　债务人财产 ··· 772
　　第五节　债权申报 ·· 776
　　第六节　债权人会议 ··· 777
　　第七节　重整程序 ·· 779
　　第八节　和解程序 ·· 783
　　第九节　破产清算程序 ··· 784
　　第十节　法律责任 ·· 788
第六章　票据法 ·· 789
　　第一节　票据法概述 ··· 789

第二节　票据权利与票据行为 …………………………………… 790
　　第三节　票据抗辩及补救 ………………………………………… 793
　　第四节　汇票 ……………………………………………………… 793
　　第五节　本票和支票 ……………………………………………… 797
第七章　证券法 …………………………………………………………… 798
　　第一节　证券法概述 ……………………………………………… 798
　　第二节　证券发行 ………………………………………………… 799
　　第三节　证券交易 ………………………………………………… 801
　　第四节　证券上市 ………………………………………………… 804
　　第五节　上市公司收购制度 ……………………………………… 806
　　第六节　证券机构 ………………………………………………… 807
　　第七节　证券投资基金法律制度 ………………………………… 809
第八章　保险法 …………………………………………………………… 817
　　第一节　保险法概述 ……………………………………………… 817
　　第二节　保险合同总论 …………………………………………… 817
　　第三节　保险合同分论 …………………………………………… 823
　　第四节　保险业法律制度 ………………………………………… 828
第九章　海商法 …………………………………………………………… 832
　　第一节　海商法概述 ……………………………………………… 832
　　第二节　船舶与船员 ……………………………………………… 832
　　第三节　海上货物运输合同 ……………………………………… 834
　　第四节　海上旅客运输合同 ……………………………………… 837
　　第五节　船舶租用合同 …………………………………………… 839
　　第六节　船舶碰撞 ………………………………………………… 841
　　第七节　海难救助 ………………………………………………… 841
　　第八节　共同海损 ………………………………………………… 843
　　第九节　海事赔偿责任限制 ……………………………………… 844

第十三编　经济法

第一章　竞争法 …………………………………………………………… 848
　　第一节　反垄断法 ………………………………………………… 848
　　第二节　反不正当竞争法 ………………………………………… 854
第二章　消费者法 ………………………………………………………… 858
　　第一节　消费者权益保护法 ……………………………………… 858
　　第二节　产品质量法 ……………………………………………… 865
　　第三节　食品安全法 ……………………………………………… 868
第三章　银行业法 ………………………………………………………… 878
　　第一节　商业银行法 ……………………………………………… 878

  第二节 银行业监督管理法 ………………………………………………………… 881
第四章 财税法 ……………………………………………………………………………… 883
  第一节 税法 ……………………………………………………………………………… 883
  第二节 审计法 …………………………………………………………………………… 893
第五章 土地法和房地产法 ……………………………………………………………… 895
  第一节 土地管理法 ……………………………………………………………………… 895
  第二节 城乡规划法 ……………………………………………………………………… 899
  第三节 城市房地产管理法 …………………………………………………………… 902
  第四节 不动产登记 ……………………………………………………………………… 906

第十四编 环境资源法

第一章 环境保护法 ……………………………………………………………………… 911
  第一节 概述 ……………………………………………………………………………… 911
  第二节 环境保护法的基本制度 …………………………………………………… 911
  第三节 环境法律责任 …………………………………………………………………… 917
第二章 自然资源法 ……………………………………………………………………… 919
  第一节 概述 ……………………………………………………………………………… 919
  第二节 森林法 …………………………………………………………………………… 920
  第三节 矿产资源法 ……………………………………………………………………… 924

第十五编 劳动与社会保障法

第一章 劳动法 ……………………………………………………………………………… 929
  第一节 劳动法概述 ……………………………………………………………………… 929
  第二节 劳动合同法 ……………………………………………………………………… 930
  第三节 劳动基准法 ……………………………………………………………………… 940
  第四节 劳动争议 ………………………………………………………………………… 942
第二章 社会保障法 ……………………………………………………………………… 945
  第一节 社会保障法概述 ……………………………………………………………… 945
  第二节 社会保险法 ……………………………………………………………………… 945

第十六编 国际私法

第一章 国际私法概述 …………………………………………………………………… 956
  第一节 国际私法的调整对象和调整方法 …………………………………… 956
  第二节 国际私法的范围和规范 …………………………………………………… 957
  第三节 国际私法的渊源 ……………………………………………………………… 957

第二章　国际私法的主体 ····· 958
第一节　自然人 ····· 958
第二节　法人 ····· 958
第三节　国家和国际组织 ····· 959
第四节　外国人的民事法律地位 ····· 959

第三章　法律冲突、冲突规范和准据法 ····· 960
第一节　冲突规范 ····· 960
第二节　准据法 ····· 962

第四章　适用冲突规范的制度 ····· 962
第一节　定性 ····· 962
第二节　反致 ····· 962
第三节　外国法的查明 ····· 963
第四节　公共秩序保留 ····· 964
第五节　法律规避和直接适用的法 ····· 964

第五章　国际民商事关系的法律适用 ····· 965
第一节　权利能力和行为能力 ····· 965
第二节　时效、代理、信托 ····· 965
第三节　物权 ····· 966
第四节　债权 ····· 966
第五节　商事关系的法律适用 ····· 968
第六节　家庭关系的法律适用 ····· 969
第七节　继承 ····· 970
第八节　知识产权 ····· 970

第六章　国际民商事争议的解决 ····· 971
第一节　国际商事仲裁 ····· 971
第二节　国际民事诉讼 ····· 973

第七章　区际法律问题 ····· 978
第一节　区际文书送达 ····· 978
第二节　区际调查取证 ····· 980
第三节　法院判决的认可与执行 ····· 981
第四节　仲裁裁决的认可与执行 ····· 984

第十七编　国际经济法

第一章　导论 ····· 989
第二章　国际货物买卖 ····· 990
第一节　《国际贸易术语解释通则》 ····· 990
第二节　1980年《联合国国际货物销售合同公约》 ····· 992

第三章　国际货物运输与保险 ·· 996
 第一节　国际货物运输法律制度 ································· 996
 第二节　国际货物运输保险法律制度 ···························· 999
第四章　国际贸易支付 ·· 1002
 第一节　汇付和托收 ·· 1002
 第二节　银行信用证 ·· 1003
第五章　对外贸易管理制度 ·· 1005
 第一节　《对外贸易法》 ·· 1005
 第二节　我国的贸易救济措施 ··································· 1005
第六章　世界贸易组织 ·· 1008
 第一节　世界贸易组织概述 ······································ 1008
 第二节　世界贸易组织的基本原则 ······························ 1010
 第三节　世界贸易组织的重要协议 ······························ 1011
 第四节　世界贸易组织的争端解决机制 ························ 1012
第七章　国际经济法领域的其他法律制度 ························· 1013
 第一节　国际知识产权法律制度 ································· 1013
 第二节　国际投资法律制度 ······································ 1016
 第三节　国际金融法律制度 ······································ 1018
 第四节　国际税法 ··· 1020

第十八编　民事诉讼法与仲裁制度

第一章　民事诉讼与民事诉讼法 ····································· 1026
 第一节　民事纠纷与民事诉讼 ··································· 1026
 第二节　民事诉讼法 ·· 1026
第二章　民事诉讼法的基本原则与基本制度 ······················ 1027
 第一节　民事诉讼法的基本原则 ································· 1027
 第二节　民事诉讼法的基本制度 ································· 1028
第三章　主管与管辖 ··· 1029
 第一节　民事诉讼主管 ··· 1029
 第二节　级别管辖 ··· 1029
 第三节　地域管辖 ··· 1030
 第四节　裁定管辖 ··· 1032
 第五节　管辖权异议 ·· 1034
第四章　诉 ··· 1034
 第一节　诉 ··· 1034
 第二节　反诉 ··· 1035
第五章　当事人 ··· 1036
 第一节　当事人概述 ·· 1036

第二节　原告与被告 …………………………………………………… 1036
　　第三节　共同诉讼人 …………………………………………………… 1037
　　第四节　诉讼代表人 …………………………………………………… 1039
　　第五节　公益诉讼 ……………………………………………………… 1039
　　第六节　第三人 ………………………………………………………… 1041
第六章　诉讼代理人 ………………………………………………………… 1044
　　第一节　法定代理人 …………………………………………………… 1044
　　第二节　委托代理人 …………………………………………………… 1044
第七章　民事证据 …………………………………………………………… 1045
　　第一节　民事证据概述 ………………………………………………… 1045
　　第二节　民事证据的立法种类 ………………………………………… 1045
　　第三节　民事证据的理论分类 ………………………………………… 1048
　　第四节　证据的保全 …………………………………………………… 1048
第八章　民事诉讼中的证明 ………………………………………………… 1049
　　第一节　证明对象 ……………………………………………………… 1049
　　第二节　证明责任 ……………………………………………………… 1050
　　第三节　证明标准 ……………………………………………………… 1051
　　第四节　证明程序 ……………………………………………………… 1051
第九章　期间、送达 ………………………………………………………… 1053
　　第一节　期间 …………………………………………………………… 1053
　　第二节　送达 …………………………………………………………… 1053
第十章　人民法院调解 ……………………………………………………… 1054
　　第一节　人民法院调解 ………………………………………………… 1054
　　第二节　人民法院调解的原则 ………………………………………… 1055
　　第三节　人民法院调解的程序规定 …………………………………… 1055
　　第四节　调解书及调解的效力 ………………………………………… 1055
第十一章　保全和先予执行 ………………………………………………… 1056
　　第一节　保全 …………………………………………………………… 1056
　　第二节　先予执行 ……………………………………………………… 1058
第十二章　对妨害民事诉讼的强制措施 …………………………………… 1059
　　第一节　对妨害民事诉讼的强制措施的概述 ………………………… 1059
　　第二节　妨害民事诉讼行为的构成和种类 …………………………… 1059
　　第三节　强制措施的适用 ……………………………………………… 1060
第十三章　普通程序 ………………………………………………………… 1061
　　第一节　普通程序的程序阶段 ………………………………………… 1061
　　第二节　撤诉和缺席判决 ……………………………………………… 1065
　　第三节　延期审理、诉讼中止与诉讼终结 …………………………… 1065
第十四章　简易程序 ………………………………………………………… 1066
　　第一节　简易程序的概述 ……………………………………………… 1066

第二节　简易程序的具体适用 ··· 1067
　　第三节　对小额诉讼案件审理的特别规定 ································· 1068
第十五章　第二审程序 ··· 1070
　　第一节　上诉的提起与受理 ··· 1070
　　第二节　上诉案件的审理 ·· 1070
　　第三节　上诉案件的裁判 ·· 1072
第十六章　特别程序 ·· 1073
　　第一节　特别程序概述 ··· 1073
　　第二节　选民资格案件的审理 ·· 1073
　　第三节　宣告公民失踪案件的审理 ·· 1073
　　第四节　宣告公民死亡案件的审理 ·· 1074
　　第五节　认定公民无民事行为能力或者限制民事行为能力案件的审理 ··· 1075
　　第六节　认定财产无主案件的审理 ·· 1076
　　第七节　确认调解协议案件的审理 ·· 1076
　　第八节　实现担保物权案件的审理 ·· 1077
第十七章　审判监督程序 ··· 1078
　　第一节　审判监督程序概述 ··· 1078
　　第二节　基于审判监督权提起再审 ·· 1079
　　第三节　基于检察监督权的抗诉提起再审 ······························· 1079
　　第四节　基于诉权的申请再审 ·· 1081
　　第五节　再审案件的审判程序 ·· 1082
第十八章　督促程序 ·· 1084
　　第一节　督促程序概述 ··· 1084
　　第二节　支付令的申请、审查和发出 ····································· 1084
　　第三节　对支付令的异议 ·· 1084
第十九章　公示催告程序 ··· 1085
　　第一节　公示催告程序概述 ··· 1085
　　第二节　公示催告申请的提起和受理 ····································· 1086
　　第三节　公示催告案件的审理 ·· 1086
第二十章　民事裁判 ·· 1087
　　第一节　民事判决 ··· 1087
　　第二节　民事裁定 ··· 1088
　　第三节　民事决定 ··· 1088
第二十一章　执行程序 ··· 1088
　　第一节　执行程序概述 ··· 1088
　　第二节　执行开始 ··· 1094
　　第三节　执行措施 ··· 1094
　　第四节　执行中止和执行终结 ·· 1098

第二十二章　涉外民事诉讼程序 … 1099
第一节　涉外民事诉讼程序概述 … 1099
第二节　涉外民事诉讼管辖 … 1100
第三节　涉外民事诉讼的期间与送达 … 1100
第四节　司法协助 … 1101

第二十三章　仲裁与仲裁法概述 … 1102
第一节　仲裁概述 … 1102
第二节　仲裁法概述 … 1104

第二十四章　仲裁委员会和仲裁协会 … 1105
第一节　仲裁委员会 … 1105
第二节　仲裁协会 … 1105
第三节　仲裁规则 … 1105

第二十五章　仲裁协议 … 1106
第一节　仲裁协议概述 … 1106
第二节　仲裁协议的内容 … 1107
第三节　仲裁协议独立性 … 1107
第四节　仲裁协议的效力 … 1108
第五节　仲裁协议的无效与失效 … 1109

第二十六章　仲裁程序 … 1109
第一节　仲裁当事人与代理人 … 1109
第二节　申请与受理 … 1110
第三节　仲裁保全 … 1110
第四节　仲裁庭的组成 … 1111
第五节　仲裁审理 … 1112
第六节　仲裁中的和解、调解和裁决 … 1112
第七节　简易程序 … 1113

第二十七章　申请撤销仲裁裁决 … 1114
第一节　申请撤销仲裁裁决的概念和特征 … 1114
第二节　申请撤销仲裁裁决的条件和理由 … 1114
第三节　法院对撤销仲裁裁决申请的处理及其法律后果 … 1115

第二十八章　仲裁裁决的执行与不予执行 … 1116
第一节　仲裁裁决的执行 … 1116
第二节　仲裁裁决的不予执行 … 1116
第三节　仲裁裁决的中止执行、恢复执行和终结执行 … 1117

第二十九章　涉外仲裁 … 1118
第一节　涉外仲裁的概念 … 1118
第二节　涉外仲裁机构 … 1118
第三节　涉外仲裁程序 … 1118
第四节　对涉外仲裁裁决的撤销和不予执行 … 1119
第五节　对涉外仲裁裁决的执行 … 1120

第一编　中国特色社会主义法治理论

【寄语】

  我国坚定不移地走中国特色社会主义法治道路，完善以宪法为核心的中国特色社会主义法律体系，建设中国特色社会主义法治体系，建设社会主义法治国家，发展中国特色社会主义法治理论。

高其才
2019 年 2 月

第一章　中国特色社会主义法治建设基本原理

一、推进全面依法治国的重大意义

  依法治国，是坚持和发展中国特色社会主义的本质要求和重要保障，是实现国家治理体系和治理能力现代化的必然要求，事关我们党执政兴国，事关人民幸福安康，事关党和国家长治久安。

  全面建成小康社会，实现中华民族伟大复兴的中国梦；全面深化改革，完善和发展中国特色社会主义制度；提高党的执政能力和执政水平，必须全面推进依法治国。

  我国正处于社会主义初级阶段，全面建成小康社会进入决定性阶段，改革进入攻坚期和深水区，国际形势复杂多变，我们党面对的改革发展稳定任务之重前所未有、矛盾风险挑战之多前所未有，依法治国在党和国家工作全局中的地位更加突出、作用更加重大。面对新形势新任务，我们党要更好统筹国内国际两个大局，更好维护和运用我国发展的重要战略机遇期，更好统筹社会力量、平衡社会利益、调节社会关系、规范社会行为，使我国社会在深刻变革中既生机勃勃又井然有序，实现经济发展、政治清明、文化昌盛、社会公正、生态良好，实现我国和平发展的战略目标，必须更好发挥法治的引领和规范作用。

  我们党高度重视法治建设。长期以来，特别是党的十一届三中全会以来，我们党深刻总结我国社会主义法治建设的成功经验和深刻教训，提出为了保障人民民主，必须加强法治，必须使民主制度化、法律化，把依法治国确定为党领导人民治理国家的基本方略，把依法执政确定为党治国理政的基本方式，积极建设社会主义法治，取得了历史性成就。目前，中国特色社会主义法律体系已经形成，法治政府建设稳步推进，司法体制不断完善，全社会法治观念明显增强。

  党的十八大以来，民主法治建设迈出了重大步伐。社会主义民主政治不断发展，依法治国全面推进，党的领导、人民当家作主、依法治国有机统一的制度建设全面加强，党的领导体制机制不断完善，社会主义民主不断发展，党内民主更加广泛，社会主义协商民主全面展开，爱国统一战线巩固发展，民族宗教工作创新推进。科学立法、严格执法、公正司法、全民守法深入推进,法治国家、法治政府、法治社会建设相互促进,中国特色社会主义法治体系日益完善,全社会法治观念明显增强。国家监察体制改革试点取得实效,行政体制改革、司法体制改革、权力运行制约和监督体系建设有效实施。

同时,必须认识到,我国社会主要矛盾的变化是关系全局的历史性变化。必须清醒看到,我国的社会矛盾和问题交织叠加,全面依法治国任务依然繁重,国家治理体系和治理能力有待加强。同党和国家事业发展要求相比,同人民群众期待相比,同推进国家治理体系和治理能力现代化目标相比,法治建设还存在许多不适应、不符合的问题,主要表现为:有的法律法规未能全面反映客观规律和人民意愿,针对性、可操作性不强,立法工作中部门化倾向、争权诿责现象较为突出;有法不依、执法不严、违法不究现象比较严重,执法体制权责脱节、多头执法、选择性执法现象仍然存在,执法司法不规范、不严格、不透明、不文明现象较为突出,群众对执法司法不公和腐败问题反映强烈;部分社会成员尊法信法守法用法、依法维权意识不强,一些国家工作人员特别是领导干部依法办事观念不强、能力不足,知法犯法、以言代法、以权压法、徇私枉法现象依然存在。这些问题,违背社会主义法治原则,损害人民群众利益,妨碍党和国家事业发展,必须下大气力加以解决。

二、推进全面依法治国的指导思想和总目标

全面推进依法治国,必须贯彻落实党的十九大和十九届二中全会、十九届三中全会精神,高举中国特色社会主义伟大旗帜,以马克思列宁主义、毛泽东思想、邓小平理论、"三个代表"重要思想、科学发展观为指导,深入贯彻习近平新时代中国特色社会主义思想,坚持党的领导、人民当家作主、依法治国有机统一,坚定不移走中国特色社会主义法治道路,坚决维护宪法法律权威,依法维护人民权益,维护社会公平正义、维护国家安全稳定,为实现"两个一百年"奋斗目标、实现中华民族伟大复兴的中国梦提供有力的法治保障。

全面推进依法治国,总目标是建设中国特色社会主义法治体系,建设社会主义法治国家。这就是,在中国共产党领导下,坚持中国特色社会主义制度,贯彻中国特色社会主义法治理论,形成完备的法律规范体系、高效的法治实施体系、严密的法治监督体系、有力的法治保障体系,形成完善的党内法规体系,坚持依法治国、依法执政、依法行政共同推进,坚持法治国家、法治政府、法治社会一体建设,实现科学立法、严格执法、公正司法、全民守法,促进国家治理体系和治理能力现代化。

三、推进全面依法治国的基本原则

实现这个总目标,必须坚持以下原则。

——坚持中国共产党的领导。党的领导是中国特色社会主义最本质的特征,是社会主义法治最根本的保证。把党的领导贯彻到依法治国全过程和各方面,是我国社会主义法治建设的一条基本经验。我国宪法确立了中国共产党的领导地位。坚持党的领导,是社会主义法治的根本要求,是党和国家的根本所在、命脉所在,是全国各族人民的利益所系、幸福所系,是全面推进依法治国的题中应有之义。党的领导和社会主义法治是一致的,社会主义法治必须坚持党的领导,党的领导必须依靠社会主义法治。只有在党的领导下依法治国、厉行法治,人民当家作主才能充分实现,国家和社会生活法治化才能有序推进。依法执政,既要求党依据宪法法律治国理政,也要求党依据党内法规管党治党。必须坚持党领导立法、保证执法、支持司法、带头守法,把依法治国基本方略同依法执政基本方式

统一起来，把党总揽全局、协调各方同人民代表大会、政府、政治协商会议、审判机关、检察机关依法依章程履行职能、开展工作统一起来，把党领导人民制定和实施宪法法律同党坚持在宪法法律范围内活动统一起来，善于使党的主张通过法定程序成为国家意志，善于使党组织推荐的人选通过法定程序成为国家政权机关的领导人员，善于通过国家政权机关实施党对国家和社会的领导，善于运用民主集中制原则维护中央权威、维护全党全国团结统一。

——坚持人民主体地位。人民是依法治国的主体和力量源泉，人民代表大会制度是保证人民当家作主的根本政治制度。必须坚持法治建设为了人民、依靠人民、造福人民、保护人民，以保障人民根本权益为出发点和落脚点，保证人民依法享有广泛的权利和自由、承担应尽的义务，维护社会公平正义，促进共同富裕。必须保证人民在党的领导下，依照法律规定，通过各种途径和形式管理国家事务，管理经济文化事业，管理社会事务。必须使人民认识到法律既是保障自身权利的有力武器，也是必须遵守的行为规范，增强全社会学法、尊法、守法、用法意识，使法律为人民所掌握、所遵守、所运用。

——坚持法律面前人人平等。平等是社会主义法律的基本属性。任何组织和个人都必须尊重宪法法律权威，都必须在宪法法律范围内活动，都必须依照宪法法律行使权力或权利、履行职责或义务，都不得有超越宪法法律的特权。必须维护国家法制统一、尊严、权威，切实保证宪法法律有效实施，绝不允许任何人以任何借口任何形式以言代法、以权压法、徇私枉法。必须以规范和约束公权力为重点，加大监督力度，做到有权必有责、用权受监督、违法必追究，坚决纠正有法不依、执法不严、违法不究的行为。

——坚持依法治国和以德治国相结合。国家和社会治理需要法律和道德共同发挥作用。必须坚持一手抓法治、一手抓德治，大力弘扬社会主义核心价值观，弘扬中华传统美德，培育社会公德、职业道德、家庭美德、个人品德，既重视发挥法律的规范作用，又重视发挥道德的教化作用。以法治体现道德理念、强化法律对道德建设的促进作用；以道德滋养法治精神、强化道德对法治文化的支撑作用。实现法律和道德相辅相成，法治和德治相得益彰。

——坚持从中国实际出发。中国特色社会主义道路、理论体系、制度是全面推进依法治国的根本遵循。必须从我国基本国情出发，同改革开放不断深化相适应，总结和运用党领导人民实行法治的成功经验，围绕社会主义法治建设重大理论和实践问题，推进法治理论创新，发展符合中国实际、具有中国特色、体现社会发展规律的社会主义法治理论，为依法治国提供理论指导和学理支撑。汲取中华法律文化精华，借鉴国外法治有益经验，但决不照搬外国法治理念和模式。

全面推进依法治国是一个系统工程，是国家治理领域一场广泛而深刻的革命，需要付出长期艰苦努力。全党同志必须更加自觉地坚持依法治国，更加扎实地推进依法治国，努力实现国家各项工作法治化，向着建设法治中国不断前进。

四、新时代深化依法治国实践的主要任务

党的十八届四中全会和党的十九大明确提出，全面推进依法治国的总目标是建设中国特色社会主义法治体系，建设社会主义法治国家。党的十八届四中全会明确了建设中国特色社会主义法治体系的具体任务，即形成完备的法律规范体系、高效的法治实施体系、严密的法治监督体系、有力的法治保障体系，形成完善的党内法规

体系。

党的十九大报告提出全面依法治国是国家治理的一场深刻革命,必须坚持厉行法治,推进科学立法、严格执法、公正司法、全民守法。成立中央全面依法治国领导小组,加强对法治中国建设的统一领导。加强宪法实施和监督,推进合宪性审查工作,维护宪法权威。推进科学立法、民主立法、依法立法,以良法促进发展、保障善治。建设法治政府,推进依法行政,严格规范公正文明执法。深化司法体制综合配套改革,全面落实司法责任制,努力让人民群众在每一个司法案件中感受到公平正义。加大全民普法力度,建设社会主义法治文化,树立宪法法律至上、法律面前人人平等的法治理念。各级党组织和全体党员要带头尊法学法守法用法,任何组织和个人都不得有超越宪法法律的特权,绝不允许以言代法、以权压法、逐利违法、徇私枉法。

第二章　法治工作的基本格局

一、完善中国特色社会主义法律体系,加强宪法实施

法律是治国之重器,良法是善治之前提。建设中国特色社会主义法治体系,必须坚持立法先行,发挥立法的引领和推动作用,抓住提高立法质量这个关键。要恪守以民为本、立法为民理念,贯彻社会主义核心价值观,使每一项立法都符合宪法精神、反映人民意志、得到人民拥护。要把公正、公平、公开原则贯穿立法全过程,完善立法体制机制,坚持立改废释并举,增强法律法规的及时性、系统性、针对性、有效性。

党的十九大报告强调要长期坚持、不断发展我国社会主义民主政治,积极稳妥推进政治体制改革,推进社会主义民主政治制度化、规范化、法治化、程序化,保证人民依法通过各种途径和形式管理国家事务,管理经济文化事业,管理社会事务。坚持党的领导、人民当家作主、依法治国有机统一。扩大人民有序政治参与,保证人民依法实行民主选举、民主协商、民主决策、民主管理、民主监督;维护国家法制统一、尊严、权威,加强人权法治保障,保证人民依法享有广泛权利和自由。巩固基层政权,完善基层民主制度,保障人民知情权、参与权、表达权、监督权。健全依法决策机制,构建决策科学、执行坚决、监督有力的权力运行机制。推进科学立法、严格执法、公正司法、全民守法,以良法促进发展、保障善治。

1. 健全宪法实施和监督制度

宪法是党和人民意志的集中体现,是通过科学民主程序形成的根本法。坚持依法治国首先要坚持依宪治国,坚持依法执政首先要坚持依宪执政。全国各族人民、一切国家机关和武装力量、各政党和各社会团体、各企业事业组织,都必须以宪法为根本的活动准则,并且负有维护宪法尊严、保证宪法实施的职责。一切违反宪法的行为都必须予以追究和纠正。

完善全国人民代表大会及其常务委员会宪法监督制度,健全宪法解释程序机制。加强备案审查制度和能力建设,把所有规范性文件纳入备案审查范围,依法撤销和纠正违宪违法的规范性文件,禁止地方制发带有立法性质的文件。

将每年12月4日定为国家宪法日。在全社会普遍开展宪法教育,弘扬宪法精神。建立宪法宣誓制度,凡经人民代表大会及其常务委员会选举或者决定任命的国家工作人员正式就职时应公开向宪法宣誓。

2.完善立法体制

加强党对立法工作的领导,完善党对立法工作中重大问题决策的程序。凡立法涉及重大体制和重大政策调整的,必须报党中央讨论决定。党中央向全国人民代表大会提出宪法修改建议,依照宪法规定的程序进行宪法修改。法律制定和修改的重大问题由全国人民代表大会常务委员会党组向党中央报告。

健全有立法权的人民代表大会主导立法工作的体制机制,发挥人民代表大会及其常务委员会在立法工作中的主导作用。建立由全国人民代表大会相关专门委员会、全国人民代表大会常务委员会法制工作委员会组织有关部门参与起草综合性、全局性、基础性等重要法律草案制度。增加有法治实践经验的专职常委比例。依法建立健全专门委员会、工作委员会立法专家顾问制度。

加强和改进政府立法制度建设,完善行政法规、规章制定程序,完善公众参与政府立法机制。重要行政管理法律法规由政府法制机构组织起草。

明确立法权力边界,从体制机制和工作程序上有效防止部门利益和地方保护主义法律化。对部门间争议较大的重要立法事项,由决策机关引入第三方评估,充分听取各方意见,协调决定,不能久拖不决。加强法律解释工作,及时明确法律规定含义和适用法律依据。明确地方立法权限和范围,依法赋予设区的市地方立法权。

3.深入推进科学立法、民主立法

加强人民代表大会对立法工作的组织协调,健全立法起草、论证、协调、审议机制,健全向下级人民代表大会征询立法意见机制,建立基层立法联系点制度,推进立法精细化。健全法律法规规章起草征求人民代表大会代表意见制度,增加人民代表大会代表列席人民代表大会常务委员会会议人数,更多发挥人民代表大会代表参与起草和修改法律作用。完善立法项目征集和论证制度。健全立法机关主导、社会各方有序参与立法的途径和方式。探索委托第三方起草法律法规草案。

健全立法机关和社会公众沟通机制,开展立法协商,充分发挥政协委员、民主党派、工商联、无党派人士、人民团体、社会组织在立法协商中的作用,探索建立有关国家机关、社会团体、专家学者等对立法中涉及的重大利益调整论证咨询机制。拓宽公民有序参与立法途径,健全法律法规规章草案公开征求意见和公众意见采纳情况反馈机制,广泛凝聚社会共识。

完善法律草案表决程序,对重要条款可以单独表决。

4.加强重点领域立法

依法保障公民权利,加快完善体现权利公平、机会公平、规则公平的法律制度,保障公民人身权、财产权、基本政治权利等各项权利不受侵犯,保障公民经济、文化、社会等各方面权利得到落实,实现公民权利保障法治化。增强全社会尊重和保障人权意识,健全公民权利救济渠道和方式。

社会主义市场经济本质上是法治经济。使市场在资源配置中起决定性作用和更好发挥政府作用,必须以保护产权、维护契约、统一市场、平等交换、公平竞争、有效监管为基本导向,完善社会主义市场经济法律制度。健全以公平为核心原则的产权保护制度,加强对各种所有制经济组织和自然人财产权的保护,清理有违公平的法律法规条款。创新适应公有制多种实现形式的产权保护制度,加强对国有、集体资产所有权、经营权和各类企业法人财产权的保护。国家保护企业以法人财产权依法自主经营、自负盈亏，企业有权拒绝任何组织和个人无法律依据的要求。加强企业社会责任立法。完善激励创新的产权制度、知识产权保护制度和促进科技成果转化的体制机制。加强市场法律制度建设，编纂民法典，制定和完善发展规划、投资管理、土地管理、能源和矿产资源、农业、财政税收、金融等方面法律法规，促进商品和要素自由流动、公平交易、平等使用。依法加强和改善宏观调控、市场监管，反对垄断，促进合理竞争，维护公平竞争的市场秩序。加强军民融合，深度发展法治保障。

制度化、规范化、程序化是社会主义民主政治的根本保障。以保障人民当家作主为核心，坚持和完善人民代表大会制度，坚持和完善中国共产党领导的多党合作和政治协商制度、民族区域自治制度以及基层群众自治制度，推进社会主义民主政治法治化。加强社会主义协商民主制度建设，推进协商民主广泛多层制度化发展，构建程序合理、环节完整的协商民主体系。完善和发展基层民主制度，依法推进基层民主和行业自律，实行自我管理、自我服务、自我教育、自我监督。完善国家机构组织法，完善选举制度和工作机制。加快推进反腐败国家立法，完善惩治和预防腐败体系，形成不敢腐、不能腐、不想腐的有效机制，坚决遏制和预防腐败现象。完善惩治贪污贿赂犯罪法律制度，把贿赂犯罪对象由财物扩大为财物和其他财产性利益。

建立健全坚持社会主义先进文化前进方向、遵循文化发展规律，有利于激发文化创造活力、保障人民基本文化权益的文化法律制度。制定公共文化服务保障法，促进基本公共文化服务标准化、均等化。制定文化产业促进法，把行之有效的文化经济政策法定化，健全促进社会效益和经济效益有机统一的制度规范。制定国家勋章和国家荣誉称号法，表彰有突出贡献的杰出人士。加强互联网领域立法，完善网络信息服务、网络安全保护、网络社会管理等方面的法律法规，依法规范网络行为。

加快保障和改善民生，推进社会治理体制创新。依法加强和规范公共服务，完善教育、就业、收入分配、社会保障、医疗卫生、食品安全、扶贫、慈善、社会救助和妇女儿童、老年人、残疾人合法权益保护等方面的法律法规。加强社会组织立法，规范和引导各类社会组织健康发展。制定社区矫正法。

贯彻落实总体国家安全观，加快国家安全法治建设，抓紧出台反恐怖等一批急需法律，推进公共安全法治化，构建国家安全法律制度体系。

用严格的法律制度保护生态环境，加快建立有效约束开发行为和促进绿色发展、循环发展、低碳发展的生态文明法律制度，强化生产者环境保护的法律责任，大幅度提高违法成本。建立健全自然资源产权法律制度，完善国土空间开发保护方面的法律制度，制定完善生态补偿和土壤、水、大气污染防治及海洋生态环境保护等法律法规，促进生态文明建设。

实现立法和改革决策相衔接，做到重大改革于法有据，立法主动适应改革和经济社会发展需要。实践证明行之有效的，要及时上升为法律；实践条件还不成熟、需要先行先试的，要按照法定程序作出授权；对不适应改革要求的法律法规，要及时修改和废止。

二、深入推进依法行政，加快建设法治政府

党的十九大要求，建设法治政府，推进依法行政，严格规范公正文明执法。法律的生命力在于实施，法律的权威也在于实施。各级政府必须坚持在党的领导下、在

法治轨道上开展工作,创新执法体制,完善执法程序,推进综合执法,严格执法责任,建立权责统一、权威高效的依法行政体制,加快建设职能科学、权责法定、执法严明、公开公正、廉洁高效、守法诚信的法治政府。

1. 依法全面履行政府职能

完善行政组织和行政程序法律制度,推进机构、职能、权限、程序、责任法定化。行政机关要坚持法定职责必须为、法无授权不可为,勇于负责、敢于担当,坚决纠正不作为、乱作为,坚决克服懒政、怠政,坚决惩处失职、渎职。行政机关不得法外设定权力,没有法律法规依据不得作出减损公民、法人和其他组织合法权益或者增加其义务的决定。推行政府权力清单制度,坚决消除权力设租寻租空间。

推进各级政府事权规范化、法律化,完善不同层级政府特别是中央和地方政府事权法律制度,强化中央政府宏观管理、制度设定职责和必要的执法权,强化省级政府统筹推进区域内基本公共服务均等化职责,强化市县政府执行职责。

2. 健全依法决策机制

把公众参与、专家论证、风险评估、合法性审查、集体讨论决定确定为重大行政决策法定程序,确保决策制度科学、程序正当、过程公开、责任明确。建立行政机关内部重大决策合法性审查机制,未经合法性审查或经审查不合法的,不得提交讨论。

积极推行政府法律顾问制度,建立以政府法制机构人员为主体、吸收专家和律师参加的法律顾问队伍,保证法律顾问在制定重大行政决策、推进依法行政中发挥积极作用。

建立重大决策终身责任追究制度及责任倒查机制,对决策严重失误或者依法应该及时作出决策但久拖不决造成重大损失、恶劣影响的,严格追究行政首长、负有责任的其他领导人员和相关责任人员的法律责任。

3. 深化行政执法体制改革

根据不同层级政府的事权和职能,按照减少层次、整合队伍、提高效率的原则,合理配置执法力量。

推进综合执法,大幅减少市县两级政府执法队伍种类,重点在食品药品安全、工商质检、公共卫生、安全生产、文化旅游、资源环境、农林水利、交通运输、城乡建设、海洋渔业等领域内推行综合执法,有条件的领域可以推行跨部门综合执法。

完善市县两级政府行政执法管理,加强统一领导和协调。理顺行政强制执行体制。理顺城管执法体制,加强城市管理综合执法机构建设,提高执法和服务水平。

严格实行行政执法人员持证上岗和资格管理制度,未经执法资格考试合格,不得授予执法资格,不得从事执法活动。严格执行"罚缴分离和收支两条线"管理制度,严禁收费、罚没收入同部门利益直接或者变相挂钩。

健全行政执法和刑事司法衔接机制,完善案件移送标准和程序,建立行政执法机关、公安机关、检察机关、审判机关信息共享、案情通报、案件移送制度,坚决克服有案不移、有案难移、以罚代刑现象,实现行政处罚和刑事处罚无缝对接。

4. 坚持严格规范公正文明执法

依法惩处各类违法行为,加大关系群众切身利益的重点领域的执法力度。完善执法程序,建立执法全过程记录制度。明确具体操作流程,重点规范行政许可、行政处罚、行政强制、行政征收、行政收费、行政检查等执法行为。严格执行重大执法决定法制审核制度。

建立健全行政裁量权基准制度,细化、量化行政裁量标准,规范裁量范围、种类、幅度。加强行政执法信息化建设和信息共享,提高执法效率和规范化水平。

全面落实行政执法责任制,严格确定不同部门及机构、岗位执法人员执法责任和责任追究机制,加强执法监督,坚决排除对执法活动的干预,防止和克服地方和部门保护主义,惩治执法腐败现象。

5. 强化对行政权力的制约和监督

加强党内监督、人民代表大会监督、民主监督、行政监督、司法监督、审计监督、社会监督、舆论监督制度建设,努力形成科学有效的权力运行制约和监督体系,增强监督合力和实效。

加强对政府内部权力的制约,是强化对行政权力制约的重点。对财政资金分配使用、国有资产监管、政府投资、政府采购、公共资源转让、公共工程建设等权力集中的部门和岗位实行分事行权、分岗设权、分级授权,定期轮岗,强化内部流程控制,防止权力滥用。完善政府内部层级监督和专门监督,改进上级机关对下级机关的监督,建立常态化监督制度。完善纠错问责机制,健全责令公开道歉、停职检查、引咎辞职、责令辞职、罢免等问责方式和程序。

完善审计制度,保障依法独立行使审计监督权。对公共资金、国有资产、国有资源和领导干部履行经济责任情况实行审计全覆盖。强化上级审计机关对下级审计机关的领导。探索省以下地方审计机关人财物统一管理。推进审计职业化建设。

6. 全面推进政务公开

坚持以公开为常态、不公开为例外原则,推进决策公开、执行公开、管理公开、服务公开、结果公开。各级政府及其工作部门依据权力清单,向社会全面公开政府职能、法律依据、实施主体、职责权限、管理流程、监督方式等事项。重点推进财政预算、公共资源配置、重大建设项目批准和实施、社会公益事业建设等领域的政府信息公开。

涉及公民、法人或其他组织权利和义务的规范性文件,按照政府信息公开要求和程序予以公布。推行行政执法公示制度。推进政务公开信息化,加强互联网政务信息数据服务平台和便民服务平台建设。

三、保证公正司法,提高司法公信力

公正是法治的生命线。司法公正对社会公正具有重要引领作用,司法不公对社会公正具有致命破坏作用。必须完善司法管理体制和司法权力运行机制,规范司法行为,加强对司法活动的监督,努力让人民群众在每一个司法案件中感受到公平正义。

1. 完善确保依法独立公正行使审判权和检察权的制度

各级党政机关和领导干部要支持法院、检察院依法独立公正行使职权。建立领导干部干预司法活动、插手具体案件处理的记录、通报和责任追究制度。任何党政机关和领导干部都不得让司法机关做违反法定职责、有碍司法公正的事情,任何司法机关都不得执行党政机关和领导干部违法干预司法活动的要求。对干预司法机关办案的,给予党纪政纪处分;造成冤假错案或者其他严重后果的,依法追究刑事责任。

健全行政机关依法出庭应诉、支持法院受理行政案件、尊重并执行法院生效裁判的制度。完善惩戒妨碍司法机关依法行使职权、拒不执行生效裁判和决定、藐视法庭权威等违法犯罪行为的法律规定。

建立健全司法人员履行法定职责保护机制。非因法定事由,非经法定程序,不得将法官、检察官调离、辞退或者作出免职、降级等处分。

2. 优化司法职权配置

健全公安机关、检察机关、审判机关、司法行政机关各司其职,侦查权、检察权、审判权、执行权相互配合、相互制约的体制机制。

完善司法体制,推动实行审判权和执行权相分离的体制改革试点。完善刑罚执行制度,统一刑罚执行体制。改革司法机关人财物管理体制,探索实行法院、检察院司法行政事务管理权和审判权、检察权相分离。

最高人民法院设立巡回法庭,审理跨行政区域重大行政和民商事案件。探索设立跨行政区划的人民法院和人民检察院,办理跨地区案件。完善行政诉讼体制机制,合理调整行政诉讼案件管辖制度,切实解决行政诉讼立案难、审理难、执行难等突出问题。

改革法院案件受理制度,变立案审查制为立案登记制,对人民法院依法应该受理的案件,做到有案必立、有诉必理,保障当事人诉权。加大对虚假诉讼、恶意诉讼、无理缠诉行为的惩治力度。完善刑事诉讼中认罪认罚从宽制度。

完善审级制度,一审重在解决事实认定和法律适用,二审重在解决事实法律争议、实现二审终审,再审重在解决依法纠错、维护裁判权威。完善对涉及公民人身、财产权益的行政强制措施实行的司法监督制度。检察机关在履行职责中发现行政机关违法行使职权或者不行使职权的行为,应该督促其纠正。探索建立检察机关提起公益诉讼制度。

明确司法机关内部各层级权限,健全内部监督制约机制。司法机关内部人员不得违反规定干预其他人员正在办理的案件,建立司法机关内部人员过问案件的记录制度和责任追究制度。完善主审法官、合议庭、主任检察官、主办侦查员办案责任制,落实谁办案谁负责。

加强职务犯罪线索管理,健全受理、分流、查办、信息反馈制度,明确纪检监察和刑事司法办案标准、办案程序衔接,依法严格查办职务犯罪案件。

3.推进严格司法

坚持以事实为根据、以法律为准绳,健全事实认定符合客观真相,办案结果符合实体公正,办案过程符合程序公正的法律制度。加强和规范司法解释和案例指导,统一法律适用标准。

推进以审判为中心的诉讼制度改革,确保侦查、审查起诉的案件事实证据经得起法律的检验。全面贯彻证据裁判规则,严格依法收集、固定、保存、审查、运用证据,完善证人、鉴定人出庭制度,保证庭审在查明事实、认定证据、保护诉权、公正裁判中发挥决定性作用。

明确各类司法人员工作职责、工作流程、工作标准,实行办案质量终身负责制和错案责任倒查问责制,确保案件处理经得起法律和历史检验。

4.保障人民群众参与司法

坚持人民司法为人民,依靠人民推进公正司法,通过公正司法维护人民权益。在司法调解、司法听证、涉诉信访等司法活动中保障人民群众参与。完善人民陪审员制度,保障公民陪审权利,扩大参审范围,完善随机抽选方式,提高人民陪审制度公信度。逐步实行人民陪审员不再审理法律适用问题,只参与审理事实认定问题。

构建开放、动态、透明、便民的阳光司法机制,推进审判公开、检务公开、警务公开、狱务公开,依法及时公开执法司法依据、程序、流程、结果和生效法律文书,杜绝暗箱操作。加强法律文书释法说理,建立生效法律文书统一上网和公开查询制度。

5.加强人权司法保障

强化诉讼过程中当事人和其他诉讼参与人的知情权、陈述权、辩护辩论权、申请权、申诉权的制度保障。健全落实罪刑法定、疑罪从无、非法证据排除等法律原则的法律制度。完善对限制人身自由司法措施和侦查手段的司法监督,加强对刑讯逼供和非法取证的源头预防,健全冤假错案有效防范、及时纠正机制。

切实解决执行难的问题,制定强制执行法,规范查封、扣押、冻结、处理涉案财物的司法程序。加快建立失信被执行人信用监督、威慑和惩戒法律制度。依法保障胜诉当事人及时实现权益。

落实终审和诉讼终结制度,实行诉访分离,保障当事人依法行使申诉权利。对不服司法机关生效裁判、决定的申诉,逐步实行律师代理申诉制度。对聘不起律师的申诉人,纳入法律援助范围。

6. 加强对司法活动的监督

完善检察机关行使监督权的法律制度,加强对刑事诉讼、民事诉讼、行政诉讼的法律监督。完善人民监督员制度,重点监督检察机关查办职务犯罪的立案、羁押、扣押冻结财物、起诉等环节的执法活动。司法机关要及时回应社会关切。规范媒体对案件的报道,防止舆论影响司法公正。

依法规范司法人员与当事人、律师、特殊关系人、中介组织的接触、交往行为。严禁司法人员私下接触当事人及律师,泄露或者为其打探案情,接受吃请或者收受其财物,为律师介绍代理和辩护业务等违法违纪行为,坚决惩治司法掮客行为,防止利益输送。

对因违法违纪被开除公职的司法人员、吊销执业证书的律师和公证员,终身禁止从事法律职业,构成犯罪的要依法追究刑事责任。

坚决破除各种潜规则,绝不允许法外开恩,绝不允许办"关系案""人情案""金钱案"。坚决反对和克服特权思想、衙门作风、霸道作风,坚决反对和惩治粗暴执法、野蛮执法行为。对司法领域的腐败零容忍,坚决清除害群之马。

四、增强全民法治观念,推进法治社会建设

党的十九大要求加大普法力度,建设社会主义法治文化,树立宪法法律至上、法律面前人人平等的法治理念。法律的权威源自人民的内心拥护和真诚信仰。人民权益要靠法律保障,法律权威要靠人民维护。必须弘扬社会主义法治精神,建设社会主义法治文化,增强全社会厉行法治的积极性和主动性,形成守法光荣、违法可耻的社会氛围,使全体人民都成为社会主义法治的忠实崇尚者、自觉遵守者、坚定捍卫者。

1. 推动全社会树立法治意识

坚持把全民普法和守法作为依法治国的长期基础性工作,深入开展法治宣传教育,引导全民自觉守法、遇事找法、解决问题靠法。坚持把领导干部带头学法、模范守法作为树立法治意识的关键,完善国家工作人员学法用法制度,把宪法法律列入党委(党组)中心组学习内容,列为党校、行政学院、干部学院、社会主义学院必修课。把法治教育纳入国民教育体系,从青少年抓起,在中小学设立法治知识课程。

健全普法宣传教育机制,各级党委和政府要加强对普法工作的领导,宣传、文化、教育部门和人民团体要在普法教育中发挥职能作用。实行国家机关"谁执法谁普法"的普法责任制,建立法官、检察官、行政执法人员、律师等以案释法制度,加强普法讲师团、普法志愿者队伍建设。把法治教育纳入精神文明创建内容,开展群众性法治文化活动,健全媒体公益普法制度,加强新媒体新技术在普法中的运用,提高普法实效。

牢固树立有权力就有责任、有权利就有义务观念。加强社会诚信建设,健全公民和组织守法信用记录,完善守法

诚信褒奖机制和违法失信行为惩戒机制,使尊法守法成为全体人民共同追求和自觉行动。

加强公民道德建设,弘扬中华优秀传统文化,增强法治的道德底蕴,强化规则意识,倡导契约精神,弘扬公序良俗。发挥法治在解决道德领域突出问题中的作用,引导人们自觉履行法定义务、社会责任、家庭责任。

2. 推进多层次多领域依法治理

坚持系统治理、依法治理、综合治理、源头治理,提高社会治理法治化水平。深入开展多层次多形式法治创建活动,深化基层组织和部门、行业依法治理,支持各类社会主体自我约束、自我管理。发挥市民公约、乡规民约、行业规章、团体章程等社会规范在社会治理中的积极作用。

发挥人民团体和社会组织在法治社会建设中的积极作用。建立健全社会组织参与社会事务、维护公共利益、救助困难群众、帮教特殊人群、预防违法犯罪的机制和制度化渠道。支持行业协会、商会类社会组织发挥行业自律和专业服务功能。发挥社会组织对其成员的行为导引、规则约束、权益维护作用。加强在华境外非政府组织管理,引导和监督其依法开展活动。

高举民族大团结旗帜,依法妥善处置涉及民族、宗教等因素的社会问题,促进民族关系、宗教关系和谐。

3. 建设完备的法律服务体系

推进覆盖城乡居民的公共法律服务体系建设,加强民生领域法律服务。完善法律援助制度,扩大援助范围,健全司法救助体系,保证人民群众在遇到法律问题或者权利受到侵害时获得及时有效法律帮助。

发展律师、公证等法律服务业,统筹城乡、区域法律服务资源,发展涉外法律服务业。健全统一司法鉴定管理体制。

4. 健全依法维权和化解纠纷机制

强化法律在维护群众权益、化解社会矛盾中的权威地位,引导和支持人们理性表达诉求、依法维护权益,解决好群众最关心、最直接、最现实的利益问题。

构建对维护群众利益具有重大作用的制度体系,建立健全社会矛盾预警机制、利益表达机制、协商沟通机制、救济救助机制,畅通群众利益协调、权益保障法律渠道。把信访纳入法治化轨道,保障合理合法诉求依照法律规定和程序就能得到合理合法的结果。

健全社会矛盾纠纷预防化解机制,完善调解、仲裁、行政裁决、行政复议、诉讼等有机衔接、相互协调的多元化纠纷解决机制。加强行业性、专业性人民调解组织建设,完善人民调解、行政调解、司法调解联动工作体系。完善仲裁制度,提高仲裁公信力。健全行政裁决制度,强化行政机关解决同行政管理活动密切相关的民事纠纷功能。

深入推进社会治安综合治理,健全落实领导责任制。完善立体化社会治安防控体系,有效防范、化解、管控影响社会安定的问题,保障人民生命财产安全。依法严厉打击暴力恐怖、涉黑犯罪、邪教和黄赌毒等违法犯罪活动,绝不允许其形成气候。依法强化危害食品药品安全、影响安全生产、损害生态环境、破坏网络安全等重点问题治理。

第三章 法治工作的重要保障

一、加强法治工作队伍建设

全面推进依法治国,必须大力提高法治工作队伍思想政治素质、业务工作能力、职业道德水准,着力建设一支忠于党、忠于国家、忠于人民、忠于法律的社会主义法治工作队伍,为加快建设社会主义法治国家提供强有力的组织和人才保障。

1. 建设高素质法治专门队伍

把思想政治建设摆在首位,加强理想信念教育,深入开展社会主义核心价值观和社会主义法治理念教育,坚持党的事业、人民利益、宪法法律至上,加强立法队伍、行政执法队伍、司法队伍建设。抓住立法、执法、司法机关各级领导班子建设这个关键,突出政治标准,把善于运用法治思维和法治方式推动工作的人选拔到领导岗位上来。畅通立法、执法、司法部门干部和人才相互之间以及与其他部门具备条件的干部和人才的交流渠道。

推进法治专门队伍正规化、专业化、职业化,提高职业素养和专业水平。完善法律职业准入制度,健全国家统一法律职业资格考试制度,建立法律职业人员统一职前培训制度。建立从符合条件的律师、法学专家中招录立法工作者、法官、检察官制度,畅通具备条件的军队转业干部进入法治专门队伍的通道,健全从政法专业毕业生中招录人才的规范便捷机制。加强边疆地区、民族地区法治专门队伍建设。加快建立符合职业特点的法治工作人员管理制度,完善职业保障体系,建立法官、检察官、人民警察专业职务序列及工资制度。

建立法官、检察官逐级遴选制度。初任法官、检察官由高级人民法院、省级人民检察院统一招录,一律在基层人民法院、人民检察院任职。上级人民法院、人民检察院的法官、检察官一般从下一级人民法院、人民检察院的优秀法官、检察官中遴选。

2. 加强法律服务队伍建设

加强律师队伍思想政治建设,把拥护中国共产党领导、拥护社会主义法治作为律师从业的基本要求,增强广大律师走中国特色社会主义法治道路的自觉性和坚定性。构建社会律师、公职律师、公司律师等优势互补、结构合理的律师队伍。提高律师队伍业务素质,完善执业保障机制。加强律师事务所管理,发挥律师协会自律作用,规范律师执业行为,监督律师严格遵守职业道德和职业操守,强化准入、退出管理,严格执行违法违规执业惩戒制度。加强律师行业党的建设,扩大党的工作覆盖面,切实发挥律师事务所党组织的政治核心作用。

各级党政机关和人民团体普遍设立公职律师,企业可设立公司律师,参与决策论证,提供法律意见,促进依法办事,防范法律风险。明确公职律师、公司律师法律地位及权利义务,理顺公职律师、公司律师管理体制机制。

发展公证员、基层法律服务工作者、人民调解员队伍。推动法律服务志愿者队伍建设。建立激励法律服务人才跨区域流动机制,逐步解决基层和欠发达地区法律服务资源不足和高端人才匮乏问题。

3. 创新法治人才培养机制

坚持用马克思主义法学思想和中国特色社会主义法治理论全方位占领高校、科研机构法学教育和法学研究阵地，加强法学基础理论研究，形成完善的中国特色社会主义法学理论体系、学科体系、课程体系，组织编写和全面采用国家统一的法律类专业核心教材，纳入国家统一法律职业资格考试必考范围。坚持立德树人、德育为先导向，推动中国特色社会主义法治理论进教材进课堂进头脑，培养造就熟悉和坚持中国特色社会主义法治体系的法治人才及后备力量。建设通晓国际法律规则、善于处理涉外法律事务的涉外法治人才队伍。

健全政法部门和法学院校、法学研究机构人员双向交流机制，实施高校和法治工作部门人员互聘计划，重点打造一支政治立场坚定、理论功底深厚、熟悉中国国情的高水平法学家和专家团队，建设高素质学术带头人、骨干教师、专兼职教师队伍。

二、加强和改进党对全面推进依法治国的领导

党的领导是全面推进依法治国、加快建设社会主义法治国家最根本的保证。必须加强和改进党对法治工作的领导，把党的领导贯彻到全面推进依法治国全过程。

1. 坚持依法执政

依法执政是依法治国的关键。各级党组织和领导干部要深刻认识到，维护宪法法律权威就是维护党和人民共同意志的权威，捍卫宪法法律尊严就是捍卫党和人民共同意志的尊严，保证宪法法律实施就是保证党和人民共同意志的实现。各级领导干部要对法律怀有敬畏之心，牢记法律红线不可逾越、法律底线不可触碰，带头遵守法律，带头依法办事，不得违法行使权力，更不能以言代法、以权压法、徇私枉法。

健全党领导依法治国的制度和工作机制，完善保证党确定依法治国方针政策和决策部署的工作机制和程序。加强对全面推进依法治国统一领导、统一部署、统筹协调。完善党委依法决策机制，发挥政策和法律的各自优势，促进党的政策和国家法律互联互动。党委要定期听取政法机关工作汇报，做促进公正司法、维护法律权威的表率。党政主要负责人要履行推进法治建设第一责任人职责。各级党委要领导和支持工会、共青团、妇联等人民团体和社会组织在依法治国中积极发挥作用。

人民代表大会、政府、政治协商会议、审判机关、检察机关的党组织和党员干部要坚决贯彻党的理论和路线方针政策，贯彻党委决策部署。各级人民代表大会、政府、政治协商会议、审判机关、检察机关的党组织要领导和监督本单位模范遵守宪法法律，坚决查处执法犯法、违法用权等行为。

政法委员会是党委领导政法工作的组织形式，必须长期坚持。各级党委政法委员会要把工作着力点放在把握政治方向、协调各方职能、统筹政法工作、建设政法队伍、督促依法履职、创造公正司法环境上，带头依法办事，保障宪法法律正确统一实施。政法机关党组织要建立健全重大事项向党委报告制度。加强政法机关党的建设，在法治建设中充分发挥党组织政治保障作用和党员先锋模范作用。

2. 加强党内法规制度建设

党内法规既是管党治党的重要依据，也是建设社会主义法治国家的有力保障。党章是最根本的党内法规，全党必须一体严格遵行。完善党内法规制定体制机制，加大党内法规备案审查和解释力度，形成配套完备的党内法规制度体系。注重党内法规同国家法律的衔接和协调，提高党内法规执行力，运用党内法规把党要管党、从严治党落到实处，促进党员、干部带头遵守国家法律法规。

党的纪律是党内规矩。党规党纪严于国家法律,党的各级组织和广大党员干部不仅要模范遵守国家法律,而且要按照党规党纪以更高标准严格要求自己,坚定理想信念,践行党的宗旨,坚决同违法乱纪行为作斗争。对违反党规党纪的行为必须严肃处理,对苗头性倾向性问题必须抓早抓小,防止小错酿成大错、违纪走向违法。

依纪依法反对和克服形式主义、官僚主义、享乐主义和奢靡之风,形成严密的长效机制。完善和严格执行领导干部政治、工作、生活待遇方面各项制度规定,着力整治各种特权行为。深入开展党风廉政建设和反腐败斗争,严格落实党风廉政建设党委主体责任和纪委监督责任,对任何腐败行为和腐败分子,必须依纪依法予以坚决惩处,决不手软。

3. 提高党员干部法治思维和依法办事能力

党员干部是全面推进依法治国的重要组织者、推动者、实践者,要自觉提高运用法治思维和法治方式深化改革、推动发展、化解矛盾、维护稳定能力,高级干部尤其要以身作则、以上率下。把法治建设成效作为衡量各级领导班子和领导干部工作实绩重要内容,纳入政绩考核指标体系。把能不能遵守法律、依法办事作为考察干部重要内容,在相同条件下,优先提拔使用法治素养好、依法办事能力强的干部。对特权思想严重、法治观念淡薄的干部要批评教育,不改正的要调离领导岗位。

4. 推进基层治理法治化

全面推进依法治国,基础在基层,工作重点在基层。发挥基层党组织在全面推进依法治国中的战斗堡垒作用,增强基层干部法治观念、法治为民的意识,提高依法办事能力。加强基层法治机构建设,强化基层法治队伍,建立重心下移、力量下沉的法治工作机制,改善基层基础设施和装备条件,推进法治干部下基层活动。

5. 深入推进依法治军从严治军

党对军队绝对领导是依法治军的核心和根本要求。紧紧围绕党在新形势下的强军目标,着眼全面加强军队革命化现代化正规化建设,创新发展依法治军理论和实践,构建完善的中国特色军事法治体系,提高国防和军队建设法治化水平。

坚持在法治轨道上积极稳妥推进国防和军队改革,深化军队领导指挥体制、力量结构、政策制度等方面改革,加快完善和发展中国特色社会主义军事制度。

健全适应现代军队建设和作战要求的军事法规制度体系,严格规范军事法规制度的制定权限和程序,将所有军事规范性文件纳入审查范围,完善审查制度,增强军事法规制度科学性、针对性、适用性。

坚持从严治军铁律,加大军事法规执行力度,明确执法责任,完善执法制度,健全执法监督机制,严格责任追究,推动依法治军落到实处。

健全军事法制工作体制,建立和完善领导机关法制工作机构。改革军事司法体制机制,完善统一领导的军事审判、检察制度,维护国防利益,保障军人合法权益,防范打击违法犯罪。建立军事法律顾问制度,在各级领导机关设立军事法律顾问,完善重大决策和军事行动法律咨询保障制度。改革军队纪检监察体制。

强化官兵法治理念和法治素养,把法律知识学习纳入军队院校教育体系、干部理论学习和部队教育训练体系,列为军队院校学员必修课和部队官兵必学必训内容。完善军事法律人才培养机制。加强军事法治理论研究。

6. 依法保障"一国两制"实践和推进祖国统一

坚持宪法的最高法律地位和最高法律

效力,全面准确贯彻"一国两制""港人治港""澳人治澳"、高度自治的方针,严格依照宪法和基本法办事,完善与基本法实施相关的制度和机制,依法行使中央权力,依法保障高度自治,支持特别行政区行政长官和政府依法施政,保障内地与香港、澳门经贸关系发展和各领域交流合作,防范和反对外部势力干预港澳事务,保持香港、澳门长期繁荣稳定。

运用法治方式巩固和深化两岸关系和平发展,完善涉台法律法规,依法规范和保障两岸人民关系、推进两岸交流合作。运用法律手段捍卫一个中国原则、反对"台独",增进维护一个中国框架的共同认知,推进祖国和平统一。

依法保护港澳同胞、台湾同胞权益。加强内地同香港和澳门、大陆同台湾的执法司法协作,共同打击跨境违法犯罪活动。

7. 加强涉外法律工作

适应对外开放不断深化,完善涉外法律法规体系,促进构建开放型经济新体制。积极参与国际规则制定,推动依法处理涉外经济、社会事务,增强我国在国际法律事务中的话语权和影响力,运用法律手段维护我国主权、安全、发展利益。强化涉外法律服务,维护我国公民、法人在海外及外国公民、法人在我国的正当权益,依法维护海外侨胞权益。深化司法领域国际合作,完善我国司法协助体制,扩大国际司法协助覆盖面。加强反腐败国际合作,加大海外追赃追逃、遣返引渡力度。积极参与执法安全国际合作,共同打击暴力恐怖势力、民族分裂势力、宗教极端势力和贩毒走私、跨国有组织犯罪。

第二编 法理学

【寄语】

法理学是法学的主要理论学科,是法学教育的基础课程、核心课程。法理学通过研究法的现象来探寻法的内在规律,探讨法的普遍原理或最高原理,讨论法律实践和法学理论中具有根本性、规律性的问题。

法理学在国家统一法律职业资格考试中具有重要的地位,对法律人职业意识的确立、职业能力的掌握、职业道德的养成有着积极意义。

高其才
2019 年 2 月

第一章 法的本体

第一节 法的概念

一、法的概念的争议

历史上对"法是什么"的回答多种多样,围绕着法的概念争论的中心问题是关于法与道德之间的关系,由此大致可区分为两种基本立场,即实证主义中法的概念和非实证主义或自然法中法的概念。实证主义认为,在法与道德之间,在法律命令与正义要求之间,在"实际上是怎样的法"与"应该是怎样的法"之间,不存在概念上的必然联系。而所有的非实证主义理论都主张,在定义法的概念时,道德因素被包括在内,即法与道德是相互联结的。

实证主义者是以权威性制定和社会实效这两个要素定义法的概念的。以社会实效为首要定义要素的法的概念的主要代表是法社会学和法现实主义。以权威性制定为首要定义要素的法的概念的主要代表是分析主义法学,代表人物有奥斯丁(John Austin)、哈特(Herber Hart);或纯粹法学,代表人物有凯尔森(Hans Kelsen)等。

非实证主义者以内容的正确性作为法的概念的一个必要的定义要素。非实证主义的法的概念中不仅以内容的正确性作为定义要素,同时可以包括社会实效性要素和权威性制定要素。例如传统的自然法理论,即以内容的正确性作为法的概念的唯一定义要素。

二、马克思主义关于法的本质的基本观点

马克思主义认为法的本质表现为法的正式性。法的正式性又称法的官方性、国家性,指法是由国家制定或认可的并由国家强制力保证实施的正式的官方确定的行为规范。无论从形成方式、实施方式还是表现形式来看,法都是正式的国家制度的组成部分。法的正式性反映了法的现象的特征,是法的本质的表现。法的正式性体现为法通常是公共权力机关按照一定的权限和程序制定或认可的。法的正式性还体现为法通常是依靠正式的权力机制保证实施。法的正式性表明法律与国家权力存在

密切联系,法律直接形成于国家权力,是国家意志的体现。

同时,法的本质反映为法的阶级性。法的阶级性是指:在阶级对立的社会,法所体现的国家意志实际上是统治阶级的意志。

法的本质最终体现为法的物质制约性。法的物质制约性是指:法的内容受社会存在这个因素的制约,其最终也是由一定的社会物质生活条件决定的。

三、"国法"及其外延

一般认为,"国法"(国家的法律)即特定国家现行有效的法,其外延包括:

（1）国家专门机关(立法机关)制定的"法"(成文法);

（2）法院或法官在判决中创制的规则(判例法);

（3）国家通过一定方式认可的习惯法(不成文法);

（4）其他执行国法职能的法(如教会法)。

四、法的特征

（1）法是调整人的行为的一种社会规范。社会规范是指人与人相处的准则。不同于其他社会规范,法律是一种以公共权力为后盾的、具有特殊强制性的社会规范。

（2）法是由公共权力机构制定或认可的具有特定形式的社会规范。法律出自于形式上的公共权力机构,这种公共权力机构是建立在一定的"合法性"基础之上的。

法律的形成有两种基本方式:一种是制定法律,即享有国家立法权的机关,按照一定的权限划分,依照法定的程序将掌握政权的阶级的意志转化为法律。通过制定方式形成的法律就是成文法或制定法。另一种是通过国家认可的方式形成法律,这种形成法律的方式是将社会中已有的社会规范(如习惯、道德、宗教教义、政策)赋予法的效力。

（3）法是具有普遍性的社会规范。在国家权力所及的范围内,法律具有普遍效力或约束力;法律具有普遍平等对待性,即要求平等地对待一切人;法律的内容始终具有与人类的普遍要求相一致的趋向。

（4）法是以权利、义务为内容的社会规范。法是通过设定以权利、义务为内容的行为模式的方式,指引人们的行为,以调节社会关系。

（5）法是以国家强制力为后盾,通过法律程序保证实现的社会规范。

（6）法是可诉的规范体系,具有可诉性。法的可诉性是指法律具有被任何人(包括公民和法人)在法律规定的机构(尤其是法院和仲裁机构)中通过运用争议解决程序(特别是诉讼程序)来维护自身权利的可能性。

五、法的作用

法的作用泛指法对社会产生的影响。法的作用体现在法与社会的交互影响中,法的作用直接表现为国家权力的行使,法的作用本质上是社会自身力量的体现。

根据法在社会生活中发挥作用的形式和内容,法的作用可以分为规范作用与社会作用。规范作用是法作用于社会的特殊形式,社会作用是法规制和调整社会关系的目的。

法的规范作用可以分为指引、评价、教育、预测和强制五种。①指引作用是指法对本人的行为具有引导作用,对人的行为的指引包括个别性指引和规范性指引两种形式,从立法技术上看,法律对人的行为的指引通常采用确定的指引和不确定的指引(选择的指引)两种方式。②评价作用是指,法律作为一种行为标准,具有判断、衡量他人行为合法与否的评判作用。③教育作用是指通过法的实施使法律对一般人的行为产生影响。这种作用又具体表现为示警作用和示范作用。④预测作用是指凭借法律的存在，可以预先估计到人们相互之间会如何行为。法的预测作用的对象是人们相互之间的行为。⑤强制作用是指法可以通过制裁违法犯罪行为来强制人们遵守法律。强制作用的对象是违法者的行为。

法的社会作用主要涉及了三个领域和两个方向。三个领域即社会经济生活、政治生活、思想文化生活；两个方向即政治职能（通常所说的阶级统治的职能）和社会职能（执行社会公共事务的职能）。

需要注意的是，尽管法在社会生活中具有重要作用，但是法律不是万能的：①法律是以社会为基础的，因此，法律不可能超越社会发展需要"创造"或改变社会；②法律是社会规范之一，必然受到其他社会规范以及社会条件和环境的制约；③法律规制和调整社会关系的范围和深度是有限的，有些社会关系（如人们的情感关系、友谊关系）不适宜由法律来调整，法律就不应涉足其间；④法律自身条件的制约，如语言表达力的局限。

第二节 法的价值

一、法的价值的含义

"价值"体现着主体和客体之间的一种关系，也代表着主体与客体之间关系的契合程度。法的价值是指法这种规范体系（客体）有哪些为人（主体）所重视或珍视的性状、属性和作用。法的价值是人对作为客体的法律的认识，表明了法律对于人而言所拥有的正面意义。法的价值既包括对实然法的认识，更包括对应然法的追求。

二、法的价值的种类

1. 秩序

法学上所言的秩序，主要是指社会秩序。它表明通过法律机构、法律规范、法律权威所形成的一种法律状态。

法律的根本而首要的任务就是确保统治秩序的建立与维护。秩序是人们在社会生活中相互作用的正常结构、过程或变化模式，这决定了秩序是法的基本价值。秩序是法的其他价值的基础。不过，秩序虽然是法的基础价值，但秩序本身又必须以合乎人性、符合常理作为其目标。

2. 自由

法的价值层面上的"自由"，意味着法以确认、保障人的这种行为能力为己任，从而使主体与客体之间能够达到一种和谐的状态。

从价值上而言，法律是自由的保障。就法的本质来说，法律以"自由"为最高的价值目标。自由在法的价值中的地位，表现在它不仅是评价法律进步与否的标准，更重要的是它体现了人性最深刻的需要。这在法律上的体现是，必须确认、尊重、维护人的自由权利。

3. 人权

人权是指每个人作为人享有或应该享有的权利。人权从根本上说是一种道德权利。人权必须尽可能地被转化为法律权利，法能够促进与保证人权的实现。

4. 正义

从实质内容而言，正义体现为平等、公正等具体形态。正义是法的基本标准，正义是法的评价体系，正义也极大地推动着法律的进化。作为法的价值的正义主要涉及分配正义，遵循平等原则或无差别原则、差别原则、个人需求原则等。

三、法的价值冲突及其解决

法的各种价值之间有时会发生冲突。

从主体而言，法的价值冲突常常出现于三种场合：一是个体之间法律所承认的价值发生冲突，例如行使个人自由可能导致他人利益的损失；二是共同体之间价值发生冲突，例如国际人权与一国主权之间可能产生的矛盾；三是个体与共同体之间的价值冲突，如个人自由与社会秩序之间常见的矛盾情形。

解决法律价值冲突的原则主要有：①个案中的比例原则，即指为保护某种较为优越的法价值须侵及一种法益时，不得逾越此目的所必要的程度；②价值位阶原则，即在不同位阶的法的价值发生冲突时，在先的价值优于在后的价值。例如，一般而言，自由优于秩序。

第三节　法的要素

法律是由法律规范组成的，法律规范分为法律规则与法律原则。法律权利与法律义务是由法律规范规定或指示的，这些规则和原则是组成法律的基本要素，即法的构成要素。

一、法律规则

法律规则是采取一定的结构形式具体规定人们的法律权利、法律义务以及相应的法律后果的行为规范。

1. 法律规则的逻辑结构

法律规则的逻辑结构是指法律规则诸要素的逻辑联结方式。目前学界有"三要素说"和"两要素说"两种观点。"三要素说"认为，每一法律规则通常由假定、处理和制裁三个要素构成。"两要素说"认为，法律规则是由行为模式和法律后果两部分构成的。笔者持新的"三要素说"，认为任何法律规则均由假定条件、行为模式和法律后果三个部分构成。

假定条件是指法律规则中有关适用该规则的条件和情况的部分，即法律规则在什么时间、什么空间、对什么人适用，以及在什么情况下对人的行为有约束力的问题。具体包括：①法律规则的适用条件，其内容包括法律规则在什么时间生效，在什么地域生效以及对什么人生效等；②行为主体的行为条件。

行为模式是指法律规则中规定人们如何具体行为之方式或范型的部分。法律规则中的行为模式分为三种：①可为模式，指在什么假定条件下，人们"可以如何行为"的模式；②应为模式，指在什么假定条件下，人们"应当或必须如何行为"的模式；③勿为模式，指在什么假定条件下，人们"禁止或不得如何行为"的模式。从另一个角度看，可为模式亦可称为权利行为模式，而应为模式和勿为模式亦可称为义务行为模式。

法律后果是指法律规则中规定人们在作出符合或不符合行为模式要求的行为时应承担相应的结果的部分。法律后果分为：①合法后果，又称肯定式的法律后果，是法律规则中规定人们按照行为模式的要求行为而在法律上予以肯定的后果，它表现为法律规则对人们行为的保护、许可或奖励；②违法后果，又称否定式的法律后果，是法律规则中规定人们不按照行为模式的要求行为而在法律上予以否定的后果，它表现为法律规则对人们行为的制裁、不予保护、撤销、停止，或要求恢复、补偿等。

2. 法律规则与语言

一切法律规则都必须以作为"法律语句"的语句形式表达出来，具有语言的依赖性。法律规则是通过特定语句表达的，要将法律规则与表达法律规则的语句予以区分。表达法律规则的特定语句往往是一种规范语句。根据规范语句所运用的助动词的不同，规范语句可以分为命令句和允许句。

3.法律规则与法律条文

法律规则是法律条文的内容,法律条文是法律规则的表现形式,并不是所有的法律条文都直接规定法律规则,也不是每一个法律条文都完整地表述一个法律规则或只表述一个法律规则。在立法实践中,大致有以下几类情形:①一个完整的法律规则由数个法律条文来表述;②法律规则的内容分别由不同规范性法律文件的法律条文来表述;③一个法律条文表述不同的法律规则或其要素;④法律条文仅规定法律规则的某个要素或若干要素。

4.法律规则的分类

按照法律规则内容的不同,法律规则可以分为授权性规则和义务性规则。授权性规则是指规定人们有权作出一定行为或不作出一定行为的规则,即规定人们的"可为模式"的规则。义务性规则是指在内容上规定人们的法律义务,即有关人们应当作出或不作出某种行为的规则。义务性规则包括两种:①命令性规则,是指规定人们的积极义务,即人们必须或应当作出某种行为的规则;②禁止性规则,是指规定人们的消极义务(不作为义务),即禁止人们作出一定行为的规则。

按照规则内容的确定性程度不同,可以把法律规则分为确定性规则、委任性规则和准用性规则。确定性规则是指内容本已明确肯定,无须再援引或参照其他规则来确定其内容的法律规则。委任性规则是指内容尚未确定,而只规定某种概括性指示,应由相应国家机关通过相应途径或程序加以确定的法律规则。准用性规则是指内容本身没有规定人们具体的行为模式,而是可以援引或参照其他相应规定的规则。

按照规则对人们行为规定和限定的范围或程度不同,可以把法律规则分为强行性规则和任意性规则。强行性规则是指内容具有强制性质,不允许人们随便加以更改的法律规则。义务性规则、职权性规则属于强行性规则。任意性规则是指规定在一定范围内,允许人们自行选择或协商确定为与不为、为的方式以及法律关系中的权利义务内容的法律规则。

二、法律原则

法律原则是为法律规则提供某种基础或本源的综合性的、指导性的价值准则,是法律诉讼、法律程序和法律裁决的确认规范。

1.法律原则的种类

(1)按照法律原则产生的基础不同,可以把法律原则分为公理性原则和政策性原则。公理性原则,即由法律原理(法理)构成的原则,是由法律上之事理推导出来的法律原则。政策性原则是一个国家或民族出于一定的政策考量而制定的原则。

(2)按照法律原则对人的行为及其条件之覆盖面的宽窄和适用范围大小,可以把法律原则分为基本原则和具体原则。基本法律原则是整个法律体系或某一法律部门所适用的、体现法的基本价值的原则。具体法律原则是在基本原则指导下适用于某一法律部门中特定情形的原则。

(3)按照法律原则涉及的内容和问题不同,可以把法律原则分为实体性原则和程序性原则。实体性原则是指直接涉及实体法问题(实体性权利和义务等)的原则。程序性原则是指直接涉及程序法(诉讼法)问题的原则。

2.法律原则与法律规则的区别

(1)在内容上,法律规则的规定是明确具体的,它着眼于主体行为及各种条件(情况)的共性;其内容明确具体的目的是削弱或防止法律适用上的"自由裁量"。而法律原则的着眼点不仅限于行为及条件的共性,而且关注它们的个别性。其内容要求比较笼统。

（2）在适用范围上，法律规则由于内容具体明确，只适用于某一类型的行为。而法律原则对人们的行为及其适用条件有更大的覆盖面和抽象性，其适用范围比法律规则宽广。

（3）在适用方式上，法律规则是以"全有或全无的方式"（all or nothing fashion）或涵摄的方式应用于个案当中的。而法律原则的适用则不同，它不是以"全有或全无的方式"或涵摄的方式应用于个案当中的，因为不同的法律原则具有不同的"强度"，而且这些不同强度的原则甚至相互冲突的原则都可能存在于同一部法律之中。

3. 法律原则的适用条件

一般都认为法律原则可以克服法律规则的僵硬性缺陷，弥补法律漏洞，保证个案正义。为了将法律原则的不确定性减小到一定程度之内，需要对法律原则的适用设定严格的条件：①穷尽法律规则，方得适用法律原则；②除非为了实现个案正义，否则不得舍弃法律规则而直接适用法律原则；③没有更强理由，不得径行适用法律原则。

三、权利与义务

1. 权利与义务的含义

权利和义务是一切法律规范、法律部门（部门法），甚至整个法律体系的核心内容。法的运行和操作的整个过程和机制都是围绕权利和义务这两个核心内容和要素而展开的。

法律权利，就是国家通过法律规定对法律关系主体可以自主决定作出某种行为的许可和保障手段。

法律义务是指法律规定的义务人必要行为的尺度（或范围），是人们必须履行一定作为或不作为之法律约束，是人们实施某种行为的必要性。

2. 权利与义务的分类

根据根本法与普通法律规定的不同，可以将权利与义务分为基本权利与义务和普通权利与义务。

根据相对应的主体范围可以将权利与义务分为绝对权利与义务和相对权利与义务。绝对权利和义务，又称"对世权利"和"对世义务"，是对应不特定的法律主体的权利和义务。

根据权利与义务主体的性质，可以将权利与义务分为个人权利与义务、集体（法人）权利与义务和国家权利与义务。

3. 权利与义务的相互联系

①从结构上看，权利与义务是紧密联系、不可分割的。它们的存在和发展都必须以另一方的存在和发展为条件；②从数量上看，两者的总量是相等的；③从产生和发展看，两者经历了一个从浑然一体到分裂对立再到相对一致的过程；④从价值上看，权利和义务代表了不同的法律精神。在民主法治社会，法律制度较为重视对个人权利的保护。此时，权利是第一性的，义务是第二性的，义务设定的目的是为了保障权利的实现。

第四节　法的渊源

一、法的渊源的概念

1. 法的渊源的含义

法的渊源是指特定法律共同体所承认的具有法的约束力或具有法律说服力并能够作为法律人的法律决定之大前提的规范或准则来源的资料，如制定法、判例、习惯、法理等。

2. 正式的法的渊源与非正式的法的渊源

正式的法的渊源是指具有明文规定的法律效力并且直接作为法律人的法律决定的大前提的规范来源的资料，如宪法、法律、法规等，主要为制定法。法律人有法律义务适用正式法源。非正式的法的渊源则指不具有明文规定的法律效力，但具有法律说服力并能够构成法律人的法律决定的大前提的准则来源的资料，如正义标准、理性原则、公共政策、道德信念、社会思潮、习惯、乡规民约、社团规章、权威性法学著作，以及外国法等。

二、当代中国法的正式渊源

由我国国家和法的本质决定，当代中国法的渊源主要为以宪法为核心的各种制定法，包括宪法、法律、行政法规、地方性法规、民族自治法规、经济特区的规范性法律文件、特别行政区的法律法规和规章、国际条约、国际惯例等。

1. 宪法

宪法是每一个民主国家最根本的法的渊源，其法律地位和效力是最高的。它是国家最高权力的象征或标志，宪法的权威直接来源于人民。

2. 法律

在当代中国法的渊源中，法律的地位和效力仅次于宪法，包括由全国人民代表大会制定和修改的基本法律和由全国人民代表大会常务委员会制定和修改的基本法律以外的其他法律。

3. 行政法规

行政法规是指国家最高行政机关即国务院所制定的规范性文件，其法律地位和效力仅次于宪法和法律。

4. 地方性法规

地方性法规是一定的地方国家权力机关，根据本行政区域的具体情况和实际需要，依法制定的在本行政区域内具有法的效力的规范性文件。

5. 自治条例和单行条例

民族自治地方的人民代表大会有权依照当地民族的政治、经济和文化的特点，制定自治条例和单行条例，但应报全国或省级人民代表大会常务委员会批准之后才生效。

6. 规章

规章包括部门规章和地方政府规章两类。

7. 国际条约、国际惯例

我国参加的国际条约也是当代中国法的渊源之一。国际惯例是国际条约的补充。

8. 其他法的正式渊源

包括中央军事委员会制定的军事法规和军内有关方面制定的军事规章，"一国两制"条件下特别行政区的法律法规和规章，经济特区根据全国人民代表大会的专门授权制定的规范性法律文件等。

三、正式的法的渊源的效力原则

正式的法的渊源的效力也被称为法律效力等级或法律效力位阶。影响正式的法的渊源的效力的因素主要有：①制定主体；②适用范围；③制定时间。

我国《立法法》对正式的法的渊源的效力原则进行了基本的规定。同一位阶的法的渊源之间的冲突原则，主要包括：①全国性法律优先原则；②特别法优先原则；③后法优先或新法优先原则；④实体法优先原则；⑤国际法优先原则；⑥省、自治区的人民政府制定的规章的效力高于本行政区域内的较大的市的人民政府制定的规章。此外，法律之间对同一事项的新的一般规定与旧的特别规定不一致，不能确定如何适用时，由全国人民代表大会常务委员会裁决。行政法规之间对同一事项的新的一般规定与旧的特别规定不一致，不能确定如何适用时，由国务院裁决。

关于位阶出现交叉时的法的渊源之间的冲突原则，我国《立法法》的主要规定有：

（1）自治条例和单行条例依法对法律、行政法规、地方性法规作变通规定的，在本自治地方适用自治条例和单行条例的规定。

（2）经济特区法规根据授权对法律、

行政法规、地方性法规作变通规定的,在本经济特区适用经济特区法规的规定。

(3)地方性法规、规章之间不一致时,由有关机关依照下列规定的权限作出裁决:①同一机关制定的新的一般规定与旧的特别规定不一致时,由制定机关裁决;②地方性法规与部门规章之间对同一事项的规定不一致,不能确定如何适用时,由国务院提出意见,国务院认为应当适用地方性法规的,应当决定在该地方适用地方性法规的规定,认为应当适用部门规章的,应当提请全国人民代表大会常务委员会裁决;③部门规章之间、部门规章与地方政府规章之间对同一事项的规定不一致时,由国务院裁决;④根据授权制定的法规与法律规定不一致,不能确定如何适用时,由全国人民代表大会常务委员会裁决。

四、当代中国法的非正式渊源

在当今的中国,法的非正式渊源主要包括:①习惯,此为特定共同体的人们在长久的生产生活实践中自然而然形成的行为规范;②判例,判例可以弥补制定法的不足;③政策,国家政策应为法的非正式渊源。

第五节　法的效力

一、法的效力的含义

法的效力,即法的约束力,指人们应当按照法律规定的行为模式来行为,必须予以服从的一种法律之力。

二、法的效力的根据

法的效力的根据和原因十分复杂,一般认为法的效力来自法律、道德、社会等。

三、法的效力的范围

通常,法的效力可以分为规范性法律文件的效力和非规范性法律文件的效力。规范性法律文件的效力,也叫狭义的法的效力,指法律的生效范围或适用范围,即法律对什么人、什么事、在什么地方和什么时间有约束力。这里所讲的法的效力,是狭义的法的效力。非规范性法律文件的效力,指判决书、合同等的法的效力。

狭义的法的效力可以分为四种,或称四个效力范围:对人的效力、对事的效力、空间效力、时间效力。

四、法对人的效力

法对人的效力,指法律对谁有效力,适用于哪些人。在世界各国的法律实践中先后采用过四种对人的效力的原则:

(1)属人主义,即法律只适用于本国公民,不论其身在国内还是国外;非本国公民即便身在该国领域内也不适用。

(2)属地主义,法律适用于该国管辖地区内的所有人,不论是否为本国公民,都受法律约束和法律保护;本国公民不在本国,则不受本国法律的约束和保护。

(3)保护主义,即以维护本国利益作为是否适用本国法律的依据。

(4)以属地主义为主,与属人主义、保护主义相结合。这是近代以来多数国家所采用的原则。我国也是如此。

五、法的空间效力

法的空间效力,指法在哪些地域有效力,适用于哪些地区。一般来说,一国法律适用于该国主权范围所及的全部领域,包括领土、领水及其底土和领空。根据有关国际条约的规定,一国的法律也可以适用于本国驻外使馆、在外船舶及飞机。

六、法的时间效力

法的时间效力,指法何时生效、何时终止效力以及法对其生效以前的事件和行为有无溯及力。

(1) 法的生效时间。法的生效时间主要有三种：①自法律公布之日起生效；②由该法律规定具体生效时间；③规定法律公布后符合一定条件时生效。

(2) 法终止生效的时间。法终止生效，即法被废止，指法的效力的消灭。它一般分为明示的废止和默示的废止两类。

(3) 法的溯及力。法的溯及力，也称法溯及既往的效力，是指法对其生效以前的事件和行为是否适用。如果适用就具有溯及力，如果不适用就没有溯及力。从权利保障角度考虑，就有关侵权、违约的法律和刑事法律而言，一般以法不溯及既往为原则。目前各国采用的通例是"从旧兼从轻"的原则，即新法原则上不溯及既往，但是新法不认为犯罪或者处刑较轻的，适用新法。而在某些有关民事权利的法律中，法律有溯及力，即"有利追溯"。

第六节　法律部门与法律体系

一、法律部门

法律部门，也称部门法，是根据一定标准和原则所划定的调整同一类社会关系的法律规范的总称。

一般认为划分法律部门的主要标准是法律所调整的不同社会关系，即调整对象；其次是法律调整方法。

公法与私法的划分，是大陆法系国家的一项基本分类。最早是由古罗马法学家乌尔比安（Domitius Ulpianus）提出来的。现在公认的公法部门包括了宪法和行政法等，私法包括了民法和商法等。随着"法律社会化"现象的出现，又形成了一种新的法律即社会法，如社会保障法等。公法、社会法与私法在调整对象、调整方式、法的本位、价值目标等方面存在不同。

二、法律体系

法律体系，也称为部门法体系，是指一国的全部现行法律规范，按照一定的标准和原则，划分为不同的法律部门而形成的内部和谐一致、有机联系的整体。法律体系是一国国内法构成的体系，不包括完整意义的国际法，即国际公法。

三、当代中国法律体系

一个立足中国国情和实际、适应改革开放和社会主义现代化建设需要、集中体现党和人民意志的，以宪法为统帅，以宪法相关法、民法和商法等多个法律部门的法律为主干，由法律、行政法规、地方性法规等多个层次的法律规范构成的中国特色社会主义法律体系已经形成。

当代中国的法律体系，部门齐全、层次分明、结构协调、体例科学，主要由7个法律部门和3个不同层级的法律规范构成。7个法律部门为宪法及宪法相关法、行政法、民商法、经济法、社会法、刑法、诉讼与非诉讼程序法。3个不同层级的法律规范为法律、行政法规和地方性法规、自治条例和单行条例。

第七节　法律关系

一、法律关系的概念与种类

法律关系是在法律规范调整社会关系的过程中所形成的人们之间的权利和义务关系。

1. 法律关系的性质和特征

法律关系是指法律规范在调整人们的行为过程中所形成的具有法律上权利义务形式的一种特殊社会关系。

2. 法律关系的种类

(1) 按照法律关系产生的依据、执行的职能和实现规范的内容不同，可以分为调整性法律关系和保护性法律关系。调整性法律关系是基于人们的合法行为而产生的、执行法的调整职能的法律关系。保护性法律关系是由于违法行为而产生的、旨在恢复被破坏的权利和秩序的法律关系。

（2）按照法律主体在法律关系中的地位不同，可以分为纵向（隶属）的法律关系和横向（平权）的法律关系。

（3）按照法律主体的多少及其权利义务是否一致，可以将法律关系分为单向法律关系、双向法律关系和多向法律关系。

（4）按照相关的法律关系作用和地位的不同，可以分为第一性法律关系（主法律关系）和第二性法律关系（从法律关系）。

二、法律关系的主体

1. 法律关系主体的含义和种类

法律关系主体是法律关系的参加者，即在法律关系中一定权利的享有者和一定义务的承担者。根据法律的规定，在我国能够参与法律关系的主体包括公民（自然人）、机构和组织（法人）、国家等。

2. 权利能力和行为能力

权利能力又称权义能力（权利义务能力），是指能够参与一定的法律关系，依法享有一定权利和承担一定义务的法律资格。它是法律关系主体实际取得权利、承担义务的前提条件。公民的权利能力可以分为一般权利能力和特殊权利能力。前者又称基本的权利能力，是一国所有公民均具有的权利能力。后者是公民在特定条件下具有的法律资格。这种资格并不是每个公民都可以享有，而只授予某些特定的法律主体。一般而言，法人的权利能力自法人成立时产生，至法人终止时消灭。

行为能力是指法律关系主体能够通过自己的行为实际取得权利和履行义务的能力。确定公民有无行为能力，其标准有二：一是能否认识自己行为的性质、意义和后果；二是能否控制自己的行为并对自己的行为负责。世界各国的法律，一般都把本国公民划分为完全行为能力人、限制行为能力人和无行为能力人：

（1）完全行为能力人。这是指达到一定法定年龄、智力健全、能够对自己的行为负完全责任的自然人（公民）。例如，在民法上，18周岁以上的公民是成年人，具有完全的民事行为能力。

（2）限制行为能力人。这是指行为能力受到一定限制，只具有部分行为能力的公民。如根据我国《民法总则》的规定，8周岁以上的未成年人、不能完全辨认自己行为的精神病人，是限制行为能力人。我国《刑法》将已满14周岁不满16周岁的公民以及未完全丧失辨认和控制能力的精神病人视为限制行为能力人（不完全的刑事责任能力人）。

（3）无行为能力人。这是指完全不能以自己的行为行使权利、履行义务的公民。在民法上，不满8周岁的未成年人、完全的精神病人是无行为能力人。在刑法上，不满14周岁的未成年人以及不能辨认和控制自己行为的精神病人，也被视为无刑事责任能力人。

三、法律关系的内容

法律关系的内容就是法律关系主体之间的法律权利和法律义务，是法律规范在社会关系中实现的一种状态。

法律关系主体的权利和义务与作为法律规范内容的权利和义务（法律上规定的权利和义务）虽然都具有法律属性，但它们所属的领域、针对的法律主体以及它们的法的效力还是存在一定的差别。

法律关系主体的权利和权利能力既有联系又有区别。权利以权利能力为前提，是权利能力这一法律资格在法律关系中的具体反映。两者的区别为：①任何人具有权利能力,并不必然表明他可以参与某种法律关系,而要能够参与法律关系,就必须要有具体的权利;②权利能力包括享有权利和承担义务这两方面的法律资格,而权利本身不包括义务在内。

四、法律关系的客体

法律关系的客体是指法律关系的主体之间权利和义务所指向的对象。它是构成法律关系的要素之一。

法律关系的客体的范围和种类一般包括物、人身、精神产品、行为结果等几类。

五、法律关系的产生、变更与消灭

1. 法律关系产生、变更与消灭的条件

法律关系产生、变更与消灭最主要的条件为法律规范和法律事实。法律规范是法律关系产生、变更与消灭的法律依据。法律事实是法律规范所规定的、能够引起法律关系产生、变更与消灭的客观情况或现象。

2. 法律事实的种类

以是否以人们的意志为转移为标准,可以将法律事实大体上分为两类,即法律事件和法律行为。法律事件是法律规范规定的、不以当事人的意志为转移而引起法律关系产生、变更或消灭的客观事实。法律事件又分成社会事件(如社会革命)和自然事件(如自然灾害)两种。法律行为是能够引起法律关系产生、变更和消灭的人的有意识的活动。

第八节　法律责任

一、法律责任的概念

1. 法律责任的含义和特点

法律责任是指行为人由于违法行为、违约行为或者由于法律规定而应承受的某种不利的法律后果。承担法律责任的最终依据是法律,法律责任具有国家强制性。

2. 法律责任与权力、权利、义务的关系

法律责任与法律权力有着密切的联系。一方面,责任的认定、归结与实现都离不开国家司法机关、执法机关的权力(职权);另一方面,责任规定了行使权力的界限以及越权的后果。

法律责任与法定权利和义务也有密切的联系。首先,法律责任规范着法律关系主体行使权利的界限,以否定的法律后果防止权利行使不当或滥用权利;其次,在权利受到妨害,以及违反法定义务时,法律责任又成为救济权利、强制履行义务或追加新义务的依据;最后,法律责任通过否定的法律后果成为对权利、义务得以顺利实现的保证。

二、法律责任的竞合

法律责任的竞合,是指由于某种法律事实的出现,导致两种或两种以上的法律责任产生,而这些责任之间相互冲突的现象。

法律责任的竞合的特点为:数个法律责任的主体为同一法律主体,责任主体实施了一个行为,该行为符合两个或两个以上的法律责任构成要件,数个法律责任之间相互冲突。

对于不同法律部门间法律责任的竞合,一般来说应按重者处之。目前在实践中,法律责任的竞合较多的是指民事上的侵权责任与违约责任的竞合。对此,有的国家禁止竞合;有的则允许或有限制地允许竞合,而赋予当事人选择请求权。

三、归责与免责

1. 法律责任的归责原则

法律责任的归结,也叫归责,是指由特定国家机关或国家授权的机关依法对行为人的法律责任进行判断和确认。在我国,归责的原则主要为责任法定原则、公正原则、效益原则和合理性原则。

2. 法律责任的免责条件

法律责任的免除,也称免责,是指法律责任由于出现法定条件被部分或全部免除。从我国的法律规定和法律实践看,主要存在时效免责、不诉及协议免责、自首和立功免责、因履行不能而免责等免责形式。

四、法律制裁

法律制裁,是指由特定国家机关对违法者依其法律责任而实施的强制性惩罚措施。与法律责任的种类相对应,可以将法律制裁分为刑事制裁、民事制裁、行政制裁和违宪制裁。

第二章 法的运行

第一节 立法

一、立法的定义

立法是指一定的国家机关依照法定职权和程序,制定、修改和废止法律和其他规范性法律文件及认可法律的活动,是将一定阶级的意志上升为国家意志的活动,是对社会资源、社会利益进行第一次分配的活动。

立法是以国家的名义进行的活动。依法治国,进行社会主义法治建设应当高度重视科学立法工作。

二、立法体制

立法体制包括立法权限的划分、立法机关的设置和立法权的行使等各方面的制度,主要为立法权限的划分。

立法权是一定的国家机关依法享有的制定、修改、废止法律等规范性文件的权力,是国家权力体系中最重要的、核心的权力。

根据我国《宪法》的规定,我国的立法体制是一元性多层次的立法体制。

三、立法原则

立法原则是指导立法主体进行立法活动的基本准则,是立法过程中应当遵循的指导思想。确定立法原则时要考虑需要与可能,历史、现实与未来,客观与主观,专家与社会,本国国情与全球化等关系。

我国《立法法》规定的立法原则为:①立法应当遵循宪法的基本原则;②立法应当依照法定的权限和程序;③立法应当体现人民的意志;④立法应当从实际出发,科学合理地规定权利与义务、权力与责任。由此可以认为,当代中国立法的原则为法治原则、民主原则、科学原则。

四、立法程序

立法程序,是指特定的国家机关制定、修改和废止法律和其他规范性法律文件及认可法律的法定步骤和方式。

我国的《立法法》对全国人民代表大会及其常务委员会的立法程序进行了基本的规定。全国人民代表大会及其常务委员会的立法程序主要有以下四个步骤,即法律议案的提出、法律议案的审议、法律的表决和通过、法律的公布。其他的立法程序一般参照进行。

第二节 法的实施

一、法的实施的概念

1. 法的实施

法的实施,是指法在社会生活中被人们实际施行。法是一种行为规范。法在被制定出来后实施前,只是一种"书本上的法律",处在应然状态;法的实施,就是使法律从书本上的法律变成"行动中的法律",使它从抽象的行为模式变成人们的具体行为,从应然状态进入到实然状态。

法的基本内容是权利与义务。法所规定的权利、义务以及与之密切相关的权力、职权、职责,为一定社会的人们提供了行为准则。以实施法律的主体和法的内容为标准,法的实施方式可以分为三种:法的遵守,法的执行,法的适用。

2. 法的实现

法的实现是指法的要求在社会生活中被转化为现实。法的实现与法的实施不同,法的实施是人们施行法律,使法从应然状态进入到实然状态的过程和活动;它也不同于法的实效,法的实效是法律被人们实际施行的状态和程度,侧重于结果。法的实现是将法的实施的过程性与法的实效的结果性相结合的一个概念。

二、执法

1. 执法的含义

国家行政机关执行法律是法的实施的重要方面。执法,又称法的执行。在日常生活中,人们通常在广义与狭义两种含义上使用这个概念。广义的执法,或法的执行,是指所有国家行政机关、司法机关及其公职人员依照法定职权和程序实施法律的活动。如人们在讲到社会主义法制的基本要求是"有法可依、有法必依、执法必严、违法必究"时,就是讲的广义的执法。狭义的执法,或法的执行,则专指国家行政机关及其公职人员依法行使管理职权、履行职责、实施法律的活动。人们把行政机关称为执法机关,就是在狭义上使用执法的概念。此处所讲的法的执行,是狭义的法的执行。

2. 执法的特点

执法具有国家权威性和国家强制性,执法主体具有特定性,执法内容具有广泛性,执法具有主动性和单方面性,执法权的行使具有优益性。

3. 执法的基本原则

执法须遵循合法性原则、合理性原则、效率原则。

三、司法

1. 司法的含义

司法,又称法的适用,通常是指国家司法机关根据法定职权和法定程序,具体应用法律处理案件的专门活动。司法是实施法律的一种方式,对实现立法目的、发挥法律的功能具有重要的意义。

2. 司法的特点

司法是由特定的国家机关及其公职人员,按照法定职权实施法律的专门活动,具有国家权威性。

司法是司法机关以国家强制力为后盾实施法律的活动,具有国家强制性。

司法是司法机关依照法定程序、运用法律处理案件的活动,具有严格的程序性及合法性。

司法必须有表明法的适用结果的法律文书,如判决书、裁定书和决定书等。

3. 司法与执法的区别

(1)主体不同。司法是由司法机关及其公职人员适用法律的活动;而执法是由国家行政机关及其公职人员来执行法律的活动,二者具有各不相同的特定主体。

(2)内容不同。司法活动的对象是案件,主要内容是裁决涉及法律问题的纠纷和争议及对有关案件进行处理;而执法是以国家的名义对社会进行全面管理,行政管理的事务涉及社会生活方方面面,执法的内容远比司法广泛。

(3)程序性要求不同。司法活动有严格的程序性要求,司法机关的活动一般都有相应的较为严格的程序性规定,如果违反程序,将导致司法行为的无效和不合法;而执法活动虽然也有相应的程序规定,但由于执法活动本身的特点,特别是基于执法效能的要求,其程序性规定没有司法活动那样严格和细致。

(4)主动性不同。司法活动具有被动性,案件的发生是引起司法活动的前提,司法机关(尤其是审判机关)不能主动去实施法律,只有在受理案件后才能进行应用法律的专门活动;而执法则具有较强的主动性,对社会进行行政管理的职责要求行政机关应积极主动地去实施法律,而不是基于相对人的意志引起和发动。

4.当代中国司法的要求和原则

当代中国司法的要求为正确、合法、及时、合理。为了保证法律的正确适用,我国《宪法》和法律规定了司法机关适用法律必须遵循的原则。这些原则主要是:

(1)司法公正原则。司法公正是社会正义的一个重要组成部分,它既包括实质公正,也包括形式公正,其中尤以程序公正为重点。司法公正的重要意义在于:首先,公正司法是法的精神的内在要求。其次,公正对司法的重要意义也是由司法活动的性质决定的。人们之所以委托司法机关裁决纠纷并信任其决断,就是因为其公正和不偏不倚。公正与裁判,既是一种里表关系,又是一种唇齿相依关系。最后,司法机关公正司法,是其自身存在的合法性基础。如果司法机关不能保持其公正性,也就失去了自身存在的社会基础。虽然社会生活的所有方面都应当公正,但是公正对司法有着特殊的意义。公正是司法的生命。

(2)司法平等原则。司法平等原则是宪法中的"公民在法律面前一律平等"原则在司法过程中的具体体现。公民在法律面前一律平等,既是我国公民的一项基本权利,也是我国法的适用的一条基本原则。在法的适用领域,"公民在法律面前一律平等"的基本含义是:首先,在我国,法律对于全体公民,不分民族、种族、性别、职业、社会出身、宗教信仰、财产状况等,都是统一适用的,所有公民依法享有同等的权利并承担同等的义务。其次,任何权利受到侵犯的公民一律平等地受到法律保护,不能歧视任何公民。再次,在民事诉讼和行政诉讼中,要保证诉讼当事人享有平等的诉讼权利,不能偏袒任何一方当事人;在刑事诉讼中,要切实保障诉讼参加人依法享有的诉讼权利。最后,对任何公民的违法犯罪行为,都必须同样地追究法律责任,依法给予相应的法律制裁,不允许有不受法律约束或凌驾于法律之上的特殊公民,任何超出法律之外的特殊待遇都是违法的。

(3)司法合法原则。司法合法原则具体体现为"以事实为根据,以法律为准绳"原则。我国在几部诉讼法中都规定了"以事实为根据,以法律为准绳"的原则。这项原则的基本含义是:第一,以事实为根据,就是指司法机关审理一切案件,都只能以与案件有关的客观事实作为根据,而不能以主观臆想作依据,应当认真查清事实真相,使法律适用能够做到"有的放矢"。第二,以法律为准绳,要严格依照法律规定办事,切实做到有法必依、执法必严、违法必究。司法机关在工作中,要符合法律所规定的规格或要求,遵照法律所规定的权限划分并严格按照司法程序办理案件;同时,在法律适用中坚持法制统一性的要求,根据我国的法律渊源体系适用法律。

(4)司法机关依法独立行使职权原则。我国《宪法》《人民法院组织法》《人民检察院组织法》《刑事诉讼法》《民事诉讼法》《行政诉讼法》都对司法机关依法独立行使职权作出了明确的规定。根据我国《宪法》和有关法律的规定,这项原则的基本含义是:第一,司法权的专属性,即国家的司法权只能由国家各级审判机关和检察机关统一行使,其他任何机关、团体和个人都无权行使此项权力;第二,行使职权的独立性,即人民法院、人民检察院依照法律独立行使自己的职权,不受行政机关、社会团体和个人的非法干涉;第三,行使职权的合法性,即司法机关审理案件必须严格依照法律规定,正确适用法律,不得滥用职权,枉法裁判。

(5)司法责任原则。司法机关和司法人员在行使司法权过程中由于侵犯公民、法人和其他社会组织的合法权益,造成严重后果而承担相应责任。

四、守法

守法,指公民、社会组织和国家机关以法律为自己的行为准则,依照法律行使权利、履行义务的活动。守法不仅包括这种消极、被动的守法,还包括根据授权性法律规范积极主动地去行使自己的权利,实施法律。

守法的构成要素有:守法主体、守法范围、守法内容等。

守法的主体,即要求谁守法,与法律的本质、政体的性质、社会力量对比关系、历史及文化传统有着直接的关系。在当今的中国,所有人都是守法主体,所有组织都有义务守法;各政党,包括共产党,都要遵守宪法和法律,都要在宪法和法律的范围内活动。

守法的范围,即所要遵守的法律的种类及范围。在我国,它不仅包括《宪法》和全国人民代表大会及其常务委员会制定的基本法律和非基本法律,而且包括与《宪法》和法律相符合的行政法规、地方性法规、规章等。

守法内容包括行使法律权利和履行法律义务,两者密切联系,不可分割。守法是行使法律权利和履行法律义务的有机统一。

五、法律监督

1. 法律监督的概念

狭义上的法律监督,是指由特定国家机关依照法定权限和法定程序,对立法、司法和执法活动的合法性所进行的监督。广义上的法律监督,是指由所有国家机关、社会组织和公民对各种法律活动的合法性所进行的监督。二者都以法律实施及人们行为的合法性为监督的基本内容。

2. 法律监督的构成

一般来说,实现法律监督必须具备下列五个要素:①法律监督的主体是指由谁来实施监督。在我国,监督主体具有广泛性和多元性;②法律监督的客体是指监督谁或者说谁被监督,在我国,所有国家机关、政党、社会团体、社会组织、大众传媒和公民既是监督的主体,也是监督的客体;③法律监督的内容包括与监督客体行为的合法性有关的所有问题;④法律监督的权力与权利是指监督主体监视、察看、约束、制约、控制、检查和督促客体的权力与权利;⑤法律监督的规则包括法律监督的实体规则与程序规则两部分。

3. 法律监督体系

(1)国家法律监督体系。国家机关的监督,包括国家权力机关、行政机关和司法机关的监督。我国《宪法》和有关法律明确规定了国家监督的权限和范围。这类监督都是依照一定的法定程序,以国家名义进行的,具有国家强制力和法的效力,是我国法律监督体系的核心。

(2)社会法律监督体系。社会监督,即非国家机关的监督,指由各政党、各社会组织和公民依照《宪法》和有关法律,对各种法律活动的合法性所进行的监督。由于这种监督具有广泛性和人民性,因此在我国的法律监督体系上具有重要的意义。根据社会监督的主体不同,可以将它分为以下几种:中国共产党的监督、社会组织的监督、公民的监督、法律职业群体的监督和新闻舆论的监督等。

第三节 法适用的一般原理

一、法适用的目标

法律人适用法律的最直接的目标就是要获得一个合理的法律决定。在法治社会,所谓合理的法律决定就是指法律决定具有可预测性和正当性。法律决定的可预测性是形式法治的要求,它的正当性是实质法治的要求。

可预测性意味着作出法律决定的人在作决定的过程中应该尽可能地避免武断和恣意。因为掺杂越少的武断性和恣意性,法律决定就越具有可预测性。避免作出法律决定的人武断和恣意就是要求他们必须将法律决定建立在既存的一般性的法律规范的基础上,而且必须要按照一定的方法适用法律规范,如推理规则和解释方法。

法律决定的正当性是指按照实质价值或某些道德标准来考量,法律决定是正当的或正确的。这里所谓的实质价值或道德标准是有一定范围的或受到限制的,主要是指特定法治国家或宪政国家的宪法规定的一些该国家的公民都承认的、法律和公共权力应该保障与促进的实质价值,例如我国《宪法》规定了人权、自由和平等。法律人保障其法律决定的正当性不同于非法律人的地方在于:通过运用特定法律人共同体所普遍承认的法学方法,如类比推理或客观目的解释,保证其法律决定与实质价值或道德标准的一致性。

法律决定的可预测性与正当性之间存在着一定的紧张关系。原因在于,有的法律决定不是作决定的人武断地和恣意地作出的,即实现了可预测性,然而该决定与特定国家的法秩序所承认的实质价值或道德标准相背离。同时,我们也应该看到,有些法律决定是正当的,却是作法律决定的人武断地和恣意地作出的。实质上,这种紧张关系是形式法治与实质法治之间的紧张关系的一种体现。但是,从作为整体的法治来说,它要求作法律决定的人应该努力在可预测性和正当性之间寻找最佳的协调。对在特定的一个时间段内的特定国家的法律人来说,法律决定的可预测性具有初始的优先性。因为对于特定国家的法律人来说,首先理当崇尚的是法律的可预测性。

二、法适用的步骤

整体上来说,法律人适用有效的法律规范解决具体个案纠纷的过程在形式上是逻辑中的三段论推理过程,即大前提、小前提和结论。具体来说,法律人适用法律解决个案纠纷的过程,首先要查明和确认案件事实,作为小前提;其次要选择和确定与上述案件事实相符合的法律规范,作为大前提;最后以整个法律体系的目的为标准,从两个前提中推导出法律决定或法律裁决。这个过程实质上也是法律人在其业务操作中的思维或推理过程。

法律人查明和确认案件事实的过程不是一个纯粹的事实归结过程,而是一个在法律规范与事实之间循环的过程,即目光在事实与规范之间来回穿梭。

当法律人在选择法律规范时,他必须

以该国的整个法律体系为基础。也就是说,他必须对该国的法律有一个整体的理解和掌握。更为重要的是,他要选择一个与他确定的案件事实相契合的法律规范,他不仅要理解和掌握法律的字面含义,还要了解和掌握法律背后的意义。

法律人在确定了法律决定的大前提和小前提之后,即他确定了生活事实符合与其相适应的相关的法律规范所规定的事实构成要素,且不违背整个法律体系之后,他就必须要说明或论证这个具体的案件为什么要适用这个法律规范所规定的法律后果或者说从该法律规范中推导出的法律决定或裁决为什么是合适的。

三、内部证成与外部证成的区分

法律人在适用法律的过程中,无论是依据一定的法律解释方法所获得的法律规范即大前提,还是根据法律所确定的案件事实即小前提,都是用来向法律决定提供不同程度支持的理由。在这个意义上,法律适用过程也是一个法律证成的过程。因为"证成"往往被定义为给一个决定提供充足理由的活动或过程。

如果说法律适用过程是一个证成过程,那么从法律证成的角度看,法律人的法律决定的合理性取决于下列两个方面:一方面,法律决定是按照一定的推理规则从前提中推导出来的;另一方面,推导法律决定所依赖的前提是合理的、正当的。从上述的视角出发,法律证成可分为内部证成和外部证成,即法律决定必须按照一定的推理规则从相关前提中逻辑推导出来,属于内部证成;对法律决定所依赖的前提的证成属于外部证成。前者关涉的只是从前提到结论之间的推论是否是有效的,而推论的有效性或真值依赖于是否符合推理规则或规律。后者关涉的是对内部证成中所使用的前提本身的合理性,即对前提的证立。

第四节 法律解释

一、法律解释的概念

1. 法律解释的含义

法律解释是指一定的人或组织以及国家机关在法律实施过程或适用过程中对表达法律的语言文字的意义进行揭示、说明和选择的活动。法律解释既是人们日常法律实践的重要组成部分,又是法律实施的一个重要前提。法官在依据法律作出一项司法决定之前,需要合理地确定法律规定的含义;律师在向当事人提供法律服务时要向当事人说明法律规定的意义;公民为了遵守法律,也要对法律规定的意义有一个合理的理解。

2. 法律解释的特点

①法律解释的对象是特定的,即那些能够作为法律决定大前提来源的文本或者资料,一般指法律规定和它的附随情况。②法律解释与具体案件密切相关。法律解释往往由有待处理的案件所引起,法律解释需要将法律条文与案件事实结合起来进行。③法律解释具有实践性和目的性。

二、法律解释的方法与位阶

1. 法律解释的方法

法律解释的方法是法律人在进行法律解释时所必须遵循的特定法律共同体所公认的规则和原则。法律解释的方法大体上可以被归纳为:文义解释、主观目的解释、历史解释、比较解释、体系解释、客观目的解释等几种方法。

文义解释,也称语法解释、文法解释、文理解释。这是指按照日常的、一般的或法律的语言使用方式清晰地描述制定法的某个条款的内容。

主观目的解释,又被称为立法解释,是指根据参与立法的人的意志或立法资料揭示某个法律规定的含义,或者说将对某个法律规定的解释建立在参与立法的人的意志或立法资料的基础之上。

历史解释是指依据正在讨论的法律问题的历史事实对某个法律规定进行解释。

比较解释是指根据外国的立法例和判例学说对某个法律规定进行解释。

体系解释,也称逻辑解释、系统解释。这是指将被解释的法律条文放在整部法律中乃至整个法律体系中,联系此法律条文与其他法律条文的相互关系来解释法律。

客观目的解释是指根据"理性的目的"或"在有效的法秩序的框架中客观上所指示(prescribed)的目的"即法的客观目的,而不是根据过去和目前事实上存在着的任何个人的目的,对某个法律规定进行解释。

2. 法律解释方法的位阶

不同的法律解释方法可以被用来证成不同的法律决定。这种结果的出现就导致了法律适用的不确定性。消除这种不确定性的最好或最终方法是在各种法律解释方法之间确立一个位序或位阶关系。现今大部分法学家都认可下列位阶:①文义解释→②体系解释→③主观目的解释→④历史解释→⑤比较解释→⑥客观目的解释。但是,这种位阶关系不是固定的。

三、当代中国的法律解释体制

1. 正式解释与非正式解释的区分

法律解释由于解释主体和解释效力的不同可以分为正式解释与非正式解释。

所谓正式解释,通常也叫法定解释,是指由特定的国家机关、官员或其他有解释权的人对法律作出的具有法律约束力的解释。正式解释有时也称有权解释。根据作出解释的国家机关的不同,正式解释又可以分为立法、司法和行政三种解释。

非正式解释,通常也叫学理解释,一般是指由学者或其他个人及组织对法律规定所作的不具有法律约束力的解释。

2. 当代中国的法律解释体制

①全国人民代表大会常务委员会的解释,即立法解释;②国家最高司法机关的解释,即司法解释,包括审判解释和检察解释;③最高国家行政机关的解释,即行政解释;④地方各级机关的解释。

第五节 法律推理

一、法律推理的概念

所谓的"推理"主要是指人们在推理的过程中所必须遵循的推论规则。这些推论规则在法律适用中的运用就是法律推理所要研究的问题。因此,法律推理就是指法律人在从一定的前提推导出法律决定的过程中所必须遵循的推论规则。

法律推理与其他推理相比,有这样几个特点:①法律推理是以法律以及法学中的法理或理由为基础的。②法律推理要受现行法律的约束。③法律推理是一种寻求正当性证明的推理。

二、法律推理的种类

1. 演绎推理

演绎推理是从一般到个别的推论,其经典的形式是三段论。

2. 归纳推理

归纳推理是从个别到一般的推论。国家最高司法机关的解释分为完全归纳推理和不完全归纳推理。

3. 类比推理

类比推理是从个别到个别的推论。在类比推理中,推论的结论的可接受性更多地依赖于重要性或相关性的判断。

4. 反向推理

反向推理指从法律规范赋予某种事实情形以某个法律后果推出,这一后果不适用于法律规范未规定的其他事实情形。

5. 当然推理

当然推理指的是由某个更广泛的法律规范的效力推导出某个不那么广泛的法律规范的效力。

6. 设证推理

设证推理是对从所有能够解释事实的假设中优先选择一个假设的推论。

第六节 法律漏洞的填补

一、法律漏洞的概念

法律漏洞是指违反立法计划（规范目的）的不圆满性。是否存在法律漏洞并不是简单的事实判断，更需要评价性的认定。

二、法律漏洞的分类

根据法律对某个事项是否完全没有规定，法律漏洞可以分为全部漏洞和部分漏洞。

根据漏洞的表现形态，法律漏洞可以分为明显漏洞和隐藏漏洞。

根据漏洞产生的时间，法律漏洞可以分为自始漏洞和嗣后漏洞。

三、法律漏洞的填补方法

填补明显漏洞和隐藏漏洞的方法分别为目的论扩张和目的论限缩。

第三章 法的演进

第一节 法的起源与历史类型

一、法的产生

马克思主义认为，法不是从来就有的，也不是永恒存在的，而是人类社会发展到一定历史阶段才出现的社会现象。法是随着生产力的提高、社会经济的发展、私有制和阶级的产生、国家的出现而出现的。法产生的标志包括国家的产生、权利和义务观念的形成以及法律诉讼和司法的出现。

法与原始社会规范的主要区别表现在产生的方式不同、反映的利益和意志不同、实施的机制不同、适用的范围不同等。

二、法产生的一般规律

法的产生经历了从个别调整到规范性调整、从一般规范性调整到法的调整的发展过程。

法的产生经历了从习惯到习惯法，再由习惯法到制定法的发展过程。

法的产生经历了法与宗教规范、道德规范的浑然一体到法与宗教规范、道德规范的分化，法的相对独立的发展过程。

三、法的历史类型

法的历史类型是按照法所据以产生和赖以存在的经济基础的性质和体现的阶级意志的不同，对人类社会的法所作的分类。马克思主义法学认为，凡是建立在相同经济基础之上、反映相同阶级意志的法，就属于同一历史类型。

马克思主义法学认为，与人类进入阶级社会后的社会形态的划分相一致，人类社会存在四种历史类型的法，即奴隶制法、封建制法、资本主义法和社会主义法。由于社会基本矛盾的运动,法的历史类型由低级类型的法向高级类型的法依次更替。

第二节 法的传统与法律文化

一、法的传统

法的传统是指特定国家和民族世代相传、辗转相承的有关法的观念、制度的总和。

法的传统可以通过法律制度体现和传承。

法的传统也可以通过法律观念或法律意识的方式体现和传承。法律意识是指人们关于法律现象的思想、观念、知识和心理的总称,是社会意识的一种特殊形式。法律意识本身在结构上可以分为两个层次:法律心理和法律思想体系。

二、中国和西方的传统法律文化

中国具有悠久的历史传统,也具有深厚的法律传统。中华法系独树一帜,具体表现为:①礼法结合,德主刑辅;②等级有序,家族本位;③以刑为主,民刑不分;④重视调解,无讼是求。

以欧洲大陆罗马法和英国普通法为代表的西方传统法律文化,具有如下特点:①法律受宗教的影响较大;②强调个体的地位和价值;③私法文化相对发达;④以正义为法律的价值取向。

三、法的继承与法的移植

1. 法的继承的含义与根据

法的继承是不同历史时代的法律制度之间的延续和继受,一般表现为旧法对新法的影响和新法对旧法的承接和继受。

法的继承的根据和理由主要表现为以下几方面:①社会生活条件的历史延续性决定了法的继承性;②法的相对独立性决定了法的发展过程的延续性和继承性;③法作为人类文明成果决定了法的继承的必要性。

2. 法的移植

法的移植是指在鉴别、认同、调适、整合的基础上,引进、吸收、采纳、摄取、同化外国法,使之成为本国法律体系的有机组成部分,为本国所用。

法的移植有其必然性和必要性:①社会发展和法的发展的不平衡性决定了法的移植的必然性;②市场经济的客观规律和根本特征决定了法的移植的必要性;③法的移植是法治现代化和社会现代化的必然需要;④法的移植是对外开放的应有内容。

法的移植有以下几种类型:①经济、文化和政治处于相同或基本相同发展阶段和发展水平的国家相互吸收对方的法律,以致融合和趋同;②落后国家或发展中国家直接采纳先进国家或发达国家的法律;③区域性法律统一运动和世界性法律统一运动或法律全球化。

第三节 法系

一、法系的概念与标准

法系是比较法学上的基本概念,具体指根据法的历史传统和外部特征的不同,对世界各国、各民族的法所作的分类。据此分类标准,凡属于同一传统的法律就构成一个法系。

法系划分的标准主要包括法的历史来源、主导性的法学思想方法、法的表现形式及其解释方法、特定的法律制度等。

二、民法法系和普通法系

民法法系,是指以古罗马法,特别是以

19世纪初《法国民法典》为传统产生和发展起来的法律的总称。由于该法系的影响范围主要是在欧洲大陆国家，特别是法国和德国，且主要法律的表现形式均为法典，所以又称为大陆法系、罗马—德意志法系、法典法系。属于这一法系的除了欧洲大陆国家外，还有曾是法国、德国、葡萄牙、荷兰等国殖民地的国家及因其他原因受其影响的国家。

普通法系，是指以英国中世纪的法律，特别是以普通法为基础和传统产生与发展起来的法律的总称。由于它主要渊源于英国普通法，所以被称为普通法法系、英国法系；又由于它以判例法为法的主要表现形式，因而被称为判例法系；由于在现代它是由英国法与美国法两大分支构成，又称英美法系。这一法系的范围，除了英国（除苏格兰外）以外，主要是曾为英国殖民地、附属国的许多国家和地区。

民法法系与普通法系之间有一定的区别，主要表现在法的渊源、法律思维、法律的分类、诉讼程序、法典编纂等方面。

随着法律全球化的发展，民法法系与普通法系出现了一定程度的融合。

第四节　法的现代化

一、法的现代化的标志

1. 法的现代化的内涵

法的现代化是指与现代化的需要相适应的、法的现代性因素不断增加的过程。

法的现代化意味着法与道德的相互分离，意味着法成为形式法，意味着法对现代价值的体现和保护，意味着法具有形式合理性。

2. 法的现代化的类型

法的现代化过程大体上可以分为内发型法的现代化和外源型法的现代化。

内发型法的现代化是指由特定社会自身力量产生的法的内部创新。这种现代化是一个自发的、自下而上的、缓慢的、渐进变革的过程。这种类型的法的现代化是在西方文明的特定社会历史背景中孕育、发展起来的。

外源型法的现代化是指在外部环境影响下，社会受外力冲击，引起思想、政治、经济领域的变革，最终导致法律文化领域的革新。其特点在于：①具有被动性；②具有依附性；③具有反复性。

二、当代中国法的现代化的历史进程与特点

以收回领事裁判权为契机的清末修律，表明中国法的现代化在制度层面上正式启动了。

中国法的现代化属于外源型法的现代化。特点为：①由被动接受到主动选择；②由模仿民法法系到建立中国特色的社会主义法律制度；③法的现代化的启动形式是立法主导型；④法律制度变革在前，法律观念更新在后。

从清末修律算起，法的现代化在我国已有百余年的历史。这一进程涉及许多重大的政治事件和诸多的经济、文化、社会问题，是非常复杂的。要将政府推动与社会参与相结合，要把立足本国国情与借鉴国外经验相结合，要把制度改革与观念更新相结合。

第五节　法治理论

一、法治的含义

法治的基本含义是法律至上或法律具有最高的权威。法制与法治具有重大区别，法制一般指一国法律和制度的总称，而法治指以民主为基础、以法律为最高权威、尊重和保障人权的现代政治文明。

法治意味着法律在社会生活中的最高

权威。法治意味着是良法之治。法治意味着人权得到尊重和保障。法治意味着国家权力必须依法行使。

二、社会主义法治国家的基本条件

社会主义法治国家的基本条件,可以分为社会结构条件、制度条件和思想条件。

社会主义法治国家的社会结构条件:①社会主义法治国家必须以生活世界结构的分化或理想化为前提条件和基础;②社会主义法治国家需要以社会主义市场经济体制的形成为基础;③社会主义法治国家需要以社会主义民主制度的确立为基础;④社会主义法治国家必须以社会主义文化领域的功能专门化为前提条件和基础。

社会主义法治国家的制度条件:①社会主义法治国家必须有完备优良的法律体系;②社会主义法治国家必须有相对平衡和相互制约的权力运行的机制;③社会主义法治国家必须有独立、公正、权威的司法体制;④社会主义法治国家必须有健全的法律职业制度。

社会主义法治国家的思想条件:①树立法律至上观念;②树立权利本位观念;③树立人人平等观念;④树立权力制约观念。

第四章 法与社会

第一节 法与社会的一般理论

一、法以社会为基础

法是社会的产物。社会性质决定法律性质,社会的发展阶段及其特征决定法律的发展阶段及其特征。

社会是法的基础。制定、认可法律的国家以社会为基础,国家权力以社会力量为基础;同时还可以说,国家法以社会法为基础,"纸上的法"以"活法"为基础。

二、法对社会的调整

社会需要法来调和社会冲突,分配社会资源,维持社会秩序。法促进社会变迁和变化。

第二节 法与经济

一、法与经济的一般关系

1. 经济基础对法具有决定作用

法作为上层建筑的一部分,是由经济基础决定的。法的起源、本质、作用和发展变化,都要受到社会经济基础的制约。

2. 法对经济基础具有反作用

法对于经济基础具有能动的反作用,并且通过生产关系反作用于生产力。法的这种反作用并不是自发实现的,而是在人们的自觉活动过程中进行和实现的,要受到生产关系适合生产力这一客观规律的制约和支配。

二、法与科学技术

1.科技进步对法的影响

科技进步对立法的影响。科技发展对一些传统法律领域提出了新问题,使民法、刑法、国际法等传统法律部门面临着种种挑战。科技的发展在一定程度上提高了立法的质量和水平。新技术的出现也导致了伦理困境和法律评价上的困难。

科技进步对司法的影响。司法过程的三个主要环节——事实认定、法律适用和法律推理,越来越深刻地受到了现代科学技术的影响。

2.法对科技进步的作用

运用法律管理科技活动,推动科技的进步;通过法律促进科技成果的商品化;法律对科技可能导致的问题进行必要的限制。

第三节 法与政治

一、法与政治的一般关系

政治对法有直接的影响、制约作用。法又确认和调整政治关系,直接影响政治的发展。

1.政治对法的作用

法的产生和实现往往与一定的政治活动相关,法在形式、程序和技术上的特有属性,使法在反映一定的政治要求时必须同时满足法自身特有属性的要求。政治关系的发展变化也在一定程度或意义上影响法的发展变化。

2.法对政治的作用

法可以确认社会各阶层在国家生活中的地位;法可以反映和实现一定阶级和集团的政治目的和要求;法可以为一定阶级和国家的中心任务服务;法可以对危害统治阶级的行为采取制裁措施,捍卫政治统治。

二、法与政策的联系和区别

政策一般指国家或政党的政策,此处指政党政策。

1.法与政策的联系

党的政策对法具有指导作用。在我国,中国共产党的政策是立法的指导思想,党的政策指导法的实施;社会主义法对党的政策具有制约作用。

2.法与政策的区别

法与政策的区别主要表现在意志属性不同、规范形式不同、实施方式不同、调整范围不尽相同、稳定性和程序化程度不同等方面。

三、法与国家

政治意义上的"国家"主要指国家政权或国家权力。

一方面,法与国家权力相互依存、相互支撑。法表述和确认国家权力,国家权力是法的必要支持和背后力量。

另一方面,法与国家权力也存在紧张或冲突关系。法对权力合法性的确认是以制度、规范和程序的方式进行的,因而同时也就是对权力的约束和限制。国家权力凌驾于法之上乃至摆脱法的倾向是可能存在的,或者法只是在有助于强化权力的意义上被强调和利用。

第四节 法与道德

一、法与道德的联系

法与道德在概念、内容和功能上存在不同的联系。

法与道德在概念(或本质、效力)上是否存在必然联系,主要有两种观点:一是肯定说,以自然法学派为代表,肯定法与道德存在本质上的必然联系,认为法在本质上是内含一定道德因素的概念。实在法只有在符合自然法、具有道德上的善的时候，才具有法的本质而成为法。一个同道德严重对立的邪恶的法并不是一个坏的法，而是丧失了法的本质的非法的"法"，因而不是法，即"恶法非法"。二是否定说，以分析实证主义法学派为代表，否定法与道德存在本质上的必然联系，认为不存在适用于一切时代、民族的永恒不变的正义或道德准则。

法与道德在内容上的联系。几乎所有学者都认为法与道德在内容上存在相互渗透的密切联系，问题是这种内容上的联系是否应有限度以及限度如何确定。古代法学家大多倾向于尽可能将道德义务转化为法律义务，近现代法在确认和体现道德时大多注意二者重合的限度，倾向于只将最低限度的道德要求转化为法律义务，强调法律是最低限度的道德。

法与道德在功能上的联系。法与道德在功能上相辅相成，共同调整社会关系。古代法学家更多强调道德在社会调控中的首要或主要地位，对法的强调也更多在其惩治功能上。近现代后，法学家们一般都倾向于强调法律调整的突出作用，依法治国成为普遍的政治主张。

二、法与道德的区别

法与道德的区别表现在产生方式不同、表现形式不同、调整范围不同、内容结构不同、实施方式不同等方面。

第五节 法与宗教

一、宗教对法的影响

宗教对法的影响，既有积极方面，也有消极方面。宗教可以推动立法；宗教影响司法程序；宗教信仰有助于提高人们守法的自觉性。

二、法对宗教的影响

法对宗教的影响在不同的社会很不相同。在政教合一的国家里，法对宗教的影响是双向的。一方面，法可以作为国教的工具和卫护者；另一方面，法又可以作为异教的破坏力量。

在近现代政教分离的国家里，法与宗教分离，法对各种宗教之争持中立态度，法保障宗教信仰自由。法在观念、体系，甚至概念、术语等方面，客观上都对宗教产生了重大影响。权利观念被引进宗教法规。

现代法律对宗教的影响，主要表现为法对本国宗教政策的规定。宗教改革和资产阶级革命胜利以后，法才真正开始保障公民的宗教信仰自由。

经过长期努力，我国已经形成了一套关于宗教问题的基本观点和基本政策。我国法律在规定宗教信仰自由、保障公民宗教信仰自由权利的同时，又强调宗教活动的合法性。

第三编 宪法

【寄语】

宪法是一种流动的语言,随着读者的切换、时代的发展、社会的变迁而含义不同。因此,人类所能找到最好的应对话语变迁的方法是不断进行解释和修改宪法,其功用在于清除模糊、弥合缝隙、化解纷争、完善规范,最终达至打开规范的天窗、迎接宪法的阳光之目的。

中国宪法学主要有四部分内容:基本理论,解决宪法学研究的工具和前见;基本制度,说明国家和社会建构的规则;基本权利,宣示立宪主义的核心价值;基本架构,观览公共权力运行的体制和机制。宪法学这门学科重点研究国家和公民的关系及国家公权力之间的关系,前者是目的,后者是手段。再抽象一下,以人的尊严为旨归的人权保障安放着宪法的灵魂。

作为共和国的公民,作为研修法律的学人,我们是宪法和法律的奴仆,对它要常怀尊重和敬畏之心。

最后,借用英国作家赫胥黎的那句"世界上最远的距离不是天和地相隔,也不是山和水相隔,而是心到手的距离,心是想的,手是做的"来勉励龙门书院鞠躬尽瘁厉行法律人才培训事业,同时激励所有报考国家统一法律职业资格考试的考生们,砥砺前行,无愧于己。

焦洪昌
2019 年 2 月于北京蓟门桥

第一章 宪法基本理论

第一节 宪法的概念

一、宪法与法律的关系

(一)宪法文本中的法律

(1)以"法律的形式""法律效力"的形式出现时,宪法文本中的法律指法的一般特征,即具有一般性、规范性、抽象性、强制性等。

(2)宪法和法律连在一起使用时,"法律"通常指由全国人民代表大会及其常务委员会制定的法律。法律与行政法规等一起使用时,"法律"仅指全国人民代表大会及其常务委员会制定的法律。

(3)宪法文本中的"依照法律规定""依照法律""依照……法律的规定"等表述,此时"法律"则是指由全国人民代表大会及其常务委员会制定的法律。

宪法中的法律主要在两种情况下得以适用,分别是私人负担义务的情况和以国家为一方的情况。

(二)宪法与法律的共同点

(1)二者都是由国家权力机关制定并由强制力保障实施。

（2）二者都受社会物质文化条件的制约。

（3）二者都体现了惩罚性的法律效果。

（4）二者规定的内容都涉及法律主体的权利义务关系。

宪法是国家的最高法、根本法，是一切法律得以制定的依据，任何法律的制定和修改都不得抵触宪法。

二、宪法的基本特征

（一）宪法是国家的根本法

这主要体现在三个方面：

（1）从内容上，宪法规定了国家最根本、最核心的问题，例如国家性质、政权组织形式、国家结构形式等。

（2）从效力层面上，宪法具有最高法律效力：

①宪法是制定普通法律的依据，普通法律是宪法的具体化；

②任何普通法律、法规都不得与宪法的原则和精神相违背；

③宪法是一切国家机关、社会团体和公民的最高行为准则。

（3）宪法制定和修改程序更严格：

①制定和修改宪法的机关往往是特别成立的，而非普通立法机关；

②通过和批准宪法的程序更严格。

（二）宪法是公民权利的保障书

从宪法与国家的关系看，宪法作为国家根本法的最重要、最核心的价值是保障公民的基本权利。

从历史上看，宪法是资产阶级在反对封建专制制度的斗争中，为了确认取得的权利以巩固胜利成果而制定出来的。

从宪法的基本内容来看，宪法主要规范国家权力和保障公民权利。

（三）宪法是民主事实法律化的基本形式

三、宪法的分类

（一）根据是否具有统一的法典形式，分为成文宪法和不成文宪法

成文宪法又称为文书宪法或制定宪法，指具有统一法典形式的宪法。世界历史上第一部成文宪法是1787年《美国宪法》；欧洲历史上第一部成文宪法是1791年《法国宪法》。世界上绝大多数国家都是成文宪法国家。

不成文宪法指没有统一的宪法典，发挥宪法作用的规范主要存在于多种法律文书、判例或者惯例当中。当今世界的不成文宪法国家主要有：英国、新西兰、以色列、沙特阿拉伯王国等国家。

（二）根据有无严格的制定、修改机关和程序，分为刚性宪法和柔性宪法

刚性宪法的制定机关往往是特别成立的，制定和修改的程序也更为严格。实行成文宪法的国家往往也是刚性宪法国家。

柔性宪法制定、修改的机关和程序与一般法律相同，效力上也没有不同，比较典型的柔性宪法就是英国宪法。

（三）根据制定宪法主体的不同，分为钦定宪法、民定宪法和协定宪法

钦定宪法指由君主或者以君主的名义制定和颁布的宪法。1908年清政府的《钦定宪法大纲》，1889年日本《明治宪法》都是钦定宪法。

民定宪法指由民意机关或者全民公决制定的宪法。世界上大多数国家都是民定宪法国家。在我国，人民是制宪主体，第一届全国人民代表大会第一次会议是制宪机关。

协定宪法指由君主和国民或者国民的代表机关协商制定的宪法。协定宪法的主要代表是1215年英国《自由大宪章》和1830年《法国宪法》。

四、宪法的制定

宪法的制定简称制宪,指制宪主体按照一定的程序创制宪法的活动。人民作为制定宪法的主体是现代宪法发展的基本特点。最早系统提出制宪权概念并建立理论体系的是法国大革命时期的著名学者西耶斯,他认为制宪权的主体只能是国民。

(一)制宪权与修宪权

修宪权是依据制宪权而产生的权力形态,制宪权和修宪权是两种不同性质的权力,修宪权受制宪权的约束,不得违背制宪权的基本精神和原则。

二者的共同点在于都属于根源性的国家权力,都是能够创造立法权、行政权、司法权等其他具有组织性的国家权力的权力。

(二)我国的宪法制定

我国制定宪法的主体是人民,制宪机关是第一次全国人民代表大会第一次全体会议。宪法草案通过后通常是由国家元首或者代表机关来加以公布,1954年《宪法》是第一届全国人民代表大会第一次会议以《全国人民代表大会公告》的形式加以公布的,自通过之日起生效。

第二节 我国宪法的历史发展

一、我国宪法制定和发展的历史

(1)1949年《中国人民政治协商会议共同纲领》由中国人民政治协商会议制定,实质上起到了临时宪法的作用,具有新民主主义性质。

(2)1954年《宪法》由第一届全国人民代表大会第一次会议在《中国人民政治协商会议共同纲领》的基础上制定完成,它是我国第一部社会主义类型的宪法。

(3)1975年《宪法》:一部内容存在偏差,指导思想存有错误的宪法。

(4)1978年《宪法》是中华人民共和国的第三部宪法,虽然经过两次修改,但是从总体上来说仍然不能适应新时期社会发展的需要。

(5)在全面修改1978年《宪法》的基础上,1982年12月4日通过了中华人民共和国的第四部宪法,也就是现行宪法。

1982年《宪法》的特点:

①以"四项基本原则"为指导思想;

②完善国家机构体系,扩大全国人民代表大会常务委员会职权,恢复设立国家主席;

③扩大公民权利和自由的范围,恢复人人平等原则,废除了领导职务终身制;

④确认经济体制改革的成果,发展多种经济形式;

⑤维护国家统一和民族团结,完善民族区域自治制度,设立特别行政区制度;

⑥首次明确规定了修宪提案权。

二、现行宪法的历次修改

(一)宪法的修改

宪法的修改由全国人民代表大会常务委员会或者1/5以上的全国人民代表大会代表提议,并由全国人民代表大会以全体代表的2/3以上的多数通过。虽然我国《立法法》没有明确规定宪法修正案的公布机关,也没有规定先决程序,但是我国却具有以往立法实践所形成的宪法惯例,也就是以全国人民代表大会主席团发布《全国人民代表大会公告》的方式公布宪法修正案。

(二)修改的内容

迄今为止,我国《宪法》总共经过了3次全面修改,7次部分修改。其中1975年《宪法》是对1954年《宪法》的全面修改;1978年《宪法》是对1975年《宪法》的全面修改;1982年《宪法》是对1978年《宪法》

的全面修改。现行的1982年《宪法》经过了1988年、1993年、1999年、2004年、2018年5次修改,通过了共52条修正案。这5次修改的主要内容是:

1.1988年修改的内容

(1)私营经济是社会主义公有制经济的补充,对私营经济实行引导、监督和管理。

(2)土地的使用权可以依照法律的规定转让。

2.1993年修改的内容

(1)我国正处于社会主义初级阶段,坚持改革开放,把我国建设成为富强、民主、文明的国家。

(2)国家实行社会主义市场经济,加强经济立法,完善宏观调控;废除"集体经济组织受国家计划指导";"国营经济"改为"国有经济"。

(3)确立家庭联产承包责任制为主的责任制。

(4)县级人民代表大会任期由3年改为5年。

(5)明确党领导的多党合作和政治协商制度。

3.1999年修改的内容

(1)增加"在邓小平理论的指引下";确认我国将长期处于社会主义初级阶段;明确非公有制经济是社会主义市场经济的重要组成部分,国家保护个体经济、私营经济的合法的权利和利益,对个体经济、私营经济实行引导、监督和管理。

(2)发展社会主义市场经济;确立以公有制为主体、多种所有制经济共同发展的基本经济制度和以按劳分配为主体、多种分配方式并存的分配制度。

(3)确立以家庭联产承包经营为基础,统分结合的双层经营体制。

(4)"反革命活动"改为"危害国家安全的犯罪";规定依法治国,建设社会主义法治国家。

4.2004年修改的内容

(1)增加在"三个代表"重要思想指引下及推动物质文明、政治文明、精神文明协调发展。

(2)国家保护非公有制经济的合法的权利和利益,对非公有制经济进行鼓励、支持和引导,并对非公有制经济依法实行监督和管理。

(3)确认公民合法的私有财产不受侵犯;确认国家保护公民的私有财产权和继承权;为了公共利益的需要可以依照法律规定征收或者征用公民私有财产并给予补偿。

(4)乡级人民代表大会任期从3年改为5年;确认特别行政区选出的人民代表大会代表是全国人民代表大会的组成部分;爱国统一战线中增加社会主义建设者。

(5)国家为了公共利益的需要可以依照法律规定征收或者征用土地并给予补偿;戒严改为紧急状态;增加国家尊重和保障人权。

(6)确认由国家主席代表国家进行国事活动;国家建立健全同经济发展水平相适应的社会保障制度;增加国歌。

5.2018年修改的内容

(1)序言

①第七自然段

A.指导思想增加"科学发展观、习近平新时代中国特色社会主义思想"。

B."法制"修改为"法治",增添"贯彻新发展理念",补充"社会文明、生态文明协调发展,把我国建设成为富强民主文明和谐美丽的社会主义现代化强国,实现中华民族伟大复兴"。

②第十以及第十一自然段

增添"改革过程",将"致力于中华民族伟大复兴的爱国者"补充进爱国主义统一战线主体,社会主义民族关系中添入和谐属性。

③第十二自然段

A.增添"改革的成就",增添"坚持和平发展道路,坚持互利共赢开放战略"。

B.增添"推动构建人类命运共同体"。

(2)正文

①第1条第2款增加"中国共产党领导是中国特色社会主义最本质的特征"。

②第3条第3款增添"监察机关"。

③第4条第1款社会主义民族关系中增添和谐属性。

④第24条第2款增添"国家倡导社会主义核心价值观"。

⑤第27条增设1款,阐明国家工作人员就职时应当依照法律规定公开进行宪法宣誓。

⑥第62条全国人民代表大会的职权中,增添"选举国家监察委员会主任"的规定。

⑦第63条全国人民代表大会的罢免权中增添全国人民代表大会有权罢免国家监察委员会主任的规定。

⑧第65条第4款增添全国人民代表大会常务委员会组成人员不得担任监察机关职务的规定。

⑨第67条全国人民代表大会常务委员会的职权中增添监督国家监察委员会的工作以及"根据国家监察委员会主任的提请,任免国家监察委员会副主任、委员"的规定。

⑩第70条中全国人民代表大会下设的"法律委员会"修改为"宪法和法律委员会"。

⑪第79条第3款国家主席的任期制修改为"中华人民共和国主席、副主席每届任期同全国人民代表大会每届任期相同"。

⑫第89条国务院职权增添领导和管理生态文明建设,监察工作从其职权中撤除。

⑬第100条增加第2款关于设区的市的人民代表大会及其常务委员会的地方性法规制定权的规定。

⑭第101条第2款增添县级以上的地方各级人民代表大会选举并且有权罢免本级监察委员会主任。

⑮第103条第3款"县级以上的地方各级人民代表大会常务委员会的组成人员不得担任国家行政机关、审判机关和检察机关的职务。"修改为:"县级以上的地方各级人民代表大会常务委员会的组成人员不得担任国家行政机关、监察机关、审判机关和检察机关的职务。"

⑯第104条中"监督本级人民政府、人民法院和人民检察院的工作"修改为"监督本级人民政府、监察委员会、人民法院和人民检察院的工作"。这一条相应修改为:"县级以上的地方各级人民代表大会常务委员会讨论、决定本行政区域内各方面工作的重大事项;监督本级人民政府、监察委员会、人民法院和人民检察院的工作;撤销本级人民政府的不适当的决定和命令;撤销下一级人民代表大会的不适当的决议;依照法律规定的权限决定国家机关工作人员的任免;在本级人民代表大会闭会期间,罢免和补选上一级人民代表大会的个别代表。"

⑰第107第1款"县级以上地方各级人民政府依照法律规定的权限,管理本行政区域内的经济、教育、科学、文化、卫生、体育事业、城乡建设事业和财政、民政、公安、民族事务、司法行政、监察、计划生育等行政工作,发布决定和命令,任免、培训、考核和奖惩行政工作人员。"修改为:"县级以上地方各级人民政府依照法律规定的权限,管理本行政区域内的经济、教育、科学、文化、卫生、体育事业、城乡建设事业和财政、民政、公安、民族事务、司法行政、计划生育等行政工作,发布决定和命令,任免、培训、考核和奖惩行政工作人员。"

⑱第三章"国家机构"中增加一节,作为第七节"监察委员会";增加5条,分别作为第123—127条。内容如下:

第七节 监察委员会

第一百二十三条 中华人民共和国各级监察委员会是国家的监察机关。

第一百二十四条 中华人民共和国设立国家监察委员会和地方各级监察委员会。

监察委员会由下列人员组成:

主任,

副主任若干人,

委员若干人。

监察委员会主任每届任期同本级人民代表大会每届任期相同。国家监察委员会主任连续任职不得超过两届。

监察委员会的组织和职权由法律规定。

第一百二十五条 中华人民共和国国家监察委员会是最高监察机关。

国家监察委员会领导地方各级监察委员会的工作,上级监察委员会领导下级监察委员会的工作。

第一百二十六条 国家监察委员会对全国人民代表大会和全国人民代表大会常务委员会负责。地方各级监察委员会对产生它的国家权力机关和上一级监察委员会负责。

第一百二十七条 监察委员会依照法律规定独立行使监察权,不受行政机关、社会团体和个人的干涉。

监察机关办理职务违法和职务犯罪案件,应当与审判机关、检察机关、执法部门互相配合,互相制约。

第三节 宪法的渊源

宪法的渊源即宪法的表现形式,主要为:

(1)宪法典

宪法典是绝大多数国家采用的形式,指将一国最根本、最重要的问题由统一的法律文本加以明确规定而形成的成文宪法。

(2)宪法性法律

宪法性法律指具有实际宪法效力的部门法意义上的法律。

(3)宪法惯例

宪法惯例指宪法条文没有明确规定,但在实际政治生活中已经存在,并为国家机关、政党及公众普遍遵循,且与宪法具有同等效力的习惯或传统。

(4)宪法判例

宪法判例指宪法条文无明文规定,而由司法机关在审判实践中逐渐形成并具有实质性宪法效力的判例。

(5)国际条约

国际条约指国际法主体之间就权利义务关系缔结的一种书面协议。

第四节 宪法规范

一、宪法规范的概念

宪法规范指由国家制定或认可的、宪法主体参与国家和社会生活最基本社会关系的行为规范。

二、宪法规范的主要特点

(1)根本性:规定国家生活的根本性问题。

(2)最高性:效力高于其他法律规范。

(3)原则性:只规定有关问题的基本原则。

(4)纲领性:明确表达对未来目标的追求。

(5)稳定性:这种稳定性只是相对稳定性,也就是相对于一定历史时期、相对于一定的历史条件而言。

三、宪法规范的分类

（1）确认性规范：对已经存在的事实的认定，其主要意义在于根据一定原则和程序，确立具体宪法制度和权力关系，以肯定性规范的存在为主要特征。

（2）禁止性规范：对特定主体或行为的一种限制。

（3）权利性规范和义务性规范：是在调整公民基本权利义务的过程中形成的，同时为行使权利与履行义务提供依据。

（4）程序性规范：具体规定宪法制度运行过程的程序，主要涉及国家机关活动程序方面的内容。

第五节　宪法效力

一、宪法效力的概念

宪法效力指宪法作为法律规范所发挥的约束力与强制性。宪法主要调整国家与公民之间的关系，它的效力范围也直接涉及国家权力的活动领域。

二、宪法效力的表现

（一）对人的效力

宪法首先适用于自然人。《中华人民共和国宪法》适用于所有中国公民。外国人和法人在一定条件下也能成为某些基本权利的主体，在其享有的基本权利的范围内，宪法也同样适用于外国人和法人。

（二）对领土的效力

任何一个主权国家宪法的空间效力都及于国土的所有领域，但是由于宪法本身的综合性和价值多元性，其在不同领域的适用上有所不同。例如我国《宪法》规定的特别行政区制度、民族区域自治制度等。

三、宪法与条约的关系

我国现行宪法文本没有规定宪法与条约的关系，但是"序言"对此表明了态度，也就是我国以和平共处五项基本原则为基础，发展同各国的外交关系和经济、文化的交流。

第二章　国家的基本制度（上）

第一节　人民民主专政制度

一、人民民主专政的内涵

（1）工人阶级成为国家政权的领导力量是人民民主专政的根本标志。

（2）人民民主专政的国家政权以工农联盟为阶级基础。

（3）人民民主专政是对人民实行民主与对敌人实行专政的统一。

二、人民民主专政的性质

人民民主专政即无产阶级专政。

（1）人民民主专政是马克思主义国家理论同中国实际相结合的产物，它比无产阶级专政的提法更符合我国革命和政权建设的历史和现实状况。

（2）人民民主专政发展了马克思列宁主义关于无产阶级专政的理论。

(3)同无产阶级专政的提法相比,人民民主专政比较直观地反映了我国政权对人民民主、对敌人专政的两个方面。

三、我国人民民主专政的主要特色

(一)中国共产党领导的多党合作和政治协商制度

中国共产党是执政党,各民主党派是参政党。

坚持中国共产党的领导、坚持"四项基本原则"是中国共产党与各民主党派合作的政治基础。

中国共产党的领导是中国特色社会主义最本质的特征。

长期共存、互相监督、肝胆相照、荣辱与共是中国共产党与各民主党派合作的基本方针。

(二)爱国统一战线

我国新时期的爱国统一战线是由中国共产党领导的,由各民主党派和各人民团体参加的,包括全体社会主义劳动者、社会主义事业的建设者、拥护社会主义的爱国者、拥护祖国统一和致力于中华民族伟大复兴的爱国者的广泛的政治联盟。

组织形式是中国人民政治协商会议,简称"政协"。政协是在我国政治生活中发展社会主义民主和实现各党派之间互相监督的重要形式。

第二节 国家的基本经济制度

一、国家的基本经济制度的概念

国家的基本经济制度指一国通过宪法和法律调整以生产资料所有制形式为核心的各种基本经济关系的规则、原则和政策的总称。其包括生产资料所有制形式、各种经济成分的相互关系及其宪法地位、国家发展经济的基本方针、基本原则等内容。

(1)经济制度的发展是推动宪法产生与发展的重要因素。

(2)宪法是经济制度的基本表现形式。

(3)经济制度是现代宪法的重要内容。

二、社会主义市场经济体制

1993年全国人民代表大会通过了对1982年《宪法》第15条的修正案,规定"国家实行社会主义市场经济"。1999年全国人民代表大会通过对《宪法》"序言"的修正案,将"发展社会主义市场经济"写入宪法。

(一)中国特色的社会主义市场经济体制

(1)中国特色的社会主义市场经济体制是市场在国家宏观调控下对资源配置起决定性作用的一种经济体制。

(2)中国特色的社会主义市场经济体制本质上是法治经济。

(3)中国特色的社会主义市场经济体制具有市场经济同社会主义基本制度相结合而成的制度性特征,主要表现为:

①在所有制结构上以公有制为主体,多种所有制经济共同发展;

②在分配制度上,以按劳分配为主体,多种分配方式并存;

③在宏观调控上,国家结合人民的当前利益与长远利益、局部利益与整体利益,发挥好计划与市场两种手段。

(二)社会主义公有制是我国经济制度的基础

1. 全民所有制经济

全民所有制经济即国有经济,指由代表人民利益的国家占有生产资料的一种所有制形式。

《宪法》第9条第1款规定:"矿藏、水流、森林、山岭、草原、荒地、滩涂等自然资源,都属于国家所有,即全民所有;由法律规定属于集体所有的森林和山岭、草原、荒地、滩涂除外。"第10条则规定了城市的土地属于国家所有；农村和城市郊区的土地原则上属于集体所有，但由法律规定属于国家所有的除外。

国有经济具有主导作用，控制着国家经济的命脉，决定着国民经济的社会主义性质。

2.集体所有制经济

集体所有制经济指生产资料归集体经济组织内的劳动者共同所有的一种所有制形式。

农村集体所有制经济是现阶段我国农村的主要经济形式。城镇的集体所有制经济主要表现为各种形式的合作经济。根据《宪法》第9、10条的规定，法律规定属于集体所有的森林、山岭、草原、荒山和滩涂属于集体所有；农村和城市郊区的土地除法律规定属于国家所有的以外，属于集体所有；宅基地、自留地和自留山也属于集体所有。

（三）非公有制经济是社会主义市场经济的重要组成部分

在法律规定范围内的个体经济、私营经济等非公有制经济，是社会主义市场经济的重要组成部分。

1.劳动者个体经济和私营经济

劳动者个体经济指城乡劳动者依法占有少量生产资料和产品，以自己从事劳动为基础进行生产经营活动的一种经济形式。

私营经济指生产资料由私人占有，并存在雇佣劳动关系的一种经济形式。

国家保护个体经济、私营经济等非公有制经济的合法权利和利益。国家鼓励、支持和引导非公有制经济的发展，并对非公有制经济依法实行监督和管理。

2."三资"企业

中华人民共和国允许外国的企业和其他经济组织或者个人依照中华人民共和国法律的规定在中国投资，同中国的企业或者其他经济组织进行各种形式的经济合作。"三资"企业就是根据《宪法》的规定，经我国政府批准而兴办的中外合资经营企业、中外合作经营企业和外商独资经营企业。

三、国家保护社会主义公共财产和公民合法私有财产

（一）社会主义公共财产的宪法保障

社会主义的公共财产神圣不可侵犯。国家保护社会主义的公共财产，禁止任何组织或者个人用任何手段侵占或者破坏国家和集体的财产。

（二）私有财产权的宪法保障

公民的合法私有财产不受侵犯。国家依照法律规定保护公民的私有财产权和继承权。国家为了公共利益的需要，可以依照法律规定对公民的私有财产实行征收或者征用并给予补偿。

第三节 国家的基本文化制度

一、国家的基本文化制度的概念及特点

国家的基本文化制度指一国通过宪法和法律调整以社会意识形态为核心的各种基本关系的规则、原则和政策的综合。其包括教育事业、科技事业、文学艺术事业、广播电影电视事业、新闻出版事业、文物事业、图书馆事业以及社会意识形态等方面的制度。

国家的基本文化制度具有以下特点：
(1)阶级性。
(2)历史性。
(3)民族性。

二、我国宪法关于基本文化制度的规定

现行宪法对文化制度的原则、内容等作了较为全面和系统的规定，主要包括：国

家发展教育事业、发展科学事业、发展文学艺术及其他文化事业,国家开展公民道德教育。

2018年《宪法修正案》着重强调了社会主义核心价值观的作用,指出:"国家倡导社会主义核心价值观,提倡爱祖国、爱人民、爱劳动、爱科学、爱社会主义的公德,在人民中进行爱国主义、集体主义和国际主义、共产主义的教育,进行辩证唯物主义和历史唯物主义的教育,反对资本主义的、封建主义的和其他的腐朽思想"。

第四节 国家的基本社会制度

一、社会制度的概念

社会制度的概念具有广义、中义和狭义上的区分。中义上的社会制度是国家制度中的基本组成部分,是相对于政治制度、经济制度、文化制度、生态制度而言的,为保障社会成员基本的生活权利以及为营造公平、安全、有序的生活环境而建构的制度体系。本节所称的社会制度是从中义的层面界定的,是基于我国政治、经济、文化、社会、生态五位一体的社会主义建设的需要,在社会领域所建构的制度体系。

二、社会制度的特征

(1)以维护平等为基础。
(2)以保障公平为核心。
(3)以捍卫和谐稳定的法治秩序为关键。

三、我国宪法关于基本社会制度的规定

我国宪法关于基本社会制度的规定包括:
(1)社会保障制度。
(2)医疗卫生事业。
(3)劳动保障制度。
(4)人才培养制度。
(5)计划生育制度。
(6)社会秩序及安全维护制度。

第三章 国家的基本制度(下)

第一节 人民代表大会制度

一、政权组织形式的概念与种类

政权组织形式指掌握国家权力的阶级组织国家机关以实现其统治阶级统治的形式。

政权组织形式可以分为:

1. 资本主义国家的政权组织形式

资本主义国家的政权组织形式主要分为二元君主立宪制、议会君主立宪制、总统制、议会共和制、委员会制和半总统半议会制。资本主义国家的共和制是以三权分立为原则建立的。

2. 社会主义国家的政权组织形式

社会主义国家的政权组织形式是人民代表大会制度。这是由社会主义国家的一切权力属于人民决定的。社会主义国家的共和制是以民主集中制为原则建立的。

二、我国的政权组织形式

我国的政权组织形式是人民代表大会制度。

（一）人民代表大会制度的内容包括"四环节"

（1）民主选举人民代表大会代表组成人民代表大会。

（2）以人民代表大会为基础组织全部国家机构。

（3）统一协调全部国家机构，共同行使国家权力。

（4）贯彻一切权力属于人民的政治原则，实现人民当家作主的权利。

人民代表大会制度的组织原则是民主集中制，而西方共和制则是三权分立原则；应当把握民主集中制的概念，民主集中制就是既有民主、又有集中，在民主的基础上集中，在集中的指导下实行民主，将民主和集中有机结合的制度。

（二）人民代表大会制度的性质

1. 人民代表大会制度是我国的根本政治制度

（1）从组成来说，各级人民代表大会都由人民代表组成，而人民代表又是由人民通过民主选举方式选举产生的。

（2）从职权来说，人民代表大会代人民行使国家权力。

（3）从责任来说，人民代表大会向人民负责，受人民监督。

2. 人民代表大会制度是我国实现社会主义民主的基本形式

（1）社会主义民主就其本质来说是人民当家作主，这种民主需要通过一定的形式才能实现。

（2）在各种实现社会民主的形式中，人民代表大会制度居于最重要的地位。

第二节 选举制度

一、选举法的调整对象

选举法的调整对象是人民代表大会的选举。政府、法院、检察院的选举由相应的组织法调整，因为我国的选举法明确为《全国人民代表大会和地方各级人民代表大会选举法》。中华人民共和国成立以后，我国共制定了两部《选举法》，一是1953年的《选举法》，二是1979年的《选举法》，其中后者又经历了1982年、1986年、1995年、2004年、2010年、2015年6次修正。

二、我国选举制度的基本原则

（一）选举权的普遍性原则

我国公民享有选举权和被选举权的条件是中国公民、年满18周岁、未被剥夺政治权利。精神病患者不能行使选举权利的，经选举委员会确认，不列入选民名单；因犯危害国家安全罪或者其他严重刑事犯罪案件被羁押，正在受侦查、起诉、审判的人，在被羁押期间停止行使选举权利。

（二）选举权的平等性原则

平等性原则指在一次选举中，每个选民都有且只有一个投票权，并且每张选票的价值和效力相等。我国选举法修改以后，各级人民代表大会代表选举中，农村每一代表所代表的人口数一律四倍于城市每一代表所代表的人口数，也就是通常所说的"4:1"。这是为了保证国家的性质，体现实质意义上的平等。

（三）直接选举与间接选举并用原则

县乡两级人民代表大会代表是直接选举，其他各级人民代表大会代表均为间接选举。

（四）秘密投票原则

秘密投票亦称无记名投票，指选民不署自己的姓名、亲自书写选票并投入密封票箱的一种投票方法。

三、选举程序

（一）划分选区和选民登记

我国按居住状况划分选区，也可以按

生产单位、事业单位、工作单位划分选区，按居住状况划分为首要标准。我国直接选举的人民代表大会代表在县乡两级均设立了选举委员会，其中乡镇选举委员会主持选举时受县一级的人民代表大会常务委员会领导。

关于选民登记，我国选举法规定的选民年龄有下限没有上限。选民名单应在选举日的 20 天以前公布；若对选民名单有意见，可以向选举委员会提出申诉，对选举委员会申诉不服还可以在选举日的 5 日以前向人民法院起诉，法院的裁决即终审裁决。

（二）候选人制度

（1）代表候选人的提名

各政党、各人民团体可以联合或者单独推荐代表候选人，选民或代表 10 人以上联名也可以推荐代表候选人。各级人民代表大会都采取差额选举，但是差额数不一样，直接选举时候选人比应选代表多 1/3 到 1 倍，间接选举时候选人比应选代表多 1/5 到 1/2。

（2）关于正式候选人的确定

正式代表候选人名单在选举日 5 天前公布，15 天之前是候选人名单的公布。

（三）投票选举

（1）选民进行投票可采三种方式，在选区设立投票站、流动票箱或者召开选举大会。

（2）关于候选人当选的确定，应注意直接选举和间接选举的区别。

①直接选举。一是选举必须有全体选民的过半数出席，选举才有效；二是候选人获得参加投票的选民过半数票即可当选。

②间接选举。候选人必须获得全体代表的过半数选票才可能当选。

（四）罢免制度

罢免制度的重点，即罢免代表的法律程序。

对直接选举的县级人民代表大会代表，原选区选民 50 人以上联名，对直接选举的乡级人民代表大会代表，原选区选民 30 人以上联名，可向县人民代表大会常务委员会书面提出罢免要求。

间接选举比较复杂，人民代表大会开会期间，主席团或 1/10 以上代表联名可以提出对由该级人民代表大会选出的上一级人民代表大会代表的罢免案；闭会期间，由人民代表大会常务委员会主任会议或常务委员会 1/5 以上组成人员提名，可向常务委员会提出对由该级人民代表大会选出的上一级人民代表大会代表的罢免案。

第三节　国家结构形式

一、国家结构形式的概念和种类

国家结构形式指国家整体与组成部分之间，中央与地方之间这两种关系。

整体与组成部分之间的关系指联邦制国家，如美国。中央与地方之间的关系指单一制国家，我国即如此，在我国，省、直辖市、自治区均为地方。

单一制和联邦制之间的区别：

（1）权力来源不同。

（2）主权归属不同。

（3）内部关系不同。

从权力来源角度来看，联邦的权力来自于每个州所让与的一部分权力，权力是"从下往上走"。单一制的国家权力是"从上往下走"，中国各地方的权力来源于中央的授予。

二、我国实行单一制的原因

（1）中国有单一制国家结构形式的历史传统，即历史原因。

（2）中国的民族成分和民族分布形成

了大杂居、小聚居和交错杂居的局面,是民族原因。

(3)中国平等、团结、互助、和谐的民族关系和西方或其他国家尤其是实行联邦制的国家不一样。

(4)经济原因和国防原因。

三、我国的行政区域划分

1. 行政区域

我国的行政区域分为:普通行政区划、民族自治地方区划、特别行政区划。

2. 行政区域变更的法律程序

(1)省、自治区、直辖市的设立、撤销、更名,特别行政区的成立,应由全国人民代表大会审议决定。

(2)省、自治区、直辖市行政区域界线的变更,自治州、县、自治县、市、市辖区的设立、撤销、更名或者隶属关系的变更,自治州、自治县的行政区域界线的变更,县、市的行政区域界线的重大变更,都须经国务院审批。

(3)县、市、市辖区部分行政区域界线的变更,由国务院授权省、自治区、直辖市人民政府审批。

(4)乡、民族乡、镇的设立、撤销、更名或者变更行政区域的界线,由省、自治区、直辖市人民政府审批。

第四节 民族区域自治制度

一、民族区域自治制度的概念

民族区域自治制度指在国家的统一领导下,以少数民族聚居区为基础,建立相应的自治地方,设立自治机关,行使自治权,使实行区域自治的民族的人民自主管理本民族地方性事务的制度。

包括以下内容:

(1)各民族自治地方的自治机关都是中央统一领导下的地方政权机关。

(2)民族区域自治必须以少数民族聚居地为基础,是民族自治与区域自治的结合。

(3)在民族自治地方设立自治机关,民族自治机关除行使宪法规定的地方国家机关的职权外,还可以依法行使区域自治权。

二、民族自治地方的自治机关

民族自治地方的自治机关指自治区、自治州和自治县的人民代表大会和人民政府。

自治区、自治州、自治县的人民代表大会常务委员会中应当由实行区域自治的民族的公民担任主任或副主任。自治区主席、自治州州长、自治县县长由实行区域自治的民族的公民担任。

民族自治地方的人民法院、人民检察院不是自治机关。

三、民族自治地方的自治权

民族自治地方的自治权指民族自治地方的自治机关根据宪法、民族区域自治法和其他法律的规定,自主地管理本地方、本民族内部事务的权力。

包括以下7个方面:

(一)制定自治条例和单行条例

自治条例的制定主体是民族自治地方的人民代表大会,是有关管理自治地方事务的综合性法规。

单行条例的制定主体是民族自治地方的人民代表大会及其常务委员会,是针对某一方面的具体问题而制定的法规。

根据宪法和法律的规定,自治区制定的自治条例和单行条例须报全国人民代表大会常务委员会批准后才能生效;自治州、自治县制定的自治条例和单行条例,须报省或者自治区的人民代表大会常务委员会批准后生效,并报全国人民代表大会常务委员会备案。

（二）根据当地民族的实际情况，贯彻执行国家的法律和政策

上级国家机关的决议、命令不适合本民族自治地方的实际情况，经上级国家机关批准，自治机关可以变通或者停止执行。

（三）自主管理地方财政

民族自治地方的财政是一级地方财政，自治机关有权管理本自治地方的财政。凡依照国家财政体制属于民族自治地方的财政收入，都应当由自治机关自主安排使用。

（四）自主管理地方性经济建设

（五）自主管理教育、科学、文化、卫生、体育事业

（六）组织维护社会治安的公安部队

民族自治地方的自治机关依照国家的军事制度和当地的实际需要，经国务院批准，可以组织本地方维护社会治安的公安部队。

（七）使用本民族的语言文字

民族自治地方的自治机关在执行职务的时候，依照本民族自治地方自治条例的规定，使用当地通用的一种或者几种语言文字。

第五节　特别行政区制度

一、特别行政区的概念和特点

特别行政区指在我国领土范围内，根据我国宪法规定而设立的，具有特殊的法律地位，实行特别的政治、经济制度的行政区域。

特别行政区具有以下特点：

1. 享有高度的自治权

（1）行政管理权

特别行政区有权依照《基本法》的规定行使除国防、外交以及其他根据《基本法》应当由中央人民政府处理的行政事务之外的权利。

（2）立法权

特别行政区的立法机关制定的法律须报全国人民代表大会常务委员会备案。备案不影响该法律的生效。全国人民代表大会常务委员会在征询其所属的特别行政区基本法委员会后，如认为特别行政区立法机关制定的任何法律不符合《基本法》中关于中央管理的事务及中央和特别行政区的关系的条款，可将有关法律发回，但不作修改。发回的法律立即失效，该法律的失效，除特别行政区的法律另有规定外，无溯及力。

（3）独立的司法权和终审权

特别行政区法院独立进行审判，不受任何干涉；特别行政区终审法院的判决为最终判决。

（4）自行处理有关对外事务的权力

根据《基本法》的规定，中央人民政府可授权特别行政区依照《基本法》自行处理有关对外事务。

2. 保持原有资本主义制度和生活方式50年不变

3. 原有的法律基本不变

特别行政区的法律中除具有殖民统治性质或带有殖民色彩，以及同《基本法》相抵触或经特别行政区立法机关作出修改者外，原有法律予以保留。

二、中央与特别行政区的关系

中央与特别行政区的关系指一个主权国家内中央与地方的关系。在我国，特别行政区享有高度自治权，中央对特别行政区的权力主要有：

（1）中央人民政府负责管理与特别行政区有关的外交事务。

（2）中央人民政府负责管理特别行政区的防务。

(3)中央人民政府任命特别行政区行政长官和行政机关的主要官员。

(4)全国人民代表大会常务委员会有权决定特别行政区进入紧急状态。

(5)全国人民代表大会常务委员会享有对特别行政区《基本法》的解释权、修改权等。

三、政治体制

特别行政区的政治体制主要包括特别行政区的行政长官、行政机关、立法机关和司法机关等。

(1)特别行政区行政长官是特别行政区的首长,代表特别行政区,对中央人民政府和特别行政区负责。行政长官由年满40周岁,在香港通常居住连续满20年并在外国无居留权的香港特别行政区永久性居民中的中国公民担任,或者在澳门通常居住连续满20年的澳门特别行政区永久性居民中的中国公民担任。行政长官在当地通过选举或协商产生,由中央人民政府任命。

(2)特别行政区政府下设政务司、财政司、律政司和各局、厅、署(香港特别行政区)或司、局、厅、处(澳门特别行政区)。特别行政区政府依《基本法》的规定行使职权,并对立法会负责;执行立法会通过并已生效的法律;定期向立法会作施政报告;答复立法会议员的质询;等等。

(3)特别行政区立法会行使立法权。特别行政区立法会根据《基本法》的规定依法制定、修改和废除法律;审核、通过政府的财政预算;根据政府提案决定税收和公共开支;听取行政长官的施政报告并进行辩论;对政府工作提出质询;等等。

(4)香港特别行政区司法机关是香港特别行政区的各级法院、裁判署法庭和其他专门法庭,并由律政司主管刑事检察工作。澳门特别行政区的司法机关是澳门特别行政区法院和检察院,包括初级法院、中级法院和终审法院,检察院独立行使法律赋予的检察权。

四、特别行政区的法律制度

香港、澳门特别行政区的法律制度不仅自成体系,而且在总体上不具有社会主义性质。特别行政区法律制度由以下4部分组成:

(一)特别行政区基本法

特别行政区《基本法》是根据宪法,由全国人民代表大会制定的基本法律,《基本法》既是我国社会主义法律体系的组成部分,同时又是特别行政区法律体系的组成部分。在我国社会主义法律体系中,其地位仅低于宪法,但在特别行政区法律体系中,基本法又处于最高的法律地位。

(二)予以保留的原有法律

香港原有法律,即普通法、衡平法、条例、附属立法和习惯法,除同《香港特别行政区基本法》相抵触或经香港特别行政区的立法机关作出修改者以外,予以保留。《澳门特别行政区基本法》也作了类似规定。凡属殖民统治性质或者带有殖民主义色彩、有损我国主权的法律,都应废止或者修改。

(三)特别行政区立法机关制定的法律

特别行政区享有立法权,除有关国防、外交和其他根据《基本法》的有关规定不属于特别行政区自治范围的法律之外,立法会可以制定任何其有权制定的法律,只要制定的法律符合《基本法》,符合法定程序,就可以在特别行政区生效适用。

(四)适用于特别行政区的全国性法律

全国性法律是全国人民代表大会及其常务委员会制定的法律。由于特别行政区将保持其原有的法律制度,因而全国性法律一般不在特别行政区实施。但有些体现国家主权和统一的全国性法律又有必要在那里实施,具体包括《香港特别行政区基本法》和《澳门特别行政区基本法》附件三中的法律。

五、《基本法》解释权

《基本法》解释权应属于中央,全国人民代表大会常务委员会再授权特别行政区进行解释。关于《基本法》的修改权,只有全国人民代表大会有权修改,所以修改《基本法》的程序类似于修改《宪法》。

第六节 基层群众自治制度

一、基层群众自治组织的含义和特点

基层群众自治组织指依照有关法律规定,以城乡居民(村民)一定的居住地为纽带和范围设立,并由居民(村民)选举产生的成员组成的,实行自我管理、自我教育、自我服务的社会组织。

其特点包括群众性、自治性、基层性。

二、村民委员会

（一）性质

村民委员会是村民自我管理、自我教育、自我服务的基层群众性自治组织,实行民主选举、民主决策、民主管理、民主监督。村民委员会与乡、民族乡、镇人民政府的关系是:

(1)乡、民族乡、镇的人民政府对村民委员会的工作给予指导、支持和帮助,但是不得干预依法属于村民自治范围内的事项。

(2)村民委员会协助乡、民族乡、镇的人民政府开展工作。

（二）设置和组织

村民委员会的设立、撤销、范围调整,由乡、民族乡、镇的人民政府提出,经村民会议讨论同意后,报县级人民政府批准。村民委员会由主任、副主任和委员共3～7人组成,妇女应当有适当名额,多民族村民居住的村应当有人数较少的少数民族的成员。

（三）产生方式和任期

村民委员会主任、副主任和委员,由村民直接选举产生。任何组织或者个人不得指定、委派或者撤换村民委员会成员。村民委员会每届任期3年,可连选连任。

（四）村民委员会成员的选举和罢免

1.选举

选民范围包括年满18周岁的村民,不分民族、种族、性别、职业、家庭出身、宗教信仰、教育程度、财产状况、居住期限,但是,依照法律被剥夺政治权利的人除外。有选举权和被选举权的村民名单,应当在选举日的20日以前公布。

村民委员会的选举,由村民选举委员会主持。村民选举委员会成员由村民会议或者各村民小组推选产生。选举村民委员会,由本村有选举权的村民直接提名候选人,实行差额选举。选举村民委员会,有选举权的村民的过半数投票,选举有效;候选人获得参加投票的村民的过半数的选票,始得当选。选举实行无记名投票、公开计票的方法,选举结果应当场公布。选举时,设立秘密写票处。

2.罢免

本村1/5以上有选举权的村民或者1/3以上村民代表联名,可以要求罢免村民委员会成员。罢免村民委员会成员须有登记参加选举的村民过半数通过。村民委员会成员实行任期和离任经济责任审计。

三、居民委员会

（一）性质

居民委员会指居民自我管理、自我教育、自我服务的基层群众性自治组织。

居民委员会与不设区的市、市辖区的人民政府或者它的派出机关的关系是：

（1）不设区的市、市辖区的人民政府或者它的派出机关对居民委员会的工作给予指导、支持和帮助。

（2）居民委员会协助不设区的市、市辖区的人民政府或者它的派出机关开展工作。

（3）市、市辖区的人民政府有关部门，需要居民委员会或者它的下属委员会协助进行的工作，应当经市、市辖区的人民政府或者它的派出机关同意并统一安排。

（4）市、市辖区的人民政府的有关部门，可以对居民委员会有关的下属委员会进行业务指导。

（二）设置和组织

居民委员会的设立、撤销、规模调整，由不设区的市、市辖区的人民政府决定。

（三）产生方式和任期

居民委员会由主任、副主任和委员共5～9人组成，由本居住地区全体有选举权的居民或者由每户派代表选举产生；根据居民意见，也可以由每个居民小组选举代表2～3人选举产生。居民委员会每届任期3年，其成员可以连选连任。

第四章　公民的基本权利与义务

第一节　公民基本权利与义务概述

一、基本权利与基本义务的概念

基本权利指由宪法规定的公民享有的重要的、必不可少的权利。

基本义务也称宪法义务，指由宪法规定的公民必须遵守的法律责任。公民的基本义务是公民对国家具有首要意义的义务，构成法律义务的基础。

基本权利主体主要是公民。公民指具有一国国籍的自然人。

二、基本权利效力

基本权利效力是指基本权利对社会生活领域产生的拘束力，其目的在于有效地保障人权。

基本权利效力的特点是广泛性、具体性、现实性。

基本权利的效力体现在以下3点：
(1)对立法权的制约。
(2)对行政权的制约。
(3)对司法权的制约。

三、基本权利限制的界限

中华人民共和国公民在行使自由和权利的时候，不得损害国家的、社会的、集体的利益和其他公民的合法的自由和权利。

限制基本权利的目的在于：
(1)维护社会秩序。
(2)保障国家安全。
(3)维护公共利益。

四、"国家尊重和保障人权"的意义

2004年《宪法修正案》写入"国家尊重和保障人权"的规定。我国宪法对人权保护的特点包括：
(1)人权主体非常广泛。
(2)权利内容非常广泛。

五、我国公民基本权利与义务的主要特点

（1）公民基本权利与义务的广泛性。
（2）公民基本权利与义务的平等性。
（3）公民基本权利与义务的现实性。
（4）公民基本权利与义务的一致性。

第二节　我国公民的基本权利

一、平等权

平等权指公民依法平等地享有权利，不受任何差别对待，要求国家给予同等保护的权利。

平等权的内容包括：

（1）法律面前人人平等。其含义是：

①公民不分民族、种族、性别、职业、家庭出身、宗教信仰、教育程度、财产状况、居住期限，都一律平等地享有宪法和法律规定的权利，也都平等地履行宪法和法律规定的义务；

②任何人的法律权利受到平等保护，对违法行为一律依法予以追究，绝不允许任何违法犯罪分子逍遥法外；

③在法律面前，不允许任何公民享有法律以外的特权，任何人不得强制公民承担法律以外的处罚。

（2）禁止差别对待。
（3）允许合理差别。

二、政治权利和自由

1. 选举权和被选举权

中华人民共和国年满18周岁的公民，不分民族、种族、性别、职业、家庭出身、宗教信仰、教育程度、财产状况、居住期限，都有选举权和被选举权；但是依照法律被剥夺政治权利的人除外。

2. 政治自由

政治自由包括言论、出版、集会、结社、游行、示威自由。

三、宗教信仰自由

四、人身自由

人身自由包括：

（1）生命权。
（2）人身自由。
（3）人格尊严不受侵犯。禁止用任何方法对公民进行侮辱、诽谤和诬告陷害。
（4）住宅不受侵犯。禁止非法搜查或者非法侵入公民的住宅。
（5）通信自由和通信秘密。

五、社会经济权利

（1）公民合法的私有财产不受侵犯。
（2）公民有劳动的权利和义务。
（3）劳动者有休息的权利。
（4）获得物质帮助的权利。公民在年老、疾病或者丧失劳动能力的情况下，有从国家和社会获得物质帮助的权利。国家发展为公民享受这些权利所需要的社会保险、社会救济和医疗卫生事业。

六、文化教育权利

七、监督权和获得赔偿权

1. 监督权

公民对于任何国家机关和国家工作人员，有提出批评和建议的权利；对于任何国家机关和国家工作人员的违法失职行为，有向有关国家机关提出申诉、控告或者检举的权利，但是不得捏造或者歪曲事实进行诬告陷害。

2. 获得赔偿权

由于国家机关和国家工作人员侵犯公民权利而受到损失的人，有依照法律规定取得赔偿的权利。

第三节　我国公民的基本义务

一、维护国家统一和民族团结

2015年7月第十二届全国人民代表大会常务委员会第十五次会议通过《国家安全法》。根据该法的规定,维护国家主权、统一和领土完整是包括港澳同胞和台湾同胞在内的全中国人民的共同义务。

二、遵守宪法和法律,保守国家秘密,爱护公共财产,遵守劳动纪律,遵守公共秩序,尊重社会公德

2010年第十一届全国人民代表大会常务委员会第十四次会议对《保守国家秘密法》作出修改。根据该法的规定,法律、行政法规规定公开的事项,应当依法公开。

三、维护祖国的安全、荣誉和利益

2015年7月第十二届全国人民代表大会常务委员会第十五次会议通过《国家安全法》。根据该法的规定,中华人民共和国公民、一切国家机关和武装力量、各政党和各人民团体、企业事业组织和其他社会组织,都有维护国家安全的责任和义务。

四、保卫祖国、依法服兵役和参加民兵组织

五、依法纳税

除上述基本义务之外,我国《宪法》还规定了劳动的义务、受教育的义务等。这些义务既具有社会伦理与道德性质,同时也具有一定的法律性质。

第五章　国家机构

第一节　国家机构概述

一、国家机构的概念和分类

国家机构指一定社会的统治阶级为实现其统治职能而建立起来的进行国家管理和执行统治职能的国家机关的总和。

我国的国家机构包括:全国人民代表大会,中华人民共和国主席,国务院,中央军事委员会,地方各级人民代表大会和地方各级人民政府,民族自治地方的自治机关,监察委员会,人民法院和人民检察院。同时,我国国家机构还可分为中央国家机关和地方国家机关。

二、国家机构的特点

(1)阶级性:国家机构是为统治阶级服务的。

(2)社会性:国家机构一般以全社会正式代表身份,以全社会名义进行活动。

(3)整体性:国家机构是统一的整体,是有机构成的政治组织体系。

(4)强制性:统治阶级通过国家机构的活动普遍地约束全体社会成员,实现途径:一是依靠法律强制,二是依靠暴力强制。

三、我国国家机构的组织和活动原则

(一)民主集中制原则

民主集中制原则指在民主基础上的集中,在集中指导下的民主的国家机构组织和活动原则,体现了民主与集中的辩证统一。其具体体现为:

(1)在国家机构与人民的关系方面,体现了国家权力来自人民,由人民组织国

家机构。

(2) 在国家机构中,国家权力机关居于核心地位。

(3) 在中央和地方机构的关系方面,遵循在中央的统一领导下,充分发挥地方的主动性、积极性的原则。

民主集中制原则是社会主义国家政权根本的组织和活动原则,也是我国中央国家机关一项最基本的组织和活动原则。民主集中制是一种民主与集中相结合的制度,是在民主基础上的集中和在集中指导下的民主的结合。

(二) 社会主义法治原则

社会主义法治指社会主义国家的法律和法律制度。中央国家机关贯彻这一原则指中央国家机关都要按照国家的法律和法律制度进行组织和开展活动。即所有中央国家机关都要做到有法可依,有法必依,执法必严,违法必究。其表现为:

(1) 掌握立法权的全国人民代表大会及其常务委员会必须根据宪法规定的原则精神和宪法规定的立法程序制定法律,建立各种法律制度。

(2) 一切国家机关都必须以宪法为根本的活动准则,并负有维护宪法尊严,保证宪法实施的职责。

(3) 一切国家机关都必须遵守宪法和法律,都不得有超越宪法和法律的特权。

(三) 责任制原则

中央国家机构体系对责任制原则的贯彻表现在:

(1) 全国人民代表大会要向人民负责,每一代表都要受原选举单位的监督,它们可以随时罢免自己所选出的代表。

(2) 最高国家行政机关、最高国家监察机关、最高国家审判机关、最高国家检察机关和最高国家军事领导机关等则向全国人民代表大会及其常务委员会负责。责任制原则在不同的中央国家机关内部,具体表现为集体负责制和个人负责制两种形式。

(四) 密切联系群众,为人民服务原则

必须在思想上树立密切联系群众,一切为人民服务的思想,认识到自己手中的权力来自人民的赋予。国家机关及其工作人员要坚持"从群众中来,到群众中去"的工作方法。广泛吸收人民群众参与管理国家并接受人民监督。

(五) 精简和效率原则

推行国家机构改革,提高工作质量和效率,是精简和效率原则的要求。

第二节 全国人民代表大会

一、全国人民代表大会

(一) 性质和地位

全国人民代表大会是最高国家权力机关。它的常设机关是全国人民代表大会常务委员会。全国人民代表大会和全国人民代表大会常务委员会行使国家立法权。

(二) 职权

1. 修改宪法、监督宪法的实施

宪法的修改必须有全国人民代表大会常务委员会或者1/5以上的全国人民代表大会代表提议,并由全国人民代表大会以全体代表2/3以上多数通过。

迄今为止,我国现行宪法于1988年、1993年、1999年、2004年、2018年分别修改过一次。

2. 制定和修改基本法律

基本法律指根据宪法由全国人民代表大会制定的法律,包括刑法、民法、刑事诉讼法、民事诉讼法、选举法、民族区域自治法、特别行政区基本法等。基本法律以外的法律由全国人民代表大会常务委员会制定并修改,但受到全国人民代表大会的监督。全国人民代表大会有权撤销全国人民代表大会常务委员会不适当的决定。

3. 选举、罢免国家机关重要领导人

全国人民代表大会有权选举、罢免的人员包括全国人民代表大会常务委员会委员长、副委员长和委员；中华人民共和国主席、副主席；中央军事委员会主席；国家监察委员会主任；最高人民法院院长；最高人民检察院检察长。

此外，全国人民代表大会有权根据国家主席的提名决定国务院总理的人选；根据国务院总理的提名决定国务院副总理、国务委员、各部部长、各委员会主任、审计长、秘书长的人选；根据中央军事委员会主席的提名决定中央军事委员会副主席的人选。对于上述人选，全国人民代表大会亦有权按照法律的规定，依照法定程序，予以罢免。

4. 重大事项决定权

全国人民代表大会有权审查和批准国民经济和社会发展计划和计划执行情况的报告；审查和批准国家的预算和预算执行情况的报告；改变或者撤销全国人民代表大会常务委员会不适当的决定；批准省、自治区和直辖市的建置；决定特别行政区的设立及其制度；决定战争与和平问题；以及应当由最高国家权力机关行使的其他职权。

5. 最高监督权

全国人民代表大会有权监督其他国家机关的工作。全国人民代表大会常务委员会、国务院、国家监察委员会、最高人民法院、最高人民检察院向全国人民代表大会负责并报告工作。中央军事委员会向全国人民代表大会负责。全国人民代表大会有权撤销全国人民代表大会常务委员会不适当的决定和命令。

6. 其他职权

宪法赋予全国人民代表大会其他作为国家最高权力机关应当行使的权力。

（三）会议制度和工作程序

全国人民代表大会开展工作的主要方式是举行会议。全国人民代表大会会议每年举行一次。如果全国人民代表大会常务委员会认为有必要或者1/5以上的全国人民代表大会代表提议，可以临时召集。全国人民代表大会会议均由全国人民代表大会常务委员会召集，每届全国人民代表大会第一次会议在本届全国人民代表大会代表选举完成的两个月内，由上届全国人民代表大会常务委员会召集，以后的历次会议均由本届常务委员会负责召集。

全国人民代表大会会议期间，国务院的组成人员，中央军事委员会的组成人员，国家监察委员会组成人员，最高人民法院院长和最高人民检察院检察长列席会议。其他国家机关、团体的负责人，经全国人民代表大会主席团决定也可以列席会议。

（四）通过法律案以及其他议案要经过以下四个阶段：

1. 提出议案

全国人民代表大会主席团、全国人民代表大会常务委员会，全国人民代表大会各专门委员会、国务院、中央军事委员会、最高人民法院、最高人民检察院，以及一个代表团或者30名以上的代表联名，可以向全国人民代表大会提出属于全国人民代表大会职权范围内的议案。

2. 审议议案

对国家机关提出的议案，由全国人民代表大会主席团决定交各代表团审议，或者并交有关专门委员会审议，提出报告，再由全国人民代表大会主席团审议决定提交大会表决；对代表团和代表提出的议案，则由全国人民代表大会主席团审议决定是否列入大会议程，或者先交有关专门委员会审议，提出是否列入大会议程的意见，再决定是否列入大会议程。

3. 表决通过议案

议案经审议后，由全国人民代表大会主席团决定提交大会表决，并由其决定采

用无记名投票方式、举手表决方式或其他方式通过。根据《宪法》第 64 条的规定，宪法修正案由全国人民代表大会全体代表 2/3 以上的多数通过；法律和其他议案由全国人民代表大会全体代表过半数通过。

4. 公布法律、决议

法律议案通过后即成为法律，由中华人民共和国主席以发布命令的形式加以公布；选举结果及重要议案，由全国人民代表大会主席团以公告公布或由国家主席以命令形式公布。

二、全国人民代表大会常务委员会

（一）性质和地位

全国人民代表大会常务委员会是全国人民代表大会的常设机关，是最高国家权力机关的组成部分，是行使国家立法权的机关。

全国人民代表大会常务委员会对全国人民代表大会负责并报告工作，接受其监督；在全国人民代表大会闭会期间，国务院、国家监察委员会、最高人民法院、最高人民检察院对全国人民代表大会常务委员会负责并报告工作。

（二）职权

全国人民代表大会常务委员会的职权可主要概括为国家立法权；对国家重大事项的决定权；对最高国家机关有关人员的任免（全国人民代表大会常务委员会的组成人员不得担任国家行政机关、监察机关、审判机关和检察机关的职务；根据国家监察委员会主任的提请，任免国家监察委员会副主任、委员）；对宪法、法律实施和对其他最高国家机关工作的监督权（监督国务院、中央军事委员会、国家监察委员会、最高人民法院和最高人民检察院的工作）；以及全国人民代表大会授予的其他职权。

（三）工作程序

全国人民代表大会常务委员会主要通过举行会议、作出会议决定的形式行使职权。

全国人民代表大会常务委员会全体会议一般每两个月举行一次，由委员长召集并主持。

根据《宪法》第 68 条的规定，委员长、副委员长、秘书长组成委员长会议，处理全国人民代表大会常务委员会重要的日常工作，但委员长会议不能代替全国人民代表大会常务委员会行使职权。

委员长会议可以向全国人民代表大会常务委员会提出属于全国人民代表大会常务委员会职权范围内的议案，由全国人民代表大会常务委员会会议审议。国务院、中央军事委员会、最高人民法院、最高人民检察院、全国人民代表大会各专门委员会，可以向全国人民代表大会常务委员会提出属于全国人民代表大会常务委员会职权范围内的议案，由委员长会议决定提请全国人民代表大会常务委员会会议审议，或者先交有关的专门委员会审议、提出报告，再决定提请全国人民代表大会常务委员会会议审议。全国人民代表大会常务委员会组成人员 10 人以上联名，可以向全国人民代表大会常务委员会提出属于全国人民代表大会常务委员会职权范围内的议案，由委员长会议决定提请全国人民代表大会常务委员会会议审议，或者先交有关的专门委员会审议、提出报告，再决定是否提请全国人民代表大会常务委员会会议审议；不提请全国人民代表大会常务委员会会议审议的，应当向全国人民代表大会常务委员会会议报告或者向提案人说明。审议后的议案由全国人民代表大会常务委员会全体会议进行表决，获得全体组成人员的半数以上同意方能通过。法律通过后由国家主席公布，其他决议由全国人民代表大会常务委员会自行公布。

全国人民代表大会常务委员会可以听

取和审议国务院、国家监察委员会、最高人民法院和最高人民检察院的专项工作报告,国务院、国家监察委员会、最高人民法院和最高人民检察院可以向全国人民代表大会常务委员会要求报告专项工作。全国人民代表大会常务委员会组成人员对专项工作报告的审议意见交由国务院、国家监察委员会、最高人民法院或者最高人民检察院研究处理。国务院、国家监察委员会、最高人民法院或者最高人民检察院应当将研究处理情况由其办事机构送交全国人民代表大会有关专门委员会或者全国人民代表大会常务委员会有关工作机构征求意见后,向全国人民代表大会常务委员会提出书面报告。全国人民代表大会常务委员会认为必要时,可以对专项工作报告作出决议。

三、全国人民代表大会各专门委员会

（一）常设性委员会

常设性委员会包括:民族委员会、宪法和法律委员会、监察和司法委员会、财政经济委员会、教育科学文化卫生委员会、外事委员会、华侨委员会、环境与资源保护委员会、农业与农村委员会、社会建设委员会。

（二）临时性委员会

临时性委员会指全国人民代表大会及其常务委员会组织的关于特定问题的调查委员会。

四、全国人民代表大会代表

（一）代表享有下列权利

（1）出席本级人民代表大会会议,参加审议各项议案、报告和其他议题,发表意见。

（2）依法联名提出议案、质询案、罢免案等。

（3）提出对各方面工作的建议、批评和意见。

（4）参加本级人民代表大会的各项选举。

（5）参加本级人民代表大会的各项表决。

（6）获得依法执行代表职务所需的信息和各项保障。

（7）法律规定的其他权利。

（二）代表应当履行下列义务

（1）模范地遵守宪法和法律,保守国家秘密,在自己参加的生产、工作和社会活动中,协助宪法和法律的实施。

（2）按时出席本级人民代表大会会议,认真审议各项议案、报告和其他议题,发表意见,做好会议期间的各项工作。

（3）积极参加闭会期间统一组织的视察、专题调研、执法检查等履职活动。

（4）认真参加履职学习,加强调查研究,不断提高执行代表职务的能力。

（5）与原选区选民或者原选举单位和人民群众保持密切联系,听取和反映他们的意见和要求,努力为人民服务。

（6）自觉遵守社会公德,廉洁自律,公道正派,勤勉尽责。

（7）法律规定的其他义务。

第三节 中华人民共和国主席

一、国家主席的性质、地位与任期

中华人民共和国主席,是中华人民共和国的国家代表,也是国家机构之一。

中华人民共和国主席、副主席由全国人民代表大会选举产生。中华人民共和国主席、副主席每届任期同全国人民代表大会每届任期相同。

二、国家主席的职责

中华人民共和国主席根据全国人民代表大会的决定和全国人民代表大会常务委员会的决定:

（1）公布法律。

（2）任免国务院总理、副总理、国务委员、各部部长、各委员会主任、审计长、秘书长。

（3）授予国家的勋章和荣誉称号。

（4）发布特赦令，宣布进入紧急状态，宣布战争状态，发布动员令。

（5）代表中华人民共和国，进行国事活动，接受外国使节；根据全国人民代表大会常务委员会的决定，派遣和召回驻外全权代表，批准和废除同外国缔结的条约和重要协定。

第四节　国务院

一、国务院的性质和地位

国务院是最高国家权力机关的执行机关，是最高国家行政机关。

国务院对全国的行政领导权，包括国务院统一领导全国地方各级国家行政机关的工作，规定中央和省、自治区、直辖市的国家行政机关的职权的具体划分，制定其他能够影响全国所有地方政府和居民的政策和措施，对地方各级行政机关具有绝对的、集中的权威和权力。

二、国务院的领导体制

（一）总理负责制

国务院实行总理负责制。各部、各委员会实行部长、主任负责制。

总理负责制指国务院总理对其主管的工作负全部责任，与负全部责任相联系的是他对自己主管的工作有完全决定权。具体表现在：

1. 领导权

国务院总理领导国务院的工作；副总理、国务委员协助总理工作，各部部长、各委员会主任负责某一方面的专门工作，他们均须向国务院总理负责。总理担负起管理全国行政事务的职责，他须向全国人民代表大会及其常务委员会承担行政责任。

2. 提名权

国务院其他组成人员的人选由总理提名，由全国人民代表大会或全国人民代表大会常务委员会决定。在必要时，总理有权向全国人民代表大会或全国人民代表大会常务委员会提出免除他们职务的请求。

3. 召集主持会议权

国务院的常务会议和全体会议由总理召集和主持，会议议题由总理确定，重大问题必须经全体会议或常务会议讨论，总理在集体讨论的基础上形成国务院的决定。

4. 签署权

国务院发布的决定、命令，国务院制定的行政法规，国务院向全国人民代表大会或者全国人民代表大会常务委员会提出的议案，国务院任免的政府机关工作人员，均须由总理签署才有法律效力。

（二）会议制度

国务院的会议分为国务院全体会议和国务院常务会议。国务院全体会议由国务院全体成员组成，一般每两个月召开一次，主要讨论和部署国务院的重要工作，或者通报国内形势和协调各部门的工作。

国务院常务会议由总理、副总理、国务委员、秘书长组成，一般每周召开一次，主要是讨论、决定国务院工作中的重大问题，如讨论议案的提出、讨论行政法规、讨论各部门的请示事项。

总理召集和主持国务院的全体会议和常务会议。国务院工作中的重大问题，必须经国务院常务会议或者国务院全体会议讨论决定。

三、国务院的职权

（1）行政法规的制定和发布权。

（2）行政措施的规定权。

（3）提出议案权。

（4）对所属部、委和地方各级行政机

关的领导权。

（5）对国防、民政、经济等各项工作的领导权和管理权；对外事务的管理权。

（6）行政人员的任免、奖励权。

（7）最高国家权力机关授予的其他职权。

四、国务院所属各部、各委员会

（一）所属各部、各委员会的性质和地位

国务院所属各部、各委员会受国务院统一领导，是分管某一方面行政事务的职能部门，有权根据法律和国务院的行政法规、决定、命令，在本部门权限内，发布指令、指示和规章。

（二）国务院所属各部委的工作责任制

国务院所属各部委实行首长负责制。各部部长、各委员会主任领导本部、委的工作并向国务院总理负行政责任，部长和主任召集和主持部务会议或委员会会议并就重大问题作出决定，副部长、副主任协助部长、主任进行工作并向部长或主任负行政责任。

五、审计机关

审计机关是国务院领导下的职能部门，审计长是国务院的组成人员。

审计机关对国务院各部门和地方各级人民政府的财政收支，对国家的财政金融机构和企事业组织的财务收支，实行审计监督。同时，为了保证审计机关能够顺利地履行职责，根据《宪法》第91条的规定，审计机关在国务院总理领导下，依照法律规定独立行使审计监督权，不受其他行政机关、社会团体和个人的干涉。

第五节 中央军事委员会

一、中央军事委员会的性质和地位

中央军事委员会是全国武装力量的最高领导机关，享有对国家武装力量的决策权和指挥权。

二、中央军事委员会的组成和任期

中央军事委员会由主席，副主席若干人，委员若干人组成。

中央军事委员会主席由全国人民代表大会选举产生，其他人员根据主席的提名，由全国人民代表大会决定。全国人民代表大会闭会期间，其他人员的任免由全国人民代表大会常务委员会决定。任期为5年。

三、中央军事委员会的领导体制

中央军事委员会实行主席负责制。

第六节 地方各级人民代表大会及其常务委员会、地方各级人民政府

一、地方各级人民代表大会

（一）性质和地位

省、自治区、直辖市，自治州、县、自治县、市、市辖区、乡、民族乡、镇设立人民代表大会。

地方各级人民代表大会是地方国家权力机关，本级的地方国家行政机关、监察机关、审判机关、检察机关都由其选举产生，对其负责，受其监督。因此，地方各级人民代表大会在同级国家机关中处于支配和核心的地位。

地方各级人民代表大会与全国人民代表大会一起构成我国国家权力机关体系。但全国人民代表大会与地方各级人民代表大会之间以及地方各级人民代表大会之间没有隶属关系，上级人民代表大会有权依照宪法和法律监督、指导下级人民代表大会的工作。地方各级人民代表大会是本地方人民行使国家权力的机关，并保证宪法、

法律、行政法规在本地方的执行,依照法律规定的权限决定本行政区域内的重大事项。

(二)组成和任期

省、自治区、直辖市、设区的市、自治州的人民代表大会代表,由下一级人民代表大会选举;县、自治县、不设区的市、市辖区、乡、民族乡、镇的人民代表大会代表,由选民直接选举。省、自治区、直辖市、自治州、县、自治县、市、市辖区的人民代表大会每届任期5年;乡、民族乡、镇的人民代表大会每届任期5年。地方各级人民代表大会会议每年至少举行1次。经过1/5代表提议,可以临时召集本级人民代表大会会议。

县级以上的地方各级人民代表大会设立常务委员会,由主任、副主任若干人和委员若干人组成(自治区、自治州、自治县的人民代表大会常务委员会中应当有实行区域自治的民族的公民担任主任或者副主任),对本级人民代表大会负责并报告工作。县级以上的地方各级人民代表大会常务委员会的组成人员不得担任国家行政机关、监察机关、审判机关和检察机关的职务。地方各级人民代表大会常务委员会的每届任期与本级人民代表大会每届任期相同。

(三)职权

1.在本行政区域内,保证宪法、法律、行政法规的遵守和执行

省、直辖市的人民代表大会及其常务委员会,在不同宪法、法律、行政法规相抵触的前提下,可以制定地方性法规,报全国人民代表大会常务委员会备案。设区的市的人民代表大会及其常务委员会,在不同宪法、法律、行政法规和本省、自治区的地方性法规相抵触的前提下,可以依照法律规定制定地方性法规,报本省、自治区人民代表大会常务委员会批准后施行。民族自治地方的人民代表大会有权依照当地民族的政治、经济和文化的特点,制定自治条例和单行条例。自治区的自治条例和单行条例,报全国人民代表大会常务委员会批准后生效。自治州、自治县的自治条例和单行条例,报省或自治区的人民代表大会常务委员会批准后生效,并报全国人民代表大会常务委员会备案。

2.依照法律规定的权限,通过和发布决议,审查和决定地方的经济建设、文化建设和公共事业建设的计划

县级以上的地方各级人民代表大会审查和批准本行政区域内的国民经济和社会发展计划、预算以及它们的执行情况的报告;有权改变或者撤销本级人民代表大会常务委员会不适当的决定。民族乡的人民代表大会可以依照法律规定的权限采取适合民族特点的具体措施。

3.选举并且有权罢免本级人民政府的省长和副省长、市长和副市长、县长和副县长、区长和副区长、乡长和副乡长、镇长和副镇长

县级以上的地方各级人民代表大会选举并且有权罢免本级人民代表大会常务委员会的组成人员;选举并且有权罢免本级监察委员会主任、本级人民法院院长和本级人民检察院检察长。选出或者罢免人民检察院检察长,须报上级人民检察院检察长提请该级人民代表大会常务委员会批准。

(四)会议制度和工作程序

1.会议制度

地方各级人民代表大会主要以召开会议的方式进行工作。地方各级人民代表大会每年至少举行一次,经1/5以上代表的提议,可以临时召集本级人民代表大会会议。县级以上各级人民代表大会会议由本级人民代表大会常务委员会召集,由预备会选出的主席团主持会议。县级以上的地

方各级人民政府组成人员、监察委员会主任、人民法院院长、人民检察院检察长、乡级人民政府领导人员列席本级人民代表大会会议,县级以上的其他有关机关团体负责人,经本级人民代表大会常务委员会决定,可以列席本级人民代表大会会议。

2. 工作程序

县级以上地方各级人民代表大会召开会议,首先举行预备会议,选举本次会议的主席团和秘书长,通过大会的议程和其他准备事项的决定,预备会由本级人民代表大会常务委员会主持。按照法律规定,地方各级人民代表大会通过决议和选举、罢免国家机关负责人的具体程序如下:

(1)议案通过程序:县级以上地方各级人民代表大会举行会议时,主席团、人民代表大会常务委员会、各专门委员会、本级人民政府都可以向大会提出属于本级人民代表大会职权范围内的议案。议案由主席团决定提交大会审议或先交有关的专门委员会审议,再由主席团审议决定提交大会表决。县级以上人民代表大会代表 10 名以上,乡、镇人民代表大会代表 5 名以上联名,也可以向人民代表大会提出属于本级人民代表大会职权范围内的议案。该类议案由主席团决定是否列入大会议程,或先交有关的专门委员会审议,提出是否列入议程的意见,再由主席团决定是否列入大会议程。议案在交付大会表决前,提案人有权撤回自己的议案。各项议案在表决时,须以全体代表的过半数赞成才能通过。

(2)选举国家机关负责人的具体程序:地方各级国家机关负责人的产生一般由人民代表大会主席团或代表依照法律规定联合提名。人民代表大会常务委员会主任、秘书长、乡镇人民代表大会主席、人民政府正职领导人、监察委员会主任、人民法院院长、检察院检察长的候选人数一般应多一人,进行差额选举。如果提名的候选人只有 1 人,也可以等额选举。其余领导人的选举均应依法具有一定差额比例。

(3)罢免程序:县级以上人民代表大会开会期间,大会主席团、常务委员会或 1/10 以上代表联名,可以提出本级人民代表大会常务委员会组成人员、人民政府组成人员、监察委员会主任、人民法院院长、人民检察院检察长的罢免案,由主席团提请大会审议。乡镇人民代表大会主席团或 1/5 以上代表联名,可以提出人民代表大会(副)主席、(副)乡长、(副)镇长的罢免案,由主席团提请乡镇人民代表大会会议审议。罢免案均须经全体代表过半数通过。

除议案外,对于代表提出的建议、批评和意见,由本级人民代表大会常务委员会的办事机构交有关机关和组织研究处理并负责答复。

(五)专门委员会的性质和地位

地方人民代表大会专门委员会是我国人民代表大会的重要组成部分,是人民代表大会的常设专门机构。在我国人民代表大会的组织结构中,各级人民代表大会设立的专门委员会分为两类:一类是人民代表大会会议期间设立的计划、预算审查委员会和议案审查委员会;另一类是根据《中华人民共和国地方各级人民代表大会和地方各级人民政府组织法》(以下简称《地方组织法》)规定设立的,在人民代表大会闭会期间继续开展工作的专门委员会。设立地方人民代表大会专门委员会,是进一步健全和完善人民代表大会制度,充分发挥地方人民代表大会及其常务委员会职能作用的重要组织措施。

二、县级以上地方各级人民代表大会常务委员会

为使本行政区地方国家权力机关能够经常性地开展工作,宪法规定县级以上的

地方各级人民代表大会设立常务委员会作为其常设机关。

地方各级人民代表大会常务委员会和本级人民代表大会主要存在以下关系：

(1) 地方各级人民代表大会是地方国家权力机关，本级人民代表大会常务委员会是其常设机关。

(2) 地方各级人民代表大会常务委员会是本级人民代表大会的组成部分，在本级人民代表大会闭会期间行使地方国家权力机关的部分权力。

(3) 地方各级人民代表大会常务委员会组成人员由本级人民代表大会选举产生。

(4) 地方各级人民代表大会常务委员会对本级人民代表大会负责并报告工作，受其监督，地方各级人民代表大会可以罢免本级人民代表大会常务委员会组成人员。

三、地方各级人民代表大会代表

(一) 权利

(1) 审议和表决的权利。

(2) 提出议案和建议、批评、意见的权利。

(3) 选举的权利。

(4) 提出罢免案的权利。

(5) 提出质询和询问的权利。

(6) 言论和表决免责权。

(7) 人身特别保护权。

(8) 提议组织和参加关于特定问题的调查委员会权。

(9) 视察权。

(10) 列席有关会议权等。

(二) 义务

(1) 模范地遵守宪法和法律，保守国家秘密，在自己参加的生产、工作和社会活动中，协助宪法和法律的实施。

(2) 按时出席本级人民代表大会会议，认真审议各项议案、报告和其他议题，发表意见，做好会议期间的各项工作。

(3) 积极参加闭会期间统一组织的视察、专题调研、执法检查等履职活动。

(4) 认真参加履职学习，加强调查研究，不断提高执行代表职务的能力。

(5) 与原选区选民或者原选举单位和人民群众保持密切联系，听取和反映他们的意见和要求，努力为人民服务。

(6) 自觉遵守社会公德，廉洁自律，公道正派，勤勉尽责。

(7) 法律规定的其他义务。

(三) 资格的终止

资格的终止即代表资格的丧失。包括下述7种情形：地方各级人民代表大会代表迁出或者调离本行政区域的、辞职被接受的、未经批准两次不出席本级人民代表大会会议的、被罢免的、丧失中国国籍的、依法被剥夺政治权利的、丧失行为能力的。

四、地方各级人民政府

(一) 性质和地位

地方各级人民政府指地方各级国家权力机关的执行机关，是地方各级国家行政机关。

地方各级人民政府从属于本级国家权力机关，由国家权力机关产生，向其负责，受其监督。

此外，地方各级人民政府还要服从上级人民政府的领导，向上一级人民政府负责和报告工作，执行上级行政机关的决定和命令。全国地方各级人民政府都要接受国务院的领导，同时又要发挥自己的主动性，努力搞好工作。

(二) 职权

(1) 执行本级人民代表大会及其常务委员会的决议及上级行政机关的决定和命令，规定行政措施，发布决定和命令。

(2) 领导所属的各个工作部门和下级人民政府的工作。

(3) 改变或者撤销所属各工作部门的

不适当的命令、指示和下级人民政府的不适当的决定、命令。

（4）依照法律的规定任免、培训、考核和奖惩国家行政机关工作人员。

（5）执行国民经济和社会发展计划、预算，管理本行政区域内的经济、教育、科学、文化、卫生、体育事业、环境和资源保护、城乡建设事业和财政、民政、公安、民族事务、司法行政、计划生育等行政工作。

（6）保护社会主义全民所有的财产和劳动群众集体所有的财产，保护公民私人所有的合法财产，维护社会秩序，保障公民的人身权利、民主权利和其他权利。

（7）保护各种经济组织的合法权益。

（8）保障少数民族的权利和尊重少数民族的风俗习惯，帮助本行政区域内各少数民族聚居的地方依照宪法和法律实行区域自治，帮助各少数民族发展政治、经济和文化的建设事业。

（9）保障宪法和法律赋予妇女的男女平等、同工同酬和婚姻自由等各项权利。

（10）办理上级国家行政机关交办的其他事项。

乡、民族乡、镇的人民政府依照《宪法》和《地方组织法》的规定，行使有关职权。

县级以上的地方各级人民政府在本级人民代表大会闭会期间，对本级人民代表大会常务委员会负责并报告工作。地方各级人民政府对上一级国家行政机关负责并报告工作。地方各级人民政府都是国务院统一领导下的国家行政机关，都服从于国务院。

（三）地方各级人民政府所属工作部门

县级以上地方各级人民政府，根据工作需要和精干的原则设立各工作部门，这些工作部门是厅、局、委员会、办公室、科等。同时这些工作部门的设立、增加、减少或者合并，由本级人民政府报请国务院批准，并报本级人民代表大会常务委员会备案。乡级政府一般不设工作部门，可设一些工作人员。县级以上人民政府设审计机关，依法独立行使审计监督权，对本级人民政府和上一级审计机关负责。

第七节　监察委员会

一、监察委员会的性质和地位

中华人民共和国各级监察委员会是国家的监察机关。中华人民共和国设立国家监察委员会和地方各级监察委员会。监察委员会依法独立行使职权，不受行政机关、社会团体和个人的干涉。

二、监察委员会的职能

监察委员会专门行使国家监察职能，依据法律对所有行使公权力的公职人员进行监察，调查职务违法和职务犯罪，开展廉政建设和反腐败工作，维护宪法和法律的尊严。

三、监察委员会的组成和任期

监察委员会由下列人员组成：主任，副主任若干人，委员若干人。监察委员会主任每届任期同本级人民代表大会每届任期相同。国家监察委员会主任连续任职不得超过两届。监察委员会的组织和职权由法律规定。

四、监察委员会的领导体制

中华人民共和国国家监察委员会是最高监察机关。国家监察委员会领导地方各级监察委员会的工作，上级监察委员会领导下级监察委员会的工作。国家监察委员会对全国人民代表大会和全国人民代表大会常务委员会负责。地方各级监察委员会对产生它的国家权力机关和上一级监察委员会负责。

五、对监察委员会的监督

（一）内部监督

监察委员会通过设立内部专门的监督机构等方式，加强对监察人员执行职务和遵守法律情况的监督，建设忠诚、干净、担当的监察队伍。

监察机关及其工作人员有违法行为的，被调查人员及其近亲属有权向该机关申诉，受理申诉的监察机关应当及时受理。申诉人对处理不服的，可以在法定期限内向上一级监察机关申请复查，上一级监察机关应当在法定期限内处理，情况属实的，及时予以纠正。

（二）外部监督

监察委员会应当接受本级人民代表大会及其常务委员会的监督，具体内容包括听取专项工作报告，组织执法检查，提出询问或者质询。除此以外，监察委员会还应当接受来自社会层面的监督，其应当依法公开监察工作信息，接受民主监督、社会监督、舆论监督。

第八节 人民法院和人民检察院

一、人民法院

（一）人民法院的性质和地位

人民法院是国家的审判机关。

中华人民共和国设立最高人民法院、地方各级人民法院和军事法院等专门人民法院。

最高人民法院是最高审判机关。最高人民法院对全国人民代表大会和全国人民代表大会常务委员会负责。地方各级人民法院对产生它的国家权力机关负责。

（二）人民法院的组织体系

全国设立最高人民法院、地方各级人民法院和专门人民法院。

地方各级人民法院分为高级人民法院、中级人民法院、基层人民法院；专门人民法院包括军事法院和海事法院等。

最高人民法院监督地方各级人民法院和专门人民法院的审判工作，上级人民法院监督下级人民法院的审判工作。

上下级人民法院之间的关系不是领导关系，而是监督关系。其目的是为了保障各级人民法院能够依法独立行使审判权。上级人民法院不能直接指挥命令下级人民法院如何进行审判，只能对下级人民法院在审判活动中是否正确适用法律进行审查监督。这种监督主要体现在上级人民法院按照上诉程序、审判监督程序及死刑复核程序对下级人民法院的具体案件进行监督，纠正错误的判决和裁定。

（三）人民法院的审判制度

（1）两审终审制度。

（2）合议制度。

（3）公开审判制度。人民法院审理案件和宣告判决，除法律另有规定，一律公开进行。

（4）辩护制度。

（5）回避制度。

二、人民检察院

（一）人民检察院的性质与地位

人民检察院是国家的法律监督机关。

中华人民共和国设立最高人民检察院、地方各级人民检察院和军事检察院等专门人民检察院。

（二）人民检察院的组织体系和领导体系

1.组织体制

全国设立最高人民检察院、地方各级人民检察院和专门人民检察院。

地方各级人民检察院分为省、自治区、直辖市人民检察院；自治州和设区的市人民检察院；县、不设区的市、自治县和市辖区人民检察院。专门人民检察院包括军事检察院等。

省一级人民检察院和县一级人民检察院，根据工作需要，提请本级人民代表大会常务委员会批准，可以在工矿区、农垦区、林区等区域设置人民检察院，作为派出机构。

2.领导体系

人民检察院实行双重从属制，既要对同级国家权力机关负责，又要对上级人民检察院负责。

国家权力机关对人民检察院的领导，主要表现在人民代表大会及其常务委员会选举、罢免或者任免人民检察院主要组成人员，审议工作报告，进行各种形式的监督等。

检察系统实行最高人民检察院领导地方各级人民检察院和专门人民检察院的工作，上级人民检察院领导下级人民检察院的工作的领导体制。下级人民检察院必须接受上级人民检察院的领导和最高人民检察院的领导，对上级人民检察院负责。

（三）人民检察院的职责

各级人民检察院主要行使立案侦查、批准逮捕、提起公诉、侦查监督、审判监督、执行监督。

三、人民法院、人民检察院和公安机关的关系

人民法院、人民检察院和公安机关办理刑事案件，应当分工负责，互相配合，互相制约，以保证准确有效地执行法律。

分工负责是前提，互相配合则体现了三者目标的一致性，互相制约则是监督原则的体现。

第六章 宪法的实施与监督

第一节 宪法实施概述

一、宪法实施的概念

法律的权威在于实施，宪法实施指宪法规范在实际生活中的贯彻落实。

宪法实施包括以下三个方面：

1.宪法的遵守

宪法的遵守指一切国家机关、社会组织和公民个人严格依照宪法规定从事各种行为的活动。

主要有两层含义：一是宪法的执行；二是指社会组织、公民个人遵守宪法规定。

2.宪法的适用

宪法的适用指违反宪法的禁止性规定或不履行宪法设定的义务而不承担宪法责任时，由特定机关予以纠正并追究宪法责任。方式包括宪法解释和宪法监督。

3.宪法实施的保障

宪法实施的保障指国家为了促进宪法的贯彻落实而建立的制度。

主要分为三个方面：一是政治保证，即作为执政党的中国共产党遵守宪法；二是社会保障，即可以推动宪法实施的社会心理和制度环境；三是法律保障，即宪法本身规定的维护宪法尊严、保护宪法实施的理念宣示和制度程序。

二、宪法实施的主要特点

宪法作为根本法具有最高的法律效力，其调整范围涉及国家和社会生活的所有领域，宪法直接约束国家法律和其他法

律性文件的制定和实施,并通过具体的法律规范作用于具体的人和事。因此,宪法实施具有最高性、广泛性和间接性的特征。对此,2018年《宪法修正案》第70条将全国人民代表大会下设的法律委员会修改为宪法和法律委员会,进一步贯彻落实宪法实施的保障。

第二节　宪法的修改

一、宪法修改的含义

宪法修改指宪法实施过程中,当宪法的内容与社会现实不相适应时,由有权机关依照宪法规定的程序删除、增加或变更宪法内容的行为。

二、我国宪法的修改

（一）我国的宪法修改制度

1954年《宪法》对宪法修改作出了两项规定：一是宪法修改机关是全国人民代表大会,二是宪法修改由全国人民代表大会以全体代表的2/3多数通过。

1975年《宪法》和1978年《宪法》都只规定了修宪主体,没有规定相关程序。现行宪法继承了1954年《宪法》中对宪法修改的两项规定,同时增加规定——宪法的修改由全国人民代表大会常务委员会或1/5以上的全国人民代表大会代表提议。我国宪法未明确规定宪法修正案的公布机关,但根据宪法惯例,宪法修正案由全国人民代表大会主席团公布。

（二）我国宪法修改的实践

自1954年《宪法》制定以来,我国宪法共经历了3次全面修改和7次部分修改。

3次全面修改分别是对1954年《宪法》、1975年《宪法》和1978年《宪法》的修改。

7次部分修改分别是1979年第五届全国人民代表大会第二次会议对1978年《宪法》的修改、1980年第五届人民代表大会第三次会议对1978年《宪法》的修改以及后来1988年、1993年、1999年、2004年和2018年以宪法修正案的形式对1982年《宪法》的修改。

第三节　宪法解释

宪法解释指宪法的实施过程中,由特定主体对宪法精神、宪法规范等所作的理解和说明。根据解释主体和解释效力的不同,分为有权解释和无权解释。

一、宪法解释的机关

宪法解释的机关包括三种：

（1）代议机关。全国人民代表大会常务委员会行使解释宪法的职权。

（2）司法机关。法院进行个案解释,该解释不具有普遍约束力。

（3）专门机关。有权解释宪法的机关是专门成立的,如德国的宪法法院。

二、宪法解释的原则

宪法解释的原则包括合目的性原则、依法解释原则、统一性原则、利益衡量原则和稳定性原则。

三、宪法解释的方法

宪法解释的方法包括三种：

（1）文义解释,即按照宪法文字的明确含义和惯常用法确定宪法的意义。

（2）论理解释,即从宪法原则和宪法学理论来推定该项规定的意义,包括体系解释、扩大解释、缩小解释、历史解释、比较解释和目的解释。

（3）社会学解释,即存在多种宪法解释时,通过考察社会效果来确定最终的解释。

第四节 宪法监督

一、宪法监督的内容

宪法监督指由宪法授权或宪法惯例所认可的机关以一定的方式进行合宪性审查并作出裁决的制度。

宪法监督的对象包括两个方面：

(1)审查规范性法律文件的合宪性。

(2)对国家机关及其工作人员、社会团体和全体公民违宪行为的审查。

二、宪法监督的体制

宪法监督体制主要有三种：

(1)普通司法机关进行宪法监督，司法机关通过审理具体案件进行违宪审查。

(2)代议机关进行宪法监督，我国宪法规定全国人民代表大会及其常务委员会有监督宪法的职责。

(3)专门机关进行宪法监督，该体制起源于法国设立的护法元老院，一般包括宪法法院和宪法委员会。

三、我国的宪法监督制度

(一)宪法监督的机关

现行宪法秉承了1954年《宪法》和1978年《宪法》所确立的最高权力机关审查制的监督模式，在规定全国人民代表大会享有监督宪法权力的同时，规定全国人民代表大会常务委员会解释宪法、监督宪法的实施。

(二)宪法监督的启动主体

国务院、中央军事委员会、最高人民法院、最高人民检察院和各省、自治区、直辖市人民代表大会常务委员会可以向全国人民代表大会常务委员会提出审查的要求，其他国家机关、社会团体和个人也有权提出书面建议。

(三)宪法监督的方式

我国采取事先审查与事后审查相结合的方式。事先审查指规范性法律文件经过批准后才生效，如《宪法》第116条规定，"自治区的自治条例和单行条例，报全国人民代表大会常务委员会批准后生效"。事后审查指法规、规章等规范性法律文件的备案审查制度，如全国人民代表大会常务委员会接受行政法规、地方性法规等规范性法律文件的备案。

(四)违宪的制裁措施

违宪的制裁措施主要有撤销违宪法律、宣布无效和弹劾罢免相关责任者等。

对于违反宪法的法律以下效力的规范性文件应当予以撤销。

第四编 中国法律史

【寄语】

读史使人明智。了解中国法律史,掌握以往法律思想和法律制度的基本内容和具体影响,理解中国法律思想和制度的发展变化规律,有助于认识当今的法律制度,把握法律制度的发展趋势。

高其才
2019 年 2 月

第一章　先秦时期的法律思想与制度

第一节　西周时期的法律思想与制度

一、西周的法律思想

(一)西周的"以德配天,明德慎罚"思想

1."以德配天,明德慎罚"思想的内容

为谋求长治久安,周初统治者继承了夏商以来的天命观。同时,为了修补以往神权政治学说中的缺漏,并确定周王朝新的统治策略,进一步提出了"以德配天,明德慎罚"的政治法律主张。"德"的要求主要包括三个基本方面:敬天、敬祖、保民。"明德慎罚"的具体要求可以归纳为"实施德教,用刑宽缓"。"德教"的具体内容被周初统治者逐渐归纳成内容广博的"礼治"。

2."以德配天,明德慎罚"思想的影响

"以德配天,明德慎罚"的主张代表了西周初期统治者的基本政治观和基本的治国方针。"明德慎罚"的法律观影响极为深远,为传统"慎刑"法律思想的渊源。这一思想深深植根于中国传统政治法律理论中,被后世奉为政治法律制度理想的原则与标本。

汉代中期以后,在"以德配天,明德慎罚"的基础上,儒家进一步提出"德主刑辅,礼刑并用"的基本策略,从而为以"礼律结合"为特征的中国传统法制奠定了理论基础。

(二)"出礼入刑"的礼刑关系

1.礼的内容与性质

礼是中国古代社会长期存在的、维护血缘宗法关系和宗法等级制度的一系列精神原则以及言行规范的总称。周朝礼制的内容和规模都有了空前的发展,调整着社会生活的各个方面。

中国古代的礼有两层含义:一是抽象的精神原则。可归纳为"亲亲"与"尊尊"两个方面。在"亲亲""尊尊"两大原则下,又形成了"忠""孝""义"等具体精神规范。二是具体的礼仪形式。西周时期主要有五个方面,通称"五礼":吉礼(祭祀之礼)、凶礼(丧葬之礼)、军礼(行兵仗之礼)、宾礼(迎宾待客之礼)、嘉礼(冠婚之礼)。

西周时期的礼已具备法的性质。

2."礼"与"刑"的关系

(1)"出礼入刑"。西周时期"刑"多指

刑法和刑罚。"礼"正面、积极规范人们的言行，而"刑"则对一切违背礼的行为进行处罚。其关系正如《汉书·陈宠传》所说的"礼之所去，刑之所取，失礼则入刑，相为表里"。

（2）"礼不下庶人，刑不上大夫"。这是中国古代法律中的一项重要法律原则。它强调平民百姓与贵族官僚之间的不平等，强调官僚贵族的法律特权。"礼不下庶人"强调礼有等级差别，禁止任何越礼的行为；"刑不上大夫"强调贵族官僚在适用刑罚上的特权。

二、西周的主要法制内容

（一）五刑、刑书和刑罚适用原则

自商以降形成了五刑制度。西周的五刑为墨、劓、剕、宫、大辟，均为肉刑。此外还有流、扑等刑罚。

西周时有刑书，但是不公之于众，以实现灵活用刑、威不可测。

西周时期已有区分故意与过失、惯犯与偶犯的刑罚适用原则。

（二）契约法律

1. 买卖契约

西周的买卖契约称为"质剂"。"质"，是买卖奴隶、牛马所使用的较长的契券；"剂"，是买卖兵器、珍异之物所使用的较短的契券。

2. 借贷契约

西周的借贷契约称为"傅别"。"傅"，是把债的标的和双方的权利义务等写在契券上；"别"，是在简札中间写字，然后一分为二，双方各执一半，札上的字为半文。

（三）婚姻法律

1. 婚姻缔结的三大原则

西周婚姻缔结的三大原则为一夫一妻制、同姓不婚、父母之命。

2. 婚姻"六礼"

西周时期"六礼"（即纳采、问名、纳吉、纳征、请期、亲迎）是婚姻成立的必要条件。

3. 婚姻关系的解除

西周时期解除婚姻的制度，称为"七出"，有不顺父母、无子、淫、妒、恶疾、多言、盗窃等七项情形之一的，丈夫或公婆即可休弃之。按照周代的礼制，女子若有"三不去"（有所娶而无所归、与更三年丧、前贫贱后富贵）的理由，夫家即不能离异休弃。

"七出""三不去"制度是宗法制度下夫权专制的典型反映。西周婚姻立法的原则和制度多为后世法律所继承和采用，成为中国传统法律的重要组成部分。

（四）继承法律

西周时期的继承制度，在宗法制下已经形成了嫡长子继承制。

（五）司法诉讼制度

1. 大司寇

周天子是最高裁判者。中央设大司寇，负责实施法律法令，辅佐周天子行使司法权。大司寇下设小司寇，辅佐大司寇审理具体案件。大、小司寇下设专门的司法属吏。此外，基层设有士师、乡士、遂士等负责处理具体的司法事宜。

2. 西周时期的"狱"与"讼"

西周时期民事案件称为"讼"，刑事案件称为"狱"，审理民事案件称为"听讼"，审理刑事案件称为"断狱"。

3. 西周时期的"五听"制度

"五听"（辞听、色听、气听、耳听、目听）制度指判案时判断当事人陈述真伪的五种方式，通过观察当事人的言语表达、面部表情、呼吸、听觉、眼睛与视觉确定其陈述真假，说明西周时已注意到司法心理问题并将其运用到审判实践中。

4. 西周时期的"三宥""三赦""三刺"制度

西周时期在判决时遵行"三宥三赦"之制。"三宥"指对犯罪者可减刑处理的三种情况。这三种情况为不识（不知法）、过失、遗忘（应意识到而疏忽）。"三赦"指对于幼弱、老旄、蠢愚者，犯罪从赦。

西周时凡遇重大疑难案件，适用"三刺"制度。重大疑难案件应先交群臣讨论；群臣不能决断时，再交官吏们讨论；还不能决断的，交给所有国人商讨决定。"三刺"制度说明西周对司法判案的慎重，是"明德慎罚"思想在司法实践中的体现。

第二节　春秋战国时期的法律思想与制度

一、铸刑书与铸刑鼎

春秋中期以后，打破旧的传统、公布成文法的活动在一些诸侯国中出现。

1. 铸刑书

公元前536年，郑国执政子产将郑国的法律条文铸在象征诸侯权位的金属鼎上，向全社会公布，史称"铸刑书"，这是中国历史上第一次公布成文法的活动。

2. 铸刑鼎

公元前513年，晋国赵鞅把前任执政范宣子所编刑书正式铸于鼎上，公之于众，这是中国历史上第二次公布成文法的活动。成文法的公布，否定了"刑不可知，则威不可测"的旧传统，明确了"法律公开"这一新兴地主阶级的立法原则，对于后世封建法制的发展具有深远的影响。

二、《法经》

1. 《法经》的主要内容及特征

《法经》是中国历史上第一部比较系统的成文法典。它是战国时期魏国李悝在总结春秋以来各国成文法的基础上制定的，在中国立法史上具有重要历史地位。

《法经》共六篇：《盗法》《贼法》《网法》《捕法》《杂法》《具法》。《法经》规定了各种主要罪名、刑罚及相关的法律适用原则，涉及的内容比较广泛。其基本特征在于：维护封建专制政权，保护地主的私有财产和奴隶制残余，并且贯彻了法家"轻罪重刑"的法治理论。

2. 《法经》的历史地位

《法经》具有重要的历史地位。首先，《法经》是战国时期政治变革的重要成果，是战国时期封建立法的典型代表和全面总结。其次，《法经》的体例和内容，为后世封建成文法典的进一步完善奠定了重要的基础。从体例上看，《法经》六篇为秦汉直接继承，成为秦汉律的主要篇目，魏晋以后在此基础上进一步发展，最终形成了以《名例》为统率，以各篇为分则的完善的法典体例。在内容上，《法经》中"盗""贼""囚""捕""杂""具"各篇的主要内容大都为后世传统法典继承与发展。

三、商鞅变法与法家思想

公元前359年，法家著名代表人物商鞅在秦国实施变法改革，这是战国时期传统法制发展过程中又一次意义重大的法制改革。

1. 商鞅变法的主要内容

从法律变革角度看，商鞅变法主要包括以下四个方面：①改法为律，扩充法律内容。②运用法律手段推行"富国强兵"的措施，颁布了《分户令》《军爵律》。③用法律手段剥夺旧贵族的特权，如废除世卿世禄制度，取消分封制，实行郡县制。④全面贯彻法家"以法治国"和"明法重刑"的主张。强调"以法治国""轻罪重刑"，不赦不宥，鼓励告奸，实行连坐，如邻伍连坐、军事连坐、职务连坐、家庭连坐等。

2. 商鞅变法的历史意义

商鞅变法是一次极为深刻的社会变革，秦国的法制也在变法过程中得以迅速发展与完善。秦国在商鞅变法之后迅速强盛起来，最终一统六国，建立了历史上第一个中央集权的帝制王朝。

第二章 秦汉至魏晋南北朝时期的法律思想与制度

第一节 秦汉时期的法律思想与制度

一、秦代的法律

(一)秦代的罪名与刑罚

1. 罪名

大致而言,秦代的罪名主要有以下五类:①危害皇权罪。如谋反、泄露机密、偶语诗书、以古非今、诽谤、妖言、诅咒、妄言、非所宜言、投书、不行君令等。②侵犯财产和人身罪。秦代侵犯财产方面的罪名主要是"盗";侵犯人身方面的罪名主要是贼杀、伤人。③渎职罪。一是官吏失职造成经济损失的犯罪;二是军职罪;三是有关司法官吏渎职的犯罪,主要有:"见知不举"罪,"不直"罪和"纵囚"罪、"失刑"罪。④妨害社会管理秩序罪。如《田律》中规定的违令卖酒罪;《法律答问》中的"逋事"与"乏徭"等逃避徭役罪;《秦律杂抄》中的逃避赋税罪等。⑤破坏婚姻家庭秩序罪。一类是关于婚姻关系的,包括夫殴妻、夫通奸、妻私逃等。另一类是关于家庭秩序的,包括擅杀子、子不孝、子女控告父母、卑幼殴尊长、乱伦等。

2. 刑罚

秦代的刑罚种类繁多,大致而言,主要包括以下八大类:

(1)笞刑。笞刑是以竹板、木板责打犯人背部的轻刑,是秦代经常使用的一种刑罚方法。

(2)徒刑。徒刑即剥夺罪犯人身自由,强制其服劳役的刑罚。包括:①城旦舂,男犯筑城,女犯舂米;②鬼薪、白粲,男犯为祠祀鬼神伐薪,女犯为祠祀鬼神择米;③隶臣妾,即将罪犯及其家属罚为官奴婢,男为隶臣,女为隶妾;④司寇,即伺寇,意为伺察寇盗,其刑轻于隶臣妾;⑤候,即发往边地充当斥候,是秦代徒刑的最轻等级。

(3)流放刑。包括迁刑和谪刑。

(4)肉刑。肉刑即黥(或墨)、劓、刖(或斩趾)、宫四种残害肢体的刑罚。

(5)死刑。秦代的死刑执行方法很多,有:①弃市;②戮,即先对犯人使用痛苦难堪的羞辱刑,然后斩杀;③磔,即裂其肢体而杀之;④腰斩;⑤车裂;⑥枭首,即处死后悬其首级于木上;⑦族刑,通常称为夷三族或灭三族;⑧具五刑,即《汉书·刑法志》所说:"当夷三族者,皆先黥、劓、斩左右趾,笞杀之,枭其首,菹其骨肉于市。其诽谤詈诅者,又先断舌,故谓之具五刑"。

(6)羞辱刑。秦时经常使用"髡""耐"等耻辱刑作为徒刑的附加刑。

(7)赀赎刑。秦律中对轻微罪适用的强制缴纳一定财物的刑罚主要是"赀";同时,赎刑也可归入这一范畴。"赀"是独立刑种。它包括三种:一是纯属罚金性质的"赀甲""赀盾";二是"赀戍",即发往边地做戍卒;三是"赀徭",即罚服劳役。

(8)株连刑。主要是族刑(见本节死刑条)和"收"。收,亦称收孥、籍家,就是在对罪犯判处某种刑罚时,还同时将其妻子、儿女等家属没收为官奴婢。

(二)秦代的刑罚适用原则

①区分刑事责任能力。秦律以身高判

定是否成年,大约六尺五寸为成年身高标准,低于六尺五寸的为未成年人。②区分故意(端)与过失(不端)的原则。③盗窃按赃值定罪的原则。秦律把赃值划分为三等,即一百一十钱、二百二十钱与六百六十钱。④共同犯罪与集团犯罪加重处罚的原则。⑤累犯加重原则。⑥教唆犯罪加重处罚的原则。⑦自首减轻处罚的原则。⑧诬告反坐原则。

二、汉代的法律

(一)汉代文帝、景帝废肉刑

西汉建立后,重视总结秦亡教训。汉文帝开始刑罚改革的直接起因是在文帝十三年,齐太仓令获罪当施黥刑,其女缇萦上书请求将自己没官为奴,替父赎罪,并指出肉刑制度断绝犯人自新之路的严重问题。汉文帝为之所动,下令废除肉刑。

1. 刑制改革的内容

把黥刑(墨刑)改为髡钳城旦舂(去发,颈部系铁圈服苦役五年);劓刑改为笞三百;斩左趾(砍左脚)改为笞五百,斩右趾(砍右脚)改为弃市死刑。汉文帝的改革,从法律上宣布了废除肉刑,具有重要意义。但改革中也有刑罚由轻改重的现象。

2. 刑制改革的意义

汉文帝、汉景帝时期的刑制改革,顺应了历史发展规律,为结束传统肉刑制度,建立新的刑罚制度奠定了重要基础。

(二)汉代的法律思想

1. 上请与恤刑

汉高祖七年,刘邦下诏:"郎中有罪耐以上,请之。"其后,汉宣帝、汉平帝相继规定上请制度,凡百石以上官吏、公侯及子孙犯罪,均可以享受"上请"优待。东汉时"上请"适用面越来越宽,遂成为官僚贵族的一项普遍特权。

统治者以"为政以仁"相标榜,强调贯彻儒家矜老恤幼的恤刑思想。80岁以上的老人,8岁以下的幼童,以及怀孕未产的妇女、老师、侏儒等,在有罪监禁期间,给予不戴刑具的优待。老人、幼童及连坐妇女,除犯大逆不道且诏书指明追捕的罪行外,一律不再拘捕监禁。

2. 亲亲得相首匿

汉宣帝时期确立亲亲得相首匿原则,主张亲属间首谋藏匿犯罪可以不负刑事责任。这来源于儒家"父为子隐,子为父隐,直在其中"的理论,它反映出汉律的儒家化,并且一直影响后世立法。

(三)诉讼制度与汉律的儒家化

1. 《春秋》决狱

这是法律儒家化在司法领域的反映,其特点是依据儒家经典《春秋》等著作中提倡的精神原则审判案件,而不仅仅依据汉律审案。董仲舒在《春秋繁露》篇中对"春秋决狱"作了解说。《春秋》决狱实行"论心定罪"原则。以《春秋》经义决狱为司法原则,对传统的司法和审判是一种积极的补充。

2. 汉代的"秋冬行刑"

汉代对死刑的执行,实行"秋冬行刑"制度。汉代统治者根据"天人感应"理论,规定春、夏不得执行死刑。秋冬行刑制度,对后世有着深远影响,唐律规定"立春后不决死刑",明清律中的"秋审"制度亦源于此。

三、秦汉时期的司法机关

1. 中央司法机关廷尉

皇帝掌握最高审判权;廷尉为中央司法机关的长官,审理全国案件。汉承秦制,廷尉仍是中央司法长官。

2. 地方司法长官郡守

郡守为地方行政长官,也是当地司法长官,负责全郡案件审理;县令兼理本县司法,负责全县审判工作;基层设乡里组织,负责本地治安与调解工作。

3. 御史制度

秦代御史大夫与监察御史,对全国进行法律监督。汉代时期御史大夫(西汉)、御史中丞(东汉),负责法律监督;西汉武帝以后设立司隶校尉,监督中央百官与京师地方司法官吏;刺史,专司各地行政与法律监督之职。

第二节 魏晋南北朝时期的法律思想与制度

一、律学法律思想

1. 律学对传统法律发展的影响

魏晋南北朝时期的律学成果逐渐为传统法律所吸收,《北魏律》的"累犯加重""共犯以造意为首"就是例证。

此后,注释章句的律学内容继续发展,律学不失其在中国法律史中的重要地位。

2. 法律解释的规范化

随着传统法律和律学的发展,这一时期的法律解释也趋于规范化,法律概念日趋准确。如晋代张斐、杜预对《泰始律》的解释,为法律概念的科学化与规范化作出了贡献。

二、魏晋南北朝时期法典的发展变化

(一)法典结构的发展变化

1.《魏律》的制定

魏明帝下诏改定刑制,作新律18篇,后人称为《魏律》或《曹魏律》。新律对秦汉旧律有较大改革。首先,将《法经》中的"具律"改为"刑名"置于律首;其次,将"八议"制度正式列入法典;最后,进一步调整法典的结构与内容,使中国传统法典在系统和科学上进了一大步。

2.《晋律》的颁行与张杜注律

西晋泰始三年编纂完成的《晋律》,又称《泰始律》。《晋律》精简法律条文,形成20篇620条的格局。与《魏律》相比,在刑名律后增加法例律,丰富了刑法总则的内容。同时对刑律分则部分重新编排,向着"刑宽""禁简"的方向迈进了一大步。在《晋律》颁布的同时,律学家张斐、杜预为之作注解,总结了历代刑法理论与刑事立法经验,经晋武帝批准颁行,与《晋律》具有同等法律效力。故《晋律》及该注解亦统称为"张杜律"。

3.《北魏律》的制定

北魏统治者采诸家法典之长修成《北魏律》20篇,成为当时著名的法典。

4.《北齐律》的制定

《北齐律》共12篇,其将刑名与法例律合为名例律一篇,充实了刑法总则;精练了刑法分则,使其成为11篇,即禁卫、户婚、擅兴、违制、诈伪、斗讼、贼盗、捕断、毁损、厩牧、杂律。《北齐律》在中国法律史上起着承前启后的作用,对后世的立法影响深远。

(二)法律形式与法典内容的发展变化

1. 法律形式的发展变化

魏晋南北朝时期法律形式发生了比较大的变化,形成了律、令、科、比、格、式相互为用的立法格局。

2. 法典内容的发展变化

魏晋南北朝时期的法律内容主要表现为礼法结合的进一步发展。

(1)"八议"入律与"官当"制度确立。魏明帝在制定《魏律》时,以《周礼》"八辟"为依据,正式规定了包括议亲(皇帝亲戚)、议故(皇帝故旧)、议贤(有传统德行与影响的人)、议能(有大才能)、议功(有大功勋)、议贵(贵族官僚)、议勤(为朝廷勤劳服务)、议宾(前代皇室宗亲)的"八议"制度。"八议"制度是对皇朝特权人物犯罪实行减免处罚的法律规定。此后,"八议"成为各代刑律的重要内容。唐律中的名例律在五刑、十恶之后即规定了八议制度。

"官当"是允许官吏以官职爵位折抵

徒罪的特权制度。它正式出现在《北魏律》与《陈律》中，《北魏律·法例篇》规定：每一爵级抵当徒罪2年。这表明当时官僚特权法有进一步发展。

（2）"重罪十条"的产生。《北齐律》中首次规定"重罪十条"，将危害统治阶级根本利益的十种重罪作为严厉打击的对象。

（3）刑罚制度改革。一是规定绞、斩等死刑制度。二是规定流刑，把流刑作为死刑的一种宽贷措施。三是规定鞭刑与杖刑。四是废除宫刑，自此结束了使用宫刑的历史。

（4）"准五服以制罪"的确立。《晋律》与《北齐律》中相继确立"准五服以制罪"的制度。服制是中国封建社会以丧服为标志，区分亲属的范围和等级的制度。按服制依亲属远近关系分为五等：斩衰、齐衰、大功、小功、缌麻。服制不但确定继承与赡养等权利义务关系，同时也是亲属相犯时确定刑罚轻重的依据。依五服制罪成为封建法律制度的重要内容，影响广泛，直到明清。

（5）死刑复奏制度。死刑复奏制度是指奏请皇帝批准执行死刑判决的制度。北魏太武帝时正式确立这一制度，为唐代的死刑三复奏制度打下了基础。

（6）妇女犯罪，在行刑上享有特殊规定。

三、司法制度

（一）司法机关

1. 北齐的大理寺

北齐时期正式设置大理寺，以大理寺卿和少卿为正副长官。大理寺的建立加强了中央司法机关的审判职能，也为后世王朝健全这一机构奠定了重要基础。

2. "三公曹"与"二千石曹"

魏晋南北朝时期进一步提高尚书台的地位，其中的"三公曹"与"二千石曹"执掌司法审判，同时掌囚帐。这为隋唐时期刑部尚书执掌审判复核提供了前提。

3. 御史制度

晋以御史台主监察，权能广泛，受命于皇帝，有权纠举一切不法案件；又设治书侍御史，纠举审判官吏的不法行为。

（二）诉讼制度

1. 皇帝直接参与司法审判

秦汉以降，皇帝亲自断案渐成常制；两汉以降的"虑囚制度"也得以延续。

2. 直诉制度的形成

西晋时出现了允许有重大冤屈者可以不受诉讼级别的限制，将冤屈直接诉于皇帝或者钦差大臣的直诉制度。此为特别上诉程序。

3. 上诉制度的变化

曹魏时期为简化诉讼，改汉代上诉之制，取消二年徒刑以上犯罪人乞鞫制度。

4. 死刑复核制度的形成

魏晋南北朝时期，既为慎刑也为加强中央对判处死刑的控制，死刑复核制度开始形成。

5. 加强自上而下的审判监督

在曹魏时期、晋代，县令的审判权受到限制，加强了自上而下的审判监督。

四、御史台对司法的监督

这一时期，监察机关仍为御史台，但已经从少府独立出来，成为皇帝直接掌握的独立监察机关，加强了对司法的监督。

第三章　隋唐宋元时期的法律思想与制度

第一节　隋唐时期的法律思想与制度

一、隋代《开皇律》的特点与历史意义

（一）《开皇律》的制定

开皇元年（公元581年），隋文帝初即位，即命郑译等人制定新律，并于同年10月完成，颁行于天下。开皇三年（公元583年），隋文帝命苏威、牛弘等人以"去重就轻、删繁就简"的原则再次修改法律，形成一部有12篇、500条的《开皇律》。《开皇律》有名例、卫禁、职制、户婚、厩库、擅兴、贼盗、斗讼、诈伪、杂律、捕亡、断狱等共12篇。在中国法律史上，开皇三年改定而成的《开皇律》，具有承前启后的重要作用。

（二）《开皇律》的特点

1. 改革刑罚制度，确立传统五刑

《开皇律》正式确立了新五刑体例，从轻到重排列为笞、杖、徒、流、死，共分20等。其中死刑分为斩、绞两等；流刑分为流一千里、一千五百里、二千里三等，分别服役二年、二年半、三年；徒刑分为一年至三年共五等；杖刑分为六十至一百共五等；笞刑分为十至五十共五等。该五刑体例一直为后世历代法典所沿用。

2. 继承并发展贵族官僚特权法律的"议请减赎当免之法"

（1）延续了《魏律》的""八议"制度。
（2）规定"例减"制度。
（3）规定"赎刑"制度。
（4）继续规定"官当"制度，并增加了区分公罪与私罪的官当标准。《开皇律》首创对"公罪"与"私罪"的区分，对犯公罪者免除处罚或从轻处罚。在以官当刑时，公罪比私罪每徒官当多一年，当流者各加一等。

3. 创设"十恶"制度

在北齐律"重罪十条"的基础上，《开皇律》正式确立"十恶"制度，更加明确了刑律的重点打击对象。同"重罪十条"相比，"十恶"制度的变化有二：一是将叛、降两条合并为谋叛一条，同时增加不睦一条；二是将反逆、大逆、叛三条前分别加一"谋"字，改为谋反、谋大逆、谋叛。谋指预谋，即在预谋阶段就予以严惩。

二、唐律与中华法系

（一）《唐律疏议》——体现"一准乎礼"思想的法典

1. 唐律的修订过程——从《武德律》到《永徽律疏》

《武德律》是唐高祖李渊于武德四年命裴寂等人以《开皇律》为准，于武德七年（公元624年）颁布的唐代首部法典。《武德律》共12篇500条。唐太宗于贞观元年命长孙无忌、房玄龄等人在《武德律》的基础上修订唐律，于贞观十一年（公元637年）颁行，称为《贞观律》。《贞观律》仍为12篇500条。《贞观律》进行了较大的修改，基本上确定了唐律的主要内容和风格，对后来的《永徽律》及其他法典有很深的影响。

2.《永徽律疏》的颁行

《永徽律疏》又称《唐律疏议》，是唐高宗永徽年间完成的一部极为重要的法典。唐高宗永徽二年（公元651年），长孙无忌

等人在《贞观律》的基础上修订唐律。最终,奏上新撰律12卷,是为《永徽律》。鉴于当时中央、地方在审判中对法律条文理解不一,每年科举考试中明法科考试也无统一的权威标准的情况,唐高宗在永徽三年下令召集律学通才和一些重要臣僚对《永徽律》进行逐条逐句的解释,历时一年,撰《律疏》30卷奏上,与《永徽律》合编在一起,于永徽四年10月经高宗批准,将疏议分附于律文之后颁行,分12篇,共30卷,称为《永徽律疏》。至元代后,人们因为该疏文皆以"议曰"二字始,故又称为《唐律疏议》。

《永徽律疏》总结了汉代和魏晋以来立法和注律的经验。《永徽律疏》的完成,标志着中国古代立法达到了最高水平。作为中国传统法制的最高成就,《永徽律疏》全面体现了中国古代法律制度的水平、风格和基本特征,成为中华法系的代表性法典,对后世及周边国家产生了极为深远的影响。同时,因此前的《贞观律》等现今都已遗失,所以,《永徽律疏》成为中国历史上迄今保存下来的最完整、最早、最具有社会影响力的古代成文法典,在中国古代立法史上占有最为重要的地位。

(二)十恶制度

1. 承袭隋代《开皇律》的十恶制度

所谓"十恶"是指隋唐以后历代法律中规定的严重危害统治阶级根本利益的常赦不原的十种最严重犯罪,渊源于北齐律的"重罪十条"。隋代《开皇律》在"重罪十条"的基础上加以损益,确定了十恶制度。唐律承袭此制,将"十恶"列入名例律之中,以维护皇权、特权、传统的伦理纲常及伦理关系。

2. 唐律中十恶的具体内容

十恶包括:①谋反:谓谋危社稷,指谋害皇帝、危害国家的行为;②谋大逆:指图谋破坏国家宗庙、皇帝陵寝以及宫殿的行为;③谋叛:谓背国从伪,指背叛本朝、投奔敌国的行为;④恶逆:指殴打或谋杀祖父母、父母等尊亲属的行为;⑤不道:指杀一家非死罪三人及肢解人的行为;⑥大不敬:指盗窃皇帝祭祀物品或皇帝御用物品、伪造或盗窃皇帝印玺等损害皇帝尊严的行为;⑦不孝:指控告祖父母、父母,未经祖父母、父母同意私立门户、分异财产等不孝行为;⑧不睦:指谋杀或卖五服以内亲属等行为;⑨不义:指杀本府长官、授业年师及夫丧违礼的行为;⑩内乱:指奸小功以上亲属等乱伦行为。

(三)六杀、六赃与保辜制度

1. 六杀

唐律的贼盗篇、斗讼篇中依犯罪人主观意图不同区分了"六杀",即所谓的"谋杀""故杀""斗杀""误杀""过失杀""戏杀"。

2. 六赃

六赃指唐律中规定的六种非法获取公私财物的犯罪,包括"受财枉法""受财不枉法""受所监临""强盗""窃盗""坐赃"。这些规范和按赃值定罪的原则为后世立法所继承,在明清律典中均有《六赃图》的配附。

3. 保辜

保辜是指对伤人罪的后果不是立即显露的案件,规定加害方在一定期限内对被害方伤情变化负责的一项特别制度。

(四)五刑与刑罚原则

1. 唐律中的五刑

唐律承用隋代《开皇律》中所确立的五刑,即笞、杖、徒、流、死五种刑罚,作为基本的法定刑。

2. 唐律中的刑罚原则

唐律中的刑罚原则有:①区分公、私罪的原则。唐律规定公罪从轻,私罪从重。②自首原则,严格区分自首与自新的界限,自首者可以免罪。③类推原则。《唐律·

名例律》规定:"诸断罪而无正条,其应出罪者,则举重以明轻;其应入罪者,则举轻以明重。"④化外人原则。《唐律·名例律》规定:"诸化外人,同类自相犯者,各依本俗法;异类相犯者,以法律论。"

（五）唐律体现的法律思想与中华法系

1."礼律合一"

唐朝承袭和发展了以往礼法并用的统治方法,使得法律统治"一准乎礼",真正实现了礼与律的统一。

2.科条简要与宽简适中

唐朝立法以科条简要,宽简适中为特点。

3.立法技术完善

在立法技术上表现出高超的水平。如自首、化外人有犯、类推原则的确定都有充分体现。唐律结构严谨,为举世所公认。

4.唐律是中国传统法典的楷模与中华法系形成的标志

作为中华法系的代表作,唐律超越国界,对亚洲诸国产生了重大影响。

三、隋唐时期的司法制度

1.隋唐时期的司法机关

唐代沿袭隋制,皇帝以下设置大理寺、刑部、御史台三大司法机构,执行各自司法职能。大理寺行使中央司法审判权。刑部有权参与重大案件的审理,对中央、地方上报的案件具有复核权,并有权受理在押犯申诉案件。作为中央监察机构,御史台代表皇帝自上而下地监督中央和地方各级官吏是否遵守国家法律和各项制度。

唐代中央或地方发生重大案件时,由刑部侍郎、御史中丞、大理寺卿组成临时最高法庭审理,称为"三司推事"。

唐代地方司法机关仍由行政长官兼理。州县长官在进行司法审判时,均设佐史协助处理。

2.诉讼制度

唐律规定了刑讯的条件与证据、刑讯方法、禁止使用刑讯的情形等。唐律规定,审判时"必先以情,审察辞理,反复参验;犹未能决,事须讯问者,立案同判,然后拷讯。违者,杖六十"。对两类人禁止使用刑讯,只能根据证据来定罪:一是具有特权身份的人,如应议、请、减之人;二是老幼废疾之人,指70岁以上15岁以下、一肢废、腰脊折、痴哑、侏儒等。

为防止审判官因亲属或仇嫌关系故意出入人罪,《唐六典》第一次以法典的形式,肯定了司法官的回避制度,即所谓凡"鞫狱官与被鞫人有亲属仇嫌者,皆听更之"。

第二节　宋元时期的法律思想与制度

一、宋代的法律思想与制度

（一）礼律合一思想的发展

宋代立法的基本指导思想为强化中央集权,律法注重"吏治"。北宋神宗年间王安石变法表明了这一时期立法在观念上向"利义均重、利义相辅"的转变。南宋时期的立法思想主要受到程朱理学和"永嘉"功利学派的影响,"正风俗防祸乱"必须以"礼律之文"为根本。南宋时期的陈亮还提出"法深无善治"的看法,对司法实践有所影响。

（二）《宋刑统》与编敕

1.《宋刑统》的制定

宋太祖建隆三年（公元962年）,在工部尚书兼判大理寺事窦仪等人的奏请下,开始修订宋朝新的法典。次年完成,由宋太祖诏"付大理寺刻板摹印,颁行天下",成为历史上第一部刊印颁行的法典。其全称为《宋建隆重详定刑统》,简称《宋刑统》。

2.编敕

敕的本意是尊长对卑幼的一种训诫。

宋代的敕是指皇帝对特定的人或事所发布的命令。敕的效力往往高于律，成为断案的依据。依宋代成法，皇帝的这种临时命令须经过中书省"制论"和门下省"封驳"，才被赋予通行全国的"敕"的法律效力。

编敕是将一个个单行的敕令整理成册，上升为一般法律形式的一种立法过程。宋仁宗以前基本是"敕律并行"，编敕一般依律的体例分类，但独立于《宋刑统》之外。宋神宗时期敕的地位提高，"凡律所不载者，一断于敕"，敕已到足以破律、代律的地步。敕主要是关于犯罪与刑罚方面的规定。

（三）刑罚的变化

1. 折杖法

宋建隆四年颁行"折杖法"，规定除死刑外，其他笞、杖、徒、流四刑均折换成臀杖和脊杖，如笞杖刑一律折换成臀杖，杖后释放。折杖法对缓和社会矛盾曾起到一定作用。

2. 配役

推行折杖法之后，原有的流刑实际上便称为配役。配役刑在两宋时期多为刺配：刺是刺字，配指流刑的配役。刺配制度对后世刑罚制度影响极坏。

3. 凌迟

作为死刑的一种，凌迟始于五代时的西辽，是一种碎而割之、使被刑者极端痛苦、慢慢致人死亡的一种酷刑。宋仁宗时使用凌迟刑，宋神宗熙宁以后成为常刑。至南宋，在《庆元条法事类》中，凌迟正式作为法定死刑的一种。

（四）契约法规

宋代的契约法规内容比较全面，主要包括以下六个方面：

（1）债。宋代因契约所生之债占多数。

（2）买卖契约。宋代买卖契约分为绝卖、活卖与赊卖三种。

（3）租赁契约。

（4）租佃契约。

（5）典卖契约。宋代典卖又称"活卖"。

（6）借贷契约。

（五）婚姻与继承法规

1. 婚姻法规

宋承唐律，规定："男年十五，女年十三以上，并听婚嫁。"宋律禁止五服以内亲属结婚，但对姑舅两姨兄弟姐妹结婚并不禁止。在离婚方面，仍实行唐制"七出"与"三不去"制度，但也有少许变通，如《宋刑统》规定：夫外出3年不归，6年不通问，准妻改嫁或离婚。

2. 继承制度

宋代法律在继承关系上，有较大的灵活性。除沿袭以往的遗产兄弟均分制外，允许在室女享受部分财产继承权；同时承认遗腹子与亲生子享有同样的继承权。至南宋，在一些地域又规定和适用了户绝财产继承的办法。

（六）司法制度

1. 三法司与提点刑狱司

宋沿唐制，在中央设置大理寺、刑部、御史台，分掌中央司法审判职权。

宋代地方州县仍实行司法与行政合一之制；但从宋太宗时起加强地方司法监督，在州县之上，设立提点刑狱司，作为中央在地方各路的司法派出机构。

2. 宋代的翻异别勘制度与证据勘验制度

在诉讼中，罪犯否认口供（称"翻异"），事关重大案情的，由另一法官或另一司法机关重审，称"别勘"。两宋注重证据，原告、被告均有举证责任。重视现场勘验，南宋地方司法机构制有专门的"检验格目"，并产生了《洗冤集录》等世界最早的法医学著作。

二、元代法制中的"四等人"原则

元代法律的主要特点之一即是以法律

维护民族间的不平等。元初,依据不同民族将民众的社会地位划分为四等,即蒙古人、色目人(西夏人、回回人等)、汉人、南人(原南宋地区的民众)。

第四章　明清时期的法律思想与制度

第一节　明清时期的法律思想与制度

一、明清时期的立法

(一)律例与大诰

1.《大明律》与《明大诰》

(1)《大明律》。《大明律》是明太祖朱元璋在建国初年开始编修,于洪武三十年(1397年)完成并颁行天下的法典,共计7篇30卷460条。它一改传统刑律体例,更为名例、吏、户、礼、兵、刑、工七篇格局,用以适应强化中央集权的需要。《大明律》在中国法制史上具有重要地位。其律文简于唐律,精神严于宋律,成为终明之世通行不改的基本法典。

(2)《明大诰》。朱元璋在修订《大明律》的同时,为防止"法外遗奸",又在洪武十八年(公元1385年)至洪武二十年(公元1387年)间,手订四编"大诰",共236条,具有与《大明律》相同的法律效力。《明大诰》集中体现了朱元璋"重典治国"的思想。滥用法外之刑、"重典治吏"是大诰的特点。大诰也是中国法制史上空前普及的法规,每户人家必须有一本大诰,科举考试中也列入大诰的内容。明太祖死后,大诰被束之高阁,不具有法律效力。

2.清代律例的编撰

(1)《大清律例》的制定与颁行。乾隆即位之初,命律令总裁官对原有律例进行逐条考证,重加编辑,于乾隆五年完成《大清律例》,颁行天下。《大清律例》是中国封建社会最后一部法典。《大清律例》以《大明律》为蓝本,是中国传统法典的集大成者。

(2)清代的例。清代最重要的法律形式之一就是例。例是统称,可分为条例、则例、事例、成例等名目。

(二)明清会典

1.《大明会典》

《大明会典》基本仿照《唐六典》,以六部官制为纲,分述各行政机关职掌和事例,起着调整国家行政关系的作用。

2.《大清会典》与清代行政法

自康熙朝开始,清廷仿效《明会典》编定《清会典》,记述各朝主要国家机关的所掌职事、活动规则与有关制度。计有康熙、雍正、乾隆、嘉庆、光绪五部会典,合称"五朝会典",统称《大清会典》。自乾隆二十七年(公元1762年)编纂《乾隆会典》开始,《清会典》的编纂一直遵循"以典为纲,以则例为目"的原则,典、例分别编辑遂成固定体例。

二、立法思想与刑罚原则

1. 明刑弼教的立法思想

宋代以降,在处理德、刑关系上始有突破。著名理学家朱熹首先对"明刑弼教"作了新的阐释。他有意提高了礼、刑关系中刑的地位,认为礼律二者对治国同等重要。他强调刑与教的实施可"或先或后""或缓或急"。经此一说,意味着中国传统法制指导原则沿着德主刑辅—礼律合———明刑弼教的发展轨道,进入到一个新的阶段,并对明清两代法律实施的方法、发展方向和发挥的社会作用产生了深刻影响。

2. 从重从新与重其所重、轻其所轻的原则

明代实行刑罚从重从新、"重其所重,轻其所轻"的原则。对于"典礼及风俗教化"等一般性犯罪,明律处罚轻于唐律,此即"轻其所轻"的原则。清代继承了这一原则。清律扩大和加重了对"十恶"中"谋反""谋大逆"等侵犯皇权的犯罪的惩罚。

三、罪名与刑罚

1. 奸党罪与充军刑

朱元璋于洪武年间创设"奸党"罪,用以惩办官吏结党危害皇权统治的犯罪。"奸党"罪无确定内容,实际是为皇帝任意杀戮功臣宿将提供合法依据。在流刑外增加充军刑,即强迫犯人到边远地区服苦役,远至4000里,近至1000里,并有本人终身充军与子孙永远充军的区分。

2. 故杀与谋杀

谋杀是有预谋的故意杀人,而故杀是没有预谋、突然起意的故意杀人。

四、明清时期的司法制度

(一)司法机关

1. 中央司法机关

中央司法机关为刑部、大理寺、都察院。明代刑部增设十三清吏司,分掌各省刑民案件,加强对地方的司法控制;清代刑部是清朝中央的主审机关,为六部之一,执掌全国"法律刑名"事务。明代大理寺掌复核驳正事务;依法律规定,大理寺的主要职责是复核死刑案件。明代都察院掌纠察;清承明制,都察院是全国最高监察机关。上述中央三大司法机关统称"三法司"。对于重大疑难案件,三法司共同会审,称"三司会审"。

2. 地方司法机关

明朝地方司法机关分为省、府(直隶州)、县三级。府、县两级仍是知府、知州、知县实行行政司法合一体制,掌管狱讼事务。明朝还在各州县及乡设立"申明亭",张贴榜文,申明教化,由民间德高望重的耆老受理当地民间纠纷,加以调处解决。

清代地方司法分州县、府、省按察司和总督(及巡抚)四级。

3. 管辖原则

明朝在交叉案件的管辖上,继承了唐律"以轻就重,以少就多,以后就先"的原则;明朝实行军民分诉分辖制。

4. 廷杖与厂卫

廷杖即由皇帝下令,司礼监监刑,锦衣卫施刑,在朝堂之上杖责大臣的制度。"厂""卫"特务司法机关是明代司法的一大特点,又是明代的一大弊政。"厂"是直属皇帝的特务机关。"卫"是指皇帝亲军十二卫中的"锦衣卫",下设镇抚司,由皇帝任命亲信"提督"厂卫,多由宦官充当。

(二)诉讼制度

1. 明代的会审制度

明代的会审制度包括:①九卿会审(又称"圆审")。由六部尚书及通政使司的通政使、都察院左都御使、大理寺卿九人会审皇帝交付的案件或已判决但囚犯仍翻供不服之案。②朝审。三法司会同公侯、伯爵,在吏部尚书(或户部尚书)主持下会审重案囚犯,从此形成制度。③大审。司礼监(宦官二十四衙之首)一员在堂居中而坐,尚书各官列居左右,从此"九卿抑于内官之下"。会同三法司在大理寺共审囚徒。

2. 清代会审制度的发展

在明代会审制度的基础上,清代进一

步完善了重案会审制度,形成了秋审、朝审、热审等比较规范的会审体制。①秋审是最重要的死刑复审制度。②朝审是对刑部判决的重案及京师附近斩、绞监候案件进行的复审。③热审是对发生在京师的笞杖刑案件进行重审的制度。

这些制度反映了慎刑思想,但却导致多方干预司法。

第二节 清末的法律思想与制度

一、清末的法律思想与"预备立宪"

(一)清末的法律思想

清末的法律思想观念发生了变化,并影响了变法修律。这表现为传统律学的延续、君主立宪与国体之争、近代的国家观念与主权观念的逐步确立。

这个时期值得注意的法律思想包括康有为和梁启超的宪政思想、张之洞和刘坤一的"变法三折"、沈家本的法律思想、劳乃宣的法律思想、伍廷芳的法律思想、袁世凯的法律思想。

(二)"预备立宪"与《钦定宪法大纲》和"十九信条"

1."预备立宪"的主要活动

1900年以后清王朝实行"新政"。1905年清廷提出"仿行宪政"。1906年9月1日(光绪三十二年七月十三日)清廷以光绪皇帝的名义颁布《宣示预备立宪谕》,以"大权统于朝廷,庶政公诸舆论"为立宪根本原则。1909年各省设立咨议局,1910年成立资政院,1911年11月匆匆发布《宪法重大信条十九条》,但也未挽回颓局,"预备立宪"即告破产。

2.《钦定宪法大纲》

《钦定宪法大纲》由清廷宪政编查馆编订,于1908年8月27日颁布,是中国近代史上第一部宪法性文件。共23条,分正文"君上大权"和附录"臣民权利义务"两部分。它体现了皇帝专权、人民无权的特点。给皇权专制制度披上"宪法"的外衣,以法律的形式确认君主的绝对权力。

3."十九信条"

"十九信条"全称《宪法重大信条十九条》,是清政府于辛亥革命武昌起义爆发后抛出的又一个宪法性文件。形式上被迫缩小了皇帝的权力,相对扩大了议会和总理的权力,但仍强调皇权至上,且对人民权利只字未提,更暴露其虚伪性。

(三)咨议局与资政院

1.咨议局

咨议局为清末"预备立宪"时期清政府设立的地方咨询机关。筹建于1907年,1908年7月颁布《咨议局章程》及《咨议局议员选举章程》,1909年开始在各省设立。实为各省督抚严格控制下的附属机构,以"指陈通省利病,筹计地方治安"为宗旨,权限包括讨论本省兴革事宜、决算预算、选举资政院议员等。

2.资政院

资政院为清末"预备立宪"时期清政府设立的中央咨询机构。筹建始于1907年,1908年以后陆续完成《资政院院章》,1910年正式设立。它是承旨办事的御用机构,可以"议决"国家年度预决算、税法与公债等。但一切决议须报请皇帝定夺,皇帝还有权谕令资政院停会或解散及指定钦选议员。

二、清末修律的主要内容

(一)《大清现行刑律》与《大清新刑律》

1.《大清现行刑律》

清末刑法典修订活动中,明显的变革成果是《大清现行刑律》与《大清新刑律》。

《大清现行刑律》是清政府在《大清律例》的基础上稍加修改,作为《大清新刑律》完成前的一部过渡性法典,于1910年

5月15日颁行。内容方面,改律名为"刑律";取消了六律总目,将法典各条按性质分隶30门;对纯属民事性质的行为不再科刑;废除了一些残酷的刑罚手段,如凌迟;增加了一些新罪名,如妨害国交罪等。但只是在形式上对《大清律例》稍加修改,在表现形式和内容上都不能说是一部近代意义上的专门刑法典。

2.《大清新刑律》

《大清新刑律》是清廷于1911年1月25日公布的中国历史上第一部近代意义上的专门刑法典,但仍保持着旧律维护专制制度和封建伦理的传统。它并未真正施行。《大清新刑律》分总则和分则两篇,后附《暂行章程》5条。它抛弃了旧律诸法合体的编纂形式,以罪名和刑罚等专属刑法范畴的条文作为法典的唯一内容;在体例上抛弃了旧律的结构形式,将法典分为总则和分则;确立了新刑罚制度,规定刑罚分主刑、从刑;采用了一些近代西方资产阶级的刑法原则和刑法制度,如罪刑法定原则和缓刑制度等。

(二)《大清商律草案》与《大清民律草案》

1. 清末的商事立法

1903～1907年间的商事立法主要由新设立的商部负责,在1904年1月(清光绪二十九年十二月)奏准颁行,定名为《钦定大清商律》,此为清朝第一部商律。1907～1911年间的主要商事法典改由修订法律馆主持起草,1908年9月起草了《大清商律草案》;在此期间公布的单行商事法规有《银行则例》等。

2.《大清民律草案》

修订法律馆于1911年11月编纂完成《大清民律草案》全部草案条文稿。该《大清民律草案》条文稿共分总则、债权、物权、亲属、继承五编,1569条。修订法律大臣俞廉三在"奏进民律前三编草案折"中表示:"此次编辑之旨,约分四端:(一)注重世界最普通之法则。(二)原本后出最精确之法理。(三)求最适于中国民情之法则。(四)期于改进上最有利益之法则。"修订民律的基本思路,仍然没有超出"中学为体、西学为用"的思想格局。这部民律草案并未正式颁布与施行。

(三)诉讼法律与法院编制法

沈家本等人在《大清刑事民事诉讼法》遭否决后,仿德国诉讼法起草了《大清刑事诉讼律草案》六编与《大清民事诉讼律草案》四编这两部诉讼法草案,于1910年底完成。

为配合官制改革,清廷于1906年制定了关于大理院和京师审判组织的单行法规《大理院审判编制法》。

清廷于1907年颁行的《各级审判厅试办章程》是关于审级、管辖、审判制度等诉讼体制和规则的一部过渡性法典。

1910年清廷仿效日本制定了《法院编制法》,共16章,吸收了公开审判等一系列新的司法原则,但并未真正实施。

三、清末司法体制的变化

(一)司法机构的变革与四级三审制

清政府对旧的诉讼体制和审判制度进行了一系列改革,改刑部为法部,掌管全国司法行政事务;改大理寺为大理院,为全国最高审判机关;实行审检合署;实行四级三审制,规定了刑事案件公诉制度、证据制度、保释制度;审判制度上实行公开、回避等制度;初步规定了法官及检察官考试任用制度;改良监狱及狱政管理制度。但这些制度仅流于形式。

(二)领事裁判权、观审制度和会审公廨

1. 外国在华领事裁判权

领事裁判权由1843年7月22日在香港公布实施的《中英五口通商章程》及随后签订的《虎门条约》确立。领事裁判权是外国侵略者在强迫中国订立的不平等条约中所规定的一种司法特权。凡在中国享有领事裁判权的国家，其在中国的侨民不受中国法律管辖，只由该国的领事或设在中国的司法机构依其本国法律裁判。一审由各国在华领事法院或法庭审理；二审上诉案件由各国建立的上诉法院审理；终审案件，则由本国最高审判机关受理。这严重破坏了中国的司法主权。

2. 观审制度

西方列强取得在华领事裁判权后，确立了强行干预中国司法审判的制度，即外国人是原告的案件，其所属国领事官员也有权前往观审，如认为审判、判决有不妥之处，可以提出新证据等。这种制度是原有领事裁判权的扩充，是对中国司法主权的践踏。

3. 会审公廨

会审公廨是1864年清廷与英、美、法三国驻上海领事协议在租界内设立的特殊审判机关。凡涉及外国人的案件，必须有领事官员参加会审；凡中国人与外国人之间诉讼案，由本国领事裁判或陪审，甚至租界内纯属中国人之间的诉讼也由外国领事观审并操纵判决。这是外国在华领事裁判权的扩充和延伸。

四、清末变法修律的主要特点与影响

1. 清末变法修律的主要特点

1840年鸦片战争以后，清朝统治者在内外各种压力之下，于20世纪初的10年间，逐渐对原有的法律制度进行了不同程度的修改与变革，一般称之为清末修律。在立法指导思想上，清末修律自始至终贯彻"仿效外国资本主义法律形式，固守中国法制传统"的方针。在内容上，清末修订的法律表现为皇权专制主义传统与西方资本主义法学最新成果的混合。在法典编纂形式上，清末修律改变了传统的"诸法合体"形式，形成了近代法律体系的雏形。

2. 清末变法修律的主要影响

清末修律标志着延续几千年的中华法系开始解体。清末变法修律为中国法律的近代化奠定了初步基础。清末变法修律在一定程度上引进和传播了西方近现代的法律学说和法律制度。

清末变法修律在客观上有助于推动中国资本主义经济的发展和教育制度的近代化。

第五章　中华民国时期的法律思想与制度

第一节　民国初期的法律思想

一、孙中山的法律思想

孙中山的法律思想主要体现在"三民主义"与"五权宪法"理论方面。

1. 三民主义

三民主义是孙中山思想的主体，也是孙中山法律思想的理论基础和指导思想。

三民主义的全称是"民族主义""民权主义""民生主义"。在孙中山先生的三民主义学说中，民族主义是推翻清王朝即资产阶级革命斗争的目标；民权主义是核心，主要解决民主革命问题，也就是孙中山所说的政治革命；而民生主义，则要求解决人民的经济生活、贫富悬殊等问题，民生主义是三民主义中最有特色的部分，其中心在于"土地"和"资本"。

2. 五权宪法

五权宪法是孙中山提倡的实行"五权制度"的宪法原则。1906 年首先在《民报》（创刊于日本东京）创刊纪念会上提出，1924 年又在《五权宪法》讲演中作了具体阐述。五权制度即"五权分立"的国家机构的组织原则，将国家的立法、行政、司法、考试、监察这五种治权分别由立法、行政、司法、考试、监察五机关独立行使，以防止政府专权；而同时将选举、罢免、创制、复决四种"政权"由人民掌握，实行所谓"权能划分"。五权宪法的基本原则是以欧美资本主义国家宪法的基本原则——"三权分立"原则为基础，结合我国封建时代的考试、监察二权而成的。孙中山认为，五权宪法的五权制度的宪法原则，可以补救"三权宪法"的三权制度的宪法原则的不完备之处，从而使五权宪法成为实行民治的根本大法。

二、章太炎与宋教仁的法律思想

1. 章太炎的法律思想

章太炎推崇民主共和，坚决反对君主专制与国家至上的观念。他认为国民才是国家的主人，反对代议政治；他强调法治，反对人治。

2. 宋教仁的法律思想

宋教仁主张建立民主的立宪政体，建立责任内阁制。他将地方行政主体划分为地方自治行政主体与地方官治行政主体。

第二节 南京临时政府的法律制度

一、《中华民国临时政府组织大纲》与《中华民国临时约法》

（一）《中华民国临时政府组织大纲》

《中华民国临时政府组织大纲》是中华民国第一部具有宪法性的文件，由各省都督府代表联合会于 1911 年 12 月 3 日议决通过，并由来自 10 省共 22 名都督府代表签字确认。

《中华民国临时政府组织大纲》共 4 章 21 条，分别为临时大总统、参议院、行政各部、附则。

《中华民国临时政府组织大纲》依照美国宪法，采用总统制。在政权组织上，采取分权制原则，但没有实际规定三权分立，而是采用立法与行政两权分立的做法。但是实际上司法权仍处在行政权的控制之下。采取一院制的议会制度。参议院是类似于资产阶级国家的国会的立法机关。

《中华民国临时政府组织大纲》是辛亥革命后《临时约法》颁布前过渡时期的法律性文件，起着临时宪法的作用。

（二）《中华民国临时约法》的制定

《中华民国临时约法》是中华民国南京临时政府于 1912 年 3 月 11 日公布的一部重要的宪法文件，共 7 章 56 条。它具有中华民国临时宪法的性质，确立了资产阶级民主共和国的国家制度，肯定了资产阶级民主共和国的政治体制和组织原则，体现了资产阶级宪法中一般民主自由原则，确认了保护私有财产的原则，是中国历史上最初的资产阶级宪法性文件。它肯定了辛亥革命的成果，反映了资产阶级革命党人在即将交权让位之际，企图利用《中华民国临时约法》制约袁世凯，保卫民国的苦心和努力，彻底否定了中国数千年来的封建君主专制制度。它的制定和公布施行，是南京临时政府法律建设的重要成就，也是中国宪法史上的一件大事。

二、其他法令的主要内容和特点

民国初年，设立法制局并进行频繁的立法活动，在三个月中颁布了保障民权、革除社会陋习、整顿吏治等内容广泛的法令。

1. 保障人权，废除帝制社会等级特权

这方面的法令包括解除"贱民"身份、禁止买卖人口、倡导女权、取消官僚特权与革除官厅陋习等内容。

2. 革除传统社会陋习

这方面的法令包括禁烟禁赌、劝禁缠足、劝剪辫子等。

3. 整顿吏治，任人唯贤

临时政府整顿吏治，以考试取才，严格要求官吏为民公仆。

三、南京临时政府的司法制度

1. 建立新型的司法机关

中央设"临时中央裁判所"作为全国最高司法机关，地方仍为县、府、省三级"审判客厅"。

法官独立审判，不受上级官厅干涉。

2. 改革审判制度

审判制度改革主要表现为废除刑讯体罚。

3. 采用律师制度

为确保诉讼当事人的合法权益，南京临时政府草拟了《律师法草案》，实行律师辩护制度。

第三节　北京政府的法律制度

一、北京政府的立法概况

（一）制宪活动

1. "天坛宪草"的制定

"天坛宪草"即《中华民国宪法草案》，于1913年10月31日完成，共11章113条。因在北京天坛起草而得名，是北洋政府时期的第一部宪法草案。采用资产阶级三权分立的宪法原则，确认民主共和制度。同时，也体现了国民党通过制宪限制袁世凯权力的意图，如肯定了责任内阁制、规定国会对总统行使重大权力的牵制权、限制总统任期等。后来袁世凯解散国会，使"天坛宪草"成为废纸。

2. 《中华民国约法》的实质

《中华民国约法》即"袁记约法"，因受袁世凯一手操纵而得名，中华民国北京政府于1914年5月1日公布，共10章68条。它与《中华民国临时约法》有着根本性的差别：①以根本法的形式彻底否定了《中华民国临时约法》确立的民主共和制度，代之以个人独裁；②用总统独裁否定了责任内阁制；③用有名无实的立法院取消了国会制；④为限制、否定《中华民国临时约法》规定的人民基本权利提供了宪法根据。《中华民国约法》是对《中华民国临时约法》的反动，是军阀专制全面确立的标志。

3. 《中华民国宪法》的制定和公布

《中华民国宪法》即"贿选宪法"，为北洋政府于1923年10月10日公布，是中国近代史上首部正式颁行的宪法。它企图用漂亮的辞藻和虚伪的民主形式掩盖军阀专制的本质；为平衡各派大小军阀的关系，巩固中央大权，对"国权"和"地方制度"作了专门规定。

（二）其他立法活动

1. 行政立法

行政立法包括行政体制方面法律的修订，将中央行政体制规定为总统制；修订颁布了《文官高等考试法》等一系列单行行政法规。

2. 刑事立法

北京政府成立之初，即将《大清新刑律》略加修订，改称《中华民国暂行新刑律》，仍然作为刑事基本法加以援用。就其内容而言，主要仅有两方面的变化：①将有关帝制与皇室特权等与民国体制相违的条款一并删除，如删除"侵犯皇帝"全章12条，删除"毁弃制书""伪造御玺"等条款并取消《暂行章程》。②适应民国以后的变化作部分文字、词语改动，如改"帝国"为

"中华民国",改"臣民"为"人民"之类。

《中华民国暂行新刑律》实施以后,北洋政府对原刑法草案进行了较大的调整,但最终未予公布,却成为1928年南京国民政府制定刑法的基础。

北京政府还制定了一系列单行刑事法规,如《戒严法》《惩治盗匪法》《治安警察法》《陆军刑事条例》《海军刑事条例》等。

3. 民、商事立法

基本援用清律中关于民事立法的有效部分。

北京政府还颁布了《中华民国矿业条例》《不动产登记条例》《商人通则》《公司条例》《商标法》等民商事单行法规。

4. 诉讼法与法院组织法

北京政府成立之初,于1912年5月核准暂行援用清末的《民事刑事诉讼律草案》的某些条文。1914年公布了《县知事审理诉讼暂行章程》,之后又于1921年编成《民事诉讼条例》、1922年编成《刑事诉讼条例》,分别规定了有关管辖制度以及第一审、上诉审和执行等各环节的具体程序。

关于法院组织,延用清末《各级裁判厅试办章程》和《法院编制法》,并修正刊行。

大理院从1912年到1927年汇编的判例和解释例成为重要的法律渊源。

二、北京政府法律的主要内容与特点

北京政府时期是中国法律近代化的重要阶段,其法律体系、法律制度及法律实施,延续了清末的法律改革,一方面深受西方资本主义国家法律的影响,另一方面又保留了许多中国旧法律的传统,反映了新旧交替时期的特点。

北京政府的法律制度就其本质来说,在于竭力维护军阀政权的专制统治;就其在近代法制史上的历史地位来看,却起着承上启下的作用,对后来中华民国南京政府的法律制度产生了很大影响。

1. 援用清代旧律的刑法原则

具体体现为《暂行刑律补充条例》的颁行。这一条例增设对嫡母、继母出于虐待行为、夫之尊亲属出于义绝或虐待行为的防卫过当罪,奸良家无夫妇女罪和奸有夫之女罪等。

此外,颁布了《徒刑改遣条例》等。

2. 严刑镇压内乱罪

《暂行新刑律》专设"内乱罪"一章,之后又颁布《惩治盗匪法》。袁世凯在1914年《惩治盗匪法施行法》的令文中说:"概自改革以来,盗匪充斥,民不聊生,将欲除暴安民,非峻法不足以惩恶,故刑乱不嫌用重,纵恶适以长奸"。

此外,还颁布了《戒严法》等一系列剥夺人民民主权利的法规。

3. 维护地主、官僚买办利益

北京政府以法律保护地主土地所有权和地租剥削制度。

三、北京政府的司法制度

(一)司法机关体系

北京政府时期的司法机关包括普通法院、兼理司法法院、特别法院和平政院。

1. 普通法院系统

中央设大理院,是最高审判机关。设院长一人,总理全院事务。下设民事庭和刑事庭,各设庭长一人,推事若干人。审判案件时,由推事五人组成合议庭。

省级设高等审判厅,设厅长一人,下亦设民事庭和刑事庭,由推事三人组成合议庭。

市级设地方审判厅,受理二审案件或重要的一审案件。属于一审案件的,由推事一人独任审理;属于二审案件的,采用合议制。

县一级设初级审判厅,审理第一审的轻微刑事案件或诉讼标的价值较小的民事案件。

2. 兼理司法法院

未设普通法院的各县由县知事兼理司法。由于初级审判厅实际上未建立,仍由县知事兼理司法审判。

3. 特别法院

特别法院包括军事审判机关和地方特别审判机关两类。

4. 平政院

1914年3月,公布《平政院编制令》,从而形成了二元司法体制:由普通法院负责民事、刑事案件的裁判;平政院则职掌行政诉讼的裁判。

(二)诉讼审判的主要特点

1. 运用判例与解释例

北京政府确认大理院的判例和解释例具有法律效力,大量运用判例与解释例,使之成为审判案件的重要依据,既补充了成文法的"未备",又便于发挥成文法所不易发挥的作用。

2. 四级三审制

在审判管辖方面,北京政府基本上实行四级三审制。

3. 县知事兼理司法

北京政府普遍设立"兼理司法法院",即由县知事兼领司法审判权,并公布有《县知事兼理司法事务暂行条例》,恢复了封建社会基层行政官员兼理审判的制度。以后虽略有调整,但在县一级所设的司法公署中,县知事仍掌握检举、缉捕、勘验、递解、刑事执行等权,地位举足轻重。

4. 军事审判取代普通审判

北京政府时期,由于各派军阀连年混战,全国经常处于战争或者戒严状态,军法审判机关和军法审判在司法审判中占有突出地位。军法会审重于其他审判,一般司法审判成为军法审判的补充。

5. 在华领事裁判权的沿用

北京政府继续承认领事裁判权,并赋予无领事裁判权国家侨民一些法律特权。

第四节 南京国民政府的法律制度

一、南京国民政府立法概况

1. 立法指导思想

孙中山的三民主义是南京国民政府总的立法指导思想。

2. 立法机构

南京国民政府的立法机关是立法院。

3. 法律体系

南京国民政府的法律体系由制定法、判例、解释例和党规党法、蒋氏手谕等构成。

4. 立法特点

南京国民政府立法频繁,法律、法规数量繁多,体系庞杂。其立法的特点主要表现在:①从法律内容上看,国民政府法律制度是继受法与固有法的混合。②从立法权限上看,受制于国民党中央。③从法律文本层面上看,普通法与特别法并存,而且特别法优于普通法,数量亦多于普通法。④从立法与司法层面上看,国民政府的许多立法在形式上顺应时代的发展,体现了一些资本主义法律制度的原则,因而从立法上看有些方面是可以肯定的,但是,在司法实践中却多是立法与司法的脱节。

二、"六法全书"的主要内容及特点

(一)约法和宪法

1.《训政纲领》和《训政时期约法》

《训政纲领》是《中国国民党训政纲领》的简称,于1928年10月由国民党中央常务会议通过,是国民党政权"训政"时期的纲领性文件。《训政纲领》确立了训政时期国民党"一党治国,以党训政"的施政方针,共六条。

《训政纲领》规定在训政时期,由中国国民党全国代表大会代表国民大会,领导国民行使政权。在其闭会期间,则由国民

党中央执行委员会行使政权。国民政府从属于国民党中央机关。在国民党与人民的关系上，体现了"训政保姆论"的精神，即国民党是人民的政治保姆，训练幼稚的国民行使政权。

《训政纲领》确认国民党为最高训政者，把国民党全国代表大会及中央执行委员会设定为国家最高权力机关，把中央政治会议设为政府的直接领导机关，从而建立了国民党一党专政的政治制度。

《中华民国训政时期约法》于1931年5月12日由国民会议制定，同年6月1日由南京国民政府公布施行，共八章，八十九条。主要内容是：①以根本法的形式确认《训政纲领》的"党治"原则，建立国民党一党专政的国家制度；②规定五院制的政府组织形式；③罗列一系列公民权利与自由，但又多加限制；④利用国家的名义，发展官僚资本。

2.《1936年中华民国宪法草案》（"五五宪草"）

1936年5月5日经国民党中央审查和蒋介石批准，由国民政府公布。故这部《中华民国宪法草案》又称"五五宪草"。该宪法草案因时局变化未付诸议决，但却成为后来《中华民国宪法》的蓝本。

3.《中华民国宪法（1947）》

1946年11月，蒋介石撕毁"双十协定"和政协决议，单独召开国民大会，于当年12月25日通过《中华民国宪法》，定于1947年1月1日公布、12月25日施行。该法共14章，依次是总纲，人民之权利与义务，国民大会，总统，行政，立法，司法，考试，监察，中央与地方之权限，地方制度，选举、罢免、创制、复决，基本国策和宪法之施行及修改，共175条。该法的基本精神与《中华民国训政时期约法》和"五五宪草"一脉相承。但碍于政协通过的"宪法修改原则"12条的重大影响，即实行国会制、内阁制、省自治、司法独立、保护人民权利等，又不得不在具体条文上有所变动。

4.特点

（1）表面上的"民有、民治、民享"和实际上的个人独裁，即人民无权、独夫集权。1948年颁布的《动员戡乱时期临时条款》使这一特点更趋具体和法律化。

（2）政权体制不伦不类：既非国会制、内阁制，又非总统制。实际上是用不完全责任内阁制与实质的总统制的矛盾条文，掩盖总统即蒋介石的个人专制统治的本质。

（3）罗列人民各项民主自由权利，比以往任何宪法性文件都充分。但依据该法第23条颁布的《维持社会秩序临时办法》《戒严法》《紧急治罪法》等，把宪法抽象的民主自由条款加以具体切实的否定。

（二）民法及相关法规

1.《中华民国民法》的制定及其结构

1928年南京国民政府开始起草民法典，沿袭《大清民律草案》和北洋政府《中华民国民律草案》，采德国民法编制体例结构，根据民商合一原则，分期编订而成。总则编于1929年5月23日公布；债及物权两编分别于同年11月22日和30日公布；亲属和继承两编于1930年12月26日公布。

此外，南京国民政府还颁布了《著作权法》《出版法》《建筑法》等单行民事法规。

2.民法的特点

①承认习惯和法理可以作为判案依据。②维护土地权益。③保护债权人利益。④承认所有权法律关系。⑤保护传统婚姻家庭关系。⑥确认父家长权。⑦确认继承制度。⑧确认外国人在华权益。

（三）刑法及相关法规

1.刑法与刑事特别法

1928年3月10日公布第一部《中华

民国刑法》,通称"旧刑法"。1935年1月1日公布修订后的第二部《中华民国刑法》,通称"新刑法",分总则、分则两编,共47章357条。立法原则采罪刑法定主义、主观人格主义、社会防卫主义,并注重传统伦理观念。

南京国民政府还颁布了大量的单行刑事法规,如1927年11月颁布了《惩治盗匪暂行条例》、1928年3月公布了《暂行反革命治罪法》、1931年1月施行了《危害民国紧急治罪法》、1939年秘密发布了《共产党问题处置办法》、1947年12月颁布次年4月修正了《戡乱时期危害国家紧急治罪条例》等。

2. 刑法的主要内容和特点

①镇压危害政权与社会秩序的犯罪。②保护社会经济秩序。③维护社会秩序。④依据最新刑法学说,并采取世界各国最新立法例。⑤援用保安处分。⑥维护传统宗法家庭制度。

(四)商事单行法规

南京国民政府采取民商合一的编纂体例,即只编纂民法典,不单独编纂商法典,凡适合编入民法典的商事法律规范,一律订入民法债编;凡不宜编入民法典者,如公司、票据、海商、保险等,分别制定单行法,作为民法特别法。

南京国民政府制定颁布的单行商事立法主要有:

(1)银行法。包括1927年的《中央银行条例》《中国银行条例》《交通银行条例》、1931年的《银行法》、1934年的《储蓄银行法》、1935年的《中央银行法》等。

(2)交易所法。1929年10月3日公布《中华民国交易所法》,于次年6月5日施行。该法的立法目的是"尽其调剂供求,平准物价之功用"。

(3)票据法。1929年10月30日颁布施行的《票据法》,分为总则、汇票、本票、支票、附则五章,共139条。

(4)公司法。1929年12月26日颁布了第一部《公司法》,它参照德、法两国的公司法制定,共6章,共233条。

(5)海商法。1929年和1930年先后颁布了《民国海商法》及其施行法。

(6)保险法。《保险法》公布于1929年12月30日,分为总则、损害保险、人身保险3章,共82条。

(7)破产法。1934年国民政府公布了《商人债务清理暂行条例》,次年又颁布了《破产法》和《破产法施行法》取而代之,规定对破产之宣告,采取声请主义原则。

(五)诉讼法与法院组织法

1. 诉讼法及其相关法规

南京国民政府先后分别颁布了两部刑事诉讼法典和民事诉讼法典。

(1)第一部民事诉讼法典公布于1930年底和1931年初,第二部则颁布于1935年2月,并经1945年修正后,定为636条。

(2)两部刑事诉讼法典颁布的时间与刑法典一样,初定于1928年,再定于1935年,与两部刑法典配套。第二部刑事诉讼法典增加了"保安处分"的实施办法,包括总则、第一审、上诉、抗告、再审、非常上诉、简易程序、执行、附带民事诉讼9编共516条。其相关法规有1946年的《监狱行刑法》《行刑累进处遇条例》《羁押法》和1948年的《假释审查规则》等。

南京国民政府还制定颁布了一系列单行诉讼法规,如《各省高级军事机关代核军法案件暂行办法》《特种刑事案件诉讼条例》《特种刑事法庭审判条例》《县长及地方行政长官兼理军法暂行办法》《反革命案件陪审暂行法》。

2. 法院组织法

南京国民政府于1932年10月颁布《法院组织法》。另外又制定了一些单行司法组织法规,如1927年的《特种刑事临时法庭组织条例》、1944年的《县司法处组织条例》、1946年的《监狱组织法》和《看守所组织条例》、1948年的《特种刑事法庭组织条例》和《军事法庭条例》等。

三、南京国民政府的司法制度

(一) 司法机关体系

1. 司法院

司法院为国民政府最高司法机关。

2. 普通法院

根据1932年10月公布的《法院组织法》(1935年施行),普通法院分地方法院、高等法院、最高法院三级,实行三级三审制,第三审为"法律审"。

一般县市设地方法院,审理民事、刑事第一审案件及非诉事件。

省、特别区和直辖市设高等法院,审理一审上诉和抗告案件,以及"内乱""外患""妨害国交"等罪的第一审案件。

最高法院设于首都,审理不服高等法院之判决、裁定的上诉、抗告案件。

在审判实践中,三级三审制未完全实行。

实行审检合署制,各级检察机构设于法院中。

3. 特别法庭

根据特别法规设置了特别法庭。特种刑事法庭始设于1927年,是受理特种刑事审判程序案件的法庭。1948年,国民政府先后颁布实施《特种刑事案件诉讼条例》《特种刑事法庭组织条例》《特种刑事法庭审判条例》,根据这些条例,设立中央特种刑事法庭和高等特种刑事法庭,分别设于南京和司法行政部指定的地方。

特种刑事法庭依据特殊的程序审理案件,对其裁判不得上诉或抗告,为迫害共产党人和爱国进步人士提供了组织及程序保障。

4. 其他特殊审判机关

国民党各级党部操纵司法审判权。

南京国民政府军事机关,在戒严时期也有司法审判权。

(二) 审判制度

(1) "一告九不理"——对"管辖不合规定不受理"等九种理由提起的诉讼不予立案处理。

(2) "自由心证"。在诉讼过程中,证据的证明力及其是否被采用,由法官的内心信念,即依"心证"来自由判断和取舍。

(3) "不干涉主义"。

(三) 律师与公证制度

1. 《律师法》与律师制度

1927年颁布施行《律师章程》,1941年公布《律师法》。须通过律师考试及格或经检核及格取得律师资格。

2. 《公证法》与公证制度

1935年公布《公证暂行规则》;1943年公布《公证法》,1944年施行。地方法院设公证处办理公证。公证处的公证事项分公证法律行为和公证私权事实。

第五编　国际法

【寄语】

　　我国推动建设新型国际关系的大背景下,作为调整国际关系(主要是国家间关系)的法律规范,国际公法是研习和践行法律的专业人士需要掌握的内容,亦是法考必考的内容。从历年真题来看,该部门法所占分值较低,一般在7～11分。然而,这并不意味着国际公法的学习在法考的准备中"性价比很低"。

　　一方面,在考试心理上,国际公法部分考得好与不好,有时会影响考生参加整个法考过程的心理状态。法考对国际公法知识点的考查,是安排在卷一部分,而卷一能否考好,则在很大程度上决定着考生接下来是否会继续参加法考以及继续参加法考后续科目的情绪。

　　另一方面,在考试成果上,国际公法知识点的学习在法考的准备中实际上"性价比很高"。法考对国际公法的考查,往往是在细微之处,考生只需耐心准备,掌握国际公法部分的相关知识点,在考试时相应的分数一般都很容易得到。

　　综上,各位准备参加法律职业资格考试的考生应当结合本部分内容,耐心学习和全面掌握国际公法部分的知识点,"抓住细微处",便能在考试时"落实得分点"!

杜新丽
2019年4月于北京蓟门桥

第一章　导论

第一节　国际法的概念、渊源和基本原则

一、国际法的概念和特征

（一）概念

国际法是与国内法相对应的法律体系,是国家间交往形成的,以国家间协议制定的,主要用以调整国家之间关系的,有拘束力的原则、规则和制度的总称。

（二）特征

1.国际法的特点(与国内法相比)

表5-1　国际法与国内法特点对比表

	国内法	国际法
立法方式	由国家立法机关依一定程序制定	只能由国家之间在平等基础上以协议方式共同制定

(续表)

	国内法	国际法
法律关系的主体和调整对象	主要是自然人和法人	主要是国家在某种范围和条件下,政府间国际组织和某些特定的政治实体乃至个人
强制力的依据和方式	依据是国家意志,由国家保障和实施	依据是国家之间的意志协议,通过国家本身单独或集体的行动来实现
发达程度	完善且发达	形成和发展时间较短

2.国际法的法律性

(1)国际法作为法律,具有规范性、普遍性、强制性、标准性等法律特性,得到所有国家承认。

(2)对国际法法律性的质疑,主要是基于国际法规制屡被违反的现实。

(3)国际法不可能解决国际社会的所有问题。

二、国际法的渊源

（一）国际条约

国际条约是现代国际法最主要的渊源,指国际法主体之间缔结的,以国际法为准则,规定当事方权利义务的协议。

从渊源角度看,国际条约可以分为"契约性条约"和"造法性条约"。前者一般是双边条约或仅有少数国家参加,旨在规定缔约国之间的特定事项的权利义务的条约;后者由多国参加,旨在确立或修改某些国际法原则、规则或制度。

（二）国际习惯

国际习惯是国际法最古老、最原始的渊源,指在国际交往中由各国前后一致地不断重复所形成,并被广泛接受为有法律拘束力的行为规则或制度。

其构成要素有二:一是物质要素或客观要素,即存在各国反复一致地从事某种行为的实践,此时形成国际惯例;二是心理要素或主观要素,即上述国际惯例被各国认为具有法律拘束力,即存在"法律的确信",这正是国际习惯与国际惯例的区别。

国际习惯是国际法渊源,国际惯例不是。

【注意】《2010年国际贸易术语解释通则》不是国际法的渊源,因为它是国际惯例。

（三）一般法律原则

一般法律原则是国际法的次要渊源,通常被作为补充渊源适用,指各国法律体系中共有的一些原则,如善意、禁止反言等。

（四）确立国际法原则的辅助方法

确立国际法原则的辅助方法不是国际法的渊源,而是辨认证明国际法规则的辅助方法,包括司法判例、各国国际法权威学者的学说、国际组织的决议。

对于上述方法,需注意对其地位的正确描述。

【注意】司法判例、各国国际法权威学者的学说、国际组织的决议不是国际法的渊源;可以作为确定法律原则的辅助资料;是确认法律原则的补充资料;是某些规则存在的证据;是国际惯例存在的法律证据;其法理具有权威影响。

三、国际法基本原则

（一）国家主权平等原则

该原则是首要的国际法基本原则,指各国都拥有主权,各国都有义务相互尊重主权,各国都有平等的国际人格,在国际法面前地位平等。

(1)主权不是国际法赋予一个国家

的,而是国家固有的。

(2)主权体现在三个方面:

①对内最高权;

②对外独立权;

③自保权。

(3)主权是国家的最根本属性。

(4)领土主权是国家主权的重要方面。

(二)不干涉内政原则

该原则指任何国家或国际组织,不得以任何借口或任何方式直接或间接地干涉本质上属于任何国家国内管辖的事项,也不得以任何手段强迫他国接受自己的意志,维持或改变其社会制度和意识形态。

内政一般以领土为基础,但并非一个地理概念。内政的范围不与领土范围完全相对应:发生在一国领土内的事项并不一定都属于内政的范畴,反之,也有在领土外从事一国内政的情况存在。一般可依据两个标准对某一事项是否属于内政进行判断:

①该事项在本质上是否属于国内管辖的事项;

②该事项中的行为是否违背了已确立的国际法原则和规则。

(三)不使用武力威胁或武力原则

该原则指各国在国际关系上不得以武力或武力威胁,侵害任何国家的政治独立和领土完整,不得以任何与《联合国宪章》或其他国际法规则所不符的方式行使武力。

(1)内容:禁止侵略行为,禁止非法进行武装攻击,禁止从事武力威胁和进行侵略战争的宣传。

(2)例外:符合《联合国宪章》和国际法规则的武力使用是被允许的。

【注意】联合国集体安全制度下的武力使用;单独或集体的自卫;为争取民族自决和独立而进行的武装斗争。

(四)和平解决国际争端原则

该原则指国家间在发生争端时,各国都必须采取和平方式予以解决,禁止将武力或武力威胁的方式付诸任何争端的解决过程。

1928年《巴黎非战公约》首次把和平解决国际争端规定为一项普遍性的国际义务。

(五)民族自决原则

该原则指在帝国主义殖民统治和奴役下的被压迫民族有自主决定自己命运,摆脱殖民统治,建立民族独立国家的权利。

《联合国宪章》是第一个正式规定民族自决原则的国际条约。

该原则中独立权的范围,只严格适用于殖民地民族的独立,不适用国内的民族分裂主义活动。

(六)善意履行国际义务原则

该原则指国家真诚、善意、全面地履行公认的国际法原则和规则所产生的义务,即"约定必守"。

第二节 国际法与国内法的关系

一、国际法与国内法关系概述

国际法与国内法是两个各自独立的法律体系,它们之间有着密切的联系,彼此相互渗透、相互依赖、相互补充、相互制约。

(一)实践

1.国内法在国际层面

国内法不能改变国际法的原则和规则;国家不能以其国内法规定为由违背其所应承担的国际义务;国家可以制定与国际条约不一致的国内法,但要为此承担相应的国家责任。

2.国际法在国内的效力

(1)国际法规则在国内的适用。

如果国际习惯法规则不与现行的国内法相抵触,则作为国内法的一部分在国内直接适用。

国际条约能不能在国内适用,取决于

国内法的规定。一般存在两种适用方式：

①转化：通过国内立法程序将参加的条约转化为国内法而在国内适用。

②采纳：不需要国内的立法转化而在国内直接适用。

（2）国际法与国内法冲突的解决。

各国的做法主要有：推定为不冲突；修改国内法；优先适用国际法；优先适用国内法；后法优于前法。

（二）理论

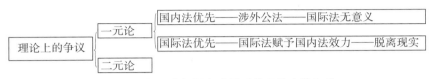

图5-1　国际法与国内法关系的理论上的争议

二、国际法在中国国内的适用

（一）国际习惯在中国国内的适用

（1）国际习惯可以在我国直接适用，条件是不与我国的国内立法相抵触。

（2）关于国际习惯在我国国内法中的地位，根据《民法通则》第142条第3款和第150条，在民事范围内，国际习惯和国际惯例都可以在国内适用，它们的适用次序在国内法和国际条约之后，作为对国内法和国际条约的一种补充，并且对适用惯例作了公共利益的限制和保留。

（二）国际条约在中国国内的适用

（1）我国宪法没有对国际法如何在我国国内适用作出规定，所以不能得出结论：凡是中国参加的国际条约在中国都可以直接适用。

（2）实践中我国根据条约性质的不同，分别采用直接和间接的两种方式适用。

（3）根据《民法通则》第142条第2款、《民事诉讼法》第260条，在民商事法律范围内，我国缔结的国际条约在中国可以直接适用（保留除外）。

（4）在民商事法律范围内，我国缔结或参加的国际条约与国内法冲突时，国际条约可以优先适用。在民商事法律范围以外，要根据有关条约和我国相关法律的具体情况进行确定。

（5）WTO协议在我国的适用倾向于主要采取"转化"方式。

第二章　国际法的主体与国际法律责任

第一节　国际法主体

一、国际法主体的概念与范围

（一）概念

国际法主体指具有享受国际法上权利和承担国家法上义务能力的国际法律关系参加者，或称为国际法律人格者。

（二）范围

（1）主权国家。主权国家是国际法的基本主体。

（2）国际组织（主要是政府间国际组织）。其享有权利和承担义务的能力以章程为限。

(3)其他。某些特定的民族解放组织作为其未来民族国家的过渡性实体,参与某些国际关系,被国际社会接受为国际法主体。但是,其作为国际法主体是有条件的和不完全的。

(4)个人不是国际法主体。

二、国家的构成要素与类型

（一）国家的构成要素

(1)基本条件:定居的居民。

(2)物质基础:确定的领土。

(3)代表国家进行对内统治和对外交往的机构:政府。

(4)对内的最高权和对外的独立权:主权。

（二）现代国家的主要类型

(1)单一国:由若干行政区域组成的统一的主权国家。中国是单一制国家。

(2)复合国:由两个或两个以上成员组成的国家或国家联合体。目前有联邦和邦联两种形式。

三、国家的基本权利

（一）独立权

指国家依照自己的意志处理内外事务并不受他国控制和干涉的权利,包含自主性和排他性两重含义。

（二）平等权

指国家在参与国际法律关系时具有平等的地位和法律人格。

（三）自保权

指国家保卫自己存在和独立的权利,分为国防权和自卫权两方面。

（四）管辖权

指国家基于主权的行使而采取立法、行政、司法等方式,对特定的人、物和事件进行管理和处置的权利,是国家主权在法律方面的物化。

四、国家的管辖权与国家主权豁免

（一）国家的管辖权

1.属地管辖权

指国家对其领土及领土内的一切人、物、事都有权管辖,是现代国家行使管辖权的普遍形式和首要依据,相对于其他管辖权具有优越权。

2.属人管辖权

指国家对所有具有本国国籍的人都有权管辖。行使对象包括:自然人,具有该国国籍的法人,船舶、航空器或航天器等可获得国籍的特定物。

3.保护性管辖权

指国家对于外国人在该国领域外严重侵害该国或其公民的重大利益的行为有权管辖。

(1)行使条件:

①外国人在领土外的行为所侵害的是该国或其公民的重大利益。

②构成该国刑法规定之罪行或规定应处一定刑罚以上的罪行。

③该行为根据行为地的法律同样构成应处刑罚的罪行。

(2)行使方式:

①行为人进入该受害国境内被依法拘捕和管辖。

②国家间对行为人的引渡。

4.普遍性管辖权

指根据国际法的规定,对危害国际安全与和平及全人类利益的某些国际犯罪行为,不论行为人国籍及行为发生地,各国都有权管辖。公认管辖对象:战争罪、破坏和平罪、违反人道罪、海盗罪。

（二）国家主权豁免

1.概念

指国家的行为及其财产不受或免受他国管辖。在实践中主要表现为司法豁免,包含三项内容:

（1）一国不对他国的国家行为和财产进行管辖。

（2）一国的国内法院非经外国同意，不得受理以外国国家为被告或外国国家行为为诉由的诉讼。

（3）一国法院不能对外国国家代表或国家财产采取任何程序上的强制措施。

2. 学说

主要有两种学说：绝对豁免说和限制豁免说。前者认为国家的一切行为和财产都享有豁免；后者主张将国家的行为分为商业行为和非商业行为（非主权行为和主权行为、管理权行为和统治权行为），认为国家的商业行为不享有豁免，非商业行为才能豁免。

3. 国家主权豁免的放弃

（1）分为明示放弃和默示放弃：前者指国家或经其授权的代表通过条约、合同或声明，表达就某种行为或事项上豁免的放弃；后者指国家作为原告在外国法院提起诉讼、正式出庭应诉、提起反诉或作为诉讼利害关系人介入特定诉讼等。

（2）国家在外国领土范围内从事商业行为本身不意味着对豁免的放弃。

（3）国家或其授权的代表为主张或重申国家的豁免权，出庭阐述立场或作证，或要求法院宣布判决或裁决无效，都不构成豁免的默示放弃。

（4）国家对于管辖豁免的放弃，不等于对执行豁免的放弃。

五、国际法上的承认与继承

（一）国际法上的承认

指既存国家或政府间国际组织对新国家、新政府或其他事态的出现，以一定的方式表示接受或同时表明愿意与其发展正常关系的单方面行为。

1. 承认的特征

（1）主体：现存的国家和政府间国际组织。

（2）对象：新国家、新政府、交战团体和叛乱团体。

（3）性质：承认者对被承认者出现这一事实作出的单方面行为。

（4）效力：不是一项法律义务，但一经作出即具有法律效果，直接影响承认者和被承认者间的某些权利义务关系。

2. 承认的表示形式

（1）明示承认：承认国以照会、声明、电报、函电正式通知被承认者，或派特使前往参加成立典礼等。

（2）默示承认：与承认对象建立正式外交关系；与承认对象缔结正式的政治性条约；正式接受领事或正式投票支持参加仅对国家开放的国际组织等。

不构成默示承认的行为：共同参加多边国际会议或国际条约；建立非官方或非完全外交性质的某种机构；某些级别和范围的官员接触；对于外国的某个地区或实体给予某类司法豁免权的安排。

3. 承认的性质

（1）法律承认：正式的、全面的、永久的、不可撤销的承认，会产生全面而广泛的法律效果。

（2）事实承认：非正式的、不完全的、暂时的、可撤销的承认，是承认者为与被承认者进行某种交往又不愿或不宜与其进行全面正式交往时采取的承认形式。

4. 新国家的承认和新政府的承认

（1）新国家的承认：既存国家对新国家出现这一事实的单方面宣告和认定。一般发生于四种情形：

①独立：殖民地独立建立起新国家；

②合并：两个或两个以上国家合并为一个新国家；

③分立：一个国家分解为两个或多个新国家，母国不存在；

④分离：一国的一部分或几部分从该国分离出去成立一个或几个新国家，母国

还存在。

法律后果:为建立正式外交及领事关系奠定基础;双方可以缔结各方面条约或协定;承认国尊重新国家作为国际法主体享有的一切权利。

(2)新政府的承认:承认者对他国新政府出现所作出的一种单方面行为,表示愿意把该新政府作为其国家的代表,从而与其建立或保持正常关系。只发生于以下情形:一国由于剧烈的社会革命或政变而产生新政府。此时,一般依据"有效统治原则",即只有在新政府能在其控制的领土上有效地行使权力的条件下,各国才能予以承认。

法律后果:意味着对旧政府承认的撤销;承认者必须尊重新政府拥有的作为国家合法代表的一切资格和权利。

(二)国际法上的继承

指国际法上的权利义务由一个承受者转移给另一个承受者。最重要和基本的是国家继承,发生前提是领土的变更(合并、分立、分离、独立、部分领土转移)。

1. 国家继承的分类

表5-2 国家继承的分类表

条约的继承		条约以外事项的继承				
		国家财产的继承		国家档案的继承	国家债务的继承	
两个继承	两个不继承	一个标准	两项原则		两个继承	两个不继承
①处理与所涉领土有关事务的"非人身条约",如有关边界制度的条约,有关河流利用、水利灌溉、道路交通等方面的条约;②有关中立化和非军事区的条约。	①与国际法主体资格相关联的"人身条约",如参加某一国际组织的条约;②政治性的条约,如同盟条约、和平友好条约、共同防御条约等。	被转属的国家财产与领土之间有关联。	①对于继承发生时位于所涉领土内的被继承国的不动产,一般随着领土的转移而由被继承国转属继承国;②凡是与所涉领土生存或活动有关的国家动产,不管其位于何地(主要指位于所涉领土以外的动产),均应转属继承国。	除新独立国家作为继承国外,其余各种类型的国家继承,首先由继承国与被继承国协议解决国家档案的转属;如无协议,则按国家档案与所涉领土有关联原则,确定档案的转属。	①国债;②地方化债务:以国家名义承担的而事实上是用于国家领土某一部分的债务。	①地方债务:由地方当局承担并用于该地区的债务;②恶债:如征服债务和战争债务。

2. 中国在政府继承方面的实践

对中华人民共和国的承认,属于对新政府的承认,而不是对新国家的承认。中国在政府继承方面的实践如下:

(1)关于条约的继承:即不承认一切旧条约继续有效,也不认为一切旧条约当然失效,而是根据条约的内容和性质,逐一审查,区别对待,或者予以承认,或者废除,或者修改,或者重订。

(2)关于财产的继承:自中华人民共和国成立之日起,对当时属于中国所有的财产,无论是动产还是不动产,无论位于何处,也无论财产所在地的国家是否承认了中华人民共和国政府,一律归中华人民共和国所有。

(3)关于债务的继承:中华人民共和国政府根据旧中国所负外债的性质和情况,分别处理。外国政府为援助旧政府进行内战、镇压革命而提供的贷款,属"恶债",不在继承之列。对于合法的债务,中华人民共和国政府一般与有关国家友好协商,进行公平合理的解决。

六、国际组织

(一)政府间国际组织及其一般制度

1. 概念

作为国际法主体的国际组织一般指政府间的国际组织,通过政府间协议成立,具有常设的机构。

2. 一般制度

(1)成员:正式成员和非正式成员。

(2)表决制度:

①全体一致通过。采取一国一票制,须经所有成员的一致同意才能通过。

②多数通过。采取一国一票制,经成员的多数票同意即可通过。又可分为三种方式:简单多数通过;特定多数通过;多数加特定成员通过。多数加特定成员通过除要求特定多数通过以外,还要求包括特定成员的同意票才能通过,如联合国安理会对于非程序性事项的议案的表决即采取这种通过形式。

③加权表决制。也称一国多票制,具有股份制的性质,多用于国际金融组织。即表决时,会员除了拥有同样的表决票之外,还可以就其所认缴份额的大小增加一定的票数。

④协商一致通过。在成员国中进行广泛协商后,不采用投票表决方式,而采取对议案达成一致或不持异议则通过的方式。

(二)联合国主要机关

1. 大会

(1)由全体会员国的代表组成,每国代表不超过5人。

(2)从每年9月份的第3个星期二到12月中下旬召开一次常会,如果议程没能讨论完毕,则在第二年春天继续开会。在特殊情况下,还可以召开特别会议和紧急特别会议。

(3)实行一国一票制,每个会员国享有一个投票权。

(4)对于重要问题的表决,以到会及投票会员国的2/3多数决定。重要问题包括:关于维护国际和平与安全的建议;选举安理会非常任理事国、经济及社会理事会的理事国、托管理事会须经选举的理事国;接纳新会员国、开除会员国、中止会员国的权利;实施托管制度的问题;预算和会员国会费的分摊等。

(5)大会对于联合国组织内部事务通过的决议对于会员国具有拘束力;对于其他一般事项作出的决议属于建议性质,不具有法律拘束力。

2. 安全理事会

(1)由15个理事国组成。中、俄、美、英、法五国是常任理事国。非常任理事国由大会按地区分配名额选出,任期2年,每年改选5名,交替进行,不得连任,但必须由同一地区的国家接替。

(2)每年举行两次定期会议,还可以随时召开由常驻代表参加的常会。

(3)表决制度:

①核心是否决权。

②每一个理事国有一个投票权。

③对于程序性事项的表决,采取9个同意票即可通过。

④对于非程序性事项(即实质性事项)的表决,要求包括全体常任理事国在内的 9 个同意票,又称"大国一致原则",即任一常任理事国都享有否决权。弃权票不是反对票,也不是同意票,弃权不妨碍通过。

⑤关于和平解决国际争端的决议,作为争端当事国的常任理事国不得投票,但有关采取执行行动的决议,其可以投票。

⑥对于某个事项是否为程序性事项的表决,按照"大国一致"的方式进行。常任理事国因此享有了两次否决权,即"双重否决权"。

(4)安理会是联合国在维护国际和平与安全方面负有主要责任的机关,也是唯一一个有权采取执行行动的机关。安理会为制止和平的破坏、和平的威胁和侵略行为而作出的决定,以及依宪章规定在其他职能上作出的决定,对于当事国和所有的成员国都有拘束力。

(5)在维护国际和平与安全的问题上,安理会有优先权,大会在这方面主要是协助安理会进行工作,对于采取维和行动已列入安理会议事日程的问题,非经安理会请求,大会不得提出任何建议。

3.经济及社会理事会

(1)在大会权力下负责协调联合国及各专门机构间经济社会工作的机关。

(2)由联合国大会选出的 54 个理事国组成,理事国每届任期 3 年,可以连任。

(3)每年举行 2 次常会,会期 1 个月。

(4)每个理事国有 1 个投票权,采用简单多数表决制。

4.托管理事会

在大会权力下负责监督托管领土行政管理的机关。

5.国际法院

联合国的司法机关。

6.秘书处

联合国的常设行政管理机关,由一位秘书长和若干办事人员组成。秘书长是联合国的行政首长,由安理会推荐,并经大会简单多数票通过后委任。任期 5 年,可以连任。

(三)联合国专门机构

1.定义

指在联合国体系内在特定的专门领域从事国际活动的政府间国际组织。

2.特征

(1)成员遍布全球,其职能限于经济、文化、技术等专门领域,因此属于普遍性的、专门性的政府间国际组织。

(2)与联合国具有法律联系。各专门机构通过与联合国经济及社会理事会签订、并经大会核准的关系协定与联合国建立法律联系,与联合国的合作通过与经济及社会理事会的协商来协调完成。

(3)具有独立的法律地位。联合国各专门机构不是联合国的附属机构,它们各自具有独立的国际法律人格,按照自己的章程自主活动,其决议和活动不需经联合国批准。

(4)无义务向联合国大会报告工作,但在完成大会委托事项的情况下则需要报告。

(四)国际非政府组织

1.特点

(1)跨国性。

(2)非政治性和非政府性。

(3)非营利性。

(4)自愿性。

2.国际非政府组织与联合国的联系与合作

(1)联合国经济及社会理事会通过给予非政府组织"咨商地位"的方式与之建立联系。

(2)给予的"咨商地位"有三种:

①普遍咨商地位(一类),工作领域涵盖经济及社会理事会的大部分事务;

②特别咨商地位(二类),授予在经济及社会理事会活动的某些领域中具有专门能力的非政府组织;

③注册咨商地位(列入名册类),该资格授予那些对经济及社会理事会的某一方面的工作提供有用咨询的非政府组织。

(3)取得咨商地位或观察员身份的非政府组织在联合国系统内拥有向联合国相关机构提供咨询意见的权利。

第二节 国际法律责任的构成和形式

国际法律责任指国际法主体(主要指国家)对其国际不法行为或国际法不加禁止的行为造成的损害所应承担的法律责任。

一、国际法律责任的构成

(一)归责原则

现代国际法倾向于采取无过错原则。

(二)国家不法行为的要件

1. 可归因于国家

(1)国家机关的行为。

(2)经授权行使政府权力的其他实体在其职权或授权范围内的行为。

(3)实际上代表国家行事的人的行为。

(4)别国或国际组织交由一国支配的机构的行为,在行使该支配权范围内的行为,视为该支配国的国家行为。

(5)上述可归因于国家行为的国家机关和国家授权人员的行为,一般也包括他们以此种资格执行职务内事项时的越权或不法行为。

(6)叛乱运动机关的行为。在一国领土上的被承认的叛乱运动的机关自身的行为,不应视为该国的国家行为。已经或正在组成新国家的叛乱运动,应被视为已经或正在形成的新国家的行为。

(7)当一个行为可以归因于几个国家时,有关国家对于其各自相关的行为承担单独或共同的责任。

(8)国家当局暂不存在时的行为。一个人或一群人在以下三个条件均满足的情况下,其行为应视为国家行为:①政府当局不存在或缺席;②需要行使政府权力要素;③事实上正在行使政府权力要素。

2. 违背国际义务

按照义务的性质,可分为违背一般国际义务和违背对于保护国际社会根本利益至关紧要的国际义务,前者称为国际不法行为,后者称为国际罪行(如灭绝种族、贩运奴隶、贩运毒品、从事侵略战争、破坏和平、违反人道、从事海盗活动等)。

(三)不法性的排除

1. 同意

指受害国一方以有效方式表示同意加害国一方实行某项与其所负义务不符的特定行为。该同意必须是自愿的,且该义务不属于国际强行法规则范畴。

2. 对抗与自卫

包括一般的对抗措施(如经济制裁和断绝外交关系)和自卫行为,指受害方针对加害方的国际不法行为而采取的对抗行为。对抗措施必须必要和适度,其结果要与对方的损害程度成比例。除自卫外,对抗不能使用武力。

3. 不可抗力和偶然事故

指一国对义务的违背,是由于不可抗拒的力量、不能预料或无法控制的外界事件导致国家不可能履行义务或不知道其违反义务,则其不法性可以被排除。

【例】发生地震使外国和外国人的生命财产受到损失,由于风暴使航空器发生故障以致军用飞机进入他国领空等。

4. 危难或紧急状态

危难指代表国家行事的行为人在极其危急的情况下,为了挽救其生命或受其监护的人的生命而作出的违背其国际义务的行为。紧急状态指当一国面临严重危及国家生存和根本利益的情况时,为了消除这一紧急状态而从事的违背其国际义务的行为。

危难或紧急状态必须不是该国本身造成或协助造成,并且违背义务的行为不得造成比危难相同或更大的灾难或危及他国的根本利益,不得与国际强行法规则相违背。

二、国际法律责任的主要形式

（一）终止不法行为

该责任形式指,当不法行为是一个持续性的行为时,该行为国应当首先停止其不法行为。

（二）恢复原状

该责任形式指,把被侵害的事物恢复到不法行为发生前存在的状态。

（三）赔偿

该责任形式指,责任国对其不法行为的受害国给予相应的货币或实物。

（四）道歉

该责任形式指,行为国因对受害国造成非物质性的损害而给予精神上的补偿。

（五）保证不再重犯

该责任形式指,对于有可能重演的不当行为,行为国作出不再重犯的保证。

（六）限制主权

该责任形式为国际责任中最严重的形式。指对责任国的主权或主权的某些方面进行限制。仅适用于对他国进行武装侵略、危害全人类利益并构成国际罪行的行为。

第三节　国际责任制度的新发展

一、国际刑事责任

纽伦堡审判和东京审判创立了"双罚原则":对于从事严重违反国际法的国际罪行的国家,在国家承担国家责任的同时,也追究负有责任国家的领导人的个人刑事责任。

二、国际赔偿责任

（一）概念

国际赔偿责任指国际法主体对其所从事的国际法不加禁止行为造成的损害后果所应承担的国际责任,主要存在于国际环保和外空行为等领域。

（二）种类

（1）国家责任制度:由国家承担对外国损害的责任。

【例】《空间物体造成损害的国际责任公约》规定,发射国对本国或在本国境内发射的空间物体对他国的损害承担责任。

（2）双重责任制度:国家与营运人共同承担对外国损害的赔偿责任。

【例】《关于核损害的民事责任的维也纳公约》和《核动力船舶经营人公约》规定,国家保证营运人的赔偿责任,并在营运人不足赔偿的情况下,对规定的限额进行赔偿。

（3）营运人赔偿:无论营运人是国家或者私人企业,都由营运人直接承担有限赔偿责任。

第三章 国际法上的空间划分

第一节 领土

一、领土和领土主权

(一)领土的构成

(1)领陆:国家主权管辖下的地球表面的陆地部分,是国家领土最基本的部分。

(2)领水:国家主权管辖下的全部水域,包括内水和领海。内水包括领陆内水域(或称内陆水)和内海。内水与领海的区别是:外国船舶未经允许不得进入内水,但可以在领海无害通过。

(3)领空:领陆和领水上方一定高度的空间。

(4)底土:领陆和领水下面的部分。

(二)领土主权

领土主权指国家对领土的最高的排他的权力。包括:

①国家对其领土及其中蕴含的自然资源的所有权或领有权;

②国家享有排他的领土管辖权。

(三)领土主权的限制

(1)一般性限制:适用于一切国家或大多数国家。

①国家在利用边界土地、边界河流、多国河流时,不应损害邻国的利益。

②国家在开发利用其海域资源时,不应侵犯他国的传统权利。

③国家的领海、群岛国的群岛水域应允许外国船舶无害通过。

④外交官的外交特权与豁免。

(2)特殊限制:适用于特定国家,根据条约产生。

①租借:国家在平等自愿的基础上通过条约进行租借。

②共管:两个或两个以上国家对某一领土共同行使主权。

③国际地役:一国根据条约,将自己的领土在特定范围内提供给另一国为某种目的而永久使用。

④势力范围(已废弃)。

(四)河流制度

表 5-3 河流制度总结表

河流名称	特点	法律地位
内河	从源头到入海口或终结地完全流经一个国家的河流	国家对内河拥有主权;外国船舶未经许可不得在内河航行
界河	流经两国之间并作为两国领水分界线的河流	界河沿岸分属两个国家,多以主航道或河道中心线为界;分属的部分是该国的领土;其利用不得损害邻国利益
多国河流	流经两个或两个以上国家领土的河流	多国河流流经各国的河段分别属于各国领土;多国河流一般对所有沿岸国开放,非沿岸国船舶未经许可不得航行
国际河流	通过条约规定对所有国家开放航行的多国河流	其法律地位和制度由国际条约规定;流经各国领土的河段仍然是该国主权下的领土,但允许所有国家的船舶特别是商船无害通过;其管理一般由依条约成立的专门机构负责
国际运河	人工开凿的水道	位于领土内的运河是一国内河,国家拥有排他性主权;其地位和航行制度由相关条约确定,一般对所有国家开放

二、领土的取得方式

（一）传统国际法获取领土的五种方式

表5-4 传统国际法获取领土的五种方式的比较

先占	先占的对象是无主地；主客观方面均有效占领（公开表现出先占；有效控制）
时效	现代国际法上无普遍适用意义
添附 （合法获取领土的方式）	自然添附：涨滩、河口三角洲、废河床、新生岛等
	人工添附：人工岛屿、防波堤、围海造田等
割让	强制割让：不符合国际法
	非强制割让：通过条约赠与、买卖、互换等，合法有效
征服	已被现代国际法所废弃

（二）现代国际实践中领土变更的新方式

（1）殖民地独立。

（2）公民投票。在条约或国内法有规定时可以此种方式。

三、边界和边境制度

（一）边界

指确定国家领土范围的界限，分为传统习惯边界和条约确定边界。

（二）边境制度

1. 界标的维护

（1）相邻国家对界标的维护有共同责任。

（2）双方应采取措施防止界标被移动、损坏或灭失。

（3）出现移动、损坏或灭失的情况，一方发现应尽快通知另一方，在双方代表在场的情况下修复或重建。

（4）国家有责任对移动、损坏或毁灭界标的行为给予严厉惩罚。

2. 边界土地的使用

（1）国家对本国边界地区土地的利用，不得使对方国家的利益受损。

（2）国家不得在边境地区建立可能对另一国境内的动植物、空气或水源造成污染的工厂或从事任何可能造成此类污染的活动。

（3）不得在靠近边界的地区设立靶场或进行任何可能危及对方居民及其财产安全的武器试验或演习。

（4）如遇森林火灾，应尽力扑灭或控制，不使火灾蔓延到对方境内。

3. 界水的利用

（1）沿岸国对界水有共同的使用权。

（2）一国在使用界水时，不得损害邻国的利益。

（3）渔民只能在界水的本国一侧捕鱼。

（4）相邻国在界水上享有平等的航行权，船舶在航行时应具有明显的国籍标志，且只能在主航道上航行。

（5）除非遇难或者其他特殊情况，一方船舶未经允许不得在对方靠岸停泊。

（6）在界水上建造工程设施（桥梁、堤坝等），应取得一方的同意。

4. 边民的往来

通过一国有关的法规及双方的协约具体规定。

5. 边境事件的处理

通常通过协议，由双方代表成立处理边境地区事项的机构，专门处理边境事件，如偷渡、违章越界、损害界标等。

四、两极地区的法律地位

(一)南极地区

1959年签订《南极条约》,此后缔结了多个公约,构成南极条约体系:

①南极只适用于和平目的;
②科学考察自由和科学合作;
③冻结对南极的领土要求;
④维持南极地区水域的公海制度;
⑤保护南极环境与资源;
⑥建立南极协商会议。

中国1983年加入《南极公约》,1985年成为《南极条约》协商会议的协商国。2017年5月,北京首次举办《南极条约》协商会议(第40届)。

(二)北极地区

北极地区主要部分是北冰洋。北冰洋适用海洋法制度,其中大部分是公海。

第二节 海洋法

1982年《联合国海洋法公约》被认为是最全面完整的海洋法法典,我国1996年批准该公约,成为缔约国。

《联合国海洋法公约》将海洋水域划分为内海、领海、毗连区、专属经济区和公海五个部分,沿海国在这五个水域的主权权利逐步递减。

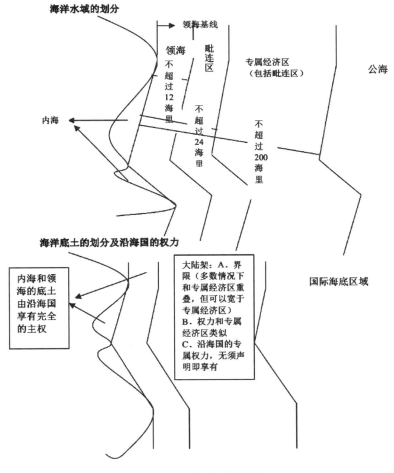

图5-2 海洋水域的划界

一、内海及相关制度

（一）领海基线

领海基线指一国领陆或内水与领海的分隔线，其划定有两种：

①正常基线：落潮时海水退到离海岸最远的潮位线（低潮线）。

②直线基线：选取海岸或近海岛屿最外缘的若干适当基点，用直线连接而成的折线。

（二）内海

指除了群岛国的情形以外，领海基线向陆地一面的海域，包括海湾、海峡、河口、海港以及领海基线与海岸之间的其他海域。

内海是沿海国内水的一部分，沿海国对其具有完全的主权。

（三）中国的港口制度

1. 进出港口

外籍船舶入港，在到港前一周向我国办理申请手续；在抵港前24小时报告预到期时间和船体吃水情况；入港后和出港时呈报报告书和船舶证书等文件，接受检查；可对处于不适航状态、违法、发生海损等船舶暂时限制出港。

2. 航行停泊

外籍船接受强制引航；白天悬挂旗帜；不准在港口内从事危及安全秩序的行为；发生海损、海难要及时报告港监；船上武器弹药交由港监封存。

3. 管辖

（1）对位于港口的外籍船舶具有管辖权。

（2）刑事案件的管辖：对于扰乱港口安宁、受害人是沿岸国或国民、案情重大的刑事案件进行管辖，或者在船旗国领事或船长请求时管辖。

（3）民事案件的管辖：涉及港口国公民利益、其他船舶、船舶本身在港口内航行的权利义务时管辖。

（4）对于船舶内部管理、工资、劳动条件、个人财产权利等事项，各国通常不行使管辖权。

二、领海及毗连区

（一）领海及领海制度

1. 领海

领海指一国领海基线以外毗连该国陆地领土或内水的一定宽度的海水带。宽度不得大于12海里。

领海是国家领土的一部分，领海水体及其上空和底土都处于沿海国的主权管辖和支配之下。

与领土的其他部分唯一不同的是，外国船舶在领海中享有无害通过权。

2. 无害通过制度

（1）指非沿海国的船舶在不损害沿海国和平、安宁和良好秩序的情况下，可以无需事先通知或征得沿海国许可而连续不断地通过其领海的制度。

①通过是指为了驶入或驶出内水的航行，或者是仅穿越领海而不进入内水的航行。

②船舶必须是连续不停地迅速通过，除非发生不可抗力、遇难或救助，不得停船或下锚。潜水艇通过时要浮出水面并展示船旗。

③通过以不损害沿海国和平、安宁和良好秩序为前提。

④该制度只适用于船舶，而不适用于飞机。

⑤只适用于非军事船舶。

⑥无害通过无需事先通知或征得沿海国的许可。

（2）有下列行为之一的即是有害：

①对沿海国进行武力威胁或使用武力；

②以任何种类的武器进行操练或演习；

③搜集情报；

④进行影响沿海国防务或安全的宣传；

⑤在船上起落或接载飞机；

⑥在船上发射、降落或接载任何军事装置；

⑦违反沿海国海关、财政、移民或卫生的法律规章，上下任何商品、货币或人员；

⑧严重的污染行为；

⑨任何捕鱼活动；

⑩任何研究或测量活动；

⑪干扰沿海国的通讯系统；

⑫与通过没有直接关系的任何其他活动。

3.沿海国关于无害通过的权利与义务

（1）沿海国权利：

①制定关于无害通过的法律规章，指定海道和分道航行；

②在其领海内采取必要的步骤防止非无害的通过；为保护国家安全，沿海国可以在领海的特定区域内暂时停止外国船舶的无害通过。

（2）沿海国义务：

①不应妨碍外国船舶的无害通过，并应将其所知的在其领海内航行有危险的任何情况妥为公布；

②不应对通过中的外国船舶行使刑事管辖权，除非有下列情形：罪行的后果涉及沿海国；罪行扰乱当地安宁或领海的良好秩序；船长或船旗国的外交代表或领事官员请求协助；行使管辖权属于取缔违法贩运麻醉药品或精神调理物质所必需。

4.民事管辖

沿海国不应为了对通过领海的外国船舶上的某人行使民事管辖权而停止该船的航行或改变其航向。除该船在通过时违反了其所承担的义务或负担的责任之外，沿海国不得为任何民事诉讼目的而对该船从事执行或加以逮捕。

（二）毗连区及有关制度

1.概念

毗连区指在领海以外毗邻领海的一个区域。宽度从领海基线量起不得超过24海里，其内部界限是领海的外部界限。沿海国可在此进行下列事项所必需的管制：

①防止在其领土或领海内违反海关、财政、移民或卫生的法律规章；

②惩治在其领土或领海内违反上述法律规章的行为。

2.法律特征

（1）毗连区不是沿海国领土，沿海国对毗连区不享有主权。

（2）沿海国只是在毗连区范围内行使有关海关、财政、移民和卫生等方面的管制。

（3）沿海国对于毗连区的管制不包括其上空。

（4）毗连区的其他性质取决于其所依附的海域，或为专属经济区或为公海。

3.我国的领海和毗连区制度

我国1992年《领海与毗连区法》与《海洋法公约》的规定基本一致。但对于外国军用船舶通过中国领海的，该法要求须经中国政府批准。

三、专属经济区和大陆架

（一）专属经济区及其法律制度

1.概述

专属经济区是《海洋法公约》确立的新区域，是领海以外毗邻领海的一个区域。从领海基线量起不得超过200海里。

在该区域内沿海国享有专属的经济主权权利和特定的管辖权，其他国家享有某些自由权利。

2.法律特征

（1）既不是公海，也不是领海。

（2）沿海国对于专属经济区不拥有领土主权，只享有公约规定的某些主权权利。

（3）沿海国对在该区域内以开发自然资源为目的的活动拥有排他性的主权权利和与此相关的某些管辖权，由此对其他国家在该区域的活动构成一定的限制。

（4）专属经济区不是沿海国本身自然存在的权利，需要国家以某种形式宣布建立并说明其宽度。

（5）专属经济区制度不影响其上空和底土本身的法律地位。

3.沿海国的权利义务

（1）自然资源：享有以勘探、开发、养护和管理海床和底土及其上覆水域的自然资源（生物资源或非生物资源）为目的的主权权利，以及在该区域内从事经济性开发和勘探，如海水、风力利用等活动的主权权利。

（2）生物资源及捕鱼：沿海国应决定其在专属经济区内生物资源的可捕量，并允许其他国家捕捞可捕量的剩余部分。

（3）人工岛屿：对区内人工岛屿、设施和结构的建造和使用，拥有专属管辖权，并可以授权与管理。

（4）海洋科学研究与海洋环境的保护：沿海国行使管辖权，不经沿海国的批准，任何国际组织、外国的组织或者个人不得在专属经济区从事科学研究。

（5）铺设海底电缆和管道：任何国家在遵守沿海国法律的前提下，享有铺设海底电缆和管道的自由。根据我国《专属经济区和大陆架法》的规定，铺设海底电缆和管道的路线，必须经中国主管机关同意。

（6）航行、飞越：所有国家在专属经济区内享有航行、飞越的自由。

为行使上述权利，沿海国可以制定与公约规定一致的专属经济区法规，并可采取必要的措施确保法规的遵守。

在对外国船舶的违法行为采取措施时，应遵守以下规则：对于被捕的船只及其船员，在提出适当的保证书或担保后，应迅速予以释放；沿海国对于在专属经济区内仅违犯渔业法规的处罚，如有关国家无相反的协议，不得采取监禁或其他形式的体罚；在逮捕或扣留外国船只时，应迅速通知船旗国。

（二）大陆架及其法律制度

大陆架指领海以外依其陆地领土的全部自然延伸，扩展到大陆边外缘的海底区域的海床和底土。大陆架法律制度是"二战"后形成的一项国际习惯法制度，并在《海洋法公约》中得到编纂和发展。

1.法律特征

（1）不是沿海国领土，但国家在此享有某些排他性的主权权利。

（2）沿海国为勘探大陆架和开发其自然资源的目的，对大陆架行使专属性的主权权利。

（3）沿海国对大陆架的权利不取决于其有效或象征性的占领或明文公告。

（4）大陆架的上覆水域和水域上空对所有国家开放，任何国家的船舶和飞机可以自由航行和飞越。

2.权利义务

（1）自然资源的勘探和开发：专属性权利，任何人未经沿海国明示同意，不得从事勘探和开发大陆架的活动。

（2）人工岛屿：拥有建造的专属权利和对其的管辖权。

（3）铺设电缆和管道：所有国家有权在大陆架上铺设海底电缆和管道，但需经沿海国同意，并应顾及现有的电缆和管道，不得对之加以损害。

（4）航行与飞越：任何国家的船舶和飞机可以自由航行和飞越。

（5）钻探：在大陆架上为任何目的进行钻探，必须经沿海国同意，并遵守沿海国法律。

3.我国的专属经济区和大陆架法律制度

我国1998年颁布《专属经济区和大陆架法》，其制度与《海洋法公约》基本一致。

四、群岛水域和国际海峡

(一) 群岛水域及其制度

1. 群岛水域

群岛水域指群岛基线以内,河口、海湾和港口封闭线以外的水域。

2. 群岛水域制度

(1) 群岛国的主权及于群岛水域,以及水域的上空、海床和底土。

(2) 所有国家的船舶在群岛水域享有无害通过权。

(3) 群岛国可以指定适当的海道和其上的空中通道,以便外国船舶或飞机连续不停地迅速通过或飞越其群岛水域及其邻接的领海。

(二) 国际海峡及其制度

1. 国际海峡

国际海峡指两端连接公海或专属经济区的用于国际航行的海峡。

2. 国际海峡的通行制度

(1) 过境通行制度:所有外国船舶和飞机享有在国际海峡以迅速过境为目的、连续不停(不可抗力或遇难除外)地航行和飞越的权利。

(2) 其他通行制度:

①适用无害通过制度的国际海峡,是由海峡沿岸的一个岛屿和该国大陆形成的海峡,而且该岛屿向海一面有在航行和水文特征方面同样方便的一条穿过公海或穿过专属经济区的航道;

②适用公海自由通过制度的海峡是在该海峡中有公海或专属经济区的航道;

③如果专门针对某国际海峡缔结有国际公约,则该海峡的通行制度按照条约约定适用特别协定制度。

五、公海与国际海底区域

(一) 公海与公海制度

公海指内海、领海、专属经济区、群岛水域内外全部海域。不受任何国家权力支配和管辖。

1. 公海的法律制度

(1) 公海自由原则:航行自由、飞越自由、铺设海底电缆和管道的自由、建造人工岛屿和设施的自由、捕鱼自由、科学研究自由。

(2) 航行制度:任何国家的船舶都可以悬挂一国旗帜在公海中自由航行。悬挂两国或两国以上旗帜或方便旗航行的船舶,可视为无国籍船舶。

(3) 捕鱼制度:各国均有权在公海捕鱼,但应承担相应的条约义务。

(4) 铺设海底电缆和管道制度:所有国家都有权铺设。

(5) 建造人工岛屿或设施及科学研究自由:不得设置于航道,设置符合国际法规则。

2. 公海上的管辖权

(1) 船旗国管辖(专属管辖):指国家对于公海上悬挂其旗帜的船舶以及船舶上的人、物、事有权管辖。船舶的内部事务由船旗国管辖,并适用船旗国法律。

①公海上的碰船或其他事故涉及船长或船员刑事或纪律责任的,向船旗国或人员国籍国提出。

②在纪律事项上,船长证书或驾驶执照,由颁发国家经过正当程序予以撤销,而不论持证人的国籍。

③船旗国以外的任何当局,不得命令逮捕或扣押船舶。

(2) 普遍管辖:指所有国家对于在公海上发生的,被国际法认为是普遍管辖对象的特定国际罪行或违反国际法的行为,有权管辖。

特定罪行或不法行为包括:海盗行为、非法广播、贩运奴隶和贩运毒品。

3. 临检权和紧追权

(1) 临检权:一国军舰、军用飞机或其

他得到正式授权、有清楚标志可以识别的政府船舶或飞机,对公海上的外国船舶有合理根据认为其从事《海洋法公约》所列不法情况时,拥有登船检查及采取相关措施的权力。

可以临检的不法情况包括:从事海盗行为、从事未经许可的非法广播、贩运奴隶、没有挂旗帜的船舶和拒不展示旗帜的船舶。

(2)紧追权:沿海国对违反其法规并从该国管辖范围内的海域向公海行驶的外国船舶进行追逐的权利。

①应由沿海国的军舰、军用飞机或其他得到正式授权、有清楚标志可以识别的政府船舶或飞机行使。

②紧追须从沿海国的内海、领海、群岛水域、毗连区内开始。只有外国船舶违反了沿海国有关专属经济区或大陆架的法律规章时,紧追才可以从专属经济区或大陆架开始。

③紧追只有未曾中断,才能在领海和毗连区外继续进行,一直追至公海而加以拿捕甚至击毁。

④如该船进入其本国领海或第三国领海,紧追应立即停止。

(二)国际海底区域

1. 概念

指国家管辖范围以外的海床、洋底及其底土,也即国家领土、专属经济区和大陆架以外的海床、洋底及其底土。

2. 法律制度

(1)国际海底区域及其资源是人类共同继承的财产,对所有国家开放,专为和平目的使用。

(2)任何国家或个人不得将"区域"及其资源据为己有,不得主张权利。

(3)"区域"内的资源属于全人类所有,由国际海底管理局代表全人类进行管理。

(4)区域内的活动应为全人类的利益而进行,并应特别考虑发展中国家的利益。

(5)区域的法律地位不影响其上覆水域和上覆水域上空的法律地位。

3. 国际海底区域的开发制度

(1)由国际海底管理局组织和控制区域内资源的开发活动。

(2)区域内资源开发采取"平行开发制"。一方面由国际海底管理局企业部进行,另一方面由缔约国有效控制的自然人或法人与国际管理局以合作的方式进行。

六、海洋法中的通过制度

表5-5 海洋法中的通过制度

海洋水域	通过制度
领海	无害通过制度只适用于船舶,不适用于飞机
专属经济区	船舶和飞机自由航行和飞越
大陆架	(上覆水域及其上空)船舶和飞机自由航行和飞越
公海	船舶和飞机自由航行和飞越
群岛水域	无害通过
群岛	通道制度
国际海峡	过境通行制度适用于船舶和飞机

第三节 国际航空法与外层空间法

一、领空及其界限问题

领空指一国领土上空一定高度的空间。

(一)领空的水平界限

一国领空从与地球表面平行方向看,止于其领土边界线的上方,即领土边界线向上立体延伸构成领空的水平扩展界限。

(二)领空的垂直界限

指领空自地球表面向上扩展的外缘,是领空与外层空间的界限问题。迄今,国际法尚未就此作出准确的划定。

二、国际航空法体系

现代国际民用航空法律体系包括：围绕《国际民用航空公约》形成的国际民用航空基本制度，围绕三个反劫机公约（1963年《东京公约》、1970年《海牙公约》、1971年《蒙特利尔公约》）构成的国际民航安全制度和围绕《华沙公约》形成的国际航空民事责任制度。

（一）国际民用航空基本制度

1. 领空主权原则

国家对其领空拥有完全的、排他的主权：

①外国航空器进入国家领空须经该国许可；

②国家有权规定准许外国飞机飞入和飞越其领空的条件；

③各国有权制定有关外国航空器入境、离境和在境内飞行的规章制度；

④各国有权保留国内载运权；

⑤各国有权设立空中"禁飞区"。

2. 航空器国籍制度

该制度将航空器分为国家航空器和民用航空器，公约不适用于国家航空器，而只适用于民用航空器。

3. 国际航空飞行制度

该制度将航空飞行分为定期航班飞行和不定期航班飞行。在国际实践中，国家间通常是通过双边的航空协定来规定民用航空有关的具体事项和规则。

（二）国际民航安全制度

1. 危害民用航空安全的行为

（1）飞机"飞行中"的非法行为：使用暴力、暴力威胁或其他任何胁迫方式，非法劫持或控制航空器；对航空器中的人实施暴力行为并且足以危及该航空器的安全。

"飞行中"指航空器从装载完毕、外部所有舱门都已关闭时起，直到其任一外部舱门打开准备卸货时止。

（2）飞机"使用中"的非法行为：破坏使用中的航空器使它不能飞行；在使用中的航空器内放置危及其飞行安全的装置或物质；破坏航行设备危及其飞行安全；传送明知是虚假的情报。

"使用中"指从地面或机组人员为某一飞行进行飞行前准备时起，到飞机降落后24小时内止。

2. 管辖权

（1）《东京公约》从国籍原则出发，规定航空器的登记国有管辖权，但不排除在以下场合非登记国也有管辖权：罪行的后果涉及该国领土；罪行涉及该国安全；行为者及受害者为该国国民或在该国有永久住所；罪行违反该国有关航空器飞行或操作的规定或条例；根据国际协定非登记国有义务行使管辖权。

（2）《海牙公约》规定下列国家有管辖权：飞机登记国、飞机降落地国、飞机承租人的营业地国或常住地国、犯罪者发现地国。

（3）《蒙特利尔公约》规定下列国家有管辖权：犯罪行为发生地国、飞机登记国、飞机降落地国、飞机承租人的营业地国或常住地国、犯罪者发现地国。

3. 引渡和起诉

可以引渡，但各国没有强制引渡义务。如不引渡，则不论罪行是否在其境内发生，应将此案提交本国主管当局起诉。

（三）国际民航的损害赔偿制度

国际民航的损害赔偿责任，目前采取推定过失原则。

1929年《统一国际航空运输某些规则的公约》（《华沙公约》），规定了国际民航的损害赔偿责任。1958年（海牙）、1971年（危地马拉）、1975年（蒙特利尔）对该公约进行了修改。

1999年5月28日在蒙特利尔召开的

航空法国际会议通过了《蒙特利尔公约》,于2003年11月4日正式生效。我国于1999年签署该公约,于2005年2月28日批准。

三、外层空间法律体系

(一)外空活动的主要原则

1966年通过的《关于各国探索和利用包括月球和其他天体在内的外层空间活动的原则的条约》(以下简称《外层空间条约》),是外层空间的基本法,被称为"外层空间宪章"。规定了以下基本原则:

①共同利益原则;
②自由探索和利用原则;
③不得据为己有原则;
④和平利用原则;
⑤援救宇航员原则;
⑥外空物体登记和管辖原则;
⑦国际责任原则;
⑧保护空间环境原则;
⑨国际合作原则。

(二)外空活动的主要法律制度

1. 登记制度

(1)发射国应对其发射的空间物体进行登记,包括将该空间物体载入其所保存的适当内容的国内登记册,同时在切实可行的范围内尽快将有关情报报告联合国秘书长,以便在其保存的总登记册里进行登记。

(2)空间物体若由两个以上发射国发射,应由其共同决定在其中的一个国家进行登记。

(3)外空物体的登记国对该外空物体拥有所有权和管辖控制权。

(4)若登记国切实知道其所登记的物体已不复在轨道上存在,也应尽快通知联合国秘书长。

2. 营救制度

(1)各国在获悉或发现宇航员在其管辖区域内、公海或不属于国家管辖的任何地方,发生意外、遇难或紧急降落时,应立即通知其发射国及联合国秘书长。

(2)应采取一切措施进行抢救,并给予宇航员一切必要的帮助。

(3)将发生意外的空间物体送还其发射国。

3. 责任制度

发射国对其空间物体造成的损害承担国际责任。

(1)绝对责任:发射国对于其空间物体对地球表面或飞行中的飞机造成的损害,负有赔偿的绝对责任。

(2)相对责任:对于空间物体在地球表面以外的地方,对另一国的空间物体或所载人员、财产造成的损害,由存在过失的发射国根据各自的过错负赔偿责任。

(3)两个或两个以上的国家共同发射空间物体时,对于所造成的损害承担单独或共同的责任。

第四节　国际环境保护法

一、国际环境法的特点及原则

(一)特点

内容涉及诸多学科,许多制度正处于形成和完善之中。

(二)原则

①国家环境主权和不损害其管辖范围以外环境的原则;
②国际环境合作原则;
③共同但有区别的责任原则;
④可持续发展原则。

二、国际环境保护的主要制度

(一)大气环境保护

(1)防止气候变化(《气候变化框架公约》和《京都议定书》)。主要措施是限制和控制温室气体的排放。

(2)臭氧层保护(《保护臭氧层维也纳公约》和《关于消耗臭氧层物质的蒙特利尔议定书》)。

(二)海洋环境保护

(1)防止来自船舶的污染。

(2)防止向海洋倾倒废物。采用了物质分类名单和许可证制度。

(三)自然生态和资源保护

(1)生物资源保护(《联合国生物多样性公约》):国家生物资源主权、国家对生物保护的查明与检测、就地保护、移地保护等。

(2)世界文化和自然遗产保护(《保护世界文化和自然遗产公约》):承认国家领土内的文化和自然遗产的确定、保存、保护、展出和传于后代,主要是有关国家的责任。

(四)控制危险废物的越境转移

1. 关于越境转移的条件

《巴塞尔公约》(《控制危险废物的越境转移及其处置巴塞尔公约》)规定:

①缔约国禁止向另一缔约国出口危险废物,除非进口国没有一般地禁止该废物的进口,并且以书面形式对某一进口向出口国表示同意;

②出口国若有理由认为拟出口的废物不会被以符合有关标准的对环境无害的方式在进口国或其他地方处理,则不得出口;

③不得向非缔约国出口或自非缔约国进口危险废物。

2. 关于越境转移的程序和其他事项

公约规定:

①出口国应将拟出口的废物的越境转移以书面形式通知有关国家的主管部门,进口国应作出书面答复;

②出口国应当证实通知人已得到进口国的书面同意,并且进口国已证实出口者和处置者之间已订立合同,详细说明了对废物的无害环境的处置办法,才能开始转移;

③如果越境转移的废物不能按照合同约定的条件完成,应运回出口国;

④危险废物的任何越境转移都必须有相关的保险、保证或担保;

⑤公约不适用于其他国际制度管制的放射性废物。

第四章 国际法上的个人

第一节 国籍

一、国籍的概念

国籍是指一个人属于某一个国家的公民或国民的法律资格。

二、国籍的取得与丧失

(一)国籍的取得

国籍的取得是指一个人获得某一国家的公民或国民资格。

```
原始国籍的取得 ┤ 血统主义——以父或母的国籍来确定一个人的国籍
              │ 出生地主义——以出生地确定国籍
              └ 混合原则——兼采血统主义和出生地主义
```

图 5-3　因出生取得（原始国籍）

```
继有国籍的取得 ┤ 归化——自愿申请入籍
              └ 因特定的法律事实取得——跨国婚姻、收养、取得住
                所、领土转移等
```

图 5-4　因加入取得（继有国籍）

（二）国籍的丧失

国籍的丧失是指由于某种原因一个人失去其拥有的某个国家的国籍。

（1）自愿丧失：基于个人意愿作出申请或选择而放弃其拥有的国籍。

（2）非自愿丧失：涉外婚姻、收养、归化、被剥夺等。

三、国籍的冲突和解决

（一）国籍的冲突

1. 国籍的积极冲突

国籍的积极冲突是指一个人同时具有两个或两个以上国家的国籍，即一个人具有双重国籍。

2. 国籍的消极冲突

国籍的消极冲突是指一个人不具有任何国家的国籍，即无国籍。

（二）国籍冲突的解决

国际社会解决国籍冲突的方式有：国内立法、签订双边条约、多边条约或国际公约。

（三）中国现行的国籍制度

依据我国 1980 年《国籍法》，中国现行的国籍制度包括：

①因出生而取得国籍，采取以血统主义为主，兼采出生地主义的混合制原则。在中国出生的外国人的子女取得其父母的国籍，但在中国出生的无国籍人的子女具有中国国籍。

②中国不承认双重国籍。

③定居外国的中国公民，自愿加入或取得外国国籍的，即自动丧失中国国籍。

④在中国境内居住的中国公民，其国籍的取得、丧失和恢复，必须办理申请手续。申请退出中国国籍获得批准的，即丧失中国国籍。

⑤关于因加入而取得国籍，采取申请和审批相结合的原则。

⑥在国籍的取得上实行男女平等原则，男女双方不会因为婚姻关系的建立或解除而改变各自的国籍。

第二节　外国人的法律地位

一、外国人的概念

一国所指的外国人是指不拥有该国国籍而拥有其他国家国籍的人，包括外国自然人和外国法人。无国籍人也被归于外国人的范畴。

二、中国关于外国人的入境、居留和出境制度

（一）外国人在中国的入境

（1）持有有效护照并获得入境签证。

（2）自入境口岸接受有关安全、卫生等方面的检查。

（二）外国人在中国的居留

（1）必须持有中国政府主管机关签发的身份证件或者居留证件。

（2）在中国投资或进行各种合作需要在中国长期居留的外国人，经中国政府批准，可以获得长期居留或者永久居留资格。

（三）外国人的出境

有下列情形之一的外国人，不准出境：
①刑事案件的被告人；
②公安机关、检察院或者法院认定的犯罪嫌疑人；
③法院通知有未了结民事案件的人；
④有其他违反中国法律的行为尚未处理，经有关机关认定需要追究的。

三、外国人的待遇

外国人的待遇是指一国对本国境内的外国人（特别是长期和永久居留的外国人）所设定的权利义务。

（一）国民待遇

国民待遇是指国家在一定事项或范围内，给予其境内的外国人与本国公民同等的待遇。

（1）一般限于民商事权利和诉讼权利方面，不适用于政治权利方面。

（2）通常是国家之间在互惠原则基础上互相给予的。

（3）国家出于安全与社会利益的考虑，可以对外国人的民商事权利作出某些限制。

（二）最惠国待遇

最惠国待遇是指施惠国给予受惠国国家或国民的待遇不低于现在或将来给予任何第三国国家或国民的待遇。

一般不适用于以下情况：给予邻国的一些优惠（如边民的往来不按一般出入境手续办理）；自由贸易区、关税同盟、经济共同体等范围内的优惠；发达国家对发展中国家的普遍优惠及其他在条约中明确规定不适用于最惠国待遇的情形。

（三）差别待遇

差别待遇是指国家给予外国人不同于本国公民的待遇，或给予不同国籍的外国人不同的待遇。

（四）互惠原则与普惠制

互惠原则是指一国给予外国国家或国民某种优惠待遇须以该外国给予本国或国民同等的优惠待遇为前提。但是基于一些原因，国家自愿同意的片面优惠待遇不在此限，例如普遍优惠制。

普惠制或称普遍优惠制，是指为减少经济发展的极端不平衡，发达国家在与发展中国家的经济交往中，单方面给予发展中国家某些特殊优惠，而不要求发展中国家给予发达国家同样的优惠。

四、外交保护

外交保护是指一国国民的合法权益在外国受到不法侵害，且得不到该外国的合理救济时，其国籍国可以通过外交方式要求该外国承担责任，以保护其国家或国民的利益。

（一）外交保护的条件

（1）一国国民的合法权益受到所在国的不法侵害。

（2）受害人的国籍符合"国籍实际联系原则"和"国籍继续原则"。

（3）用尽当地救济原则：在提出外交保护之前，受害人必须用尽当地法律规定的一切可以利用的救济。

（二）外交保护的范围

（1）国民被非法逮捕或拘禁。

（2）国民的财产或利益被非法剥夺。

（3）国民受到歧视待遇。

(4)国民寻求司法救助时被拒绝。

第三节　引渡和庇护

一、引渡

引渡是指一国应外国的请求,将在其境内被外国指控为犯罪或判刑的外国人,移交给请求国审理或处罚的国际司法协助行为。

(一)引渡的主体:国家

(1)一国没有引渡义务。

(2)需要根据引渡条约进行。

(3)没有引渡条约提出的引渡,一国可以自由裁量。

(二)引渡的对象

引渡的对象是指被请求国指控为犯罪或被其判刑的人,可能是请求国人、被请求国人和第三国人。各国有权拒绝外国引渡本国公民。

(三)可引渡的罪行

1. 政治犯不引渡原则

以下罪行不应视为政治罪行:

①战争罪、反和平罪和反人类罪;

②种族灭绝罪或种族隔离罪;

③非法劫持航空器罪;

④侵害包括外交代表在内的受国际法保护人员的罪行。

2. 双重犯罪原则

被请求引渡人的行为必须是请求引渡国和被请求引渡国双方的法律都认为是犯罪并可以起诉的行为。

(四)引渡的程序

一般根据引渡条约和有关国家的国内法进行。

(五)引渡的效果

请求国将被引渡对象引渡回国后,只能依请求引渡时所指控的罪名进行审判或处罚,这就是所谓的"罪名特定原则",也称"同一原则"。

表 5-6　关于引渡的原则

原则	考察点
本国人不引渡原则	不向外国引渡本国公民
政治犯不引渡原则	几类国际犯罪不能视为政治犯罪
双重犯罪原则	行为是请求引渡国和被请求国的法律都认为是犯罪的行为
罪名特定原则	请求引渡国只能以请求引渡时所指控的罪名进行审判

二、庇护

(一)庇护的概念

庇护是指国家对于遭受追诉或迫害而来避难的外国人,允许其入境和居留,给予其保护,并拒绝将他引渡给另一国的行为。是从国家的属地优越权引申出来的一项权利。

(二)庇护的对象

(1)主要是政治犯,即政治避难者。

(2)从事科学和创作活动而受到迫害的人。

(3)从事侵略战争、危害和平及危害人类、种族灭绝或种族隔离、劫机、侵害外交代表等被国际条约或国际习惯法认为是国际罪行的人,以及一般公认的普通刑事罪犯,均不在庇护之列。

第四节　国际人权法

一、国际人权条约体系

(一)1966 年联合国的两个人权公约

1966 年联合国大会通过了《经济、社会及文化权利国际公约》和《公民权利和政治权利国际公约》,两个公约都规定了自决权和自然资源的永久主权。

(二)专门领域或区域性的人权条约

1. 专门领域

(1)消除各种歧视方面:《防止及惩治灭绝种族罪行公约》《消除一切形式种族歧视国际公约》《消除就业和职业歧视公约》等。

(2)妇女儿童权利保护方面:《妇女政治权利公约》《儿童权利公约》等。

(3)禁止奴隶制和强迫劳动方面:《废止强迫劳动公约》等。

(4)保护被拘禁者权利方面:《禁止酷刑和其他残忍不人道或有辱人格的待遇或处罚公约》等。

2. 区域性的公约

主要有《欧洲人权公约》及其一系列议定书、《美洲人权公约》《非洲人权和人民权利宪章》等。

目前我国已签署了1966年通过的两个人权公约,并已批准了《经济、社会及文化权利国际公约》。我国还参加了其他所有主要的国际人权公约。

二、国际保护人权机制

1. 设立国际人权机构

【例】联合国大会于2006年3月15日通过决议成立了人权理事会,作为大会的附属机构,直接向大会负责。

2. 其他几种典型的制度

【例】报告及审查制度、缔约国指控处理及和解制度、个人申诉制度、联合国"1503程序"等。

第五章 外交关系法与领事关系法

第一节 外交关系法

一、外交机关

(一)国家中央外交机关——国家元首、政府、外交部门

1. 国家元首是国家对外关系中的最高代表

国家元首职责包括:派遣和接受外交使节,批准和废除条约,宣战和媾和,以及参加谈判、缔结条约。

2. 政府是国家对外关系的领导机关

政府职责包括:领导和制定对外政策、进行对外谈判、签订条约、派出有关的外交代表以及协调和管理对外工作。

3. 外交部门是具体执行对外政策和处理日常对外事务的部门

外交部门职责包括:代表本国与外国进行联系和交涉,领导和监督驻外外交代表机关的工作,与外国的代表机构进行联系和谈判以及管理日常对外事务。

(二)外交代表机关

1. 使馆和外交代表

(1)使馆的组成。

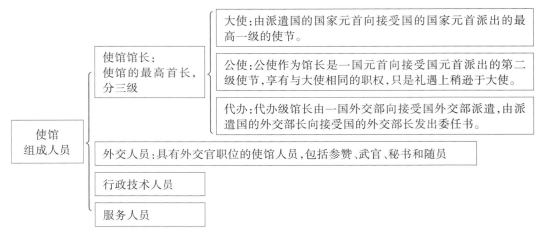

图 5-5 使馆组成人员

（2）外交代表的派遣。

使馆人员由派遣国任命。派遣国派遣使馆馆长和武官之前，应在征得接受国的同意后方可正式派遣。

对于派遣国的使馆馆长及外交人员，接受国可以随时不加解释地宣布其为"不受欢迎的人"；对于使馆的其他人员，接受国可以宣布其为"不能接受"的人。

（3）使馆和外交代表职务的开始。

任使馆馆长的外交代表应持国书赴任。我国以递交国书的时间为到任的时间。

使馆馆长开始执行职务视为使馆职务的开始，其他人员职务以其到达接受国担任使馆职务为开始。

2. 特别使团

特别使团是一国经另一国的同意或邀请，派往该国，代表派遣国进行谈判或完成某项特定外交任务的临时机构。

二、外交特权与豁免

（一）使馆的特权与豁免

1. 使馆馆舍不得侵犯

（1）接受国官员未经使馆馆长同意，不得进入使馆馆舍。

（2）接受国负有特殊责任，应采取一切适当步骤保护使馆馆舍免受入侵或损害，并防止一切扰乱使馆安宁或有损尊严的事情发生。

（3）使馆馆舍及设备，以及馆舍内其他财产与使馆交通工具免受搜查、征用、扣押或强制执行。

2. 使馆的档案和文件不受侵犯

3. 通讯自由

（1）接受国应允许使馆为一切公务目的自由通讯，并予以保护。

（2）使馆可以采取一切适当方法，包括使用外交信差和明密码电信在内的方法通讯。但未经许可，不得装置并使用无线电发报机。

（3）使馆来往公文不受侵犯。

（4）外交邮袋不得被开拆或扣留。

（5）外交信差享有人身不受侵犯权，不受任何方式的逮捕或拘禁。

4. 使馆人员的行动和旅行自由

5. 免纳捐税和关税

6. 使用国旗、国徽等国家标志

（二）外交人员的特权与豁免

1. 人身不受侵犯

（1）外交人员不受任何方式的逮捕和拘禁。

（2）接受国应采取一切适当步骤防止

外交人员的人身、自由或尊严受到任何侵犯。但并不排除对利用此项特权进行犯罪活动的外交人员采取必要的措施。如在外交人员进行间谍活动且情况紧急时，可以当场拿捕，然后通过外交途径解决。

2. 寓所、财产、文书、信件不受侵犯

3. 管辖豁免

（1）刑事管辖豁免。接受国的司法机关不得对外交人员进行刑事审判和处罚。

（2）民事管辖豁免。接受国的法院不对外交人员进行民事管辖，包括不进行审判和处罚，也不采取强制执行措施。例外：

①外交人员在接受国境内对于私有不动产物权的诉讼，但其代表派遣国为使馆用途置有的不动产不在此列；

②以私人身份为遗嘱执行人、遗产管理人、继承人或受遗赠人的继承事项的诉讼；

③在公务范围以外所从事的专业或商务活动的诉讼；

④外交人员在其主动起诉而引起的与该诉讼直接相关的反诉案件。

（3）行政管辖豁免。如免除外交人员的户籍和婚姻登记，对其违反行政法规的行为不实行制裁等。

（4）外交人员不负担作证的义务。

（5）对外交人员也不得为执行之处分，但如属上述不在民事管辖豁免之列的案件，且执行之处分又不损害其人身或寓所不受侵犯之权利，不在此限。

（6）外交人员管辖豁免的放弃只能由其派遣国明示作出，外交人员本身没有放弃的权利。

4. 免纳捐税、关税，行李免受查验

5. 其他特权与豁免

外交人员免于适用接受国实行的社会保险方法，免除一切个人劳务和各种公共服务，免除关于征用、军事募捐、屯宿等军事义务。

（三）外交人员特权与豁免的适用范围

1. 人员范围

外交人员以外的其他人员，也享有一定的特权与豁免：

（1）外交人员的家属。与外交人员构成同一户口的家属（一般指外交人员的配偶和未成年子女），如果不是接受国的国民，应享有各项特权与豁免。

（2）行政和技术人员及其家属。使馆的行政和技术人员及与其构成同一户口的家属，如果不是接受国的国民且不在该国永久居留，也享有各项特权与豁免。

三项例外：

①执行职务范围以外的行为，不能享有民事管辖和行政管辖豁免；

②就任以后进口的自用物品不能免纳关税；

③其行李不免除海关的查验。

（3）服务人员。服务人员如果不是接受国的国民且不在该国永久居留，享有下列特权与豁免：

①只就其执行公务的行为享有豁免权；

②其受雇所得报酬免纳捐税；

③免于适用接受国实行的社会保险方法。

与《维也纳外交关系公约》相比，我国1986年颁布的《外交特权与豁免条例》增加了给予外交特权豁免的人员种类，主要指持有中国外交签证的人员。

2. 时间范围

（1）享有外交特权与豁免的人员，自其被接受国接受而进入接受国国境就任之时起享有此等特权与豁免。

（2）其已在该国境内者，自其委派通知接受国外交部时开始享有。

（3）如遇使馆人员死亡，其家属应继续享有其应享有的特权与豁免，直到给予其离境的合理期间结束时为止。

第二节 领事关系法

一、领事机构的建立及其职务

国家之间领事关系的建立以双边协议确定。国家间达成协议建立领事关系的直接标志一般是设立领事机构,即领事馆。领事馆的设立须经接受国同意。

(一)领事馆组成及人员派遣

1. 领馆的组成及等级

领馆人员包括领事官员、领事雇员及服务人员。按照领馆馆长的等级,领事馆相应的称为总领事馆、领事馆、副领事馆和领事代理处。

2. 领馆人员的派任与职务终止

领馆馆长由派遣国委派,并由接受国承认准予执行职务。领馆馆长每次奉派任职,应由派遣国发给委任证书。领事馆其他人员的委派由派遣国自由决定。

领馆人员职务终止一般有以下情况:被派遣国召回;领事证书被撤销;接受国通知派遣国不再承认该员为领事馆人员,即被宣告为不受欢迎的人(针对领事官员)或不能接受人员(针对任何其他领馆馆员);领馆关闭或领事关系断绝等。

(二)领事职务

(1)保护派遣国及其国民个人与法人的利益。

(2)增进派遣国与接受国间的商业、经济、文化及科学关系的发展。

(3)调查接受国商业、经济、文化及科学活动及发展情况,向派遣国政府报告,并向相关人士提供有关资料。

(4)处理护照、签证及旅游证件事项。

(5)向派遣国的国民与法人提供帮助与协助。

(6)担任公证人、民事登记员及类似的职务,并办理某些行政事务。

(7)在接受国境内的死亡继承事件中,保护派遣国国民的利益。

(8)保护派遣国国民的未成年人及其他无完全行为能力人的利益,包括进行监护等有关事项。

(9)在接受国法院及其他机关,担任不能自行辩护的派遣国国民的代表或为其安排适当的代表。

(10)转送司法文书、执行嘱托调查书、派遣国法院调查证据委托书或其他文件。

(11)对具有派遣国国籍的船舶飞机以及船员或机组人员行使监督与检查权。

(12)对派遣国国籍的船舶与航空器及其航行人员给予协助。

(13)国际协定所规定的其他职务。

领事官员执行上述职务应限于领馆辖区范围内,在领馆辖区外执行职务须经接受国同意。

二、领馆的特权与豁免

(一)领馆馆舍在一定限度内不受侵犯

与"使馆馆舍不受侵犯"相比,领馆馆舍是在"一定限度内"不受侵犯:

①接受国官员未经同意不得进入领馆馆舍中专供领馆工作使用的部分,馆舍的其余部分不包括在内。而对于使馆来说是规定不得进入使馆馆舍。

②领馆如遇火灾或其他灾害必须立即采取保护行动时,可以推定馆长已经同意从而接受国的人员可以进入领馆。而使馆没有此类规定。

③领馆馆舍、馆舍设备以及领馆的财产与交通工具一般免受任何方式的征用,如接受国确有征用的必要,应采取一切可能的步骤以免妨碍领馆执行职务,并应向派遣国作出迅速、充分、有效、及时的补偿。

（二）领馆的档案及文件不受侵犯

（三）通讯自由

（1）接受国应允许领馆为一切公务目的的自由通讯，并予以保护。领馆可以采取一切适当方法，包括使用外交或领事信差、外交或领馆邮袋和明密码电信在内的方法通讯。但未经许可，不得装置并使用无线电发报机。

（2）领馆的来往公文不受侵犯。

（3）领馆的邮袋不得被开拆或扣留，但如有重大理由认为邮袋内装有不在来往公文及公务文件或专供公务之用的物品之列的物品，可在派遣国授权代表在场的情况下开拆邮袋。如果派遣国拒绝开拆，邮袋应退还至原发送地。

（4）领事信差在执行职务时，享有人身不受侵犯权，应受接受国的保护，不受任何方式的逮捕或拘禁。

（四）领馆人员的行动及旅行自由

（五）免纳关税和捐税

（六）与派遣国国民通讯及联络的权利

（七）使用派遣国国旗、国徽等国家标志的特权

三、领事官员的特权与豁免

（一）人身自由受一定保护

（1）当领事官员犯有严重罪行时，可予以逮捕或拘押。为了执行确定有效的司法判决，可施以监禁或拘束其人身自由。

（2）如对领事官员提起刑事诉讼，该员须到管辖机关出庭，而对外交人员则没有此类规定。

（二）一定限度的管辖豁免

领事官员只就其执行职务的行为免受接受国的司法和行政管辖，但以下民事诉讼不在豁免之列：

①领事官员或领事雇员并未明示或默示以派遣国代表身份而订立契约所发生的诉讼；

②第三者因为车辆、船舶或航空器在接受国境内所造成的意外事故而要求损害赔偿的诉讼；

③领事人员不能在其主动起诉而引起的与该诉讼直接相关的反诉案件中主张管辖豁免。

在与管辖相关的作证义务方面，领事官员对于其执行职务所涉及的事项没有作证或提供有关公文、文件的义务，除此之外领事不得拒绝作证。但如果领事拒绝作证也不得对之加以强制措施或处罚。领馆人员有权拒绝以鉴定人的身份就派遣国的法律提供证言。

对管辖豁免的放弃只能由其派遣国明示作出，并以书面通知接受国，领事官员本身没有放弃的权利。对民事或行政诉讼程序的管辖豁免的放弃，不能视为对司法判决执行豁免的默示放弃。执行豁免的放弃也必须分别明确作出。

（三）免纳捐税、关税，行李免受查验

（四）其他特权与豁免

领事人员免除外侨登记及居留证所规定的一切义务，免于适用接受国实行的社会保险方法，免除个人劳务和各种公共服务，免除关于征用、军事募捐、屯宿等军事义务。

表 5-7 外交官员与领事官员的特权与豁免问题之比较

	外交官员	领事官员
民事和行政管辖豁免例外	①外交代表以私人身份参与的私有不动产物权的诉讼;②外交代表私人参予的继承案件;③外交代表私人从事商业或专业活动;④外交代表主动诉讼引起对他主诉之反诉。	①领事官员未明示或默示以派遣国代表身份订立的契约之诉讼;②领事官员主动诉讼引起的反诉;③与第三者因车、船或航空器在接受国内的意外事故发生的诉讼。
刑事管辖豁免	不得对外交官员行使刑事管辖权,除非派遣国放弃其刑事管辖豁免权。	一般享有刑事管辖豁免权,但领事官员犯重罪的可管辖,已作出的判决可执行。
作证义务	无作证义务。	职务范围之外事项有作证义务,但拒绝作证接受国也不能采取强制措施。
特权与豁免之放弃	个人无权放弃;派遣国可放弃,明示放弃、放弃管辖豁免不等于放弃执行豁免。	同外交官员。

第六章 条约法

第一节 概述

一、条约的定义和特征

（一）定义

条约是指两个或两个以上国际法主体依据国际法确定其相互间权利义务的共同意思表示。

（二）特征

(1) 在国际法主体间缔结。
(2) 具有法律拘束力。
(3) 以国际法为准。
(4) 形式主要是书面的。
(5) 名称在国际法上没有统一的用法。

二、条约成立的实质要件

条约成立的实质要件包括:缔约方必须具备完全的缔约权、自由同意和符合强行法规则。

（一）具有缔约能力和缔约权

缔约能力是指国家和其他国际法主体拥有的合法缔结条约的能力。主权国家拥有完整的、全面的缔约能力。国家内部的行政机关、地方政府不能与外国缔结条约，除非得到国家的授权。

缔约权指拥有缔约能力的主体，根据其内部规则赋予某个机关或个人对外缔结条约的权限。

缔约方必须具备完全的缔约权:
①缔约权限由国内法规定;
②缔约机关不得超越其国内法关于缔约权的一般限制;
③被授权缔约的代表不得超越对其权限的特殊限制;
④对越权的处理:其一,一国不能以本国机关违反国内法关于缔约权一般限制的规定而主张其所缔结的条约无效,除非这种违反涉及国家的根本性规则;其二,对于

被授权的缔约代表超越对其权限的特殊限制所缔结的条约,除非事先通知谈判国,其本国不得以此主张所缔结的条约无效。

(二)自由同意

缔约国自由地表示同意是条约有效的基本要件,以下是违反自由同意的几种情形:

1. 错误

错误是指与缔约时假定存在并构成一国同意承受条约拘束的必要根据的事实或情势有关的错误。但是,如果错误是由有关国家本身的行为造成的,或该国明知或应知该错误,则不能援引该错误主张条约无效。

2. 诈欺和贿赂

诈欺和贿赂是指在缔约时,一方对另一方进行诈欺或对谈判代表进行贿赂,则受诈欺或受贿赂的国家可以主张缔结的条约无效。

3. 强迫

强迫是指对国家的强迫或对一国谈判代表的强迫。前者指违反《联合国宪章》的原则以武力或武力威胁对一国实施强迫以缔结条约;后者指通过行为或行为威胁对一国的谈判代表实施强迫以缔结条约。

(三)符合强行法规则

强行法是指国际社会公认为不能违背,且仅由以后具有同等性质的规则才能改变的规则。条约必须符合强行法规则,否则无效。

第二节 条约的缔结

一、条约的缔结程序和方式

(一)约文的议定

(1)缔约谈判:缔约方为了就条约的内容能够达成一致而进行的交涉。

(2)条约约文的起草。

(二)约文的认证

(1)草签:表明约文不再修改,用于一段时间后再签署。

(2)待核准的签署或暂签:是等待政府确认的签署;在签署人所属的本国政府确认之前,只具有认证条约约文的效力。

(3)签署:具有对约文认证的作用;在没有特别约定的情况下,签署只有认证的作用。

(4)通过:多边条约的认证有时用通过的方式进行;约文如获通过,一般不再被更改。

(三)同意接受条约拘束表示

1. 签署

根据《维也纳条约法公约》第2条的规定,以签署表示同意受条约约束,有三种情形:①条约规定签署有此效果;②另经谈判国协议确定;③该国在其谈判代表的全权证书中或在谈判过程中表示签署有此效果。

2. 批准

根据《维也纳条约法公约》第14条第1款的规定,以批准表示同意受条约约束,有四种情形:①条约本身的规定;②另经谈判国协议确定;③该国的代表对该条约作出了须经批准的签署;④该国在其谈判代表的全权证书中或在谈判过程中有此表示。

3. 加入

一个条约是否可以加入,由该条约本身规定或相关国家约定,一般不需再经批准。

4. 接受和赞同

(1)没有在条约上签署的国家,用接受和赞同表示同意受条约约束,其效果类似于加入。

(2)国家在条约上签署之后,用接受和赞同表示最终同意受条约约束,其效果类似于批准,是一种简化了的批准手续。

二、条约的保留

(一)保留的概念与范围

保留是指一国在签署、批准、接受、赞同或加入一个条约时所作的单方声明,不论措辞或名称如何,其目的在于排除或更改条约中的某些规定对该国适用时所产生的法律效果。

根据《维也纳条约法公约》第19条的规定,下列情况下不得提出保留:①条约本身禁止保留;②条约仅准许特定的保留,而有关保留不在其内;③保留不符合条约的目的和宗旨。

(二)保留的接受

(1)条约明文准许的保留,一般不需要其他缔约国事后予以接受。

(2)谈判国数目有限的条约,如果从谈判国的有限数目和条约的目的及宗旨来看,在全体当事国之间适用条约的所有条款为每一当事国同意承受条约拘束的必要条件时,则保留必须经过全体当事国的接受。

(3)条约如果是一个国际组织的组织约章,保留须经该组织的主管机关接受。

(4)凡不属于以上情况的,除条约本身另有规定以外,保留经另一缔约国接受,就接受国而言,保留国即成为该条约的当事国。保留经另一缔约国反对时,不妨碍条约在保留国和反对保留国之间生效,除非反对国明确表示反对条约在两国间生效。一国表示同意受该条约拘束而附有保留的行为,只要有一个缔约国接受该项保留,就成为有效。

(三)保留的法律效果

(1)在保留国和接受保留国之间,按保留的范围,改变该保留所涉及的条约的规定。

(2)在保留国和反对保留国之间,如果反对保留国并不反对该条约在保留国和反对保留国之间生效,则保留所涉及的规定,在保留的范围内,不适用于该两国之间。

(3)在其他当事国之间,不修改条约的规定。

第三节 条约的效力、适用和解释

一、条约的生效

条约的生效是指一个条约在法律上成立,各当事国受该条约的拘束,有如下情形:

①经签署后生效;
②经批准通知或交换批准书后生效;
③交存批准书或加入书后生效;
④条约规定于一定的日期生效。

二、条约的适用

(一)条约必须遵守原则

该原则是指对于缔结的程序和内容都合法有效的条约,各当事方必须按照条约的规定,诚实履行条约义务。

例外:条约与强行法规则相冲突、条约的保留、情势变迁。

(二)条约适用范围

(1)时间范围:自生效之日起开始适用,原则上没有溯及力。

(2)空间范围:一般认为适用于各当事国的全部领土。

(三)条约的冲突及其解决

(1)条约的冲突:缔约国所订条约的内容与其先订或后订的条约产生矛盾,从而出现哪一个条约应当优先适用的问题。

(2)解决条约冲突的规则:

①先后就同一事项签订的两个条约的当事国完全相同,一般适用后约,先约失效;

②如果条约本身规定了解决冲突的规则,则依据该规则办理;

③先后就同一事项签订的两个条约的

当事国部分相同,部分不同时,在同为两个条约的当事国之间,适用后约优于先约的原则;在同为两个条约的当事国与仅为其中一个条约的当事国之间,适用两国均为当事国的条约。

三、条约对第三国的效力

条约原则上只对当事国具有拘束力,但在有些情况下,条约也为第三国创设权利和义务。

(1)如果一个条约有意为第三国创设一项义务,则必须经第三国以书面形式明示接受,才能对第三国发生效力。

(2)如果一个条约有意为第三国创设一项权利,原则上应得到其同意,但如果第三国没有相反的表示,应推断其同意接受这项权利,不必以书面形式明示同意。

(3)如果一个条约使第三国担负义务,须经各当事国与该第三国的同意。

四、条约的解释

(一)一般规则

(1)根据通常含义和上下文。
(2)符合条约的目的和宗旨。
(3)善意解释。

(二)辅助规则

(1)条约解释的补充资料:如缔约的谈判记录、条约的历次草案、讨论条约的会议记录等。

(2)两种以上文字的条约的解释:经两种以上文字认证作准的条约,除条约中规定或当事国协议有意义分歧时应以某种约文为根据外,每种文字的约文应同一作准,条约的用语被推定为有相同的意义。

第四节 条约的修订和终止

一、条约的修订

条约的修订主要涉及多边条约,可分为两种:修正和修改。前者是指在多边条约的全体当事国之间修订条约;后者是指在多边条约的部分当事国之间修订条约。

(一)多边条约的修正

修正多边条约的提议必须通知一切缔约国。修正条约的协定对于是条约当事国而非该协定当事国的国家无拘束力。对于修正条约的协定生效后成为条约当事国的国家,如果该国没有相反的表示,应视为修正后条约的当事国;在该国与不受修正条约协定拘束的当事国之间,适用未修正的条约。

(二)多边条约的修改

条约的修改是在部分当事国之间进行的,只有在条约本身允许修改的情况下才能修改条约:

①条约内规定可作此种修改;

②有关修改非为条约所禁止,并且不影响其他当事国享有条约上的权利或履行义务,也不涉及对有效实行该整个条约的目的和宗旨至关重要的规定。

二、条约的终止和暂停施行

(一)条约终止和暂停施行的原因

(1)条约本身的规定。
(2)条约当事方共同的同意。
(3)单方解约和退约。
(4)条约履行完毕。
(5)条约因被代替而终止。
(6)条约履行不可能。
(7)条约当事方丧失国际人格。
(8)断绝外交关系或领事关系。
(9)战争:战争使交战国之间缔结的政治性条约、商务条约终止,其他双边条约停止施行;但关于战争法方面的条约不终止。

(10)一方违约:条约当事国一方的违约必须是重大的,或者是一方非法单方终止条约,或者是违反了实现条约的目的和宗旨所必要的规定。

(11) 情势变迁：是指条约在缔结以后，发生了在缔结条约时不能预见的根本性变化的情况，则缔约国可以以此为理由终止或退出条约。《维也纳条约法公约》只是有条件地承认情势变迁：凡是所发生的基本变化不属于当事国缔结条约时所能预料到的，不能援引作为终止条约的理由，除非缔约时存在的情况构成当事国同意承受条约拘束的必要根据，以及情况改变的影响将根本改变依条约尚待履行的义务。另外，边界条约或情况的改变是由当事国违反义务所导致的，则不能援引情势变迁来终止条约。

(二) 条约终止和暂停施行的后果

(1) 解除各当事国继续履行条约的义务。

(2) 不影响各当事国在该条约终止前由于实施该条约所产生的任何权利、义务或法律情况。

(3) 在暂停施行期间，各当事国应避免足以阻挠条约恢复施行的行为。

第七章　国际争端的和平解决

第一节　国际争端与解决方法

一、国际争端的特点和类型

(一) 特点

(1) 主体主要是国家，涉及的利益或权利往往重大。

(2) 往往包括多种因素，情况复杂。

(3) 其解决受各种政治力量的制约和影响。

(二) 类型

(1) 政治性争端。

(2) 法律性争端。

(3) 事实性争端。

二、解决国际争端的传统方式

(一) 强制方法

(1) 武力：已被禁止。

(2) 平时封锁：和平时期一国的海军对另一国的海岸进行封锁，禁止有关船只的出入；现在只能由联合国安理会决定。

(3) 干涉：第三方擅自或片面介入其他国家间的争端，并强迫按照干涉国的方式解决争端。

(4) 反报：一国对于他国不礼貌、不友好或不公正但不违法的行为，采取相同或类似的行为予以回报。只要不违反国际法，反报是允许的。

【例】一国对于本国公民或侨民在他国受到的不公平或歧视性待遇进行反报。A 国提高 B 国工业品的进口税，B 国以拒绝 A 国农产品进口的方式进行反报。

(5) 报复：一国对另一国的国际不法行为所采取的相应的措施。报复的手段必须为国际法所许可，应符合必要和成比例原则以及其他国际法规则。

(二) 非强制方法

非强制方法是指在争端各方自愿的基础上，解决国际争端的方法，分为政治解决方法和法律解决方法。

三、和平解决国际争端的政治方法

政治方法,也称外交方法,指有关国家通过外交途径解决国际争端的方法。

（一）谈判与协商

（1）谈判与协商是争端当事国为了解决它们之间的争端而直接进行交涉的方式。

（2）谈判一般只限于在争端当事国之间进行,协商有时也可以邀请有关国家和中立国参加。

（3）谈判和协商可能达成协议,也可能破裂、延期或无限期进行。

（二）斡旋与调停

（1）斡旋与调停是指在争端当事国未能以谈判和协商解决争端的情况下由第三方提供协助以促使当事国进行谈判解决争端的方法。

（2）共同点：第三方提供协助以促使当事国解决争端,其提出的建议对争端当事国没有拘束力。

（3）不同点：斡旋只是第三方促使当事国进行谈判,提出建议或转达当事国的建议,但第三方一般不参与谈判;调停则是第三方直接参与谈判,向双方提出实质性的建议。

（三）调查与和解

调查与和解是当事国之间解决因事实不清而无法解决的争端的方法。

调查是指在涉及事实性问题的争端中,争端当事国订立特别协定组成调查委员会,并将有关事实真相的调查交由该委员会进行。调查报告无法律拘束力。

和解又称调解,是指将争端提交给一个由若干人组成的和解委员会（临时或常设）,委员会在查明事实真相以后提出解决争端的建议。该建议无法律拘束力。

四、国际组织解决国际争端的方式

最重要的解决争端的国际组织是联合国。除联合国国际法院外,解决争端的主要机构是联合国大会和联合国安理会。

联合国大会对于任何争端的情况,具有广泛的讨论的权利,并可以在除安理会正在处理的事项外,向会员国或安理会提出任何事项的建议。

联合国安理会对于争端的解决具有广泛的职能,对于维护国际和平与安全负有主要责任。

（1）可以对任何国际争端或可能引起争端的情况进行调查。

（2）对于足以危及国际和平与安全的争端,可以在争端的任何阶段,就任何的争端解决程序或方法提出建议。该建议无法律拘束力,但可产生道义上的政治影响。

（3）对于发展到破坏和平的严重情况,可作出维持和恢复和平的决议。该决议对于联合国会员国具有法律拘束力。

联合国秘书长可以对于危及国际和平与安全的任何事项提请安理会注意和经安理会同意向大会报告。

第二节 国际争端的法律解决方法

一、仲裁

常设仲裁法院于1900年在海牙成立。由国际事务局、常设行政理事会两个机构和一份"仲裁员名单"组成。国际事务局是常设仲裁法院的书记处,负责联系工作、保管档案及处理行政事务工作。常设行政理事会由各缔约国驻荷兰的外交代表和荷兰的外交大臣组成,由荷兰的外交大臣担任主席。

二、法院

（一）联合国国际法院

1946年根据作为《联合国宪章》一部

分的《国际法院规约》成立。是当今国际社会最重要的国际司法机构。

1. 组成

(1)由15名法官组成,其中不得有2人为同一国家的国民。法官不代表任何国家,不受本国政府制约,也不受任何联合国机构的制约。法官候选人由本国政府提名,大会与安理会分别独立选举,候选人只有同时在这两个机关中获得绝对多数票才能当选。法官是专职的,不得担任任何政治或行政职务或从事任何职业性的活动。法官在执行职务时享有外交特权与豁免。法官任期9年,每年改选5名,可以连选连任。

(2)专案法官。国际法院审理案件不适用回避制度,但若法官在就任前曾参与过案件,则不得再参与审理该案。在法院受理的案件中,如果一方或双方当事国在法院没有本国国籍的法官,则有权选派一人作为"专案法官"参加该案的审理。专案法官在审理案件时享有与正式法官一样的权利。

(3)书记处。

2. 诉讼管辖权

(1)对人管辖。国际法院的诉讼当事国有且只有三种:

①诉讼当事国是联合国会员国;

②非联合国会员国的《国际法院规约》的当事国;

③根据安理会决定的条件,预先向国际法院书记处提交一份声明,表示愿意接受国际法院管辖、保证执行法院判决并履行相关义务的国家。

(2)对事管辖。国际法院管辖的案件有三种:

①自愿管辖:争端当事国签订特别协定,将争端提交给国际法院,法院根据当事国的同意从而拥有管辖权。

②协定管辖:在现行条约或协定中设立专门条款,或订立专门协定,规定各方同意将有关的争端提交给国际法院管辖。

③任择性强制管辖:《国际法院规约》的当事国可声明某些法律争端对于接受同样义务的任何其他国家,承认国际法院的强制管辖权,而无须另订立特别协议。我国未作声明接受国际法院的任择性强制管辖。

3. 国际法院的咨询管辖权

联合国大会、安全理事会、经济和社会理事会、托管理事会、要求复核行政法庭判决的申请委员会以及经授权的联合国专门机构,可以就其工作中遇到的法律问题请求国际法院发表咨询意见。该咨询意见无法律拘束力。

4. 国际法院的程序

(1)起诉:以请求书起诉;以特别协定起诉。

(2)书面程序和口头程序:法庭辩论终结后,由法官秘密进行评议,作出判决;判决应开庭宣读。

(3)附带程序:临时保全;初步反对主张;参加或共同诉讼;中止诉讼。

5. 国际法院的判决

具有终局性,不得上诉。当事国如不服判决,可向法院请求解释和申请复核,法院应以判决的形式作出决定。如遇一方当事国不执行判决,他方可以向安理会申诉,安理会可以作出建议或决定采取措施执行。

(二)国际海洋法法庭

根据《海洋法公约》设立,是海洋活动领域的全球性国际司法机构。不排除国际法院对海洋活动争端的管辖权。

与国际法院相比,其特点在于:

(1)将自然人和法人作为诉讼的当事方。

(2)自然人、法人作为当事方有两条限制:

①当事方须"用尽当地救济"。

②自然人和法人的担保国或国籍国应参加司法程序。

(3)只有争端各方都选择了法庭程序,法庭才有管辖权。

第八章 战争与武装冲突法

第一节 战争与战争法

一、国际法上战争的概念

国际法上的战争指两个或两个以上的国家,使用武力引起的敌对或武装冲突,及由此引起的法律状态。

二、战争与武装冲突法体系

战争与武装冲突法体系包括:

(1)关于战争的开始和结束,交战国之间、交战国与中立国和其他非交战国之间法律关系的原则、规则和制度。

(2)战争法规,即关于作战方法和手段的限制和保护平民、战斗员和战争受难者的人道主义法规。

(3)关于对战犯的惩治等的原则、规则及制度。

第二节 战争状态与战时中立

一、战争的开始

(一)战争开始的标志

战争开始的标志为存在"交战意思"。

(二)战争开始的法律后果

1. 外交和领事关系自动断绝

2. 条约关系发生变化

(1)仅以交战国为当事国的条约:

①凡以维持共同政治行动或友好关系为前提的条约立即废止;

②一般的政治和经济类条约,除条约另有规定外,也停止效力;战后其效力如何,一般由缔约国在条约中明确;

③关于规定缔约国之间固定或永久状态的条约,一般应继续有效。

(2)交战国与非交战国为当事国的多边条约:

①普遍性的多边条约或有关卫生、医药的条约不因战争开始而终止,但是其中与交战行为相冲突的条款,可以停止执行,待到战争结束后恢复效力;

②有的条约明文规定战时停止效力,如1944年《芝加哥国际民用航空公约》规定,该公约战时停止效力。

(3)规定战争的条约:于战争开始后当然有效,当事国应该严格遵守。

3. 经贸往来的禁止

4. 对敌产和敌国公民的影响

(1)对敌产的影响:

①本国境内:公产可没收(使领馆财产档案等除外),私产可限制不可没收。

②占领区:公产可征用或使用,军事性的不动产可破坏;可军用的私产可征用,其他的不得干涉和没收。

(2)对敌国公民的影响:交战国对其境内的敌国公民可实行各种限制,如进行敌侨登记、强制集中居住等,但应尽可能地减免对敌国公民人身、财产和尊严上的限制和强制。

二、战争的结束

战争的结束一般分为两步:停止敌对行动和结束战争状态。

(一)敌对行动的停止

(1)停战:根据交战国双方签订协议停止军事行动。

(2)无条件投降。

(3)停火与休战。

(二)战争状态的结束

战争状态的结束主要通过三种方式:缔结和平条约、单方宣布结束战争和发表联合声明。

(三)战争结束的法律后果

战争结束的法律后果为交战两国恢复为正常的和平国际关系。

三、战时中立

(一)战时中立的概念

战时中立是指国家在交战国之间保持一种不偏不倚的法律地位。

(二)中立国的权利和义务

1.中立国的权利

(1)中立国的领土主权应得到交战国的尊重。

(2)中立国人员的权益应得到保护。

(3)中立国有权与交战国的任何一方保持正常的外交和商务关系。

2.中立国的义务

(1)不作为义务:中立国不得直接或间接地向任何交战国提供军事支持或帮助。

(2)防止义务:中立国有义务采取一切可能的措施,防止交战国在其领土或其管辖范围内的区域从事战争,或利用其资源准备从事战争、敌对行动以及与战争相关的行动。

(3)容忍义务:中立国须容忍交战国根据战争法对其国家和人民采取的有关措施。

第三节 对作战手段的限制和对战时平民及战争受难者的保护

一、对作战手段和方法的限制

(一)基本原则

(1)"条约无规定"不解除当事国尊重战争法的义务。

(2)"军事必要"不解除当事国尊重战争法的义务。

(3)区分对象原则:区分平民和武装部队,战斗员和非战斗员,战斗员和战争受难者。

(4)限制作战手段和方法原则。

(二)主要内容

(1)禁止具有过分伤害力和滥杀滥伤作用的武器的使用。

【例】极度残酷的武器,有毒、化学、生物武器,核武器,地雷和武器贸易。

(2)禁止不分皂白的战争手段和作战方法。

(3)禁止改变环境的作战手段和作战方法。

(4)禁止背信弃义的战争手段和作战方法。

(5)海战和空战中的某些特别规则。

二、对战时平民和战争受难者的保护

(一)法律规则的特点

对战时平民和战争受难者的保护主要在1949年的《日内瓦四公约》和1977年关于《日内瓦四公约》的两个《附加议定书》中规定。其主要特点是:

①不仅适用于国际法传统意义上的战争,而且适用于任何其他武装冲突,即便其中一方不承认有战争状态;

②不仅对发生在缔约国之间的战争或武装冲突中的缔约国具有拘束力,而且对发生在交战国中存在非缔约国的情况下的缔约国也有拘束力;

③在一定条件下可以对非缔约国适用。

(二)主要内容

1. 战时平民的保护

(1)对本国领土内的敌国侨民,一般应允许其离境,对继续居留者应予以人道待遇,非绝对必要不得加以拘禁。

(2)对占领区内居民,不得强迫其反对其本国,对他们的生命财产、家族荣誉及权利和宗教信仰应予尊重,不得没收私有财产,禁止掠夺和施以集体惩罚等。

(3)对占领地平民的利益在任何情况下不能以任何方式加以剥夺。

(4)禁止把占领地的平民个别或集体拘捕。

(5)不仅对属于私人的财产,而且对属于集体和国家的财产也不能破坏。

2. 伤病员待遇

(1)凡交战的战斗员及其他正式随军服务的人员受伤或生病时,应予收容,应不分国籍、性别、种族、宗教和政治主张一律予以尊重、保护并治疗。

(2)凡交战国不得已而委弃伤病者于敌军时,应在军事紧急局势许可的情况下,将本军救护人员及卫生用具的一部分留为该伤病者救护之用。

(3)每次交锋后,占领战场的一方应设法寻觅伤者、死者,并防止抢掠和虐待。对于死者应办理登记,并应互送其登记文件。

(4)所有在战场上或尸体上寻获的个人用品,交战国均应收存并互相送还。

(5)对从事救护、医疗的人员与机构,都应保护,不要攻击(除非进行军事行动)。

3. 战俘待遇

(1)战俘必须受到合乎人道的待遇和保护,不受虐待,不受侮辱,拘留国不得以强迫手段向战俘索取情报,不得对其实施报复,必须尊重其人格和荣誉。

(2)战俘的自用物品,仍归他个人所有。

(3)战俘只能拘禁,除执行刑事和纪律制裁外,不得监禁。

(4)基本生活条件的保障。战俘应获得应有的饮食、衣服、住宿及医药照顾等,除考虑到军职等级、性别、健康状况、年龄与职业资格外,所有战俘应享受同样待遇,不得因种族、国籍、宗教信仰不同而加以歧视。

(5)应准许战俘与家属通信,并准许其收寄邮件包裹。

(6)战争停止后,战俘应即遣返,不得迟延。

第四节 战争犯罪

一、战争犯罪的概念

(一)概念

传统国际法中的战争犯罪仅指战争罪,即交战国违反战争法规或惯例的行为。

现代国际法上的战争罪行还明确承认了两种其他罪行:破坏和平罪和违反人道罪。

(二)对于战争犯罪的审判和惩罚的实现

纽伦堡审判和东京审判开创了追究个人战争刑事责任实践,确立和证实了一系列的有关战争责任、战争犯罪和惩罚的国际法原则:个人责任的承担;不违反国内法不能作为免责的理由;被告的官职地位不能成为免责的理由;政府或上级的命令不能成为免责的理由;被控告的人有权得到公平的审判;参与上述罪行的共谋是违反国际法的罪行。

纽伦堡之后发展的新原则:对战争罪行和危害人类罪不适用法定时效原则;战

争罪犯不得庇护原则；国际合作原则。

（三）纽伦堡原则

纽伦堡原则是纽伦堡审判和东京审判相关的一系列文件和审判实践所确立和形成的关于追究战争责任和惩治战争犯罪的原则，它构成了现代国际法中有关战争犯罪和惩罚规则框架的基础。

（四）战争犯罪的罪名

根据《欧洲国际军事法庭宪章》和《远东国际军事法庭宪章》的规定，战争犯罪包括危害和平罪、战争罪和违反人道罪。

二、惩罚战争犯罪的主要国际司法实践

（一）纽伦堡审判和东京审判

纽伦堡审判和东京审判开创了对战争犯罪通过国际司法机构进行追究的先例，其所确立的有关原则对以后的战争法乃至整个国际法的发展产生了深远的影响。

（二）联合国前南国际法庭和联合国卢旺达国际法庭

（1）联合国前南国际法庭是安理会设立的一个具有司法性质的附属机构，是安理会根据联合国宪章为处理前南斯拉夫境内发生的大规模侵犯人权的问题而采取的一项强制性执行措施。

（2）联合国卢旺达国际法庭的性质与前南国际法庭的性质相同。

（三）国际刑事法院

（1）国际刑事法院于2002年7月根据《国际刑事法院罗马规约》成立，是一个常设的国际刑事司法机构，所在地为荷兰海牙。

（2）中国尚未成为该规约缔约国。

（3）管辖范围限于灭绝种族罪、战争罪、危害人类罪、侵略罪等几大类。

（4）符合下列条件之一，可以行使管辖权：

①所涉的一方或多方是缔约国；

②被告人是缔约国国民；

③犯罪是在缔约国境内实施的；

④一个国家虽然不是该规约缔约国，但决定接受国际刑事法院对在其境内实施的或由其国民实施的一项具体犯罪的管辖权。

第六编　司法制度和法律职业道德

【寄语】

司法制度为基本的国家法律制度，是社会公平正义的重要保障，对我国的法治建设具有重要的意义。法律职业道德为社会道德在法律职业领域中的具体体现和升华。法律职业道德对于维护法律职业声誉、发挥法律功能和提高全社会的道德水平具有积极意义。法律人应当提高道德认识、确立道德信念、陶冶道德情感、锻炼道德意志、养成道德习惯。

高其才

2019年2月

第一章　司法制度和法律职业道德概述

第一节　司法和司法制度的概念

一、司法的概念和特征

司法是指国家司法机关根据法定职权和法定程序，具体应用法律处理案件的专门活动。

司法以解决社会冲突为己任。在近代资产阶级国家建立以后，按照立法权、行政权、司法权三权分立的宪政原则，以根据法律解决纠纷为主要内容的司法权成为独立的国家权力。

我国古代实行君主专制主义中央集权制，行政与司法不分，诉讼审判制度体现专制主义特点。晚清修律后，司法从属于行政的情况有了改变。中华人民共和国成立后，按照我国宪法和法律的规定，人民代表大会是人民行使国家权力的机关，国家行政机关、审判机关和检察机关都由人民代表大会产生，对它负责，受它监督；人民法院是国家的审判机关，行使审判权；人民检察院是国家的法律监督机关，行使检察权，它们共同构成我国的司法机关。

司法具有独立性、被动性、交涉性、程序性、普遍性和终极性的特点。

二、司法的功能

司法是实施法律的一种方式，是一种判断性的活动，对于实现法律目的、发挥法律作用、保障法律权威、维持社会秩序具有重要意义。司法是运用法解决个案纠纷，将法适用于具体案件的过程。司法既是使书本上的法落实转化为具体的行动中的法律的过程；同时也是一个对法进行宣示，使民众形成具体的法认知的过程。司法所担负的功能除了将社会纠纷消解在法程序之中外，还承担着适用法、发展法的社会职能，对公民权利的保障具有重要意义。

一般认为，司法具有解决纠纷的直接功能以及保障人权、调整社会关系、解释和补充法律、形成公共政策、维持秩序和支持文化等间接功能。

三、司法制度

从我国法律实践具体考量，对司法制

度宜作较广泛的理解,包括审判制度、检察制度、律师制度、公证制度等。司法制度是关于司法功能、司法机构、司法组织、司法程序和司法机制等方面规范的总称。

中国特色社会主义司法制度是高效的法治实施体系的有机组成部分,它不仅包括一系列独具中国特色的司法规范、司法组织、司法机构、司法程序、司法机制、司法制度和司法人力资源体系,而且包括独具中国特色的司法理念、司法理论、司法政策、司法文化和司法保障等丰富内容。中国特色社会主义司法制度主要由司法规范体系、司法组织体系、司法制度体系、司法人员管理体系等四个方面的体系构成。

四、司法公正

公正是人们所追求的崇高理想、价值和目标,也是法治的灵魂和核心。而司法公正是法律精神的内在要求,是法治的组成部分和基本内容,是民众对法治的必然要求。

中国古代社会强调司法官吏严格执法、大臣经义决狱、皇帝屈法伸情以实现司法公正。

司法公正相应的包括实体公正和程序公正。实体公正实为司法者根据实体一般公正的要求,通过在诉讼程序中行使自由裁量权而达到公正的裁判结果。法官中立、当事人平等地参与和主体性地位、程序公开以及对法官裁判的尊重,共同构成了英美法上程序公正的因素。程序公正与实体公正尽管存在着某些一致之处,但它们在不少场合也存在着矛盾和冲突,需要进行协调。

《中共中央关于全面推进依法治国若干重大问题的决定》指出,公正是法治的生命线。司法公正对社会公正具有重要引领作用。一般认为,司法公正具体体现在司法活动的合法性、司法人员的中立性、司法活动的公开性、当事人地位的平等性、司法程序的参与性、司法结果的正确性和司法人员的廉洁性等方面。

五、司法效率

司法效率强调的是司法机关在司法活动中,在正确、合法的前提下,要提高办案效率,不拖延积压案件,及时审理和结案,合理利用和节约司法资源。司法效率大致包括司法的时间效率、司法的资源利用效率和司法活动的成本效率三个方面。司法效率与制度安排密不可分,与主体能力有直接关系,也受司法环境制约。

我们需要认真理解和处理司法公正与司法效率的关系。在司法过程中,宜坚持"公正优先,兼顾效率"的原则。

六、审判独立与检察独立

审判独立与检察独立是现代法治国家普遍承认的一项基本法律准则。

我国宪法和法律明确规定了审判独立与检察独立。《中共中央关于全面推进依法治国若干重大问题的决定》从完善制度入手,提出了具体的改革措施:①建立各级党政机关和领导干部支持法院、检察院依法独立公正行使职权的制度机制。②健全维护司法权威的法律制度。③建立健全司法人员履行法定职责保护机制。

七、司法改革

1. 司法改革的意义

深化司法体制改革,完善和发展中国特色社会主义司法制度,关系到依法治国基本方略的全面正确实施,关系到党和国家长治久安。不断改革和完善中国特色社会主义司法制度,是建设公正高效权威的社会主义司法制度的基本途径。

2. 司法改革的目标和任务

2013年11月12日中国共产党第十八届中央委员会第三次全体会议通过了《中

共中央关于全面深化改革若干重大问题的决定》，进一步明确了深化司法体制改革的目标是"深化司法体制改革，加快建设公正高效权威的社会主义司法制度，维护人民权益，让人民群众在每一个司法案件中都感受到公平正义"。该决定明确规定了司法体制改革的三大任务：确保依法独立公正行使审判权检察权、健全司法权力运行机制和完善人权司法保障制度。

3.司法改革的措施

《中共中央关于全面推进依法治国若干重大问题的决定》提出了优化司法职权配置、完善司法管辖体制、完善司法权力运行机制、加强对司法活动的监督、完善法律职业准入制度等一系列完善司法管理体制和司法权力运行机制的重大改革措施。

八、司法考试（国家统一法律职业资格考试）

建立司法考试制度，实施国家统一考试，选拔优秀人才成为法律共同体的成员，这是大多数国家的通行做法。

根据《中共中央关于全面推进依法治国若干重大问题的决定》，2015年9月30日，中共中央办公厅、国务院办公厅印发了《关于完善国家统一法律职业资格制度的意见》，将司法考试制度改革为国家统一法律职业资格考试制度。因此，我国的国家统一法律职业资格考试制度经历了由无到有、由律师资格考试到国家司法考试再改革为国家统一法律职业资格考试的发展过程。

第二节 法律职业道德的概念和特征

一、法律职业的概念

法律职业是以法官、检察官、律师和法学家等为核心的人员所组成的特殊的社会群体，他们受过专门的法学教育、具有较高的法律知识水准、掌握法律职业技能、具有法律职业伦理。

随着法制建设的不断推进，我国法律职业的职业化、专业化程度在不断增强，法律职业人员的素质正逐渐提高。越来越多高素质的优秀人才经过考试成为法律职业人员，为实现司法公正、建设法治国家和法治社会奠定了良好的人才基础。

二、法律职业的特征

法律职业具有区别于其他职业的特征。一般认为，法律职业具有政治性、法律性和行业性等特征。同时，需要注意到法律职业的专业属性。

三、法律职业道德的概念和特征

法律职业道德是指法官、检察官、律师和公证员等法律职业人员在进行法律职业活动过程中，所应遵循的符合法律职业要求的心理意识、行为准则和行为规范的总和。法律职业道德具有职业性、实践性、正式性和更高性等特征。

第三节 法律职业道德的基本原则

法律职业道德的基本原则是指作为法律职业道德规范基础或本源的根本准则。为践行公民基本道德规范，根据有关法律、法规和规范性文件，规范我国法律职业人员的职业行为，我国法律职业道德的基本原则主要包括：忠于党，忠于国家，忠于人民，忠于法律；以事实为根据，以法律为准绳；严明纪律，保守秘密；互相尊重，相互配合；恪尽职守，勤勉尽责；清正廉洁，遵纪守法。

第二章　审判制度与法官职业道德

第一节　审判制度概述

一、审判制度的概念和特征

审判制度是指国家审判机关运用法律,处理诉讼案件和非诉事件的制度,包括审判机关的性质、任务、职权、组织体系、活动原则和工作制度,审判组织、审级制度、审判方式等方面的法律规范。从主体角度认识,审判制度也可称为法院制度。

我国审判制度具有政治性和人民性、统一性和单一性、民族性和特殊性等特征。

二、审判制度的基本原则与主要审判制度

我国的《人民法院组织法》《刑事诉讼法》《民事诉讼法》和《行政诉讼法》等法律规定了在刑事审判、民事审判和行政审判中都需要遵循的主要审判制度和基本原则。审判制度的基本原则包括司法公正原则、审判独立原则、司法公开原则、不告不理原则、直接言词原则、及时审判原则和保护人权原则等。主要审判制度包括两审终审制度、审判公开制度、人民陪审员制度和审判监督制度等。

第二节　审判机关

我国的审判机关为人民法院。我国《宪法》《人民法院组织法》及《刑事诉讼法》《民事诉讼法》《行政诉讼法》等规定了人民法院的性质和任务、设置和职权、业务机构以及审判组织等内容。

一、人民法院的性质和任务

人民法院是国家的审判机关,行使审判权。人民法院承担刑事审判、民事审判、行政审判、国家赔偿审判、强制执行、法制教育等六项任务。

二、人民法院的设置和职权

我国人民法院由最高人民法院、地方各级人民法院、专门人民法院组成。其中,地方各级人民法院分为高级人民法院、中级人民法院和基层人民法院,专门人民法院包括军事法院、海事法院、知识产权法院及金融法院等。基层人民法院还设置了派出法庭。人民法院依法行使职权。最高人民法院可以设巡回法庭。

三、人民法院的业务机构

我国各级人民法院分别设置立案、刑事审判、民事审判、行政审判、国家赔偿、审判监督、执行等业务机构,部分中、基层人民法院还根据当地审判工作需要设立了少年审判、劳动争议、环境保护等专门审判业务机构。

四、审判组织

根据《人民法院组织法》和《刑事诉讼法》《民事诉讼法》《行政诉讼法》的规定,人民法院的审判组织有独任庭、合议庭和审判委员会三种。《人民法院组织法》对审判委员会的组成、职能、议事规则、启动程序、决定效力、责任承担及公开机制等进行了具体规定。

第三节 法官

根据《法官法》的规定,法官是依法行使国家审判权的审判人员,包括最高人民法院、地方各级人民法院和军事法院等专门人民法院的院长、副院长、审判委员会委员、庭长、副庭长、审判长和助理审判员。

一、法官的条件和任免

担任法官必须具备的条件大致包括一般条件、禁止条件、限制条件三个方面。

担任法官必须具备的一般条件包括学识、学历、年龄等方面。我国《法官法》第12条第1款规定了担任法官必须具备的条件:①具有中华人民共和国国籍;②拥护中华人民共和国宪法,拥护中国共产党领导和社会主义制度;③具有良好的政治、业务素质和道德品行;④具有正常履行职责的身体条件;⑤具备普通高等学校法学类本科学历并获得学士及以上学位;或者普通高等学校非法学类本科及以上学历并获得法律硕士、法学硕士及以上学位;或者普通高等学校非法学类本科及以上学历,获得其他相应学位,并具有法律专业知识;⑥从事法律工作满5年。其中获得法律硕士、法学硕士学位,或者获得法学博士学位的,从事法律工作的年限可以分别放宽至4年、3年;⑦初任法官应当通过国家统一法律职业资格考试取得法律职业资格。适用上述第⑤项规定的学历条件确有困难的地方,经最高人民法院审核确定,在一定期限内,可以将担任法官的学历条件放宽为高等学校本科毕业。

在担任法官的禁止条件方面,因犯罪受过刑事处罚的人员、被开除公职的人员、被吊销律师、公证员执业证书或者被仲裁委员会除名的人员、有法律规定的其他情形的人员,不得担任法官。

关于法官的限制条件,法官不得兼任人民代表大会常务委员会的组成人员,不得兼任行政机关、监察机关、检察机关的职务,不得兼任企业或者其他营利性组织、事业单位的职务,不得兼任律师、仲裁员和公证员。

关于法官职务的任免,依照宪法和法律规定的任免权限和程序办理。

《人民法院组织法》规定法官实行员额制。法官员额根据案件数量、经济社会发展情况、人口数量和人民法院审级等因素确定。最高人民法院法官员额由最高人民法院商有关部门确定。地方各级人民法院法官员额,在省、自治区、直辖市内实行总量控制、动态管理。

初任法官采用考试、考核的办法,按照德才兼备的标准,从具备法官条件的人员中择优提出人选。人民法院的院长应当具有法学专业知识和法律职业经历。副院长、审判委员会委员应当从法官、检察官或者其他具备法官条件的人员中产生。人民法院可以根据审判工作需要,从律师或者法学教学、研究人员等从事法律职业的人员中公开选拔法官。除应当具备法官任职条件外,参加公开选拔的律师应当实际执业不少于5年,执业经验丰富,从业声誉良好;参加公开选拔的法学教学、研究人员应当具有中级以上职称,从事教学、研究工作5年以上,有突出研究能力和相应研究成果。

初任法官一般到基层人民法院任职。上级人民法院法官一般逐级遴选;最高人民法院和高级人民法院法官可以从下两级人民法院遴选。参加上级人民法院遴选的法官应当在下级人民法院担任法官一定年限,并具有遴选职位相关工作经历。

法官有下列情形之一的,应当依法提请免除其法官职务:①丧失中华人民共和国国籍的;②调出所任职人民法院的;③职务变动不需要保留法官职务的,或者本人申请免除法官职务经批准的;④经考核不能胜任法官职务的;⑤因健康原因长期不能履行职务的;⑥退休的;⑦辞职或者依法应当予以辞退的;⑧因违纪违法不宜继续任职的。

关于法官任职回避制,法官之间有夫妻关系、直系血亲关系、三代以内旁系血亲以及近姻亲关系的,不得同时担任下列职务:①同一人民法院的院长、副院长、审判委员会委员、庭长、副庭长;②同一人民法院的院长、副院长和审判员;③同一审判庭的庭长、副庭长、审判员;④上下相邻两级人民法院的院长、副院长。

法官的配偶、父母、子女有下列情形之一的,法官应当实行任职回避:①担任该法官所任职人民法院辖区内律师事务所的合伙人或者设立人的;②在该法官所任职人民法院辖区内以律师身份担任诉讼代理人、辩护人,或者为诉讼案件当事人提供其他有偿法律服务的。

二、法官的权利和义务

1. 法官的职责

法官有如下职责:①依法参加合议庭审判或者独任审判刑事、民事、行政诉讼以及国家赔偿等案件;②依法办理引渡、司法协助等案件;③法律规定的其他职责。法官在职权范围内对所办理的案件负责。

人民法院院长、副院长、审判委员会委员、庭长、副庭长除履行审判职责外,还应当履行与其职务相适应的职责。

2. 法官的权利

法官享有下列权利:①履行法官职责应当具有的职权和工作条件;②非因法定事由、非经法定程序,不被调离、免职、降职、辞退或者处分;③履行法官职责应当享有的职业保障和福利待遇;④人身、财产和住所安全受法律保护;⑤提出申诉或者控告;⑥法律规定的其他权利。

法官因工作需要,经单位选派或者批准,可以在高等学校、科研院所的协助下开展实践性教学、研究工作,并遵守国家有关规定。

为保障法官权利的享有,《法官法》还规定了申诉、控告等权利保障机制。

总体而言,对法官履行职责提供的法律保护包括以下六个方面:①人民法院设立法官权益保障委员会,维护法官合法权益,保障法官依法履行职责。②除下列情形外,不得将法官调离审判岗位:按规定需要任职回避的;按规定实行任职交流的;因机构调整、撤销、合并或者缩减编制员额需要调整工作的;因违纪违法不适合在审判岗位工作的;法律规定的其他情形。③任何单位或者个人不得要求法官从事超出法定职责范围的事务。对任何干涉法官办理案件的行为,法官有权拒绝并予以全面如实记录和报告;有违纪违法情形的,由有关机关根据情节轻重追究有关责任人员、行为人的责任。④法官的职业尊严和人身安全受法律保护。任何单位和个人不得对法官及其近亲属打击报复。对法官及其近亲属实施报复陷害、侮辱诽谤、暴力侵害、威胁恐吓、滋事骚扰等违法犯罪行为的,应当依法从严惩治。⑤法官因依法履行职责遭受不实举报、诬告陷害、侮辱诽谤,致使名誉受到损害的,人民法院应当会同有关部门及时澄清事实,消除不良影响,并依法追究相关单位或者个人的责任。⑥法官因依法履行职责,本人及其近亲属人身安全面临危险的,人民法院、公安机关应当对法官及其近亲属采取人身保护、禁止特定人员接触等必要保护措施。

《人民法院组织法》还规定人民法院的法官助理在法官指导下负责审查案件材料、草拟法律文书等审判辅助事务。符合法官任职条件的法官助理,经遴选后可以按照法官任免程序任命为法官。人民法院应当加强法官助理队伍建设,为法官遴选储备人才。

3. 法官的义务

法官应当履行下列义务:①严格遵守宪法和法律;②秉公办案,不得徇私枉法;③依法保障当事人和其他诉讼参与人的诉讼权利;④维护国家利益、社会公共利益,维护个人和组织的合法权益;⑤保守国家秘密和审判工作秘密,对履行职责中知悉的商业秘密和个人隐私予以保密;⑥依法接受法律监督和人民群众监督;⑦通过依法办理案件以案释法,增强全民法治观念,推进法治社会建设;⑧法律规定的其他义务。

三、法官的考核和培训

对法官的考核和培训是法官制度的重要内容。人民法院设立法官考评委员会,负责对本院法官的考核工作。法官考评委员会的组成人员为5~9人。法官考评委员会主任由本院院长担任。对法官的考核,应当全面、客观、公正,实行平时考核和年度考核相结合。对法官的考核内容包括:审判工作实绩、职业道德、专业水平、工作能力、审判作风。重点考核审判工作实绩。年度考核结果分为优秀、称职、基本称职和不称职四个等次。考核结果作为调整法官等级、工资以及法官奖惩、免职、降职、辞退的依据。考核结果以书面形式通知法官本人。法官对考核结果如果有异议,可以申请复核。

法官的培训类型包括任职培训、提职培训、专题培训等。初任法官实行统一职前培训制度。对法官应当有计划地进行政治、理论和业务培训。法官的培训应当理论联系实际、按需施教、讲求实效。法官培训情况,作为法官任职、等级晋升的依据之一。法官培训机构按照有关规定承担培训法官的任务。

四、法官的等级

法官的等级是表明法官级别、身份的称号。法官实行单独职务序列管理。法官等级分为十二级,依次为首席大法官、一级大法官、二级大法官、一级高级法官、二级高级法官、三级高级法官、四级高级法官、一级法官、二级法官、三级法官、四级法官、五级法官。最高人民法院院长为首席大法官。

法官等级的确定,以法官德才表现、业务水平、审判工作实绩和工作年限等为依据。法官等级晋升采取按期晋升和择优选升相结合的方式,特别优秀或者工作特殊需要的一线办案岗位法官可以特别选升。法官的等级设置、确定和晋升的具体办法,由国家另行规定。

五、法官的奖励和惩戒

1. 法官的奖励

法官在审判工作中有显著成绩和贡献的,或者有其他突出事迹的,应当给予奖励。法官有下列表现之一的,应当给予奖励:①公正司法,成绩显著的;②总结审判实践经验成果突出,对审判工作有指导作用的;③在办理重大案件、处理突发事件和承担专项重要工作中,做出显著成绩和贡献的;④对审判工作提出改革建议被采纳,效果显著的;⑤提出司法建议被采纳或者开展法治宣传、指导调解组织调解各类纠纷,效果显著的;⑥有其他功绩的。

对法官的奖励,法律规定实行精神鼓励和物质鼓励相结合的原则。奖励一般分为集体奖励和个人奖励。

2. 法官的惩戒

法官有下列行为之一的,应当给予处分;构成犯罪的,依法追究刑事责任:①贪污受贿、徇私舞弊、枉法裁判的;②隐瞒、伪造、变造、故意损毁证据、案件材料的;③泄露国家秘密、审判工作秘密、商业秘密或者个人隐私的;④故意违反法律法规办理案件的;⑤因重大过失导致裁判结果错误并造成严重后果的;⑥拖延办案,贻误工作的;⑦利用职权为自己或者他人谋取私利的;⑧接受当事人及其代理人利益输送,或者违反有关规定会见当事人及其代理人的;⑨违反有关规定从事或者参与营利性活动,在企业或者其他营利性组织中兼任职务的;⑩有其他违纪违法行为的。

法官涉嫌违纪违法,已经被立案调查、侦查,不宜继续履行职责的,按照管理权限和规定的程序暂时停止其履行职务。

最高人民法院和省、自治区、直辖市设立法官惩戒委员会,负责从专业角度审查认定法官是否存在《法官法》第46条第(四)项、第(五)项规定的违反审判职责的行为,提出构成故意违反职责、存在重大过失、存在一般过失或者没有违反职责等审查意见。法官惩戒委员会提出审查意见后,人民法院依照有关规定作出是否予以惩戒的决定,并给予相应处理。

法官惩戒委员会由法官代表、其他从事法律职业的人员和有关方面代表组成,其中法官代表不少于半数。最高人民法院法官惩戒委员会、省级法官惩戒委员会的日常工作,由相关人民法院的内设职能部门承担。法官惩戒委员会审议惩戒事项时,当事法官有权申请有关人员回避,有权进行陈述、举证、辩解。法官惩戒委员会作出的审查意见应当送达当事法官。当事法官对审查意见有异议的,可以向惩戒委员会提出,惩戒委员会应当对异议及其理由进行审查,作出决定。

六、法官的辞职和辞退

法官的辞职是指根据法官本人辞职的申请,经任免机关批准,辞去所担任的职务。法官的辞职有两种类型:一是指辞去在本单位担任的领导职务,如各级人民法院的院长、副院长、审判委员会委员、庭长、副庭长等;二是指辞去公职,不再担任人民法院的法官。法官申请辞职,应当由本人书面提出,经批准后,依照法律规定的程序免除其职务。

辞退法官应当依照法律规定的程序免除其职务。辞退法官应当按照管理权限决定。辞退决定应当以书面形式通知被辞退的法官,并列明作出决定的理由和依据。

法官从人民法院离任后两年内,不得以律师身份担任诉讼代理人或者辩护人。法官从人民法院离任后,不得担任原任职法院办理案件的诉讼代理人或者辩护人,但是作为当事人的监护人或者近亲属代理诉讼或者进行辩护的除外。法官被开除后,不得担任诉讼代理人或者辩护人,但是作为当事人的监护人或者近亲属代理诉讼或者进行辩护的除外。

七、法官的保障和退休

对法官的保障主要为职业保障、工资保险福利保障、人身和财产保障等。

(1)职业保障。法官履行职责应当具有的职权和条件;法官依法审判案件不受行政机关、社会团体和个人的干涉;非因法定程序、法定事由,不被免职、降职、辞退或者处分等。

(2)人身和财产保障。法官依法履行职责,受法律保护;法官的人身、财产和住所安全受法律保护。

(3)工资保险福利保障。根据审判工作特点,国家规定了法官的工资制度和工资标准。法官享受国家规定的津贴、补贴、奖金、保险和福利待遇。法官实行定期增资制度。

(4)法官因公致残的,享受国家规定的伤残待遇。法官因公牺牲、因公死亡或者病故的,其亲属享受国家规定的抚恤和优待。

(5) 对于国家机关及其工作人员侵犯《法官法》第 11 条规定的法官权利的行为,法官有权提出控告。对法官处分或者人事处理错误的,应当及时予以纠正;造成名誉损害的,应当恢复名誉、消除影响、赔礼道歉;造成经济损失的,应当赔偿。对打击报复的直接责任人员,应当依法追究其责任。

同时,国家根据审判工作特点规定法官的退休制度。法官退休后享受国家规定的养老保险金和其他待遇。

第四节 法官职业道德

一、法官职业道德的概念和特征

法官职业道德是指法官在履行其职责活动中应当具备的与法官职业的职能、性质相适应的基本素质和应当遵循的行为准则、行为规范。

法官职业道德具有主体的特定性、内容的全面性、约束的广泛性等特征。

二、法官职业道德的依据

法官职业道德的依据是 1995 年 2 月 28 日第八届全国人民代表大会常务委员会第十二次会议通过、2001 年 6 月 30 日修正、2017 年 9 月 1 日第二次修正、2019 年 4 月 23 日修订的《法官法》和最高人民法院于 2001 年 10 月 18 日发布、2010 年 12 月 6 日修订后重新发布的《中华人民共和国法官职业道德基本准则》。

三、法官职业道德的主要内容

按照我国《法官法》和《中华人民共和国法官职业道德基本准则》的规定,法官职业道德的主要内容包括忠诚司法事业、保证司法公正、确保司法廉洁、坚持司法为民和维护司法形象。

1. 忠诚司法事业

法官应当牢固树立社会主义法治理念,忠于党、忠于国家、忠于人民、忠于法律,做中国特色社会主义事业建设者和捍卫者;坚持和维护中国特色社会主义司法制度;热爱司法事业,珍惜法官荣誉,坚持职业操守,恪守法官良知;维护国家利益,遵守政治纪律,保守国家秘密和审判工作秘密。

2. 保证司法公正

法官应当维护审判独立,确保案件裁判结果公平公正,坚持实体公正与程序公正并重,提高司法效率,公开审判,遵守回避规定,不办关系案、人情案、金钱案。

3. 确保司法廉洁

法官应当自重、自省、自警、自励,坚守廉洁底线,不得接受诉讼当事人的钱物和其他利益,不得从事或者参与营利性的经营活动,不得以其身份谋取特殊利益。

4. 坚持司法为民

法官应当以人为本,发挥司法的能动作用,司法便民,尊重当事人和其他诉讼参与人。

5. 维护司法形象

法官应当坚持学习,精研业务;坚持文明司法,遵守司法礼仪;加强自身修养,约束业外活动;退休后须谨慎行为。

第五节 法官职业责任

法官职业责任是指法官违反法律、职业道德和审判、执行纪律所应当承担的责任,包括法官执行职务中违纪行为的责任和法官执行职务中犯罪的刑事责任两类。

一、法官执行职务中违纪行为的责任

法官执行职务中违纪行为的责任是指法官违反法律、职业道德准则和审判、执行工作纪律应当承受的纪律处分。《法官

法》和《人民法院工作人员处分条例》对此作了全面具体的规定。

1.法官执行职务中违纪行为责任的形式

处分包括下列六种:①警告,期间为6个月。②记过,期间为12个月。③记大过,期间为18个月。④降级,期间为24个月。⑤撤职,期间为24个月。⑥开除。

2.法官执行职务中违纪行为责任的内容

法官因违反法律、法规、有关条例规定,应当承担纪律责任。纪律处分应当坚持实事求是、客观公正、纪律面前人人平等、处分与违纪行为相适应、惩处与教育相结合的原则。人民法院应当根据法官执行职务中违纪行为的事实、性质、主观过错、后果等情况分别作出处理。

3.法官执行职务中违纪行为责任的适用

《人民法院工作人员处分条例》共分三章共111条,从政治纪律、办案纪律、廉政纪律、组织人事纪律、财经纪律、失职行为以及违反管理秩序和社会道德的行为等方面,对人民法院工作人员的职务行为和日常生活行为进行了全面规范。

(1)违反政治纪律行为的责任。如散布有损国家声誉的言论,参加旨在反对国家的集会、游行、示威等活动的,给予记大过处分;情节较重的,给予降级或者撤职处分;情节严重的,给予开除处分。因不明真相被裹挟参加上述活动,经批评教育后确有悔改表现的,可以减轻或者免予处分。

(2)违反办案纪律行为的责任。法官擅自对应当受理的案件不予受理,或者对不应当受理的案件违法受理的;应当回避而不回避,造成不良后果的;违反规定会见案件当事人及其辩护人、代理人、请托人的;违反规定为案件当事人推荐、介绍律师或者代理人,或者为律师或者其他人员介绍案件的;违反规定插手、干预、过问案件,或者为案件当事人通风报信、说情打招呼的;依照规定应当调查收集相关证据而故意不予收集,造成不良后果的;依照规定应当采取鉴定、勘验、证据保全等措施而故意不采取,造成不良后果的;依照规定应当采取财产保全措施或者执行措施而故意不采取,或者依法应当委托有关机构审计、鉴定、评估、拍卖而故意不委托,造成不良后果的;违反规定采取或者解除财产保全措施,造成不良后果的;故意违反规定选定审计、鉴定、评估、拍卖等中介机构,或者串通、指使相关中介机构在审计、鉴定、评估、拍卖等活动中徇私舞弊、弄虚作假的;故意违反规定采取强制措施的;故意毁弃、篡改、隐匿、伪造、偷换证据或者其他诉讼材料的;故意向合议庭、审判委员会隐瞒主要证据、重要情节或者提供虚假情况的;故意泄露合议庭、审判委员会评议、讨论案件的具体情况或者其他审判执行工作秘密的;故意违背事实和法律枉法裁判的;因徇私而违反规定迫使当事人违背真实意愿撤诉、接受调解、达成执行和解协议并损害其利益的;故意违反规定采取执行措施,造成案件当事人、案外人或者第三人财产损失的;故意违反规定对具备执行条件的案件暂缓执行、中止执行、终结执行或者不依法恢复执行,造成不良后果的;故意违反规定拖延办案的;故意拖延或者拒不执行合议庭决议、审判委员会决定以及上级人民法院判决、裁定、决定、命令的;私放被羁押人员的;违反规定私自办理案件的;伪造诉讼、执行文书,或者故意违背合议庭决议、审判委员会决定制作诉讼、执行文书的;违反规定将案卷或者其他诉讼材料借给他人的;对外地人民法院依法委托的事项拒不办理或者故意拖延办理,造成不良后果的,给予一定的处分。

(3)违反廉政纪律行为的责任。法官

利用职务便利,采取侵吞、窃取、骗取等手段非法占有诉讼费、执行款物、罚没款物、案件暂存款、赃款赃物及其孳息等涉案财物或者其他公共财物的;利用司法职权或者其他职务便利,索取他人财物及其他财产性利益的,或者非法收受他人财物及其他财产性利益,为他人谋取利益的;行贿或者介绍贿赂的;挪用诉讼费、执行款物、罚没款物、案件暂存款、赃款赃物及其孳息等涉案财物或者其他公共财物的;接受案件当事人、相关中介机构及其委托人的财物、宴请或者其他利益的;以单位名义集体截留、使用、私分诉讼费、执行款物、罚没款物、案件暂存款、赃款赃物及其孳息等涉案财物或者其他公共财物的;利用司法职权,以单位名义向公民、法人或者其他组织索要赞助或者摊派、收取财物的;故意违反规定设置收费项目、扩大收费范围、提高收费标准的;违反规定从事或者参与营利性活动;利用司法职权或者其他职务便利,为特定关系人谋取不正当利益,或者放任其特定关系人、身边工作人员利用本人职权谋取不正当利益的,给予一定的处分。

(4)违反组织、人事纪律行为的责任。法官违反议事规则,个人或者少数人决定重大事项,或者改变集体作出的重大决定,造成决策错误的;故意拖延或者拒不执行上级依法作出的决定、决议的;对职责范围内发生的重大事故、事件不按规定报告、处理的;对职责范围内发生的违纪违法问题隐瞒不报、压案不查、包庇袒护的,或者对上级交办的违纪违法案件故意拖延或者拒不办理的;压制批评,打击报复,扣压、销毁举报信件,或者向被举报人透露举报情况的;在人员录用、招聘、考核、晋升职务、晋升级别、职称评定以及岗位调整等工作中徇私舞弊、弄虚作假的;弄虚作假,骗取荣誉,或者谎报学历、学位、职称的;拒不执行机关的交流决定,或者在离任、辞职、被辞退时,拒不办理公务交接手续或者拒不接受审计的;旷工或者因公外出、请假期满无正当理由逾期不归,造成不良后果的;以不正当方式谋求本人或者特定关系人用公款出国,或者擅自延长在国外、境外期限,或者擅自变更路线,造成不良后果的,给予一定的处分。

(5)违反财经纪律行为的责任。法官违反规定进行物资采购或者工程项目招投标,造成不良后果的;违反规定擅自开设银行账户或者私设"小金库"的;伪造、变造、隐匿、毁弃财务账册、会计凭证、财务会计报告的;违反规定挥霍浪费国家资财的,给予一定的处分。

(6)失职行为的责任。法官因过失导致依法应当受理的案件未予受理,或者不应当受理的案件被违法受理,造成不良后果的;因过失导致错误裁判、错误采取财产保全措施、强制措施、执行措施,或者应当采取财产保全措施、强制措施、执行措施而未采取,造成不良后果的;因过失导致所办案件严重超出规定办理期限,造成严重后果的;因过失导致被羁押人员脱逃、自伤、自杀或者行凶伤人的;因过失导致诉讼、执行文书内容错误,造成严重后果的;因过失导致国家秘密、审判执行工作秘密及其他工作秘密、履行职务掌握的商业秘密或者个人隐私被泄露,造成不良后果的;因过失导致案卷或者证据材料损毁、丢失的;因过失导致职责范围内发生刑事案件、重大治安案件、重大社会群体性事件或者重大人员伤亡事故的,使公共财产、国家和人民利益遭受重大损失的,给予一定的处分。

(7)违反管理秩序和社会道德行为的责任。法官因工作作风懈怠、工作态度恶劣,造成不良后果的;故意泄露国家秘密、工作秘密,或者故意泄露因履行职责掌握的商业秘密、个人隐私的;弄虚作假,误导、欺骗领导和公众,造成不良后果的;因酗酒影响正常工作或者造成其他不良后果的；违反规定保管、使用枪支、弹药、警械等特殊物品，造成不良后果的；违反公务车管理使用规定，发生严重交通事故或者造成其他不良后果的；妨碍执行公务或者违反规定干预执行公务的；以殴打、辱骂、体罚、非法拘禁或者诽谤、诬告等方式侵犯他人人身权利的；与他人通奸，造成不良影响的；重婚或者包养情人的；拒不承担赡养、抚养、扶养义务，或者虐待、遗弃家庭成员的；吸食、注射毒品或者参与嫖娼、卖淫、色情淫乱活动的；参与赌博的；参与迷信活动，造成不良影响的；违反规定超计划生育的，给予一定的处分。

二、法官执行职务中犯罪行为的刑事责任

根据《刑法》分则第八章（贪污贿赂罪）和第九章（渎职罪）的有关规定，法官因职务行为构成犯罪的，依法追究其刑事责任。

第三章　检察制度与检察官职业道德

第一节　检察制度概述

一、检察制度的概念

检察是一种由特定机关代表国家向法院提起诉讼及维护法律实施的司法职能。检察制度是司法制度的重要组成部分，是宪法和法律关于检察机关的性质、任务、职权、组织机构设置与活动原则、检察权行使的程序和方式等规范的总称。

当今世界上有三种类型的检察制度，以英国、美国为代表的英美法系的检察制度，以德国、法国为代表的大陆法系的检察制度，以中国为代表的社会主义国家的检察制度。

二、我国检察制度的特征

我国检察机关是人民代表大会制度下与行政机关、审判机关平行的国家机关，具有独立的宪法地位。人民检察院是国家的法律监督机关。人民检察院通过行使检察权，追诉犯罪，维护国家安全和社会秩序，维护个人和组织的合法权益，维护国家利益、社会公共利益，保障法律正确实施，维护社会公平正义，维护国家法制统一、尊严、权威，保障中国特色社会主义建设的顺利进行。检察机关实行检察一体化原则。

三、检察制度的基本原则与主要检察制度

1. 检察制度的基本原则

检察院设置法定原则、检察权独立行使原则、司法公正原则、司法公开原则、司法责任制原则、接受人民群众监督原则、检察权统一行使原则和对诉讼活动实行法律监督原则为我国法律规定的检察制度的基本原则。

2. 主要检察制度

检务公开制度、人民监督员制度、立案监督制度、侦查监督制度、刑事审判监督制度、刑罚执行与刑事执行监督制度、民事行政检察制度为我国法律规定的主要检察制度。

第二节 检察机关

一、人民检察院的性质和法律地位

我国检察机关是国家的法律监督机关。

二、人民检察院的任务

人民检察院通过行使检察权惩治一切危害国家安全的活动,维护国家统一;通过履行侦查、批准逮捕、审查起诉、支持公诉、提起公益诉讼,以及对刑事、民事、行政诉讼活动监督等职能,保证国家法律的统一和正确实施。

三、人民检察院的设置和职权

我国设立最高人民检察院、地方各级人民检察院和军事检察院等专门人民检察院,检察机关依法行使职权。

四、人民检察院的工作机构

我国检察机关一般设有侦查监督部门、公诉部门、刑事执行检察部门、控告(举报)检察部门、刑事申诉检察部门和民事行政检察部门等工作机构。

为贯彻司法改革要求,合理精简整合人民检察院内设机构,《人民检察院组织法》规定检察官员额较少的设区的市级检察院和基层人民检察院,可以设综合业务机构。检察院可以设必要的检察辅助机构和行政管理机构。同时,《人民检察院组织法》规定了派驻检察室和巡回检察监督方式,人民检察院根据检察工作需要,可以在监狱、看守所等场所设立检察室,行使派出它的人民检察院的部分职权,也可以对上述场所进行巡回检察。这一规定为检察机关完善派驻检察室和巡回检察相结合的监督工作机制提供了法律依据。

五、人民检察院的领导体制

人民检察院的领导体制为双重领导体制。最高人民检察院领导地方各级人民检察院和专门人民检察院的工作,上级人民检察院领导下级人民检察院的工作。同时,最高人民检察院对全国人民代表大会和全国人民代表大会常务委员会负责。地方各级人民检察院对产生它的国家权力机关和上级人民检察院负责。

第三节 检察官

检察官是依法行使国家检察权的检察人员,包括最高人民检察院、地方各级人民检察院和军事检察院等专门人民检察院的检察长、副检察长、检察委员会委员和检察员。检察官必须忠实执行宪法和法律,维护社会公平正义,全心全意为人民服务。检察官应当勤勉尽责,清正廉明,恪守职业道德。检察官履行职责,应当以事实为根据,以法律为准绳,秉持客观公正的立场。检察官办理刑事案件,应当严格坚持罪刑法定原则,尊重和保障人权,既要追诉犯罪,也要保障无罪的人不受刑事追究。

一、检察官的条件与遴选

1. 检察官的条件

担任检察官必须具备的条件大致包括一般条件、禁止条件、限制条件三个方面。

检察官任职一般条件包括身份条件、专业条件、资格条件等。担任检察官必须具备下列条件:①具有中华人民共和国国籍;②拥护中华人民共和国宪法,拥护中国共产党领导和社会主义制度;③具有良好的政治、业务素质和道德品行;④具有正常履行职责的身体条件;⑤具备普通高等学校法学类本科学历并获得学士及以上学位;或者普通高等学校非法学类本科及以上学历并获得法律硕士、法学硕士及以上学位;或者普通高等学校非法学类本科及以上学历,获得其他相应学位,并具有法律专业知识;⑥从事法律工作满5年。其中获得法律硕士、法学硕士学位,或者获得法学博士学位的,从事法律工作的年限可以分别放宽至4年、3年;⑦初任检察官应当通过国家统一法律职业资格考试取得法律职业资格。适用上述第⑤项规定的学历条件确有困难的地方,经最高人民检察院审核确定,在一定期限内,可以将担任检察官的学历条件放宽为高等学校本科毕业。

在检察官任职的禁止条件方面,下列人员不得担任检察官:①因犯罪受过刑事处罚的;②被开除公职的;③被吊销律师、公证员执业证书或者被仲裁委员会除名的;④有法律规定的其他情形的。

关于检察官任职的限制条件,检察官不得兼任人民代表大会常务委员会的组成人员,不得兼任行政机关、监察机关、审判机关的职务,不得兼任企业或者其他营利性组织、事业单位的职务,不得兼任律师、仲裁员和公证员。

不过,检察官因工作需要,经单位选派或者批准,可以在高等学校、科研院所协助开展实践性教学、研究工作,并遵守国家有关规定。

2. 检察官的遴选

初任检察官采用考试、考核的办法,按照德才兼备的标准,从具备检察官条件的人员中择优提出人选。

人民检察院的检察长应当具有法学专业知识和法律职业经历。副检察长、检察委员会委员应当从检察官、法官或者其他具备检察官条件的人员中产生。

人民检察院可以根据检察工作需要,从律师或者法学教学、研究人员等从事法律职业的人员中公开选拔检察官。除应当具备检察官任职条件外,参加公开选拔的律师应当实际执业不少于5年,执业经验丰富,从业声誉良好;参加公开选拔的法学教学、研究人员应当具有中级以上职称,从事教学、研究工作5年以上,有突出研究能力和相应研究成果。

省、自治区、直辖市设立检察官遴选委员会,负责初任检察官人选专业能力的审核。省级检察官遴选委员会的组成人员应当包括地方各级人民检察院检察官代表、其他从事法律职业的人员和有关方面代表,其中检察官代表不少于1/3。省级检察官遴选委员会的日常工作由省级人民检察院的内设职能部门承担。遴选最高人民检察院检察官应当设立最高人民检察院检察官遴选委员会,负责检察官人选专业能力的审核。

初任检察官一般到基层人民检察院任职。上级人民检察院检察官一般逐级遴选;最高人民检察院和省级人民检察院检察官可以从下两级人民检察院遴选。参加上级人民检察院遴选的检察官应当在下级人民检察院担任检察官一定年限,并具有遴选职位相关工作经历。

二、检察官的任免

检察官的任免,依照宪法和法律规定的任免权限和程序办理。最高人民检察院检察长由全国人民代表大会选举和罢免,副检察长、检察委员会委员和检察员,由检察长提请全国人民代表大会常务委员会任免。地方各级人民检察院检察长由本级人民代表大会选举和罢免,副检察长、检察委员会委员和检察员,由检察长提请本级人民代表大会常务委员会任免。

地方各级人民检察院检察长的任免,须报上一级人民检察院检察长提请本级人民代表大会常务委员会批准。省、自治区、直辖市人民检察院分院检察长、副检察长、检察委员会委员和检察员,由省、自治区、直辖市人民检察院检察长提请本级人民代表大会常务委员会任免。

省级人民检察院和设区的市级人民检察院依法设立作为派出机构的人民检察院的检察长、副检察长、检察委员会委员和检察员，由派出的人民检察院检察长提请本级人民代表大会常务委员会任免。新疆生产建设兵团各级人民检察院、专门人民检察院的检察长、副检察长、检察委员会委员和检察员，依照全国人民代表大会常务委员会的有关规定任免。

检察官在依照法定程序产生后，在就职时应当公开进行宪法宣誓。

检察官有下列情形之一的，应当依法提请免除其检察官职务：①丧失中华人民共和国国籍的；②调出所任职人民检察院的；③职务变动不需要保留检察官职务的，或者本人申请免除检察官职务经批准的；④经考核不能胜任检察官职务的；⑤因健康原因长期不能履行职务的；⑥退休的；⑦辞职或者依法应当予以辞退的；⑧因违纪违法不宜继续任职的。

对于不具备检察官法规定条件或者违反法定程序被选举为人民检察院检察长的，上一级人民检察院检察长有权提请本级人民代表大会常务委员会不批准。发现违反检察官法规定的条件任命检察官的，任命机关应当撤销该项任命；上级人民检察院发现下级人民检察院检察官的任命违反《检察官法》规定的条件的，应当要求下级人民检察院依法提请任命机关撤销该项任命。

检察官之间有夫妻关系、直系血亲关系、三代以内旁系血亲以及近姻亲关系的，不得同时担任下列职务：①同一人民检察院的检察长、副检察长、检察委员会委员；②同一人民检察院的检察长、副检察长和检察员；③同一业务部门的检察员；④上下相邻两级人民检察院的检察长、副检察长。

检察官的配偶、父母、子女有下列情形之一的，检察官应当实行任职回避：①担任该检察官所任职人民检察院辖区内律师事务所的合伙人或者设立人的；②在该检察官所任职人民检察院辖区内以律师身份担任诉讼代理人、辩护人，或者为诉讼案件当事人提供其他有偿法律服务的。

三、检察官的职责、义务和权利

1. 检察官的职责

法律规定，检察官有下列职责：①对法律规定由人民检察院直接受理的刑事案件进行侦查；②对刑事案件进行审查逮捕、审查起诉，代表国家进行公诉；③开展公益诉讼工作；④开展对刑事、民事、行政诉讼活动的监督工作；⑤法律规定的其他职责。检察官对其职权范围内就案件作出的决定负责。

人民检察院检察长、副检察长、检察委员会委员除履行检察职责外，还应当履行与其职务相适应的职责。检察官在检察长领导下开展工作，重大办案事项由检察长决定。检察长可以将部分职权委托检察官行使，可以授权检察官签发法律文书。

2. 检察官的权利

检察官享有下列权利：①履行检察官职责应当具有的职权和工作条件；②非因法定事由、非经法定程序，不被调离、免职、降职、辞退或者处分；③履行检察官职责应当享有的职业保障和福利待遇；④人身、财产和住所安全受法律保护；⑤提出申诉或者控告；⑥法律规定的其他权利。这些权利是检察官正确履行职务的基本保障。

对于国家机关及其工作人员侵犯《检察官法》第11条规定的上述各项检察官权利的行为，检察官有权提出控告。

对检察官处分或者人事处理错误的，应当及时予以纠正；造成名誉损害的，应当恢复名誉、消除影响、赔礼道歉；造成经济损失的，应当赔偿。对打击报复的直接责任人员,应当依法追究其责任。

3. 检察官的义务

检察官应当履行下列义务:①严格遵守宪法和法律;②秉公办案,不得徇私枉法;③依法保障当事人和其他诉讼参与人的诉讼权利;④维护国家利益、社会公共利益,维护个人和组织的合法权益;⑤保守国家秘密和检察工作秘密,对履行职责中知悉的商业秘密和个人隐私予以保密;⑥依法接受法律监督和人民群众监督;⑦通过依法办理案件以案释法,增强全民法治观念,推进法治社会建设;⑧法律规定的其他义务。

四、检察官的管理

1. 检察官的管理

检察官实行员额制管理。检察官员额根据案件数量、经济社会发展情况、人口数量和人民检察院层级等因素确定,在省、自治区、直辖市内实行总量控制、动态管理,优先考虑基层人民检察院和案件数量多的人民检察院办案需要。检察官员额出现空缺的,应当按照程序及时补充。最高人民检察院检察官员额由最高人民检察院商有关部门确定。

检察官实行单独职务序列管理。检察官等级分为十二级,依次为首席大检察官、一级大检察官、二级大检察官、一级高级检察官、二级高级检察官、三级高级检察官、四级高级检察官、一级检察官、二级检察官、三级检察官、四级检察官、五级检察官。最高人民检察院检察长为首席大检察官。

检察官等级的确定,以检察官德才表现、业务水平、检察工作实绩和工作年限等为依据。检察官等级晋升采取按期晋升和择优选升相结合的方式,特别优秀或者工作特殊需要的一线办案岗位检察官可以特别选升。

2. 检察官的培训

初任检察官实行统一职前培训制度。对检察官应当有计划地进行政治、理论和业务培训。

检察官的培训应当理论联系实际、按需施教、讲求实效。检察官培训情况,作为检察官任职、等级晋升的依据之一。检察官培训机构按照有关规定承担培训检察官的任务。

3. 检察官的辞职和辞退

检察官的辞职是指检察官出于本人意愿,依照法律和有关规定辞去检察官职务并终止与检察机关全部职务关系。检察官申请辞职,应当由本人书面提出,经批准后,依照法律规定的程序免除其职务。

检察官的辞退是指检察机关依照法律规定的条件,通过一定的法律程序,在法定的管理权限内解除检察官的职务关系,取消其检察官身份。辞退检察官应当依照法律规定的程序免除其职务。辞退检察官应当按照管理权限决定。辞退决定应当以书面形式通知被辞退的检察官,并列明作出决定的理由和依据。

4. 检察官的离职禁业

检察官从人民检察院离任后两年内,不得以律师身份担任诉讼代理人或者辩护人。检察官从人民检察院离任后,不得担任原任职检察院办理案件的诉讼代理人或者辩护人,但是作为当事人的监护人或者近亲属代理诉讼或者进行辩护的除外。

检察官被开除后,不得担任诉讼代理人或者辩护人,但是作为当事人的监护人或者近亲属代理诉讼或者进行辩护的除外。

五、检察官的考核、奖励和惩戒

1. 检察官的考核

人民检察院设立检察官考评委员会,负责对本院检察官的考核工作。检察官考评委员会的组成人员为5~9人。检察官考评委员会主任由本院检察长担任。对检察官的考核,应当全面、客观、公正,实行平时考核和年度考核相结合。对检察官的考核内容包括:检察工作实绩、职业道德、专业水平、工作能力、工作作风。重点考核检察工作实绩。年度考核结果分为优秀、称职、基本称职和不称职四个等次。考核结果作为调整检察官等级、工资以及检察官奖惩、免职、降职、辞退的依据。考核结果以书面形式通知检察官本人。检察官对考核结果如果有异议,可以申请复核。

2. 检察官的奖励

检察官在检察工作中有显著成绩和贡献的,或者有其他突出事迹的,应当给予奖励。检察官有下列表现之一的,应当给予奖励:①公正司法,成绩显著的;②总结检察实践经验成果突出,对检察工作有指导作用的;③在办理重大案件、处理突发事件和承担专项重要工作中,做出显著成绩和贡献的;④对检察工作提出改革建议被采纳,效果显著的;⑤提出检察建议被采纳或者开展法治宣传、解决各类纠纷,效果显著的;⑥有其他功绩的。

3. 检察官的惩戒

检察官有下列行为之一的,应当给予处分;构成犯罪的,依法追究刑事责任:①贪污受贿、徇私枉法、刑讯逼供的;②隐瞒、伪造、变造、故意损毁证据、案件材料的;③泄露国家秘密、检察工作秘密、商业秘密或者个人隐私的;④故意违反法律法规办理案件的;⑤因重大过失导致案件错误并造成严重后果的;⑥拖延办案,贻误工作的;⑦利用职权为自己或者他人谋取私利的;⑧接受当事人及其代理人利益输送,或者违反有关规定会见当事人及其代理人的;⑨违反有关规定从事或者参与营利性活动,在企业或者其他营利性组织中兼任职务的;⑩有其他违纪违法行为的。

检察官涉嫌违纪违法,已经被立案调查、侦查,不宜继续履行职责的,按照管理权限和规定的程序暂时停止其履行职务。

最高人民检察院和省、自治区、直辖市设立检察官惩戒委员会,负责从专业角度审查认定检察官是否存在《检察官法》第47条第(四)项、第(五)项规定的违反检察职责的行为,提出构成故意违反职责、存在重大过失、存在一般过失或者没有违反职责等审查意见。检察官惩戒委员会提出审查意见后,人民检察院依照有关规定作出是否予以惩戒的决定,并给予相应处理。

检察官惩戒委员会由检察官代表、其他从事法律职业的人员和有关方面代表组成,其中检察官代表不少于半数。

最高人民检察院检察官惩戒委员会、省级检察官惩戒委员会的日常工作,由相关人民检察院的内设职能部门承担。

检察官惩戒委员会审议惩戒事项时,当事检察官有权申请有关人员回避,有权进行陈述、举证、辩解。检察官惩戒委员会作出的审查意见应当送达当事检察官。当事检察官对审查意见有异议的,可以向惩戒委员会提出,惩戒委员会应当对异议及其理由进行审查,作出决定。检察官惩戒委员会审议惩戒事项的具体程序,由最高人民检察院商有关部门确定。

六、检察官的职业保障

检察官职业保障制度包括检察官职业权力保障、职业身份保障、职业收入保障、职业教育保障、职业安全保障、职业监督保障等内容。我国《检察官法》对检察官的法律保障主要为履行职务保障、人身和财产保障、工资保险福利保障等。

人民检察院设立检察官权益保障委员会,维护检察官合法权益,保障检察官依法履行职责。

除下列情形外,不得将检察官调离检察业务岗位:①按规定需要任职回避的;②按规定实行任职交流的;③因机构调整、撤销、合并或者缩减编制员额需要调整工作的;④因违纪违法不适合在检察业务岗位工作的;⑤法律规定的其他情形。

任何单位或者个人不得要求检察官从事超出法定职责范围的事务。对任何干涉检察官办理案件的行为,检察官有权拒绝并予以全面如实记录和报告;有违纪违法情形的,由有关机关根据情节轻重追究有关责任人员、行为人的责任。

检察官的职业尊严和人身安全受法律保护。任何单位和个人不得对检察官及其近亲属打击报复。对检察官及其近亲属实施报复陷害、侮辱诽谤、暴力侵害、威胁恐吓、滋事骚扰等违法犯罪行为的,应当依法从严惩治。检察官因依法履行职责遭受不实举报、诬告陷害、侮辱诽谤,致使名誉受到损害的,人民检察院应当会同有关部门及时澄清事实,消除不良影响,并依法追究相关单位或者个人的责任。检察官因依法履行职责,本人及其近亲属人身安全面临危险的,人民检察院、公安机关应当对检察官及其近亲属采取人身保护、禁止特定人员接触等必要保护措施。

检察官实行与其职责相适应的工资制度,按照检察官等级享有国家规定的工资待遇,并建立与公务员工资同步调整机制。检察官实行定期增资制度。经年度考核确定为优秀、称职的,可以按照规定晋升工资档次。检察官享受国家规定的津贴、补贴、奖金、保险和福利待遇。

检察官因公致残的,享受国家规定的伤残待遇。检察官因公牺牲、因公死亡或者病故的,其亲属享受国家规定的抚恤和优待。

检察官的退休制度,根据检察工作特点,由国家另行规定。检察官退休后,享受国家规定的养老金和其他待遇。

第四节　检察官职业道德

一、检察官职业道德的概念和特征

检察官职业道德是指检察官在履行检察职能的活动中,应当遵守的行为准则和规范。检察官的职业道德是检察官的职业义务、职业责任以及职业行为上的道德准则的体现。

二、检察官职业道德的依据

检察官职业道德的依据主要为《检察官法》《中华人民共和国检察官职业道德基本准则》《中华人民共和国检察官职业行为基本规范(试行)》《检察机关文明用语基本规范》。

三、检察官职业道德的主要内容

检察官职业道德的基本要求为"忠诚、为民、担当、公正、廉洁"五方面。

(1)忠诚。要求检察官忠于党、忠于国家;忠于人民;忠于宪法和法律;忠于检察事业。

(2)为民。要求检察官坚持以人民利益为重;坚持严格、规范、公正、文明执法;坚持倾听群众呼声。

(3)担当。要求检察官坚决打击各类犯罪行为,坚守良知,公开执法,自觉接受人民群众的监督;直面矛盾,正视问题,敢于承认工作中存在的问题。

(4)公正。要求检察官独立履职、理性履职、履职回避、重视证据、遵循程序、保障人权、尊重律师和法官、遵守纪律、提高效率。

(5)廉洁。要求检察官坚持廉洁操守、避免不当影响、妥善处理个人事务。

第五节　检察官职业责任

检察官职业责任,是指检察官违反法律法规、职业道德规范和检察工作纪律所应当承担的不利后果,包括检察官执行职务中违纪行为的责任和检察官执行职务中犯罪行为的刑事责任两类。

一、检察官执行职务中违纪行为的责任

1. 检察官执行职务中违纪行为责任的形式

法律规定的处分分为:警告、记过、记大过、降级、撤职、开除。受撤职处分的,同时降低工资和等级。

2. 检察官执行职务中违纪行为责任的适用

执行检察纪律处分,应坚持实事求是的原则、纪律面前人人平等的原则、宽严相济的原则、惩戒与教育相结合的原则。

对违反检察纪律的检察人员,应当根据其违纪行为的事实、性质和情节,依照《检察人员纪律处分条例》的规定,给予纪律处分;情节轻微,经批评教育确已认识错误的,可以免予处分;情节显著轻微,不认为构成违纪的,不予处分。

3. 检察官执行职务中违纪行为责任的内容

根据《检察人员纪律处分条例》,检察人员如有下列行为将被处分:16种违反政治纪律的行为,16种违反组织纪律的行为,24种违反办案纪律的行为,24种违反廉洁纪律的行为,6种违反群众纪律的行为,18种违反工作纪律的行为,5种违反生活纪律的行为。

二、检察官执行职务中犯罪行为的刑事责任

根据我国《刑法》分则第四章(侵犯公民人身权利、民主权利罪)、第八章(贪污贿赂罪)和第九章(渎职罪)的有关规定,检察官执行职务行为构成犯罪的,依法追究其刑事责任。

第四章　律师制度与律师职业道德

第一节　律师制度概述

一、律师制度的概念

律师是指依法取得律师执业证书,接受委托或者指定,为当事人提供法律服务的执业人员。律师制度是有关律师的许可条件、权利义务、业务、管理体制以及组织和活动原则等规范的总称。律师制度是国家重要的法律制度之一。

二、我国律师制度的特征

律师制度是现代国家法律制度的重要组成部分。我国律师制度的性质由国家的性质所决定,并表现出独有的特征。我国的律师制度是社会主义的律师制度。

三、我国律师管理体制

律师管理体制为一国对律师行业进行宏观管理的制度,反映了国家与律师行业之间的关系。目前世界各国的律师管理体

制,有以日本、法国为代表的律师协会行业管理模式,有以德国为代表的司法行政机关监督、指导下的律师协会行业管理模式,有以英国、美国为代表的律师协会行业管理与法院监督结合的管理模式。

1. 律师行政管理

司法行政机关对律师进行行政管理主要包括:颁发律师执业证书;处罚律师和律师事务所的违法行为;处罚没有取得律师执业证书而以律师名义从事法律服务的行为,批准律师事务所的设立并颁发律师事务所执业证书,审查律师事务所分所的设立和律师事务所名称、住所、负责人、章程、合伙人的变更或律师事务所的解散等。

2. 律师行业管理

我国还通过律师协会对律师进行行业管理。律师协会依照《律师法》、协会章程和行业规范对律师执业实行行业自律。

律师协会应当履行下列职责:①保障律师依法执业,维护律师的合法权益;②总结、交流律师工作经验;③制定行业规范和惩戒规则;④组织律师业务培训和职业道德、执业纪律教育,对律师的执业活动进行考核;⑤组织管理申请律师执业人员的实习活动,对实习人员进行考核;⑥对律师、律师事务所实施奖励和惩戒;⑦受理对律师的投诉或者举报,调解律师执业活动中发生的纠纷,受理律师的申诉;⑧法律、行政法规、规章以及律师协会章程规定的其他职责。律师协会制定的行业规范和惩戒规则,不得与有关法律、行政法规、规章相抵触。

第二节 律师

一、律师的概念

律师是指依法取得律师执业证书,接受委托或者指定,为当事人提供法律服务的执业人员。我国律师具有服务性、专业性、受托性的特征。

二、律师执业条件

律师执业应当通过国家统一法律职业资格考试或者取得律师资格,依法取得律师执业证书。律师执业条件大致包括一般条件、限制条件、禁止条件和特殊条件四方面。

律师执业的一般条件方面,主要为:①拥护中华人民共和国宪法;②通过国家统一法律职业资格考试;③在律师事务所实习满1年;④品行良好。

在律师执业的禁止条件方面,主要为:①无民事行为能力或者限制民事行为能力的;②受过刑事处罚的,但过失犯罪的除外;③被开除公职或者被吊销律师、公证员执业证书的。

律师执业受到以下两个方面的限制:①律师只能在一个律师事务所执业。②公务员不得兼任执业律师;律师担任各级人民代表大会常务委员会组成人员的,任职期间不得从事诉讼代理或者辩护业务。此外,曾经担任法官、检察官的律师,从人民法院、人民检察院离任后2年内,不得担任诉讼代理人或者辩护人。

此外,根据《公职律师管理办法》和《公司律师管理办法》的规定,公职律师和公司律师的任职条件为:①拥护中华人民共和国宪法;②依法取得法律职业资格或者律师资格;③具有党政机关、人民团体公职人员身份,或者与国有企业依法订立劳动合同;④从事法律事务工作2年以上,或者曾经担任法官、检察官、律师1年以上;⑤品行良好;⑥所在单位同意其担任公职律师或者公司律师。

三、申请律师执业证书的程序

申请律师执业证书应按照申请、审查、批准发证等程序进行。

四、律师宣誓制度

我国建立律师宣誓制度。首次取得或者重新申请取得律师执业证书的人员,应当参加律师宣誓。

律师宣誓仪式的要求包括:①宣誓场所应当庄重、严肃,悬挂中华人民共和国国旗;②宣誓仪式由律师协会负责人或受邀的司法行政机关负责人主持,领誓人由律师协会会长或者副会长担任;③宣誓仪式设监誓人,由司法行政机关和律师协会各派一名相关负责人担任;④宣誓人宣誓时,应呈立正姿势,面向国旗。

律师宣誓的程序为:①领誓人、宣誓人面向国旗列队站立,宣誓人在领誓人身后整齐站立,监誓人在宣誓人侧前方面向宣誓人站立;②主持人宣布宣誓仪式开始;③奏唱国歌;④宣诵誓词;⑤监誓人确认宣誓效力;⑥宣誓人在誓词上签署姓名、宣誓日期。

宣誓仪式可以采取单独宣誓或者集体宣誓的形式。单独宣誓可不设领誓人。单独宣誓时,宣誓人应当左手抚按《中华人民共和国宪法》,右手举拳,拳心朝前,置于耳旁,诵读誓词。集体宣誓时,领誓人左手抚按《中华人民共和国宪法》,右手举拳,拳心朝前,置于耳旁,逐句领诵誓词;其他宣誓人整齐排列,左手自然下垂,右手举拳,拳心朝前,置于耳旁,逐句跟诵誓词。领誓人领诵完誓词、诵毕"宣誓人"后,宣誓人依次自报姓名。因肢体残疾或者患病等原因不能按照规定的立正姿势宣誓的,可以其他适当、庄重的姿势进行宣誓。

宣誓人宣誓,应免冠,内着浅色衬衣,领口系戴深红色领巾,外着律师出庭服装,律师出庭服装胸前佩戴律师徽章,穿着深色正装裤和深色皮鞋;女律师可着深色正装裙。律师出庭服装应当洁净、平整、无破损,律师出庭服装外不得穿着、覆盖其他衣物,不得佩带其他饰品或者挂戴其他物品。

宣诵誓词,倡导使用普通话。在少数民族聚居或者多民族共同居住的地区,少数民族律师可以使用本民族语言进行宣誓。宣誓人、领誓人应当以正常语速完整宣诵誓词,吐字清晰,语音洪亮,并不得对誓词内容进行添加、删减或者歪曲发音。

律师宣誓仪式应当公开进行,可以邀请人民代表大会代表、政协委员、法官、检察官等代表参加。

律师应当自觉践行宣誓誓词,将誓词作为指引律师执业活动的行为准则,接受律师行业管理与监督。

五、律师的业务范围

根据法律规定,我国的律师在广泛的领域为社会提供法律服务,具体可以归纳为11个方面,即担任法律顾问、民事诉讼代理、行政诉讼代理、刑事法律帮助、刑事辩护、刑事诉讼代理、申诉代理、仲裁代理、非诉讼法律事务、法律咨询、代书。这些律师业务包括诉讼业务和非诉讼业务两大类。

六、律师的权利和义务

1. 律师的权利

我国律师在执业时享有以下权利:①接受辩护委托权、代理委托权。②同犯罪嫌疑人、被告人会见权。③查阅案卷权。④调查取证权。⑤依法执行职务受法律保障的权利。⑥拒绝辩护或代理权。⑦要求回避、申请复议权。⑧得到人民法院开庭通知权。⑨在法庭审理阶段的权利。⑩代为上诉的权利。⑪代理申诉或控告权。⑫获取本案诉讼文书副本的权利。⑬为犯罪嫌疑人、被告人申请变更和要求解除强制措施的权利。同时,在律师行业发展、律师业务开拓方面做出突出贡献的律师有权获得奖励。

此外,公职律师和公司律师主要享有的权利包括:①依法享有会见、阅卷、辩护等律师执业权利;②获得与履行职责相关的信息、文件、资料和其他必需的工作职权、条件;③《律师法》等法律、法规规定的其他权利。

2. 律师的义务

律师的义务包括:①只能在一个律师事务所执业。②加入所在地的地方律师协会,并履行律师协会章程规定的义务。③不得私自接受委托、收取费用。④不得利用提供法律服务的便利牟取当事人争议的权益,或者接受对方当事人的财物。⑤不得在同一案件中,为双方当事人担任代理人。⑥律师接受委托后,无正当理由的,不得拒绝辩护或代理。⑦不得违反规定会见法官、检察官、仲裁员以及其他有关工作人员;不得向法官、检察官、仲裁员以及其他有关工作人员行贿、介绍贿赂或者指使、诱导当事人行贿。⑧不得提供虚假证据,隐瞒事实或者威胁、利诱他人提供虚假证据,隐瞒事实以及妨碍对方当事人合法取得证据。⑨不得以不正当方式影响依法办理案件。⑩不得扰乱法庭、仲裁庭秩序,干扰诉讼、仲裁活动的正常进行。⑪不得煽动、教唆当事人采取扰乱公共秩序、危害公共安全等非法手段解决争议。⑫不得发表危害国家安全、严重扰乱法庭的言论。⑬应当保守在执业活动中知悉的国家秘密和当事人的商业秘密,不得泄露当事人的隐私。⑭曾担任法官、检察官的律师,从人民法院、人民检察院离任后2年内,不得担任诉讼代理人或者辩护人。⑮按照国家规定承担法律援助义务。⑯依法纳税。

此外,公职律师和公司律师的义务包括:①接受所在单位的管理、监督,根据委托或者指派办理法律事务;②不得从事有偿法律服务,不得在律师事务所等法律服务机构兼职,不得以律师身份办理所在单位以外的诉讼或者非诉讼法律事务;③《律师法》等法律、法规规定的其他义务。

七、律师执业的基本原则

律师执业应当遵循的基本原则包括合法性原则、以事实为根据以法律为准绳原则、接受监督原则、法律保护原则。

第三节 律师事务所

一、律师事务所的性质

律师事务所是组织律师从事法律服务活动的组织,律师执业是以律师事务所的名义进行,所产生的法律责任由律师事务所承担;司法行政机关对律师的行政管理和律师协会对律师的行业管理,是通过对律师事务所的管理来实现和落实的。

律师事务所为市场中介组织。

二、律师事务所的分类

根据《律师法》的规定,我国的律师事务所有合伙律师事务所、个人律师事务所、国资律师事务所三种类型。①合伙律师事务所。设立合伙律师事务所,除应当符合律师法规定的一般条件外,还应当有3名以上合伙人,设立人应当是具有3年以上执业经历的律师。合伙律师事务所可以采用普通合伙或者特殊的普通合伙形式设立。合伙律师事务所的合伙人按照合伙形式对该律师事务所的债务依法承担责任。②个人律师事务所。设立个人律师事务所,除应当符合法律规定的条件外,设立人还应当是具有5年以上执业经历的律师。设立人对律师事务所的债务承担无限责任。③国资律师事务所。司法行政机关根据国家需要设立国资律师事务所,依法自主开展律师业务,以该律师事务所的全部资产对其债务承担责任。

三、律师事务所的设立

设立律师事务所,需要律师根据法定的条件和程序提出申请并由司法行政机关依法审批。

1. 设立条件

设立律师事务所应当具备下列条件:①有自己的名称、住所和章程;②有符合《律师法》规定的律师;③设立人应当是具有一定的执业经历,且3年内未受过停止执业处罚的律师;④有符合国务院司法行政部门规定数额的资产。

根据法律规定,设立普通合伙律师事务所,除应当符合一般条件外,还应当具备下列条件:①有书面合伙协议;②有三名以上合伙人作为设立人;③设立人应当是具有3年以上执业经历并能够专职执业的律师;④有人民币30万元以上的资产。

设立特殊的普通合伙律师事务所,除应当符合一般条件外,还应当具备下列条件:①有书面合伙协议;②有20名以上合伙人作为设立人;③设立人应当是具有3年以上执业经历并能够专职执业的律师;④有人民币1000万元以上的资产。

设立个人律师事务所,除应当符合一般条件外,还应当具备下列条件:①设立人应当是具有5年以上执业经历并能够专职执业的律师;②有人民币10万元以上的资产。

国家出资设立的律师事务所,除符合《律师法》规定的一般条件外,应当至少有2名符合《律师法》规定并能够专职执业的律师。需要国家出资设立律师事务所的,由当地县级司法行政机关筹建,申请设立许可前须经所在地县级人民政府有关部门核拨编制、提供经费保障。

2. 设立程序

申请设立律师事务所一般应当经过申请、审批两个阶段。

3. 变更、终止

律师事务所变更名称、负责人、章程、合伙协议的,应当经所在地设区的市级或者直辖市的区(县)司法行政机关审查后报原审核机关批准。具体办法按律师事务所设立许可程序办理。

4. 分所

分所应当具备下列条件:①有符合《律师事务所名称管理办法》规定的名称;②有自己的住所;③有3名以上律师事务所派驻的专职律师;④有人民币30万元以上的资产;⑤分所负责人应当是具有3年以上的执业经历并能够专职执业,且在担任负责人前3年内未受过停止执业处罚的律师。律师事务所到经济欠发达的市、县设立分所的,前款规定的派驻律师条件可以降至1~2名;资产条件可以降至人民币10万元。

律师事务所应当加强对分所执业和管理活动的监督,履行下列管理职责:①任免分所负责人;②决定派驻分所律师,核准分所聘用律师人选;③审核、批准分所的内部管理制度;④审核、批准分所的年度工作计划、年度工作总结;⑤指导、监督分所的执业活动及重大法律事务的办理;⑥指导、监督分所的财务活动,审核、批准分所的分配方案和年度财务预算、决算;⑦决定分所重要事项的变更、分所停办和分所资产的处置;⑧本所规定的其他由律师事务所决定的事项。律师事务所应当依法对其分所的债务承担责任。

四、律师事务所的管理制度

律师事务所应当建立健全执业管理、利益冲突审查、收费与财务管理、投诉查处、年度考核、档案管理等制度,对律师在执业活动中遵守职业道德、执业纪律的情况进行监督。

律师事务所的管理制度包括保障本所

律师和辅助人员权利的制度、建立违规辞退和除名制度、严禁律师事务所投资入股兴办企业、严禁使用不正当手段承揽业务、统一承办业务制度、收费管理制度和财务管理制度、依法履行法律援助义务、重大疑难案件请示研究检查制度、依法履行管理职责、依法办理社会保险建立社会保障基金、依法承担赔偿责任、负责人承担管理责任、职业道德教育业务学习和表彰制度、投诉查处制度、律师执业考核制度、档案管理制度、基本信息公开制度等。

五、律师收费制度

从律师的法律服务属性出发，为保证律师正常执业，国家建立律师收费制度。

律师收费管理制度主要包括以下内容：

（1）律师收费原则。律师收费应遵循公开公平原则、自愿有偿原则、诚实信用原则、统一收费原则、接受监督原则。

（2）收费方式及范围。律师服务收费实行政府指导价和市场调节价。除律师事务所和基层法律服务机构（包括乡镇、街道法律服务所）提供的下列律师服务收费实行政府指导价外，其他律师服务收费实行市场调节价：担任刑事案件犯罪嫌疑人、被告人的辩护人以及刑事案件自诉人、被害人的代理人；担任公民请求支付劳动报酬、工伤赔偿，请求给付赡养费、抚养费、扶养费，请求发给抚恤金、救济金，请求给予社会保险待遇或最低生活保障待遇的民事诉讼、行政诉讼的代理人，以及担任涉及安全事故、环境污染、征地拆迁赔偿（补偿）等公共利益的群体性诉讼案件代理人；担任公民请求国家赔偿案件的代理人。

律师事务所提供其他法律服务，如担任法律顾问、代理仲裁、提供非诉讼法律服务，解答有关法律的询问、代书等，其收费实行市场调节价，由律师事务所与委托人协商确定。

律师服务收费可以根据不同的服务内容，采取计件收费、按标的额比例收费和计时收费等方式。其中，计件收费一般适用于不涉及财产关系的法律事务；按标的额比例收费适用于涉及财产关系的法律事务。

（3）律师收费的确定与收取。律师事务所接受委托，应当与委托人签订律师服务收费合同或者在委托代理合同中载明收费条款。律师不得私自收案、收费。

收费合同或收费条款应当包括：收费项目、收费标准、收费方式、收费数额、付款和结算方式、争议解决方式等内容。

（4）律师收费的减免。律师收费的减免是指在特殊情况下对委托人减收或免收律师服务费。律师事务所接受指派办理法律援助案件不得向受援人收取任何费用；对于经济确有困难，但不符合法律援助范围的公民，律师事务所可以酌情减收或免收律师服务费。

第四节　律师职业道德

一、律师职业道德的概念和特征

律师职业道德是律师在执业活动、提供法律服务时所应当遵守的道德观念、行为准则、行为规范的总称。律师职业道德主要包括非强制性的道德要求和具有强制性的纪律要求，以及相应的惩戒规定。

律师职业道德主要对律师的执业行为进行规范，同时也规范律师事务所，其主体较为明确。律师职业道德规范的对象主要是律师的执业行为。律师职业道德不仅仅对律师在执业中的行为予以约束，对律师的非执业行为也予以一定约束。

二、律师职业道德的主要内容

1. 律师职业道德的基本准则

律师应当维护当事人合法权益，维护

法律正确实施,维护社会公平和正义。律师执业必须遵守宪法和法律,恪守律师职业道德和执业纪律;律师执业必须以事实为根据,以法律为准绳;律师执业应当接受国家、社会和当事人的监督。

律师职业道德的基本行为规范包括忠诚、为民、法治、正义、诚信、敬业。

2.律师的执业职责

律师应当履行以下执业职责:①律师在执业期间不得以非律师身份从事法律服务。律师只能在一个律师事务所执业。律师不得在受到停止执业处罚期间继续执业,或者在律师事务所被停业整顿期间、注销后继续以原所名义执业。②律师不得在同一案件中为双方当事人担任代理人,不得代理与本人或者其近亲属有利益冲突的法律事务。③律师担任各级人民代表大会常务委员会组成人员的,任职期间不得从事诉讼代理或者辩护业务。④律师不得为以下行为:产生不良社会影响,有损律师行业声誉的行为;妨碍国家司法、行政机关依法行使职权的行为;参加法律所禁止的机构、组织或者社会团体;其他违反法律、法规、律师协会行业规范及职业道德的行为;其他违反社会公德,严重损害律师职业形象的行为。

第五节 律师执业行为规范

一、执业前提

律师的执业前提包括三方面:①律师执业必须持有司法行政机关颁发的有效的律师执业证。②律师执业必须经过律师协会规定的岗前培训。③律师应按照当地律师协会的安排进行执业宣誓。

二、执业组织

律师事务所是律师的执业机构,律师事务所对本所律师负有指导、监督的职责。

三、律师业务推广行为规范

律师业务推广行为规范涉及律师业务推广原则、律师业务推广广告规范、律师宣传规范等。

1.律师执业推广原则

律师和律师事务所推广律师业务,应当遵守平等、诚信原则,遵守律师职业道德和执业纪律,遵守律师行业公认的行业准则,公平竞争。律师和律师事务所可以依法以广告方式宣传律师和律师事务所以及自己的业务领域和专业特长。律师和律师事务所可以通过发表学术论文、案例分析、专题解答、授课、普及法律等活动,宣传自己的专业领域。律师和律师事务所可以通过举办或者参加各种形式的专题、专业研讨会,宣传自己的专业特长。

2.律师业务推广广告

律师和律师事务所为推广业务,可以发布使社会公众了解律师个人和律师事务所法律服务业务信息的广告。律师发布广告应当遵守国家法律、法规、规章和本规范。具有下列情况之一的,律师和律师事务所不得发布律师广告:①没有通过年度考核的;②处于停止执业或停业整顿处罚期间的;③受到通报批评、公开谴责未满一年的。律师个人广告的内容,应当限于律师的姓名、肖像、年龄、性别、学历、学位、专业、律师执业许可日期、所任职律师事务所名称、在所任职律师事务所的执业期限;收费标准、联系方法;依法能够向社会提供的法律服务业务范围;执业业绩。律师事务所广告的内容应当限于律师事务所名称、住所、电话号码、传真号码、邮政编码、电子信箱、网址;所属律师协会;所内执业律师及依法能够向社会提供的法律服务业务范围简介;执业业绩。

3.律师宣传

作为一种提供服务的行业,律师需要

通过宣传为社会和民众所知晓。但律师和律师事务所不得进行歪曲事实、违反法律，或者可能使公众对律师产生不合理期望的宣传。律师和律师事务所可以宣传所从事的某一专业法律服务领域，但不得自我声明或者暗示其被公认或者证明为某一专业领域的权威或专家。此外，律师和律师事务所不得进行律师之间或者律师事务所之间的比较宣传。

四、律师与委托人或当事人的关系规范

1. 委托代理关系

按照法律规定，委托代理关系为一种合同关系。同时，律师还应当谨慎、诚实、客观地告知委托人拟委托事项可能出现的法律风险。

在建立委托代理关系以后，律师应当遵守以下基本要求：①律师应当与委托人就委托事项范围、内容、权限、费用、期限等进行协商，经协商达成一致后，由律师事务所与委托人签署委托协议。②律师应当充分运用专业知识，依照法律和委托协议完成委托事项，维护委托人或者当事人的合法权益。③律师与所任职律师事务所有权根据法律规定、公平正义及律师执业道德标准，选择实现委托人或者当事人目的的方案。④律师应当严格按照法律规定的期间、时效以及与委托人约定的时间办理委托事项。对委托人了解委托事项办理情况的要求，应当及时给予答复。根据《律师执业管理办法》的规定，律师承办业务，应当及时向委托人通报委托事项办理进展情况；需要变更委托事项、权限的，应当征得委托人的同意和授权。⑤律师应当建立律师业务档案，保存完整的工作记录。⑥律师应谨慎保管委托人或当事人提供的证据原件、原物、音像资料底版以及其他材料。⑦律师接受委托后，应当在委托人委托的权限内开展执业活动，不得超越委托权限。⑧律师接受委托后，无正当理由不得拒绝辩护或者代理，或以其他方式终止委托。委托事项违法、委托人利用律师提供的服务从事违法活动或者委托人故意隐瞒与案件有关的重要事实的，律师有权告知委托人并要求其整改，有权拒绝辩护或者代理，或以其他方式终止委托，并有权就已经履行事务取得律师费。⑨律师在承办受托业务时，对已经出现的和可能出现的不可克服的困难、风险，应当及时通知委托人，并向律师事务所报告。

2. 禁止虚假承诺

律师根据委托人提供的事实和证据，依据法律规定进行分析，向委托人提出分析性意见。律师的辩护、代理意见未被采纳，不属于虚假承诺。

3. 禁止非法牟取委托人权益

律师和律师事务所不得利用提供法律服务的便利，牟取当事人争议的权益。律师和律师事务所不得违法与委托人就争议的权益产生经济上的联系，不得与委托人约定将争议标的物出售给自己；不得委托他人为自己或为自己的近亲属收购、租赁委托人与他人发生争议的标的物。律师事务所可以依法与当事人或委托人签订以回收款项或标的物为前提按照一定比例收取货币或实物作为律师费用的协议。

4. 利益冲突审查

律师事务所应当建立利益冲突审查制度。律师事务所在接受委托之前，应当进行利益冲突审查并作出是否接受委托决定。办理委托事务的律师与委托人之间存在利害关系或利益冲突的，不得承办该业务并应当主动提出回避。

有下列情形之一的，律师及律师事务所不得与当事人建立或维持委托关系：①律师在同一案件中为双方当事人担任代理人，或代理与本人或者其近亲属有利益冲突的法律事务的；②律师办理诉讼或者

非诉讼业务,其近亲属是对方当事人的法定代表人或者代理人的;③曾经亲自处理或者审理过某一事项或者案件的行政机关工作人员、审判人员、检察人员、仲裁员,成为律师后又办理该事项或者案件的;④同一律师事务所的不同律师同时担任同一刑事案件的被害人的代理人和犯罪嫌疑人、被告人的辩护人,但在该县区域内只有一家律师事务所且事先征得当事人同意的除外;⑤在民事诉讼、行政诉讼、仲裁案件中,同一律师事务所的不同律师同时担任争议双方当事人的代理人,或者本所或其工作人员为一方当事人,本所其他律师担任对方当事人的代理人的;⑥在非诉讼业务中,除各方当事人共同委托外,同一律师事务所的律师同时担任彼此有利害关系的各方当事人的代理人的;⑦在委托关系终止后,同一律师事务所或同一律师在同一案件后续审理或者处理中又接受对方当事人委托的;⑧其他与第①项至第⑦项情形相似,且依据律师执业经验和行业常识能够判断为应当主动回避且不得办理的利益冲突情形。

有下列情形之一的,律师应当告知委托人并主动提出回避,但委托人同意其代理或者继续承办的除外:①接受民事诉讼、仲裁案件一方当事人的委托,而同所的其他律师是该案件中对方当事人的近亲属的;②担任刑事案件犯罪嫌疑人、被告人的辩护人,而同所的其他律师是该案件被害人的近亲属的;③同一律师事务所接受正在代理的诉讼案件或者非诉讼业务当事人的对方当事人所委托的其他法律业务的;④律师事务所与委托人存在法律服务关系,在某一诉讼或仲裁案件中该委托人未要求该律师事务所律师担任其代理人,而该律师事务所律师担任该委托人对方当事人的代理人的;⑤在委托关系终止后一年内,律师又就同一法律事务接受与原委托人有利害关系的对方当事人的委托的;⑥其他与第①项至第⑤项情况相似,且依据律师执业经验和行业常识能够判断的情形。

5.保管委托人财产

律师事务所可以与委托人签订书面保管协议,妥善保管委托人财产,严格履行保管协议。律师事务所受委托保管委托人财产时,应当将委托人财产与律师事务所的财产、律师个人财产严格分离。

6.转委托

根据《律师执业行为规范》的规定,未经委托人同意,律师事务所不得将委托人委托的法律事务转委托其他律师事务所办理。但在紧急情况下,为维护委托人的利益可以转委托,但应当及时告知委托人。受委托律师遇有突患疾病、工作调动等紧急情况不能履行委托协议时,应当及时报告律师事务所,由律师事务所另行指定其他律师继续承办,并及时告知委托人。非经委托人的同意,不能因转委托而增加委托人的费用支出。

7.委托关系的解除与终止

律师接受委托后,无正当理由的,不得拒绝辩护或者代理。但是,委托事项违法、委托人利用律师提供的服务从事违法活动或者委托人故意隐瞒与案件有关的重要事实的,律师有权拒绝辩护或者代理。

有下列情形之一的,律师事务所应当终止委托关系:①委托人提出终止委托协议的;②律师受到吊销执业证书或者停止执业处罚的,经过协商,委托人不同意更换律师的;③有利益冲突情形的;④受委托律师因健康状况不适合继续履行委托协议的,经过协商,委托人不同意更换律师的;⑤继续履行委托协议违反法律、法规、规章或者本规范的。

有下列情形之一,经提示委托人不纠正的,律师事务所可以解除委托协议:①委托人利用律师提供的法律服务从事违法犯罪活动的;②委托人要求律师完成无法实现或者不合理的目标的;③委托人没有履行委托合同义务的;④在事先无法预见的前提下,律师向委托人提供法律服务将会给律师带来不合理的费用负担,或给律师造成难以承受的、不合理的困难的;⑤有其他合法理由的。

委托代理关系的终止涉及律师和委托人之间的权利义务关系,律师有劝告义务、通知义务、采取合理保护措施的义务、不得扣押当事人的诉讼材料的义务。

五、律师参与诉讼或仲裁规范

律师参与诉讼或仲裁规范包括回避规范、调查取证规范、尊重法庭与规范接触司法人员规范、庭审仪表和语态规范,维护司法公正。

1. 回避

公务员不得兼任执业律师。律师担任各级人民代表大会常务委员会组成人员的,任职期间不得从事诉讼代理或者辩护业务。法官从人民法院离任后2年内,不得以律师身份担任诉讼代理人或者辩护人;法官从人民法院离任后,不得担任原任职法院办理案件的诉讼代理人或者辩护人;法官的配偶、子女不得担任该法官所任职法院办理案件的诉讼代理人或者辩护人。检察官从人民检察院离任后2年内,不得以律师身份担任诉讼代理人或者辩护人;检察官从人民检察院离任后,不得担任原任职检察院办理案件的诉讼代理人或者辩护人;检察官的配偶、子女不得担任该检察官所任职检察院办理案件的诉讼代理人或者辩护人。律师因法定事由或者根据相关规定不得担任诉讼代理人或者辩护人的,应当谢绝当事人的委托,或者解除委托代理合同。

2. 调查取证

《律师执业行为规范》规定,律师应当依法调查取证。律师不得向司法机关或者仲裁机构提交明知是虚假的证据。律师作为证人出庭作证的,不得再接受委托担任该案的辩护人或者代理人出庭。

3. 尊重法庭与规范接触司法人员

具体内容包括:①律师应当遵守法庭、仲裁庭纪律,遵守出庭时间、举证时限、提交法律文书期限及其他程序性规定。②在开庭审理过程中,律师应当尊重法庭、仲裁庭。③律师在办案过程中,不得与所承办案件有关的司法、仲裁人员私下接触。

4. 庭审仪表和语态

律师担任辩护人、代理人参加法庭、仲裁庭审理,应当按照规定穿着律师出庭服装,佩戴律师出庭徽章,注重律师职业形象。律师在法庭或仲裁庭发言时应当举止庄重、大方,用词文明、得体。

六、律师与其他律师的关系规范

1. 尊重与合作

在庭审或者谈判过程中各方律师应当互相尊重,不得使用挖苦、讽刺或者侮辱性的语言。律师或律师事务所不得在公众场合及媒体上发表恶意贬低、诋毁、损害同行声誉的言论。律师变更执业机构时应当维护委托人及原律师事务所的利益;律师事务所在接受转入律师时,不得损害原律师事务所的利益。律师与委托人发生纠纷的,律师事务所的解决方案应当充分尊重律师本人的意见,律师应当服从律师事务所解决纠纷的决议。

2. 禁止不正当竞争

有下列情形之一的,属于律师执业不正当竞争行为:①诋毁、诽谤其他律师或者律师事务所信誉、声誉;②无正当理由,以低于同地区同行业收费标准为条件争揽业务,或者采用承诺给予客户、中介人、推荐人回扣、馈赠金钱、财物或者其他利益等方式争揽业务；③故意在委托人与其代理律师之间制造纠纷；④向委托人明示或者暗示自己或者其所属的律师事务所与司法机关、政府机关、社会团体及其工作人员具有特殊关系；⑤就法律服务结果或者诉讼结果作出虚假承诺；⑥明示或者暗示可以帮助委托人达到不正当目的，或者以不正当的方式、手段达到委托人的目的。

同时，律师和律师事务所在与行政机关、行业管理部门以及企业的接触中，不得采用下列不正当手段与同行进行业务竞争：①通过与某机关、某部门、某行业对某一类的法律服务事务进行垄断的方式争揽业务；②限定委托人接受其指定的律师或者律师事务所提供法律服务，限制其他律师或律师事务所正当的业务竞争。

律师和律师事务所在与司法机关及司法人员接触中，不得采用利用律师兼有的其他身份影响所承办业务正常处理和审理的手段进行业务竞争。

律师或律师事务所相互之间不得采用下列手段排挤竞争对手的公平竞争：①串通抬高或者压低收费；②为争揽业务，不正当获取其他律师和律师事务所收费报价或者其他提供法律服务的条件；③泄露收费报价或者其他提供法律服务的条件等暂未公开的信息，损害相关律师事务所的合法权益。

律师和律师事务所不得擅自或者非法使用社会专有名称或者知名度较高的名称以及代表其名称的标志、图形文字、代号以混淆误导委托人。

律师和律师事务所不得伪造或者冒用法律服务荣誉称号。使用已获得的律师或者律师事务所法律服务荣誉称号的，应当注明获得时间和期限。律师和律师事务所不得变造已获得的荣誉称号用于广告宣传。律师事务所已撤销的，其原取得的荣誉称号不得继续使用。

七、律师与所任职的律师事务所关系规范

（1）律师事务所应当建立健全执业管理、利益冲突审查、收费与财务管理、投诉查处、年度考核、档案管理、劳动合同管理等制度，对律师在执业活动中遵守职业道德、执业纪律的情况进行监督。

（2）律师事务所应当依法保障律师及其他工作人员的合法权益，为律师执业提供必要的工作条件。

（3）律师及律师事务所必须依法纳税。

（4）律师事务所应当定期组织律师开展时事政治、业务学习，总结交流执业经验，提高律师执业水平。律师事务所应当认真指导申请律师执业实习人员实习，如实出具实习鉴定材料和相关证明材料。

（5）律师事务所不得从事法律服务以外的经营活动。

（6）律师和律师事务所应当按照国家规定履行法律援助义务，为受援人提供法律服务，维护受援人的合法权益。律师事务所不得指派没有取得律师执业证书的人员或者处于停止执业处罚期间的律师以律师名义提供法律服务。律师事务所对受其指派办理事务的律师辅助人员出现的错误，应当采取制止或者补救措施，并承担责任。

（7）律师事务所有义务对律师、申请律师执业实习人员在业务及职业道德等方面进行管理。

八、律师与律师协会关系规范

律师与律师协会关系规范包括接受行业管理、重大事项报告或备案、参与律师协会活动、自觉接受调解处理等。

律师和律师事务所应当遵守律师协会制定的律师行业规范和规则。律师和律师事务所享有律师协会章程规定的权利，承担律师协会章程规定的义务。

律师应当参加、完成律师协会组织的律师业务学习及考核。律师参加国际性律师组织并成为其会员的，以及以中国律师身份参加境外会议等活动的，应当报律师协会备案。

律师和律师事务所因执业行为成为刑事、民事诉讼的被告，或者受到行政机关调查、处罚的，应当向律师协会书面报告。

律师应当积极参加律师协会组织的律师业务研究活动，完成律师协会布置的业务研究任务，参加律师协会组织的公益活动。

律师应当妥善处理律师执业中发生的纠纷，履行经律师协会调解达成的调解协议。律师应当执行律师协会就律师执业纠纷作出的处理决定。律师应当履行律师协会依照法律、法规、规章及律师协会章程、规则作出的处分决定。

律师应当按时缴纳会费。

第六节　律师职业责任

律师职业责任是指律师在执业活动中因违反有关律师行为、律师管理的法律、法规和执业纪律所应承担的责任，包括违纪行为的处分和行政法律责任、民事法律责任、刑事法律责任。违纪行为的处分和行政法律责任为律师职业责任最主要的责任形式。

一、律师执业中违纪行为的处分

（1）律师执业中违纪行为的处分包括训诫、警告、通报批评、公开谴责、取消会员资格等种类。

（2）律师执业中违纪行为的处分的实施机构是律师协会。中华全国律师协会设立纪律委员会，负责律师行业处分相关规则的制定及对各级律师协会处分工作的指导与监督。各省、自治区、直辖市律师协会及设区的市律师协会设立惩戒委员会，负责对违规会员进行处分。

二、律师和律师事务所执业中的法律责任

律师和律师事务所执业中的法律责任包括律师和律师事务所执业中的行政法律责任、民事法律责任和刑事法律责任等。

1. 律师和律师事务所执业中违法行为的行政法律责任

（1）律师执业中违法行为的行政法律责任。律师执业中违法行为的行政法律责任主要是指司法行政部门所给予的行政处罚。对律师的行政处罚分为警告、罚款、没收违法所得、停止执业、吊销律师执业证书5种。

（2）律师事务所执业中违法行为的行政法律责任。律师事务所执业中违法行为的行政法律责任具体表现为司法行政部门给予的行政处罚。对律师事务所的行政处罚分为警告、停业整顿、没收违法所得、罚款、吊销执业证书5种。

2. 律师和律师事务所执业中的民事法律责任

律师违法执业或者因过错给当事人造成损失的，由其所在的律师事务所承担赔偿责任。律师事务所赔偿后，可以向有故意或者重大过失行为的律师追偿。

合伙律师事务所的合伙人按照合伙形式对该律师事务所的债务依法承担责任。普通合伙律师事务所的合伙人对律师事务所的债务承担无限连带责任。特殊的普通合伙律师事务所一个合伙人或者数个合伙人在执业活动中因故意或者重大过失造成律师事务所债务的，应当承担无限责任或者无限连带责任，其他合伙人以其在律师事务所中的财产份额为限承担责任，合伙人在执业活动中非因故意或者重大过失造成的律师事务所债务，由全体合伙人承担无限连带责任。个人律师事务所的设立人

对律师事务所的债务承担无限责任。国资律师事务所以该律师事务所的全部资产对其债务承担责任。

3. 律师和律师事务所执业中犯罪行为的刑事法律责任

律师和律师事务所在执业活动中构成犯罪的,根据我国《刑法》规定,依法追究其刑事责任。

第七节 法律援助制度

一、法律援助制度的概念

法律援助制度是指由国家设立专门机构,为经济困难或者特殊案件的当事人减免费用提供法律方面帮助的一项法律制度。

二、法律援助范围和条件

1. 刑事案件

我国的刑事法律援助范围广泛,涵盖从侦查到审判的各个诉讼阶段;法律援助申请人不仅包括犯罪嫌疑人、被告人和被害人、自诉人,而且还包括犯罪嫌疑人、被告人的近亲属,被害人的法定代理人或者近亲属以及自诉人的法定代理人;所提供援助的范围既包括进行刑事辩护和代理,也包括提供法律咨询。

2. 民事、行政案件

公民对下列需要代理的事项,因经济困难没有委托代理人的,可以向法律援助机构申请法律援助:①依法请求国家赔偿的;②请求给予社会保险待遇或者最低生活保障待遇的;③请求发给抚恤金、救济金的;④请求给付赡养费、抚养费、扶养费的;⑤请求支付劳动报酬的;⑥主张因见义勇为行为产生的民事权益的。

三、法律援助申请和审查

1. 法律援助申请

①民事、行政法律援助申请。请求国家赔偿的,向赔偿义务机关所在地的法律援助机构提出申请;请求给予社会保险待遇、最低生活保障待遇或者请求发给抚恤金、救济金的,向提供社会保险待遇、最低生活保障待遇或者发给抚恤金、救济金的义务机关所在地的法律援助机构提出申请;请求给付赡养费、抚养费、扶养费的,向给付赡养费、抚养费、扶养费的义务人住所地的法律援助机构提出申请;请求支付劳动报酬的,向支付劳动报酬的义务人住所地的法律援助机构提出申请;主张因见义勇为行为产生的民事权益的,向被请求人住所地的法律援助机构提出申请。②刑事法律援助申请。刑事案件的当事人及其法定代理人或其近亲属申请法律援助的,应当向办理案件的人民法院、人民检察院、公安机关所在地的法律援助机构提出申请。被羁押的犯罪嫌疑人、被告人、服刑人员、强制隔离戒毒人员申请法律援助的,可以通过办理案件的人民法院、人民检察院、公安机关或者所在监狱、看守所、强制隔离戒毒所转交申请。

2. 法律援助审查

法律援助机构收到法律援助申请后,应当进行审查;认为申请人提交的证件、证明材料不齐全的,可以要求申请人作出必要的补充或者说明,申请人未按要求作出补充或者说明的,视为撤销申请;认为申请人提交的证件、证明材料需要查证的,由法律援助机构向有关机关、单位查证。对符合法律援助条件的,法律援助机构应当及时决定提供法律援助;对不符合法律援助条件的,应当书面告知申请人理由。

申请人对法律援助机构作出的不符合法律援助条件的通知有异议的,可以向主管该法律援助机构的司法行政部门提出,司法行政部门应当在收到异议之日起 5 个工作日内进行审查,经审查认为申请人符合法律援助条件的,应当以书面形式责令法律援助机构及时对该申请人提供法律援助。

四、法律援助实施

1. 法律援助的实施形式

我国法律援助的实施形式包括法律咨询、代理、刑事辩护等。

2. 法律援助的实施程序

①法律援助人员的指派。法律援助机构可以指派律师事务所安排律师或者安排本机构的工作人员办理法律援助案件;也可以根据其他社会组织的要求,安排其所属人员办理法律援助案件。②法律援助事项的承办。法律援助机构、法律服务机构、法律援助人员及受援人根据法律援助协议的约定,在各自职责范围内完成法律援助事项。③法律援助的异地协作。法律援助实施过程中的异地协作,是指为顺利实施法律援助,提高工作效率,各地法律援助机构之间就审查申请材料和调查取证进行的协调与合作。④更换法律援助人员。受援人有证据证明法律援助人员不依法履行义务的,可以请求法律援助机构更换法律援助人员。⑤结案。法律援助案件办理完毕,法律援助人员应向法律援助机构提交书面结案报告和相关材料(包括有关的法律文书副本或者复印件),以便于法律援助机构整理归档。法律援助机构收到结案报告和相关材料后应及时审核,将材料装订成册,归档保存,验收合格后,作出指派的法律援助机构应根据有关规定支付办案补贴。⑥终止。有下列情形之一的,应当终止法律援助:受援人不再符合法律援助经济困难标准的;案件依法终止审理或者被撤销的;受援人又自行委托其他代理人或者辩护人的;受援人要求终止法律援助的;受援人利用法律援助从事违法活动的;受援人故意隐瞒与案件有关的重要事实或者提供虚假证据的。

3. 法律援助的救济程序

在刑事法律援助的监督方面,法律援助机构对律师事务所、律师开展法律援助活动的指导监督,司法行政机关和律师协会根据律师事务所、律师履行法律援助义务情况实施奖励和惩戒,公检法机关及时向法律援助机构通报律师违法违纪损害受援人利益的行为,加大对律师办理刑事法律援助案件的监管力度,从而促进提高办案质量。

第五章 公证制度与公证员职业道德

第一节 公证制度概述

一、公证制度的概念

公证是公证机构根据自然人、法人或者其他组织的申请,依照法律规定对民事法律行为、有法律意义的事实和文书的真实性、合法性予以证明并赋予法律效力的活动。公证具有私证不可比拟的权威性:①公证是国家司法制度的重要组成部分。②公证机构仅对无争议的事项进行公证,公证活动为非诉讼活动。③公证职能只能由公证机构统一行使。④经过公证的法律事项受国家法律的保护,公证文书具有特定的法律效力。⑤公证文书具有广泛的适用性,发往域外使用的公证文书会受到使用国家或地区的承认。

二、我国公证制度的特征

一般认为,公证制度具有公益性、中立性、公证办理的直接原则等特点。①公证是一种特殊的证明活动,公证主体具有特定性,公证对象和内容具有特定性,公证效力具有特殊性,公证程序具有法定性。②公证是一种非诉讼司法活动。

三、我国公证管理体制

根据法律规定,我国实行司法行政机关行政管理与公证协会行业管理相结合的公证管理体制。①司法行政机关的行政管理。司法行政机关对公证机构和公证员的行政管理具体包括以下内容:按照规定程序批准公证机构的设立,颁发公证机构执业证书;按照统筹规范、合理布局的原则,依法对公证机构的执业区域、外部管理体制等进行调整和规范,实现公证资源的优化配置;对推选产生的公证机构负责人予以核准和备案;根据《公证法》的规定,对公证员进行考核、任免;对公证协会进行监督、指导;会同有关部门制定公证收费标准;对公证机构和公证员的执业活动进行监督指导,并对其违法行为进行处罚。②公证协会的行业管理。公证协会是公证业的自律性组织,依据章程开展活动,对公证机构、公证员的执业活动进行监督。

第二节　公证机构和公证员

一、公证机构的概念

公证机构是依法设立,不以营利为目的,依法独立行使公证职能、承担民事责任的证明机构。公证机构具有下列特性:①公证机构须依法设立,按照法律规定的条件和程序来设立。②为保证公证活动的客观性和公正性,公证机构不以营利为目的。公证机构提供服务需要按照一定标准收取费用,但公证机构非以获取利润为目的。③公证机构依法独立行使公证职能,任何单位、个人不得非法干预,其合法权益不受侵犯。④公证机构独立承担民事责任。⑤公证机构是进行公证活动的专设法律证明机构。

二、公证机构的设立

公证机构按照统筹规划、合理布局的原则,可以在县、不设区的市、设区的市、直辖市或者市辖区设立;在设区的市、直辖市可以设立一个或者若干个公证机构。公证机构不按行政区划层层设立。

公证机构设立的条件为:①有自己的名称;②有固定的场所;③有 2 名以上公证员;④有开展公证业务所必需的资金。这些条件涉及名称、场所、人员、资金等,为公证机构正常开展公证活动所必需。

在公证机构设立的程序方面,设立公证机构由所在地的司法行政部门报省、自治区、直辖市人民政府司法行政部门按照规定程序批准后,颁发公证机构执业证书。

三、公证业务范围

公证业务范围是指公证机构按照国家法律规定有权办理的公证事务和相关法律事务。按照不同的分类,公证可以分为自愿公证、法定公证;民事公证、经济公证;法律行为公证、具有法律意义事实的公证、具有法律意义文书的公证;国内公证业务、涉外公证业务和涉港澳台公证业务。

根据自然人、法人或者其他组织的申请,公证机构办理下列公证事项:①合同;②继承;③委托、声明、赠与、遗嘱;④财产分割;⑤招标投标、拍卖;⑥婚姻状况、亲属关系、收养关系;⑦出生、生存、死亡、身份、经历、学历、学位、职务、职称、有无违法犯罪记录；⑧公司章程；⑨保全证据；⑩文书上的签名、印鉴、日期，文书的副本、影印本与原本相符；⑪自然人、法人或者其他组织自愿申请办理的其他公证事项。法律、行政法规规定应当公证的事项，有关自然人、法人或者其他组织应当向公证机构申请办理公证。《公证法》第12条规定，根据自然人、法人或者其他组织的申请，公证机构可以办理下列事务：①法律、行政法规规定由公证机构登记的事务；②提存；③保管遗嘱、遗产或者其他与公证事项有关的财产、物品、文书；④代写与公证事项有关的法律事务文书；⑤提供公证法律咨询。这表明我国法律规定了较为广泛的公证业务范围，大致包括证明民事法律行为、证明有法律意义的事实、证明有法律意义的文书、其他公证事务四类。

四、法定公证制度

我国《公证法》确定了法定公证的原则。我国对应当公证事项作出规定的法律、行政法规不多。如《民事诉讼法》第264条规定："在中华人民共和国领域内没有住所的外国人、无国籍人、外国企业和组织委托中华人民共和国律师或者其他人代理诉讼，从中华人民共和国领域外寄交或者托交的授权委托书，应当经所在国公证机关证明，并经中华人民共和国驻该国使领馆认证，或者履行中华人民共和国与该所在国订立的有关条约中规定的证明手续后，才具有效力。"

五、公证机构的管理制度

为正常开展公证业务，公证机构需要建立和健全管理制度，具体包括：①业务、财务、资产管理制度。②执业监督制度。③执业过错责任追究制度。④培训制度。⑤执业年度考核制度。⑥执业档案制度。

六、公证执业责任保险

为增强公证机构及其公证员承担责任、抵御风险的能力，提高我国公证机构的公信力，中国公证协会与中国人民保险公司，于2000年12月18日在北京签订了公证责任保险合同，公证责任保险具有强制性，投保人是中国公证协会，被保险人是在中华人民共和国境内依法行使国家公证职能的公证机构，保险人是中国人民保险公司。

在某一公证机构及其公证员给当事人、公证事项利害关系人造成损失的，首先由保险公司赔付；如果受损失的一方认为这样仍不足以弥补其损失，还可以向作出错误公证的公证机构索赔。公证机构赔偿后，可以向有重大过错的公证员追偿。

就赔偿的性质而言，公证赔偿应为补偿性赔偿，补偿的范围通常仅限于直接经济损失，对于间接经济损失，公证机构一般不予赔偿。公证保险人所应承担的赔偿责任，一般包括：①人民法院判定或经保险人同意由公证机构与公证责任赔偿当事人协商确定的因公证责任引起的赔偿金额；②人民法院收取的诉讼费；③其他诉讼费用，如律师费，调查取证费用等；④法律规定或保险合同约定应由保险人承担的费用。

七、公证员的概念

公证员是符合《公证法》规定的条件，在公证机构从事公证业务的执业人员。

八、公证员的条件与任免

担任公证员应当具备的条件大致包括一般条件、特殊条件、禁止条件三方面。

一般条件方面，担任公证员应当具备的条件为：①具有中华人民共和国国籍；②年龄25周岁以上65周岁以下；③公道正派，遵纪守法，品行良好；④通过国家司法考试;⑤在公证机构实习2年以上或者具有3年以上其他法律职业经历并在公证机构实习1年以上,经考核合格。

此外,法律还规定了公证员的考核任职制度,以作为公证员基本准入制度的补充,此为担任公证员应当具备的特殊条件。《公证法》规定,从事法学教学、研究工作,具有高级职称的人员,或者具有本科以上学历,从事审判、检察、法制工作、法律服务满10年的公务员、律师,已经离开原工作岗位,经考核合格的,也可以担任公证员。

在公证员任职的禁止条件方面,有下列情形之一的,不得担任公证员:①无民事行为能力或者限制民事行为能力的;②因故意犯罪或者职务过失犯罪受过刑事处罚的;③被开除公职的;④被吊销公证员、律师执业证书的。

担任公证员,应当由符合公证员条件的人员提出申请,经公证机构推荐,由所在地的司法行政部门报省、自治区、直辖市人民政府司法行政部门审核同意后,报请国务院司法行政部门任命,并由省、自治区、直辖市人民政府司法行政部门颁发公证员执业证书。

公证员有下列情形之一的,由所在地的司法行政部门报省、自治区、直辖市人民政府司法行政部门提请国务院司法行政部门予以免职:①丧失中华人民共和国国籍的;②年满65周岁或者因健康原因不能继续履行职务的;③自愿辞去公证员职务的;④被吊销公证员执业证书的。根据《公证员执业管理办法》的规定,被吊销公证员执业证书的,由省、自治区、直辖市司法行政机关直接提请司法部予以免职。

九、公证员执业证书管理

公证员执业证书是公证员履行法定任职程序后在公证机构从事公证执业活动的有效证件。公证员执业证书由司法部统一制作。证书编号办法由司法部制定。

公证员执业证书由公证员本人持有和使用,不得涂改、抵押、出借或者转让。公证员执业证书损毁或者遗失的,由本人提出申请,所在公证机构予以证明,提请所在地司法行政机关报省、自治区、直辖市司法行政机关申请换发或者补发。执业证书遗失的,由所在公证机构在省级报刊上声明作废。

十、公证员的权利与义务

公证员享有以下权利。公证员依法执业,受法律保护,任何单位和个人不得非法干预。根据《公证法》的规定,公证员有权获得劳动报酬,享受保险和福利待遇;有权提出辞职、申诉或者控告;非因法定事由和非经法定程序,不被免职或者处罚。

公证员应当履行下列义务:公证员应当遵纪守法,恪守职业道德,依法履行公证职责,保守执业秘密。同时,公证员应当加入地方和全国的公证协会。此外,公证员应当依法履行公证职责,不得有下列行为:①同时在两个以上公证机构执业;②从事有报酬的其他职业;③为本人及近亲属办理公证或者办理与本人及近亲属有利害关系的公证;④私自出具公证书;⑤为不真实、不合法的事项出具公证书;⑥侵占、挪用公证费或者侵占、盗窃公证专用物品;⑦毁损、篡改公证文书或者公证档案;⑧泄露在执业活动中知悉的国家秘密、商业秘密或者个人隐私;⑨法律、法规和司法部规定禁止的其他行为。

第三节 公证程序与公证效力

一、公证程序

公证程序包括公证的申请、受理、审查、出具公证书等。

1.公证的申请

①公证申请的提出。自然人、法人或

者其他组织申请办理公证,可以向住所地、经常居住地、行为地或者事实发生地的公证机构提出;申请办理涉及不动产的公证,应当向不动产所在地的公证机构提出,但申请办理涉及不动产的委托、声明、赠与、遗嘱的公证,可以向住所地、经常居住地、行为地或事实发生地的公证机构提出。②公证代理。当事人申请办理公证,可以委托他人代理,但申请办理遗嘱、生存、收养等应当由本人申办的公证事项,不得委托他人代理。③填写公证申请表。④申请人申请办理公证,应当提交下列材料:自然人的身份证明,法人的资格证明及其法定代表人的身份证明,其他组织的资格证明及其负责人的身份证明;委托他人代为申请的,代理人须提交当事人的授权委托书,法定代理人或者其他代理人须提交有代理权的证明;申请公证的文书;申请公证的事项的证明材料,涉及财产关系的须提交有关财产权利证明等其他材料。

2. 公证的受理

公证处受理申请的条件为:①申请人与申请公证的事项有利害关系;②申请人之间对申请公证的事项无争议;③申请公证的事项属于公证处的业务范围;④申请公证的事项符合该公证处执业区域的规定。

公证机构接到公证申请后,应当进行审查,对于符合条件的申请,应当受理并向申请人发送受理通知单,申请人或其代理人应当在回执上签收。公证机构受理公证申请后,应当指派承办公证员,并通知当事人。

3. 公证的审查

公证机构办理公证,应当根据不同公证事项的办理规则,分别审查下列事项:①当事人的身份、申请办理该项公证的资格以及相应的权利;②提供的文书内容是否完备,含义是否清晰,签名、印鉴是否齐全;③提供的证明材料是否真实、合法、充分;④申请公证的事项是否真实、合法。

公证机构对申请公证的事项以及当事人提供的证明材料,按照有关公证规则需要核实或者对其有疑义的,应当进行核实。公证机构主要通过询问当事人和公证事项的利害关系人及证人、调查和现场勘验、鉴定和检验、检测及翻译等方式进行核实。

4. 出具公证书

公证机构经审查,认为申请人提供的证明材料真实、合法、充分,申请公证的事项真实、合法的,应当自受理公证申请之日起15个工作日内向当事人出具公证书。

5. 不予办理公证和终止公证

有下列情形之一的,公证机构不予办理公证:①无民事行为能力人或者限制民事行为能力人没有监护人代理申请办理公证的;②当事人与申请公证的事项没有利害关系的;③申请公证的事项属专业技术鉴定、评估事项的;④当事人之间对申请公证的事项有争议的;⑤当事人虚构、隐瞒事实,或者提供虚假证明材料的;⑥当事人提供的证明材料不充分或者拒绝补充证明材料的;⑦申请公证的事项不真实、不合法的;⑧申请公证的事项违背社会公德的;⑨当事人拒绝按照规定支付公证费的。不予办理公证的,由承办公证员写出书面报告,报公证机构负责人批准。不予办理公证的决定应当书面通知当事人或其代理人。同时,公证机构应当根据不予办理的原因及责任,酌情退还部分或者全部收取的公证费。

6. 公证书的认证

公证书需要在国外使用,使用国要求先认证的,应当经中华人民共和国外交部或者外交部授权的机构和有关国家驻中华人民共和国使(领)馆认证。

7. 公证程序的特别规定

办理现场监督类公证、办理遗嘱公证、办理保全证据公证、办理债权文书执行证书、公证调解的另有特别规定。

8.公证登记和立卷归档

包括公证登记制度和公证立卷归档制度。

二、公证效力

一般认为公证还具有预防效力,通过公证能够化解矛盾、防止纠纷和减少诉讼。

(1)证据效力。在诉讼、仲裁和行政管理活动中,公证书具有证据效力,而且具有比其他单位和个人提供的证明文书更高的证据效力;司法机关、仲裁机构、行政机关及其登记部门应当将公证书作为认定事实的根据。

(2)强制执行效力。就债权文书而言,建立在公证证明的证据效力基础上而具有的强制执行效力,这是法律赋予公证的最具有特殊性的效力。

(3)法律行为成立要件效力。根据法律规定,某些法律行为在办理公证后才具有法律效力。

三、公证的救济

(1)公证书的复查。为及时纠正公证工作中的失误和违法行为、提高公证质量、监督公证机构,当事人、公证事项的利害关系人认为公证书有错误的,可以向出具该公证书的公证机构提出复查。

(2)公证书内容争议的诉讼。当事人、公证事项的利害关系人对公证书的内容有争议的,可以就该争议向人民法院提起民事诉讼。

第四节 公证员职业道德

一、公证员职业道德的概念和特征

公证员职业道德是指公证员在履行职务活动中所应遵循的行为规范的总和。就适用对象而言,公证员职业道德不仅指依法取得资格的执业公证员,也包括办理公证的辅助人员和其他工作人员,主要规范公证员的履行职务行为;从调整的内容看,公证员职业道德既包括办理公证业务的行为准则,也包括公证人员的观念、意识。

二、公证员职业道德的依据

公证员职业道德的依据主要是《公证法》和《公证员职业道德基本准则》。

三、公证员职业道德的主要内容

公证员职业道德主要包括忠于法律、尽职履责,爱岗敬业、规范服务,加强修养、提高素质以及廉洁自律和尊重同行等方面。

(1)忠于法律、尽职履责。公证机构办理公证,应当遵守法律,坚持客观、公正的原则;遵守法定回避制度;履行执业保密义务;积极采取措施纠正、制止违法违规行为。

(2)爱岗敬业、规范服务。公证员应当热爱公证工作,爱岗敬业,在岗位上尽职尽责,确立强烈的职业责任感、荣誉感。公证员应当珍惜职业荣誉,履行告知义务,平等、热情地对待公证当事人、代理人和参与人,依法提高办证质量和效率,注重文明礼仪和维护职业形象,积极履行监督义务,不发表不当评论。

(3)加强修养、提高素质。公证员应当遵守社会公德,具有良好的个人修养和品行;忠于职守;热爱集体,团结协作;不断提高自身的业务能力和职业素养;终身学习,勤勉进取。

(4)廉洁自律、尊重同行。公证员应当廉洁自律,妥善处理个人事务,不得接受不当利益,相互尊重,避免不当干预,不从事不正当竞争行为。

第五节 公证职业责任

一、公证职业责任的概念

公证职业责任是指由于公证人员的违

法和违反职业道德规范所造成的,公证机构和公证员对当事人等所承担的责任,包括惩戒处分、行政法律责任、民事法律责任和刑事法律责任。公证职业责任的重点是财产责任,公证职业责任的范围应与给当事人造成的损害相适应。

二、公证员执业中违纪行为的处分

公证员违反执业纪律和职业道德规范的行为,由公证协会给予处分。公证员执业中违纪行为的处分,又称公证员惩戒。

1. 公证员执业中违纪行为的处分形式与适用条件

对公证员的惩戒有六种:警告、严重警告、罚款、记过、暂停会员资格、取消会员资格,各有其适用条件。

(1)公证员有下列行为之一的,予以警告:无正当理由,不接受指定的公益性公证事项的;无正当理由,不按期出具公证书的;在媒体上或者利用其他手段提供虚假信息,对本公证机构或者本公证机构的公证员进行夸大、虚假宣传,误导当事人、公众或者社会舆论的;违反规定减免公证收费的;在公证员名片上印有曾担任过的行政职务、荣誉职务、专业技术职务或者其他头衔的;采用不正当方式垄断公证业务的;公证书经常出现质量问题的。

(2)公证员有下列行为之一的,予以严重警告:刁难当事人,服务态度恶劣,造成不良影响的;对应当受理的公证事项,无故推诿不予受理的;故意诋毁、贬损其他公证机构或公证人员声誉的;利用非法手段诱使公证当事人,干扰其他公证机构或者公证人员正常的公证业务的;给付公证当事人回扣或者其他利益的;违反回避规定的;违反公证程序,降低受理、出证标准的;违反职业道德和执业纪律的;一年内连续出现2件以内错误公证文书的。

(3)根据公证员违反行业规范行为的性质,可以并处50元至5000元的罚款。

(4)公证员有下列行为之一的,予以记过:一年内连续出现3件以上5件以下错误公证文书的;违反公证法规、规章规定的;违反公证管辖办理公证的;违反职业道德和执业纪律,拒不改正的;受到严重警告惩戒后,6个月内又有《公证员惩戒规则》第13条所列行为的。

(5)公证员有下列行为之一的,予以暂停公证员协会会员资格,并建议司法行政机关给予暂停执业的行政处罚:利用职务之便牟取或收受不当利益的;违反职业道德和执业纪律,情节严重的;一年内连续出现6件以上错误公证文书的。

(6)公证员有下列行为之一的,予以取消公证员协会会员资格,并建议司法行政机关给予吊销执业证的行政处罚:泄露国家机密、商业秘密和个人隐私,给国家或者公证当事人造成重大损失或者产生恶劣社会影响的;故意出具错误公证书的;制作假公证书的;受刑事处罚的,但非职务的过失犯罪除外;违反公证法规、规章规定,后果严重的;对投诉人、举报人、证人等有关人员打击报复的;案发后订立攻守同盟或隐匿、销毁证据,阻挠调查的;违反职业道德和执业纪律,情节特别严重的。

2. 公证员执业中违纪行为的处分实施

公证员执业中违纪行为处分的实施主要包括惩戒机构、惩戒管辖、惩戒投诉及处理、惩戒调查、惩戒决定的作出和送达、惩戒决定的复核等内容。中国公证协会和地方公证协会设立惩戒委员会,惩戒委员会是对公证员实施惩戒的专门机构。

三、公证机构和公证员执业中违法犯罪行为的法律责任

公证机构和公证员执业中违法犯罪行为的法律责任包括行政法律责任、民事法律责任和刑事法律责任等。

1. 公证机构和公证员执业中违法行为的行政法律责任

公证员和公证机构执业中违法行为的行政法律责任具体表现为司法行政部门所给予的行政处罚。司法行政部门对公证机构的行政处罚分为警告、罚款、没收违法所得、停业整顿四种;司法行政部门对公证员的行政处罚分为警告、罚款、停止执业、没收违法所得、吊销执业证书五种。

公证机构及其公证员有下列行为之一的,由省、自治区、直辖市或者设区的市人民政府司法行政部门给予警告;情节严重的,对公证机构处1万元以上5万元以下罚款,对公证员处1千元以上5千元以下罚款,并可以给予3个月以上6个月以下停止执业的处罚;有违法所得的,没收违法所得:①以诋毁其他公证机构、公证员或者支付回扣、佣金等不正当手段争揽公证业务的;②违反规定的收费标准收取公证费的;③同时在两个以上公证机构执业的;④从事有报酬的其他职业的;⑤为本人及近亲属办理公证或者办理与本人及近亲属有利害关系的公证的。

公证机构及其公证员有下列行为之一的,由省、自治区、直辖市或者设区的市人民政府司法行政部门对公证机构给予警告,并处2万元以上10万元以下罚款,并可以给予1个月以上3个月以下停业整顿的处罚;对公证员给予警告,并处2千元以上1万元以下罚款,并可以给予3个月以上12个月以下停止执业的处罚;有违法所得的,没收违法所得;情节严重的,由省、自治区、直辖市人民政府司法行政部门吊销公证员执业证书;构成犯罪的,依法追究刑事责任:①私自出具公证书的;②为不真实、不合法的事项出具公证书的;③侵占、挪用公证费或者侵占、盗窃公证专用物品的;④毁损、篡改公证文书或者公证档案的;⑤泄露在执业活动中知悉的国家秘密、商业秘密或者个人隐私的。因故意犯罪或者职务过失犯罪受刑事处罚的,应当吊销公证员执业证书。

2. 公证机构和公证员执业行为的民事法律责任

公证机构及其公证员因过错给当事人、公证事项的利害关系人造成损失的,由公证机构承担相应的赔偿责任;公证机构赔偿后,可以向有故意或者重大过失的公证员追偿。

3. 公证机构和公证员执业中犯罪行为的刑事法律责任

公证机构或其公证员因执业行为构成犯罪的,应当追究其刑事责任。因故意犯罪或者职务过失犯罪受刑事处罚的,应当吊销公证员执业证书。

第六章 其他法律职业人员职业道德

第一节 法律顾问职业道德

一、法律顾问职业道德的概念

法律顾问是指依法接受公民、法人或者其他组织的聘请,运用法律专业知识和法律专业技能为聘请方提供全方位法律服务的专业人员。狭义上的法律顾问仅指律师;广义上的法律顾问则不限于律师,还包括其他具有法律专业知识、技能,能够提供法律服务的专业人员。从聘请单位的角度看,目前我国的法律顾问主要包括党政机关法律顾问、人民团体法律顾问以及国有企事业单位法律顾问,其中党政机关法律顾问也称为"政府法律顾问"。

2016年6月,中共中央办公厅、国务院办公厅印发的《关于推行法律顾问制度和公职律师公司律师制度的意见》明确提出:"2017年底前,中央和国家机关各部委,县级以上地方各级党政机关普遍设立法律顾问、公职律师,乡镇党委和政府根据需要设立法律顾问、公职律师,国有企业深入推进法律顾问、公司律师制度,事业单位探索建立法律顾问制度,到2020年全面形成与经济社会发展和法律服务需求相适应的中国特色法律顾问、公职律师、公司律师制度体系。"

从目前各级党政机关、国有企业制定的法律顾问工作办法的内容来看,法律顾问的重要工作职责包括以下内容。

1. 党政机关法律顾问的主要工作职责

党政机关法律顾问履行下列职责:①为重大决策、重大行政行为提供法律意见;②参与法律法规规章草案、党内法规草案和规范性文件送审稿的起草、论证;③参与合作项目的洽谈,协助起草、修改重要的法律文书或者以党政机关为一方当事人的重大合同;④为处置涉法涉诉案件、信访案件和重大突发事件等提供法律服务;⑤参与处理行政复议、诉讼、仲裁等法律事务;⑥所在党政机关规定的其他职责。

2. 人民团体法律顾问的主要工作职责

人民团体法律顾问履行下列职责:①参与人民团体重大决策的法律论证,提供法律服务;②为人民团体参与研究制定法律、法规草案等提供法律咨询意见;③对人民团体重要规范性文件的制定提供法律服务;④就人民团体工作中所涉及的重大法律问题提供法律服务;⑤参与人民团体组织的理论学习中有关法律知识的授课;⑥办理人民团体交办的其他法律事务。

3. 国有企业法律顾问的主要工作职责

国有企业法律顾问履行下列职责:①参与企业章程、董事会运行规则的制定;②对企业重要经营决策、规章制度、合同进行法律审核;③为企业改制重组、并购上市、产权转让、破产重整、和解及清算等重大事项提出法律意见;④组织开展合规管理、风险管理、知识产权管理、外聘律师管理、法治宣传教育培训、法律咨询;⑤组织处理诉讼、仲裁案件;⑥所在企业规定的其他职责。

法律顾问职业道德,是指法律顾问在履行工作职责过程中应该遵守的基本行为规范和准则。从广义上看,法律顾问职业道德属于法律职业道德的范畴,因此,法律顾问既要遵守法律职业道德的基本要求,也要遵守法律顾问这一职业(身份)所特有的职业要求。加强法律顾问职业道德建设,是建设高素质法律顾问队伍的重要措施,是进一步完善我国法律顾问制度建设的重要环节。

二、法律顾问职业道德的主要内容

法律顾问职业道德既包括法律职业道德的普遍性要求,也包括法律顾问这一职业群体自身的特殊要求。

我国关于法律顾问的职业道德规范主要体现在以下5个规范中:一是全国人民代表大会常务委员会制定的《律师法》;二是中共中央办公厅、国务院办公厅印发的《关于推行法律顾问制度和公职律师公司律师制度的意见》;三是司法部印发的《关于律师担任政府法律顾问的若干规定》;四是国务院国有资产监督管理委员会印发的《国有企业法律顾问管理办法》;五是中华全国律师协会制定的《律师法律顾问工作规则》。

根据上述法律、法规和规范性文件,法律顾问职业道德大致包括以下三方面内容。

1. 忠诚法律

法律顾问应当忠于宪法和法律,以事实为依据,以法律为准绳。凡是党政机关、国有企业的合法权益,法律顾问应尽心尽责地提供法律服务,对于涉嫌违法的行为,法律顾问必须及时提出法律意见,不能不顾原则地为之服务。《律师法律顾问工作规则》第8条规定:"律师事务所及其指派的顾问律师,有权拒绝聘方要求为其违法行为及违背事实、违背律师职业道德等的事项提供服务,有权拒绝任何单位、个人的非法干预。"

法律顾问在履行职责时,必须严格依法办事,不能为了维护党政机关、人民团体、国有企事业单位的利益而采取非法手段损害国家、集体或他人的利益。

2. 保持独立

法律顾问是作为一种相对独立的力量介入到党政机关、国有企事业单位的活动中,因此客观上要求法律顾问在提供法律服务过程中不受他人意志的干扰,仅仅依照法律的规定或依照法律的精神对事实作出合乎价值的判断。同时,法律顾问不得接受其他当事人委托,办理与聘任单位有利益冲突的法律事务,法律顾问与所承办的业务有利害关系、可能影响公正履行职责的,应当回避。

3. 保守秘密

法律顾问应遵守保密原则,不得泄露党和国家的秘密、工作秘密、商业秘密以及其他不应公开的信息,不得擅自对外透露所承担的工作内容。

三、法律顾问职业责任

法律顾问的职业责任是指由于法律顾问违反法律和违反职业道德规范所导致的,由法律顾问所承担的责任,包括惩戒处分、行政法律责任、民事法律责任和刑事法律责任。党政机关法律顾问玩忽职守、徇私舞弊的,依法依纪处理;属于外聘法律顾问的,予以解聘,并记入法律顾问工作档案和个人诚信档案,通报律师协会或者所在单位,依法追究责任。

根据有关规范,外聘法律顾问的解聘事由主要包括以下情形:①泄露所知悉的国家秘密、商业秘密、个人隐私和不应公开的信息;②利用工作便利,为本人或者他人谋取不正当利益;③以党政机关、国有企业法律顾问的名义招揽或者办理与法律顾问职责无关的业务;④同时接受他人委托,办理与党政机关、国有企业有利害关系的法律事务;⑤从事有损党政机关、国有企业利益或形象的其他活动;⑥因身体原因无法胜任法律顾问工作;⑦无正当理由,多次不参加法律顾问工作会议或者不按时提供法律意见;⑧受所在单位处分、司法行政部门行政处罚或律师协会行业处分;⑨依法被追究刑事责任;⑩党政机关、国有企业认为的其他情形。

第二节 仲裁员职业道德

一、仲裁员职业道德的概念

一般认为,仲裁是指当事人双方在争议发生前或争议发生后达成协议,自愿将争议交给第三者作出裁决,由其依据法律或公平原则作出对争议各方均有拘束力的裁决的一种解决纠纷的制度或方式。

仲裁员是指有权接受当事人的选定或者仲裁机构的指定,具体审理、裁决案件的人员。从仲裁员的定义中可以看出,仲裁员的选定方式有两种,一是由当事人选定,二是由仲裁机构指定。

仲裁员包括法律类仲裁员、劳动争议

仲裁员、农村土地承包仲裁员等。本节讨论法律类仲裁员的职业道德。

仲裁员职业道德是指仲裁员在履行仲裁职能时所应遵循的职业行为规范的总和。加强仲裁员职业道德建设有利于提高人们对仲裁员的信任度，有利于提高案件的质量，有利于提高仲裁员的素质，保证仲裁员队伍的纯洁性。

二、仲裁员职业道德的主要内容

我国的《仲裁法》对仲裁员职业道德进行了原则性的规定。我国有关仲裁员职业道德的规范主要由中国国际经济贸易仲裁委员会和中国海事仲裁员委员会的仲裁员守则以及《北京仲裁委员会仲裁员守则》等规范性文件予以规定。

1. 独立公正

根据《仲裁法》的规定，仲裁应该根据事实、法律规定，公平合理地解决纠纷；仲裁依法独立进行，不受行政机关、社会团体和个人的干涉。独立公正是仲裁的灵魂和生命。为了保证独立公正地审理案件，仲裁员要做到以下三点：

（1）保持廉洁。廉洁是公正的保证。如《北京仲裁委员会仲裁员守则》规定，仲裁员不得接受当事人或其他代理人的请客、馈赠或提供的其他利益，亦不得代人向仲裁员实施请客送礼或提供其他好处和利益。

（2）保持独立。如《北京仲裁委员会仲裁员守则》规定，仲裁员应当独立地审理案件，不因任何私利、外界压力而影响裁决的公正性。

（3）主动披露。仲裁员披露是一项被普遍接受的保证仲裁权主体公正性的原则。它是指仲裁员主动披露其与当事人或代理人之间的某种关系，以便当事人和仲裁机构考虑此种关系是否影响该仲裁员的独立性和公正性。

2. 诚实信用

仲裁员作为纠纷的裁决者，判定当事人之间的权利与义务关系，应当秉承善意、恪守诚信。如果仲裁员缺乏诚信，那么快捷、公正、保密的仲裁程序根本就无从谈起。

3. 勤勉高效

仲裁员要有高度的责任感，认真地对待每一起案件，一丝不苟，认真核实证据，查明事实，正确适用法律，公平、公正地解决争议。

4. 保守秘密

仲裁员要忠实地履行保密义务。保密义务包括两个方面：一是仲裁员不得向当事人或外界透露本人的看法和合议庭合议的情况，对涉及仲裁程序、仲裁裁决的事项应保守秘密。二是仲裁员还要为当事人保密，尤其是要保护当事人的商业秘密不被泄露。

5. 尊重同行

尊重同行主要是指仲裁员之间的相互配合与支持。仲裁员应该尊重其他仲裁员对案件发表意见的权利，以宽容的态度理解和接受分歧，在互敬的基础上，自由地探讨、真诚地交流。

三、仲裁员职业责任

根据我国《仲裁法》的规定，仲裁员具有下列情形时，应当依法承担法律责任，仲裁委员会应当将其除名：①仲裁员私自会见当事人、代理人或者接受当事人、代理人的请客送礼，情节严重的；②仲裁员在仲裁案件时有索贿受贿、徇私舞弊、枉法裁决行为的。从《仲裁法》中仲裁员要承担法律责任的两种情形的性质来看，仲裁员要承担的职业责任主要是违纪责任、刑事责任。目前我国尚未在仲裁立法中规定仲裁员的民事责任。

第三节　行政机关中从事行政处罚决定审核、行政复议、行政裁决的公务员职业道德

一、行政机关中从事行政处罚决定审核、行政复议、行政裁决的公务员职业道德的概念

行政执法人员是指在行政行为的实施过程中代表行政主体参与相关问题的调查、审核或作出决定的人员,是行政执法职能的具体执行和实施者。我国为行政执法主体设定了"两重主体资格"制度,即执法单位资格制度和执法人员资格制度。

行政执法人员实行持证上岗、亮证执法。行政执法人员资格是从事行政执法活动应当具备的条件,而获得法律职业资格则是从事行政处罚决定审核、行政复议、行政裁决的必备条件。

行政机关中从事行政处罚决定审核、行政复议、行政裁决的公务员职业道德,是行政机关中从事行政处罚决定审核、行政复议、行政裁决的公务员,在履行职责的过程中形成并且应当遵守的道德原则和道德规范,以及在其特定职业实践中形成和表现出来的道德传统、道德心理意识和道德品质等。

二、行政机关中从事行政处罚决定审核、行政复议、行政裁决的公务员职业道德的主要内容

按照有关法律规定,行政机关中从事行政处罚决定审核、行政复议、行政裁决的公务员职业道德的主要内容包括以下两个方面。

1. 公务员职业道德的基本要求

(1)坚定信念。坚定信念要求行政机关中从事行政处罚决定审核、行政复议、行政裁决的公务员必须坚定对马克思主义的信仰,坚定对社会主义和共产主义的信念;坚持中国共产党的领导,坚持党的基本理论、基本路线、基本纲领、基本经验、基本要求不动摇;把牢政治方向,坚定政治立场,严守政治纪律和政治规矩。

(2)忠于宪法。行政机关中从事行政处罚决定审核、行政复议、行政裁决的公务员在实施行政行为的过程中,应该将宪法作为最根本的行为准则,自觉遵守宪法。

(3)忠于国家。忠于国家要求行政机关中从事行政处罚决定审核、行政复议、行政裁决的公务员弘扬爱国主义精神,坚决维护国家安全、荣誉和利益,维护党和政府形象、权威,维护国家统一和民族团结;同一切危害国家利益的言行作斗争。

(4)忠于人民。忠于人民要求行政机关中从事行政处罚决定审核、行政复议、行政裁决的公务员坚持以人为本、执政为民,全心全意为人民服务,永做人民公仆;坚持党的群众路线,密切联系群众;坚持人民利益至上,把实现好、维护好、发展好最广大人民根本利益作为工作的出发点和落脚点,切实维护群众切身利益。

(5)忠于职守。忠于职守要求行政机关中从事行政处罚决定审核、行政复议、行政裁决的公务员服务大局、奋发有为、甘于奉献,为党和人民的事业不懈奋斗;坚持原则、敢于担当、认真负责;精通业务知识,勤勉敬业、求真务实,兢兢业业做好本职工作。

(6)保守秘密。行政机关中从事行政处罚决定审核、行政复议、行政裁决的公务员履行保密义务的基本要求是:不该说的国家秘密不说;不该问的国家秘密不问;不在私人交往中涉及国家秘密与工作秘密;不在公共场合谈论国家秘密与工作秘密。

(7)清正廉洁。清正廉洁要求行政机关中从事行政处罚决定审核、行政复议、行政裁决的公务员坚持秉公用权、公私分明,办事出于公心,努力维护和促进社会公平正义;严于

律己、廉洁从政,坚守道德法纪防线;为人正派、诚实守信,尚俭戒奢、勤俭节约。

2.行政机关中从事行政处罚决定审核、行政复议、行政裁决的公务员职业道德的特定要求

(1)合法原则。合法原则是指在从事行政处罚决定审核、行政复议、行政裁决的过程中,公务员必须遵守现行的有关行政处罚、行政复议、行政裁决的法律、法规和规章,做到主体合法、依据合法、程序合法。

(2)公正原则。公正原则是指在从事行政处罚决定审核、行政复议、行政裁决的过程中,不仅应当注重合法性,而且还应当考虑合理性。

(3)公开原则。公开原则是指在从事行政处罚决定审核、行政复议、行政裁决的过程中,除了涉及国家秘密、商业秘密和个人隐私外,整个过程应当向相对人和社会公开。

(4)高效原则。高效原则是指在从事行政处罚决定审核、行政复议、行政裁决的过程中,公务员应该在法律规定的期限内,尽快完成审查,并作出相应的决定。

三、行政机关中从事行政处罚决定审核、行政复议、行政裁决的公务员职业责任

行政机关中从事行政处罚决定审核、行政复议、行政裁决的公务员的职业责任是指行政机关中从事行政处罚决定审核、行政复议、行政裁决的公务员违法和违反职业道德规范后应该承担的责任,主要包括行政责任与刑事责任。

1.行政责任

行政机关中从事行政处罚决定审核、行政复议、行政裁决的公务员行政责任的产生多因其违反行政法上的义务。按照《公务员法》及《行政机关公务员处分条例》的规定,行政机关中从事行政处罚决定审核、行政复议、行政裁决的公务员的行政责任首先表现为纪律责任。此外,根据《国家赔偿法》的规定,行政机关中从事行政处罚决定审核、行政复议、行政裁决的公务员还可能承担追偿责任。根据其他单行法律、法规的规定,行政机关中从事行政处罚决定审核、行政复议、行政裁决的公务员承担通报批评等责任。

(1)通报批评等责任。在行政机关中从事行政处罚决定审核、行政复议、行政裁决的公务员的人身责任中,通报批评、警告、公开道歉是最常见的责任承担方式。

(2)行政处分等纪律责任。根据《公务员法》的规定,行政机关中从事行政处罚决定审核、行政复议、行政裁决的公务员因违法违纪应当承担纪律责任的,依法主要承担警告、记过、记大过、降级、撤职、开除等行政处分。其中,受处分的期间为:警告,6个月;记过,12个月;记大过,18个月;降级、撤职,24个月。处分期限最长不得超过48个月。

(3)追偿等财产责任。《国家赔偿法》第14条第1款规定:"赔偿义务机关赔偿损失后,应当责令有故意或者重大过失的工作人员或者受委托的组织或者个人承担部分或者全部赔偿费用。"此即行政机关中从事行政处罚决定审核、行政复议、行政裁决的公务员的追偿责任。

2.刑事责任

行政机关中从事行政处罚决定审核、行政复议、行政裁决的公务员的刑事责任,是指行政机关中从事行政处罚决定审核、行政复议、行政裁决的公务员因有与其职务相关的犯罪行为而给予的制裁。在我国《刑法》中,公务员行使职权可能涉及的犯罪大约有54个罪名。根据公务员行使职权犯罪的客观行为的表现方式不同,公务员行使职权可能涉及的犯罪可以分为贪污贿赂型犯罪、渎职型犯罪、侵权型犯罪,上述这些犯罪类型对于行政机关中从事行政处罚决定审核、行政复议、行政裁决的公务员同样适用。

第七编 刑法

【寄语】

　　刑法作为部门法、实体法,是有关犯罪及其法律后果的法律规范。现代社会的刑法既具有惩罚犯罪、保护法益的保护功能,同时也具有保障功能,即通过罪刑法定原则防止刑罚权的随意发动从而保障公民个人的权利。与其他部门法相比,刑法保护的法益最为广泛,其涵盖了其他所有部门法所保护的法益。刑法只能针对的是最严重侵害法益的违法行为——法定的犯罪,其保护法益的手段——刑罚,与民事、行政制裁措施相比,也最为严厉。刑法作为公法不可滥用,它应当具有最后性、谦抑性的特质。

　　我国《刑法》分为总则与分则两大部分,刑法学也相应分为刑法总论与刑法分论。刑法总则是有关犯罪及其法律后果的原则性规定,刑法分则规定的是各种具体犯罪的构成要件与法定刑,二者是一般与特殊、抽象与具体的关系。刑法基础理论知识的学习与把握,重点应在刑法总论尤其是犯罪论部分,这是学好刑法分论的基础。当然就考试内容而言,刑法总则与分则应当并重,总则的知识与考点往往是通过分则具体个罪问题来体现。

　　刑法理论与司法实践相结合,是学习刑法的最基本方法,刑法理论、刑法规范的理解与适用,应当结合刑法的解释、"两高"刑事指导性案例以及实践中鲜活的刑事案例。刑法总论以犯罪论为中心,犯罪论中基本的犯罪构成与修正的犯罪构成(未完成罪与共同犯罪)的理论与规范,必须结合分则个罪具体把握。刑法分则的学习与适用,应当以侵犯公民人身权利罪、侵犯财产罪、贪污贿赂罪这几类常见犯罪为主线,辐射分则其他各章常见犯罪,并结合司法解释的规定,准确把握罪与非罪、此罪与彼罪、一罪与数罪等相关界限认定问题。经常关注新的司法解释及其变化,运用自己所学的刑法知识分析实践中发生的热点案件(如"宝马男反杀案"),定会有意想不到的收获。

邬明安
2019 年 4 月写于中国政法大学

第一章　刑法概说

第一节　刑法的渊源与机能

一、刑法的渊源(表现形式)

（一）《刑法》

1980 年 1 月 1 日起施行,迄今已有 10 个刑法修正案。

（二）单行刑法

我国现行单行刑法主要是 1998 年 12 月 29 日实施的《关于惩治骗购外汇、逃汇和非法买卖外汇犯罪的决定》。

(三)附属刑法

规定在非刑事法律中的刑法规范。我国目前没有实质的附属刑法。

二、刑法的机能

(一)规制机能

刑法既是规定与制约人的行为的行为规范,也是裁判规范。

(二)法益保护机能

犯罪的本质是侵犯刑法所保护的法益,刑法的最终目的就是保护法益。惩罚犯罪、保护人民既是刑法的任务,也是保护机能的体现。

(三)权利保障机能

通过罪刑法定原则,防止刑罚权的滥用,从而保障公民个人的权利。

刑法确立的罪刑法定原则可谓人权保护的大宪章。

第二节 刑法的解释

一、刑法解释的分类

(一)有权解释

(1)立法解释,由立法机关作出的解释,具有与法律同等的效力。

(2)司法解释,由最高人民法院和最高人民检察院就审判和检察工作中如何具体应用法律的问题作出的解释,具有普遍适用的效力。

立法解释的效力高于司法解释。

(二)学理解释

没有法律效力,对于刑事司法乃至立法活动具有重要参考价值。

二、刑法解释的方法

(一)解释的方法

表7-1 解释的分类和方法

	文理解释	根据文法、语法等解释含义。
论理解释	体系解释	根据前后文解释。 同一用语含义相对化;不同用语含义同一化;同类解释规则。
	目的解释	根据条文的目的解释。
	当然解释	入罪举轻以明重,出罪举重以明轻。
	类推解释	禁止不利于被告的类推。
	比较解释	同国外对比。
	历史解释	历史沿革。

(二)解释的技巧

1. 平义解释

2. 扩大解释

如将刑法的"出售"解释为"包括出卖和以营利为目的的加工利用行为"。

3. 缩小解释

如将《刑法》规定的"情报"限定为"关系国家安全和利益、尚未公开或者依照有关规定不应公开的事项"。

4. 反对解释

如《刑法》规定判处死缓在缓期执行期间没有故意犯罪的,"二年期满以后,减为无期徒刑",据此,缓期执行期间没有满二年的不得减为无期徒刑,即反对解释。

5. 补正解释

《刑法》条文的错误以修正的方式来补正。

三、类推解释与扩大解释的区别

表 7-2　类推解释与扩大解释的区别

	扩大解释	类推解释
概念的相互关系	没有提升概念的阶位。	将所要解释的概念提升到更上位的概念作出的解释。
着重点	着眼于刑法规范本身,是对规范的逻辑解释。	着眼于刑法规范之外的事实,是对事实的比较。
论理方法	扩张性地划定刑法的某个概念,使应受处罚的行为包含在该概念中。	认识到某行为不是刑法处罚的对象,而以该行为与刑法规定的相似行为具有同等的恶害性为由,将其作为处罚对象。
实质	扩大解释。	类推解释。

第三节　刑法的基本原则

一、罪刑法定原则(《刑法》第 3 条)

(1)法无明文规定不为罪,法无明文规定不处罚。

(2)4 个派生原则:

①成文的罪刑法定,禁止习惯法;

②事前的罪刑法定,禁止不利于被告人的事后法;

③严格的罪刑法定,禁止不利于被告人的类推解释;

④确定的罪刑法定,包括:罪刑规范必须清楚明确;禁止绝对不确定刑;禁止处罚不当罚的行为。

二、平等适用刑法原则(《刑法》第 4 条)

对任何人犯罪,在适用法律上一律平等。不允许任何人有超越法律的特权。

三、罪责刑相适应原则(《刑法》第 5 条)

(1)立法:确定合理的刑罚体系、刑罚制度与均衡的法定刑;

(2)量刑:重罪重判,轻罪轻判,刑罚轻重的裁量不仅应与犯罪人罪行相适应,还应与其刑事责任相适应;

(3)行刑:合理运用减刑、假释制度。

第四节　刑法的适用范围

一、空间效力

(一)域内刑事管辖权

(1)适用属地管辖原则即领土管辖原则(《刑法》第 6 条)。

(2)领域包括我国国境以内的全部区域,包括领陆、领水和领空。

(3)犯罪的行为地或者结果地只要有一项发生在中华人民共和国领域内的,就认为是在中华人民共和国领域内犯罪。在跨国犯罪的情况下,应当包括部分行为地与部分结果地。

(4)特别规定(例外):

①享有外交特权和豁免权的外国人的刑事责任,通过外交途径解决;

②我国港、澳、台地区适用本地区刑法,不适用《中华人民共和国刑法》;

③民族自治地方不能全部适用《刑法》规定的,可以由自治区或者省的人民代表大会根据当地民族的政治、经济、文化的特点和本法规定的基本原则,制定变通或者补充规定,报请全国人民代表大会常务委员会批准施行。

(5)属地原则的扩大。采取旗国主义原则,即在我国国籍的船舶或者航空器内犯罪的,适用我国《刑法》。国际列车除外。

(二)域外刑事管辖权

1. 属人管辖原则即国籍原则(《刑法》第7条)

(1)普通公民域外犯罪的,有管辖权,但法定最高刑为3年以下有期徒刑的,可以不予追究。(注意:是"可以"不予追究权)

(2)国家工作人员和军人域外犯我国《刑法》规定之罪的,一律适用我国《刑法》。

2. 保护管辖原则即安全原则(《刑法》第8条)

外国人在我国领域外对我国国家或者公民犯罪,可以适用我国《刑法》。

限制条件:

①必须是侵犯我国国家或公民利益;

②按照我国《刑法》规定最低刑须为3年以上有期徒刑的犯罪;

③双重犯罪性,即按照犯罪地法律不受处罚的除外。

3. 普遍管辖原则(《刑法》第9条)

对于我国缔约或参加的国际条约所规定的犯罪,不论犯罪人的国籍与犯罪地如何,我国在所承担条约义务的范围内,行使刑事管辖权。

适用条件:

①针对的是国际公约或条约所规定的国际犯罪;

②我国是该国际公约或条约缔约国或参加国;

③我国《刑法》也规定该行为是犯罪;

④犯罪人在我国的司法管辖范围内。

【注意】定罪量刑依据是我国《刑法》,而非国际条约。

(三)域外刑事判决的消极承认(《刑法》第10条)

凡在我国领域外犯罪,依照《刑法》应当负刑事责任的,虽然经过外国审判,仍然可以依照我国《刑法》追究,但是在外国已经受过刑罚处罚的,可以免除或者减轻处罚。

(四)管辖冲突

在对域外犯罪存在管辖冲突的情况下,我国依照上述管辖原则享有的刑事管辖权,并不能排斥他国依照其国内法享有或行使刑事管辖权。

二、时间效力(刑法的溯及力)

(一)从旧兼从轻原则(《刑法》第12条)

对新法实施后审理的未决刑事案件,原则上适用旧法(行为时的法律),但适用新法(审判时的法律)有利于被告人时,适用新法。

(二)适用

(1)对象:未决犯行为,即案件未判决或判决未生效的行为。

(2)行为时法律不认为是犯罪,审判时法律认为是犯罪的,适用行为时的法律;行为时法律认为是犯罪,审判时的法律不认为是犯罪,适用审判时的法律;行为时与审判时均认为是犯罪,且按照《刑法》关于追诉时效的规定应当追诉的,适用行为时的法律;但如果审判时的法律比行为时的法律处罚较轻的,则适用审判时的法律。

(3)继续犯、连续犯跨越新旧法交替,适用行为终了时最后一次犯罪行为时的《刑法》。但如果之前《刑法》是轻法,则可酌情从轻。

(4)新法施行以前,按照当时的法律作出的生效判决,继续有效。

(5)司法解释的时间效力:《刑法》施行后颁布的立法解释与司法解释,能够适用于该解释颁行前《刑法》施行期间的未决案件;行为时与审判时有新旧不同解释时,原则上适用行为时解释,但审判时新的解释有利于被告人时,适用新的解释。

第二章 犯罪概说

第一节 犯罪的概念

一、概念

危害社会、触犯刑法、应受刑罚惩罚的行为。

二、特征

（1）社会危害性。
（2）刑事违法性。
（3）应受刑罚惩罚性。

《刑法》第13条"但书"规定：情节显著轻微危害不大的，不认为是犯罪。

第二节 犯罪的分类

一、自然犯与法定犯

自然犯，指刑法规范规定的行为即使没有法律规定，也会受到社会伦理的非难的情形（刑事犯）。

法定犯，指刑法规范的内容与社会伦理规范之间有时存在不一致之处，对于行为的犯罪性质，只有根据刑法规范的规定才能加以确定并进行非难的情形（行政犯）。

二、亲告罪与非亲告罪

亲告罪，指对于犯罪是否进行追究，取决于个人的意思，在追诉之时必须经过有告诉权者告诉的犯罪。包括侮辱罪、诽谤罪、暴力干涉婚姻自由罪、虐待罪、侵占罪。

非亲告罪，指侦查、起诉、审判程序由国家司法机关直接发动，起诉权由检察机关享有，是否提起公诉不取决于个人意思的犯罪。

三、即成犯、状态犯和继续犯

即成犯，指在法益侵害后果发生的同时，犯罪行为完成或者终了的情形，如故意杀人罪。

状态犯，指在法益侵害发生的同时，犯罪行为终了，但是，此后法益侵害的状态仍然继续的情形，如盗窃罪。

继续犯，指在法益侵害持续进行期间，犯罪行为也持续进行的情形。继续犯是不法状态和实行行为同在，如非法拘禁罪。

第三章 犯罪构成

第一节 构成要件要素

（一）客观的构成要件要素 VS 主观的构成要件要素

（1）客观：行为外部的、客观面的要素，如行为、结果、行为对象等。

（2）主观：行为人内心的、主观面的要素，如故意、过失、目的等。

（二）记述的构成要件要素 VS 规范的构成要件要素

（1）记述：只需要法官的认识活动即

可确定,如提供伪造、变造的出入境证件罪中的"提供""伪造、变造""护照、签证等出入境证件"。

（2）规范:需要法官的规范的价值判断才能认定,如强制猥亵、侮辱妇女罪中的"猥亵""侮辱"。

（三）积极的构成要件要素 VS 消极的构成要件要素

（1）积极:正面地表明成立犯罪必须具备的要件。

（2）消极:否定犯罪性的构成要件要素,如"因被勒索给予国家工作人员以财物,没有获得不正当利益的,不是行贿"。

（四）共同的构成要件要素 VS 非共同的构成要件要素（必要要件与选择要件）

（1）共同:犯罪构成共同要件中为任何犯罪的成立所必须具备的要素,如危害行为。

（2）非共同:部分犯罪的成立所必须具备的要素。如身份、对象、目的。

（五）成文的构成要件要素 VS 不成文的构成要件要素

（1）成文:刑法明文规定的构成要件要素。

（2）不成文:刑法条文表面上没有明文规定,但根据刑法条文之间的相互关系、刑法条文对相关要素的描述所确定的,成立犯罪所必须具备的要素,如"以非法占有为目的"就是盗窃罪的不成文的构成要件要素。

第二节　犯罪客体（法益）

刑法保护的权益,是犯罪行为侵害的法益,是不法的本质。法益是客观的,只有存在法益侵害,行为才能认定为不法。

一、分类

个人法益、社会法益、国家法益；公法益与私法益。

二、犯罪客体与行为对象的区别

表 7-3　犯罪客体与行为对象的区别

犯罪客体	行为对象
决定犯罪性质	不决定犯罪性质
任何犯罪构成的要件	仅仅是某些犯罪的必要要件
任何犯罪都会使犯罪客体受到危害	不一定受到损害
犯罪分类的基础	非犯罪分类的基础

第三节　犯罪的客观要件

一、危害行为

（一）特征

（1）有体性:客观上是人的身体动静,包括积极活动与消极活动（排除思想犯）。

（2）有意性:是人的意志下支配的行为（排除梦游、无意识的反射举动）。

（3）危害性或非法性:必须具有法益侵害性或非法性（排除正当防卫、紧急避险、自救等正当行为）。

（二）分类

（1）实行行为和非实行行为（教唆、帮助、预备）。

（2）作为和不作为。

（三）不作为犯

（1）行为人有作为的法律义务。不作为义务来源:

①法律、法规明文规定的义务。就不纯正不作为犯而言,法定义务中的法律、法规是指非刑事的法律、法规。

②职务或者业务要求的义务。

③法律行为引起的义务。法律行为常见的形式是合同（契约）行为,也包括其他法律行为。

④先行行为引起的义务。先行行为既包括犯罪行为或有过错行为,也包括非犯罪行为或无过错行为。先行行为是犯罪行为时,若符合本罪的结果加重犯构成要件(比如抢劫、强奸致人重伤、死亡),属于一罪而非数罪。先行行为属正当防卫行为时,应当以正当防卫与防卫过当的认定标准整体评价。

(2)行为人能够履行特定义务(有能力履行)。法律不能强人所难。

(3)行为人不履行特定义务,造成或者可能造成危害结果。就不纯正不作为犯而言,其行为的性质与法定的作为犯罪具有相当性或等价性。

(4)主观上可以是故意,也可以是过失。

(四)不作为犯分类

(1)纯正不作为犯。如《刑法》规定的遗弃罪,不解救被拐卖、绑架的妇女、儿童罪。

(2)不纯正不作为犯。如行为人以不作为的方式故意致人死亡。

二、行为对象

犯罪行为所侵害或作用的人、组织或物。具体犯罪的行为对象取决于刑法分则的规定。

(1)与组成犯罪行为之物不同(如赌资是组成赌博罪之物,而不是赌博罪的对象);

(2)与行为孳生之物不同(如行为人伪造的文书,不是行为对象);

(3)与犯罪行为的报酬取得之物不同(如杀手所领得的酬金,不是行为对象);

(4)与犯罪工具不同(如驾车抢劫中驾驶的摩托车不是行为对象)。

三、危害结果

(一)分类

(1)实害结果:结果犯。

(2)危险结果:危险犯,包括具体危险与抽象危险。

(二)结果加重犯

(1)以基本犯罪行为构成犯罪为前提,且具有法定性。

(2)基本犯罪是故意,对加重结果有些只能是过失,如非法拘禁致人重伤、死亡;有些既可以是过失,也可以是故意,如抢劫致人重伤、死亡。

(3)因果性:加重结果必须是由基本犯罪行为所导致。

四、行为的时间、地点(行为的时空条件)与行为的手段或方法

不是犯罪构成的共同要件(必要要件)。刑法分则对某些犯罪有特定时空条件或特定手段、方法的要件要求,取决于分则对个罪的具体规定。

(1)有的法律条文明文规定在特定的时间、地点实施行为作为定罪要件(如《刑法》第340、341条规定的非法捕捞水产品罪与非法狩猎罪、盗窃罪中的入户盗窃等),或将特定的手段、方法实施规定为定罪要件(如抢劫罪、强奸罪、抗税罪等)。

(2)有的条文明确将特定的时间、地点、方法作为法定刑升格的条件或从重处罚的情节。如《刑法》对于聚众或者在公共场所当众犯强制猥亵、侮辱妇女罪的,处5年以上有期徒刑;入户抢劫或在公共交通工具上抢劫。

(3)即使《刑法》没有明文将行为的时间、地点、方法规定为影响定罪与量刑的因素,行为的时间、地点与方法也可能影响行为本身的社会危害性程度,因而成为量刑的酌定情节。

五、刑法上的因果关系

(一)认定

(1)危害行为与危害结果之间存在若无A则无B这种"没有前者就没有后者"的条件关系时,前者就是后者的原因。这

是理论上与司法实务中判断因果关系的基础。

（2）因果关系的中断是法律原因判断上对条件说的限缩。判断介入因素是否中断因果关系标准：先前行为对结果发生的作用力大小；介入因素是否异常；介入因素本身对结果发生所起的作用。其中，介入因素是否异常的判断标准最为关键。

（3）因果关系只是犯罪客观要件符合性的判断，即使客观上有因果关系，但行为人主观上无犯罪故意与过失的，同样不负刑事责任。

（二）特殊类型

（1）被害人特殊体质：通常肯定行为人行为与死亡之间的因果关系，行为人主观上有无故意或过失并不影响因果关系的判断。

（2）重叠的因果关系：两个条件单独均不能导致结果发生，但结合在一起同时导致结果发生，相互没有意思联络，但都对结果发生起到作用。两条件均有因果关系。

（3）择一的竞合：两个条件均能单独导致结果发生，相互没有意思联络，各自同时发生作用，竞合一起导致结果发生。两条件均有因果关系。

第四节　犯罪主体

一、分类

（一）自然人犯罪主体

自然人犯罪主体分为一般主体（非身份犯）与特殊主体（身份犯）。

（二）单位犯罪主体

单位犯罪主体分为无特别限定的单位（单位一般主体）与特定的单位（单位特殊主体）。

此处仅论述自然人犯罪主体的条件，单位犯罪在第七章专门论述。

二、自然人犯罪主体

（一）刑事责任年龄

（1）不满14周岁，绝对无刑事责任年龄或完全无刑事责任年龄。

（2）已满14周岁不满16周岁的人，犯故意杀人、故意伤害致人重伤或者死亡、强奸、抢劫、贩卖毒品、放火、爆炸、投放危险物质罪的，应当负刑事责任，此即相对负刑事责任年龄。

【注意】应当对八种具体"犯罪行为"负刑事责任，而不是指八种具体的罪名。八种行为中没有绑架，没有决水、以危险方法危害公共安全罪，但有故意杀人或故意伤害致人重伤死亡的，应当以故意杀人罪、故意伤害罪追究刑事责任；贩毒，不包括制造、运输和走私毒品；14～16周岁的行为人，实施普通抢劫、携带凶器抢夺，可以追究其抢劫罪的刑事责任（《刑法》第269条规定的转化型抢劫行为不认定为抢劫罪，可以认定为故意伤害致人重伤罪、故意杀人罪。转化型抢劫行为构成抢劫罪的前提是"犯盗窃、诈骗、抢夺罪"）。

（3）已满16周岁的人犯罪，应当负刑事责任，属完全负刑事责任年龄。

（4）已满14周岁不满18周岁的人犯罪，应当从轻或者减轻处罚；

已满75周岁的人故意犯罪的，可以从轻或者减轻处罚；过失犯罪的，应当从轻、减轻处罚。

以上两个年龄段可称为减轻刑事责任年龄阶段。

【注意】因不满16周岁不予刑事处罚的，责令其家长或者监护人加以管教；在必要的时候，也可以由政府收容教养。

《刑法》所规定的周岁年龄，指实足年龄。实足年龄从生日第二天起算，并且按照公历的年、月、日计算。

(二) 刑事责任能力

(1) 精神病人无刑事责任能力需同时符合两个标准:有精神疾病(医学标准)且完全丧失辨认或控制能力(心理学标准);须经法定程序鉴定确认。

(2) 间歇性精神病人在精神正常的时候犯罪的,应当负刑事责任。

(3) 尚未完全丧失辨认或者控制自己行为能力的精神病人犯罪的,应当负刑事责任,但是可以从轻或者减轻处罚(限制责任能力或部分责任能力)。

(4) 醉酒的人犯罪应当负刑事责任。

(5) 又聋又哑的人或者盲人犯罪,可以从轻、减轻或者免除处罚。

(三) 特殊身份(身份犯、特殊主体)

(1) 必须是行为人开始实施犯罪行为时就已经具有的特殊身份或已经形成的特殊地位或者状态。犯罪中的地位与作用如首要分子组织者、领导者,犯罪中的分工如生产者、销售者,不是特殊身份。

(2) 是行为人在人身方面的特殊资格、地位或状态,并具有一定的持续性。

(3) 既可能是终身具有的身份,也可能是一定时期或临时具有的身份,这取决于身份的类型与刑法的规定。以骗取的法定身份实施犯罪也可成为身份犯。

(4) 特殊身份,只是针对该犯罪的实行犯(正犯)而言。至于教唆犯与帮助犯,则不受特殊身份的限制,可成为身份犯的共犯。

第五节 犯罪主观要件

一、故意

(一) 概念

明知自己的行为会发生危害社会的结果,并且希望或者放任这种结果发生的心态。

(二) 类型

(1) 直接故意:明知必然、可能 + 希望;

(2) 间接故意:明知可能 + 放任。

(三) 事实认识错误

1. 具体事实认识错误(同一犯罪构成内的错误)

(1) 对象错误:行为人误把甲对象当作乙对象加以侵害,而甲与乙体现相同的法益,行为人的认识内容与客观事实仍属同一犯罪构成的情况。

(2) 打击错误(也称方法错误、行为差误):非认识错误而是由于行为本身的差误,导致行为人所意图侵害的对象与实际受害的对象不一致,但这种不一致仍属于同一犯罪构成的对象。

(3) 因果关系错误:造成侵害的因果关系的发展过程与行为人所预想的发展过程不一致。主要有三种情况:

①狭义的因果关系错误,指结果的发生不是按照行为人对因果关系的发展所预见的进程来实现的情况(不影响定性量刑与故意犯罪既遂的成立);

②事前故意,指行为人误认为第一个行为已经造成结果,出于其他目的实施第二个行为,实际上是第二个行为才导致预期的结果的情况(因果关系并未中断,以故意犯罪的既遂论处);

③犯罪构成提前实现,指提前实现了行为人预想的结果。

上述认识错误或打击错误,按法定符合说的观点,不能阻却行为人的犯罪故意。

2. 抽象事实认识错误(不同犯罪构成间的错误)

(1) 主观上想犯轻罪,客观上却触犯了重罪。

如果客观事实在法律评价上符合轻罪的构成要件,按照轻罪的故意犯罪既遂处理(对重罪事实有过失的,可以成立过失犯罪)。

(2) 主观上想犯重罪,客观上却触犯

了轻罪。

① 有重罪的实行行为,并有导致重罪结果的危险,成立重罪未遂和轻罪既遂,按照想象竞合犯择一重罪处罚;

② 没有重罪的实行行为,也没有导致重罪的危险,只成立轻罪既遂。

二、过失

(一)概念

应当预见自己的行为可能发生危害社会的结果,因为疏忽大意而没有预见,或者已经预见而轻信能够避免,以致发生这种结果的,是过失犯罪。

(二)类型

(1)疏忽大意的过失(无认识的过失):应当预见但因疏忽大意没有预见;

(2)过于自信的过失(有认识的过失):预见+没有避免+有一定自信根据。

【注意】故意、过失是行为人对结果的心态,不是对行为的心态;故意、过失是行为时对结果的心态,不是结果发生之后的心态。

重点问题:间接故意与过于自信的过失(有认识的过失)之异同。

三、其他问题

(一)无罪过事件

行为在客观上虽然造成了损害结果,但是不是出于故意或者过失,而是由于不能抗拒或者不能预见的原因所引起的,不是犯罪。

意外事件和疏忽大意过失的区别是,后者是有义务预见且能够预见,由于疏忽大意而没有预见;而前者是完全不能预见。

(二)犯罪的动机、目的

犯罪动机,指激起和推动犯罪人实施犯罪行为的内心起因。

犯罪目的,指犯罪人希望通过实施犯罪行为达到某种危害结果的心理态度。

第四章　犯罪排除事由

第一节　正当防卫

一、构成

(1)起因条件:存在现实的不法侵害;

(2)时间条件:不法侵害正在进行;

(3)对象条件:针对不法侵害人本人进行防卫;

(4)限度条件:没有明显超过必要限度造成重大损害;

(5)主观条件:具有防卫意识、防卫目的的正当性,包括防卫认识与防卫意志。

二、防卫过当

正当防卫明显超过必要限度造成重大损害的,应当负刑事责任,但是应当减轻或者免除处罚。

三、特殊正当防卫(无过当防卫)

对正在进行行凶、杀人、抢劫、强奸、绑架以及其他严重危及人身安全的暴力犯罪,采取防卫行为,造成不法侵害人伤亡的,不属于防卫过当,不负刑事责任。

四、假想防卫

客观上不存在不法侵害,但防卫人主

观上误认为存在不法侵害而防卫造成损害的情况。

【注意】(1)假想防卫不是正当防卫；
(2)行为人对结果主观心理状态一般是过失，也可能是意外事件。

第二节 紧急避险

一、构成

(1)起因条件:合法权益面临现实危险；
(2)时间条件:危险正在发生；
(3)对象条件:第三者的合法权益；
(4)主观条件:具有避险意识；
(5)限制条件:出于不得已；
(6)限度条件:没有超过必要限度造成不应有的损害。

二、处罚

紧急避险超过必要限度造成不应有的损害的,应当负刑事责任,但是应当减轻或者免除处罚。

三、防卫装置问题

(1)行为本身违法,如危害公共安全的,则不被允许。
(2)行为不违法,对正在进行的不法侵害发挥作用,并且没有超过必要限度时,一般可认定为正当防卫。
(3)行为本身不违法,但损害了其他人的合法权益,不是正当防卫,可能构成假想防卫。

四、正当防卫与紧急避险的区别

表7-4 正当防卫与紧急避险的区别

	正当防卫	紧急避险
危害来源	只能是人的违法犯罪行为。	既可能是人的不法侵害,也可能是来自于自然灾害,还可能是动物的侵袭或者人的生理、病理疾患等。
行为对象	只能是不法侵害者。	必须是第三者,是合法行为对他人合法权益的损害。
行为限制	实施是出于必要,即使能够用其他方法避免不法侵害,也允许进行正当防卫。	实施则出于迫不得已,除了避险以外别无选择。
行为限度(所造成的损害)	既可以小于、也可以大于不法侵害行为可能造成的损害。	必须小于所保护的权益。
主体的限定	是每个公民的法定权利。	不适用于职务上、业务上负有特定责任的人。

第三节 其他犯罪排除事由

一、法令行为

二、正当业务行为

三、被害人承诺

符合下列条件时,才能排除行为的犯罪性:

(1)被害人对承诺的法益具有处分权限。
财产、名誉、自由可以承诺放弃,身体权在轻伤范围内可以放弃,生命不可以承诺放弃。
(2)被害人对承诺事项的意义、范围有理解能力(承诺能力)
幼儿、精神病患者的承诺无效。
(3)被害人的承诺必须是其真实意思

表示。

基于被骗、被迫所作出的承诺及戏言性承诺均无效。

(4)必须存在现实的承诺。

(5)被害人的承诺必须是事前作出的。

四、自救行为

(一)成立条件

(1)行为人是先前受到损害的直接被害人,其试图恢复的权利具有正当性;

(2)恢复权利的手段具有社会相当性;

(3)存在恢复权利的现实必要性和紧迫性,等待公权力救济难以有效实现自己的权利;

(4)相对方(侵害人)不会因为自救行为受到额外的损害。

(二)自救行为和正当防卫之间的界限

(1)二者具有排斥关系,某一行为被认定为正当防卫之后,就不宜再确定为自救行为。

(2)正当防卫行为是紧急行为,是法律规定的阻却违法事由;自救行为不是紧急行为,是超法规的违法阻却事由。

(3)正当防卫必须在面临现实、紧迫的不法侵害时实施;自救行为所针对的是过去已然发生但处于继续侵害状态的不法侵害,不法侵害和自救行为之间在时空条件上有明显的间隔。

第五章 犯罪未完成形态

第一节 犯罪未完成形态概述

一、种类

相对于既遂犯而言,故意犯罪存在犯罪预备、犯罪未遂、犯罪中止三种未完成形态。

犯罪预备,指行为人为了实行犯罪而准备工具、制造条件,由于意志以外的原因而未能着手实行犯罪。

犯罪未遂,指行为人已经着手实行犯罪,由于意志以外的原因而未得逞。

犯罪中止,指行为人在犯罪过程中自动放弃犯罪或者自动有效地防止结果发生。

此外,在犯罪开始之前还存在犯意形成阶段,犯意表示对法益无任何危险,只是将犯意单纯表露于外部,所以犯意表示不构成犯罪(参见图7-1)。

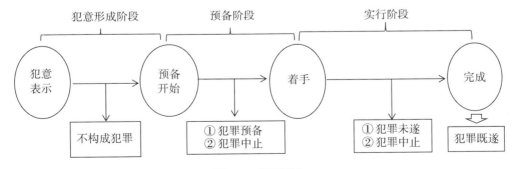

图 7-1 犯罪形态

二、犯罪未完成形态与犯罪阶段的关系

故意犯罪发展过程可以分为犯罪预备阶段与犯罪实行阶段。

犯罪预备阶段存在犯罪预备、犯罪中止两种未完成形态。

犯罪实行阶段存在犯罪未遂、犯罪中止两种未完成形态(参见图7-2)。

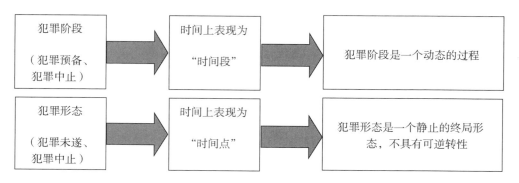

图7-2 犯罪形态与犯罪阶段的关系

三、犯罪未完成形态与犯罪构成的关系

犯罪预备、犯罪未遂与犯罪中止虽然没有完全符合刑法分则所规定的以既遂为模式的基本犯罪构成，但是符合刑法总则所规定的修正的犯罪构成。

第二节 犯罪预备

一、特征

（1）主观上为了实施犯罪；

（2）客观上实施了犯罪预备的行为，包括准备工具和制造条件。

（3）事实上未能着手实行犯罪，未能着手实行犯罪是由于行为人意志以外的原因。

【注意】犯罪预备与预备阶段的犯罪中止区别：如果行为人由于意志以外的原因未能着手实行犯罪是犯罪预备；若行为人自动放弃预备行为或者自动不着手实行犯罪是预备阶段的犯罪中止。

二、类型

（1）自己预备罪与他人预备罪。

（2）从属预备罪与独立预备罪。

独立预备罪属于刑法分则特别规定，不适用刑法总则关于预备犯的处罚规定。如《刑法》第120条之二规定的准备实施恐怖活动罪，就是典型的独立预备罪。

三、预备犯的刑事责任

可以比照既遂犯从轻、减轻或者免除处罚。

司法实务一般只处罚重罪的预备犯。

第三节 犯罪未遂

一、特征

（一）已经着手实行犯罪

形式的判断与实质的判断。一般而言，行为本身能够反映行为人犯罪意图的即为着手实行犯罪，反之则为预备行为。

特殊问题：

（1）不作为犯的着手实行犯罪：不履行作为义务导致法益受到现实、紧迫、直接的危险时，就是着手实行犯罪。

（2）间接正犯的着手实行犯罪：行为

对法益产生现实、紧迫、直接危险的时候,就是着手实行犯罪。

(3)隔离犯的着手实行犯罪:隔离犯指行为与结果之间存在时间或者空间上的间隔。隔离犯的着手实行犯罪以危险是否现实、紧迫、直接为标准。如用邮寄物杀人,看邮寄物在途中有无危险,如果有危险,则寄出为着手实行犯罪,例如邮寄爆炸物;如没有危险,则收到打开时为着手实行犯罪,例如邮寄毒药。

刑法分则条文所规定的实行行为包含多个环节时,行为人开始实施其中任何一个环节的行为,原则上也应认定为着手实行犯罪。如抢劫行为实行行为包含两个环节:一是使用暴力、胁迫或者其他强制手段;二是取得财物。开始实施暴力或者胁迫等行为时,就是已经着手实施抢劫行为。

(二)犯罪未得逞

犯罪未得逞通常表现为:

(1)实行行为没有终了因而没有造成法益侵害;

(2)实行行为终了但由于某种原因没有造成法益侵害。

(3)犯罪未得逞是由于犯罪分子意志以外的原因。包括三种情况:

①抑制犯罪意志的原因,即某种事实使得犯罪分子认为自己客观上已经不可能继续实行犯罪,从而被迫停止。如行为人正在实施抢劫,忽然听到警车声音,以为是警察来抓自己,便被迫逃离现场。

②抑制犯罪行为的原因,即某种情况使得行为人客观上不可能继续实行犯罪或者不可能造成犯罪结果。如行为人正在实行犯罪时,被第三者发现而制止。

③抑制犯罪结果的原因,即行为人已将其认为应当实行的行为实行终了,但意外情况阻止了结果的发生。如,行为人将被害人打昏后拖入水中,以为被害人必死无疑,但适逢过路人将被害人救活。

二、类型

(1)实行终了的未遂与未实行终了的未遂。

(2)能犯未遂与不能犯未遂。

①能犯未遂,指犯罪人所实施的行为本身可能达到既遂,但由于犯罪人意志以外的原因而未得逞。如犯罪开枪射击被害人,第一枪未击中,准备开第二枪时,被警察当场抓获。

②不能犯未遂,指犯罪人所实施的行为本身有一定的危险性,但客观上不可能达到既遂因而未得逞。包括:对象不能犯:因为误认不存在犯罪对象,导致意图的犯罪不可能得逞;手段不能犯:因为认识错误,行为手段不可能产生实际危险,导致意图的犯罪不可能得逞。如甲向乙的食物中投放毒药,但"毒药"实际无毒性,因而不可能得逞。

【注意】行为人意欲造成某种结果而采用迷信方法(丝毫不具有发生既遂结果的危险),不成立犯罪。

三、刑事责任

对于未遂犯,可以比照既遂犯从轻或者减轻处罚。

第四节 犯罪中止

一、概念

犯罪过程中自动放弃犯罪或有效地防止犯罪结果发生的,是犯罪中止。

有两种情况:

(1)在犯罪预备阶段或者在实行行为还没有实行终了的情况下,自动放弃犯罪;

(2)在实行行为实行终了的情况下,自动有效地避免或防止结果的发生。

二、特征

（一）中止的时间性：发生在犯罪过程中

（1）预备阶段的犯罪中止，中止行为既可以发生在预备行为尚未终了时，也可以发生在预备行为已经终了，但未着手实行时。

（2）实行阶段的犯罪中止，中止行为既可以发生在实行行为终了时，也可以发生在实行行为已经终了后，结果出现前。

（二）中止的自动性：自动放弃犯罪或者自动有效防止结果发生

犯罪中止自动性，指行为人自认为可能继续实施犯罪行为或者可能既遂，但自愿放弃原来的犯罪意图与犯罪行为。自动性的判断取决于行为人的主观认识与意愿。如甲为了杀乙而向乙的食物中投放毒药，见乙神态痛苦而反悔，将乙送往医院抢救脱险。即使甲投放的毒药没有达到致死量，不送往医院乙也不会死，甲也成立犯罪中止。反之，只要行为人自认为不可能既遂而放弃的，即使客观上可能既遂，也是未遂。如丙在实施抢劫行为时听到警车声便逃走，成立抢劫未遂。即使路过的并非警车而是救护车，丙也不成立犯罪中止。

（三）中止的客观性：要有中止行为

（1）在预备阶段以及实行行为尚未实行终了，此时只要不继续实施行为就不会发生犯罪结果，中止行为表现为放弃继续实施犯罪。

【注意】此时行为人必须是真实地放弃犯罪行为，而不是等待时机继续实施该行为。

（2）实行行为已经终了，此时不采取有效措施，犯罪结果就会发生，中止行为表现为采取积极有效措施防止犯罪结果发生。

（四）中止的有效性

（1）预备阶段的犯罪中止，自动放弃犯罪就具备了有效性。

（2）实行阶段的犯罪中止，必须要求没有发生作为既遂标志的犯罪结果，一旦发生了既遂标志的犯罪结果，就不成立犯罪中止。

（3）行为人为了防止结果的发生作出了积极努力，但其行为本身偶然不能使结果发生或者由于他人行为防止了结果发生时，仍然成立中止犯。

（4）行为人的中止行为与其他人的协力行为，共同防止了结果发生时，只要能够认定行为人作出了真诚的努力，成立犯罪中止。

（5）虽然发生了犯罪结果，但是该结果的发生不能归属于行为人的犯罪行为，即该结果是由于异常的介入因素所导致的，此时只要中止行为足够真诚，本身足以避免既遂结果，也成立犯罪中止。

三、刑事责任

对于中止犯，没有造成损害的，应当免除处罚；造成损害的，应当减轻处罚。

造成损害应当理解为造成了一定法益损害结果（可能构成某种轻罪的既遂），但是没有造成行为人原本希望的犯罪结果。

第六章 共同犯罪

第一节 概述

一、概念

共同犯罪是指2人以上共同故意犯罪。

二、共同犯罪与犯罪构成的关系

（一）共同犯罪中"犯罪"的概念

共同犯罪中的"犯罪"既要符合客观层面，也要符合主观层面。

（二）共同犯罪中"共同"的标准

（1）客观行为部分相同；

（2）主观都是故意，故意内容只需部分相同，触犯罪名可以不同，就相同部分可以成立共同犯罪。

如甲邀约乙为自己的盗窃望风，甲盗窃财物时被被害人发现，为了抗拒抓捕而对被害人实施了暴力行为。甲构成抢劫罪，但乙对抗拒抓捕没有主观故意，只能构成盗窃罪的帮助犯，因为抢劫罪和盗窃罪在盗窃罪范围内存在重合，所以甲乙可以就盗窃罪成立共同犯罪，甲认定为抢劫罪，乙认定为盗窃罪。

【注意】根据我国《刑法》条文对于共同犯罪的理解，不承认故意和过失之间能构成共同犯罪。

第二节 共同犯罪成立条件

一、必须二人以上

共同犯罪主体必须是"二人以上"，即2人以上共同故意犯罪时便可以成立共同犯罪。

其中"二人"包括：自然人与自然人、单位与单位、单位与单位之外的自然人。

就共同犯罪主体而言，以下两点值得注意：

（1）达到刑事责任年龄、具有刑事责任能力的人，支配没有达到刑事责任年龄、不具有刑事责任能力的人实施犯罪行为的，不构成共同犯罪。利用者被称为间接正犯。

（2）单位犯罪时，直接负责的主管人员及其他直接责任人员，与该单位本身不成立共同犯罪。

二、必须有共同犯罪故意

（一）共同犯罪故意的含义

（1）共犯人均具有犯罪故意，即共犯人不仅认识到自己有犯罪故意，而且认识到其他人也有犯罪故意。

当共犯人都有犯罪的故意时，即使各自的故意内容并不完全相同，也不妨碍其相互协作，共同造成犯罪结果的发生。

（2）共犯人都有互相协作的意思。

【注意】2人以上同时以各自行为侵害同一对象，但彼此之间无意思联络，不成立共同犯罪。如甲、乙二人趁商店失火之机，不谋而合地同时到失火地点窃取商品。

（二）没有共同故意的情形

根据"共同犯罪故意"条件的要求，下列情形不成立共同犯罪：

（1）共同过失不成立共同犯罪。

（2）故意犯罪行为与过失犯罪行为不

成立共同犯罪。

（3）先后故意实施的相关犯罪，彼此没有主观联系，不成立共同犯罪。

（4）超出共同故意之外的犯罪，不是共同犯罪，学理上称之为"共犯过剩"或"实行过限"。如甲教唆乙盗窃丙女的财物，乙除实施盗窃行为之外，还强奸了丙女，甲对此毫不知情。甲乙二人成立盗窃罪的共同犯罪，但不成立强奸罪的共同犯罪。

（5）事前无通谋、事后实施的窝藏、包庇、掩饰、隐瞒犯罪所得或者犯罪所得收益的行为，不成立共同犯罪。但如果事前有通谋的，则成立共同犯罪。

三、必须有共同犯罪行为

共同犯罪行为是指各个共犯人经过意思联络，相互协作，形成一个有机整体，共同指向犯罪结果。

在发生犯罪结果的情况下，各个共犯人的行为作为一个整体与犯罪结果之间具有因果关系，因而也可以肯定各个共犯人的行为与结果之间具有因果关系，因而均应对结果负责。

共同犯罪行为的表现形式有三种情况：

（1）共同作为，即各共犯人的行为都是作为；

（2）共同不作为，即各共犯人的行为都是不作为；

（3）作为与不作为的结合，即部分共犯人的行为是作为，部分共犯人的行为是不作为。

第三节 共同犯罪的形式

一、任意共同犯罪与必要共同犯罪

任意共同犯罪，指刑法分则规定的一个人能够单独实施的犯罪由2人以上共同故意实施时，就是任意共同犯罪。如2人以上共同故意杀人或者放火时，就是任意的共同犯罪。刑法总则规定的共同犯罪主要是任意共同犯罪。

必要共同犯罪，指刑法分则明文规定必须有2人以上共同故意实施的犯罪。如聚众持械劫狱罪，不可能由一个人单独实施，属于必要共同犯罪。包括聚众共同犯罪、集团共同犯罪等。

对向犯（对合犯），指以存在2人以上相互对向的行为为要件的犯罪。分为三种情况：

表7-5 对向犯的具体情形

具体情形	举例
双方的罪名与法定刑相同	如重婚罪
双方的罪名与法定刑都不同	如贿赂罪中的行贿罪与受贿罪
只处罚一方的行为（片面对向犯）	如贩卖淫秽物品牟利罪，只处罚贩卖者，不处罚购买者

二、事前通谋的共同犯罪与事前无通谋的共同犯罪

事前通谋的共同犯罪，指犯罪共谋形成于着手实行犯罪前的共同犯罪。

事前无通谋的共同犯罪，指在刚着手实行犯罪或者实行犯罪过程中形成共同犯罪故意的犯罪。

三、简单的共同犯罪与复杂的共同犯罪

简单共同犯罪，指2人以上共同故意实行犯罪，各共犯人均为正犯（实行犯），故刑法理论上又称之为共同正犯（共同实行犯）。各共犯人作用相当时，可不分主从，均为主犯。

复杂共同犯罪，指2人以上存在实行、组织、教唆、帮助等分工的共同犯罪。

四、一般的共同犯罪与特殊的共同犯罪

一般共同犯罪，指没有特殊组织的共

同犯罪。

特殊共同犯罪,指集团犯罪。犯罪集团指3人以上为共同实施犯罪而组成的较为固定的犯罪组织。具有以下特征:

(1)人数较多。即3人以上。

(2)组织形式较为固定。表现为:有明显的首要分子;重要成员固定或者基本固定;集团成员以首要分子为核心结合得比较紧密;实施一次或数次犯罪后,其组织形式往往继续存在。

(3)目的明确。犯罪集团的形成是为了反复多次实施一种或者数种犯罪行为。

恐怖活动组织、黑社会性质组织是刑法分则规定的特殊犯罪集团;"恶势力"是黑社会性质组织的雏形,"恶势力"不同于黑社会性质组织,因此,我们不能把"恶势力"犯罪认定为黑社会性质犯罪。

第四节 共同犯罪人的分类及其刑事责任

一、以"正犯"为中心的"按分工不同"进行分类的共犯类型(分工分类法)

根据共同犯罪人的分工不同,可以将共同犯罪人分为正犯和共犯(狭义的共犯)。

实行犯罪的人是正犯,也称实行犯;教唆、帮助他人实行犯罪的人是正犯的共犯,也称非实行犯。大陆法国家与地区通常采取这种分类方法。

(一)正犯(实行犯)

1.共同正犯

共同正犯是指2人以上共同实行犯罪,共犯人都实施了实行行为。

对于共同正犯追究刑事责任应当遵循以下原则:

(1)部分实行全部责任的原则。即无论最终结果是否是该实行行为导致,行为人都应对最终结果承担刑事责任。如甲、乙二人共同故意伤害A,其中一人重伤A,但无法查明是谁的行为导致了A的重伤,甲、乙二人均应承担故意伤害罪(重伤)的刑事责任。

(2)区别对待原则。即在坚持部分实行全部责任的前提下,对各共犯人应区别对待,根据共犯人在共同实行犯罪中所起的作用大小,分清主犯、从犯、胁从犯。

(3)罪责自负原则。各共犯人只能对共同故意实行的犯罪承担责任,对他人超出共同故意实行的犯罪不承担责任。

2.共谋共同正犯

共谋共同正犯是指2人以上共谋实行某犯罪行为,但只有一部分人基于共同的意思实行了犯罪,没有直接实行犯罪的共谋人与实行了犯罪的人,共同构成所共谋之罪的共同正犯。亦即,共谋共同正犯并不要求共犯人之间存在着实行分担。

【注意】成立共谋共同正犯,要求行为人的谋议行为对于共同犯罪起到了实质的支配作用,如果行为人在共谋过程中随意附和,又没有亲手参与实行的,只能认定为心理的帮助犯。

3.间接正犯

间接正犯是指利用非共犯的他人为工具来实现自己犯罪意图的行为。

间接正犯的成立要求间接正犯人对实行者具有事实上的支配力,大体存在以下情形:

(1)利用他人不属于刑法意义上的身体活动。例如,利用他人的无意识行为。

(2)利用无刑事责任年龄或者无刑事责任能力的人。例如,利用未成年人或者精神病人实施犯罪活动。

(3)利用他人无特定目的的故意行为。如甲欲实施传播淫秽物品牟利罪的行为,向乙隐瞒牟利目的,并利用乙传播淫秽物品。因为乙不具有牟利目的,只构成传播淫秽物品罪,而甲可以构成传播淫秽物品牟利罪的间接正犯。

（4）利用他人无故意的行为，包括利用他人无过失的行为或者有过失的行为。如利用不知情的第三者运输毒品的，属于利用无过失的行为；医生利用护士的过失实施杀人行为的，属于利用有过失的行为。被利用者虽然具有某种犯罪的故意，但欠缺利用者所具有的故意时，利用者也可能成立间接正犯。如乙知道丙站在屏风的后面，而甲不知道，乙为了杀死丙，就唆使甲向屏风开枪。甲虽然有故意毁坏财物的故意，但是没有杀人的故意，乙利用甲没有杀人的故意而使其杀人，构成故意杀人罪的间接正犯。

（5）利用他人的合法行为。如甲想伤害乙，某日甲得知丙脾气暴躁，于是唆使乙去殴打丙，丙看有人想打他，于是出于防卫目的将乙打成轻伤，甲可能成立故意伤害罪的间接正犯。

（6）利用被害人自我侵害行为，主要包括利用、控制、欺骗、强迫被害人自我侵害的情形。如甲强迫乙自杀，乙被迫自杀；医生丙明知丁没有疾病，而欺骗丁有不治之症，致丁绝望自杀，甲、丙构成故意杀人罪的间接正犯。

（二）帮助犯

帮助犯是指为实行犯（正犯）提供方便、创造条件，使实行犯顺利实行犯罪行为的犯罪人。

1. 帮助行为

（1）物理性帮助（如提供凶器、排除障碍等）；

（2）心理性帮助（如呐喊助威、帮助望风、撑腰打气等）。

2. 帮助形式

（1）在方式上，包括作为方式与不作为方式；

（2）在时间上，包括事前帮助、事中帮助和事前约定好的事后帮助。

3. 中立的帮助行为

是否成立帮助犯，应当综合考虑正犯行为的紧迫性，行为人对法益的保护义务，行为对法益侵害所起的作用大小以及行为人对正犯行为与结果的确定性的认识等要素，得出妥当的结论。比如，甲明知他人正在进行犯罪，却还将武器卖给他人，就可以认定甲成立共犯。又比如，甲明知某棋牌室私开赌场，还每日卖快餐给该赌场，甲的行为对他人开设赌场罪并无实质性促进作用，因而，甲不构成开设赌场罪的帮助犯。

（三）教唆犯

教唆犯是指以授意、怂恿、劝说、利诱或者其他方法故意唆使他人犯罪的人。

1. 构成条件

（1）教唆对象。必须是具有刑事责任年龄的人〔教唆未达到刑事责任年龄或者不具有刑事责任能力的精神病人实施犯罪的，不构成共同犯罪，应对教唆行为人以间接正犯（实行犯）论处〕。教唆的对象必须特定，如果不特定就属于"煽动"，如《刑法》规定的煽动军人逃离部队罪。

（2）教唆行为。指引起他人产生实行特定犯罪意图的行为。教唆行为必须是唆使他人实施特定的犯罪。

（3）教唆故意。教唆犯只能由故意构成，过失不可能成立教唆犯。教唆犯不仅要求认识到自己的教唆行为会使被教唆人产生犯罪故意进而实施犯罪，还要求认识到被教唆人实施的犯罪行为会发生危害社会的结果，希望或者放任被教唆人实施犯罪行为并导致危害结果的发生。因此，教唆故意要求对犯罪结果有认识。

2. 教唆犯的认定

（1）按照所教唆的犯罪构成确定罪名，如教唆他人犯抢劫罪的，定抢劫罪。

（2）被教唆的人对被教唆的罪理解错误，实施了其他犯罪或者在犯罪时超出了被教唆之罪的范围,教唆犯只对自己所教唆的犯罪承担刑事责任。

(3)对于间接教唆的也应按教唆犯处罚。间接教唆是指教唆教唆者的情况。如甲教唆乙,(让)乙教唆丙实施抢劫罪,甲的行为便是间接教唆。

(4)当刑法分则条文将教唆他人实施特定犯罪的行为规定为独立犯罪时,对教唆者不能依所教唆的罪定罪,而应直接依照刑法分则的特别规定定罪。

3.教唆犯的刑事责任(我国《刑法》的规定)

(1)教唆他人犯罪的,应当按照他在共同犯罪中所起的作用处罚,如果起主要作用,就按主犯处罚;如果起次要作用,则按从犯从轻、减轻或者免除处罚。

(2)教唆不满18周岁的人犯罪的,应当从重处罚。当被教唆者未满14周岁时,虽然唆使人属于间接正犯,也应当依照此条从重处罚。

(3)如果被教唆的人没有犯被教唆的罪,对于教唆犯可以从轻或者减轻处罚。此种情形理论上称之为教唆未遂。

二、以"主犯"为中心的"按作用力大小"进行分类的共犯类型(作用分类法)

我国《刑法》主要采取作用分类法,同时也兼采分工分类法(如教唆犯),把共同犯罪人分为四类:主犯、从犯、胁从犯、教唆犯。

(一)主犯及其刑事责任

组织、领导犯罪集团进行犯罪活动或者在共同犯罪中起主要作用的,是主犯。

1.种类

(1)组织、领导犯罪集团进行犯罪活动的犯罪分子,即犯罪集团中的首要分子。

(2)其他在共同犯罪中起主要作用的犯罪分子,即除犯罪集团的首要分子以外的共同犯罪中对共同犯罪的形成、实施与完成起决定或重要作用的犯罪分子,包括聚众犯罪的首要分子、起主要作用的教唆犯与实行犯。

2.主犯与首要分子的关系

首要分子,指在犯罪集团或者聚众犯罪中起组织、策划、指挥作用的犯罪分子。

(1)主犯不一定是首要分子。

在共同犯罪中,除了首要分子是主犯以外,其他起主要作用的犯罪分子也是主犯。

(2)首要分子不一定是主犯。

在聚众犯罪中,有些情况只处罚首要分子。例如,聚众扰乱公共场所秩序、交通秩序罪等。在这些犯罪中,当首要分子只有一个人时,通常就不存在主、从犯之分。

3.主犯的刑事责任

(1)对犯罪集团首要分子按照集团所犯的全部罪行处罚。

全部罪行应当理解为首要分子组织、指挥的全部犯罪,而不是指集团全体成员所实施的全部犯罪。

(2)对于犯罪集团的首要分子以外的主犯,应分为两种情况处罚:

①对于组织、指挥共同犯罪的人(聚众犯罪的首要分子),应当按照其组织、指挥的全部犯罪处罚;

②对于其他在共同犯罪中起主要作用的人,应按其参与的全部犯罪处罚。

(二)从犯及其刑事责任

在共同犯罪中起次要或者辅助作用的,是从犯。包括:次要的实行犯,部分教唆犯,绝大多数情况下的帮助犯。

对于从犯,应当从轻、减轻或者免除处罚。

(三)胁从犯及其刑事责任

对于被胁迫参加犯罪的,应当按照他的犯罪情节减轻或者免除处罚。

(1)如果行为人受到了绝对强制,失去了根据自己的自由意志选择实施某种行为的状态,符合紧急避险的成立条件,可以认定为紧急避险；

（2）如果行为人起先是因为被胁迫而参加共同犯罪，但后来积极主动实施犯罪行为，且在共同犯罪中起主要作用，不是胁从犯而是主犯。

（3）如果被胁迫者在开始参加犯罪时没有受到胁迫，但是在实施共同犯罪的过程中受到了胁迫的，应当按从犯处罚。

三、共同犯罪的特殊形式

（一）承继的共同犯罪

承继的共同犯罪是指前行为人已经实施一部分实行行为后，后行为人以共同犯罪的意思参与实行或者提供帮助的共同犯罪。

（1）在抢劫罪中，前行为人实施了暴力、胁迫等行为，后行为人参与了取走财物的行为的，后行为人成立承继的共同犯罪。

（2）在诈骗、敲诈勒索之类的犯罪中，前行为人实施了欺骗、恐吓行为之后，后行为人只是参与接受财物的，应认定为承继的帮助犯。

（3）在结合犯中，后行为人仅参与后一犯罪的，则不构成结合犯，仅成立后一犯罪。

（二）片面的共同犯罪

片面的共同犯罪是指参与同一犯罪的人中，一方认识到自己是在和他人共同犯罪，而另一方没有认识到有他人和自己共同犯罪。

片面共同犯罪存在以下三种情况：

（1）片面的正犯（共同实行），即实行的一方没有认识到另一方的实行行为。如乙正欲对丙实施强奸行为时，甲在乙不知情的情况下，使用暴力将丙打伤，乙得以顺利实施奸淫行为。

（2）片面的教唆，即被教唆者没有意识到自己被教唆的情况。如甲将乙的妻子丙与他人通奸的照片和一支枪放在乙的桌子上，乙发现后立即产生杀人故意，将丙杀死。

（3）片面的帮助，即实行的一方没有认识到另一方的帮助行为。如甲明知乙正在准备杀丙，由于其与丙有仇，便暗中设置障碍物将丙绊倒，从而使乙顺利地杀害丙。

【注意】片面共犯理论尚有争议。刑法理论上通常肯定片面帮助犯，但否定片面正犯与片面教唆犯。

（三）不作为的共同犯罪

不作为与共同犯罪的关系包括对不作为的共犯、不作为的共犯和不作为的共同正犯三种情况（参见表7-6）。

表7-6 不作为的共同犯罪的情形

情形	定义	举例
对不作为的共犯	指教唆他人以不作为的形式实施犯罪。	教唆婴儿的母亲以不给婴儿哺乳的方式杀害婴儿。
不作为的共犯	指以不作为的形式帮助他人实施犯罪。	孩子正在被第三者砍杀时，父亲在能够救助的情况下不救助。
不作为的共同正犯	指2人以上以不作为的形式实施犯罪。	夫妻二人通谋杀死婴儿，把婴儿遗弃在不能够被救助的地方。

第五节 共同犯罪的特殊问题

一、共同犯罪与身份

（一）构成身份（定罪身份）

构成身份也称为真正身份犯，指以行为人具有一定身份为犯罪构成要件的身份。

涉及以下问题：

（1）无身份者对有身份者教唆，无身份者可以成为有身份者的共犯。如非国家工作人员与国家工作人员相勾结共同贪污；国家工作人员的妻子（无身份者）唆使丈夫受贿。

（2）有身份者对无身份者教唆。如国家工作人员甲教唆其妻子乙受贿，而本人利用职务上的便利为他人谋取利益的，妻子不能单独构成受贿罪，甲应当成立受贿罪的直接正犯或者间接正犯，其妻子乙成立受贿罪的共犯（从犯）。

最高人民法院《关于审理贪污、职务侵占案件如何认定共同犯罪几个问题的解释》就审理贪污或者职务侵占案件如何认定共同犯罪问题解释如下：

行为人与国家工作人员勾结，利用国家工作人员的职务便利，共同侵吞、窃取、骗取或者以其他手段非法占有公共财物的，以贪污罪共犯论处。

行为人与公司、企业或者其他单位的人员勾结，利用公司、企业或者其他单位人员的职务便利，共同将该单位财物非法占为己有，数额较大的，以职务侵占罪共犯论处。

公司、企业或者其他单位中，不具有国家工作人员身份的人与国家工作人员勾结，分别利用各自的职务便利，共同将本单位财物非法占为己有的，按照主犯的犯罪性质定罪。（作用相当无法区分主从或均为主犯的，以贪污罪共犯处罚。）

（二）加减身份（量刑身份）

无身份者与有身份者共同犯罪，在量刑时，对无身份者不能适用量刑身份的法定刑。如国家机关工作人员犯诬告陷害罪，应从重处罚，甲（普通公民）和乙（国家机关工作人员）共同诬告陷害王某，甲、乙构成诬告陷害罪的共同正犯，对乙应从重处罚，但对甲不能适用此从重处罚规定。

二、共同犯罪的认识错误

共同犯罪的认识错误是指共犯与正犯之间的主观认识和客观事实不一致的情况。

（一）同一共犯形式的错误

同一共犯形式的错误包括共同正犯的认识错误、间接正犯的认识错误、教唆犯的认识错误与帮助犯的认识错误。按事实认识错误的一般处理规则分别认定。如甲、乙共谋伤害丙，在共同实行时，都认为前方是丙，但实际上杀死的是丁。这是共同正犯的对象错误的情形，甲、乙成立故意杀人既遂的共同正犯。

（二）不同共犯形式的错误

不同共犯形式的错误是指认识错误影响共犯形式的情形。

（1）行为人以帮助的故意实施心理的帮助行为，事实上起到了教唆的作用的，只能认定为帮助犯。

（2）行为人教唆他人去犯罪，但是事实上他人早已有犯罪意图，即行为人的行为事实上只起到了强化他人去犯罪的效果，只能认定为帮助犯。

（3）行为人以间接正犯的意图唆使他人犯罪，但客观上只起到了教唆犯的效果，此时应在主客观相统一的范围内，认定行为人成立教唆犯。

（三）共犯过剩（实行过限）

共犯过剩是指正犯的行为与结果超出了其他共犯的故意内容的情形，此时其他共犯对该超出的行为与结果无需负责。如甲邀约乙对丙实施暴力伤害，乙以为甲只是意图伤害丙,事实上甲具有杀人的故意,甲、乙共同对丙实施暴力,导致丙死亡。在这种情况下,只能在故意伤害罪的范围内认定甲与乙构成共同犯罪(共同正犯),并都对丙的死亡结果承担责任。但由于甲具有杀人故意与杀人行为,对甲应另认定为故意杀人罪。

三、共同犯罪与犯罪形态

(一)共犯与犯罪未遂

1. 共同正犯的未遂

(1)共同正犯的未遂的成立,需共同正犯意图的犯罪由于意志以外的原因而未达既遂。

(2)2人以上共同实行犯罪,部分人的行为导致结果发生,部分人的行为未导致结果发生的,根据"部分实行全部责任"的原则,均以既遂犯论处。如甲、乙在实施杀人行为时,乙被第三者阻止而甲将被害人杀死的,两人都成立故意杀人罪的既遂。

2. 共犯(教唆犯、帮助犯)的未遂

教唆未遂的情形,《刑法》第29条第2款有特别规定,指被教唆的人没有犯所教唆的罪。

对未遂犯的教唆,即被教唆者着手实行被教唆的犯罪但犯罪未遂。对这种情形,对教唆者与被教唆者均应按照犯罪未遂处罚。

帮助犯的未遂(或预备),取决于实行犯的犯罪停止形态。

(二)共犯与犯罪中止

1. 共同正犯的中止

(1)就共同正犯而言,当所有正犯都自动中止犯罪时,均成立中止犯。

(2)共同正犯中的一部分正犯自动停止犯罪,并阻止其他正犯实行犯罪或防止结果发生时,这部分正犯就是中止犯;其他没有自动中止意图与中止行为的正犯,则是未遂犯。

(3)如果共同正犯中的一部分正犯中止自己的行为,但其他正犯的行为导致结果发生时,由于该中止行为不具有有效性,因此对所有共同正犯人均成立犯罪既遂。

2. 共犯的中止

教唆犯、帮助犯自动中止教唆行为、帮助行为,并阻止实行犯的行为或其结果时,成立教唆犯、帮助犯的中止。反之,实行犯自动中止犯罪,对于教唆犯、帮助犯来说属于意志以外的原因时,实行犯是中止犯,教唆犯、帮助犯属未遂犯。

第七章 单位犯罪

第一节 概述

公司、企业、事业单位、机关、团体实施的危害社会的行为,法律规定为单位犯罪的,应当负刑事责任。

(1)是公司、企业、事业单位、机关、团体犯罪,即是单位本身犯罪。

(2)是由单位的决策机构按照单位的决策程序决定,由直接责任人员实施的。

(3)通常是为本单位谋取非法利益或者以单位名义为本单位全体成员或者多数成员谋取非法利益。

(4)以刑法有明文规定为前提。即只有当刑法规定了单位可以成为某种犯罪的行为主体时,才可能将单位实施的危害行为认定为单位犯罪。

以单位名义、为单位利益实施犯罪,是单位犯罪最主要的两个特征。

第二节 单位犯罪的定罪

一、主体要件

依法成立的公司、企业、事业单位、机关、团体,既包括国有、集体所有的公司、企业、事业单位,也包括依法设立的合资经营、合作经营企业和具有法人资格的独资、私营等公司、企业、事业单位。

以单位的分支机构或者内设机构、部门的名义实施犯罪,违法所得也是归分支机构或者内设机构、部门所有的,应当认定为单位犯罪。

个人为进行违法犯罪活动而设立的公司、企业、事业单位实施犯罪的,或者公司、企业、事业单位设立后,以实施犯罪为主要活动的,不以单位犯罪论处,而应以自然人共同犯罪论处。

符合我国法人资格条件的外国公司、企业、事业单位,在我国领域内实施危害社会的行为,根据我国《刑法》构成犯罪的,应当依据我国《刑法》关于单位犯罪的规定追究刑事责任;个人在我国领域内进行违法犯罪活动而设立的外国公司、企业、事业单位实施犯罪的,或者外国公司、企业、事业单位设立后在我国领域内以实施违法犯罪为主要活动的,不以单位犯罪论处。

二、客观要件

以单位名义实施犯罪。

(1)任何单位犯罪都必须有行为,没有行为就不可能实施犯罪。

(2)许多单位犯罪的成立,都要求发生特定的危害结果。

(3)一些单位犯罪的成立,还必须具备特定的时间、地点、手段等条件。

三、主观要件

为单位谋取(非法)利益。以单位名义实施犯罪,违法所得归个人所有的,不属于单位犯罪,应当按自然人犯罪定罪处罚。

单位犯罪要求具有故意或者过失。

(1)认定单位犯罪的故意,要求单位的决策机构按照单位的决策程序作出了故意犯罪的决定或授权。

(2)认定单位犯罪的过失,要求构成过失犯罪的行为本身,是由单位的决策机构按照单位的决策程序作出的。如工程重大安全事故罪。

第三节 单位犯罪的处罚

一、处罚依据

单位犯罪的法定性:《刑法》规定公司、企业、事业单位、机关、团体实施的危害社会的行为,法律规定为单位犯罪的,应当负刑事责任。

公司、企业等单位实施《刑法》规定的危害社会的行为,刑法分则和其他法律未规定追究单位的刑事责任的,对组织、策划、实施该危害社会行为的人依法追究刑事责任。如单位实施的贷款诈骗罪、信用卡诈骗罪、盗窃罪、诈骗罪等。

二、处罚原则

(一)以"双罚制"为原则

单位犯罪的,对单位判处罚金,对其直接负责的主管人员和其他直接负责人员判处刑罚。刑法分则和其他法律另有规定的,依照规定。

对单位判处罚金,对直接负责的主管人员和其他直接责任人员规定的法定刑,刑法分则有的条文规定了与自然人犯罪的法定刑相同,有的则规定了较自然人犯罪轻的法定刑。如《刑法》第153条走私普通货物、物品罪。

（二）以"单罚制"为例外

对单位犯罪只处罚直接责任人员，而不处罚单位本身。如工程重大安全事故罪、违规披露、不披露重要信息罪、私分国有资产罪等十余种单位犯罪。

（三）单位被撤销或变更的处罚原则

（1）涉嫌犯罪的单位被撤销、注销、吊销营业执照或者宣告破产时，直接追究直接负责的主管人员和其他直接责任人员的刑事责任，对该单位不再追诉。

（2）涉嫌犯罪的单位已被合并到一个新单位的，仍追究原犯罪单位。法院审判时，对被告单位应列原犯罪单位名称，但注明已被并入新的单位，对被告单位所判处的罚金数额以其并入新的单位的财产及收益为限。

第八章　罪数形态

第一节　罪数的区分

罪数指犯罪行为人所犯之罪的数量。

区分一罪与数罪的标准，采取"犯罪构成说"，即行为符合一个犯罪构成就是一罪，行为符合数个犯罪构成就是数罪。数行为每次均符合同一犯罪构成的也是数罪（同种数罪）。但是，还应当同时综合考虑刑法特殊规定与司法实践经验。

一、单纯的一罪与典型的数罪

单纯的一罪，指行为人以一个罪过、实施一个行为、侵犯一个客体的犯罪。

典型的数罪，指行为人以数个罪过、实施数个行为、侵犯数个客体，而且数个行为之间没有牵连、连续等关系的数个犯罪。

二、介于一罪与数罪之间的貌似数罪实为一罪的情况

表7-7　介于一罪与数罪之间的貌似数罪实为一罪的情况

罪数形态	定义	分类
实质的一罪	在外观上具有数罪的形式，但行为人基于特定之罪过形式，实施了一个犯罪行为，侵犯了一种法益，符合一个犯罪构成，实质上是一罪。	继续犯（持续犯）
		想象竞合犯
		结果加重犯
法定的一罪	行为基于多个罪过，实施了多个危害行为，侵犯多种法益，立法者本来可以将其规定为数个犯罪构成或者已经将其规定为数个犯罪构成，因为某种特定的理由，法律上将其规定为一罪的情形。	结合犯
		集合犯
处断的一罪	原本符合数个犯罪构成而构成数罪，但是数罪之间不存在紧密关系，基于刑事政策考虑，法律规定为一罪认定，或司法机关处理时习惯作为一罪认定的情形。	连续犯
		吸收犯
		牵连犯

第二节 实质的一罪

一、继续犯(持续犯)

继续犯也称持续犯,指行为从着手实施犯罪到犯罪终了的一段时间内,犯罪行为一直处于持续状态的犯罪形态。如非法拘禁罪。

继续犯具有以下特征:

(1)必须是犯罪行为与不法状态同时继续。继续犯与状态犯不同。状态犯是犯罪行为结束后,其造成的不法状态仍然在持续。如行为人窃取他人财物后,盗窃行为已经结束,但非法占有他人财物的状态一直在持续,而继续犯是犯罪行为本身的持续,行为的持续也导致不法状态的持续,但不仅仅是不法状态的持续。

(2)必须是犯罪行为在一定时间内不间断地持续存在。

①继续犯罪的犯罪行为必须具有时间上的持续性,持续的时间长短不影响继续犯罪的成立,但瞬间性的行为不可能构成继续犯。

②犯罪行为必须没有间断,即从开始到结束一直没有间断。

(3)必须是一个行为侵犯了同一具体的对象与客体,即犯罪行为自始至终都针对同一对象,侵犯同一客体。

(4)继续犯必须出于一个犯罪故意。继续犯是出于一个故意,出于数个故意的行为不可能成立继续犯。

二、想象竞合犯

想象竞合犯是指一个行为侵犯了数个客体,触犯了数个罪名的情况。如对正在依法执行公务的国家机关工作人员实施暴力使之受轻伤的,同时触犯了妨害公务罪与故意伤害罪。

想象竞合犯具有两个基本特征:

(1)行为人只实施了一个行为。"一个行为",是以法定犯罪构成客观方面的行为为标准,认定行为人的行为是一个行为。如甲以前一直非法持有枪支,后来持枪杀人的,因为持枪行为与杀人行为在主要部分不重合,不是一个行为,不构成想象竞合犯,应当数罪并罚。

(2)一个行为必须触犯数个罪名。"数个罪名",指一个行为同时符合数个犯罪构成,因而触犯数个罪名。

想象竞合犯,原则上应当按照行为所触犯的罪名中的一个重罪论处。如窃取的档案是国家秘密,则同时触犯了窃取国有档案罪与非法获取国家秘密罪,对此,只按照其中的一个重罪定罪处罚。

【注意】《刑法》第204条第2款规定:"纳税人缴纳税款后,采取前款规定的欺骗方法,骗取所缴纳的税款的,依照本法第二百零一条的规定定罪处罚;骗取税款超过所缴纳的税款部分,依照前款的规定处罚。"当骗取税款超过所缴纳的税款部分时,未超过部分按逃税罪定罪处罚,超过部分按骗取出口退税罪处罚,实行数罪并罚。

实际上是一个行为触犯了两个罪名,属于想象竞合,但却数罪并罚。(笔者认为这种情形属复合的数行为、复合的数罪)

三、结果加重犯

结果加重犯也称加重结果犯,指法律规定的一个犯罪行为(基本犯罪),由于发生了严重结果而加重其法定刑的情况。如故意伤害致人死亡。需有刑法分则的明文规定。

结果加重犯具有以下特征:

(1)基本犯罪行为与加重结果之间具有因果关系。

(2)行为人对基本犯罪一般持故意,对加重结果至少有过失。

①行为人对基本犯罪一般是故意,也有少数情况是对基本犯罪是过失,如交通

肇事罪。

②对加重结果至少有过失。

部分结果加重犯对加重结果只能是过失。如故意伤害致死，如果对死亡结果是故意，则成立故意杀人罪。

部分结果加重犯对加重结果既可以是过失也可以是故意。如抢劫致人重伤、死亡的，属于结果加重犯，行为人对重伤、死亡结果既可能是过失，也可能是故意。

（3）《刑法》对加重结果规定了加重的法定刑，即结果加重犯的法定刑高于基本犯罪的法定刑。如果《刑法》没有加重法定刑，结果再严重也不是结果加重犯。如强奸妇女致其重伤的，由于《刑法》加重了法定刑，属于结果加重犯；而强制猥亵、侮辱妇女致其重伤的，因为《刑法》没有加重法定刑的规定，故不可能成为结果加重犯。

第三节 法定的一罪

一、结合犯

结合犯是指数个原本独立的犯罪行为，根据刑法分则的明文规定，结合成为另一独立的新罪的情况。结合犯以所结合的新罪论处。

结合犯具有以下特征：

（1）结合犯所结合的数罪，原本为刑法上数个独立的异种犯罪。

（2）典型的结合犯是将数个原本独立的犯罪，结合成为另一个独立的新罪，用公式表示就是：甲罪+乙罪=丙罪。刑法将数个独立的犯罪结合成为其中的一个罪的，也称结合犯或准结合犯。如绑架他人并杀害被绑架人的，仍以绑架罪论处。

（3）数个原本独立的犯罪被结合为另一新罪后，就失去原有的独立犯罪的意义，成为新罪的一部分。

（4）数个原本独立的犯罪结合为另一个独立新罪，是基于刑法分则的明文规定。

二、集合犯

集合犯是指犯罪构成预定了数个同种类的行为的犯罪。

表7-8 集合犯的种类与区分

种类	定义	举例	区别
常习犯（常习惯犯）	犯罪构成预定具有常习性的行为人反复多次实施的行为。	我国《刑法》没有规定常习犯	
职业犯	犯罪构成预定将一定的犯罪作为职业或者业务反复实施的行为。	非法行医罪	不要求具有营利目的
营业犯（常业惯犯）	犯罪构成预定以营利为目的反复实施一定犯罪的行为。	赌博罪	具有营利目的

第四节 处断的一罪

一、连续犯

连续犯是指基于同一的或者概括的犯罪故意，连续实施性质相同的数个行为，触犯同一罪名的犯罪形态。

连续犯具有以下特征：

（1）必须是行为人基于同一的或者概括的犯罪故意。

（2）必须实施性质相同的数个行为，包括数次行为都独立构成犯罪、数次行为都不独立构成犯罪、数次行为中有的独立构成犯罪有的不独立构成犯罪三种情况。

如行为人连续诈骗,每次诈骗数额都较大的、每次诈骗数额都没有达到数额较大但整体上达到数额较大的、数次中有的达到数额较大有的没有达到数额较大的,都认定为连续犯。

(3)数次行为具有连续性。主观上行为人有连续实施某种犯罪行为的故意;客观上行为的性质、对象、方式、结果等具有连续性。

(4)数次行为必须触犯同一罪名。数次行为触犯同一具体罪名。如果某罪名是选择性罪名,触犯其中任何一个具体选项,都属于触犯同一罪名。

我国《刑法》规定了许多将连续犯规定为一罪的情况。如对多次走私未经处理的,按照累积走私货物、物品的偷逃应缴税额处罚;对于多次偷税未经处理的,按照累计数额计算;对于多次抢劫未经处理的,规定为法定刑升格的条件;对于多次盗窃未经处理的,按一罪处理;对多次贪污未经处理的,按照累计贪污数额处罚;等等。

二、吸收犯

吸收犯是指事实上存在数个不同的行为,由于法律规范上数个行为之间存着紧密的关系,其中一行为吸收其他行为,仅成立一个罪名的犯罪。

吸收犯具有以下特征:

(1)具有数个独立的符合构成要件的犯罪行为。

(2)数个行为必须触犯不同罪名。

(3)数行为之间具有吸收关系,即前行为是后行为发展的所经阶段,后行为是前行为发展的当然结果。

吸收关系的分类情况见表7-9:

表7-9 吸收关系的分类情况

情形	举例
重行为吸收轻行为	伪造货币后又出售或者运输伪造的货币的,由伪造货币罪吸收出售、运输假币罪。
实行行为吸收预备行为	入室抢劫,其预备行为触犯了非法侵入住宅罪,其实行行为是抢劫,抢劫罪吸收非法侵入住宅罪。
主行为吸收从行为	先教唆他人犯罪,后又帮助他人实行犯罪的,应当按教唆犯处罚。

【注意】"不可罚的事后行为"(共罚的事后行为)是指在状态犯的场合,利用该犯罪行为的结果的行为,如果孤立地看,符合其他犯罪的犯罪构成,具有可罚性,但由于被综合评价在该状态犯中,故没有必要另认定为其他犯罪。

不可罚的事后行为主要分为以下两种情形:

(1)事后行为没有侵犯新的法益而不可罚。如行为人盗窃他人财物后又毁坏该财物的,其毁坏财物的行为属于不可罚的事后行为,不另成立故意毁坏财物罪。但是,将盗窃的仿真品(数额较大)故意冒充文物出卖给他人,骗取财物的,因为侵犯了新的财产法益,故应以盗窃罪与诈骗罪实行并罚。

(2)事后行为缺乏期待可能性而不可罚。如行为人犯罪之后,毁坏现场证据,使司法机关不能准确认定犯罪事实,行为人不能因为毁坏自己有罪证据而受到处罚。

三、牵连犯

牵连犯是指犯罪的手段行为或结果行为与目的行为或原因行为分别触犯不同罪名的情况。

（一）种类

（1）手段行为与目的行为存在牵连关系。如以伪造公文的方法（手段行为）骗取公私财物（目的行为）。

（2）原因行为与结果行为存在牵连关系。如盗窃财物（原因行为）后，为了销赃而伪造印章（结果行为）。

（二）特征

（1）以实施一个犯罪为目的。如为了诈骗财物而伪造国家机关公文。

（2）在目的行为或者原因行为触犯了一个罪名的情况下，手段行为或结果行为又触犯了另一个罪名。

（3）行为人必须实施了数个行为，而且数个行为之间存在手段行为与目的行为、原因行为与结果行为的牵连关系。

（三）认定

（1）仅仅具有客观上的牵连关系而没有主观上的牵连关系，不宜认定为牵连犯。如行为人在一年前为了狩猎而盗窃了枪支，一年后为了抢劫银行而使用了该枪支。

（2）仅仅具有主观上的牵连关系而没有客观上的牵连关系也不宜认定为牵连犯。

（3）手段行为与目的行为、原因行为与结果行为之间的牵连关系必须具有通常性，即为了实现目的行为，一般都会采取该手段行为。如为了抢劫银行而盗窃枪支，然后利用所盗窃枪支抢劫银行的，应当认定为数罪，而不应认定为牵连犯。再如，为了冒充军人招摇撞骗而盗窃军车，然后驾驶军车冒充军人招摇撞骗的，应当认定为数罪，而不能认定为牵连犯。

（四）处罚

在刑法没有特别规定的情况下，对牵连犯实行择一重罪处罚的原则。

第九章 刑罚概说

第一节 刑罚的概念和特征

一、概念

刑罚是指《刑法》规定的，由国家审判机关依法对犯罪分子所适用的限制或剥夺其某种权益的、最严厉的强制性法律制裁方法。

二、特征

（一）性质上的严厉性

刑罚的属性在于对犯罪人权益的限制或剥夺，是一种最严厉的法律制裁措施。这种严厉性正是刑罚区别于其他法律制裁方法的本质特征。

（二）适用对象的特定性

刑罚的适用对象只能是实施了犯罪行为的自然人或单位。

（三）适用根据的法定性

刑罚必须由刑法明文规定。

（四）适用主体的单一性

刑罚适用的主体只能是代表国家行使审判权的人民法院。

第二节 刑罚的目的和功能

一、刑罚的目的

刑罚的目的是预防犯罪。

二、刑罚的功能

(一)特殊预防

防止犯罪人重新犯罪。

通过以下三种途径实现:教育改善、限制与剥夺犯罪条件、剥夺生命。

(二)一般预防

防止社会一般成员走上犯罪道路。

刑罚的功能是国家创制、适用刑罚所起的客观作用。

第十章 刑罚种类

第一节 主刑

主刑是对犯罪分子独立适用的主要刑罚方法。

主刑只能独立适用,不能附加适用,一罪只能适用一个主刑。

主刑包括:管制、拘役、有期徒刑、无期徒刑、死刑。

一、管制

(一)概念

管制是对犯罪分子不实行关押而是限制其一定人身自由的刑罚方法。

(二)期限

管制的期限为3个月以上2年以下,数罪并罚时最高不能超过3年。

(三)执行

(1)依法实行社区矫正。

(2)可以根据犯罪情况宣告禁止令,即禁止犯罪分子在执行期间从事特定活动,进入特定区域、场所,接触特定的人。适用禁止令的时间通常与管制时间相同。

【注意】①禁止令不是刑罚方法。②禁止令的内容不能影响个人正常生活。③只有被判处管制和宣告缓刑两种情况下才可以适用禁止令。

(3)应当遵守下列内容:

①遵守法律、行政法规,服从监督;

②未经执行机关批准,不得行使言论、出版、集会、结社、游行、示威自由的权利;

【注意】该项规定是对被判处管制且没有被剥夺政治权利的犯罪分子的政治权利的限制,注意缓刑中规定应当遵守的内容没有该项。

③按照执行机关的规定报告自己的活动情况;

④遵守执行机关关于会客的规定;

⑤离开所居住的市、县或者迁居,应当报经执行机关批准。

(4)在劳动中同工同酬。

(5)刑期从判决执行之日起计算;判决执行以前先行羁押的,羁押1日折抵刑期2日。如果判决执行之前是指定居所监视居住的,监视居住1日折抵刑期1日。

二、拘役

(一)概念

拘役是剥夺犯罪分子短期人身自由的刑罚方法。

(二)期限

拘役的期限为1个月以上6个月以下。数罪并罚时最高不得超过1年。

(三)执行

拘役由公安机关就近执行。

在执行期间享有两项待遇：每月可以回家1～2天；参加劳动的可以酌量发给报酬。

刑期从判决执行之日起计算；判决执行以前先行羁押的，羁押1日折抵刑期1日。如果判决执行之前是指定居所监视居住的，监视居住2日折抵刑期1日。

三、有期徒刑

(一)概念

有期徒刑是剥夺犯罪分子一定期限人身自由的刑罚方法。

(二)期限

(1)有期徒刑的期限通常为6个月以上15年以下；

(2)数罪并罚时，有期徒刑总和刑期不满35年的，最高不能超过20年，总和刑期在35年以上的，最高不能超过25年；

(3)判处死刑缓期二年执行的，在死刑缓期执行期间，如果没有故意犯罪，确有重大立功表现，二年期满以后，减为25年有期徒刑。

(三)执行

有期徒刑在监狱或者其他执行场所执行。

凡有劳动能力的，应当参加劳动，接受教育和改造。

刑期从判决执行之日起计算；刑期折算方法同拘役。

四、无期徒刑

(一)概念

无期徒刑是剥夺犯罪分子终身自由的刑罚方法。

(二)期限

剥夺犯罪分子终身自由。但在我国《刑法》中，被判处无期徒刑的犯罪分子往往可以通过减刑、假释而出狱，但实际服刑至少13年。

【注意】特殊的终身监禁制度是指对贪污、受贿犯罪，罪行极其严重被判处死刑缓期二年执行的，人民法院根据犯罪情节等情况可以同时决定二年期满依法减为无期徒刑后，终身监禁，不得减刑、假释的刑罚执行措施。

(三)执行

同有期徒刑。

五、死刑

(一)概念

死刑是剥夺犯罪分子生命的刑罚方法。包括死刑立即执行和死刑缓期2年执行。

(二)适用

1.适用对象

死刑只适用于罪行极其严重的犯罪分子。

不得适用死刑(包括死缓)的对象：

(1)犯罪时不满18周岁的人；

(2)审判时怀孕的妇女(被羁押开始至执行死刑之间有过怀孕现象)；

(3)审判的时候已满75周岁的人，但以特别残忍手段致人死亡的除外。

2.核准程序

死刑除依法由最高人民法院判决的以外，都应当报请最高人民法院核准；判处死缓的案件，可以由高级人民法院判决或者核准。

(三)死缓制度

1.适用条件

对于应当判处死刑的犯罪分子，如果不是必须立即执行的，可以判处死刑同时宣告缓期2年执行。死缓不是刑种，而是一种死刑的执行制度。

2. 执行

(1)死缓变更的三种情形：

①没有故意犯罪,二年期满以后,减为无期徒刑；

②确有重大立功,二年期满以后,减为25年有期徒刑；

③如果故意犯罪,情节恶劣的,报请最高人民法院核准后执行死刑；对于故意犯罪未执行死刑的,死刑缓期执行的期间重新计算,并报最高人民法院备案。

限制减刑制度：对被判处死刑缓期执行的累犯以及因故意杀人、强奸、抢劫、绑架、放火、爆炸、投放危险物质或者有组织的暴力性犯罪被判处死刑缓期执行的犯罪分子,人民法院根据犯罪情节等情况可以同时决定对其限制减刑。

(2)死缓期间：从判决确定之日起计算。

死刑缓期执行减为有期徒刑的刑期,从死刑缓期执行期满之日起计算。

第二节　附加刑

附加刑,又称从刑,是补充主刑适用的刑罚方法。

附加刑既可以附加于主刑适用,又可以独立适用;对一罪可判处数个附加刑。

附加刑的种类包括：罚金、剥夺政治权利、没收财产、驱逐出境。

一、罚金

(一)概念

罚金是人民法院判处犯罪人向国家缴纳一定数额金钱的刑罚方法。

判处罚金,应当根据犯罪情节决定罚金数额。

(二)适用方式

(1)单处罚金,主要适用于单位犯罪；

(2)选处罚金；

(3)并处罚金；

(4)单处或并处罚金。

(三)缴纳方式

(1)限期一次缴纳；

(2)限期分期缴纳；

(3)期满不缴纳,强制缴纳；

(4)不能全部缴纳的罚金,随时追缴；

(5)因不可抗力、确有困难的,经人民法院裁定,延期缴纳、酌情减少或者免除缴纳。

二、剥夺政治权利

(一)概念

剥夺政治权利是剥夺犯罪分子参加国家管理和政治活动权利的刑罚方法。

剥夺政治权利主要是剥夺犯罪分子下列四项权利：

(1)选举权和被选举权；

(2)言论、出版、集会、结社、游行、示威自由的权利；

(3)担任国家机关职务的权利；

(4)担任国有公司、企业、事业单位和人民团体领导的权利。

(二)适用对象

1. 应当附加剥夺

(1)危害国家安全的犯罪分子；

(2)被判处死刑、无期徒刑的犯罪分子。

2. 可以附加剥夺

故意杀人、强奸、放火、爆炸、投毒、抢劫等严重破坏社会秩序的犯罪分子。

3. 可以选择独立适用

危害国家安全罪,侵犯公民人身权利、民主权利罪,妨害社会管理秩序罪,危害国防利益罪的犯罪分子。

(三)期限

(1)判处管制附加剥夺政治权利的,剥夺政治权利的期限与管制的期限相同,同时执行；

(2)判处拘役、有期徒刑附加剥夺政治权利或者单处剥夺政治权利的期限为1年以上5年以下，前者从拘役、有期徒刑执行完毕或者假释之日起执行，剥夺政治权利的效力当然施用于主刑执行期间，后者从判决执行之日起执行；

(3)判处死刑、无期徒刑的犯罪分子，应当剥夺政治权利终身，从主刑执行之日起执行；

(4)死刑缓期执行减为有期徒刑或者无期徒刑减为有期徒刑的，附加剥夺政治权利的期限改为3年以上10年以下，从主刑执行完毕或者假释之日起执行。

三、没收财产

（一）概念

没收财产是没收犯罪分子个人所有财产的一部分或全部的刑罚方法。

【注意】没收财产与没收违禁品和犯罪物品、追缴犯罪所得的区分。此处没收的财产是犯罪分子合法拥有的、没有用于犯罪的财产。

（二）适用对象

没收财产主要适用于犯危害国家安全罪、破坏社会主义市场经济秩序罪、侵犯财产罪、贪污贿赂罪的犯罪分子。

（三）没收财产的范围的限制

(1)没收全部财产的，应当对犯罪分子个人及其扶养的家属保留必需的生活费用；

(2)不得没收属于犯罪分子家属所有或者应有的财产；

(3)没收财产以前犯罪分子所负的正当债务，需要以没收的财产偿还的，经债权人请求，应当偿还。

四、驱逐出境

驱逐出境是强迫犯罪的外国人离开中国国(边)境的刑罚方法。

驱逐出境适用于犯罪的具有外国国籍的人和无国籍人。可独立适用，也可附加适用。

【注意】与作为行政处罚的驱逐出境的区别。

第三节　非刑罚处置措施

一、非刑罚处置措施

非刑罚处置措施是指人民法院根据案件的不同情况，对犯罪分子直接适用或建议主管部门适用的刑罚以外的其他处理方法的总称。包括：训诫、责令具结悔过、赔礼道歉、赔偿经济损失、赔偿损失、行政处罚、行政处分。

二、禁业规定

（一）适用对象

(1)因利用职业便利实施犯罪被判处刑罚的犯罪分子；

(2)实施违背职业要求的特定义务的犯罪被判处刑罚的犯罪分子。

（二）内容

禁止其从事相关职业。

（三）期限

自刑罚执行完毕之日或者假释之日起3～5年。

（四）违反职业禁止令的法律后果

(1)公安机关依法给予处罚；

(2)情节严重的，依照拒不执行判决、裁定罪的规定定罪处罚。

第十一章 刑罚裁量

第一节 量刑概述

一、量刑原则

以事实为依据(犯罪的事实、犯罪的性质、情节和对于社会的危害程度),以法律为准绳。

二、从重、从轻、减轻、特殊减轻的含义

从重,指在基准刑以上、该档法定刑幅度最高刑以下确定宣告刑。

从轻,指在基准刑以下、该档法定刑幅度最低刑以上确定宣告刑。

【注意】从重和从轻都是在法定刑幅度以内判处刑罚。

减轻,指应在法定刑以下判处刑罚;有数个量刑幅度的,在该档法定刑的下一档法定刑幅度内判处刑罚。

犯罪分子虽然不具有刑法规定的减轻处罚情节,但是根据案件的特殊情况,经最高人民法院核准,也可以在法定刑以下判处刑罚。

第二节 量刑情节

一、量刑情节

在行为已经构成犯罪的前提下,人民法院在量刑时应当考虑的影响刑罚轻重或者免除的各种事实。

(一)法定量刑情节

法定量刑情节,如刑事责任、犯罪中止、犯罪未遂、共犯、正当防卫、自首坦白、立功、累犯等,是由刑法总则与分则明文规定的量刑情节。

(二)酌定量刑情节

酌定量刑情节,指没有被刑法明文规定,但可由审判人员根据案情具体情况认定的量刑情节。如犯罪手段、动机、犯罪后的态度、犯罪人一贯表现、被害人是否谅解等。

二、累犯

累犯是指被判处一定刑罚的犯罪人,刑罚执行完毕或赦免以后,在法定期限内又犯被判处一定的刑罚之罪的罪犯。累犯从重处罚,是我国《刑法》规定的一种法定量刑情节。

(一)一般累犯

(1)前后罪都必须是故意犯罪;

(2)前罪被判处有期徒刑以上刑罚,后罪应当判处有期徒刑以上刑罚;

(3)后罪发生的时间,必须是在前罪刑罚(主刑)执行完毕或者赦免以后5年内。

(4)下列情况不构成累犯:

①被假释的犯罪人在假释考验期内再犯新罪的,应撤销假释,数罪并罚。

②被判处缓刑的犯罪人在缓刑考验期内再犯新罪的,应撤销缓刑,数罪并罚。

③被判处缓刑的犯罪人在缓刑考验期满后再犯新罪的,前罪原判刑罚未执行,不能构成累犯。

(5)累犯成立的限制条件。不满18周岁的人犯罪,不成立累犯。

(二)特别累犯

(1)前后罪都必须是危害国家安全犯

罪、恐怖活动犯罪、黑社会性质的组织犯罪；

（2）前罪刑罚（主刑或附加刑）执行完毕或者赦免以后再犯罪。

（三）法律后果

累犯应当从重处罚，不得缓刑，不得假释。（可减刑）

累犯被判处死缓的死缓犯可以限制减刑。

三、自首

（一）一般自首

1. 犯罪后自动投案

具体认定：

（1）犯罪嫌疑人向其所在单位、城市或农村基层组织或者其他有关负责人员投案的；

（2）犯罪嫌疑人因病、伤或者为了减轻犯罪后果，委托他人先代为投案，或者先以信件、电报、电话投案的；

（3）罪行未被司法机关发觉，仅因形迹可疑被有关组织或者司法机关盘问、教育后，主动交代自己的罪行的；但有关部门、司法机关在其身上、随身携带的物品、驾乘的交通工具等处发现与犯罪有关的物品的，不能认定为自动投案；

（4）犯罪后逃跑，在被通缉、追捕过程中，主动投案的；

（5）经查实确已准备去投案，或者正在投案途中，被公安机关捕获的，应当视为自动投案；

（6）并非出于犯罪嫌疑人主动，而是经亲友规劝、陪同投案的；

（7）公安机关通知犯罪嫌疑人的亲友，或者亲友主动报案后，将犯罪嫌疑人送去投案的，也应当视为自动投案；

（8）犯罪后主动报案，虽未表明自己是作案人，但没有逃离现场，在司法机关询问时交代自己罪行的；

（9）明知他人报案而在现场等待，抓捕时无拒捕行为，供认犯罪事实的；

（10）在司法机关未确定犯罪嫌疑人，尚在一般性排查询问时主动交代自己罪行的；

（11）因特定违法行为被采取劳动教养、行政拘留、司法拘留、强制隔离戒毒等行政、司法强制措施期间，主动向执行机关交代尚未被掌握的犯罪行为的。

犯罪嫌疑人自动投案后又逃跑的，不能认定为自首。

2. 如实供述自己的罪行

（1）自己的主要犯罪事实，即可能会影响到对犯罪和量刑认定的基本事实。犯有数罪的犯罪嫌疑人仅如实供述所犯数罪中部分犯罪的，对如实供述的部分犯罪，认定为自首。

（2）姓名、年龄、职业、住址、前科等情况。

犯罪嫌疑人供述的身份等情况与真实情况虽有差别，但不影响定罪量刑的，应认定为如实供述自己的罪行。犯罪嫌疑人自动投案后隐瞒自己的真实身份等情况，影响对其定罪量刑的，不能认定为如实供述自己的罪行。

（3）共同犯罪案件中的犯罪嫌疑人，除如实供述自己的罪行，还应当供述所知的同案犯，主犯则应当供述所知其他同案的共同犯罪事实，才能认定为自首。

（4）犯罪嫌疑人自动投案并如实供述自己的罪行后又翻供的，不能认定为自首，但在一审判决前又能如实供述的，应当认定为自首。

（二）特别自首（准自首）

行为人被动归案，如实供述了司法机关尚未掌握的本人其他罪行。

1. 主体

依法被采取强制措施的犯罪嫌疑人、被告人和正在服刑的罪犯。

2. 供述内容

（1）司法机关还未掌握的本人的其他罪行。

（2）如实供述的罪行必须与司法机关已掌握的或者判决确定的罪行属不同种罪行。如果是同种罪行，属于坦白，不属于自首。

3. 法律后果

可以从轻或者减轻处罚。犯罪较轻的，可以免除处罚。

单位可成立自首。

（三）坦白

坦白是指如实供述自己的罪行。

与一般自首的区别：一般自首是犯罪人自动投案后，如实供述自己的罪行；坦白是被动归案后如实供述自己的罪行。

与特别自首的区别：如实供述司法机关还未掌握的本人其他罪行的，是自首；如实供述司法机关已经掌握的本人其他罪行的是坦白。

四、立功

（一）立功表现

（1）揭发他人犯罪行为，经查证属实的。包括同案犯共同犯罪以外的其他犯罪。

（2）提供重要线索，从而得以侦破其他案件的。下列情形除外：

①犯罪分子通过贿买、暴力、胁迫等非法手段，或者被羁押后与律师、亲友会见过程中违反监管规定，获取他人犯罪线索并"检举揭发"的；

②犯罪分子将本人以往查办犯罪职务活动中掌握的，或者从负有查办犯罪、监管职责的国家工作人员处获取的他人犯罪线索予以检举揭发的；

③犯罪分子亲友为使犯罪分子"立功"，向司法机关提供他人犯罪线索、协助抓捕犯罪嫌疑人的。

（3）协助司法机关抓获其他犯罪嫌疑人。

具体认定情形：

①按照司法机关的安排，以打电话、发信息等方式将其他犯罪嫌疑人约至指定地点的；

②按照司法机关的安排，当场指认、辨认其他犯罪嫌疑人的；

③带领侦查人员抓获其他犯罪嫌疑人的；

④提供司法机关尚未掌握的其他案件犯罪嫌疑人的联络方式、藏匿地址的，等等。

犯罪分子提供同案犯姓名、住址、体貌特征等基本情况，或者提供犯罪前、犯罪中掌握、使用的同案犯联络方式、藏匿地址，司法机关据此抓捕同案犯的，不能认定为协助司法机关抓捕同案犯。

（4）阻止他人犯罪活动的。

（5）阻止其他犯罪人逃跑的。

（6）其他有利于国家和社会的突出表现的。

（二）重大立功

（1）犯罪分子检举、揭发他人重大犯罪行为，经查证属实；

（2）提供侦破其他重大案件的重要线索，经查证属实；

（3）阻止他人重大犯罪活动；

（4）协助司法机关抓捕其他重大犯罪嫌疑人；

（5）对国家和社会有其他重大贡献等表现的，应当认定为有重大立功表现。

"重大犯罪""重大案件""重大犯罪嫌疑人"的标准，一般指犯罪嫌疑人、被告人可能被判处无期徒刑以上刑罚或者案件在本省、自治区、直辖市或者全国范围内有较大影响等情形。

（三）法律后果

有立功表现的，可以从轻或者减轻处罚；有重大立功表现的，可以减轻或者免除处罚。

第三节 量刑制度

一、数罪并罚

法院对犯罪人所犯数罪分别定罪量刑后,按照法定数罪并罚原则决定应执行的刑罚。

(一)前提条件

(1)行为人犯数罪,每个罪都要分别定罪量刑;

(2)要求并罚的犯罪均未超过追诉时效,且行为人可以承担刑事责任。

(二)数罪并罚的情况

(1)判决宣告前一人犯数罪的并罚。

表7-10 数罪并罚的刑种与原则

并罚刑种		原则
死刑	所有刑种	吸收
无期徒刑	无期及以下刑种	
有期徒刑	拘役	分别执行(先有期徒刑,后管制)
	管制	
	有期徒刑	限制加重 总和刑期不满35年的,最高不超20年 总和刑期35年以上的,最高不超25年
拘役	拘役	限制加重,最高不超1年
	管制	分别执行(先拘役,后管制)
管制	管制	限制加重,最高不超3年

数罪中有判处附加刑的,附加刑仍须执行,其中附加刑种类相同的,合并执行,种类不同的,分别执行。

【注意】数罪并罚的情况下可能同时被判处罚金和没收财产,此时先执行罚金刑,再执行没收财产。

(2)判决宣告后、刑罚执行完毕前发现漏罪的并罚,"先并后减"。已经执行的刑期,计算在新判决决定的刑期以内。

(3)判决宣告后、刑罚执行完毕前又犯新罪的并罚,"先减后并"。可能突破上限,其实际执行的刑期可能比"先并后减"的刑期更长。

(4)既发现漏罪,又犯新罪时,先将漏罪"先并后减",再将新罪"先减后并"。

二、缓刑

(一)适用条件

(1)适用对象:被判处拘役、3年以下有期徒刑的犯罪分子(注意:此处为宣告刑)。

(2)满足条件:犯罪情节较轻;有悔罪表现;没有再犯罪的危险;宣告缓刑对所居住社区没有重大不良影响。

(3)应当适用的对象:不满18周岁的人、怀孕的妇女和已满75周岁的人。

(4)不适用的对象:累犯、犯罪集团的首要分子。

(二)考验期限

受刑的考验期限从判决确定之日起计算。

(1)拘役的缓刑考验期限为原判刑期

以上1年以下,但是不能少于2个月;

(2)有期徒刑的缓刑考验期限为原判刑期以上5年以下,但是不能少于1年。

(三)执行

(1)可以宣告禁止令;依法实行社区矫正。

(2)被宣告缓刑的犯罪分子,如果被判处附加刑,附加刑仍须执行。

(3)应当遵守的规定:

①遵守法律、行政法规,服从监督;

②按照考察机关的规定报告自己的活动情况;

③遵守考察机关关于会客的规定;

④离开所居住的市、县或者迁居,应当报经考察机关批准。

(四)缓刑的撤销

(1)在缓刑考验期限内犯新罪或者发现判决宣告以前还有其他罪没有判决的,应当撤销缓刑,对新犯的罪或者新发现的罪作出判决,把前罪和后罪所判处的刑罚,依照《刑法》的规定数罪并罚,决定执行的刑罚。

(2)被宣告缓刑的犯罪分子,在缓刑考验期限内,违反法律、行政法规或者国务院有关部门关于缓刑的监督管理规定,或者违反人民法院判决中的禁止令,情节严重的,应当撤销缓刑,执行原判刑罚。

(五)法律后果

没有撤销情形的,缓刑考验期满,原判的刑罚就不再执行,并公开予以宣告。

第十二章 刑罚执行

第一节 减刑

一、条件

(一)对象条件

被判处管制、拘役、有期徒刑、无期徒刑的犯罪分子。

(二)实质条件

在执行期间,如果认真遵守监规,接受教育改造,确有悔改表现的,或者有立功表现的,可以减刑;有重大立功表现的,应当减刑。

二、限度

减刑以后实际执行的刑期不能少于下列期限:

(1)判处管制、拘役、有期徒刑的,不能少于原判刑期的1/2;

(2)判处无期徒刑的,不能少于13年;

(3)限制减刑的死刑缓期执行的犯罪分子,缓期执行期满后依法减为无期徒刑的,不能少于25年,缓期执行期满后依法减为25年有期徒刑的,不能少于20年。

三、程序

由执行机关向中级以上人民法院提出减刑建议书。人民法院应当组成合议庭进行审理,对确有悔改或者立功事实的,裁定予以减刑。非经法定程序不得减刑。

无期徒刑减为有期徒刑的刑期,从裁定减刑之日起计算。

第二节 假释

一、适用条件

（一）对象条件

（1）执行原判刑期 1/2 以上、被判处有期徒刑的犯罪分子；

（2）实际执行 13 年以上、被判处无期徒刑的犯罪分子。

如果有特殊情况，经最高人民法院核准，可以不受上述执行刑期的限制。

（二）实质条件

认真遵守监规，接受教育改造，确有悔改表现，没有再犯罪的危险。

（三）不能适用的对象

（1）累犯；

（2）因故意杀人、强奸、抢劫、绑架、放火、爆炸、投放危险物质或者有组织的暴力性犯罪被判处 10 年以上有期徒刑、无期徒刑的犯罪分子。

二、考验期限

有期徒刑的假释考验期限，为没有执行完毕的刑期；无期徒刑的假释考验期限为 10 年。

考验期内应当遵守的规定同缓刑，但是缓刑中的考验机关为"考察机关"，假释中为"监督机关"。

三、程序

同减刑程序。

四、假释的撤销

在假释考验期限内犯新罪，应当撤销假释，依法实行数罪并罚。（先减后并）

在假释考验期限内，发现被假释的犯罪分子在判决宣告以前还有其他罪没有判决的，应当撤销假释，依法数罪并罚。（先并后减）

在假释考验期限内，有违反法律、行政法规或者国务院有关部门关于假释的监督管理规定的行为，尚未构成新的犯罪的，应当依照法定程序撤销假释，收监执行未执行完毕的刑罚。

五、法律后果

对假释的犯罪分子，在假释考验期限内，依法实行社区矫正；如果没有撤销的情形，假释考验期满，就认为原判刑罚已经执行完毕，并公开予以宣告。

第十三章 刑罚消灭

第一节 概述

由于法定的或事实的原因，致使国家对犯罪人的刑罚权归于消灭。

刑罚消灭事由包括：

（1）超过追诉时效；

（2）经特赦令免除刑罚；

（3）告诉才处理的犯罪，没有告诉或者撤回告诉；

（4）犯罪嫌疑人、被告人死亡；

（5）其他法定事由。

第二节 追诉时效

一、期限

（1）法定最高刑不满 5 年有期徒刑的，经过 5 年；

(2)法定最高刑为5年以上不满10年的,经过10年;

(3)法定最高刑为10年以上有期徒刑的,经过15年;

(4)法定最高刑为无期徒刑、死刑的,经过20年;如果20年以后认为必须追诉的,须报请最高人民检察院核准。

二、追诉期限的计算

(一)起算日

从犯罪之日起计算(犯罪成立之日);犯罪行为有连续或者继续状态的,从犯罪行为终了之日起计算。

(二)追诉期限的延长

在人民检察院、公安机关、国家安全机关立案侦查或者在人民法院受理案件以后,逃避侦查或者审判的,不受追诉期限的限制。

被害人在追诉期限内提出控告,人民法院、人民检察院、公安机关应当立案而不予立案的,不受追诉期限的限制。

(三)追诉时效的中断

在追诉期限以内又犯罪的,前罪追诉的期限从犯后罪之日起计算。

第三节 赦免

我国现行《宪法》只规定了特赦(只免刑),由全国人民代表大会常务委员会决定,由国家主席发布特赦令。

中华人民共和国成立后,我国共实行过8次特赦。最近一次是2015年8月29日,为纪念中国人民抗日战争暨世界反法西斯战争胜利70周年,对依据2015年1月1日前人民法院作出的生效判决正在服刑,释放后不具有现实社会危险性的四类罪犯实行特赦。

第十四章 罪刑各论概说

第一节 刑法分则的体系

我国刑法分则将具体犯罪分为10类,每一章规定一类犯罪,其排列顺序依次为:危害国家安全罪,危害公共安全罪,破坏社会主义市场经济秩序罪,侵犯公民人身权利、民主权利罪,侵犯财产罪,妨害社会管理秩序罪,危害国防利益罪,贪污贿赂罪,渎职罪,军人违反职责罪。

特点如下:

(1)原则上依据犯罪的同类客体对犯罪进行分类。

(2)总体上依据各类犯罪的罪行轻重对类罪进行排列。

(3)大体上依据犯罪的罪行轻重以及犯罪之间的内在联系对具体犯罪进行安排。

(4)基本上依据犯罪侵犯的主要客体对犯罪进行归类。一些犯罪同时侵犯了两种以上的客体,刑法分则根据该犯罪侵犯的主要客体将其归入不同的类罪。

第二节 刑法分则的条文结构

一、罪状

(一)基本罪状

即对具体犯罪基本特征(成立要件)的描述。

表 7-11 基本罪状的种类与特点

种类	特点	举例
简单罪状	仅写出犯罪名称,没有具体描述犯罪特征。	"故意杀人的""过失致人死亡的"等。
叙明罪状	在罪刑规范中对具体犯罪的基本特征作了详细的描述。	"在刑事诉讼中,证人、鉴定人、记录人、翻译人对与案件有重要关系的情节,故意作虚假证明、鉴定、记录、翻译,意图陷害他人或者隐匿罪证的,处……"
引证罪状	引用《刑法》的其他条款来说明和确定某一犯罪的基本特征。	《刑法》第 124 条第 1 款规定了破坏广播电视设施、公用电信设施罪的罪状与法定刑,其第 2 款规定:"过失犯前款罪的,处……"
空白罪状	没有具体说明某一犯罪的基本特征,但指明了必须参照的其他法律、法令。	《刑法》第 340 条规定:"违反保护水资源法规,在禁渔区、禁渔期或者使用禁用的工具、方法捕捞水产品,情节严重的,处……"

【注意】刑法分则有些条文规定了两种以上的行为,其中有的是一个犯罪有供选择的几个基本罪状,如走私、贩卖、运输、制造毒品罪;有的则是几个犯罪的基本罪状,如刑讯逼供罪、暴力取证罪。

(二)加重、减轻罪状

即对加重或减轻法定刑的适用条件的描述。

表 7-12 加重、减轻罪状的类型

	类型	举例
加重罪状	设专条规定加重罪状与法定刑	破坏电力设备罪
	设专款规定加重罪状与法定刑	暴力干涉婚姻自由罪
	在基本罪状与法定刑之后,紧接着在同款内规定加重罪状与法定刑	报复陷害罪
减轻罪状	一般设立在规定基本罪状与法定刑的同一条款内	故意杀人罪

二、罪名

在我国,《刑法》条文本身没有规定罪名,而是由最高人民法院、最高人民检察院以发布司法解释的方式确定罪名。

(一)类罪名与具体罪名

类罪名,指某一类犯罪的总名称。以犯罪的同类客体为标准进行概括的,刑法分则 10 章共有 10 个类罪名。刑法分则第三章、第六章下设节,每节的罪名也是类罪名。

具体罪名,指各种具体犯罪的名称。每个具体罪名都有其定义、犯罪构成与法定刑。

(二)单一罪名与选择罪名、概括罪名

单一罪名,指所包含的犯罪构成的具体内容单一,只能反映一个犯罪行为,不能分解拆开使用的罪名。如故意杀人罪、盗伐林木罪等。

选择罪名,指所包含的构成要件的具体内容复杂,反映出多种犯罪行为或对象,既可概括使用,也可分解拆开使用的罪名。如拐卖妇女、儿童罪。有多个选择性行为或对象,不能实行数罪并罚。

概括罪名,指其包含的构成要件的具体内容复杂,反映出多种犯罪行为,但只能概括使用,不能分解拆开使用的罪名。如信用卡诈骗罪。

三、法定刑

（一）概念

法定刑是指刑法分则及其他刑事法律中的分则性规范对各种具体犯罪所规定的刑种与刑度（刑罚的幅度）。

刑法总则规定了 5 种主刑（管制、拘役、有期徒刑、无期徒刑和死刑）和 4 种附加刑（罚金、剥夺政治权利、没收财产、驱逐出境）。

一个法定刑中既可能只有一个刑种,也可能包括几个刑种。如故意杀人罪,共有两档法定刑,前一档法定刑为"死刑、无期徒刑或者十年以上有期徒刑",其中包含了 3 个刑种,但应认为只是一个法定刑,而不能认为其中有 3 个法定刑。

（二）种类

表 7–13　法定刑的种类

种类	概念与分类		举例
绝对确定的法定刑	在条文中只规定单一的刑种与固定的刑度。		《刑法》第 121 条:"以暴力、胁迫或者其他方法劫持航空器的,处十年以上有期徒刑或者无期徒刑;致人重伤、死亡或者使航空器遭受严重破坏的,处死刑。"
相对确定的法定刑	在条文中规定一定的刑种与刑度,并明确规定最高刑与最低刑。	规定最高限度的法定刑。	《刑法》第 378 条:"战时造谣惑众,扰乱军心的,处三年以下有期徒刑、拘役或者管制……"
		规定最低限度的法定刑。	《刑法》第 317 条:"组织越狱的首要分子和积极参加的,处五年以上有期徒刑……"
		规定最高限度与最低限度的法定刑。	《刑法》第 118 条:"破坏电力、燃气或者其他易燃易爆设备,危害公共安全,尚未造成严重后果的,处三年以上十年以下有期徒刑。"
		规定两种以上主刑或者规定两种以上主刑并规定附加刑的法定刑。	《刑法》第 275 条:"故意毁坏公私财物,数额较大或者有其他严重情节的,处三年以下有期徒刑、拘役或者罚金……"
浮动法定刑	指法定刑的具体期限或数量并非确定,而是根据一定的标准升降不居,处于一种相对不确定的状态。		《刑法》第 227 条第 2 款:"倒卖车票、船票,情节严重的,处三年以下有期徒刑、拘役或者管制,并处或单处票证价额一倍以上五倍以下罚金。"

浮动法定刑具有以下特点:

（1）只见之于罚金刑;

（2）只适用于经济犯罪、财产犯罪;

（3）刑罚（罚金）的具体幅度（数量）要根据案件的一定事实确定。

（三）法定刑与宣告刑的区别

法定刑是立法上的规定,宣告刑是司法中的适用。

法定刑有可供选择的刑种与刑度,宣告刑只能是特定的刑种与刑度。但宣告刑必须以法定刑为依据,即使从轻、从重、减轻处罚时,也要以法定刑为依据。

第三节　刑法分则的法条竞合

法条竞合,也称法规竞合,指数个刑法

条文所规定的数个犯罪构成之间存在包容或者重合关系，当一个犯罪行为同时符合数个法条规定的犯罪构成时，只能选择使用其中一个刑法条文，而排斥其他刑法条文的适用。

一、表现形式

（一）形成原因

（1）因行为主体形成的法条竞合。如军人战时造谣惑众，扰乱军心的行为，既符合战时造谣惑众罪的犯罪构成，又符合战时造谣扰乱军心罪的犯罪构成。

（2）因行为对象形成的法条竞合。如与现役军人配偶结婚的行为，既符合重婚罪的犯罪构成，又符合破坏军婚罪的犯罪构成。

（3）因行为手段形成的法条竞合。如冒用他人名义签订合同骗取财物的行为，既符合合同诈骗罪的犯罪构成，又符合诈骗罪的犯罪构成。

（4）因危害结果形成的法条竞合。如交通肇事致人死亡的，既符合过失致人死亡罪的犯罪构成，又符合交通肇事罪的犯罪构成。

（5）因犯罪目的形成的法条竞合。如以牟利为目的传播淫秽物品的行为，既符合传播淫秽物品牟利罪的犯罪构成，又符合传播淫秽物品罪的犯罪构成。

（6）因手段、对象等形成的法条竞合。如以特定手段诈骗贷款的行为，既符合诈骗罪的犯罪构成，又符合贷款诈骗罪的犯罪构成。

（二）法律表现

（1）一个行为同时符合相异法律中的普通刑法与特别刑法；

（2）一个行为同时触犯同一法律的不同条款。

二、适用原则

（1）一个行为同时符合相异法律之间的普通刑法与特别刑法规定的犯罪构成时，特别法优于普通法。

（2）当一个行为同时触犯同一法律的普通条款与特别条款时，在通常情况下，特别法优于普通法；在特殊情况下，重法优于轻法。

"特殊情况"是指以下两种情况：

（1）法律明文规定按重罪定罪量刑。如《刑法》第149条第2款规定："生产、销售本节第一百四十一条至第一百四十八条所列产品，构成各该条规定的犯罪，同时又构成本节第一百四十条规定之罪的，依照处罚较重的规定定罪处罚。"

（2）法律虽然没有明文规定按普通条款规定定罪量刑，但对此也没有作禁止性规定，而且按特别条款定罪不能做到罪刑相适应时，重法优于轻法。如保险诈骗行为都利用了保险合同，即保险诈骗行为都触犯了保险诈骗罪与合同诈骗罪，如果一概适用特别法条优于普通法条的原则，会出现不合理现象。因为保险诈骗罪最高只能判处15年有期徒刑；而合同诈骗罪（经济合同）最高可以判处无期徒刑。

三、法条竞合与想象竞合的区别

表7-14 法条竞合与想象竞合的区分关键点

区分关键点	法条竞合	想象竞合
竞合关系取决于案件事实还是法条本身	竞合关系取决于法条之间是否存在包容、交叉关系	竞合关系取决于案件事实
具有几个法益侵害事实	只有一个法益侵害事实	具有数个法益侵害事实

第十五章　危害国家安全罪

第一节　重点罪名

表 7-15　"危害国家安全罪"一章重点罪名的要点

罪名	要点	内容
间谍罪	概念	参加间谍组织,接受间谍组织及其代理人的任务,或者为敌人指示轰击目标,危害国家安全的行为。
	行为	(1)明知是间谍组织而参加充当间谍; (2)明知是间谍组织及其代理人派遣的任务,而接受间谍活动; (3)明知对方是敌人而向其指示轰击目标。
	主观方面	故意。
为境外窃取、刺探、收买、非法提供国家秘密、情报罪	概念	为境外的组织、机构或者个人窃取、刺探、收买、非法提供国家秘密或者情报的行为。
	主观方面	故意。
	与间谍罪的区分	作为间谍组织的成员接受间谍组织的任务"搞秘密或者情报"的,属于间谍罪;此外,为境外组织或人员"搞秘密或者情报"的按照本罪论处。
	与故意泄露国家秘密罪的区分	通过互联网将国家秘密或者情报非法发送给境外的机构、组织、个人的,成立为境外非法提供国家秘密、情报罪; 将国家秘密通过互联网予以发布,情节严重的,以故意泄露国家秘密罪论处。

第二节　普通罪名

一、资助危害国家安全犯罪活动罪

境内外机构、组织或者个人资助实施背叛国家罪,分裂国家罪,煽动分裂国家罪,武装叛乱、暴乱罪,颠覆国家政权罪,煽动颠覆国家政权罪的行为。

二、叛逃罪

国家机关工作人员在履行公务期间,擅离岗位,叛逃境外或者在境外叛逃,或者掌握国家秘密的国家工作人员叛逃境外或者在境外叛逃的行为。

【注意】本罪主体为特殊主体(身份犯);叛逃后又参加间谍组织的或从事间谍活动的,数罪并罚。

第十六章　危害公共安全罪

第一节　重点罪名

表7-16　"危害公共安全罪"一章重点罪名的要点

放火罪	概念	故意引起火灾,危害公共安全。
	客观方面	基本犯只要实施足以危害公共安全的放火行为就成立本罪,不要求造成实际危害结果(具体危险犯)。造成严重后果属本罪结果加重犯。
	主体	已满14周岁,具有辨认和控制自己行为能力的自然人。
	司法认定	(1)一个放火行为造成多种结果的,只能认定为一个放火罪; (2)行为人实施其他犯罪后为销毁证据而放火,或者为了骗取保险金而放火并且已经着手骗取保险金的,数罪并罚; (3)用放火方法杀人,同时又危害公共安全的,放火罪与故意杀人罪成立想象竞合犯,择一重罪处罚; (4)用放火方法伤害他人或者过失致人死亡,或者损坏他人财物,同时危害公共安全的,为想象竞合犯,成立放火罪。
失火罪	概念	过失引起火灾,危害公共安全,致人重伤、死亡或者使公私财产遭受重大损失的行为。
	司法认定	(1)仅有失火行为,没有严重后果,不认定; (2)不可抗力或者不能预见,不构成; (3)与放火罪的区分:关键看行为人对火灾后果的心态。
投放危险物质罪	概念	投放毒害性、放射性、传染病病原体等物质,危害公共安全的行为。
	司法认定	故意投放危险物质杀害特定个人或特定牲畜的,以故意杀人罪或故意毁坏财物罪、破坏生产经营罪处罚,不认定为本罪;同时危及公共安全的,为想象竞合犯,认定为本罪。
以危险方法危害公共安全罪	概念	故意使用放火、决水、爆炸、投放危险物质以外的危险方法危害公共安全的行为。
	司法认定	(1)仅限于与放火、决水、爆炸、投放危险物质相当的方法且社会危害性达到一定严重的程度; (2)如果行为符合其他犯罪要件且罪刑相适应,应认定其他犯罪,如生产销售有毒有害食品罪。
破坏交通工具罪	概念	故意破坏火车、汽车、电车、船只、航空器,足以使其发生倾覆、毁坏危险或者造成严重后果的行为。
	关涉公共安全的状态	侵害对象是"使用中"的五类交通工具,包括已交付使用处于待用状态的交通工具。破坏未投入使用的交通工具或毁坏交通工具的非关键部件不足以危害公共安全的,不构成本罪;依其手段行为与后果,可构成故意毁坏财物罪或盗窃等侵财犯罪。

（续表）

	竞合处理	盗窃、毁坏交通工具情节严重且足以危害公共安全的,本罪与盗窃罪、故意毁坏财物罪或破坏生产经营罪竞合,择一重罪处罚。
	司法认定	(1)破坏尚未检验出场或者待修、代售的交通工具不构成本罪； (2)交付检修的汽车刹车并无故障,但修理人员故意破坏刹车系统,然后只检修其他部件,再交付使用,构成本罪。
组织、领导、参加恐怖组织罪	概念	指组织、领导、参加恐怖活动组织的行为。
	司法认定	(1)不具有从事恐怖活动的意图而组织、领导犯罪组织的,不构成本罪；不知是恐怖活动组织而参与的,也不能构成本罪； (2)行为人犯本罪又实施其他具体犯罪的,数罪并罚； (3)资助恐怖组织活动的,不是共同犯罪,应以帮助恐怖活动罪论处；但既对恐怖活动组织或个人提供资助又积极参加恐怖活动的组织、策划的,应以本罪论处。
劫持航空器罪	概念	以暴力、胁迫或者其他方法劫持航空器的行为。
	条件	(1)行为对象是使用中或飞行中的航空器； (2)复合行为:以暴力、胁迫或者其他方法劫持； (3)有控制航空器的意图。
	司法认定	行为犯,只要实施劫持行为,即成立犯罪。
	竞合处理	暴力危及飞行安全罪指对飞行中的航空器上的人员实施暴力,危及飞行安全的行为,但行为人没有控制航空器的意图,只是因为行为人实施的对人的暴力客观上危及了飞行安全；劫持航空器的行为必然危及了飞行安全,两者有竞合关系,以劫持航空器罪论处。
盗窃、抢夺枪支、弹药、爆炸物、危险物质罪	概念	以非法占有为目的,盗窃、抢夺枪支、弹药、爆炸物或者毒害性、放射性、传染病病原体等物质的行为。
	司法认定	误盗、误抢枪支、弹药的案件,由于行为人不明知是枪支、弹药,应认定为盗窃罪；后持有、藏匿的,构成非法持有枪支、弹药罪,并罚。
非法持有、私藏枪支、弹药罪	概念	违反枪支管理规定,非法持有、私藏枪支、弹药的行为。
	司法认定	(1)接受枪支质押进而实际占有或者控制枪支的,属于非法持有枪支； (2)非法制造后又持有、私藏的,属于吸收犯(也可视为牵连犯),应以非法制造枪支、弹药罪论处,不实行数罪并罚； (3)非法持有与非法私藏的区别；非法持有、私藏与非法储存的区分,依司法解释。
交通肇事罪	概念	违反交通运输管理法规,因而发生重大交通事故,致人重伤、死亡或者使公私财产遭受重大损失的行为。
	主体	从事交通运输的人员和非交通运输人员。一般主体(非身份犯)。
	主观方面	对危害后果的心态是过失；行为可能是明知故犯。
	条件	(1)在公共交通运输过程中违反交通运输管理法规； (2)须致人重伤、死亡或使公私财产遭受重大损失； (3)交通违法行为与危害结果之间具有因果关系。

（续表）

司法认定	（1）在偷开机动车辆过程中，因过失致人重伤死亡或造成重大财产损失的，成立本罪； （2）单位主管人员、机动车辆所有人或者机动车辆承包人指使、强令他人违章驾驶造成重大交通事故的，成立本罪； （3）发生在厂矿区或者其他不属于实施公共交通管理范围的地方的车辆撞人伤亡事故等，应分别情况认定为重大责任事故罪或过失致人死亡罪、过失致人重伤罪等； （4）行为人在交通肇事后为逃避法律追究，将被害人带离事故现场后隐藏或者遗弃，致使被害人无法得到救助而死亡或者严重残疾，应分别认定故意杀人罪或者故意伤害罪； （5）在盗窃他人机动车过程中或者盗窃后，造成交通事故构成犯罪的，应以本罪与盗窃罪数罪并罚； （6）驾车撞人，分情况定故意杀人罪或以危险方法危害公共安全罪；醉驾后连续冲撞危害公共安全，对危害结果持放任心态的，认定为以危险方法危害公共安全罪； （7）乘客在公共交通工具行驶过程中，抢夺方向盘、变速杆等操纵装置，殴打、拉拽驾驶人员，或者有其他妨害安全驾驶行为，危害公共安全，以以危险方法危害公共安全罪定罪处罚；驾驶人员在公共交通工具行驶过程中，与乘客发生纷争而违规操作或者擅离职守，与乘客厮打、互殴，危害公共安全，以以危险方法危害公共安全罪定罪处罚。
情节加重犯	（1）逃逸：指行为人在交通肇事后为逃避法律追究而逃跑的行为； （2）逃逸致人死亡：指行为人在交通肇事后为逃避法律追究而逃跑，致被害人因得不到救助而死亡的情形。 交通肇事后，单位主管人员、机动车辆所有人、承包人或者乘车人指使肇事人逃逸，致使被害人因得不到救助而死亡的，以交通肇事罪的共犯论处。

第二节　普通罪名

一、爆炸罪

故意引起爆炸物或其他设备、装置爆炸，危害公共安全的行为。

二、破坏交通设施罪

破坏轨道、桥梁、隧道、公路、机场、航道、灯塔、标志等交通设施，足以使火车、汽车、电车、船只、航空器发生倾覆、毁坏危险的行为。

三、破坏电力设备罪

破坏使用中的电力设备，危害公共安全的行为。

司法认定：

（1）尚未安装完毕的农用低压照明电线路，不属于正在使用中的电力设备。即便盗走其中架设好的部分电线，也不会对公共安全造成危害，应以盗窃定性。

（2）已经通电使用，但由于枯水季节或电力不足等原因，暂停供电的线路，仍应认为是正在使用的线路。偷割这类线路中的电线，如构成犯罪，认定本罪。

（3）对偷割已经安装完毕，但还未供电的电力线路的行为，如果偷割的是未正式交付电力部门使用的电线的，应按盗窃案件处理。如果行为人明知线路已交付电力部门使用而偷割电线的，定为本罪。

（4）对拆盗某些排灌站、加工厂等生产单位正在使用中的电机设备等，没有危及社会公共安全,但应当追究刑事责任的,根据不同情况,按破坏生产经营罪或者故意毁坏财物罪处理。

(5)盗窃使用中的电力设施,同时触犯本罪与盗窃罪的,择重处罚。

四、破坏易燃易爆设备罪

故意破坏燃气设备或者其他易燃易爆设备,危害公共安全的行为。

司法认定:

(1)盗窃此类设备构成犯罪,未危害公共安全的,以盗窃罪定罪处罚。

(2)同时构成盗窃罪和破坏易燃易爆设备罪的,依照处罚较重的规定定罪处罚。

五、帮助恐怖活动罪

故意资助恐怖活动组织、实施恐怖活动的个人,或者资助恐怖活动培训,以及为恐怖活动组织、实施恐怖活动或者恐怖活动培训招募、运送人员的行为。

司法认定:

(1)对于教唆、帮助他人实施本罪行为的,以本罪共犯论处。

(2)实施帮助实施恐怖活动的行为,同时构成其他犯罪的,依照处罚较重的定罪处罚。

六、劫持船只、汽车罪

以暴力、胁迫或者其他方法劫持船只、汽车的行为。

七、非法制造、买卖、运输、邮寄、储存枪支弹药、爆炸物罪;非法制造、买卖、运输、储存危险物质罪

非法制造、买卖、运输、邮寄、储存枪支弹药、爆炸物罪属行为犯、抽象危险犯。

故意非法制造、买卖、运输、储存毒害性、放射性、传染病病原体等物质,危害公共安全的行为。本罪属于具体危险犯,必须危害到公共安全,才构成本罪。

八、非法出租、出借枪支罪

依法配备公务用枪的人员和单位非法出租、出借枪支,或者依法配置枪支的人员与单位非法出租、出借枪支造成严重后果的行为。

司法认定:

(1)本罪主体属身份犯(特殊主体)。

(2)只要求行为人对非法出租、出借枪支的行为有故意;不要求行为人对"严重后果"有故意。

(3)明知他人使用枪支是为实施杀人、伤害、抢劫、绑架等犯罪而出租、出借的,与他人成立相关犯罪的共犯。

九、丢失枪支不报罪

依法配备公务用枪的人员,丢失枪支不及时报告,造成严重后果的行为。

本罪主体属身份犯,客观上属纯正不作为犯。主观上的"故意"指行为人已知自己丢失了枪支而不履行及时报告义务,放任枪支流失、威胁公共安全的心理状态。行为人对自己丢失枪支和因丢失枪支所造成的严重结果,不是故意的。

十、危险驾驶罪

在道路上驾驶机动车追逐竞驶,情节恶劣的;醉酒驾驶机动车的;从事校车业务或者旅客运输,严重超过额定乘员载客,或者严重超过规定时速行驶的;违反危险化学品安全管理规定运输危险化学品,危及公共安全的行为。

司法认定:

4种危险驾驶行为有不同定罪标准,应分别认定。

(1)机动车所有人、管理人,对于从事校车业务或者旅客运输,严重超过额定乘员载客,或者严重超过规定时速行驶以及违反危险化学品安全管理规定运输危险化

学品,危及公共安全的行为有直接责任的,应认定为危险驾驶罪。

(2)危险驾驶行为同时构成交通肇事罪或者其他以危险方法危害公共安全罪等犯罪的,依照处罚较重的定罪处罚。

(3)醉酒驾驶机动车,以暴力、威胁方法阻碍公安机关依法检查,又构成妨害公务等其他犯罪的,数罪并罚。

十一、重大责任事故罪

在生产、作业中违反有关安全管理的规定,因而发生重大伤亡事故或者造成其他严重后果的行为。

(一)构成

(1)主体是一般主体,对生产、作业负有组织、指挥或者管理职责的负责人、管理人员、实际控制人、投资人等人员,以及直接从事生产、作业的人员,均可构成本罪。

(2)主观是过失,且需要造成实害结果。

(二)司法认定

(1)在生产、作业中违反有关安全管理的规定,过失致人死亡或者重伤的,只认定为重大责任事故罪。

(2)本罪与强令违章冒险作业罪、重大劳动安全事故罪、危险物品肇事罪等罪是一般法条与特别法条的法条竞合关系,符合特别法条规定的犯罪特征的,应当以特别法条规定的相应犯罪论处。

十二、不报、谎报安全事故罪

在安全事故发生后,负有报告职责的人员不报或者谎报事故的情况,贻误事故抢救,情节严重的行为。

司法认定:

(1)特殊主体;纯正不作为犯。

(2)在安全事故发生后,与负有报告职责的人串通,不报或者谎报事故,贻误事故抢救,情节严重的,以共犯论处。

第十七章 破坏社会主义市场经济秩序罪(1):生产、销售伪劣商品罪

第一节 重点罪名

表7-17 生产、销售伪劣商品罪重点罪名的要点

生产、销售伪劣产品罪	概念	生产者、销售者在产品中掺杂、掺假,以假充真,以次充好或者以不合格产品冒充合格产品,销售金额5万元以上的行为。
	金额认定	生产者、销售者出售伪劣产品后所得的全部违法收入,不扣除成本和相关费用,包括已得到的违法收入和应得的违法收入。
	司法认定	(1)生产、销售《刑法》第141条至第148条所列产品,不构成各该条规定的犯罪,但是销售金额在5万元以上的,依照本罪定罪处罚;生产、销售《刑法》第141条至第148条所列产品,构成各该条规定的犯罪,同时又构成本罪的,依照处罚较重的规定定罪处罚。 (2)实施生产、销售伪劣产品罪,同时构成侵犯知识产权、非法经营等其他犯罪的,依照处罚较重的规定定罪处罚。 (3)犯本罪又以暴力、威胁方法抗拒查处,构成犯罪的,数罪并罚。

(续表)

生产、销售假药罪	概念	生产、销售假药的行为。
	司法认定	(1)抽象的危险犯。只要生产、销售假药,就成立本罪。 (2)明知他人生产、销售假药、劣药,而提供资金、贷款、账号、发票、证明、许可证件的;提供生产、经营场所、设备或者运输、储存、保管、邮寄、网络销售渠道等便利条件的;提供生产技术或原料、辅料、包装材料、标签、说明书的;提供广告宣传等帮助行为的,以本罪共犯论处。
生产、销售有毒、有害食品罪	概念	在生产、销售的食品中掺入有毒、有害的非食品原料,或者销售明知掺有有毒、有害的非食品原料的食品的行为。
	司法认定	明知他人生产、销售不符合食品安全标准的食品,有毒、有害食品,而提供资金、贷款、账号、发票、证明、许可证件的;提供生产、经营场所或者运输、贮存、保管、邮寄、网络销售渠道等便利条件的;提供生产技术或者食品原料、食品添加剂、食品相关产品的;提供广告等宣传的,以本罪共犯论处。

第二节 普通罪名

一、生产、销售劣药罪

生产、销售劣药,对人体健康造成严重危害的行为。

生产、销售的劣药被使用后,造成轻伤以上伤害,或者轻度残疾、中度残疾,或者器官组织损伤导致一般功能障碍或者严重功能障碍,或者有其他严重危害人体健康情形的,应当认定为"对人体健康造成严重危害"。

二、生产销售不符合安全标准的食品罪

生产、销售不符合安全标准的食品,足以造成严重食物中毒事故或者其他严重食源性疾患的行为。

经省级以上卫生行政部门确定的机构鉴定,食品中含有可能导致严重食物中毒事故或者其他严重食源性疾患的超标准的有害细菌或者其他污染物的,应认定为"足以造成严重食物中度事故或者其他严重食源性疾患"。

与生产、销售有毒、有害食品罪的特别关系:

在生产、销售的食品中掺入非食品原料,未达到有毒、有害的程度,但该食品不符合食品安全标准,足以造成严重食物中毒事故或者其他严重食源性疾病的,应以本罪论处。

三、生产、销售不符合安全标准的产品罪

生产不符合保障人身、财产安全的国家标准、行业标准的电器、压力容器、易燃易爆产品或者其他不符合保障人身、财产安全的国家标准、行业标准的产品,或者销售明知是以上不符合保障人身、财产安全的国家标准、行业标准的产品,造成严重后果的行为。

第十八章　破坏社会主义市场经济秩序罪(2)：走私罪

第一节　重点罪名

表 7-18　走私罪重点罪名的要点

罪名	要点	内容
走私武器、弹药罪	概念	违反海关法规，逃避海关监管，走私武器、弹药的行为。
	行为方式	(1)未经国务院或者国务院授权的部门批准，不经过设立海关的地点，非法运输、携带武器、弹药进出国(边)境； (2)虽然通过设立海关的地点进出国(边)境，但采取隐匿、伪装、假报等欺骗手段，逃避海关监管、检查，非法运输、偷带或非法邮寄武器、弹药； (3)直接向走私人收购走私进口的武器、弹药； (4)在内海、领海、界河、界湖运输、收购、贩卖走私进口的武器、弹药； (5)与走私武器、弹药的罪犯同谋，为其提供贷款、资金、账号、发票、证明，或者为其提供运输、保管、邮寄或其他方便。
	司法认定	(1)走私武器、弹药的行为，可能同时触犯非法买卖、运输、邮寄、储存枪支、弹药罪，择罪处罚； (2)武装掩盖走私的，从重处罚； (3)以暴力、胁迫方法抗拒缉私的，认定走私武器、弹药罪和妨害公务罪，数罪并罚； (4)走私枪支散件，构成犯罪的，以走私武器罪定罪处罚；成套枪支散件以相应数量的枪支计，非成套枪支散件以每30件为一套枪支散件计； (5)走私各种弹药的弹头、弹壳，构成犯罪的，以走私弹药罪定罪处罚；走私报废或者无法组装并使用的各种弹药的弹头、弹壳，构成犯罪的，以走私普通货物、物品罪定罪处罚；属于废物的，以走私废物罪定罪处罚； (6)走私国家禁止或者限制进出口的仿真枪、管制刀具，构成犯罪的，以走私国家禁止进出口的货物、物品罪定罪处罚。
走私普通货物、物品罪	概念	违反海关法规，走私《刑法》第151条、第152条、第347条规定以外的货物、物品，偷逃应缴税额较大或者一年内曾因走私被给予2次行政处罚后又走私的行为。
	行为方式	(1)未经国务院或国务院授权的部门批准，不经过设立海关的地点，非法运输、携带国家禁止或限制进出口的货物、物品或者依法应当缴纳关税的货物、物品进出国(边)境的。 (2)虽然通过设立海关的地点进出国(边)境，但采取隐匿、伪装、假报等欺骗手段，逃避海关监管、检查，非法盗运、偷带或者非法邮寄国家禁止或限制进出口的货物、物品或者依法应当缴纳关税的货物、物品的。

(续表)

	(3) 未经国务院批准或者海关许可并补缴关税,擅自将批准进出口的来料加工、来件装配、补偿贸易的材料、零件、制成品、设备等保税货物或者海关监管的其他货物、进境的海外运输工具等,非法在境内销售牟利的。 (4) 假借捐赠名义进口货物、物品,或者未经海关许可并补缴关税,将擅自减税、免税进口捐赠货物、物品或者其他特定减税、免税进口用于特定企业、特定地区、特定用途的货物、物品,非法在境内销售牟利的。 (5) 直接向走私人非法收购国家禁止进口物品的,或者直接向走私人非法收购走私进口的其他货物、物品,数额较大的。直接向走私人非法收购走私进口的其他货物、物品,是指明知是走私行为人而向其非法收购走私进口的其他货物、物品。 (6) 在内海、领海、界河、界湖运输、收购、贩卖国家禁止进出口物品的,或者运输、收购、贩卖国家限制进出口货物、物品,数额较大,没有合法证明的。 (7) 与走私罪犯同谋,为其提供贷款、资金、账号、发票、证明,或者为其提供运输、保管、邮寄或者其他方便的。 成立本罪要求"偷逃应缴数额较大"或者"一年内曾因走私被给予二次行政处罚后又走私的"。"一年内",以因走私第一次受到行政处罚的生效之日与"又走私"行为实施之日的时间间隔计算确定;"被给予二次行政处罚"的走私行为,包括走私普通货物、物品以及其他货物、物品;"又走私"行为仅指走私普通货物、物品。
司法认定	(1) 在海关监管现场被查获的;以虚假申报方式走私,申报行为实施完毕;以保税货物或者特定减税、免税进口的货物、物品为对象走私,在境内销售的,或者申请核销行为实施完毕的,认定走私犯罪既遂。 (2) 对于多次走私未经处理(未经行政处罚处理)的,按照累计走私货物、物品的偷逃应缴税额处罚。 (3) 以暴力威胁方法抗拒缉私的,实行数罪并罚。 (4) 经许可进口国家限制进口的可用作原料的废物时,偷逃应缴数额,构成犯罪的,以走私普通货物罪定罪处罚;既未经许可又偷逃应缴税额,同时构成走私废物罪和走私普通货物、物品罪的,应当按照《刑法》处罚较重的规定定罪处罚。虽经许可,但超过许可数量进口国家限制进口的可用作原料的废物,超过部分以未经许可论。 (5) 在走私的货物、物品中藏匿《刑法》第151条、第152条、第347条、第350条规定的货物、物品,构成犯罪的,以实际走私的货物、物品定罪处罚;构成数罪的,实行数罪并罚。

第二节　普通罪名

以下罪名的走私方式与走私武器、弹药罪相同。

一、走私假币罪

违反海关法规,走私伪造的货币的行为。"货币",包括正在流通的人民币和境外货币。伪造的境外货币数额,折合成人民币计算。

二、走私文物罪

违反海关法规,逃避海关监管,走私国家禁止出口的文物的行为。

三、走私贵重金属罪

违反海关法规,逃避海关监管,走私国

家禁止出口的文物、黄金、白银或者其他贵重金属出国(边)境的行为。

【注意】走私文物罪、走私贵重金属罪仅限于从境内走私至境外;从境外走私至境内的,可成立走私普通货物、物品罪。

四、走私国家禁止进出口的货物、物品罪

违反海关法规,走私珍稀植物及其制品等国家禁止进出口的其他货物、物品的行为。

五、走私淫秽物品罪

以牟利或者传播为目的,违反海关法规,逃避海关监管,走私淫秽的影片、录像带、录音带、图片、书刊或其他淫秽物品的行为。

主观上必须有以牟利或者传播为目的。

走私非淫秽的影片、影碟、录像带、录音带、音碟、图片、书刊、电子出版物等物品的认定为走私普通货物、物品罪。

第十九章 破坏社会主义市场经济秩序罪(3):妨害对公司、企业的管理秩序罪

第一节 重点罪名

表 7-19 妨害对公司、企业的管理秩序罪重点罪名的要点

非国家工作人员受贿罪	概念	公司、企业或其他单位的工作人员利用职务上的便利,索取他人财物或者非法收受他人财物,为他人牟取利益,数额较大的行为。
	主观方面	故意。
	主体	(1)公司、企业或者其他单位的工作人员;包括国有公司、企业以及其他国有单位中并不从事公务的非国家工作人员或国家出资企业中的非国家工作人员。 (2)"其他单位"既包括事业单位、社会团体、村民委员会、居民委员会、村民小组等常设性的组织,也包括为组织体育赛事、文艺演出或其他正当活动而成立的组委会、筹委会、工程承包队等非常设性的组织。
	司法认定	(1)医疗机构(无论是否具有国有性质)中的医疗人员(非国家工作人员)利用开处方的职务便利,以各种名义非法收受药品、医疗器械、医用卫生材料等医药产品销售方财物,为医药产品销售方谋取利益,数额较大的,以本罪定罪处罚。 (2)国有公司、企业、国有其他单位中从事公务的人员和国有公司、企业、国有其他单位委派到非国有公司、企业以及其他依法从事公务的人员利用职务上的便利受贿的,不成立本罪,而是依照受贿罪定罪处罚。
对非国家工作人员行贿罪	概念	为谋取不正当利益,给予公司、企业或者其他单位的工作人员以财物,数额较大的行为。
	主体	既可以是自然人,也可以是单位。
	主观要件	故意,且为了谋取不正当利益。

		(续表)
	司法认定	（1）为谋取不正当商业利益，给予外国公职人员或者国际公共组织官员以财物的，构成对外国公职人员、国际公共组织官员行贿罪。 （2）利益是否正当，应进行具体判断，而非抽象判断。实际上是否获取了不正当利益，不影响本罪的成立。
签订、履行合同失职被骗罪	概念	国有公司、企业、事业单位的直接负责的主管人员，在签订、履行合同过程中，因严重不负责任被诈骗，致使国家利益遭受重大损失的行为。
	主观方面	过失。
	司法认定	只有因严重不负责任被诈骗，致使国家利益遭受重大损失的，才成立本罪。本罪与合同诈骗罪存在对合关系。

第二节　普通罪名

一、虚报注册资本罪

申请公司登记使用虚假证明文件或者采取其他欺诈手段虚报注册资本，欺骗公司登记主管部门，取得公司登记，虚报注册资本数额巨大、后果严重或者有其他严重情节的行为。

虚报注册资本，既可以表现为没有达到登记注册的资本数额，却采取欺诈手段证明达到了法定数额；也可以表现为虽然达到了法定数额却虚报具有更高数额的资本。

虚报注册资本数额巨大、后果严重或者其他严重情节，具备三者之一，即可成立本罪。

二、虚假出资、出逃出资罪

公司发起人、股东违反《公司法》的规定，未交付货币、实物或者为转移财产权，虚假出资，或者在公司成立后又抽逃其出资，数额巨大、后果严重或者有其他严重情节的行为。

三、违规披露、不披露重要信息罪

依法负有信息披露义务的公司、企业，向股东和社会公众提供虚假的或者隐瞒重要事实的财务会计报告，或者对依法应当披露的其他重要信息不按照规定披露，严重损害股东或者其他人利益，或者有其他严重情节的行为。

四、妨害清算罪

公司、企业在进行清算时，隐匿财产，对资产负债或者财产清单作虚伪记载或者在未清偿债务之前分配公司、企业财产，严重损害债权人或者其他人利益的行为。

五、虚假破产罪

公司、企业通过隐匿财产、承担虚构的债务或者以其他方法转移、处分财产，实施虚假破产，严重损害债权人或者其他人利益的行为。

六、非法经营同类营业罪

国有公司、企业的董事、经理利用职务便利自己经营或者为他人经营与其所任职公司、企业同类的营业，获取非法利益，数额巨大的行为。

七、为亲友非法牟利罪

国有公司、企业、事业单位的工作人员，利用职务上的便利，实施下列行为之一，致使国家利益遭受重大损失的，构成本罪：

（1）将本单位的盈利业务交由自己的亲友进行经营；

（2）以明显高于市场的价格向自己的亲友经营管理的单位采购商品，或者以明

(3)向自己的亲友经营管理的单位采购不合格的商品。

八、徇私舞弊低价折股、出售国有资产罪

国有公司、企业或者其上级主管部门直接负责的主管人员,徇私舞弊,将国有资产低价折股或者低价出售,致使国家利益遭受重大损失的行为。

本罪行为主体私自将国有资产低价折股或者低价出售给自己、配偶、子女的,或者与他人串通,名义上出售给他人,实际上自己获利的,应认定为贪污罪。

第二十章 破坏社会主义市场经济秩序罪(4):破坏金融管理秩序罪

第一节 重点罪名

表 7-20 破坏金融管理秩序罪重点罪名的要点

伪造货币罪	概念	仿照真货币的图案、形状、色彩等特征非法制造假币,冒充真币的行为,应当认定为《刑法》第170条规定的"伪造货币"。 对真货币采用剪贴、挖补、揭层、涂改、移位、重印等方法加工处理,改变真币形态、价值的行为,应当认定为《刑法》第173条规定的"变造货币"。
	客观方面	制造外观上足以使一般人误认为是货币的假币。 "货币"指流通的人民币(含普通纪念币、贵重金属纪念币)、港元、澳门元、新台币和其他国家及地区的法定货币。
	司法认定	(1)行为人制造货币版样或者与他人事前通谋,为他人伪造货币提供版样的,以伪造货币罪定罪处罚。 (2)行为人购买假币后使用,构成犯罪的,依照《刑法》第171条的规定,以购买假币罪定罪,从重处罚。 行为人出售、运输假币构成犯罪,同时有使用假币行为的,依照《刑法》第171条、第172条的规定,实行数罪并罚。 (3)同时采用伪造和变造手段,制造真伪拼凑货币的行为,依照《刑法》第170条的规定,以伪造货币罪定罪处罚。 (4)以使用为目的伪造停止流通的货币,或使用伪造的停止流通的货币的,以诈骗罪论处。
持有、使用假币罪	概念	明知是伪造的货币而持有、使用,数额较大的行为。
	主观方面	只能是故意。
	司法认定	用于非法活动的,如赌博、行贿,也属于使用。
非法吸收公众存款罪	概念	非法吸收公众存款或者非法变相吸收公众存款,扰乱金融秩序的行为。
	主观方面	只要求故意,不要求有非法占有的目的;如有非法占有的目的,则成立集资诈骗罪。

(续表)

	司法认定	(1)同时具备下列4个条件的,除《刑法》另有规定的以外,应当认定为非法吸收公众存款或者变相吸收公众存款: ①未经有关部门依法批准或者借用合法经营的形式吸收资金; ②通过媒体、推介会、传单、手机短信等途径向社会公开宣传,包括以各种途径向社会公众传播吸收资金的信息,以及明知吸收资金的信息向社会公众扩散而予以放任等情形; ③承诺在一定期限内以货币、实物、股权等方式还本付息或者给付回报; ④向社会公众即社会不特定对象吸收资金。 (2)向特定多人借贷资金用于生产活动的,不应认定为本罪。
伪造、变造金融票证罪	概念	伪造、变造汇票、本票、支票、委托收款凭证、汇款凭证、银行存单及其他结算凭证、信用证或者附随的单据、文件以及伪造信用卡的行为。
	与其他罪名的区分	本罪与票据诈骗罪、金融票证诈骗罪、信用证诈骗罪、信用卡诈骗罪的联系与区别。如果行为人在伪造、变造金融票证后,又利用这些票证进行诈骗活动,则是牵连犯,应择一重罪论处,不实行数罪并罚。
洗钱罪	概念	明知是毒品犯罪、黑社会性质的组织犯罪、恐怖活动犯罪、走私犯罪、贪污贿赂犯罪、破坏金融管理秩序犯罪、金融诈骗犯罪的所得及其产生的收益,为掩饰、隐瞒其来源与性质而提供资金账户,协助将财产转化为现金、金融票据、有价证券,通过转账或者其他结算方式协助资金转移,协助将资金汇往境外,或者以其他方法掩饰、隐瞒犯罪所得及其收益的性质和来源的行为。
	注意	(1)须注意牢记7种上游犯罪,以及洗钱罪与上游犯罪共犯的区别——事前有无通谋。 (2)被告人将《刑法》第191条规定的某一上游犯罪的犯罪所得及其收益误认为《刑法》第191条规定的上游犯罪范围内的其他犯罪所得及其收益的,不影响《刑法》第191条规定的"明知"的认定。 (3)明知是犯罪所得及其产生的收益而予以掩饰、隐瞒,构成《刑法》第312条规定的犯罪,同时又构成《刑法》第191条或者第349条规定的犯罪的,依照处罚较重的规定定罪处罚。 (4)《刑法》第191条、第312条、第349条规定的犯罪,应当以上游犯罪事实成立为认定前提。上游犯罪尚未依法裁判,但查证属实的,不影响《刑法》第191条、第312条、第349条规定的犯罪的审判。 上游犯罪事实可以确认,因行为人死亡等原因依法不予追究刑事责任的,不影响《刑法》第191条、第312条、第349条规定的犯罪的认定。 上游犯罪事实可以确认,依法以其他罪名定罪处罚的,不影响《刑法》第191条、第312条、第349条规定的犯罪的认定。

第二节 普通罪名

一、出售、购买、运输假币罪

明知是伪造的货币而出售、购买或者运输,数额较大的行为。

伪造货币并出售或者运输伪造的货币的,以伪造货币罪从重处罚,不另成立出售、运输假币罪。

仅限于行为人出售、运输自己伪造的假币的情形。如果行为人不仅伪造假币,而且出售或者运输他人伪造的假币,即伪造的假币与出售、运输的假币不具有同一性时，则应当实行数罪并罚。

二、变造货币罪

非法对真币进行各种方式的加工，改变真币的价值或者形态，数额较大的行为。

变造的方式没有限制，如剪贴、挖补、揭层、涂改、移位、重印等，一般表现为改变真币的价值，还包括改变真币的形态，如改变真币年号等。

三、高利转贷罪

以转贷为目的，套取金融机构信贷资金以高利贷方式转贷他人，违法所得数额较大的行为。

凡是以用于借贷牟取非法收入为目的而取得金融机构贷款的，均属套取金融机构贷款。

四、骗取贷款、票据承兑、金融票证罪

以欺骗手段取得银行或者其他金融机构贷款、票据承兑、信用证、保函等，给银行或者其他金融机构造成重大损失或者有其他严重情节的行为。

本罪主观方面为故意，但不要求具有非法占有目的。

如果行为人具有非法占有目的，则应按照相应的金融诈骗罪或者其他犯罪论处。如以非法占有为目的，骗取银行贷款的，成立贷款犯罪；以非法占有为目的，骗取信用证的，成立信用证诈骗罪。

五、妨害信用卡管理罪

下列行为构成本罪：

（1）明知是伪造的信用卡而持有、运输的，或者明知是伪造的空白信用卡而持有、运输，数量较大的；

（2）非法持有他人信用卡，数量较大的；

（3）使用虚假的身份证明骗领信用卡的；

（4）出售、购买、为他人提供伪造的信用卡或者以虚假的身份证明骗领信用卡的。

以虚假的身份证明骗领信用卡，还包括使用虚假的保证人身份证明骗领信用卡、以他人的身份证明、挂失他人的信用卡并骗领补办的信用卡。

六、窃取、收买、非法提供信用卡信息罪

故意窃取、收买或者非法提供他人信用卡信息资料的行为。

银行或者其他金融机构工作人员利用职务上的便利犯本罪的，从重处罚。

七、内幕交易、泄露内幕信息罪

证券、期货交易内幕信息的知情人员或者非法获取证券、期货交易内幕信息的人员，在涉及证券的发行，证券、期货交易或者其他对证券、期货交易价格有重大影响的信息尚未公开前，买入或者卖出该证券，或者从事与该内幕信息有关的期货交易，或者泄露该信息，或者明示、暗示他人从事上述交易活动，情节严重的行为。

八、违法发放贷款罪

银行或者其他金融机构的工作人员或者单位违反国家规定发放贷款，数额巨大或者造成重大损失的行为。

违反国家规定，向关系人发放贷款，数额巨大或者造成重大损失的，从重处罚。

九、吸收客户资金不入账罪

银行或者其他金融机构的工作人员以及单位，吸收客户资金不入账，数额巨大或者造成重大损失的行为。

"吸收客户资金不入账"，指不记入金融机构的法定存款账目，以逃避国家金融监管，至于是否记入法定账目以外设立的账目不影响本罪成立。

第二十一章 破坏社会主义市场经济秩序罪（5）：金融诈骗罪

第一节 重点罪名

表 7-21 金融诈骗罪重点罪名的要点

集资诈骗罪	概念	以非法占有为目的，使用诈骗方法非法集资，数额较大的行为。
	司法认定	（1）集资诈骗罪中的非法占有目的，应当区分情形进行具体认定。行为人部分非法集资行为具有非法占有目的的，对该部分非法集资行为所涉集资款以集资诈骗罪定罪处罚；非法集资共同犯罪中部分行为人具有非法占有目的，其他行为人没有非法占有集资款的共同故意和行为的，对具有非法占有目的的行为人以集资诈骗罪定罪处罚。 行为人没有非法占有的目的，只是夸大集资项目的前景，夸大集资回报，事后没能兑现的，属于民事欺诈行为，不构成本罪。 （2）为他人向社会公众非法吸收资金提供帮助，从中收取代理费、好处费、返点费、佣金、提成等费用，构成非法集资共同犯罪的，应当依法追究刑事责任。能够及时退缴上述费用的，可依法从轻处罚；其中情节轻微的，可以免除处罚；情节显著轻微、危害不大的，不作为犯罪处理。 （3）本罪与非法吸收公众存款罪行为方式相同，主要的区别：是否具有非法占有的目的。
	注意	《中华人民共和国刑法修正案（九）》废除了集资诈骗罪的死刑。
贷款诈骗罪	概念	以非法占有为目的，诈骗银行或者其他金融机构的贷款，数额较大的行为。
	司法认定	（1）案发时有能力履行还贷义务，或者案发时不能归还贷款是因为意志以外的原因，如因经营不善、被骗、市场风险等，不认定本罪； （2）单位不能构成本罪主体，单位实施本罪的，对其组织、策划、实施者按本罪处罚。 （3）与骗取贷款罪的区别：是否具有非法占有的目的。
票据诈骗罪	概念	以非法占有为目的，利用金融票据进行诈骗活动，数额较大的行为。 金融票据，指汇票、本票、支票等。
信用卡诈骗罪	概念	以非法占有为目的，利用信用卡进行诈骗活动，骗取数额较大财物的行为。
	行为方式	（1）使用伪造的信用卡，或者使用以虚假的身份证明骗领的信用卡； （2）使用作废的信用卡； （3）冒用他人信用卡； （4）恶意透支。 盗窃信用卡并使用的，以盗窃罪定罪处罚。

保险诈骗罪	概念	投保人、被保险人、受益人,以非法占有为目的,采取虚构事实、隐瞒真相的方法,骗取保险金,数额较大的行为。
	主体	根据行为方式的不同,具体犯罪主体有区别。 如虚构保险标的的,只限于投保人;虚构保险事故的,包括投保人、被保险人与受益人;等等。 单位也可以成为本罪的主体。
	行为方式	(1)投保人故意虚构保险标的,骗取保险金的; (2)投保人、被保险人或者受益人对发生的保险事故编造虚假的原因或者夸大损失的程度,骗取保险金的; (3)投保人、被保险人或者受益人编造未曾发生的保险事故,骗取保险金的; (4)投保人、被保险人故意造成财产损失的保险事故,骗取保险金的; (5)投保人、受益人故意造成被保险人死亡、伤残或者疾病,骗取保险金的。
	司法认定	(1)保险事故的鉴定人、证明人、财产评估人故意提供虚假的证明文件,为他人诈骗提供条件的,以及其他人对保险诈骗实施教唆或者帮助行为的,以保险诈骗罪的共犯论处; (2)投保人、被保险人故意造成财产损失的保险事故,骗取保险金的,或者投保人、受益人故意造成被保险人死亡、伤残或者疾病,骗取保险金的,同时构成其他犯罪的,依照数罪并罚的规定处罚。

第二节 普通罪名

一、金融凭证诈骗罪

使用伪造、变造的委托收款凭证、汇款凭证、银行存单或其他银行结算凭证,骗取财物的行为。

二、信用证诈骗罪

以非法占有为目的,进行信用证诈骗的行为。

具体表现形式:
(1)使用伪造、变造的信用证或者附随的单据、文件;
(2)使用作废的信用证;
(3)骗取信用证;
(4)以其他方法进行信用证诈骗活动。

主观上没有非法占有目的的,不成立本罪,只能以骗取贷款罪论处。

第二十二章 破坏社会主义市场经济秩序罪(6):危害税收征管罪

第一节 重点罪名

表 7-22 危害税收征管罪重点罪名的要点

逃税罪	概念	纳税人、扣缴义务人采取欺骗、隐瞒手段进行虚假纳税申报或者不申报,逃避缴纳税款数额较大并且占应纳税额10%以上的行为。
	主体	纳税人与扣缴义务人。

(续表)

	主观方面	故意,过失不成立本罪。
	司法认定	已经有逃税行为达到定罪标准,经税务机关依法下达追缴通知后,补缴应纳税款,缴纳滞纳金,已受行政处罚的,不予追究刑事责任;但是5年内因逃避缴纳税款受过刑事处罚或者被税务机关给予2次以上行政处罚的除外。
骗取出口退税罪	概念	以假报出口或者其他欺骗手段,骗取国家出口退税款,数额较大的行为。
	司法认定	(1)只有在没有缴纳税款的情况下,才成立本罪; (2)行为人缴纳税款后,又采用欺骗的方法,骗取所缴纳税款的,成立逃税罪;对于骗取税款超过所缴纳的税款的部分,则成立骗取出口退税罪,与逃税罪实行数罪并罚; (3)实施骗取出口退税犯罪,同时构成虚开增值税专用发票罪等其他犯罪的,依照处罚较重的规定定罪处罚。
虚开增值税专用发票、用于骗取出口退税、抵扣税款发票罪	概念	个人或者单位故意虚开增值税专用发票或者虚开用于骗取出口退税、抵扣税款的其他发票行为。
	司法认定	(1)虚开增值税专用发票或者虚开用于骗取出口退税、抵扣税款的其他发票,是指有为他人虚开、为自己虚开、让他人为自己虚开、介绍他人虚开行为之一的; (2)非法购买增值税专用发票或者购买伪造的增值税专用发票又虚开或者出售的,应分别认定为虚开增值税专用发票罪,伪造、出售伪造的增值税专用发票罪以及出售增值税专用发票罪,不实行数罪并罚; (3)如果虚开、代开增值税等发票的行为根本不具有骗取国家税款的目的与可能性,则不宜认定为本罪。

第二节 普通罪名

一、抗税罪

以暴力、威胁方法拒不缴纳税款的行为。

本罪是妨害公务罪的特别法条,对于在征收税款的过程中发生的纳税人妨害公务行为的,依照特别法优先的原则以抗税罪论处。

司法认定:

(1)抗税中使用暴力故意伤害致人轻伤的,按抗税罪的情节加重犯处理;

(2)在暴力抗税过程中故意致税务人员重伤、死亡的,择重按照故意伤害罪、故意杀人罪定罪处罚;

(3)在暴力抗税过程中因过失致税务人员重伤、死亡的,按想象竞合犯处理;

(4)抗税罪与妨害公务罪的构成要件存在法条竞合关系。

二、逃避追缴欠税罪

纳税人欠缴应纳税款,采取转移或者隐匿财产的手段,致使税务机关无法追缴欠缴的税款,数额在1万元以上的行为。

三、伪造、出售伪造的增值税专用发票罪

仿照国家增值税专用发票的式样,使用各种方法非法制造假增值税专用发票,冒充真增值税专用发票,或者出售伪造的假增值税专用发票的行为。

四、非法出售增值税专用发票罪

违反国家有关发票管理法规,故意非法出售真增值税专用发票罪。

第二十三章 破坏社会主义市场经济秩序罪(7)：侵犯知识产权罪

第一节 重点罪名

表 7-23 侵犯知识产权罪重点罪名的要点

假冒注册商标罪	概念	未经注册商标所有人的许可，在同一种商品上使用与其注册商标相同的商标，情节严重的行为。
	两个相同	即在同一商品上使用与他人注册商标相同的商标。
	司法认定	(1)将未注册的商标假冒为已注册的商标的或者假冒他人未注册商标的，都不成立本罪； (2)以假冒注册商标方式生产、销售伪劣商品，或者销售假冒注册商标的商品，同时触犯生产、销售伪劣产品罪的，应从一重罪论处。
侵犯著作权罪	概念	以营利为目的，违反著作权法的规定，侵犯他人著作权，违法所得数额较大或者有其他严重情节的行为。
	司法认定	(1)制作、出售假冒他人署名的美术作品，侵犯著作权的，认定侵犯著作权罪，不成立诈骗罪； (2)非法出版、复制、发行他人作品，侵犯著作权构成犯罪的，认定侵犯著作权罪，不成立非法经营罪等其他犯罪。
侵犯商业秘密罪	概念	以盗窃、利诱、胁迫、披露、擅自使用等不正当手段，侵犯商业秘密，给商业秘密的权利人造成重大损失的行为。 商业秘密包含技术信息和经营信息。
	行为方式	(1)以盗窃、利诱、胁迫或者其他不正当手段获取权利人的商业秘密； (2)披露、使用或者允许他人使用前项手段获取的权利人的商业秘密； (3)违反约定或违反权利人有关保守商业秘密的要求，披露、使用或者允许他人使用其所掌握的商业秘密； (4)明知或者应知前述三种行为，而获取、使用或者披露他人商业秘密。
	司法认定	(1)公司、企业工作人员因职务或业务知悉商业秘密后，擅自将商业秘密卖给他人，并将违法所得据为己有或第三者所有的，根据情节及主体身份，认定贪污罪或职务侵占罪； (2)对于以盗窃、利诱、胁迫或者其他不正当手段获取权利人的商业秘密，然后使用该商业秘密制造产品并假冒他人注册商标的，以数罪论处； (3)对于单纯非法使用他人商业秘密制造产品并假冒他人注册商标的，认定一个行为触犯了数个罪名，以一重罪论处； (4)触犯侵犯商业秘密罪，同时触犯为境外窃取、刺探、收买、非法提供、非法获取、故意泄露国家秘密罪的，属于想象竞合犯，从一重罪论处。

第二节　普通罪名

一、销售假冒注册商标的商品罪

销售明知是假冒注册商标的商品,销售金额数额较大的行为。

(一)有下列情形之一,应当认定为"明知"

(1)知道自己销售的商品上的注册商标被涂改、调换或者覆盖的;

(2)因销售假冒注册商标的商品受到过行政处罚或者承担过民事责任、又销售同一种假冒注册商标的商品的;

(3)伪造、涂改商标注册人授权文件或者知道该文件被伪造、涂改的;

(4)其他知道或者应当知道是假冒注册商标的商品的情形。

(二)司法认定

(1)本罪主体不包括在该商品上假冒注册商标的犯罪人(本犯),即假冒注册商标的犯罪人销售自己假冒注册商标的商品的,只成立假冒注册商标罪,不另成立本罪。但是,上述结论仅就同一商品而言。如果行为人在此商品上假冒他人注册商标,同时又销售他人假冒注册商标的商品,则成立数罪。

(2)实施本罪可能同时触犯销售伪劣产品罪,由于行为人仅实施了一个销售行为,故成立一个行为触犯数个罪名的想象竞合犯,从一重罪论处。

二、假冒专利罪

自然人或者单位,违反专利管理法规,故意假冒他人专利,情节严重的行为。

下列行为属于假冒他人专利行为:

(1)未经许可,在其制造或者销售的产品、产品的包装上标注他人专利号的;

(2)未经许可,在广告或者其他宣传材料中使用他人专利号,使人将所涉及的技术误认为是他人的专利技术;

(3)未经许可,在合同中使用他人专利号,使人将合同涉及的技术误认为是他人的专利技术;

(4)伪造或者变造他人的专利证书、专利文件或者专利申请文件。

冒充专利的行为不构成本罪。

三、销售侵权复制品罪

自然人或者单位,以营利为目的,销售明知是侵权复制品的物品,违法所得数额巨大的行为。

第二十四章　破坏社会主义市场经济秩序罪(8):扰乱市场秩序罪

第一节　重点罪名

表7-24　扰乱市场秩序罪重点罪名的要点

	概念	以非法占有为目的,在签订、履行合同过程中,使用欺诈手段,骗取对方当事人财物,数额较大的行为。
合同诈骗罪	行为方式	(1)以虚构的单位或者冒用他人名义签订合同的; (2)以伪造、变造、作废的票据或者其他虚假的产权证明作担保的; (3)没有实际履行能力,以先履行小额合同或者部分履行合同的方法,诱骗对方当事人继续签订和履行合同的;

(续表)

		(4)收受对方当事人给付的货物、货款、预付款或者担保财产后逃匿的； (5)以其他方法骗取对方当事人财物的。
	主观方面	故意,且具有非法占有目的。 非法占有目的既可以存在于签订合同时,也可以存在于履行合同的过程中。
	司法认定	(1)产生非法占有目的后并未实施诈骗行为的,不能成立合同诈骗罪； (2)利用合同骗取他人财物,没有达到合同诈骗罪数额较大的标准,但达到诈骗罪数额较大标准的,应认定为诈骗罪。
	区分	(1)合同诈骗罪与一般经济合同纠纷的界限,在于是否具有非法占有对方当事人财物的目的； (2)合同诈骗罪与普通诈骗罪是一种典型的法条竞合关系。符合诈骗罪的犯罪构成,且利用了合同的,就成立合同诈骗罪。
非法经营罪	概念	自然人或者单位,违反国家规定,故意从事非法经营活动,扰乱市场秩序,情节严重的行为。
	行为方式	(1)未经许可,经营法律、行政法规规定的专营、专卖物品或者其他限制买卖的物品； (2)买卖进出口许可证、进出口原产地证明以及法律、行政法规规定的其他经营许可证或者批准文件； (3)未经国家有关主管部门批准,非法经营证券、期货或者保险业务； (4)其他严重扰乱市场经营的非法经营行为。
非法经营罪	司法解释中规定的非法经营行为	(1)非法买卖外汇； (2)非法经营出版物； (3)非法经营国际电信业务； (4)非法经营食盐； (5)组织、领导传销活动罪之外的传销行为； (6)非法生产经营"瘦肉精"； (7)非法经营药品； (8)传染病疫情等灾害期间哄抬物价； (9)擅自经营互联网等业务； (10)未经国家批准擅自发行、销售彩票； (11)非法使用POS机； (12)非法经营基金； (13)非法生产、销售赌博性质的设备和软件； (14)非法生产销售伪基站； (15)出于医疗目的,非法贩卖成瘾性麻醉药品或精神药品。
强迫交易罪	概念	自然人或者单位,以暴力、胁迫手段强买强卖商品,强迫他人提供或者接受服务,强迫他人参与或者退出投标、拍卖,强迫他人转让或者收购公司、企业的股份、债券或者其他资产,强迫他人参与或者退出特定的经营活动,情节严重的行为。
	与抢劫罪的关系	(1)本罪属于破坏市场秩序的犯罪,只发生在经营或交易活动中； (2)本罪的暴力、胁迫程度,低于抢劫罪； (3)以暴力、胁迫为手段,以商品交易为借口侵犯财产的,认定为抢劫罪或敲诈勒索罪。

第二节 普通罪名

一、损害商业信誉、商品声誉罪

捏造并散布虚伪事实,损害他人的商业信誉、商品声誉,给他人造成重大损失或者有其他严重情节的行为。

二、虚假广告罪

广告主、广告经营者、广告发布者违反国家规定,利用广告对商品或者服务作虚假宣传,情节严重的行为。

明知他人实施犯罪,仍然为其进行虚假广告宣传的,构成该罪的共犯。

三、串通投标罪

投标人相互串通投标报价,损害招标人或者其他投标人的利益,情节严重,或者投标人与招标人串通投标,损害国家、集体、公民的合法权益的行为。

四、组织、领导传销活动罪

组织、领导以推销商品、提供服务等经营活动为名,要求参加者以缴纳费用或者购买商品、服务等方式获得加入资格,并按照一定顺序组成层级,直接或者间接以发展人员的数量作为计酬或者返利依据,引诱、胁迫参加者继续发展他人参加,骗取财物,扰乱经济社会秩序的传销活动的行为。

五、提供虚假证明文件罪

承担资产评估、验资、验证、会计、审计、法律服务等职责的中介组织的人员故意提供虚假证明文件,情节严重的行为。

中介组织人员在提供虚假证明文件的同时,索取他人财物或者非法收受他人财物数额巨大的,宜认定为非国家工作人员受贿罪。

第二十五章 侵犯公民人身权利、民主权利罪

第一节 重点罪名

表 7-25 侵犯公民人身权利、民主权利罪重点罪名的要点

故意杀人罪	概念	故意非法剥夺他人生命的行为。
	主体	必须是已满14周岁,具有辨认控制能力的自然人。
	主观方面	故意,包括直接故意和间接故意。
	司法认定	1. 相约自杀 如相约双方均自杀身亡,则不存在犯罪问题;如相约双方各自实施了自杀行为,一方死亡,另一方由于意志以外的原因自杀未得逞,未得逞的一方也不构成犯罪;如果相约自杀,由其中一方杀死另外一方,继而未得逞的,以故意杀人罪论处,但量刑时可以从轻。 2. 引起他人自杀 (1)正当行为引起他人自杀的,不构成犯罪; (2)错误行为或者轻微不法行为(如一般辱骂)引起他人自杀的,也不成立犯罪。

(续表)

		（3）严重不法行为引起他人自杀身亡，将严重不法行为与引起他人自杀身亡的后果进行综合评价，达到犯罪程度时，追究刑事责任，如诽谤他人，行为本身的情节并不严重，但引起他人自杀身亡，便可综合起来认定行为情节严重，将该行为以诽谤罪论处； （4）犯罪行为引起他人自杀身亡，不符合故意杀人罪的犯罪构成的，应按该犯罪行为定罪并可从重处罚，如强奸妇女引起被害妇女自杀的，以强奸罪从重处罚； （5）强迫、欺骗他人自杀，属故意杀人罪的间接正犯。 3. 教唆或帮助自杀 （1）欺骗不能理解死亡意义的儿童或者精神病患者等，使其自杀的，属于故意杀人罪的间接正犯； （2）凭借某种权势或利用某种特殊关系，以暴力、威胁或者其他心理强制方法，使他人自杀身亡的，成立故意杀人的间接正犯； （3）行为人教唆自杀的行为使被害人对法益的有无、程度、情况等产生错误认识，或被害人对死亡的同意无效时，应认定为故意杀人罪，例如，医生对可能治愈的患者说"你得了癌症，只能活2周了"，进而使其自杀的，对医生应认定为故意杀人罪。 此外，对自杀者负有救助义务的人故意不予救助的，可能成立不作为的故意杀人罪；对于不具有间接正犯性质的教唆、帮助自杀的行为，我国的司法实践一般作为情节较轻的故意杀人罪处理；经意欲自杀者的请求，将毒药喂入其口中、输入其体内的，是杀人的实行行为，不是帮助自杀。 组织、策划、煽动、教唆、帮助邪教组织人员自杀、自残的，以故意杀人罪、故意伤害罪定罪处罚。 "大义灭亲"以故意杀人罪论处。 对于非法拘禁使用暴力致人死亡的，刑讯逼供或暴力取证致人死亡的，虐待被监管人致人死亡的，聚众打砸抢致人死亡的，聚众斗殴致人死亡的，应以故意杀人罪论处。
	想象竞合	以放火、爆炸、投放危险物质等危险方法杀人，同时危及公共安全的，成立想象竞合犯，从一重罪处断。
	注意	（1）其他共同犯罪中故意杀人的实行过限问题； （2）故意杀人罪的间接正犯认定； （3）因果关系的判断； （4）罪数问题。
过失致人死亡罪	概念	过失行为造成了他人的死亡结果。 过失：行为人对自己的行为造成他人的死亡结果具有预见可能性，或者已经预见而轻信能够避免。
	构成要件	行为与死亡结果之间具有因果关系。
	主体	已满16周岁，具有辨认控制能力的自然人。
	司法认定	某些过失犯罪（如失火罪、过失爆炸罪、交通肇事罪等）致人死亡的，由于它们是因为危害公共安全或者是业务过失而导致了他人死亡的结果，所以形成特别法条与普通法条的关系，按特别法条论处，不定过失致人死亡罪。 需要正确区分过于自信的过失致人死亡与间接故意杀人；疏忽大意的过失致人死亡与意外事件致人死亡的界限。 对过失重伤进而引起被害人死亡的，直接认定为过失致人死亡罪。

(续表)

故意伤害罪	概念		故意非法损害他人身体健康的行为。
	主体		故意致人重伤或死亡的,主体是已满14周岁,具有辨认控制能力的自然人。 故意致人轻伤的,主体是已满16周岁,具有辨认控制能力的自然人。
	特殊伤害认定		(1)未经本人同意摘取其器官,或者摘取不满18周岁的人的器官,或者强迫、欺骗他人捐献器官的,依照故意伤害罪、故意杀人罪的规定定罪处罚; (2)强迫、欺骗他人自残身体,或者教唆、帮助无责任能力人自残,属故意杀人罪的间接正犯; (3)组织、策划、煽动、教唆、帮助邪教组织人员自残的,以故意伤害罪定罪处罚。
	注意		注意把握故意伤害罪与故意杀人罪(未遂)的区别;故意伤害致死与过失致人死亡罪的区别。
	司法认定		当伤害行为属于其他重罪的法定手段时,不得认定为数罪,而应认定为其他重罪。如为了抢劫他人财物而伤害他人的,不管是否取得财物,均应认定为抢劫罪。伤害行为与其他犯罪存在想象竞合犯情形时,择重处罚。
强奸罪	普通强奸	概念	使用暴力、胁迫或者其他手段强行与妇女性交,或者奸淫幼女的行为;
		主体	已满14周岁具有辨认控制能力的自然人,通常是男子,其中单独的直接正犯只能是男子。
		司法认定	(1)妇女可以成为强奸罪的教唆犯、帮助犯,也可以成为强奸罪的间接正犯与共同正犯; (2)丈夫对于妻子一般不构成强奸罪。我国立法未明确规定婚内可以成立强奸罪,因此在合法婚姻存续期间,丈夫对妻子强奸一般不成立强奸罪;特殊情形下也可构成强奸罪; (3)冒充妇女丈夫或情人奸淫妇女的,认定为强奸罪。
	奸淫幼女(准强奸)	概念	与不满14周岁的幼女性交的行为。
		主体	已满14周岁,具有辨认和控制能力的自然人。
		司法认定	下列情况,应当认定为行为人"明知"对方是幼女: (1)知道或者应当知道对方是不满14周岁的幼女,而实施奸淫等性侵害行为的; (2)对于不满12周岁的被害人实施奸淫等性侵害行为的; (3)对于已满12周岁不满14周岁的被害人,从其身体发育状况、言谈举止、衣着特征、生活作息规律等观察可能是幼女,而实施奸淫等性侵害行为的。
	结果加重犯		强奸致人重伤、死亡或者造成其他严重后果的,指因强奸行为导致被害人性器官严重损伤,或者造成其他严重伤害,甚至当场死亡或者经治疗无效而死亡的。 如果在实施奸淫行为后,为报复、灭口等动机而将其重伤或杀害的,应当分别认定强奸罪与故意伤害罪或故意杀人罪,实行数罪并罚。
	轮奸的认定		2名以上男子轮流强奸妇女或奸淫幼女的行为。轮奸不是罪名,而是强奸罪的加重处罚情节;与无责任能力人共同轮奸妇女的,构成轮奸;有轮奸的实行行为即可认定为轮奸。

(续表)

强制猥亵、侮辱罪	概念	以暴力、胁迫或者其他方法强制猥亵他人或者侮辱妇女的行为。
	主体	已满16周岁,具有辨认控制能力的自然人。 不限于男性,妇女可以成为强制猥亵、侮辱妇女罪的教唆犯与帮助犯,还可以成为直接正犯、间接正犯与共同正犯。 男性强行鸡奸男性,可构成本罪。
	主观方面	故意(在强制猥亵罪中不要求具有奸淫故意)。
	犯罪对象	(1)他人; (2)在侮辱的场合,行为对象只能是妇女; (3)强制猥亵未满14周岁男女儿童的,成立猥亵儿童罪。
	猥亵情形	(1)直接对被害人实施猥亵行为,或者迫使被害人容忍行为人或第三人对之实施猥亵行为; (2)迫使被害人对行为人或者第三者实施猥亵行为; (3)强迫被害人自行实施猥亵行为; (4)强迫被害人观看他人的猥亵行为。
	司法认定	(1)故意杀害他人后,再针对尸体实施猥亵、侮辱行为的,不构成本罪,而认定为故意杀人罪与侮辱尸体罪,实行数罪并罚; (2)犯本罪"暴力"致人重伤的,属于想象竞合犯,从一重罪处断。
非法拘禁罪	概念	故意非法拘禁他人或者以其他方法非法剥夺他人人身自由的行为。
	行为对象	"他人",在范围上没有限制,但无身体活动自由的人不包括在内。
	行为类型	(1)作为; (2)不作为,故意不履行释放义务。
	行为本质	(1)典型的持续犯。行为与不法状态在一定时间内均处于继续或持续状态; (2)剥夺人身自由的行为具有非法性,不具备违法阻却事由。
	司法认定	(1)严格区分本罪与合法拘捕而发生错误的界限。如司法机关依照法定程序拘捕犯罪嫌疑人,但后经查证该人无罪予以释放的,只能认为是错误拘捕,不能认定为非法拘禁。 (2)非法拘禁情节显著轻微的,不宜认定为本罪。如拘禁时间短且没有暴力与侮辱情节。 (3)非法拘禁行为与结果又触犯其他罪名的,应根据其情节与有关规定处理。如以非法绑架、扣留他人的方法勒索财物的,成立绑架罪;以出卖为目的非法绑架妇女、儿童的,构成拐卖妇女、儿童罪;收买被拐卖的妇女、儿童后,非法剥夺其人身自由的,应实行数罪并罚。 (4)为索取合法债务或赌债、高利贷等不受法律所保护的债务非法扣押、拘禁他人,成立非法拘禁罪。 (5)犯本罪过失致人重伤或死亡的,属本罪的结果加重犯;使用暴力致人伤残、死亡的,应认定为故意伤害罪、故意杀人罪,属转化犯。 (6)拘禁过程中有殴打、侮辱情节的,以及国家机关工作人员利用职权犯本罪的,从重处罚。

(续表)

绑架罪	概念		利用被绑架人的近亲属或者其他人对被绑架人安危的忧虑,以勒索财物或满足其他不法要求为目的,使用暴力、胁迫或者其他方法劫持或以实力控制他人的行为。
	主体		必须是已满16周岁,具有辨认控制能力的自然人。 已满14周岁不满16周岁的人实施绑架行为,故意杀害被绑架人的,应认定为故意杀人罪。
	主观方面		(1)故意。 (2)具有利用被绑架人的近亲属或者其他人(包括单位乃至国家)对被绑架人安危的忧虑的意思。如行为人不具备这一意思,在以实力控制被害人后,让被害人隐瞒被控制的事实向亲属打电话索要财物的,不成立绑架罪(视行为性质认定为抢劫、非法拘禁等罪)。但行为人以实力控制他人后,让被害人告知近亲属自己被绑架的,成立绑架罪。 (3)具有勒索财物或满足其他不法要求的目的。 以勒赎为目的,或者为了将婴儿作为人质以实现其他不法要求,而偷盗婴幼儿的,以本罪论处。
	既遂标准		以绑架行为的完成为既遂标准,不论是否实现绑架的目的。
	司法认定		(1)共同犯罪人分别以绑架、非法拘禁、抢劫、敲诈勒索、故意杀人的故意,共同实施了非法拘禁、敲诈勒索、杀人行为的,在非法拘禁罪、敲诈勒索罪、故意杀人罪范围内认定成立共犯,分别定罪处罚; (2)在绑架过程中,又以暴力、胁迫等手段劫取被害人财物,构成犯罪的,择一重罪处罚; (3)使他人处于自己的实力控制和支配下,又产生勒索财物故意的,成立绑架罪; (4)为索取非法债务或者虚构的债务,以实力支配、控制被害人后,以杀害、伤害被害人相威胁的,认定为绑架罪; (5)为索取债务,而将与债务人没有共同财产关系,没有扶养、抚养关系的第三者作为人质的,认定为绑架罪; (6)为出卖妇女、儿童而绑架他人,后产生勒索财物故意的,成立绑架罪; (7)绑架后杀害被绑架人的,或者故意伤害被绑架人,致人重伤、死亡的,属绑架罪情节(结果)加重犯。
拐卖妇女、儿童罪	概念		以出卖为目的,拐骗、绑架、收买、贩卖、接送、中转妇女、儿童的行为。本罪可分解为拐卖妇女罪与拐卖儿童罪,属选择性罪名。
	犯罪对象		仅限于妇女与儿童,既包括具有中国国籍的妇女和儿童,也包括具有外国国籍和无国籍的妇女与儿童。 拐卖已满14周岁的男性公民的行为,不成立本罪,符合其他犯罪构成的,可按其他犯罪论处。
	主观方面		故意,并以出卖为目的(是否营利不影响罪名成立)。
	客观表现		拐骗、绑架、收买、贩卖、接送、中转行为,以及以出卖为目的偷盗婴幼儿。
	司法认定		(1)下列情况以拐卖儿童罪论处: ①出卖捡拾的婴儿的; ②以贩卖牟利为目的"收养"子女(借收养名义拐卖儿童)的; ③以出卖为目的强抢儿童,或者捡拾儿童后予以出卖的; ④以抚养为目的偷盗婴儿或者拐骗儿童,之后予以出卖的;

(续表)

		⑤医疗机构、社会福利机构等单位的工作人员以非法获利为目的,将所诊疗、护理、抚养的儿童贩卖给他人的。 (2)以非法获利为目的,出卖亲生子女或者其他女性亲属,应当以拐卖妇女、儿童罪论处。 (3)已满14周岁不满16周岁的人在拐卖妇女、儿童过程中强奸妇女或者奸淫幼女的,以强奸罪论处。 (4)在共同犯罪案件中,没有出卖目的的人认识到他人具有出卖目的,并参加拐卖妇女、儿童的行为的,成立本罪的共犯。 (5)在拐卖妇女、儿童过程中,故意杀害、伤害妇女、儿童的,以拐卖妇女、儿童罪和故意杀人罪或故意伤害罪数罪并罚。 (6)在拐卖妇女、儿童过程中,奸淫(包括强奸)被拐卖的妇女的或者诱骗、强迫被拐卖的妇女卖淫或者将被拐卖的妇女卖给他人迫使其卖淫的,属本罪情节加重犯,不数罪并罚。
	结果加重犯	造成被拐卖的妇女、儿童或者其亲属重伤、死亡或者其他严重的后果,对重伤死亡后果只能是过失,故意的则数罪并罚。 (1)直接行为:使用拘禁、捆绑、虐待等手段; (2)间接行为:在拐卖过程中,因侮辱、殴打等行为引起妇女、儿童及其亲属自杀、精神失常或者其他严重后果。
收买被拐卖的妇女、儿童罪	概念	故意用金钱或其他财物收买被拐卖的妇女、儿童的行为。
	犯罪对象	被拐卖的妇女、儿童。
	司法认定	(1)行为人具有收买的故意,但对方"放鸽子"的,由于不存在行为对象,属于不能犯,以本罪的未遂犯论处。 (2)收买被拐妇女、儿童又有强奸、非法拘禁、故意伤害、侮辱、虐待,或实施组织、强迫卖淫或者组织乞讨,进行违反治安管理活动等行为构成其他犯罪的,数罪并罚。
诬告陷害罪	概念	故意捏造犯罪事实,向公安、司法机关或有关国家机关告发,意图使他人受刑事追究,情节严重的行为。 只要行为的告发方式与告发的虚假内容足以引起公安、司法等机关的刑事追究活动,就应认定为情节严重;不足以引起刑事追究活动的诬告,应视为情节轻微,不以犯罪论处。
	行为对象	他人。
	主观方面	意图使他人受到追究而故意捏造犯罪事实,予以告发。
	司法认定	(1)诬告自己犯罪的,不成立本罪。实践中,"顶罪"可构成包庇罪; (2)诬告对象不明或不存在的,不成立本罪,但足以使司法机关能够确认对象的除外; (3)诬告没有达到刑事法定年龄或者没有责任能力的人犯罪的,成立本罪; (4)形式上诬告单位犯罪,但可能导致对自然人进行刑事追诉的,成立本罪; (5)征得他人同意或者经他人请求而诬告他人犯罪的,阻却违法性,不成立诬告陷害罪; (6)如同时触犯诬告陷害罪与报复陷害罪、诽谤罪,择一重罪论处。
侮辱罪	概念	使用暴力或者其他方法,公然损害他人人格、名誉,情节严重的行为。
	特征	"公然":被害人是否在场,不影响犯罪成立。

(续表)

	犯罪对象	特定的人。
	行为分类	暴力侮辱、言语侮辱、文字侮辱。
	司法认定	(1)只有情节严重(手段恶劣或侮辱行为造成严重后果等),才构成本罪; (2)散布有损他人名誉的真实事实,保护公共利益的,阻却违法性。
诽谤罪	概念	捏造并散布虚假事实,足以败坏他人名誉,情节严重的行为。 情节严重:诽谤行为手段恶劣或后果严重等。
	主观方面	故意,行为人明知自己散布的是虚假的事实。
	犯罪对象	特定的人。
	司法认定	只有情节严重,才构成本罪。
	与侮辱罪的区分	(1)诽谤罪的方法只能是口头或文字,侮辱罪还可以是暴力; (2)诽谤罪必须有捏造并散布有损他人名誉的虚假事实的行为,侮辱罪既可以用虚假事实还可以用真实事实损害他人名誉。
刑讯逼供罪	概念	司法工作人员对犯罪嫌疑人、被告人使用肉刑或者变相肉刑,逼取供述的行为。
	主体	(1)司法工作人员,即有侦查、检察、审判、监管职责的工作人员;非司法工作人员有拘禁他人逼供的,构成非法拘禁罪; (2)企业事业单位的公安机构在机构改革中虽尚未列入公安机关建制,其工作人员在行使侦查职责时,亦可以成立本罪犯罪主体;未受公安机关正式录用,受委托履行侦查、监管职责的人员或者合同制民警,也可成立本罪。
	犯罪对象	犯罪嫌疑人、被告人。
	司法认定	(1)致人伤残、死亡的,以故意伤害罪、故意杀人罪,从重处罚; (2)刑讯逼供导致被害人自杀的,一般不宜认定为刑讯逼供致人死亡; (3)一个行为同时触犯刑讯逼供罪与非法拘禁罪的,从一重罪论处。
暴力干涉婚姻自由罪	概念	以暴力干涉他人结婚或离婚自由的行为。
	主体	已满16周岁,具有辨认控制能力的自然人。 行为人与被害人是否具有特定关系,不影响本罪的成立。
	司法认定	(1)因向女方求婚遭到拒绝,而纠集多人使用暴力将女方劫持或者绑架于自己家中,强迫其与自己结婚的,以本罪论处;如符合非法拘禁罪构成的,属于想象竞合犯; (2)因向女方求婚遭到拒绝,为造成既成事实而纠集多人使用暴力将女方劫持或者绑架于自己家中,强迫与之性交的,成立强奸罪。
重婚罪	概念	有配偶而又与他人结婚,或者明知他人有配偶而与之结婚的行为。
	主体	(1)重婚者,即已有配偶并且没有解除婚姻关系,又与他人结婚的人; (2)相婚者,即明知对方有配偶而与之结婚的人。
	司法认定	(1)确实不知道对方有配偶而与之结婚的,不构成重婚罪; (2)事实婚:有配偶的人与他人以夫妻名义同居生活的,或者明知他人有配偶而与之以夫妻名义同居生活的,构成重婚罪。

（续表）

遗弃罪	概念	对于年老、年幼、患病或者其他没有独立生活能力的人，负有扶养义务而拒绝扶养，情节恶劣的行为。
	行为主体	必须是对于年老、年幼、患病或者其他没有独立生活能力的人，负有扶养义务的人。义务来源不限于《婚姻法》的规定，而应按照刑法总论中所讨论的作为义务来源予以确定。
	行为对象	年老、年幼并无清晰的年龄界限，患病的种类与程度也无确定的标准，都需要联系"没有独立生活能力"来理解和认定。严重的酗酒者，因吸毒而缺乏生活能力人，手脚被捆绑的人，事故的受伤者，溺水者以及其他生命、身体陷入危险境地的人，均应包括在本罪的行为对象之内。
	与故意杀人罪的界限	根据生命所面临的危险是否紧迫、生命对作为义务的依赖程度、行为人履行义务的难易程度、行为是否会立即导致他人死亡等因素进行区分。
	司法认定	经被害人有效承诺的遗弃行为，一般阻却违法性。
拐骗儿童罪	概念	采用蒙骗、利诱或其他方法，使不满14周岁的未成年人脱离家庭或者监护人的行为。
	行为对象	不满14周岁的未成年人（儿童）。
	行为要件	拐骗不满14周岁的儿童脱离家庭或者监护人。
	司法认定	（1）本罪不以出卖为目的； （2）拐骗儿童后产生出卖或勒索目的，进而出卖儿童，或以暴力、胁迫等手段对儿童进行实际支配以勒索钱财的，分别认定拐卖儿童罪或绑架罪，与本罪实行并罚。

第二节 普通罪名

一、组织出卖人体器官罪

组织他人出卖人体器官的行为。

组织，指经营人体器官的出卖或者以招募、雇佣（供养器官提供者）、介绍、引诱等手段使他人出卖人体器官的行为。

（一）被组织的对象

必须是年满18周岁的人，本人同意摘取其器官。

（二）司法认定

（1）未经本人同意摘取其器官，或者摘取不满18周岁的人的器官，或者强迫、欺骗他人捐献器官的，应以故意杀人罪、故意伤害罪追究刑事责任；

（2）被组织出卖的人体器官必须是活体器官，如果出卖的是尸体器官，不构成本罪；

（3）违背本人生前意愿摘取其尸体器官，或者本人生前未表示同意，违反国家规定，违背其近亲属意愿摘取其尸体器官的，构成盗窃、侮辱、故意毁坏尸体罪。

（三）主观方面

主观方面为故意，是否出于营利目的不影响本罪的成立。

二、过失致人重伤罪

过失伤害他人身体，致人重伤的行为。

（一）客观方面

实施了伤害行为，且造成他人的伤害结果。

过失造成轻伤（包括过失造成多人轻

伤)的,不构成本罪。

(二)主观方面

主观方面为过失。

(三)司法认定

行为人明显具有轻伤的故意,但由于过失造成他人重伤的,应定为故意伤害罪;过失行为当场致人重伤,但因抢救无效死亡的,应定过失致人死亡罪;如果过失重伤结果,是由于包含该结果的其他犯罪行为所造成,《刑法》条文另有规定的,则依照有关条文定罪量刑。

三、猥亵儿童罪

猥亵不满14周岁的儿童的行为。

(一)主观方面

故意,且行为人必须明知被害人是或者可能是儿童。

(二)司法认定

儿童为幼女时,男性具有奸淫故意与奸淫行为的,成立强奸罪;但如果是男童,妇女对之实施性交行为或者其他猥亵行为的,成立猥亵儿童罪。

实施猥亵儿童罪,造成儿童轻伤以上后果,同时符合故意伤害、故意杀人罪的规定的,依照处罚较重的规定定罪处罚。

四、强迫劳动罪

自然人或者单位以暴力、威胁或者限制人身自由的方法强迫他人劳动,或者明知他人以暴力、威胁或者限制人身自由的方法强迫他人劳动,而为其招募、运送人员或者以其他方式协助强迫他人劳动的行为。

(一)类型

(1)直接强迫劳动;
(2)协助强迫劳动。

(二)主观方面

故意,不要求具有特定的目的与动机。

(三)司法认定

(1)强迫行为使被害人开始从事其不愿意从事的劳动的,成立本罪的既遂。

如果采取剥夺人身自由的方法(如将他人长时间关闭在车间里),则成立非法拘禁罪与本罪的想象竞合犯。

行为人是否提供劳动报酬,不影响本罪的成立。

(2)监狱强制犯人劳动的,是执行刑罚的合法行为,不成立本罪。企业、事业单位依法对职工的劳动作严格要求的,不成立本罪。

五、雇用童工从事危重劳动罪

违反劳动管理法规,雇用未满16周岁的未成年人从事超强度体力劳动的,或者从事高空、井下作业的,或者在爆炸性、易燃性、放射性、毒害性等危险环境下从事劳动,情节严重的行为。

雇用童工从事危重劳动,同时以暴力、威胁或者限制人身自由的方法强迫其劳动的,应当实行数罪并罚。

非法雇用童工,造成事故,又构成其他犯罪的,数罪并罚。

六、非法搜查罪

无权搜查的人擅自非法对他人的身体或者住宅进行搜查的行为。

警察依法搜查的行为,得到被害人有效承诺的搜查行为,阻却违法性。

主观方面为故意,动机不影响本罪的成立。

法条虽然没有将"情节严重"规定为本罪的构成要件要素,但可适用《刑法》第13条的但书规定出罪。

七、非法侵入住宅罪

非法强行闯入他人住宅,或者经要求退出仍拒绝退出,影响他人正常生活和居住安宁的行为。

（一）类型

（1）未经住宅主人允许，不顾主人的反对、阻挡，强行进入他人住宅；

（2）进入住宅时主人并不反对，但主人要求其退出时拒不退出。

（二）司法认定

非法侵入他人住宅，常常与其他犯罪结合在一起，如非法侵入他人住宅后，进行盗窃、强奸、杀人等犯罪活动，因此，只按照行为人意图实施的主要罪行定罪量刑，不按数罪并罚处理。

只对那些非法侵入他人住宅，严重妨碍他人的居住与生活安宁，而又不构成其他犯罪的，才以非法侵入住宅罪论处。

八、暴力取证罪

司法工作人员使用暴力逼取证人证言的行为。

（一）情形

（1）证人不提供任何证言时，行为人暴力逼取证言，但不明确要求证人提供他人有罪或者无罪的证言；

（2）证人提供了他人无罪、罪轻的证言，行为人向证人暴力逼取有罪、罪重的证言；

（3）证人提供了他人有罪、罪重的证言，行为人向证人暴力逼取无罪、罪轻的证言。

（二）行为主体

司法工作人员。

（三）主观方面

故意，动机不影响本罪的成立。

（四）司法认定

暴力取证行为同时触犯伪证罪、徇私枉法罪的，属于想象竞合犯，从一重罪论处。

致人伤残、死亡的，认定为故意伤害罪、故意杀人罪并从重处罚。

九、虐待被监管人罪

监狱、拘留所、看守所等监管机构的监管人员，对被监管人进行殴打或体罚虐待，或者指使被监管人殴打或体罚虐待其他被监管人，情节严重的行为。

本罪的成立要求情节严重。

（一）行为主体

监管机构的监管人员，既包括监狱、拘留所、看守所的监管人员，也包括缉捕戒毒所、收容教养所等监管机构的监管人员。

实践中，检察院与法院在押解途中、提讯或者开庭审理期间，实际上在行使监管机构的权力，可谓特定期间的监管机构，其司法警察在特定期间代为行使监管机构的监管人员的监管职责，因而能够成为本罪主体。

（二）司法认定

（1）对被监管的女性实施性虐待，同时触犯强奸罪、强制猥亵妇女罪的，属于想象竞合犯，从一重罪论处。

（2）在被监管人可能有逃跑、暴行或其他危险性行为时，或者正在押解途中，对其依法使用戒具的，以及依法对犯人给予禁闭处罚的，阻却违法性，不成立本罪。但是，在使用戒具的必要性消失后，监管人员仍然使用戒具虐待被监管人的，不排除本罪的成立。

（3）犯本罪致人伤残、死亡的，根据故意伤害罪、故意杀人罪的规定定罪从重处罚。

（三）主观方面

故意，动机不影响本罪的成立。

十、侵犯通信自由罪

故意隐匿、毁弃或者非法开拆他人信件，侵犯公民通信自由权利，情节严重的行为。

实施隐匿、毁弃、非法开拆他人信件3种行为之一的，即可构成侵犯通信自由罪；同时实施上述几种行为的，也只成立一罪，不实行并罚。成立本罪还要求情节严重。

(一) 主观方面

故意。

(二) 司法认定

(1) 侦查人员经公安机关或检察院的批准而扣押被告人的邮件、电报的，阻却违法性，不能认定为本罪。

(2) 非法开拆他人信件，侵犯公民通信自由权利，情节严重，并从中窃取少量财物，或者窃取汇票、汇款支票，骗取汇兑款数额不大的，以侵犯通信自由罪论处。

(3) 非法开拆他人信件，侵犯公民通信自由权利，并从中窃取数额较大财物的，以盗窃罪论处。

(4) 非法开拆他人信件，侵犯公民通信自由权利，情节严重，并从中窃取汇票或汇款支票，冒名骗取汇兑款数额较大的，应以侵犯通信自由罪和(票据)诈骗罪实行并罚。

十一、私自开拆、隐匿、毁弃邮件、电报罪

邮政工作人员私自开拆、隐匿、毁弃邮件、电报的行为。

(一) 行为主体

必须是邮政工作人员，包括邮政部门的干部、营业员、分拣员、投递员、押运员。

国际邮件的出入境、开拆与封发，由海关人员监管，故监管国际邮件的海关人员应视为邮政工作人员。

(二) 主观方面

故意，过失造成邮件、电报毁损的，不成立本罪。

(三) 司法认定

犯本罪而窃取财物的，以盗窃罪论，从重处罚。

十二、侵犯公民个人信息罪

违反国家有关规定，向他人出售或者提供公民个人信息，或者将在履行职责或者提供服务过程中获得的公民个人信息，出售或者提供给他人，以及窃取或者以其他方法非法获取公民个人信息，情节严重的行为。

作为本罪对象的"公民个人信息"包括公民的姓名、年龄、有效证件号码、婚姻状况、工作单位、学历、履历、家庭地址、电话号码等能够识别公民个人身份或者涉及公民个人隐私的信息、数据资料。因此，公民的生理状态、遗传特征、经济状况、电话通话清单、个人具体行踪等也包括在内。

本罪主观方面为故意，特定目的与动机不影响本罪的成立。

十三、破坏军婚罪

明知是现役军人的配偶而与之结婚或者同居的行为。

现役军人，是指具有军籍并正在中国人民解放军或者人民武装警察部队服役的军人，不包括复员军人、退伍军人、转业军人、人民警察以及在部队、人民武装警察部队中工作但没有军籍的工作人员。

(一) 主观方面

故意，行为人必须明知是现役军人的配偶而与之结婚或者同居。

由于某种原因不知对方是现役军人的配偶而与之结婚或者同居的，不构成本罪。

(二) 司法认定

利用职权、从属关系，以胁迫手段奸淫现役军人的妻子的，依照强奸罪定罪处罚。本规定属于注意规定。

十四、虐待罪

共同生活的家庭成员，经常以打骂、冻

饿、强迫过度劳动、有病不予治疗、限制自由、凌辱人格等手段,从肉体上和精神上进行摧残、折磨,情节恶劣的行为。

成立本罪要求情节恶劣。情节是否恶劣,要从虐待的手段、持续的时间、对象、结果等方面进行综合评价。对于虐待手段轻微、持续时间短、没有造成严重后果等情节不恶劣的虐待行为,不以虐待罪论处。

(一)行为主体与对象

必须是共同生活的同一家庭成员即虐待人与被虐待人之间存在一定的亲属关系或收养关系。

(二)主观方面

故意,行为人明知自己的虐待行为侵害了被害人的人身权利,并且希望或者放任这种结果发生。

(三)司法认定

(1)虐待罪主观上表现为有意识地对被害人进行肉体上与精神上的摧残、折磨,因此,由于教育方法简单粗暴或者因为家庭纠纷而动辄打骂的行为,一般不应以虐待罪论处。基于同样的理由,行为人故意造成被害人伤害或死亡的,应认定为故意伤害罪或故意杀人罪。

(2)在情节恶劣的经常性虐待过程中,其中一次产生伤害或杀人故意,进而实施伤害或杀人行为的,则构成虐待罪与故意伤害罪或故意杀人罪,实行数罪并罚。

(3)行为人在长期虐待的过程中同时实施伤害行为,最终导致被害人重伤或者死亡,但不能证明重伤或者死亡由伤害行为引起的,只能认定为虐待罪。

(4)以禁闭方式虐待被害人的,属于本罪与非法拘禁罪的想象竞合犯,从一重罪论处。

(5)虐待罪基本犯告诉的才处理,但被害人没有能力告诉,或者因受到强制、威吓无法告诉的除外;虐待致被害人重伤死亡的,属本罪结果加重犯,不适用"告诉才处理"的规定。

十五、虐待被监护、被看护人罪

对未成年人、老年人、患病的人、残疾人等,负有监护、看护职责的人虐待被监护、看护的人,情节恶劣的行为。

(一)行为对象

仅限于未成年人、老年人、患病的人、残疾人等,负有被监护、看护职责的人,包括自然人与单位。

至于哪些人负有监护、看护职责,应根据不作为义务的来源进行判断。

(二)虐待行为的种类

(1)以积极的方式给被害人造成肉体上或者精神上痛苦的一切行为;

(2)以消极的方式不满足被害人生活需要的行为。

(三)司法认定

(1)本罪与虐待罪行为上虽然存在竞合关系,但行为主体不同;

(2)实施本罪行为同时构成其他犯罪的,依照处罚较重的规定定罪处罚。

十六、组织未成年人进行违反治安管理活动

组织未成年人进行盗窃、诈骗、抢夺、敲诈勒索等违反治安管理活动的行为。

(一)客观方面

表现为组织未成年人实施盗窃、诈骗、抢夺、敲诈勒索等违反治安管理活动的行为,不要求未成年人的客观行为符合犯罪的客观要件;如果组织未成年人所实施的行为符合犯罪的客观要件,则应认定组织者为盗窃、诈骗等罪的间接正犯或共犯。

(二)主观方面

故意,要求行为人明知被组织者为未成年人。

第二十六章 侵犯财产罪

第一节 重点罪名

表 7-26 侵犯财产罪重点罪名的要点

抢劫罪	概念	以非法占有为目的,以暴力、胁迫或者其他方法,强行劫取公私财物的行为。
	主体	已满 14 周岁,具有辨认控制能力的自然人。
	主观方面	故意,且具有非法占有目的。
	事后抢劫（转化型抢劫罪）	必须同时符合以下三个条件： (1)行为人犯盗窃、诈骗、抢夺罪; (2)必须当场使用暴力或者以暴力相威胁; (3)目的是为了窝藏赃物,抗拒抓捕或者毁灭罪证。 已满 14 周岁不满 16 周岁的人盗窃、诈骗、抢夺他人财物,为窝藏赃物、抗拒抓捕或者毁灭罪证,当场使用暴力,故意伤害致人重伤或者死亡,或者故意杀人的,应当分别以故意伤害罪或者故意杀人罪定罪处罚。（不按照转化型抢劫罪认定）
	司法认定	(1)行为人出于其他目的实施暴力行为,致人昏迷或者死亡,然后产生非法占有财物的意图,进而取走财物的,构成盗窃不成立抢劫罪,前暴力行为构成犯罪的,数罪并罚;行为人实施伤害、强奸等犯罪行为,在被害人未失去知觉,利用被害人不能反抗、不敢反抗的处境,临时起意劫取他人财物的,应以此前所实施的具体犯罪与抢劫罪实行数罪并罚。 (2)为索取合法债务而使用暴力的,不成立抢劫罪,视情况成立故意伤害罪、非法拘禁罪、非法侵入住宅罪等。 (3)例外情况:在实行聚众"打砸抢"行为过程中,毁坏公私财物的,即使没有非法占有目的,对首要分子应根据《刑法》相关规定认定为抢劫罪。（转化型抢劫罪） (4)在行为人故意抢劫财物但实际上抢劫了枪支、弹药、爆炸物、危险物质或者相反的情况下,应在主客观相统一的范围内认定犯罪。如果行为人明知所抢劫的对象既有财物,又有枪支、弹药、爆炸物、危险物质,倘若不是明显具有 2 个行为,则属于一行为触犯 2 个罪名,按照想象竞合犯从一重罪处罚。 (5)以毒品、假币、淫秽物品等违禁品为对象,实施抢劫的,以抢劫罪定罪;抢劫的违禁品数量作为量刑情节予以考虑。抢劫违禁品后又以违禁品实施其他犯罪的,应以抢劫罪与具体实施的其他犯罪实行数罪并罚。 (6)抢劫赌资、犯罪所得的赃款赃物的,以抢劫罪定罪,但行为人仅以其所输赌资或所赢赌债为抢劫对象,一般不以抢劫罪定罪处罚。构成其他犯罪的,依照《刑法》的相关规定处罚。 (7)为个人使用,以暴力、胁迫等手段取得家庭成员或近亲属财产的,一般不以抢劫罪定罪处罚,构成其他犯罪的,依照《刑法》的相关规定处理;教唆或者伙同他人采取暴力、胁迫等手段劫取家庭成员或近亲属财产的,可以抢劫罪定罪处罚。

（续表）

		(8) 已满14周岁不满16周岁的人使用轻微暴力或者威胁,强行索要其他未成年人随身携带的生活、学习用品或者钱财数量不大,且未造成被害人轻微伤以上或者不敢正常到校学习、生活等危害后果的,不认为是犯罪;已满16周岁不满18周岁的人具有上述规定情形的,一般也不认为是犯罪。
	与故意杀人罪的区分	(1) 为了事后图财,先将被害人杀死的,成立故意杀人罪; (2) 抢劫财物后,为了灭口而杀害他人的,成立抢劫罪与故意杀人罪,实行数罪并罚; (3) 由于其他原因故意实施杀人行为致人死亡,然后产生非法占有财物的意图,进而取得财物的,应认定为故意杀人罪与盗窃罪; (4) 为了当场取得财物,当场使用暴力将被害人杀死的,成立抢劫罪。
	与绑架罪的区分	两罪勒索的对象、主观目的不同,当场性也不同。 行为人使用暴力、胁迫手段非法扣押被害人或者迫使被害人离开日常生活处所后,仍向该被害人勒索财物的,只能认定为抢劫罪;绑架过程中又当场劫取被害人随身携带财物的,同时触犯绑架罪和抢劫罪两罪名,择一重罪定罪处罚。
	与强迫交易罪的区分	从事正常商品买卖、交易或者劳动服务的人,以暴力、胁迫手段迫使他人交出与合理价钱、费用相差不大的钱物,情节严重的,以强迫交易罪定罪处罚;以非法占有为目的,以买卖、交易、服务为幌子采用暴力、胁迫手段迫使他人交出与合理价钱、费用相差悬殊的钱物的,以抢劫罪定罪处刑。
	既遂与未遂的界限	具备劫取财物或者造成他人轻伤以上后果两者之一的,认定抢劫既遂。既未劫取财物,又未造成他人人身轻伤害以上后果的,属抢劫未遂。
	法定加重情节	(1) 入户抢劫: 指实施抢劫行为而非法进入他人生活的与外界相对隔离的住所,包括封闭的院落、牧民的帐篷、渔民作为家庭生活场所的渔船、为生活租用的房屋等进行抢劫的行为。 一是"户"的范围。"户"在这里是指住所,其特征表现为供他人家庭生活和与外界相对隔离两个方面,前者为功能特征,后者为场所特征。 一般情况下,集体宿舍、旅店宾馆、临时搭建工棚等不应认定为"户",但在特定情况下,如果确实具有上述两个特征,也可以认定为"户"。 二是"入户"目的的非法性。进入他人住所须以实施抢劫等犯罪为目的。 抢劫行为虽然发生在户内,但行为人不以实施抢劫等犯罪为目的进入他人住所,而是在户内临时起意实施抢劫的,不属于"入户抢劫"。 三是暴力或者暴力胁迫行为必须发生在户内。 (2) 在公共交通工具上抢劫: 指在从事旅客运输的各种公共汽车、大、中型出租车、火车、船只、飞机等正在运营中的机动公共交通工具上对旅客、司售、乘务人员实施的抢劫。也包括对运行途中的机动公共交通工具加以拦截后,对公共交通工具上的人员实施的抢劫。 小型出租车不应视为公共交通工具;在未运营的大、中型公共交通工具上针对司售、乘务人员抢劫的,不属于"在公共交通工具上抢劫"。

(续表)

			(3)抢劫银行或者其他金融机构： 指抢劫银行或者其他金融机构的经营资金、有价证券和客户的资金等，包括抢劫正在使用中的银行或者其他金融机构的运钞车的。 (4)多次抢劫或抢劫数额巨大： 多次指3次以上抢劫。 抢劫数额巨大的认定标准，参照各地确定的盗窃罪数额巨大的认定标准执行；对抢劫博物馆、重要文物的，应作为抢劫数额巨大处理。 (5)抢劫致人重伤、死亡： 既包括行为人的暴力等行为过失致人重伤、死亡，也包括行为人为劫取财物而故意杀人伤人，或者在劫取财物过程中，为制服被害人反抗而故意杀人伤人。 (6)冒充军警人员抢劫。 (7)持枪抢劫： 指行为人使用枪支或者向被害人显示持有、佩带的枪支进行抢劫的行为。"枪支"的概念和范围，适用我国《中华人民共和国枪支管理法》的规定。不要求枪中装有子弹；不包括玩具枪与其他假枪。 (8)抢劫军用物资或者抢险、救灾、救济物资： 仅限于武装部队(包括武警部队)使用的物资，不包括公安警察使用的物资。
盗窃罪	概念		以非法占有为目的窃取公私财物数额较大，或者多次盗窃、入户盗窃、携带凶器盗窃、扒窃的行为。 《中华人民共和国刑法修正案(八)》增设"入户盗窃""携带凶器盗窃""扒窃"构成盗窃罪的规定，并废除了本罪的死刑。
	行为构造		不限于秘密窃取。
	行为方式		(1)盗窃公私财物，数额较大：1 000元至3 000元以上的，为数额较大。盗窃毒品等违禁品，应当按照盗窃罪处理的，根据情节轻重量刑。 (2)多次盗窃：2年内盗窃3次以上。 (3)入户盗窃：非法进入供他人家庭生活，与外界相对隔离的住所盗窃。 (4)携带凶器盗窃：携带枪支、爆炸物、管制刀具等国家禁止个人携带的器械盗窃，或者为了实施违法犯罪携带其他足以危害他人人身安全的器械盗窃。不要求行为人明示、暗示带有凶器，更不要求行为人使用凶器。对被害人使用凶器或显露凶器从而取得财物的，成立抢劫罪。 (5)扒窃：在公共场所或者公共交通工具上盗窃他人随身携带的财物。
	主体		已满16周岁，具有辨认控制能力的自然人。 单位组织、实施盗窃，符合盗窃罪相关规定的，以盗窃罪追究组织者、指使者、直接实施者的刑事责任。
	司法认定		(1)下列情形以本罪论处： ①盗窃信用卡并使用的； ②盗窃增值税专用发票或者可以用于骗取出口退税、抵扣税款的其他发票的； ③邮政工作人员私自开拆或者隐匿、毁弃邮件、电报而窃取财物的； ④以牟利为目的，盗接他人通信线路、复制他人电信码号或者明知是盗接、复制的电信设备、设施而使用的； ⑤将电信卡非法充值后使用，造成电信资费损失数额较大的；

		⑥盗用他人公共信息网络上网账号、密码上网,造成他人电信资费损失数额较大的; ⑦利用计算机实施盗窃的。 (2)与其他罪的界限: ①盗窃广播电视设施、公用电信设施价值数额不大,但是构成危害公共安全犯罪的,依照破坏广播电视设施、公用电信设施罪定罪处罚;盗窃广播电视设施、公用电信设施同时构成盗窃罪和破坏广播电视设施、公用电信设施罪的,择一重罪处罚。 ②盗窃使用中的电力设备,同时构成盗窃罪和破坏电力设备罪的,择一重罪处罚。 ③偷开他人机动车的,按照下列规定处理: a.偷开机动车,导致车辆丢失的,以盗窃罪定罪处罚; b.为盗窃其他财物,偷开机动车作为犯罪工具使用后非法占有车辆,或者将车辆遗弃导致丢失的,被盗车辆的价值计入盗窃数额; c.为实施其他犯罪,偷开机动车作为犯罪工具使用后非法占有车辆,或者将车辆遗弃导致丢失的,以盗窃罪和其他犯罪数罪并罚;将车辆送回未造成丢失的,按照其所实施的其他犯罪从重处罚。 ④实施盗窃犯罪,造成公私财物损毁的,以盗窃罪从重处罚;又构成其他犯罪的,择一重罪从重处罚;盗窃公私财物未构成盗窃罪,但因采用破坏性手段造成公私财物损毁数额较大的,以故意毁坏财物罪定罪处罚。盗窃后,为掩盖盗窃罪行或者报复等,故意破坏公私财物构成犯罪的,应当以盗窃罪和构成的其他罪实行数罪并罚。 ⑤盗窃技术成果等商业秘密的,按照侵犯商业秘密罪定罪处罚。 ⑥使用投毒、爆炸方法偷鱼的,如果是出于盗窃的目的,毒死或炸死较大数量的鱼,将其偷走,未引起其他严重后果的,应定为盗窃罪;如果不顾人畜安危,向供饮用的池塘中投放大量的剧毒药物,或者向堤坝、其他公共设施附近的水域中投掷大量炸药,严重危害公共安全,致人重伤、死亡或者使公私财物遭受大损失的,应定投放危险物质罪或爆炸罪;如果是为了偷鱼或挟私报复,向鱼塘内投放大量剧毒药物,严重污染水质,毒死整塘的鱼,使集体的或个人承包的养鱼生产遭到严重破坏,损失严重的,应定破坏生产经营罪,同时还应查明毒物或炸药的来源,若牵连犯有其他罪的,则应从一重罪惩处。 ⑦盗伐林木的,违反保护森林法规,秘密地盗伐森林或其他林木,情节严重的,构成盗伐林木罪;如果不是盗伐生长中的林木,而是盗窃已经采伐下来的木料的,或者偷砍他人房前屋后、自留地上种植的零星树木数额较大的,则构成盗窃罪。 (3)偷拿家庭成员或者近亲属的财物,获得谅解的,一般可不认为是犯罪;追究刑事责任的,应当酌情从宽。 (4)盗窃未遂,具有下列情形之一的,应当依法追究刑事责任: ①以数额巨大的财物为盗窃目标的; ②以珍贵文物为盗窃目标的; ③其他情节严重的情形。 【特别注意】盗窃既有既遂,又有未遂,分别达到不同量刑幅度的,依照处罚较重的规定处罚;达到同一量刑幅度的,以盗窃罪既遂处罚。
诈骗罪	概念	诈骗罪是指以非法占有为目的,用虚构事实或者隐瞒真相的方法,骗取数额较大的公私财物的行为。
	基本构造	行为人以不法所有为目的实施欺诈行为→被害人产生错误认识→被害人基于错误认识处分财产→行为人取得财产→被害人受到财产上的损失。

(续表)

	特殊类型诈骗行为	(1)三角诈骗： 行为人以非法占有为目的，采用虚构事实或者隐瞒真相的方法，使被害人以外的第三人陷入错误认识，并进而对财产实施处分行为，而最终使被害人遭受数额较大的财产损失的行为。 (2)无钱饮食、住宿： 原本没有支付饮食、住宿费用的意思，而伪装具有支付费用的意思，欺骗对方，使对方提供饮食、住宿的，数额较大，成立诈骗罪。 (3)骗取增值税专用发票或者可以用于骗取出口退税、抵扣税款的其他发票的，构成诈骗罪。 (4)电信网络诈骗： 使用非法获取的公民个人信息实施网络诈骗，构成侵犯公民个人信息罪与诈骗罪；冒充国家机关工作人员实施电信网络诈骗，同时构成诈骗罪和招摇撞骗罪的，依照处罚较重的规定定罪处罚；电信网络诈骗行为人构成非法利用信息网络罪、帮助信息网络犯罪活动罪，同时又构成诈骗罪的，依照处罚较重的规定定罪处罚。 实施电信网络诈骗犯罪，犯罪嫌疑人、被告人实际骗得财物的，以诈骗罪（既遂）定罪处罚。诈骗数额难以查证，但具有下列情形之一的，应当认定为《刑法》第266条规定的"其他严重情节"，以诈骗罪（未遂）定罪处罚： ①发送诈骗信息5 000条以上的，或者拨打诈骗电话500人次以上的； ②在互联网上发布诈骗信息，页面浏览量累计5 000次以上的。 (5)使用伪造、变造、盗窃的武装部队车辆号牌，骗免养路费、通行费等各种规费，数额较大的，以诈骗罪定罪处罚。 (6)赌博诈骗： 以赌博为名，实则使用诈骗手段骗取他人财物的，应以诈骗罪定罪处罚。
	与招摇撞骗罪的区分	(1)方式：招摇撞骗罪是冒充国家机关工作人员进行诈骗，而诈骗罪则无此要求。 (2)内容：诈骗罪是骗取财物，而招摇撞骗罪骗取的利益不限于财物。 (3)竞合：冒充国家机关工作人员进行诈骗，同时构成诈骗罪和招摇撞骗罪的，依照处罚较重的规定定罪处罚。
	与侵占罪的区分	(1)行为人出于非法占有目的，欺骗被害人，使其将财物交付给行为人"代为保管"，进而非法占为己有的，应认定为诈骗罪； (2)先侵占，后欺骗的，成立侵占罪； (3)借他人财物时有欺骗故意和行为，"借"后不还的，定诈骗罪。
	与盗窃罪的区分	盗窃罪是属于秘密窃取型犯罪，诈骗罪是属于骗取型犯罪，二者的关键区别在于被害方是否基于认识错误而处分财产。实践中用欺骗手段"调包"属于盗窃，而非诈骗。
	诈骗罪与刑法分则其他诈骗犯罪的界限	《刑法》第266条规定了普通诈骗罪，其他章节规定了12种特殊诈骗罪。前者与后者是法条竞合的关系，在适用中采取特别法条优于普通法条的原则。
	诈骗罪的形态与罪数	行为人开始实施欺骗手段行为时，才是诈骗罪的着手。 为了诈骗而伪造有关证件的，属于诈骗的预备行为。 行为人为了骗取财物，往往使用法律所禁止的手段，如伪造并使用伪造的公文、证件、印章进行欺骗。在这种情况下，通常按照从一重罪从重处罚的原则处理，但法律另有规定的除外。 实施一个欺骗行为，数次从同一人那里获得财产的，只成立一个诈骗罪。

(续表)

	诈骗罪不成立	(1)通过欺骗方法使他人免除非法债务,不存在财产损失的; (2)以欺骗方法取得对方不法占有的自己所有的财物; (3)具有从对方处取得财产的正当权利的人,为了实现其权利而使用了欺骗手段的。
	司法认定	(1)组织和利用会道门、邪教组织或者利用迷信骗取财物的以诈骗罪论处。 (2)实施《刑法》第307条之一第1款规定的虚假诉讼行为,非法占有他人财产或者逃避合法债务,又构成诈骗罪,职务侵占罪,拒不执行判决、裁定罪,贪污罪等犯罪的,依照处罚较重的规定定罪从重处罚。 (3)行为人实施欺诈行为,使他人放弃财物,行为人拾取该财物的,应以诈骗罪论处;向自动售货机中投入类似硬币的金属片,从而取得售货机内的商品的行为,不构成诈骗罪,只能成立盗窃罪。 (4)诈骗罪并不限于骗取有体物,还包括骗取无形物与财产性利益。 (5)诈骗近亲属的财物,近亲属谅解的,一般可不按犯罪处理。诈骗近亲属的财物,确有追究刑事责任必要的,具体处理也应酌情从宽。
	未遂	诈骗未遂,以数额巨大的财物为诈骗目标的,或者具有其他严重情节的,应当定罪处罚。 诈骗既有既遂,又有未遂,分别达到不同量刑幅度的,依照处罚较重的规定处罚;达到同一量刑幅度的,以诈骗罪既遂处罚。
抢夺罪	概念	以非法占有为目的,夺取他人数额较大的公私财物,或者多次夺取公私财物的行为。 多次指2年内3次以上。
	犯罪对象	一般财物,仅限于他人占有的动产,如金钱、物品等,不包括枪支、弹药、公文、证件、印章等特殊物品。
	主体	年满16周岁具备刑事责任能力的自然人。
	与抢劫罪的区分	抢夺行为主要表现为直接对物使用力量;行为人实施抢夺行为时,被害人通常来不及抗拒,而不是被暴力压制不能抗拒,也不是受胁迫不敢抗拒。这是抢夺罪与抢劫罪的关键区别。
	转化型抢劫罪	携带凶器抢夺的,以抢劫罪论处,不要求行为人使用暴力、胁迫或者其他方法。 "携带凶器抢夺",是指行为人随身携带枪支、爆炸物、管制刀具等国家禁止个人携带的器械进行抢夺或者为了实施犯罪而携带其他械进行抢夺的行为;行为人随身携带国家禁止个人携带的器械以外的其他器械抢夺,但有证据证明该器械确实不是为了实施犯罪准备的,不以抢劫罪定罪;行为人将随身携带凶器有意加以显示、能为被害人察觉到的,直接适用《刑法》第363条的规定定罪处罚;行为人携带凶器抢夺后,在逃跑过程中为窝藏赃物、抗拒抓捕或者毁灭罪证而当场使用暴力或者以暴力相威胁的,适用《刑法》第367条第2款的规定定罪处罚。
	司法认定	驾驶机动车、非机动车夺取他人财物,具有下列情形之一的,应当以抢劫罪定罪处罚: (1)夺取他人财物时因被害人不放手而强行夺取的; (2)驾驶车辆逼挤、撞击或者强行逼倒他人夺取财物的; (3)明知会致人伤亡仍然强行夺取并放任造成财物持有人轻伤以上后果的。

(续表)

侵占罪	概念		指以非法占有为目的,将代为保管的他人财物、遗忘物或者埋藏物非法占为己有,数额较大,拒不交还的行为。
	基本类型		分为普通侵占与侵占脱离占有物两种类型。
	普通侵占	行为对象	自己代为保管的他人财物。
		行为内容	将自己暂时占有的他人财物不法转变为自己所有的财物,不退还或者以财务所有人自居。
		行为本质	以财物的所有人与行为人之间存在委托管理关系。
	侵占脱离占有物	行为对象	(1)他人的遗忘物。 (2)他人的埋藏物: 必须是他人所有,包括国家、单位所有的财物,而且应是所有人明确的财物;侵吞不法委托、给付的财物,如将代为保管的行贿罪的对象、盗窃后的赃物,在保管或者代为销售后,据为己有的,不成立本罪。 如果是他人有意埋藏到地下的财物,则属于他人占有的财物,而非埋藏物。行为人不法取得的,成立盗窃罪;如果行为人不知道有所有人,则属于事实认识错误,虽不成立盗窃罪,但成立侵占罪。
		行为内容	将特定对象非法占有,拒不交出。
	主观方面		故意。 不具有不法所有目的的行为,不可能成立侵占罪。
	与贪污罪的区分		(1)贪污罪只限于公共财产,而侵占罪不仅可以是公共财物,还可以是私人财物; (2)侵占罪的主体是一般主体;贪污罪的主体是特殊主体,即国家工作人员或受国有单位委托经营管理国有资产的人员; (3)犯罪客观方面表现不同,贪污罪表现为行为人必须利用职务上的便利,即利用自己职务范围内的权力和地位所形成的经手管理公共财物的便利条件,而侵占罪中行为人是否利用职务上的便利,并不影响该罪的成立; (4)贪污罪是公诉案件,侵占罪是自诉案件。
	与诈骗罪的区分		行为人出于非法占有目的,以虚构的事实诱骗被害人,使其将财物交付给行为人"代为保管",进而非法占为己有的,应认定为诈骗罪。 行为人合法占有他人财物后,将该财物非法占为己有,在被害人请求返还时,虚构财物被盗等虚假理由,使被害人免除行为人的返还义务的,认定为侵占罪。
职务侵占罪	概念		公司、企业或者其他单位的人员,利用职务上的便利,将本单位财物非法占为己有,数额较大的行为。 6万元以上100万元以下为数额较大;100万元以上为数额巨大。
	主体		(1)公司、企业或者其他单位的人员,但国有公司、企业或者其他国有单位中从事公务的人员和国有公司、企业或者其他国有单位委派到非国有公司、企业以及其他单位从事公务的人员,利用职务上的便利侵占公共财物的,应认定为贪污罪; (2)国家机关、国有公司、企业、事业单位中并未从事公务的非国家工作人员;

(续表)

		(3)村民委员会等村基层组织人员；但如果在协助人民政府从事行政管理工作时，利用职务上的便利侵占公共财物的，则成立贪污罪； (4)村民小组组长； (5)在国有资本控股、参股的股份有限公司中从事管理工作的人员，受国家机关、国有公司、企业、事业单位委派从事公务的除外。
	主观方面	直接故意，且具有非法占有公司、企业或其他单位财物的目的。
	行为类型	(1)将基于职务管理的单位财产非法占为己有； (2)利用职务之便的窃取、骗取或侵吞行为。
	司法认定	共犯： (1)行为人与国家工作人员勾结，利用国家工作人员的职务便利，共同侵吞、窃取、骗取或者以其他手段非法占有公共财物的，以贪污罪共犯论处； (2)行为人与公司、企业或者其他单位的人员勾结，利用公司、企业或者其他单位人员的职务便利，共同将该单位财物非法占为己有，数额较大的，以职务侵占罪共犯论处； (3)公司、企业或者其他单位中，不具有国家工作人员身份的人与国家工作人员勾结，分别利用各自的职务便利，共同将本单位财物非法占为己有的，按照主犯的犯罪性质定罪。无法分清主从的，以贪污罪共犯认定。
敲诈勒索罪	概念	以非法占有为目的，使用暴力或威胁手段，索取公私财物数额较大或者多次索取公私财物的行为。 多次：2 年以内 3 次以上。
	行为结构	对他人实行威胁→对方产生恐惧心理→对方基于恐惧心理处分财产→行为人或第三者取得财产→被害人遭受财产损失。
	司法认定	(1)行为人为了主张自己的民事权利而使用威胁手段的"有因行为"，原则上不以犯罪论处。敲诈勒索近亲属的财物，获得谅解的，一般不认为是犯罪；认定为犯罪的，应当酌情从宽处理。 (2)与抢劫罪的区别，在于暴力、胁迫的程度，胁迫的内容，以及是否当场取得财物。抢劫罪中的暴力、胁迫达到了足以压制他人反抗的程度；敲诈勒索罪的暴力、胁迫只要足以使他人产生恐惧心理即可。抢劫罪的胁迫限于暴力威胁，敲诈勒索罪的胁迫还包括非暴力精神强制，因此，以非暴力内容相要挟取财物的，只能构成敲诈勒索罪。抢劫罪手段行为与取得财物行为具有"当场性"，以暴力、威胁手段事后取得财物的，仅成立敲诈勒索罪。 (3)与绑架罪的界限。绑架罪中包括了向被绑架人的近亲属及其他人勒索财物的情况，它与敲诈勒索罪的关键区别在于是否实际上绑架了他人做人质的行为。例如，甲、乙合谋后，由与丙相识的甲将丙骗往外地游玩，乙给丙的家属打电话，声称已经"绑架"了丙，借以要求"赎金"的，不成立绑架罪，而成立敲诈勒索罪(可能与诈骗罪相竞合)。
	既遂标准	被害人基于恐惧心理处分财产，行为人取得财物时，就是敲诈勒索罪的既遂。但如果被害人不是基于恐惧心理，而是基于怜悯心理提供财物，或者为了配合警察逮捕行为人而按约定时间与地点交付财物的(显然不属于处分财产的行为)，只能认定为敲诈勒索罪的未遂。
故意毁坏财物罪	概念	故意毁坏公私财物，数额较大或者有其他严重情节的行为。
	犯罪对象	公私财物，既可以是动产，也可以是不动产。

	主观方面	故意。故意内容不是为非法获取财物而是将财物毁坏。这是侵犯财产罪中毁财型犯罪与其他贪利型犯罪的根本区别。
	司法认定	(1)毁坏财物数额较大或者有其他严重情节的,才成立本罪。 (2)毁坏耕地或者进行破坏性采矿的,构成犯罪的,以其他犯罪论处。 (3)毁坏交通工具、交通设施、易燃易爆等设备,危害公共安全的,成立危害公共安全的犯罪。(想象竞合犯)

第二节 普通罪名

一、挪用资金罪

公司、企业或者其他单位的工作人员,利用职务上的便利,挪用本单位资金归个人使用或者借贷给他人,数额较大,超过3个月未还,或者虽未超过3个月未还,但数额较大,进行营利活动,或者进行非法活动的行为。

(1)客观方面表现为行为人利用职务上的便利,挪用本单位资金归个人使用或借贷给他人使用。具体情形有三种:

①挪用资金归个人或贷给他人使用,数额较大,超过3个月未还;

②挪用资金数额较大,进行营利活动,不管时间长短,均构成本罪;

③挪用资金进行非法活动,不管挪用资金多少,时间长短,一律构成本罪。

(2)犯罪主体只能是公司、企业或其他单位经手、管理、主管本单位资金的不具有国家工作人员身份的人员。

(3)主观方面为故意,其目的是暂时挪用本单位资金,并非永久非法占有。

(4)挪用资金罪与相关罪名:职务侵占罪、挪用公款罪、挪用特定款物罪。

二、挪用特定款物罪

违反特定款物专用的财经管理制度,挪用国家用于救灾、抢险、防汛、优抚、扶贫、移民、救济的款物,情节严重,致使国家和人民群众利益遭受重大损害的行为。

(1)本罪的主体是管理特定款物的国家工作人员,行为对象是特定款物。

(2)客观方面为违反专款专用原则,挪用特定款物归单位使用。挪用特定款物归个人使用的,以挪用公款罪从重处罚。

三、拒不支付劳动报酬罪

《中华人民共和国刑法修正案(八)》新增加的罪名。指以转移财产、逃匿等方法逃避支付劳动者的劳动报酬或者有能力支付而不支付劳动者的劳动报酬,数额较大,经政府有关部门责令支付仍不支付的行为。

(1)成立本罪的条件:

①行为人逃避支付的只能是劳动报酬,而非任何逃债行为。

②行为方式表现为采取转移财产、逃匿等方法逃避支付劳动者的劳动报酬或者有能力支付而不支付劳动者的劳动报酬,而且经政府有关部门责令支付仍不支付的行为。属于纯正不作为犯。

③要求数额较大。

(2)主体:

自然人和单位都能成立本罪。

(3)逃避欠薪,尚未造成严重后果,在提起公诉前支付劳动者的劳动报酬,并依法承担相应赔偿责任的,可以减轻或者免除处罚。

【注意】这种情形只是可以减轻或者免除处罚。如果是经政府有关部门责令支付就及时支付欠薪的,不成立犯罪。

第二十七章　妨害社会管理秩序罪(1)：扰乱公共秩序罪

第一节　重点罪名

表7-27　扰乱公共秩序罪重点罪名的要点

妨害公务罪	概念	以暴力、威胁方法阻碍国家机关工作人员依法执行职务，阻碍人民代表大会代表依法执行代表职务，阻碍红十字会工作人员依法履行职责的行为，以及故意阻碍国家安全机关、公安机关依法执行国家安全工作任务，未使用暴力、威胁方法，造成严重后果的行为。 阻碍国家安全机关、公安机关依法执行国家安全工作任务与前三种类型不同，阻碍执行国家安全工作任务的行为，不要求使用暴力、胁迫方法，但要求造成严重后果。
	行为方式	对前三种对象，必须是暴力、威胁方法阻碍，对阻碍执行国家安全工作任务的，不要求使用暴力、胁迫方法，但要求造成严重后果。
	司法认定	(1)对于人民群众抵抗国家机关工作人员的违法乱纪活动的行为，人民群众因合理要求没有得到满足而与国家机关工作人员发生轻微冲突的行为，使用了轻微暴力、胁迫手段但客观上不足以阻碍国家机关工作人员依法执行职务的行为，不认定为犯罪。 (2)妨害公务的行为，可能成为其他犯罪的手段，原则上应从一重罪论处，但《刑法》有特别规定的，应当依照特别规定处理。此外，本罪的暴力行为如果触犯了其他罪名(如暴力行为致人重伤、抢夺依法执行职务的司法工作人员的枪支等)，原则上应从一重罪论处。 (3)暴力袭击正在依法执行职务的人民警察的，从重处罚。
招摇撞骗罪	概念	冒充国家机关工作人员进行招摇撞骗的行为。 招摇撞骗，指以假冒的身份进行炫耀、欺骗，骗取爱情、职位、荣誉、资格等非财产性利益，也包括骗取财物或财产性利益。
	行为方式	(1)非国家机关工作人员冒充国家机关工作人员； (2)此种国家机关工作人员冒充他种国家机关工作人员。 注意：冒充国家机关工作人员进行诈骗，同时构成诈骗罪和招摇撞骗罪的，依照处罚较重的规定定罪处罚。
	冒充军警人员	(1)冒充军警人员抢劫，属于抢劫加重情节。 (2)冒充警察招摇撞骗的，认定本罪并从重处罚。 (3)冒充军人(武装警察)招摇撞骗的，认定冒充军人招摇撞骗罪。

(续表)

		(4)冒充正在执行公务的人民警察"抓赌""抓嫖",没收赌资或者罚款,构成犯罪的,以招摇撞骗罪从重处罚;在实施上述行为时使用暴力或者暴力威胁的,以抢劫罪定罪处罚。行为人冒充治安联防队员"抓赌""抓嫖"、没收赌资或者罚款的行为,构成犯罪的,以敲诈勒索罪定罪处罚;在实施上述行为中使用暴力或者暴力威胁的,以抢劫罪定罪处罚。
伪造、变造、买卖国家机关公文、证件、印章罪	概念	非法制造、变造、买卖国家机关公文、证件、印章的行为。
	犯罪对象	公文、证件、印章,且仅限于国家机关的公文、证件和印章。
	司法认定	(1)伪造、变造、买卖海关签发的报关单、进口证明、外汇管理机关的核准件等凭证或者购买伪造、变造的上述凭证的按照本罪定罪处罚。 (2)伪造、变造、买卖林木采伐许可证、木材运输证件,森林、林木、林地权属证书,占用或者征用林地审核同意书、育林基金等缴费收据以及其他国家机关批准的林业证件构成犯罪的,依照本罪定罪处罚。对于买卖允许进出口证明书等经营许可证明,同时构成其他犯罪的,依照处罚较重的规定定罪处罚。 (3)伪造、变造、买卖国家机关颁发的野生动物允许进出口证明书、特许猎捕证、狩猎证、驯养繁殖许可证等公文、证件构成犯罪的,依照本罪定罪处罚。 (4)买卖伪造的国家机关证件的行为,依法应当追究责任的,可适用本罪定罪处罚。 (5)伪造、变造、买卖机动车牌证及机动车入户、过户、验证的有关证明文件的,依照本罪定罪处罚。 (6)伪造、变造、买卖各级人民政府设立的行使行政管理权的临时机构的公文、证件、印章行为,构成犯罪的,应当以本罪追究刑事责任。 (7)伪造学历、学位证明的,以伪造事业单位印章罪论处;明知是伪造的学历、学位证明而贩卖的,以该罪共犯论处。
聚众斗殴罪	概念	聚集多人进行斗殴的行为。
	主体	(1)虽然需要多人参与,但不要求斗殴的双方都必须3人以上。例如,一方2人、另一方3人以上进行斗殴的,仍然成立本罪。成立聚众斗殴虽然要求有首要分子,但不要求双方都有组织、策划、指挥者,斗殴一方的首要分子邀约对方人员斗殴的,也不影响本罪的成立。 (2)凡年满16周岁且具备刑事责任能力的自然人均能构成聚众斗殴罪。但并非所有参加聚众斗殴者均构成聚众斗殴罪。只有聚众斗殴的首要分子和其他积极参加者,才能构成聚众斗殴罪主体。
	司法认定	(1)聚众斗殴致人重伤、死亡的,以故意伤害罪、故意杀人罪定罪处罚; (2)聚众斗殴造成他人财产损失,同时触犯故意毁坏财物罪的,属于想象竞合犯,从一重罪论处。
组织、领导、参加黑社会性质组织罪	概念	组织、领导和参加黑社会性质的组织的行为; 只要行为人具有组织、领导或者参加黑社会性质的组织的行为之一的,即构成本罪。
	界定标准	(1)组织特征:形成较稳定的犯罪组织,人数较多,有明确的组织者、领导者,骨干成员基本固定; (2)经济特征:有组织地通过违法犯罪活动或者其他手段获取经济利益,具有一定的经济实力,以支持该组织的活动;

		(续表)
		(3)行为特征：以暴力、威胁或者其他手段，有组织地多次进行违法犯罪活动，为非作歹，欺压、残害群众； (4)危害性特征：通过实施违法犯罪活动，或者利用国家工作人员的包庇或者纵容，称霸一方，在一定区域或者行业内，形成非法控制或者重大影响，严重破坏经济、社会生活秩序。
	司法认定	(1)行为人组织、领导、参加黑社会性质的组织，又实施了其他犯罪的，应当依照数罪并罚的规定处罚； (2)对于参加黑社会性质的组织，没有实施其他违法犯罪活动的，或者受蒙蔽、胁迫参加黑社会性质的组织，情节轻微的，可以不作为犯罪处罚； (3)对于在黑社会性质组织形成、发展过程中已经退出的组织者、领导者，或者在加入黑社会性质组织之后逐步发展成为组织者、领导者的犯罪分子，应对其本人参与及其实际担任组织者、领导者期间该组织所犯的全部罪行承担刑事责任。
赌博罪	概念	以营利为目的聚众赌博或以赌博为业的行为。
	行为方式	(1)是聚众赌博，即纠集多人从事赌博； (2)以赌博为业，即将赌博作为职业或者兼业。
	主观方面	必须具有营利目的。 (1)通过在赌博活动中取胜进而获取财物的目的； (2)通过抽头渔利或者收取各种名义的手续费、入场费等获取财物的目的。
	建立赌博网站认定为开设赌场	只要查明行为人建立了赌博网站，或者为赌博网站担任代理，接受赌客投注的，即可认定其属于开设赌场，而无论其发展的赌客数量有多少，赌客投注的次数有多少、投注的资金量有多大。
	从重处罚	(1)具有国家工作人员身份的； (2)组织国家工作人员赴境外赌博的； (3)组织未成年人参与赌博，或者开设赌场吸引未成年人参与赌博的。
	共犯	(1)必须有证据证明行为人明知他人在实施赌博犯罪； (2)行为人必须提供了资金、计算机网络、通讯、费用结算等直接帮助。
	转化定罪	通过赌博或者为国家工作人员赌博提供资金的形式实施行贿、受贿行为，构成犯罪的，依照关于贿赂犯罪的规定定罪处罚。

第二节 普通罪名

一、盗窃、抢夺、毁灭国家机关公文、证件、印章罪

行为人所盗窃、抢夺、毁灭的必须是国家机关已经制作的真实的公文、证件、印章。

盗窃、抢夺的对象不包括武装部队的公文、证件、印章，但毁灭行为的对象则包括武装部队的公文、证件、印章。

同时实施上述行为的，只认定为一罪，不实行数罪并罚。

二、伪造公司、企业、事业单位、人民团体印章罪

没有制作权限的人，擅自伪造公司、企业、事业单位、人民团体的印章的行为。

（一）印章的认定

伪造印章，包括伪造印形与印影。省

略文书,一般不能认定为印章。邮政局的邮戳不仅显示了信件处理时间,而且表明了处理的邮政局,故认定为印章。

(二)司法认定

对于伪造高等院校印章制作学历、学位证明的行为,以伪造事业单位印章罪定罪处罚。明知是伪造高等院校印章制作的学历、学位证明而贩卖的,以伪造事业单位印章罪的共犯论处。

三、伪造、变造、买卖居民身份证件罪

伪造、变造、买卖居民身份证、护照、社会保障卡、驾驶证等依法可以用于证明身份的证件的行为。

四、非法获取国家秘密罪

以窃取、刺探、收买方法,非法获取国家秘密的行为。

行为人实际上非法获取了国家秘密的,才成立本罪。

主观上必须出于故意,即明知是国家秘密而故意非法获取。

行为人为境外机构、组织、人员窃取、刺探、收买国家秘密,成立为境外窃取、刺探、收买、非法提供国家秘密、情报罪。行为人实施窃取、刺探、收买国家秘密的行为时,没有非法提供给境外机构、组织、人员的故意,但非法获取国家秘密之后,非法提供给境外机构、组织或人员的,原则上仅成立为境外窃取、刺探、收买、非法提供国家秘密、情报罪,不实行数罪并罚。

五、组织考试作弊罪

《中华人民共和国刑法修正案(九)》增设。指在法律规定的国家考试中,组织作弊的,或为他人组织作弊提供作弊器材或者其他帮助的行为。

"法律规定的考试",是指由国家所颁布的法律中所规定的,由国家相关主管部门确定实施,由经批准的实施考试的机构承办,面向社会公众,统一进行的各种考试,包括中考、高考、研究生入学考试等学业考试,计算机等级考试、全国英语等级考试等社会证书类考试,司法职业资格考试、证券师从业资格考试等资格类考试,国家公务员招录考试等招录考试,等等。

六、非法出售、提供试题、答案罪;代替考试罪

《中华人民共和国刑法修正案(九)》增设。为实施考试作弊行为,向他人非法出售或者提供法律规定的国家考试试题、答案的,构成非法出售、提供试题、答案罪。

七、代替考试罪

《中华人民共和国刑法修正案(九)》增设。在法律规定的国家考试中,代替他人或者让他人代替自己参加考试的行为,构成代替考试罪。

八、非法侵入计算机信息系统罪

违反国家规定,侵入国家事务、国防建设、尖端科学技术领域的计算机信息系统的行为。

本罪是行为犯,只要行为人违反国家规定,故意实施了侵入国家事务、国防建设、尖端科学技术领域计算机信息系统的行为,就构成犯罪。

九、破坏计算机信息系统罪

违反国家规定,对计算机信息系统功能进行删除、修改、增加、干扰,造成计算机信息系统不能正常运行,对计算机信息系统中存储、处理或者传输的数据和应用程序进行删除、修改、增加的操作,或者故意制作、传播计算机病毒等破坏性程序,影响计算机系统的正常运行,后果严重的行为。

十、非法利用信息网络罪

设立用于违法犯罪活动的网站、通讯

群组,或者发布有关制作或者销售违禁物品、管制物品或者其他违法犯罪信息,以及为实施诈骗等违法犯罪活动发布信息,情节严重的行为。包括以下类型:

①设立用于实施诈骗、传授犯罪方法、制作或者销售违禁物品、管制物品等违法犯罪活动的网站、通讯群组的;

②发布有关制作或者销售毒品、枪支、淫秽物品等违禁物品、管制物品或者其他违法犯罪信息的;

③为实施诈骗等违法犯罪活动发布信息的。

十一、帮助信息网络犯罪活动罪

明知他人利用信息网络实施犯罪,为其犯罪提供互联网接入、服务器托管、网络存储、通讯传输等技术支持,或者提供广告推广、支付结算等帮助,情节严重的行为。

本罪需要达到"情节严重"才能构成犯罪。

犯本罪同时又构成其他犯罪的,依照处罚较重的规定定罪处罚,不实行数罪并罚。

十二、聚众扰乱社会秩序罪

组织、策划、指挥或者积极参加聚众扰乱社会秩序的活动,情节严重,致使工作、生产、营业和教学、科研无法进行,造成严重损失的行为。首要分子与积极参加者构成本罪。

注意聚众扰乱社会秩序罪与非罪的界限。对于聚众扰乱活动情节不够严重程度以及一般参与者,不应当作为犯罪处理。

十三、聚众扰乱公共场所秩序、交通秩序罪

聚众扰乱车站、码头、民用航空站、商场、公园、影剧院、展览会、运动场或者其他公共场所秩序,聚众堵塞交通或者破坏交通秩序,抗拒、阻碍国家治安管理人员依法执行职务,情节严重的行为。只有首要分子才能构成本罪。

十四、编造、故意传播虚假恐怖信息罪

投放虚假的危险物质,或者编造爆炸威胁、生化威胁、放射威胁等恐怖信息,或者明知是编造的恐怖信息而故意传播,严重扰乱社会秩序的行为。

十五、编造、故意传播虚假信息罪

编造虚假的险情、疫情、灾情、警情,在信息网络或者其他媒体上传播,或者明知是上述虚假信息,故意在信息网络或者其他媒体上传播,严重扰乱社会秩序的行为。

十六、寻衅滋事罪

无事生非、起哄闹事、肆意挑衅、随意骚扰,破坏社会秩序的行为。

行为人为寻求刺激、发泄情绪、逞强耍横等,无事生非,实施下列行为之一的,应当认定为"寻衅滋事":

①随意殴打他人,情节恶劣的;

②追逐、拦截、辱骂、恐吓他人,情节恶劣的;

③强拿硬要或者任意损毁、占用公私财物,情节严重的;

④在公共场所起哄闹事,造成公共场所秩序严重混乱的。

利用信息网络辱骂、恐吓他人,情节恶劣,破坏社会秩序的,以寻衅滋事罪定罪处罚。

行为人因日常生活中的偶发矛盾纠纷,借故生非,实施《刑法》第293条规定的行为的,应当认定为"寻衅滋事",但矛盾系由被害人故意引发或者被害人对矛盾激化负有主要责任的除外。

行为人因婚恋、家庭、邻里、债务等纠纷,实施殴打、辱骂、恐吓他人或者损毁、占用他人财物等行为的,一般不认定为寻衅滋事,但经有关部门批评制止或者处理处

罚后,继续实施前列行为,破坏社会秩序的除外。

利用信息网络辱骂、恐吓他人,情节恶劣,破坏社会秩序的,或者编造虚假信息,或者明知是编造的虚假信息,在信息网络上散布,或者组织、指使人员在信息网络上散布,起哄闹事,造成公共秩序严重混乱的,均可以寻衅滋事罪定罪处罚。

实施本罪行为,同时触犯故意伤害罪、抢劫罪、敲诈勒索罪、故意毁坏财物罪的,应从一重罪论处。

十七、包庇、纵容黑社会性质组织罪

国家机关工作人员包庇黑社会性质的组织,或者纵容黑社会性质的组织进行违法犯罪活动的行为。

犯罪主体必须是国家机关工作人员,但又不是黑社会性质组织的成员。

十八、传授犯罪方法罪

故意使用各种手段将犯罪方法传授给他人的行为。

传授方法包括口头传授、书面传授与动作示范传授;公开传授与秘密传授;直接传授与间接传授。被传授的人是否掌握、接受了犯罪方法,不影响本罪的成立。

行为人对同一犯罪内容同时实施教唆行为与传授犯罪方法的行为,或者用传授犯罪方法的手段使他人产生犯罪决意的,原则上从一重罪论处。但是,如果行为人分别对不同的对象实施教唆行为与传授犯罪方法,或者向同一对象教唆此罪而传授彼罪的犯罪方法,则应按所教唆的罪与传授犯罪方法罪实行数罪并罚。

十九、聚众淫乱罪

聚众淫乱是指聚集众人进行集体淫乱活动或多次参加集体淫乱活动的行为。参与聚众淫乱的人应是自愿的,而不是被强迫的。如果以暴力、胁迫或者其他强制方法强迫妇女参加聚众淫乱活动,则视行为性质与具体情况认定为强奸罪与强制猥亵妇女罪,或者实行数罪并罚。

《刑法》只处罚本罪的首要分子与多次参加者。

引诱未成年人参加聚众淫乱活动的,构成引诱未成年人聚众淫乱罪,从重处罚。

二十、盗窃、侮辱、故意毁坏尸体、尸骨、骨灰罪

有盗窃或者侮辱尸体行为之一的,即构成本罪。

盗窃尸体后加以侮辱的,仍只需按一罪处罚,不必数罪并罚。杀人后为毁灭罪证、掩盖罪迹而毁坏、抛弃尸体的,应以杀人罪从重处罚;杀人后为损害死者的尊严或者生者的感情而故意侮辱尸体的,应当数罪并罚。

二十一、开设赌场罪

(1)利用互联网、移动通讯终端等传输赌博视频、数据,组织赌博活动,具有下列情形之一的,属于"开设赌场"行为:

①建立赌博网站并接受投注的;
②建立赌博网站并提供给他人组织赌博的;
③为赌博网站担任代理并接受投注的;
④参与赌博网站利润分成的。

(2)司法认定:

①无论开设的是临时性的赌场,还是长期性的赌场,都不影响本罪成立;
②我国公民在我国领域外周边地区开设赌场,将我国公民当作主要客源的,应当以开设赌场罪论处;
③明知他人开设赌场,而为其提供资金支付结算、互联网接入、服务器托管、网络存储空间、通讯传输通道、投放广告、发展会员、软件开发、技术支持等服务或者帮助的,以开设赌场罪的共犯论处。

第二十八章　妨害社会管理秩序罪（2）：妨害司法罪

第一节　重点罪名

表7-28　妨害司法罪重点罪名的要点

罪名	要点	内容
伪证罪	概念	在刑事诉讼中，证人、鉴定人、记录人、翻译人对与案件有重要关系的情节，故意作虚假证明、鉴定、记录、翻译，意图陷害他人或者隐匿罪证的行为。
	主体	证人、鉴定人、记录人、翻译人，都必须是已满16周岁，具有辨认控制能力的人。
	主观方面	故意，具有陷害他人或者隐匿罪证的意图。
	行为内容	(1)必须作虚假的证明、鉴定、记录、翻译； (2)必须是对与案件有重要关系的情节作出的； (3)必须在刑事诉讼过程中，在诉讼前作假证明包庇犯罪人的，成立包庇罪；在诉讼前作虚假告发，意图使他人受刑事追究的，成立诬告陷害罪； (4)只要足以影响案件结论，不要求实际影响了案件结论。
帮助毁灭、伪造证据罪	概念	帮助诉讼活动的当事人毁灭、伪造证据，情节严重的行为。
	行为类型	(1)单独为当事人毁灭、伪造证据； (2)与当事人共同毁灭、伪造证据，此时，行为人与当事人并不成立共犯； (3)为当事人毁灭、伪造证据提供各种便利条件，此时，行为人并不是帮助犯，而是正犯； (4)行为人唆使当事人毁灭、伪造证据，此时，行为人并不是教唆犯，而是正犯（实行犯）。
	司法认定	(1)只有"情节严重"的，才构成犯罪； (2)司法工作人员为了徇私枉法、枉法裁判而帮助当事人毁灭、伪造证据的，又触犯徇私枉法罪或枉法裁判罪，属牵连犯罪，应当择重罪从重处罚。
窝藏、包庇罪	概念	本罪可分解为窝藏罪与包庇罪。 窝藏罪，指明知是犯罪的人而为其提供隐藏处所、财物，帮助其逃匿的行为。 包庇罪，指明知是犯罪的人而作假证明包庇的行为。
	行为内容 窝藏	妨害公安、司法机关发现犯罪人： (1)为犯罪人提供隐藏处所、财物的行为； (2)其他帮助犯罪人逃匿的行为。如通报侦查或追捕信息、提供化妆用具。
	行为内容 包庇	向司法机关提供虚假证明掩盖犯罪人： (1)作假证明； (2)冒充是犯罪人而投案。

(续表)

	与伪证罪的区分	(1)本罪为一般主体;而伪证罪是特殊主体,只限于证人、鉴定人、记录人与翻译人; (2)本罪发生的时间没有限制;而伪证罪必须发生在刑事诉讼中; (3)本罪是通过使犯罪人逃匿或者采取其他庇护方法,使其逃避刑事制裁;伪证罪掩盖的是与案件有重要关系的犯罪情节; (4)窝藏、包庇的对象既可以是犯罪嫌疑人、被告人,也可以是受有罪宣告的犯罪人;而伪证罪所包庇的对象只能是犯罪嫌疑人、被告人。
	司法认定	(1)知情不举(包括不主动举报和不提供证言),不构成本罪,但如果提供虚假证明包庇犯罪人,则成立包庇罪或伪证罪,如果拒不提供间谍犯罪证据,则成立相关犯罪; (2)犯罪人教唆他人对自己实施窝藏、包庇罪时,实施了窝藏、包庇的人构成本罪,但犯罪人不成立本罪的教唆犯; (3)在开始实施窝藏、包庇行为时不知是犯罪人,但发现对方是犯罪人后仍然继续实施窝藏、包庇行为的,成立本罪; (4)旅馆业、饮食服务业、文化娱乐业、出租汽车业等单位的人员,在公安机关查处卖淫、嫖娼活动时,为违法犯罪分子通风报信,情节严重的,以本罪论处; (5)在与犯罪人没有事前通谋的情况下,实施窝藏、包庇行为的,才成立本罪,如果事前与犯罪人通谋,事后予以窝藏、包庇的,则成立共同犯罪。
掩饰、隐瞒犯罪所得、犯罪所得收益罪	概念	明知是犯罪所得及其产生的收益,而予以窝藏、转移、收购、代为销售或者以其他方法掩饰、隐瞒的行为。 本罪名属于选择性罪名。
	主体	可以是自然人,也可以是单位,但不包括本犯。
	主观方面	要求行为人明知犯罪对象为犯罪所产生的收益。
	与洗钱罪的区分	(1)洗钱罪限于掩饰、隐瞒毒品犯罪、黑社会性质的组织犯罪、恐怖活动犯罪、走私犯罪、贪污贿赂犯罪、破坏金融管理秩序犯罪、金融诈骗犯罪的所得及其产生的收益的来源和性质的行为,而本罪包括对其他犯罪所得及其产生收益的掩饰与隐瞒; (2)洗钱罪包括各种掩饰、隐瞒犯罪所得及其收益的来源和性质的行为,而本罪是对犯罪所得及其产生的收益本身实行窝藏、转移、收购、代为销售等的掩饰与隐瞒行为,但是,不排除一个行为同时触犯本罪与洗钱罪的情形,对此,应从一重罪论处。
	司法认定	(1)行为人事前与本犯通谋,就事后窝藏、转移、收购、代为销售等掩饰、隐瞒犯罪赃物达成合意的,以共同犯罪论处。 (2)明知是盗窃、抢劫、诈骗、抢夺的机动车,实施下列行为之一的,以掩饰、隐瞒犯罪所得、犯罪所得收益罪论处: ①买卖、介绍买卖、典当、拍卖、抵押或者用其抵债的; ②拆解、拼装或者组装的; ③修改发动机号、车辆识别代号的; ④更改车身颜色或者车辆外形的; ⑤提供或者出售机动车来历凭证、整车合格证、号牌以及有关机动车的其他证明和凭证的; ⑥提供或者出售伪造、变造的机动车来历凭证、整车合格证、号牌,以及有关机动车的其他证明和凭证的。 (3)明知是非法获取计算机信息系统数据犯罪所获取的数据、非法控制计算机信息系统犯罪所获取的计算机信息系统控制权,而予以转移、收购、代为销售或者以其他方法掩饰、隐瞒,违法所得5 000元以上的,成立本罪。

(续表)

脱逃罪	概念	依法被关押的罪犯、被告人、犯罪嫌疑人从监管场所脱逃的行为。
	主体	依法被关押的罪犯(已决犯)、被告人与犯罪嫌疑人。 未被关押的人如果教唆、帮助上述人员脱逃的,成立本罪的共犯。
	主观方面	故意,且出于逃避监管机关监管的目的。
	既遂	行为人摆脱了监管机关与监管人员的实力支配(控制)时,成立脱逃罪的既遂。
	司法认定	受到监狱(包括劳改农场等监管机构)奖励,节假日受准回家的罪犯,故意不在规定时间返回监狱,采取逃往外地等方式逃避入狱的,应以脱逃罪论处。

第二节 普通罪名

一、妨害作证罪

以暴力、威胁、贿买等方法阻止证人作证或者指使他人作伪证的行为。

"证人",包括被害人、鉴定人。

本罪不限于刑事诉讼活动中。

二、拒不执行判决、裁定罪

对人民法院的判决、裁定有能力执行而拒不执行,情节严重的行为。单位可以构成本罪。

(1)"人民法院的判决、裁定":

人民法院依法作出的具有执行内容并已发生法律效力的判决、裁定;

既包括刑事判决与裁定,也包括民事、经济、行政等方面的判决与裁定。

人民法院为依法执行支付令,以及生效的调解书、仲裁裁决、公证债权文书等所作的裁定属于该条规定的"裁定"。

(2)"有能力执行而拒不执行,情节严重"的情形:

①被执行人隐藏、转移、故意毁损财产或者无偿转让财产,以明显不合理的低价转让财产,致使判决、裁定无法执行的;

②担保人或者被执行人隐藏、转移、故意毁损或者转让已向人民法院提供担保的财产,致使判决、裁定无法执行的;

③协助执行义务人接到人民法院协助执行通知书后,拒不协助执行,致使判决、裁定无法执行的;

④被执行人、担保人、协助执行义务人与国家机关工作人员通谋,利用国家机关工作人员的职权妨害执行,致使判决、裁定无法执行的;

⑤其他有能力执行而拒不执行,情节严重的情形。

(3)司法认定:

①暴力抗拒人民法院执行判决、裁定,杀害、重伤执行人员的,应以故意杀人罪、故意伤害罪论处;

②国家机关工作人员收受贿赂或者滥用职权,实施本罪行为,同时又构成受贿罪、滥用职权罪的,从一重罪处罚。

三、非法处置查封、扣押、冻结的财产罪

故意隐藏、转移、变卖、毁损已被司法机关查封、扣押、冻结的财产,情节严重的行为。

四、破坏监管秩序罪

依法被关押的罪犯,违反监管法规,破坏监管秩序,情节严重的行为。

(一)行为方式

(1)殴打监管人员的;

(2)组织其他被监管人破坏监管秩

序的;

(3)聚众闹事,扰乱正常监管秩序的;

(4)殴打、体罚或者指使他人殴打、体罚其他被监管人的。

(二)司法认定

监管人员指使依法被关押的罪犯,殴打或者体罚虐待被监管人的,对监管人员的行为,认定为虐待被监管人罪。

第二十九章 妨害社会管理秩序罪(3):妨害国(边)境管理罪

第一节 重点罪名

表7-29 妨害国(边)境管理罪重点罪名的要点

组织他人偷越国(边)境罪	概念	违反国(边)境管理法规,组织他人偷越国(边)境的行为。
	客观方面	表现为违反出入境管理法规,组织他人偷越国(边)境的行为。
	主观方面	故意,不需要具备营利目的。
	司法认定	(1)犯本罪的过程中,对被组织人有杀害、伤害、强奸、拐卖等犯罪行为,或者对检查人员有杀害、伤害等犯罪行为的,数罪并罚。 (2)犯本罪的同时又构成骗取出境证件罪,提供伪造、变造的出入境证件罪,运送他人偷越国(边)境罪的,依照处罚较重的规定定罪处罚。 (3)有下列七种情形之一的,是本罪的加重处罚事由: ①组织他人偷越国(边)境集团的首要分子; ②多次组织他人偷越国(边)境或者组织他人偷越国(边)境人数众多的。多次,指3次以上;人数众多,指10人以上; ③造成被组织人重伤、死亡的; ④剥夺或者限制被组织人身自由的; ⑤以暴力、威胁方法抗拒检查的; ⑥违法所得数额巨大的; ⑦有其他特别严重情节的。
运送他人偷越国(边)境罪	概念	违反国(边)境管理法规,运送他人偷越国(边)境的行为。
	客观方面	为使用车辆、船只等交通工具将偷越国(边)境的人运送出、入国(边)境的行为。
	主观方面	明知被运送者是偷越国(边)境人员,而故意运送。
	与组织他人偷越国(边)境罪的区分	本罪是运送行为,组织他人偷越国(边)境罪是组织行为。 如果既组织、又运送,而且运送行为是组织他人偷越国(边)境行为的组成部分,被运送者与被组织者具有同一性,则只认定为组织他人偷越国(边)境罪。 如果运送行为不是组织行为的组成部分,被运送者与被组织者不具有同一性,则应分别定罪,实行数罪并罚。
	司法认定	在运送他人偷越国(边)境犯罪过程中,对被运送人有杀害、伤害、强奸、拐卖等犯罪行为,或者对检查人员有杀害、伤害等犯罪行为的,是独立的数罪关系,分别定罪判刑,然后实行并罚。

第二节 普通罪名

一、骗取出境证件罪

自然人或者单位以劳务输出、经贸往来或者其他名义，弄虚作假，骗取护照、签证等出境证件，以组织他人偷越国（边）境使用的行为。

（一）主观要件

故意，为组织他人偷越国（边）境使用。

（二）司法认定

行为人出于为组织他人偷越国（边）境的目的，采取上述手段骗取了护照、签证等出境证件的，即使实际上还没有用于组织他人偷越国（边）境，也成立本罪。如果原本不存在组织他人偷越国（边）境的组织者，则骗取出境证件的行为不能构成本罪。

二、提供伪造、变造的出入境证件罪

提供伪造、变造的出入境证件罪是指为他人提供伪造、变造的护照、签证等出入境证件的行为。

行为人伪造出入境证件后又提供给他人的，原则上应从一重罪处罚；出售出入境证件的行为，可能同时触犯买卖国家机关证件罪，对此，应认定为一行为触犯数罪名，应从一重罪论处。

三、偷越国（边）境罪

违反国（边）境管理法规，偷越国（边）境，情节严重的行为。

第三十章 妨害社会管理秩序罪（4）：妨害文物管理罪

第一节 重点罪名

表 7-30 妨害文物管理罪重点罪名的要点

倒卖文物罪	概念	自然人或者单位以牟利为目的，倒卖国家禁止经营的文物，情节严重的行为。
	主观方面	故意，并具有牟利目的。
	司法认定	(1)有倒卖文物的行为： ①无权经营文物的单位和个人擅自收购或者销售文物； ②经国家批准的文物经营单位，超越经营范围，经营国家禁止经营的文物。 (2)倒卖的对象限于国家禁止经营的文物，即根据《中华人民共和国文物保护法》的规定，不允许个人和未经批准的单位非法经营的文物，包括一、二、三级珍贵文物与禁止经营的一般文物。倒卖不属于国家禁止经营的文物的，不构成本罪。 (3)倒卖文物必须达到情节严重的程度，方能构成本罪。

（续表）

盗掘古文化遗址、古墓葬罪	概念	盗掘具有历史、艺术、科学价值的古文化遗址、古墓葬的行为。
	司法认定	（1）行为人在盗掘古文化遗址、古墓葬的过程中，造成古文化遗址、古墓葬中的珍贵文物等毁坏的，成立盗掘古文化遗迹、古墓葬罪的加重情形。但在盗掘古文化遗址、古墓葬后，故意毁坏古文化遗址、古墓葬中的珍贵文物或者名胜古迹的，则应实行数罪并罚。 （2）行为人盗掘古文化遗址、古墓葬后，将其中的文物非法据为己有的，仍以盗掘古文化遗址、古墓葬罪论处。 （3）加重处罚情节： ①盗掘确定为全国重点文物保护单位和省级文物保护单位的古文化遗址、古墓葬； ②盗掘古文化遗址、古墓葬集团的首要分子； ③多次盗掘古文化遗址、古墓葬的； ④盗掘古文化遗址、古墓葬，并盗窃珍贵文物或者造成珍贵文物严重破坏的。

第二节　普通罪名

一、故意损毁文物罪

故意损毁国家保护的珍贵文物或者被确定为全国重点文物保护单位、省级文物保护单位的文物的行为。

文物是指具有历史、艺术、科学价值的遗址或者遗物。根据立法解释，"刑法关于文物的规定，适用于具有科学价值的古脊椎动物化石、古人类化石"。

二、抢夺、窃取国有档案罪

抢夺、窃取国家所有的档案的行为。

犯本罪又构成《刑法》规定的其他犯罪的，依照处罚较重的规定定罪处罚。如盗窃属于国家秘密的国有档案，则行为触犯了窃取国有档案罪与非法获取国家秘密罪，应从一重罪论处。

第三十一章　妨害社会管理秩序罪（5）：危害公共卫生罪

第一节　重点罪名

表7-31　危害公共卫生罪重点罪名的要点

医疗事故罪	概念	医务人员由于严重不负责任，造成就诊人死亡或者严重损害就诊人身体健康的行为。
	客体	国家医疗管理制度和就诊人的人身权利。
	客观方面	严重不负责任，造成就诊人死亡或者严重损害就诊人身体健康。严重不负责任，指医务人员在诊疗护理过程中，违反医疗卫生管理法律、行政法规、部门规章和诊疗护理规范、常规，不履行或者不正确履行诊疗护理职责，粗心大意，马虎草率。

(续表)

		行为既可以是作为,也可以是不作为,前者如护理人员打错针、发错药,后者如值班医生擅离职守。 行为造成就诊人死亡或者严重损害就诊人身体健康的,才成立本罪。
	主体	医务人员。 由于诊疗护理工作是群体性的活动,构成医疗事故的行为人,还应包括从事医疗管理、后勤服务等工作的人员。
	主观方面	过失,故意造成患者人身伤亡的,视行为性质认定为故意杀人、故意伤害等罪。
	与医疗技术事故的界限	责任事故,指医务人员因违反规章制度、诊疗护理常规等失职行为所致的事故。 技术事故,指医务人员因技术过失所致的事故。一般是医务人员因技术水平不高、缺乏临床经验等技术上的失误所导致的事故,而不是因为严重不负责任所导致的事故。 对医疗技术事故一般不能认定为本罪。但明知自己缺乏相应的技术能力却过于自信造成事故的,也可能成立医疗事故罪。
	与医疗意外事故的界限	医疗意外事故,指由于医务人员不能预见或者不可抗拒的原因而导致就诊人死亡或者严重损害就诊人身体健康的事故,由于医务人员主观上没有过失,故不能认定为本罪。
	与就诊人或其亲属造成的事故的区分	在有些情况下,就诊人的死亡或者其他严重后果,是由于就诊人或者其亲属不配合治疗或者擅自采用其他药物等造成的,如果医务人员采取了有效的防范措施,则不能认定为医疗事故罪。
	与一般医疗事故的区分	一般医疗事故,指医务人员虽然有不负责任的行为,也造成了一定的危害结果,但没有造成《刑法》所规定的致人死亡或严重损害人身健康的情况。一般医疗事故因为不符合医疗事故罪的客观要件,故不成立犯罪。此外,虽然医务人员严重不负责任,事实上也发生了《刑法》所规定的严重结果,但如果医务人员严重不负责任的行为与结果之间没有因果关系,也不能认定医务人员的行为构成医疗事故罪。
	区分责任人员的责任程度	(1)分清直接责任人员与间接责任人员; (2)在复合原因造成的结果中,分清主要责任人员和次要责任人员; (3)要区分具体实施人员的直接责任与指导人员的直接责任; (4)要分清职责范围与直接责任的关系; (5)如果在非职责范围和职责岗位,包括业余或离退休人员,无偿为人民群众进行诊疗护理活动,或于紧急情况下抢救危重病员而发生失误造成不良后果的,一般不应追究责任。
非法行医罪	概念	未取得医生执业资格的人非法行医,情节严重的行为。
	客观方面	非法行医,属于典型的职业犯。 非法行医罪是危害公共卫生的犯罪,危害不特定患者或者多数患者生命、健康的犯罪,而不是单纯违反医疗机构管理的行为。
	认定	(1)只要性质上是反复、继续实施的,或者只要行为人以反复、继续实施的意思从事医疗、预防、保健活动; (2)行医虽然是一种业务行为,但并不要求行为人将行医作为唯一职业,行为人在具有其他职业的同时,将行医作为副业、兼业的,也属于非法行医; (3)行医行为不要求具有不间断性,只要行为是反复实施的,即使具有间断性质,也不影响对业务性质的认定;

(续表)

	(4) 不能因为行为人在一次特定的医疗等活动中收取了报酬，就认定为非法行医。收取报酬只是认定是否是业务行为的根据之一，而非唯一根据； (5) 成立本罪还要求情节严重，如造成就诊人轻度残疾、器官组织损伤导致一般功能障碍的；造成甲类传染病传播、流行或者有传播、流行危险的；使用假药、劣药或不符合国家规定标准的卫生材料、医疗器械，足以严重危害人体健康的；非法行医被卫生行政部门行政处罚2次以后再次非法行医的等。
主体	(1) 必须是未取得医生执业资格的人，已经取得医生执业资格的人行医的，即使没有办理其他有关手续，也不成立本罪。 (2) 有下列情形之一的，属于"未取得医生执业资格的人非法行医"： ①未取得或者以非法手段取得医师资格从事医疗活动的； ②个人未取得《医疗机构执业许可证》开办医疗机构的； ③被依法吊销医师执业证书期间从事医疗活动的； ④未取得乡村医生执业证书，从事乡村医疗活动的； ⑤家庭接生员实施家庭接生以外的医疗行为的。
主观方面	故意，不需要具有营利目的。
司法认定	(1) 不符合行医特征的行为，不成立非法行医罪，应视性质与情节认定为其他犯罪； (2) 行为人采用封建迷信等方法为他人治病的，不属于非法行医（采用迷信乃至邪教方法致人死亡，应适用《刑法》第300条）； (3) 实施非法行医犯罪，同时构成生产、销售假药罪，生产、销售劣药罪，诈骗罪等其他犯罪的，依照《刑法》处罚较重的规定定罪处罚； (4) 不具有医生执业资格的人，没有反复、继续实施的意思，偶然为特定人医治疾病的，不成立非法行医罪。

第二节 普通罪名

一、妨害传染病防治罪

自然人或者单位违反传染病防治法的规定，造成甲类传染病传播或者有传播严重危险的行为。

违反传染病防治法的行为表现为四种情形：

①供水单位供应的饮用水不符合国家规定的卫生标准的；

②拒绝按照卫生防疫机构提出的卫生要求，对传染病病原体污染的污水、污物、粪便进行消毒处理的；

③准许或者纵容传染病病人、病原携带者和疑似传染病人从事国务院卫生行政部门规定禁止从事的易使该传染病扩散的工作的；

④拒绝执行卫生防疫机构依照《中华人民共和国传染病防治法》提出的预防、控制措施的。

二、非法组织卖血罪

违反法律规定，组织他人出卖血液的行为。

犯本罪对他人造成伤害的，以故意伤害罪定罪处罚。

非法组织出卖血液，造成他人轻伤的，仍应认定为本罪；但造成重伤的，则应认定为故意伤害罪，并适用重伤的法定刑；如果行为致人死亡，则宜认定为故意伤害（致死）罪。

三、强迫卖血罪

以暴力、威胁方法强迫他人出卖血液

的行为。

本罪与非法组织卖血罪的关键区别在于：使用了暴力、威胁手段，出卖血液者不是自愿的。

犯本罪对他人造成伤害的，依照故意伤害罪定罪量刑。

第三十二章 妨害社会管理秩序罪(6)：破坏环境资源保护罪

第一节 重点罪名

表 7-32 破坏环境资源保护罪重点罪名的要点

非法猎捕、杀害珍贵、濒危野生动物罪	概念	自然人或者单位故意非法猎捕、杀害国家重点保护的珍贵、濒危野生动物的行为。
	主体	既可以是自然人，也可以是单位。
	司法认定	(1)在珍贵、濒危野生动物侵害人的生命、身体的情况下，被迫猎杀的，属于紧急避险，不构成本罪。 (2)使用爆炸、投毒、设置电网等危险方法破坏野生动物资源，构成非法猎捕、杀害珍贵、濒危野生动物罪，同时构成放火罪、决水罪、爆炸罪、投放危险物质罪、以危险方法危害公共安全罪的，依照处罚较重的规定定罪处罚。 (3)实施本罪行为，又以暴力、威胁方法抗拒查处，构成其他犯罪的，依照数罪并罚的规定处罚。 (4)故意伤害珍贵、濒危野生动物的，应以故意毁坏财物罪论处。
盗伐林木罪	概念	盗伐森林或者其他林木，数量较大的行为。
	客观方面	(1)行为对象必须是森林或者其他林木。不包括农村农民房前屋后个人所有的零星树木。 (2)必须有盗伐行为。 (3)数量较大。 对于1年内多次盗伐少量林木未经处罚的，累计其盗伐林木的数量，构成犯罪的，依法追究刑事责任。
	主体	既可以是自然人，也可以是单位。 雇用他人盗伐林木构成犯罪的案件，如果被雇者不知是盗伐他人林木的，应由雇主承担刑事责任（雇主为间接正犯）；如果被雇者明知是盗伐他人林木的，应按盗伐林木罪的共犯论处。
	主观方面	故意，并具有非法占有目的。 以毁坏为目的砍伐国家、集体或者他人林木的，应认定为故意毁坏财物罪。

(续表)

	与盗窃罪的区分	对于将国家、集体或者他人所有并且已经伐倒的树木窃为已有的,以及偷砍他人房前屋后、自留地种植的零星树木数额较大或者多次偷砍的,应认定为盗窃罪。 非法实施采种、采脂、挖笋、掘根、剥树皮等行为,牟取经济利益数额较大的,以盗窃罪定罪处罚;同时构成其他犯罪的,依照处罚较重的规定定罪处罚。
	与非法采伐国家重点保护植物罪的关系	盗伐珍贵树木的行为,实际上也会触犯了盗伐林木罪与非法采伐国家重点保护植物罪两个罪名,对此应从一重罪论处。 对于盗伐林木数额较大,同时另有盗伐珍贵树木、保护植物行为的,应实行数罪并罚。
	司法认定	(1)对聚众哄抢的首要分子、积极参加者,应依法追究刑事责任;对其他一般参加者,不宜认定为犯罪。 (2)盗伐国家级自然保护区内的森林或者其他林木的,从重处罚。
滥伐林木罪	概念	违反森林法的规定,滥伐森林或者其他林木,数量较大的行为。
	主体	既可以是自然人,也可以是单位。
	犯罪行为	滥伐属于自己所有的林木的,也可能成立本罪,因为属于个人所有的林木,也是国家森林资源的一部分,虽然不能成为盗伐林木罪的对象,却可以成为滥伐林木罪的对象。 根据有关司法解释,下列行为属于滥伐林木: ①未经林业行政主管部门及法律规定的其他主管部门批准并核发林木采伐许可证,或者虽持有林木采伐许可证,但违反林木采伐许可证规定的时间、数量、树种或者方式,任意采伐本单位所有或者本人所有的森林或者其他林木的; ②超过林木采伐许可证规定的数量采伐他人所有的森林或者其他林木的。 林木权属争议一方在林木权属确权之前,擅自砍伐森林或者其他林木,数量较大的,以滥伐林木罪论处。
	与盗伐林木罪的区分	滥伐林木破坏了林业资源保护;盗伐林木罪不仅破坏了林业资源保护,而且侵犯了财产权。 二者的犯罪构成存在区别: ①犯罪对象不完全相同:前者包括自己所有的林木;后者不包括。 ②行为方式不同:前者是不按要求任意砍伐的行为;后者是盗伐行为。 ③主观方面不完全相同:前者不要求具有非法占有目的;而后者要求具有非法占有目的。
	司法认定	滥伐国家级自然保护区的森林或者其他林木的,从重处罚。

第二节 普通罪名

一、污染环境罪

违反国家规定,排放、倾倒或者处置有放射性的废物、含传染病病原体的废物、有毒物质或者其他有害物质,严重污染环境的行为。

本罪为结果犯,只有严重污染环境的,才构成本罪。

倾倒、堆放、处置行为构成污染环境罪的同时,触犯投放危险物质罪等犯罪的,依照处罚较重的犯罪定罪处罚。

明知他人无经营许可证或者超出经营许可范围，向其提供或者委托其收集、贮存、利用、处置危险废物，严重污染环境的，以污染环境罪的共同犯罪论处。

二、非法捕捞水产品罪

违反保护水产资源法规，在禁渔区、禁渔期或者使用禁用的工具、方法捕捞水产品，情节严重的行为。

使用炸鱼、毒鱼等危险方法捕捞水产品，危害公共安全的，应以危害公共安全的有关犯罪论处。

本罪主体既可以是自然人，也可以是单位。

实施本罪行为同时触犯盗窃等罪的，应从一重罪论处。

三、非法狩猎罪

自然人或者单位违反狩猎法规，在禁猎区、禁猎期或者使用禁用的工具、方法进行狩猎，破坏野生动物资源，情节严重的行为。

非法狩猎行为同时触犯非法猎捕、杀害珍贵、濒危野生动物罪的，应根据行为性质与具体情况，以非法猎捕、杀害珍贵、濒危野生动物罪论处或者实行数罪并罚。

第三十三章 妨害社会管理秩序罪（7）：走私、贩卖、运输、制造毒品罪

第一节 重点罪名

表 7-33 走私、贩卖、运输、制造毒品罪重点罪名的要点

走私、贩卖、运输、制造毒品罪	概念	违反毒品管理法规，走私、贩卖、运输、制造毒品的行为。 无论数量多少，都应追究刑事责任。
	犯罪行为	(1)行为人实施了走私、贩卖、运输、制造毒品的行为。 ①走私毒品： 指非法运输、携带、邮寄毒品进出国（边）境的行为。 有证据证明行为人不以牟利为目的，为他人代购仅用于吸食的毒品，毒品数量未超过非法持有毒品罪的最低数量标准的，对托购者、代购者应以非法持有毒品罪定罪；代购者从中牟利，变相加价贩卖毒品的，对代购者应以贩卖毒品罪定罪。 ②贩卖毒品： 刑法规定了贩卖毒品罪，而没有规定购买毒品罪，这意味着单纯购买毒品的行为不属于刑法的规制对象。 "贩卖"毒品并不以购买毒品为前提，如行为人拾到毒品后出卖给他人的，同样成立贩卖毒品罪；出于贩卖目的而非法购买毒品的行为不是贩卖毒品罪的实行行为，而是贩卖毒品罪的预备行为（同时触犯非法持有毒品罪）。 ③运输毒品： 行为人先将毒品从甲地运往乙地，由于某种原因，又将毒品运回甲地的，属于运输毒品。

(续表)

		④制造毒品： 将毒品以外的物作为原料，提取或制作成毒品；毒品的精制；使用化学方法使一种毒品变为另一种毒品；使用化学方法以外的方法使一种毒品变为另一种毒品；非法按照一定的处方针对特定人的特定情况调制毒品。 (2)为便于隐蔽运输、销售、使用、欺骗购买者，或者为了增重，对毒品掺杂使假，添加或者去除其他非毒品物质，不属于制造毒品的行为。 (3)对同一宗毒品实施了两种以上犯罪行为并有相应确凿证据的，应当按照所实施的犯罪行为的性质并列确定罪名，毒品数量不重复计算，不实行数罪并罚。 对同一宗毒品可能实施了两种以上犯罪行为，但相应证据只能认定其中一种或者几种行为，认定其他行为的证据不够确实充分的，则只按照依法能够认定的行为的性质定罪。如涉嫌为贩卖而运输毒品，认定贩卖的证据不够确实充分的，则只定运输毒品罪。 (4)对不同宗毒品分别实施了不同种犯罪行为的，应对不同行为并列确定罪名，累计毒品数量，不实行数罪并罚。
	主观方面	故意。 不要求行为人认识到毒品的名称、化学成分、效用等具体性质，且不管行为人是认识到肯定是毒品，还是认识到可能是毒品，都属于认识到是毒品，不影响犯罪的成立。对毒品种类产生错误认识的，也不影响本罪的成立。
	主体	既可以是自然人，也可以是单位。 自然人主体已满14周岁不满16周岁，具有辨认控制能力的人，可以成为贩卖毒品罪的主体；走私、运输、制造毒品罪的主体必须是已满16周岁，具有辨认控制能力的人。
	司法认定	1.既遂认定 (1)走私毒品： 输入毒品即毒品到达我国领土(包括港口，但不包括领空)时为既遂。 (2)贩卖毒品： 实际转移给对方时为既遂，是否获得对价不影响既遂的成立。 (3)运输毒品： 行为人为了运输而开始搬运毒品时为着手，进入正式的运输状态时为既遂。 (4)制造毒品： 实际上制造出毒品(包括粗制毒品和半成品)的，为既遂。 2.罪数认定 (1)此罪是选择性罪名，针对不同宗毒品分别实施走私、贩卖、运输、制造行为的，以走私、贩卖、运输、制造毒品罪一罪处理。 (2)在走私、贩卖、运输、制造毒品的过程中以暴力、胁迫方式抗拒检查、拘留、逮捕的，以走私、贩卖、运输、制造毒品罪加重处罚。 利用、教唆未成年人走私、贩卖、运输、制造毒品，或者向未成年人出售毒品的，从重处罚。 (3)盗窃、抢夺、抢劫毒品的，应当分别以盗窃罪、抢夺罪或者抢劫罪定罪，但不计犯罪数额，根据情节轻重予以定罪量刑。 盗窃、抢夺、抢劫毒品后又实施其他毒品犯罪的，对盗窃罪、抢夺罪、抢劫罪和所犯的具体毒品犯罪分别定罪，依法数罪并罚。 走私毒品，又走私其他物品构成犯罪的，以走私毒品罪和其所犯的其他走私罪分别定罪，依法数罪并罚。

		(续表)
		3. 共同犯罪认定 （1）没有实施毒品犯罪的共同故意，仅在客观上为相互关联的毒品犯罪上下家，不构成共同犯罪。 （2）运输毒品共犯的认定，看是否有共同的行为计划。 ①受雇于同一雇主同行运输毒品，但受雇者之间没有共同犯罪故意，或者虽然明知他人受雇运输毒品，但各自的运输行为相对独立，既没有实施配合、掩护他人运输毒品的行为，又分别按照各自运输的毒品数量领取报酬的，不应认定为共同犯罪。 受雇于同一雇主分段运输同一宗毒品，但受雇者之间没有犯罪共谋的，也不应认定为共同犯罪。 ②雇用他人运输毒品的雇主，及其他对受雇者起到一定组织、指挥作用的人员，与各受雇者分别构成运输毒品罪的共同犯罪，对运输的全部毒品数量承担刑事责任。
	特别再犯	因走私、贩卖、运输、制造、非法持有毒品被判过刑，又犯毒品犯罪的，从重处罚。 （1）对于毒品再犯，一般不得适用缓刑。 （2）因走私、贩卖、运输、制造、非法持有毒品罪被判刑的犯罪分子，在缓刑、假释或者暂予监外执行期间又犯毒品犯罪的，应当在对其所犯新的毒品犯罪适用毒品再犯从重处罚的规定确定刑罚后，再依法数罪并罚。 （3）对同时构成累犯和毒品再犯的被告人，应当同时引用刑法关于累犯和毒品再犯的条款从重处罚，但在量刑时不得重复予以从重处罚。
	从重处罚	（1）利用、教唆未成年人走私、贩卖、运输、制造毒品或者向未成年人出售毒品的，从重处罚。 （2）因走私、贩卖、运输、制造、非法持有毒品被判过刑，又犯走私、贩卖、运输、制造毒品罪的，从重处罚。
非法持有毒品罪	概念	明知是毒品而非法持有且数量较大的行为。
	客观方面	（1）非法持有数量较大的毒品。 行为人是否知道"所有者""占有者"，不影响持有的成立；2人以上共同持有毒品的，也成立本罪。 （2）毒品达到一定数量才构成犯罪。即非法持有鸦片200克以上、海洛因或者甲基苯丙胺10克以上或者其他毒品数量较大的，才成立非法持有毒品罪。
	司法认定	（1）如果行为人是因为走私、贩卖、运输、制造毒品而非法持有毒品的，应认定为走私、贩卖、运输、制造毒品罪，不能将该罪与非法持有毒品罪实行并罚。 （2）不能将毒品转移的行为都认定为运输毒品罪，只有与走私、贩卖、制造有关联的行为，才宜认定为运输毒品罪。如行为人居住在甲地，在乙地出差期间购买了毒品，然后将毒品带回甲地。如果是为了吸食，数量大的，宜认定为非法持有毒品罪；如果是为了贩卖，则应认定为贩卖、运输毒品罪。 有证据证明行为人不以牟利为目的，为他人代购仅用于吸食的毒品，毒品数量达到规定的数量标准的，对托购者、代购者应以非法持有毒品罪定罪。 代购者从中牟利，变相加价贩卖毒品的，对代购者应以贩卖毒品罪定罪。

		（续表）
非法生产、买卖、运输、走私制毒物品罪	概念	自然人或单位违反国家规定，非法生产、买卖、运输醋酸酐、乙醚、三氯甲烷或者其他用于制造毒品的原料、配剂，或者携带上述物品进出境，情节较重的行为。
	主体	凡是达到刑事责任年龄具有刑事责任能力，实施了非法买卖制毒物品的人，均可构成本罪。单位也可成为本罪的主体。
	司法认定	（1）有证据证明确实用于合法生产、生活需要，依法能够办理只是未及时办理许可证明或者备案证明，且未造成严重社会危害的，可不以非法买卖制毒物品罪论处。 （2）为了制造毒品或者走私、非法买卖制毒物品犯罪而采用生产、加工、提炼等方法非法制造易制毒化学品的，根据刑法犯罪预备的规定，按照其制造易制毒化学品的不同目的，分别以制造毒品、走私制毒物品、非法买卖制毒物品的预备行为论处。 （3）明知他人实施走私或者非法买卖制毒物品犯罪，而为其运输、储存、代理进出口或者以其他方式提供便利的，以走私或者非法买卖制毒物品罪的共犯论处。 走私、非法买卖制毒物品行为同时构成其他犯罪的，依照处罚较重的规定定罪处罚。

第二节　普通罪名

一、包庇毒品犯罪分子罪

（一）含义

指明知是走私、贩卖、运输、制造毒品的犯罪分子，而向司法机关作虚假证明掩盖其罪行，或者帮助其毁灭罪证，以使其逃避法律制裁的行为。

（二）司法认定

（1）区分包庇毒品犯罪分子罪与毒品犯罪的共犯的界限，主要区别在于是否事先通谋。

（2）区分包庇毒品犯罪分子罪与窝藏、包庇罪的界限，主要区别在于行为对象不同，本罪包庇的对象限于毒品犯罪分子。

二、窝藏、转移、隐瞒毒品、毒赃罪

为走私、贩卖、运输、制造毒品的犯罪分子窝藏、转移、隐瞒毒品或者犯罪所得的财物的行为。

符合本罪构成要件的行为，不能认定为包庇罪或者掩饰、隐瞒犯罪所得、犯罪所得收益罪。

事先与毒品犯罪分子通谋，事后帮助毒品犯罪分子窝藏、转移、隐瞒毒品、毒赃的，应以毒品犯罪的共犯论处。

三、非法种植毒品原植物罪

非法种植罂粟、大麻等毒品原植物的，一律强制铲除。

有下列情形之一的，处5年以下有期徒刑、拘役或者管制，并处罚金：

①种植罂粟500株以上不满3000株或者其他毒品原植物数量较大的；

②经公安机关处理后又种植的；

③抗拒铲除的。

非法种植罂粟3000株以上或者其他毒品原植物数量大的，处5年以上有期徒刑，并处罚金或者没收财产。

非法种植罂粟或者其他毒品原植物，在收获前自动铲除的，可以免除处罚。

四、引诱、教唆、欺骗他人吸毒罪

违反国家禁毒法规，以引诱、教唆、欺骗

为手段,促使他人吸食、注射毒品的行为。

本罪属选择性罪名,行为人只要实施上述三种行为中的一种,即可构成犯罪;如果对同一人兼有引诱、教唆、欺骗等多种行为的,应按一罪论处,不应数罪并罚。

五、强迫他人吸毒罪

使用暴力、威胁等生理强制或心理强制方法,迫使他人吸食、注射毒品的行为。

采用某种方法使他人暂时丧失知觉或者利用他人暂时丧失知觉的状态,给他人注射毒品的,应认定为强迫他人吸毒罪。

本罪与引诱、教唆、欺骗他人吸毒罪的关键区别在于行为方法不同。

六、容留他人吸毒罪

容留他人吸食、注射毒品的行为。

容留,是指允许他人在自己管理的场所吸食、注射毒品或者为他人吸食、注射毒品提供场所的行为。容留行为既可以是主动实施的,也可以是被动实施的;既可以是有偿的,也可以是无偿的。

对于容留他人吸食、注射毒品并出售毒品的,应认定为贩卖毒品罪。

第三十四章 妨害社会管理秩序罪(8):组织、强迫、引诱、容留、介绍卖淫罪

第一节 重点罪名

表 7-34 组织、强迫、引诱、容留、介绍卖淫罪重点罪名的要点

组织卖淫罪	概念	以招募、雇佣、强迫、引诱、容留等手段,控制他人从事卖淫活动的行为。
	客观方面	表现为组织他人卖淫的行为。 组织男性为男性提供性服务,或者组织女性为女性提供性服务的,也成立组织卖淫罪。
	主观方面	故意,是否出于营利目的,不影响本罪的成立。
	司法认定	(1)组织未成年人卖淫的,从重处罚。 (2)有杀害、伤害、强奸、绑架等犯罪行为的,数罪并罚。 (3)旅馆业、饮食服务业、文化娱乐业、出租汽车业等单位的主要负责人犯组织卖淫罪的,从重处罚。
强迫卖淫罪	概念	使用暴力、威胁、虐待等强制方法迫使他人卖淫的行为。
	犯罪对象	既包括妇女,也包括男性。
	主观方面	故意,是否出于营利目的,不影响本罪的成立。
	司法认定	(1)在组织他人卖淫的活动中,对被组织者实施强迫行为的,只认定为组织卖淫罪;但如果被强迫者与被组织者不具有同一性的,则应以组织卖淫罪与强迫卖淫罪实行数罪并罚。

(续表)

		(2)行为人强迫妇女仅与自己发生性行为,并支付性行为对价的,应认定为强奸罪,不得认定为强迫卖淫罪。但是,如果行为人强迫他人从事卖淫,并在他人卖淫的过程中,与其发生性交或者实施其他猥亵行为的,或者为了迫使妇女卖淫而强奸妇女的,则应认定为强迫卖淫罪,并与强奸罪等罪数罪并罚。 (3)有杀害、伤害、强奸、绑架等犯罪行为的,数罪并罚。 (4)旅馆业、饮食服务业、文化娱乐业、出租汽车业等单位的主要负责人犯强迫卖淫罪的,从重处罚。
引诱、容留、介绍卖淫罪	概念	引诱、容留、介绍他人卖淫的行为。
	客观方面	表现为引诱、容留、介绍他人卖淫的行为。 他人,既包括女性,也包括男性,但引诱行为的对象不包括幼女。
	主观方面	故意,是否出于营利目的,不影响本罪的成立。
	行为方式	(1)引诱:以金钱、物质或者其他利益诱使他人卖淫。 (2)容留:为他人卖淫提供场所。 (3)介绍:为卖淫者与嫖客牵线搭桥。
	司法认定	(1)在意欲卖淫者与卖淫场所的管理者之间进行介绍的行为,应认定为介绍卖淫罪。 (2)单纯向意欲嫖娼者介绍卖淫场所,而与卖淫者没有任何联络的情况下,不成立介绍卖淫罪。法律使用的表述是"介绍他人卖淫",而不是"介绍他人嫖娼"。 (3)实施引诱、容留、介绍三种行为之一的,即可构成本罪;同时实施上述行为的,也只认定为一罪,不实行数罪并罚。 (4)在组织他人卖淫的犯罪活动中,对被组织的人有引诱、容留、介绍卖淫行为的,应当作为组织卖淫罪的量刑情节予以考虑,不实行数罪并罚。如果这些行为是对被组织者以外的其他人实施的,即被组织者与被引诱、容留、介绍者不具有同一性时,仍应分别定罪,实行数罪并罚。要注意从行为手段、卖淫人是否出于自愿等方面区分本罪与强迫卖淫罪的界限。 旅馆业、饮食服务业、文化娱乐业、出租汽车业等单位的主要负责人犯本罪的,从重处罚。

【注意】特殊包庇罪

包庇罪的对象通常是犯罪分子,而卖淫嫖娼行为是一般的违法行为,但旅馆业、饮食服务业、文化娱乐业、出租汽车业等单位的人员,在公安机关查处卖淫嫖娼活动时,为卖淫嫖娼人员通风报信、情节严重的,应以包庇罪论处。

第二节 普通罪名

一、协助组织卖淫罪

在组织他人卖淫的共同犯罪中进行协助活动的行为。

司法认定:

(1)本罪与组织卖淫罪的界限:

①组织卖淫罪的行为是直接实施组织行为,即主动召集卖淫人员并控制其卖淫活动;本罪行为是指向组织者的组织行为提供帮助、创造条件,与卖淫活动的关系是间接的。

②从两者关系看,没有组织卖淫罪的构成,也就没有协助组织卖淫罪的构成,但有组织卖淫罪的构成,却未必有协助组织卖淫罪的构成。

(2)对被组织卖淫的人有强迫、引诱、

容留、介绍卖淫行为的,应作为本罪的量刑情节考虑,不实行数罪并罚。但是,如果这些行为是对被组织者以外的人实施的,仍应分别定罪,实行数罪并罚。

二、引诱幼女卖淫罪

引诱不满14周岁的幼女卖淫的行为。

只是容留、介绍幼女卖淫,则不成立本罪,仅成立容留、介绍卖淫罪。

引诱幼女卖淫,同时又容留、介绍他人卖淫的,应分别认定为引诱幼女卖淫罪与容留、介绍卖淫罪,实行数罪并罚。

三、传播性病罪

明知自己患有梅毒、淋病等严重性病而卖淫、嫖娼的行为。

行为主体必须是患有梅毒、淋病等严重性病的自然人;主观上行为人必须明知自己患有梅毒、淋病等严重性病;客观上有卖淫、嫖娼的行为。

第三十五章 妨害社会管理秩序罪(9):制作、贩卖、传播淫秽物品罪

第一节 重点罪名

表7-35 制作、贩卖、传播淫秽物品罪重点罪名的要点

	概念	自然人或者单位以牟利为目的,制作、复制、出版、贩卖、传播淫秽物品的行为。
制作、复制、出版、贩卖、传播淫秽物品牟利罪	主观方面	故意,且必须具有牟利目的。
	司法认定	(1)有实施制作、复制、出版、贩卖、传播淫秽物品的行为之一的,即可成立本罪;同时实施上述行为的,也只认定为一罪,不实行数罪并罚。 (2)对利用互联网、移动通讯终端制作、复制、出版、贩卖、传播淫秽电子信息、通过声讯台传播淫秽语音信息的,应根据其具体实施的行为,以制作、复制、出版、贩卖、传播淫秽物品牟利罪论处。 (3)电信业务经营者、互联网信息服务提供者明知是淫秽网站,为其提供互联网接入、服务器托管、网络存储空间、通讯传输通道、代收费等服务,并收取服务费,数量、数额较大或造成严重后果的,以传播淫秽物品牟利罪定罪处罚。 以牟利为目的,网站建立者、直接负责的管理者明知他人制作、复制、出版、贩卖、传播的是淫秽电子信息,允许或者放任他人在自己所有、管理的网站或者网页上发布,达到一定情形的,以传播淫秽物品牟利罪定罪处罚。 (4)行为人传播淫秽物品时是否具有牟利目的,是传播淫秽物品牟利罪与传播淫秽物品罪的区别所在。具有牟利目的的人利用没有牟利目的(但有传播故意)的人传播淫秽物品的,成立共同犯罪。
	注意	有关人体生理、医学知识的科学著作不是淫秽物品。 包含有色情内容的有艺术价值的文学、艺术作品不视为淫秽物品。

第二节 普通罪名

一、传播淫秽物品罪

自然人或者单位,传播淫秽的书刊、影片、音像、图片或者其他淫秽物品,情节严重的行为。

利用互联网建立主要用于传播淫秽电子信息的群组,成员众多或者造成严重后果的,对建立者、管理者和主要传播者,以传播淫秽物品罪定罪处罚。

本罪只能由故意构成,但行为人主观上不具有牟利目的。

二、组织播放淫秽音像制品罪

召集多人播放淫秽电影、录像等音像制品的行为。

向不满18周岁的未成年人传播淫秽物品的,从重处罚。

司法认定:

(1)区分组织播放淫秽音像制品罪与传播淫秽物品牟利罪的界限,区别在于是否具有牟利目的。

(2)区分组织播放淫秽音像制品罪与传播淫秽物品的界线,组织播放淫秽音像制品罪只限于"组织播放"这一特定的行为方式。

第三十六章 危害国防利益罪

第一节 重点罪名

表7-36 危害国防利益罪重点罪名的要点

阻碍军人执行职务罪	概念	以暴力、威胁方法阻碍军人执行职务的行为。
	与妨害公务罪的区别	(1)行为对象不同。 本罪的对象是正在依法执行职务的军人;妨害公务罪的对象是非军人中的国家机关工作人员、人民代表大会代表、红十字会工作人员等。 (2)行为方法不尽相同。 本罪表现为暴力、威胁方法;妨害公务罪在故意阻碍国家安全机关、公安机关依法执行国家安全工作任务并造成严重后果的情形下,虽没有使用暴力、威胁方法,仍可构成妨害公务罪。
破坏武器装备、军事设施、军事通信罪	概念	故意破坏武器装备、军事设施、军事通信的行为。
	司法认定	(1)犯本罪的同时触犯其他犯罪的,属于想象竞合犯,从一重罪论处。 (2)战时犯本罪的,从重处罚。

第二节 普通罪名

一、冒充军人招摇撞骗罪

以谋取非法利益为目的,冒充军人招摇撞骗的行为。

(一)行为

"军人",指中国人民解放军和中国人民武装警察部队的现役军人。

"冒充军人",可以是非军人冒充军

人,也可以是军衔、职务较低的军人冒充军衔、职务较高的军人,还包括此单位的军人冒充彼单位的军人。

（二）主观方面

故意,并具有谋取非法利益的目的。

（三）法律适用

(1)本罪与招摇撞骗罪的主要区别在于冒充对象的不同。本罪冒充的是军人,而招摇撞骗罪冒充的是国家机关工作人员。本罪和招摇撞骗罪是特别法与一般法的法条竞合关系。

(2)本罪与诈骗罪,是重法与轻法的法条竞合关系,应当择一重罪处断。

二、盗窃、抢夺武装部队公文、证件、印章罪

盗窃、抢夺武装部队的公文、证件、印章的行为。

(1)行为对象:武装部队公文、证件、印章。

盗窃、抢夺伪造、变造的武装部队公文、证件、印章的,构成本罪。

(2)本罪与盗窃、抢夺、毁灭国家机关公文、证件、印章罪是特别法与一般法的法条竞合关系。

第三十七章　贪污贿赂罪

第一节　重点罪名

表7-37　贪污贿赂罪重点罪名的要点

贪污罪	概念	国家工作人员利用职务上的便利,侵吞、窃取、骗取或者以其他手段非法占有公共财物的行为。
	主体	(1)国家工作人员: ①国家机关工作人员; ②国有公司、企业、事业单位、人民团体中从事公务的人员; ③国家机关、国有公司、企业、事业单位委派到非国有公司、企业、事业单位、社会团体从事公务的人员; ④其他依照法律从事公务的人员。 (2)受国家机关、国有公司、企业、事业单位、人民团体委托管理、经营国有财物的人员。 此类人员属于非国家工作人员,能成为贪污罪的主体,但不能成为挪用公款罪、受贿罪的主体。 【注意】行为人通过伪造国家机关公文、证件担任国家工作人员职务以后,又利用职务上的便利实施侵占本单位财物等行为的,以贪污罪定罪处罚。
	行为方式	利用职务上的便利,侵吞、窃取、骗取或者以其他手段非法占有公共财物的行为。 其他手段包括: ①国家工作人员在国内公务活动或者对外交往中接受礼物,依照国家规定应当交公而不交公,数额较大; ②挪用公款潜逃的。

(续表)

	犯罪对象	公共财物。
	犯罪数额	多次贪污未经处理的,累计计算。
	主观方面	故意,并且具有非法占有公共财物的目的。
	既遂认定	贪污罪应当以行为人是否实际控制财物作为区分贪污罪既遂与未遂的标准。 对于行为人利用职务上的便利,实施了虚假平账等贪污行为,但公共财物尚未实际转移,或者尚未被行为人控制就被查获的,应当认定为贪污未遂。 行为人控制公共财物后,是否将财物据为己有,不影响贪污既遂的认定。
	与其他罪的区别	(1)与侵占罪、盗窃罪、诈骗罪的区别: ①本罪的主体是特殊主体,即国家工作人员和受国家机关、国有公司、企业、事业单位、人民团体委托管理、经营国有财物的人员;而后罪的主体是一般主体; ②成立本罪需要利用职务上的便利;而成立侵占罪、盗窃罪、诈骗罪则没有这一条件要求。 (2)与职务侵占罪的区别: 本罪的主体是国家工作人员和受国家机关、国有公司、企业、事业单位、人民团体委托管理、经营国有财物的人员;而职务侵占罪的主体是本罪主体以外的公司、企业或者其他单位的人员。
	共犯	(1)行为人与国家工作人员勾结,利用国家工作人员职务上的便利,共同侵吞、窃取、骗取或者以其他手段非法占有公共财物的,以贪污罪共犯论处。 (2)公司、企业或者其他单位中,不具有国家工作人员身份的人与国家工作人员勾结,分别利用各自的职务便利,共同将本单位财物非法占为己有的,按照主犯的犯罪性质定罪。 司法实践中,如果根据案件的实际情况,各共同犯罪人在共同犯罪中的地位、作用相当,难以区分主从犯的,可以贪污罪定罪处罚。
	特殊贪污罪	国有保险公司工作人员和国有保险公司委派到非国有保险公司从事公务的人员,利用职务上的便利,故意编造未曾发生的保险事故进行虚假理赔,骗取保险金归自己所有的。
	处罚	(1)数额较大或者有其他严重情节的,在提起公诉前如实供述自己罪行、真诚悔罪、积极退赃,避免、减少损害结果的发生的,可以从轻、减轻或者免除处罚。 (2)贪污数额巨大或者有其他严重情节的,贪污数额特别巨大或者有其他特别严重情节的,在提起公诉前如实供述自己罪行、真诚悔罪、积极退赃,避免、减少损害结果的发生的,可以从轻处罚。 (3)贪污数额特别巨大或者有其他特别严重情节被判处死刑缓期执行的,人民法院根据犯罪情节等情况可以判处死刑缓期二年执行,同时裁判决定在其死刑缓期执行二年期满依法减为无期徒刑后,终身监禁,不得减刑、假释。
挪用公款罪	概念	国家工作人员利用职务上的便利,挪用公款归个人使用,进行非法活动,或者挪用公款数额较大、进行营利活动,或者挪用公款数额较大,超过3个月未还的行为。 "归个人使用"的情形: ①将公款归本人、亲友或其他自然人使用的; ②以个人名义将公款供其他单位使用的; ③个人决定以单位名义将公款供其他单位使用,谋取个人利益的。

(续表)

	主体	国家工作人员。 不包括受国家机关、国有公司、企业、事业单位、人民团体委托管理、经营国有财产的人员,此类人挪用本单位资金的,构成挪用资金罪。
	犯罪对象	(1)公款,包括现金、股票、国库券、债券等有价证券。 (2)失业保险基金和下岗职工基本生活保障基金。 (3)用于救灾、抢险、防汛、优抚、扶贫、移民、救济款物。
	主观方面	故意,且不具有非法永久占有公款的目的。
	与其他罪名的区别	1. 本罪与贪污罪 司法实践中,具有下列情形之一的,可以认定为行为人具有非法占有公款的目的,以贪污罪定罪处罚: (1)行为人挪用公款后采取虚假发票平账、销毁有关账目等手段,使挪用的公款已难以在单位账目上反映出来,且没有归还行为的; (2)行为人截取单位收入不入账,非法占有,使所占有的公款难以在单位财务账目上反映出来,且没有归还行为的; (3)行为人携带挪用的公款潜逃的; (4)有证据证明行为人有能力归还所挪用的公款而拒不归还,并隐瞒挪用的公款去向的。 2. 本罪与挪用资金罪 本罪的主体是国家工作人员;挪用资金罪的主体是公司、企业或者其他单位的非国家工作人员。 3. 本罪与挪用特定款物罪 挪用特定款物归个人使用的,以挪用公款罪从重处罚,故挪用特定款物罪只限于归单位使用。
	数额认定	多次挪用公款不退还,挪用公款数额累计计算;多次挪用公款,并以后次挪用公款归还前次挪用公款,挪用公款数额以案发时未还的实际数额认定。
	共犯	使用人与挪用人共谋,指使或者参与策划取得挪用款的,以挪用公款罪的共犯定罪处罚。
	数罪并罚	因挪用公款索取、收受贿赂构成犯罪的,依照数罪并罚的规定处罚;挪用公款进行其他非法活动构成犯罪的,依照数罪并罚的规定处罚。
	加重犯	挪用公款数额巨大,因客观原因在一审宣判前不能退还的,作为挪用公款罪的加重犯处理。
受贿罪	概念	国家工作人员利用职务上的便利,索取他人财物的,或者非法收受他人财物为他人谋取利益的行为。
	主体	特殊主体,即国家工作人员。
	犯罪对象	财物,包括货币、物品和财产性利益。 财产性利益包括可以折算为货币的物质利益如房屋装修、债务免除等,以及需要支付货币的其他利益如会员服务、旅游等。后者的犯罪数额,以实际支付或者应当支付的数额计算。但是不包括提升职务、提供女色等非财产性利益。 收受银行卡的,不论受贿人是否实际取出或者消费,卡内的存款数额一般应全额认定为受贿数额。

(续表)

行为方式	1. 索贿 行为人利用职务上的便利,主动向他人索要财物。不以为他人谋取利益为要件。 2. 收受贿赂 利用职务上的便利,非法收受他人财物,为他人谋取利益。必须同时具备"为他人谋取利益"的条件,才能构成受贿罪。 3. 经济受贿 受贿罪的一种特殊的表现形式,指国家工作人员在经济往来中,违反国家规定,收受各种名义的回扣、手续费,归个人所有的行为。 4. 斡旋受贿 (1)行为人利用本人职权或者地位形成便利条件; (2)行为人利用的是其他国家工作人员职务上的行为; (3)谋取不正当利益; (4)索取或收受请托人财物。	
收受贿赂的时间	刑法上无特别限制,国家工作人员利用职务上的便利为请托人谋取利益,并与请托人事先约定,在其离退休后收受请托人财物,构成犯罪的,以受贿罪定罪处罚。	
特殊形式	(1)以交易形式变相受贿:以明显低于市场的价格向请托人买卖房屋、汽车等物品。 (2)收受干股。 (3)以开办公司等合作投资名义受贿。 (4)以委托请托人投资证券、期货或者其他委托理财的名义受贿。 (5)以赌博形式收受贿赂。 (6)特定关系人"挂名"领取薪酬。 (7)由特定关系人收受贿赂。	
既遂认定	以收取财物为既遂。 行为人受贿后,将收取的贿赂转送给他人、捐赠给公益事业单位的,不影响受贿的成立。行为人收取财物后,没有实际给他人谋取到利益的,也不影响受贿罪既遂。	
其他	(1)具有下列情形之一的,应当认定为"为他人谋取利益",构成犯罪的,应当依照刑法关于受贿犯罪的规定定罪处罚: ①实际或者承诺为他人谋取利益的; ②明知他人有具体请托事项的; ③履职时未被请托,但事后基于该履职事由收受他人财物的。 国家工作人员索取、收受具有上下级关系的下属或者具有行政管理关系的被管理人员的财物价值3万元以上,可能影响职权行使的,视为承诺为他人谋取利益。 (2)国家工作人员出于贪污、受贿的故意,非法占有公共财物、收受他人财物之后,将赃款赃物用于单位公务支出或者社会捐赠的,不影响贪污罪、受贿罪的认定,但量刑时可以酌情考虑。 (3)国家工作人员收受请托人财物后办案机关立案查处前及时退还或者上交的,不是受贿。 国家工作人员受贿后,因自身或者与其受贿有关联的人、事被查处,为掩饰犯罪而退还或者上交的,认定受贿罪。 (4)特定关系人索取、收受他人财物,国家工作人员知道后未退还或者上交的,应当认定国家工作人员具有受贿故意。 "特定关系人",指与国家工作人员有近亲属、情妇(夫)以及其他共同利益关系的人。	

（续表）

	司法认定	（1）国家工作人员以利用职务上的便利为他人谋取利益为名，骗取他人数额较大的财物，但并没有也不打算为他人谋取利益的，认定诈骗罪。 （2）国家工作人员以要挟、威胁的方式勒索他人财物，但并没有利用职务之便的，认定敲诈勒索罪。 （3）非国家工作人员教唆、帮助国家工作人员受贿，构成受贿罪的共犯。而对于事先没有同谋，国家工作人员利用职务上的便利为请托人谋取利益，授意请托人将财物给予他人的，对国家工作人员以受贿罪论处，对受财的他人不认为是共犯。 （4）非国家工作人员与国家工作人员通谋，共同收受他人财物，构成共同犯罪的，根据双方利用职务便利的具体情形分别定罪追究刑事责任： ①利用国家工作人员的职务便利为他人谋取利益的，以受贿罪追究刑事责任； ②利用非国家工作人员的职务便利为他人谋取利益的，以非国家工作人员受贿罪追究刑事责任； ③分别利用各自的职务便利为他人谋取利益的，按照主犯的犯罪性质追究刑事责任，不能分清主从犯的，可以受贿罪追究刑事责任。 （5）国家工作人员利用职务上的便利，收受他人财物，为他人谋取利益，同时构成受贿罪和渎职犯罪的，除刑法另有规定外，以受贿罪和渎职犯罪数罪并罚。
	数额认定	对多次受贿未经处理的，累计计算受贿数额。
行贿罪	概念	为谋取不正当利益，给予国家工作人员以财物的行为。
	对象	国家工作人员。
	行为方式	（1）主动行贿，即为谋取不正当利益而主动给予国家工作人员财物。 （2）被动行贿，即索贿，因为受勒索而被迫给予国家工作人员财物，并且实际上谋取了不正当利益。 在经济往来中，违反国家规定，给予国家工作人员以财物，数额较大的，或者违反国家规定，给予国家工作人员以各种名义的回扣、手续费的，以行贿罪论处。
	主观方面	故意，具有谋取不正当利益的目的。 "谋取不正当利益"包括两种情况：一是谋取的利益本身不合法或不符合政策规定，即内容不正当；二是虽然利益本身正当，但行为人要求国家工作人员通过不正当的手段帮助其获取利益，即手段不正当。
	排除条件	因被勒索而给予国家工作人员财物，没有获得不正当利益的，不是行贿。
	司法认定	（1）单位行贿所得的非法利益归个人所有的，转化为（个人）行贿罪。 （2）行贿人谋取不正当利益的行为构成犯罪的，应当与行贿犯罪实行数罪并罚。
	处罚	（1）多次行贿未经处理的，按照累计行贿数额处罚。 （2）行贿人在被追诉前主动交代行贿行为的，可以从轻或者减轻处罚。其中，犯罪较轻的，对侦破重大案件起关键作用的，或者有重大立功表现的，可以减轻或者免除处罚。

(续表)

对有影响力的人行贿罪		《中华人民共和国刑法修正案（九）》新修订罪名，与利用影响力受贿罪是对向关系。
	概念	为谋取不正当利益，向国家工作人员的近亲属或者其他与该国家工作人员关系密切的人，或者向离职的国家工作人员或者其近亲属以及其他与其关系密切的人行贿的行为。
	主观方面	故意，具有谋取不正当利益的目的。
	犯罪行为	（1）行为人为谋取不正当利益，向国家工作人员的近亲属或者其他与该国家工作人员关系密切的人行贿的行为。 （2）向离职的国家工作人员或者其近亲属以及其他与其关系密切的人行贿的行为。 （3）因被勒索给予上述人员以财物，没有获得不正当利益的，不构成本罪。
	司法认定	行为人将财物交给特定关系人，特定关系人仅成立利用影响力受贿罪，国家工作人员不知情的不成立受贿罪时，行为人成立对有影响力的人行贿罪。
	处罚	单位犯本罪的，采取双罚制。
利用影响力受贿罪	概念	国家工作人员的近亲属或者其他与该国家工作人员关系密切的人，通过该国家工作人员职务上的行为，或者利用该国家工作人员职权或者地位形成的便利条件，通过其他国家工作人员职务上的行为，或者离职的国家工作人员或者其近亲属以及其他与其关系密切的人，利用该离职的国家工作人员原职权或者地位形成的便利条件，通过其他国家工作人员职务上的行为，为请托人谋取不正当利益，索取请托人财物或者收受请托人财物，数额较大或者有其他较重情节的行为。
	主体	（1）国家工作人员的近亲属或者其他与该国家工作人员关系亲密的人，"关系亲密的人"包括情人、同学、战友以及其他该国家工作人员关系密切具有足够影响力的人。 （2）离职的国家工作人员或者近亲属以及其他与其关系密切的人。
	与其他罪名的区别	（1）本罪和受贿罪共犯区分的关键在于"关系密切的人"是否与国家工作人员通谋。 （2）本罪和受贿罪的区别： ①本罪的主体是非国家工作人员；受贿罪的主体是国家工作人员。 ②本罪与受贿罪中斡旋受贿的区别是，本罪利用的影响力不是本人现任职务上的；而斡旋受贿中行为人利用的影响力是本人现任职务或地位上影响。

第二节　普通罪名

一、单位受贿罪

国家机关、国有公司、企业、事业单位、人民团体，索取、非法收受他人财物，为他人谋取利益，情节严重的行为。

二、介绍贿赂罪

在行贿人与国家工作人员间介绍贿赂，情节严重的行为。

凡是行贿罪、受贿罪的帮助行为，都是行贿罪、受贿罪的共犯行为，理当分别认定为行贿罪和受贿罪，而不得认定为介绍贿赂罪。

如果某行为同时对行贿、受贿起帮助

作用,属于一行为触犯数罪名,应从一重罪处罚,也不宜认定为介绍贿赂罪。

五、巨额财产来源不明罪

国家工作人员的财产、支出明显超过合法收入,差额巨大,本人不能说明其来源的行为。

(一)主体

国家工作人员。

(二)行为

国家工作人员的财产、支出明显超过合法收入,差额巨大,不能说明来源。

"不能说明来源",包括以下情况:

①拒不说明财产来源;
②无法说明财产的具体来源;
③所说的财产来源经司法机关查证并不属实;
④所说的财产来源因线索不具体等原因,司法机关无法查实,但能排除存在来源合法的可能性和合理性的。

六、私分国有资产罪

国家机关、国有公司、企业、事业单位、人民团体,违反国家规定,以单位名义将国有资产集体私分给个人,数额较大的行为。

以单位名义将国有资产私分给个人,指经集体研究决定将国有资产分配各单位的所有成员或者多数人。

将国有资产私自分给单位少数成员的,应认定为共同贪污,而不能认定为本罪。

第三十八章 渎职罪

第一节 重点罪名

表7-38 渎职罪重点罪名的要点

滥用职权罪	概念	国家机关工作人员滥用职权,致使公共财产、国家和人民利益遭受重大损失的行为。
	主体	国家机关工作人员。
	行为方式	(1)超越职权,擅自处理或者决定没有具体决定、处理权限的事项。 (2)玩弄职权,随心所欲对事项进行决定或者处理。 (3)以权谋私,假公济私,不正当地履行职务。
	主观方面	故意。
	结果要件	致使公共财产、国家和人民利益遭受重大损失。
	适用	本罪是普通法条,当国家机关工作人员的行为触犯特别法条同时也触犯本罪时,按照法条竞合的原则处理。当国家机关工作人员滥用职权,因不具备特殊主体身份或者不具备徇私舞弊等情形,不符合特别法条的规定,但符合本罪的,以本罪论处。
玩忽职守罪	概念	国家机关工作人员玩忽职守,致使公共财产、国家和人民利益遭受重大损失的行为。
	主体	国家机关工作人员。

(续表)

	行为方式	(1)不履行,即行为人应当履行且有能力、有条件履行职责,但因疏忽等原因违背职责没有履行。 (2)不正确履行,即在履行职责过程中,马虎草率、粗心大意,违反职责的规定。
	主观方面	过失。
	结果要件	致使公共财产、国家和人民利于遭受重大损失。
	与其他罪名的区别	1.本罪与滥用职权罪的区别 (1)滥用职权罪的主观罪过形式是故意,而玩忽职守罪的主观罪过形式是过失。 (2)滥用职权罪是一种积极利用、违背职责的行为(但不限于作为),而玩忽职守罪是疏忽、不认真履行职责的行为(不限于不作为)。 2.本罪与特殊的玩忽职守罪的区别 本罪是普通法条,当国家机关工作人员的行为触犯特别法条同时也触犯本罪时,按照法条竞合的原则处理。当国家机关工作人员玩忽职守,因不具备特殊主体身份等情形,不符合特别法条的规定,但符合本罪的,以本罪论处。
徇私枉法罪	概念	司法工作人员徇私枉法、徇情枉法,对明知是无罪的人而使他受追诉,对明知是有罪的人而故意包庇不使他受追诉,或者在刑事审判活动中故意违背事实和法律作枉法裁判的行为。
	主体	司法工作人员,指有侦查、检察、审判、监管职责的工作人员。司法机关专业技术人员也可以成立本罪。
	主观方面	故意,出于徇私、徇情动机。 因法律水平不高、事实掌握不全而过失造成错判;确有重大过失造成过失损害结果的,触犯玩忽职守罪。
	时空环境	在刑事诉讼活动中,包括刑事附带民事诉讼。
	行为方式	(1)明知是无罪的人而使他受追诉。 (2)明知是有罪的人而故意包庇不使他受追诉。 (3)在刑事审判活动中,故意违背事实和法律,作出枉法裁判。
	司法认定	(1)司法工作人员利用本人具体承办该案件的职务便利包庇犯罪人,帮助毁灭、伪造证据,妨害证人作证,作伪证的,构成徇私枉法罪。 (2)一般公民或者没有具体承办该案的工作人员包庇犯罪人,帮助毁灭、伪造证据,妨害证人作证,作伪证的,构成包庇罪,帮助毁灭、伪造证据罪,妨害作证罪,伪证罪。 (3)司法工作人员受贿后又徇私枉法的,依照处罚较重的规定定罪处罚。
	《刑法》第399条第4款的理解	本款关于不实行数罪并罚,从一重罪处断的规定,属于刑法中的特别规定,不得普遍适用于本章其他犯罪。
私放在押人员罪	概念	司法工作人员私放在押的犯罪嫌疑人、被告人或者罪犯的行为。
	行为对象	在押的犯罪嫌疑人、被告人或者罪犯。 对未被关押的犯罪嫌疑人、被告人或者罪犯放任不管、任其脱离监控;或者私放在押的行政拘留的人员的,不构成本罪。
	主体	司法工作人员,主要是负有监管在押人员职责的司法工作人员。

（续表）

	主观方面	故意,过失致使在押人员脱逃的,构成失职致使在押人员脱逃罪。
	与其他罪名的区别	1.本罪与徇私枉法罪的区别 本罪的私放行为使在押人员摆脱人身羁押,而脱离人身羁押可能导致罪犯逃避刑事追究或处罚; 徇私枉法罪则是通过对犯罪嫌疑人、被告人或罪犯的实体内容进行枉法的调查、认定、裁判而致使罪犯逃避应有的处罚。 2.本罪与脱逃罪共犯的区别 负有监管职责的司法工作人员利用监管之便,私放在押人员使其脱逃的,不成立共犯,行为人以私放在押人员罪论处; 脱逃的在押人员构成犯罪的,以脱逃罪论处。司法工作人员没有利用职务上的便利私放在押人员的,成立脱逃罪的共犯。
徇私舞弊不征、少征税款罪	概念	税务机关的工作人员徇私舞弊,不征或者少征应征税款,致使国家税收遭受重大损失的行为。
	主体	税务机关工作人员。
	主观方面	故意,并具有徇私动机。
	行为方式	（1）不征,指违反税法规定,不向纳税人征收应征税款,包括擅自免征税款的行为。 （2）少征,指违反税法规定,降低税收额或者征税率进行征收,包括擅自减征税款。
	对象	国家税收,包括国税和地税。
	结果	致使国家税收遭受重大损失（10万元以上）。
	司法认定	过失不征、少征税款,致使国家利益遭受重大损失的,以玩忽职守罪论处。

【注意】渎职刑事案件适用法律的补充规定：

1.一般罪名和特别罪名的法条适用

（1）国家机关工作人员滥用职权或玩忽职守,因不具备徇私舞弊等情形,不符合《刑法》分则第九章第398条至第419条的规定（35个罪名）,但依法构成第397条规定的犯罪的,以滥用职权罪或者玩忽职守罪定罪处罚。

（2）国家机关工作人员实施滥用职权或者玩忽职守犯罪行为,触犯《刑法》分则第九章第398条至第419条规定的,依照特别法条优于一般法条的规则定罪处罚。

2.渎职行为并收受贿赂的处理

国家机关工作人员实施渎职犯罪并收受贿赂,同时构成受贿罪的,除《刑法》第399条第4款另有规定外,以渎职犯罪和受贿罪数罪并罚。

3.共同犯罪的处理

（1）国家机关工作人员实施渎职行为,放纵他人犯罪或者帮助他人逃避刑事处罚,构成犯罪的,依照渎职罪的规定定罪处罚。

（2）国家机关工作人员与他人共谋,利用其职务行为帮助他人实施其他犯罪行为,同时构成渎职犯罪和共谋实施的其他犯罪共犯的,依照处罚较重的规定定罪处罚。

（3）国家机关工作人员与他人共谋,既利用其职务行为帮助他人实施其他犯罪,又以非职务行为与他人共同实施该其他犯罪行为,同时构成渎职犯罪和其他犯罪的共犯的,依照数罪并罚的规定定罪处罚。

第二节　普通罪名

一、故意泄露国家秘密罪

国家机关工作人员或者非国家机关工作人员，违反保守国家秘密法的规定，故意泄露国家秘密，情节严重的行为。

区分：

（1）本罪与为境外窃取、刺探、收买、非法提供国家秘密、情报罪的区别，合法掌握国家秘密的人员，明知对方为境外的组织、机构、个人，而向其泄露国家秘密的，构成为境外窃取、刺探、收买、非法提供国家秘密、情报罪。

（2）本罪与非法获取国家秘密罪的区别，区分要点在于：在获取国家秘密上是否使用了"窃取、刺探、收买"等非法手段。

故意泄露国家秘密罪的行为人在取得国家秘密上，没有也不需要使用"非法"手段；相反，如果行为人在取得国家秘密上采取了非法的手段，则构成非法获取国家秘密罪。

对于非法获取国家秘密之后又故意泄露该国家秘密的，属于牵连犯，宜从一重罪处断。

二、执行判决、裁定失职罪

司法工作人员在执行判决、裁定活动中，严重不负责任，不依法采取诉讼保全措施、不履行法定执行职责，致使当事人或其他人的利益遭受重大损失的行为。

"判决、裁定"，指法院作出的生效判决、裁定。包括民事、行政方面的判决、裁定、诉讼保全措施，也包括部分刑事判决与裁定，如没收财产和罚金的判决。

三、执行判决、裁定滥用职权罪

司法工作人员在执行判决、裁定活动中，滥用职权，违法采取诉讼保全措施、强制执行措施，致使当事人或其他人的利益遭受重大损失的行为。

四、失职致使在押人员脱逃罪

司法工作人员由于严重不负责任，致使在押的犯罪嫌疑人、被告人或者罪犯脱逃，造成严重后果的行为。

五、徇私舞弊减刑、假释、暂予监外执行罪

司法工作人员徇私舞弊，对不符合减刑、假释、暂予监外执行条件的罪犯，予以减刑、假释或者暂予监外执行的行为。

六、放纵走私罪

海关工作人员徇私舞弊，放纵走私，情节严重的行为。

七、不解救被拐卖、绑架妇女、儿童罪

对被拐卖、绑架的妇女、儿童负有解救职责的国家机关工作人员，接到被拐卖、绑架的妇女、儿童及其亲属的解救要求或者接到其他人的举报，而对被拐卖、绑架的妇女、儿童不进行解救，造成严重后果的行为。

八、帮助犯罪分子逃避处罚罪

有查禁犯罪活动职责的国家机关工作人员，向犯罪分子通风报信、提供便利，帮助犯罪分子逃避处罚的行为。

第三十九章 军人违反职责罪

一、为境外窃取、刺探、收买、非法提供军事秘密罪

指为境外的机构、组织、人员窃取、刺探、收买、非法提供军事秘密的行为。

（一）行为

（1）行为方式，包括窃取、刺探、收买、非法提供，只要实施其中之一便构成犯罪。

（2）行为对象，军事秘密。指关系国防安全和军事利益，依照规定的权限和程序确定，在一定时间内只限一定范围内的人员知悉的事项。并且是为境外的机构、组织、人员窃取、刺探、收买、非法提供。

（二）适用

本罪与为境外窃取、刺探、收买、非法提供国家秘密、情报罪属于特别法条与一般法条的关系，发生竞合时，优先适用本罪。

二、战时自伤罪

指在战时自伤身体，逃避军事义务的行为。

第八编 刑事诉讼法

【寄语】

刑事诉讼法是动态的宪法，又被称为"小宪法"，体现法治精神的有关刑事诉讼的程序性条款，构成了各国宪法或宪法性文件中关于人权保障条款的核心内容。

十八届四中全会《中共中央关于全面推进依法治国若干重大问题的决定》，提出"推进以审判为中心的诉讼制度改革""全面贯彻证据裁判规则，严格依法收集、固定、保存、审查、运用证据，完善证人、鉴定人出庭制度，保证庭审在查明事实、认定证据、保护诉权、公正裁判中发挥决定性作用"，可见刑事诉讼法在依法治国中的重要地位。

习近平总书记在党的十九大报告中指出："深化国家监察体制改革，将试点工作在全国推开，组建国家、省、市、县监察委员会，同党的纪律检查机关合署办公，实现对所有行使公权力的公职人员监察全覆盖。制定国家监察法，依法赋予监察委员会职责权限和调查手段。"《国家监察法》通过以后，考生们应关注刑事诉讼法停止执行的部分，并结合《国家监察法》相关内容，及时调整复习内容与方向。同时，对于2018年出台的《中华人民共和国人民陪审员法》以及2017年出台的《关于办理刑事案件严格排除非法证据若干问题的规定》《关于开展法律援助值班律师工作的意见》等法律文件，同学们也应多加关注，把握重要知识点。

与刑法、民法、行政法等实体法相比，刑事诉讼法分值较高，但难度适中，易得高分！

纵观历届考试，刑事诉讼法多为基本法条直接考查，少理论考查，知识点重复率与题目重合率较高，把握新规定便可直接得分，故同学们需凭借自己的勤奋在理解的基础上掌握法条。在学习中，不仅需要注重对常考点和传统意义上重点的掌握，更要注重对国家统一法律职业资格考试大纲中新增内容及最新司法解释内容的掌握。另外，基于国家统一法律职业资格考试对法律条文的考查比以前更具体、更细微，考生们在复习时应处理好重点知识点与基本知识点的关系，不能只顾重点，忽略通说；更不能只顾通说，而忽略重点。针对刑事诉讼法题目重合率较高这一特点，同学们也要重视对往年真题的研究，真题不仅能提供同学们的复习方向和范围，还能使得分毫不费力。

最后，借用法国作家罗曼·罗兰的名句，"世界上只有一种英雄主义，就是在看清生活的真相之后依然热爱生活"，以鼓励所有报考国家统一法律职业资格考试的考生们，以积极的心态来备考国家统一法律职业资格考试，取得好成绩！

卫跃宁
2019年2月于北京蓟门桥

第一章 刑事诉讼法概述

第一节 刑事诉讼法的概念

一、刑事诉讼的概念与特征

（一）概念

人民法院、检察院和公安机关（包括其他侦查机关，下同）在当事人及其他诉讼参与人的参加下，依照法律规定的程序，解决被追诉人刑事责任问题的活动。

（二）特征

（1）由人民法院、人民检察院和公安机关主持进行。

表 8-1　国家专门机关及其专门职权

国家专门机关	专门职权
法院	审判
检察院	批捕或决定逮捕、自侦案件立案侦查、审查起诉与法律监督
公安机关	对刑事案件立案、预审、侦查、执行逮捕

（2）是实现国家刑罚权的活动。

（3）依照法律规定的程序进行。

（4）除少数特别程序外，在当事人和其他诉讼参与人的参加下进行。

二、渊源

（1）宪法。

（2）刑事诉讼法（通过时间：1979年；三次修正时间：1996年、2012年、2018年）。

（3）有关法律规定：

①全国人民代表大会及其常务委员会制定的法律中涉及刑事诉讼的规定。

②上述主体就刑事诉讼有关问题所作的专门规定。

（4）有关法律解释和规定：例如《关于刑事诉讼法实施中若干问题的规定》（以下简称六机关《规定》）、《最高人民法院关于适用〈中华人民共和国刑事诉讼法〉的解释》（以下简称《刑诉法解释》）、《人民检察院刑事诉讼规则（试行）》（以下简称《高检规则》）等。

（5）地方性法规。

（6）国际公约、条约。

三、与刑法的关系

（一）保障刑法实施方面的价值

（1）组织保障：明确对刑事案件行使侦查权、起诉权、审判权的专门机关。

（2）提供基本框架：明确专门机关权力与诉讼参与人权利与义务。

（3）保障刑法适用有序性：规定明确的活动方式和程序。

（4）为获取证据、明确案件事实提供手段；为收集、运用证据提供程序规范。

（5）提供定罪量刑标准与保障：规定证明责任和标准。

（6）避免、减少案件实体上的误差。

（7）保证处理案件效率：程序分流，繁简有别。

（二）刑事诉讼法的独立价值

（1）其所规定的诉讼原则、结构、制度、程序，体现着程序本身的民主、法治与人权精神，是衡量社会是否公正的一个极为重要的指标。

（2）具有弥补刑事实体法不足并"创制"刑事实体法的功能。

（3）具有影响刑事实体法实现的功能，如"不告不理"原则。

四、刑事诉讼法与法治国家

刑事诉讼法作用集中体现在与宪法的关系之中。

(1) 刑事诉讼程序性条款在宪法条文中具有重要地位：

① 体现法治主义的有关刑事诉讼的程序性条款，构成了各国宪法或宪法性文件中关于人权保障条款的核心。

② 宪法是静态的刑事诉讼法，刑事诉讼法是动态的宪法。

③ 程序意味着法治主义。

(2) 刑事诉讼法在维护宪法制度方面发挥着重要作用：

宪法的许多规定一方面要通过刑事诉讼法保证刑法的实施来实现；另一方面，要通过刑事诉讼法本身的实施来实现。

第二节 刑事诉讼法的制定目的与任务

一、制定目的

为保证刑法的正确实施，惩罚犯罪，保护人民，保障国家安全和社会公共安全，维护社会主义社会秩序。

二、任务

(1) 直接任务：保证准确、及时地查明犯罪事实，正确应用法律，惩罚犯罪分子，保障无罪的人不受刑事追究。

(2) 重要任务：教育公民自觉遵守法律，积极同犯罪行为作斗争。

(3) 根本任务：维护社会主义法制，尊重和保障人权，保护公民的人身权利、财产权利、民主权利和其他权利，保障社会主义建设事业的顺利进行。

第三节 刑事诉讼的基本理念

一、惩罚犯罪与保障人权

二者均为刑事诉讼的任务，二者对立统一。

二、实体公正与程序公正

实体公正，即结果公正，指案件实体的结局处理所体现的公正。

程序公正，指诉讼程序方面体现的公正。

二者不能互相代替，应当并重。

三、诉讼效率

在刑事诉讼中，效率在公正得以实现的基础上才有意义。

公正第一，效率第二。

第四节 刑事诉讼的基本范畴

一、刑事诉讼目的

根本目的：维护社会制度。

直接目的：惩罚犯罪；实现国家刑罚权与保障诉讼参与人的合法权益不受侵害。

根本目的的实现有赖于直接目的的实现。

二、刑事诉讼价值

表 8-2 刑事诉讼价值

秩序	通过惩罚犯罪，维护社会秩序。追究犯罪的活动是有序的。	刑事诉讼法保证刑法正确实施，刑事诉讼价值得以实现；刑事诉讼法的制定和适用本身也在实现刑事诉讼价值。
公正（核心）	(1) 包括实体公正与程序公正。 (2) 解决冲突的方式的公正性：由中立第三方审理并裁判。 (3) 易被社会公众接受：刑事诉讼为案件处理结果设定公正基础。	
效益	效率 + 刑事诉讼对推动社会经济发展方面的效益	

三、刑事诉讼主体

（详见第三章"刑事诉讼中的专门机关和诉讼参与人"）

四、刑事诉讼构造

（一）概念

指刑事诉讼法所确立的进行刑事诉讼的基本方式，以及专门机关、诉讼参与人在刑事诉讼中形成的法律关系的基本格局，它集中体现为控诉、辩护、审判三方在刑事诉讼中的地位及其相互间的法律关系。

（二）刑事诉讼目的与刑事诉讼构造的关系

（1）立法者总是基于一定的刑事诉讼目的，设计相应的诉讼构造。

（2）刑事诉讼目的的提出与实现，必须以刑事诉讼构造本身所具有的功能为前提。

（3）一个国家特定时期的刑事诉讼目的与构造具有内在的一致性，都受到当时占主导地位的关于刑事诉讼的法律价值观的深刻影响。

（三）刑事诉讼构造分类

（1）职权主义：大陆法系国家采取。

（2）当事人主义：英美法系国家采取。

（3）混合式诉讼构造：日本等国家采取，以当事人主义为主，职权主义为补充。

五、刑事诉讼阶段

（一）概念

指按照一定程序进行的相互连接的一系列行为过程，可以划分为若干相对独立的单元。

（二）划分刑事诉讼阶段的标准

划分立案、侦查、起诉、审判和执行阶段，主要看以下几个方面：

①直接任务；
②参加诉讼的机关和个人的构成；
③诉讼行为的方式；
④诉讼法律关系；
⑤诉讼的总结文书。

第二章 刑事诉讼法的基本原则

第一节 侦查权、检察权、审判权由专门机关依法行使

对刑事案件的侦查、拘留、执行逮捕、预审，由公安机关负责。检察、批准逮捕、检察机关直接受理的案件的侦查、提起公诉，由人民检察院负责。审判由人民法院负责。除法律特别规定的以外，其他任何机关、团体和个人都无权行使这些权力。

第二节 严格遵守法律程序

人民法院、人民检察院和公安机关进行刑事诉讼活动，必须严格遵守本法和其他法律的有关规定。

第三节 人民法院、人民检察院依法独立行使职权

一、人民法院行使审判权,人民检察院行使检察权,依照法律规定独立行使,不受行政机关、社会团体和个人的干涉

人民法院、人民检察院行使职权需接受党的领导,接受各级人民代表大会、人民群众与社会舆论的监督。

二、人民法院、人民检察院的上下级关系

(1)人民法院上下级之间是监督与被监督的关系,各具体法院在具体案件审判中独立行使审判权,其他人民法院无权干涉。

(2)人民检察院上下级之间是领导与被领导的关系,上级检察院有权就具体案件对下级人民检察院作出命令、指示。

第四节 人民法院、人民检察院和公安机关分工负责、互相配合、互相制约

人民法院、人民检察院和公安机关进行刑事诉讼,应当分工负责,互相配合,互相制约,以保证准确有效地执行法律。

第五节 人民检察院依法对刑事诉讼实行法律监督

人民检察院作为国家的法律监督机关,有权对公安机关的立案侦查、法院的审判和执行机关的执行活动是否合法进行监督。这种监督贯穿于刑事诉讼活动的始终。

第六节 各民族公民有权使用本民族语言文字进行诉讼

各民族公民都有用本民族语言文字进行诉讼的权利。人民法院、人民检察院和公安机关对于不通晓当地通用的语言文字的诉讼参与人,应当为他们翻译。在少数民族聚居或者多民族杂居的地区,应当用当地通用的语言进行审讯,用当地通用的文字发布判决书、布告和其他文件。

第七节 犯罪嫌疑人、被告人有权获得辩护

犯罪嫌疑人、被告人有权获得辩护是我国《宪法》和《刑事诉讼法》的重要原则。我国《宪法》第125条规定:被告人有权获得辩护。2012年《刑事诉讼法》第11条规定:被告人有权获得辩护,人民法院有义务保证被告人获得辩护。

第八节 未经人民法院依法判决,对任何人都不得确定有罪

(1)确定被告人有罪的权力由人民法院统一行使,其他任何机关、团体和个人都无权行使。

(2)为贯彻该原则,刑事诉讼法作出的相应规定:

①区分犯罪嫌疑人与刑事被告人。

公诉案件在提起公诉前将被追诉人称为犯罪嫌疑人,提起公诉后始称为刑事被告人。

②举证责任由控诉方承担。

被告人不负证明自己无罪的责任,不得因被告人不能证明自己无罪便推定其有罪。

③疑罪从无。

在审判阶段,对于证据不足、不能认定被告人有罪的,人民法院应当作出证据不足、指控罪名不能成立的无罪判决。

第九节 保障诉讼参与人的诉讼权利

人民法院、人民检察院和公安机关应当保障犯罪嫌疑人、被告人和其他诉讼参与人依法享有的辩护权和其他诉讼权利。诉讼参与人对于审判人员、检察人员和侦查人员侵犯公民诉讼权利和人身侮辱的行为,有权提出控告。

第十节 认罪认罚从宽处理

犯罪嫌疑人、被告人自愿如实供述自己的罪行,承认指控的犯罪事实,愿意接受处罚的,可以依法从宽处理。

【注意】此节为 2018 年《全国人民代表大会常务委员会关于修改〈中华人民共和国刑事诉讼法〉的决定》(以下简称《刑诉法修改决定》)内容。

第十一节 具有法定情形不予追究刑事责任

一、法定情形

(1)情节显著轻微、危害不大,根据刑法不认为是犯罪的。

【注意】与酌定不起诉的条件"犯罪情节轻微"不同,在审查起诉阶段,检察机关认为情节显著轻微、危害不大,根据刑法规定不认为是犯罪的,应当作法定不起诉;如果检察机关认为犯罪情节轻微,根据刑法规定不需要判处刑罚或免除刑罚的,可以作酌定不起诉。

(2)犯罪已过追诉时效期限的。

(3)经特赦令免除刑罚的。

(4)依照刑法规定告诉才处理的犯罪,没有告诉或撤回告诉的。

(5)犯罪嫌疑人、被告人死亡的。

(6)其他法律规定免予追究刑事责任的。

二、处理方式

表 8-3 不予追究刑事责任的处理方式

诉讼阶段		处理方式
立案		不予立案
侦查		撤销案件
审查起诉		法定不起诉
审判	庭前审查	对上文第(2)至(6)项情形,裁定终止审理或退回检察机关。
	法庭审理	对上文第(1)项情形,判决宣告无罪;对上文第(2)至(6)项情形,裁定终止审理。

第十二节 追究外国人刑事责任适用我国刑事诉讼法

对于外国人犯罪应当追究刑事责任的,适用本法的规定。对于享有外交特权和豁免权的外国人犯罪应当追究刑事责任的,通过外交途径解决。

第三章 刑事诉讼中的专门机关和诉讼参与人

第一节 刑事诉讼中的专门机关

表8-4 刑事诉讼中的专门机关的组织体系和职权

专门机关	组织体系	职权
公安机关	公安部 省一级公安厅(局) 地区市一级公安处(局) 直辖市与中等城市市辖区公安分局 县一级公安局	立案权： 对于属自己管辖的案件，认为有犯罪事实发生并需要追究刑事责任时，公安机关有权决定立案。对依法不追究刑事责任的案件不予立案，已经追究的撤销案件。
		侦查权： (1)有权依法讯问犯罪嫌疑人、询问证人、勘验、检查、搜查、扣押、查询、冻结、组织鉴定、辨认与采取技术侦查措施等。 (2)有权对犯罪嫌疑人采取拘传、取保候审、监视居住、拘留、提请检察院批准逮捕的强制措施。 (3)对符合条件的案件，有权作出侦查终结的决定；对于侦查终结应当起诉的案件，移送检察院审查起诉。 (4)其他：通知辩护；主持制作和解协议书；制作没收财产意见书、强制医疗意见书等。
		执行权： 对被判处拘役、剥夺政治权利、驱逐出境的罪犯的执行。
人民检察院	最高人民检察院 省一级人民检察院 地区市一级人民检察院 省、自治区、直辖市人民检察院分院 县一级人民检察院 专门人民检察院	立案、侦查权： (1)检察院对司法工作人员利用职权实施的非法拘禁、刑讯逼供、非法搜查等侵犯公民权利、损害司法公正的犯罪，可以立案侦查。对于公安机关管辖的国家机关工作人员利用职权实施的其他重大的犯罪案件，经省级以上检察院决定可以由检察院立案侦查。 (2)在侦查过程中，有权讯问犯罪嫌疑人、询问证人或被害人，进行勘验、检察、搜查、扣押、组织鉴定、辨认、采取技术侦查措施交有关机关执行等。 (3)有权对犯罪嫌疑人采取拘传、取保候审、监视居住、拘留、逮捕等强制措施。 (4)有权对侦查终结移送审查起诉的案件进行补充侦查。
		提起公诉权： (1)有权对侦查终结移送起诉的案件进行审查，决定提起公诉或不起诉。 (2)对国家财产、集体财产遭受损失的，有权在提起公诉之时提起附带民事诉讼。 (3)对于审查起诉需要补充侦查的案件，有权决定自行侦查或退回补充侦查。 (4)在审判阶段，检察院有权派员出庭支持公诉、参加法庭调查与参加法庭辩论。

(续表)

专门机关	组织体系	职权
人民法院	最高人民法院 高级人民法院 中级人民法院 基层人民法院 专门人民法院	诉讼监督权： (1)有权对公安机关立案、侦查、提请批准逮捕犯罪嫌疑人进行监督。 (2)有权对审判活动进行监督。 (3)有权对法院确有错误的裁判提出抗诉。 (4)有权对刑事诉讼特别程序进行监督。 (5)有权对判决、裁定的执行活动进行监督。
		审判权： (1)受理自诉案件,并根据案件具体情况作出处理。 (2)对检察院提起公诉的案件进行审查,对符合起诉条件的开庭审判。 (3)根据事实和法律对被告人作出判决。 (4)对诉讼程序问题和部分实体问题作出裁定或决定。 (5)对特别程序案件进行审理并作出裁决。
		其他职权： (1)对被告人采取强制措施。 (2)在法庭审理过程中,对证据进行调查核实,必要时可以进行勘验、检查、查封、扣押、鉴定、查询、冻结。 (3)强制证人出庭权及处罚权。 (4)处罚违反法庭秩序的诉讼参与人和旁听人员。 (5)收缴和处理赃款、赃物及其孳息,执行某些判决和裁定,并对执行中的某些问题进行审核、判决。 (6)向有关单位提出司法建议。

【注意】
①其他侦查机关主要包括国家安全机关、军队保卫部门、中国海警局与监狱。
②上、下级人民法院之间是监督与被监督的关系,上级人民法院通过二审程序、审判监督程序、死刑复核程序、对下级人民法院工作的检查对下级人民法院审判工作进行监督。此外,最高人民法院通过依法解释法律、法令等方法,指导、监督各级人民法院的审判工作。

第二节　诉讼参与人

一、概述

（一）概念

在刑事诉讼过程中享有一定诉讼权利,承担一定诉讼义务的除国家专门机关工作人员以外的人。

诉讼参与人通过行使诉讼权利、承担诉讼义务,对刑事诉讼的进程和结局发挥着不同程度的影响和作用,保证刑事诉讼活动得以顺利、有效进行。

（二）分类

（1）当事人：与案件的结局有直接利害关系,对刑事诉讼进程发挥着较大影响作用的诉讼参与人。包括被害人、自诉人、犯罪嫌疑人、附带民事诉讼的原告和被告人。

【注意】当事人享有以下诉讼权利：用本民族语言文字进行诉讼的权利；申请回避权；控告权（对侦查、检察、审判人员侵犯其诉讼权利或对其人身进行侮辱的行为,提出控告的权利）；参加法庭调查与法庭辩论的权利；申诉权（对已发生法律效力的判决、裁定不服的,向法院或检察院提出申诉的权利)。

(2)其他诉讼参与人:除公安司法人员以及当事人之外,参与诉讼活动并在诉讼中享有一定的诉讼权利、承担一定的诉讼义务的人。包括法定代理人、诉讼代理人、辩护人、值班律师、证人、鉴定人和翻译人员。

二、具体诉讼参与人

表8-5 具体诉讼参与人的特点、权利和义务

诉讼参与人	特点	权利	义务
被害人	(1)检察院代表国家提起公诉的刑事案件中,以个人身份参与诉讼,并与检察院共同行使控诉职能的人。 (2)与案件结局存在直接的利害关系。 (3)被害人陈述是法定的证据来源之一。 (4)有权要求公安司法机关追究和惩罚犯规,也有权要求经济赔偿。 (5)不享有起诉权与抗诉权。	(1)申请复议权:对公安机关不立案决定不服的,可以申请复议。 (2)申诉权:认为公安机关应当立案而不立案的,有权向检察院提出申诉;对检察院作出的不起诉决定不服的,有权向上一级检察院提出申诉;不服地方各级法院生效裁判的,有权提出申诉。 (3)自案件移送审查之日起,有权委托诉讼代理人。 (4)自诉权。 (5)申请抗诉权:被害人不服地方各级法院的一审判决的,有权请求检察院抗诉。	(1)如实向公、检、法及其工作人员作出陈述。 (2)接受公安司法机关传唤,按时出席法庭参加审判。 (3)遵守法庭纪律,回答提问并接受询问和调查。
自诉人	(1)无自诉人告诉,则无自诉案件审判。 (2)只存在于自诉案件。 (3)在诉讼中承担控诉职能,诉讼地位相当于原告,但被告人在自诉案件提出的反诉中,行使辩护职能。	(1)提起自诉权。 (2)随时委托代理人的权利。 (3)调解、和解、撤诉权:法院对告诉才处理和被害人有证据证明的轻微刑事案件,可以在查明事实、分清是非的基础上进行调解。自诉人在宣告判决前可以同被告人自行和解,对于自诉人要求撤诉的,人民法院经审查认为确属自愿的,应当予以准许。 (4)程序参与权:有权参与法庭调查、辩护,申请相关人员回避。 (5)申请法院调查取证权。 (6)上诉权。 (7)申诉权。	(1)承担举证责任:法院已立案,经审查缺乏罪证,如果自诉人无法提出补充证据,法院将说服自诉人撤回自诉,不予撤诉的,法院裁定驳回自诉。 (2)不得捏造事实诬告陷害他人或伪造证据。 (3)按时出席法庭:经两次传唤拒不出庭或无正当理由退庭的,按撤诉处理。 (4)遵守法庭纪律。

(续表)

诉讼参与人	特点	权利	义务
犯罪嫌疑人、被告人	(1)以检察院提起公诉为界,将被追诉者分为犯罪嫌疑人与被告人。 (2)是辩护权主体,居于当事人的地位。 (3)与案件结局有直接利害关系,是刑诉被追诉者,负有接受公安司法机关强制性措施、协助国家专门机关进行刑事诉讼义务。 (4)犯罪嫌疑人、被告人供述与辩解是法定证据种类之一。	防御性权利: (1)有权使用本民族语言文字进行诉讼。 (2)有权自行或在辩护人协助下获得辩护。 (3)有权拒绝回答侦查人员提出的与本案无关的问题。 (4)有权在开庭前10日内收到起诉状副本。 (5)有权参加法庭调查与法庭辩论。 (6)最后陈述权。 (7)反诉权:自诉案件被告人有权对自诉人提出反诉。 救济性权利: (1)有权对驳回申请回避的决定申请复议。 (2)有权对审判、检察、侦查人员侵犯其诉讼权利和人身侮辱的行为提出控告。 (3)申请变更、解除强制措施权。 (4)对于检察院作出的酌定不起诉决定,有权向检察院申诉;对各级法院已经发生法律效力的判决、裁定,有权向法院、检察院申诉。 (5)上诉权。 程序保障权利: (1)未经法院依法判决,不得确定有罪。 (2)获得法院公开、独立、公正审判。 (3)不得强迫其自证其罪及排除非法证据。 (4)不受侦查人员实施非法强制措施。 (5)不受侦查人员非法侦查行为。 (6)上诉不加刑原则。	(1)在符合法定条件的情况下承受拘传、取保候审、监视居住、拘留、逮捕等措施。 (2)接受侦查人员的侦查行为。 (3)对于侦查人员讯问应如实回答。 (4)依法按时出庭并接受法庭审判。 (5)遵守法庭纪律,听从审判人员的指挥。 (6)对于生效的判决和裁定,有义务履行或协助执行。
附带民事诉讼当事人	详见第九章"附带民事诉讼"。		

(续表)

诉讼参与人	特点	权利	义务
单位犯罪嫌疑人、被告人	(1)代表涉嫌犯罪单位参加刑事诉讼诉讼代表人,应当是单位法定代表人或主要负责人。 (2)法定代表人或主要负责人被指控为单位犯罪直接负责的主管人员或因客观原因无法出庭的,应当由被告单位委托其他负责人或职工为诉讼代表人。 (3)有关人员被指控为单位犯罪其他责任人或知道案件情况、负有作证义务的除外。	(1)有权委托辩护。 (2)享有《刑事诉讼法》规定的有关被告人的诉讼权利。 (3)出庭义务:法院开庭审理单位犯罪案件,被告单位没有诉讼代表人参加诉讼的,应当要求检察院确定。法院对诉讼代表人不出庭的处理:①无正当理由不出庭的,可拘传其到庭;因客观原因无法出庭或下落不明的,应当要求检察院另行确定诉讼代表人;②诉讼代表人系单位其他人员的,应当要求检察院另行确定诉讼代表人出庭。 (4)人民法院为保证判决执行,根据案件具体情况,可以先行查封、扣押、冻结被告单位的财产或由被告单位提供担保。	
单位被害人	由法定代表人作为代表参加刑事诉讼。	与自然人被害人大致相同。	
法定代理人	(1)包括被代理人父母、养父母、监护人和负有保护责任的机关、团体的代表。在法定代理人为多人时,只能由其中一人参加诉讼。 (2)任务是保护被代理人合法权益,因而应当是有完全行为能力的自然人。	诉讼权利与被代理人相同,承担相应的义务,但不能代替陈述,也不能代替承担与人身自由相关联的义务,如服刑。	
诉讼代理人			
辩护人	详见第六章"辩护与代理"。		
值班律师			
证人	(1)是指除当事人以外,了解案件情况并向公安司法机关作证的诉讼参与人。 (2)生理上、精神上有缺陷或年幼,不能辨别是非、不能正确表达的人不得作为证人。 (3)只能是自然人。	(1)使用本民族语言文字进行诉讼。 (2)查阅证言笔录,并在发现笔录内容与作证的内容不符时要求补充或修改。 (3)对公安司法机关工作人员侵犯其诉讼权利或人身侮辱的行为提出控告。 (4)对因作证而支出的交通、住宿、就餐等费用有权要求补助。 (5)有权要求公安司法机关保证其本人及其近亲属的安全。	(1)如实提供证言。 (2)回答公安司法人员的询问。 (3)出席法庭审判并接受控辩双方的询问和质证。 (4)遵守法庭秩序,听从审判人员指挥。 (5)对询问内容保密。

(续表)

诉讼参与人	特点	权利	义务
鉴定人	（1）是接受公安司法机关的指派或聘请，以其专门知识和技能，对案件中的专门性问题进行鉴别判断并提出书面意见的诉讼参与人。 （2）条件： ①应当具有专门知识或技能。 ②应当受到公安司法机关指派或聘请。 ③应当与案件或案件当事人无利害关系，否则应当回避。 （3）特点： ①必须是与案件或案件当事人无利害关系的人。 ②通过参加刑事诉讼了解案件的真实情况。 ③通过聘请或指定产生，且在诉讼中可以更换。 ④必须具备鉴定某项专门性问题的知识或技能。		
翻译人员	应当受到公安司法机关的指派或聘请，也应当与案件或案件当事人无利害关系，否则应当回避。		

第四章　管辖

第一节　立案管辖

一、概念及划分依据

（一）概念

人民法院、人民检察院和公安机关之间，在直接受理刑事案件范围上的权限划分。

（二）划分依据

（1）公安司法机关的性质与诉讼职能。

（2）案件的性质和复杂程度。

二、公安机关直接受理的刑事案件

（1）除下列情况外，刑事案件的侦查由公安机关进行：

①虽然实体法上列为刑事案件，但在程序法上规定不需要侦查，人民法院可以直接受理的刑事案件，如自诉案件。

②法律规定应由其他机关或部门立案侦查的刑事案件，包括：

a. 人民检察院依法管辖的自侦案件。

b. 监察机关依法管辖的所有行使公权力的公职人员职务违法和职务犯罪案件。

c. 国家安全机关依法立案侦查的危害国家安全的案件。

d. 军队保卫部门依法立案侦查的军队内部发生的案件。

e. 中国海警局依法立案侦查的海上发生的刑事案件。

f. 监狱依法立案侦查的罪犯在监狱内犯罪的案件。

（2）公安机关立案侦查的案件，由犯罪地的公安机关立案侦查，如果由犯罪嫌疑人居住地的公安机关管辖更为适宜的，可以由犯罪嫌疑人居住地的公安机关管辖。跨地区系列盗窃、抢劫机动车案件，由最初受理的公安机关立案侦查；必要时，可由主要犯罪地公安机关立案侦查，或由上级公安机关指定立案侦查。

三、人民检察院直接受理的刑事案件

【特别提示】2018年3月20日,《监察法》通过,设置了国家、省、市、县4级监察机关,对所有行使公权力的公职人员职务违法和职务犯罪案件进行调查。2018年10月26日,《刑诉法修改决定》通过,对人民检察院的管辖范围进行了相应调整。

人民检察院直接受理的刑事案件具体包括两类:

(1)司法工作人员利用职权实施的非法拘禁、刑讯逼供、非法搜查等侵犯公民权利、损害司法公正的犯罪。

(2)公安机关管辖的国家机关工作人员利用职权实施的重大犯罪案件,需要由人民检察院直接受理,经省级以上人民检察院决定,可以由人民检察院立案侦查。

【注意】《监察法》第11条对监察机关职责范围进行了规定:"监察委员会依照本法和有关法律规定履行监督、调查、处置职责:(一)对公职人员开展廉政教育,对其依法履职、秉公用权、廉洁从政从业以及道德操守情况进行监督检查;(二)对涉嫌贪污贿赂、滥用职权、玩忽职守、权力寻租、利益输送、徇私舞弊以及浪费国家资财等职务违法和职务犯罪进行调查;(三)对违法的公职人员依法作出政务处分决定;对履行职责不力、失职失责的领导人员进行问责;对涉嫌职务犯罪的,将调查结果移送人民检察院依法审查、提起公诉;向监察对象所在单位提出监察建议。"

《监察法》第15条对"公职人员及有关人员"进行了明确定义:"(一)中国共产党机关、人民代表大会及其常务委员会机关、人民政府、监察委员会、人民法院、人民检察院、中国人民政治协商会议各级委员会机关、民主党派机关和工商业联合会机关的公务员,以及参照《中华人民共和国公务员法》管理的人员;(二)法律、法规授权或者受国家机关依法委托管理公共事务的组织中从事公务的人员;(三)国有企业管理人员;(四)公办的教育、科研、文化、医疗卫生、体育等单位中从事管理的人员;(五)基层群众性自治组织中从事管理的人员;(六)其他依法履行公职的人员。"

四、人民法院直接受理的刑事案件

表8-6 人民法院直接受理的刑事案件

告诉才处理的案件	(1)侮辱、诽谤罪,但严重危害社会秩序和国家利益的除外。 (2)暴力干涉婚姻自由罪,但致使被害人死亡的除外。 (3)虐待罪,但致使被害人重伤、死亡的除外。 (4)侵占罪。
被害人有证据证明的轻微刑事案件	(1)故意伤害罪(轻伤)。 (2)非法侵入他人住宅罪。 (3)妨害通信自由罪。 (4)重婚罪。 (5)遗弃罪。 (6)生产、销售伪劣商品罪,严重危害社会秩序和国家利益的除外。 (7)侵犯知识产权罪,严重危害社会秩序和国家利益的除外。 (8)属于刑法分则第四章、第五章规定的,对被告人可以判处3年有期徒刑以下刑罚的其他轻微刑事案件。
公诉转自诉案件	被害人有证据证明对被告人侵犯自己人身、财产权利的行为应当依法追究刑事责任,而公安机关或检察院不予追究的案件。

五、管辖权竞合的处理

（一）公、检管辖权竞合

公安机关侦查刑事案件涉及人民检察院管辖的贪污贿赂案件时，应当将贪污贿赂案件移送人民检察院；人民检察院侦查贪污贿赂案件涉及公安机关管辖的刑事案件时，应当将属于公安机关管辖的刑事案件移送公安机关。

上述情况，主罪属谁管辖，谁就主侦查，另一机关予以配合。

（二）公、检与法管辖权竞合

公安机关或检察院在侦查过程中，发现被告人还涉嫌实施自诉案件范围的犯罪：

（1）对于告诉才处理的案件，可以直接告知被害人向法院起诉。

（2）对于其他类型的自诉案件，可以立案侦查，在检察院提起公诉时与公诉案件一并移送法院，由法院合并审理。

（3）侦查终结后不提起公诉的，应直接移送法院处理。

（三）法与公、检管辖权竞合

法院在审理自诉案件的过程中，发现被告人还涉嫌实施公诉案件范围的犯罪，应当将新发现的案件另案移送有管辖权的公安机关、检察院处理。

（四）公、检、法与监管辖权竞合

被调查人既涉嫌严重职务违法或者职务犯罪，又涉嫌其他违法犯罪的，一般应当由监察机关为主调查，其他机关予以协助。

（五）并案处理

具有下列情形之一的，公检法可以在其职责范围内并案处理：

（1）一人犯数罪的。

（2）共同犯罪的。

（3）共同犯罪的犯罪嫌疑人、被告人还实施其他犯罪的。

（4）多个犯罪嫌疑人、被告人实施的犯罪存在关联，并案处理有利于查明案件事实的。

第二节 审判管辖

指各级人民法院之间、同级人民法院之间、普通人民法院与专门人民法院之间、各专门人民法院之间在审判第一审刑事案件上的职权划分。

一、级别管辖

各级人民法院之间在审判第一审刑事案件上的权限分工见表8-7。

表8-7 各级人民法院之间在审判第一审刑事案件上的权限分工

基层人民法院	由上级管辖除外的所有刑事案件。
中级人民法院	(1)危害国家安全、恐怖活动案件。 (2)可能判处无期徒刑、死刑的案件。 (3)犯罪嫌疑人、被告人逃匿、死亡，没收违法所得案件。 (4)贪污贿赂犯罪案件，以及需要及时进行审判，经最高人民检察院核准的严重危害国家安全犯罪、恐怖活动犯罪案件，犯罪嫌疑人、被告人在境外适用缺席审判程序的案件。
高级人民法院	全省性的重大刑事案件。
最高人民法院	全国性的重大刑事案件。

【注意】

(1) 恐怖活动案件范围注意《中华人民共和国刑法修正案(九)》修改或增加的恐怖活动罪名。

(2) 根据《刑法》第291条的规定,缺席审判案件由犯罪地、被告人离境前居住地或者最高人民法院指定的中级人民法院组成合议庭进行审理。

(3) 一人犯数罪、共同犯罪和其他需要并案审理的案件,只要一人或一罪属于上级法院管辖,则全案均由上级法院管辖。

(4) 人民检察院认为可能判处无期徒刑、死刑,向中级人民法院提起公诉的案件,中级人民法院受理后,认为不需要判处无期徒刑、死刑的,应当依法审判,不再交基层人民法院审判。

二、地区管辖

同级人民法院之间在审判第一审刑事案件上的权限划分。

(一) 以犯罪地人民法院管辖为主,被告人居住地人民法院管辖为辅为原则

(1) 犯罪地包括犯罪行为发生地与犯罪结果发生地。

(2) 被告人居住地一般为户籍所在地,经常居住地与户籍地不一致的,经常居住地为其居住地。经常居住地为被告人被追诉前已连续居住1年以上的地方,但住院就医的除外。

(3) 被告单位登记的住所地为其居住地,主要营业地或主要办事机构所在地与登记的住所地不一致的,主要营业地或主要办事机构所在地为其居住地。

(二) 以最初受理的人民法院审判为主,主要犯罪地人民法院审判为辅原则

两个以上同级人民法院都有权管辖的案件,由最初受理的人民法院管辖。如主要犯罪地人民法院对查清主要犯罪事实及及时处理案件更为有利,由主要犯罪地人民法院审判。

三、专门管辖

专门人民法院与普通人民法院之间,各种专门人民法院之间以及各专门法院系统内部在受理第一审刑事案件上的权限分工。

专门人民法院包括军事法院和铁路运输法院等。

四、移送管辖

本来受理案件的法院由于某些特殊原因,将案件移送其他法院管辖。

(1) 上级人民法院决定审判下级人民法院管辖的第一审刑事案件的,应当在下级人民法院第一审宣判之前下达改变管辖决定书,并书面通知同级人民检察院。

(2) 基层人民法院对可能判处无期徒刑、死刑的第一审刑事案件,应当移送中级人民法院审判。

(3) 基层人民法院对下列第一审刑事案件,可以请求移送中级人民法院审判:

①重大、复杂案件。

②新类型的疑难案件。

③在法律适用上具有普遍指导意义的案件。

需要将案件移送中级人民法院审判的,应当在报请院长决定后,至迟于案件审理期限届满15日前书面请求移送。中级人民法院应当在接到申请后10日内作出决定。不同意移送的,应当下达不同意移送决定书,由请求移送的人民法院依法审判;同意移送的,应当下达同意移送决定书,并书面通知同级人民检察院。

(4) 有管辖权的人民法院因案件涉及本院院长需要回避等原因,不宜行使管辖权的,可以请求移送上一级人民法院管辖。上一级人民法院可以管辖,也可以指定与

提出请求的人民法院同级的其他人民法院管辖。

(5)第二审人民法院发回重新审判的案件,人民检察院撤回起诉后,又向原一审人民法院的下级人民法院重新提起公诉的,下级人民法院应当将有关情况层报原二审人民法院。原二审人民法院根据具体情况,可以决定将案件移送原一审人民法院或其他人民法院审判。

五、指定管辖

管辖不明或有管辖权法院不宜行使管辖权时,由上级法院以指定方式确定案件的管辖权。

(1)两个以上同级人民法院对管辖权发生争议的,应当在审限内协商解决;协商不成的,由争议的人民法院分别逐报共同的上级法院指定管辖。

(2)上级人民法院在必要时,可以指定下级人民法院将其管辖的案件移送其他下级人民法院审判。上级人民法院指定管辖,应当将指定管辖决定书分别送达被指定管辖的人民法院和其他有关的人民法院。原受理案件的人民法院在收到上级人民法院改变管辖决定书、同意移送决定书或指定其他人民法院管辖决定书后,对公诉案件,应当书面通知同级人民检察院,并将案卷材料退回,同时书面通知当事人;对自诉案件,应当将案卷材料移送被指定管辖的人民法院,并书面通知当事人。

第三节 特殊情况的管辖

(1)对于中华人民共和国缔结或参加的国际条约所规定的罪行,由被告人被抓获地的人民法院管辖。

(2)在中华人民共和国领域外的中国船舶内的犯罪,由该船舶最初停泊的中国口岸所在地的人民法院管辖。

(3)在中华人民共和国领域外的中国航空器内的犯罪,由该航空器在中国最初降落地的人民法院管辖。

(4)在国际列车上的犯罪,根据我国与相关国家签订的协定确定管辖;没有协定的,由该列车最初停靠的中国车站所在地或目的地的铁路运输法院管辖。

(5)中国公民在中国驻外使、领馆内的犯罪,由其主管单位所在地或原户籍地的人民法院管辖。

(6)中国公民在中华人民共和国领域外的犯罪,由其入境地或离境前居住地的人民法院管辖;被害人是中国公民的,也可由被害人离境前居住地的人民法院管辖。

(7)外国人在中华人民共和国领域外对中华人民共和国国家或公民犯罪,根据《刑法》应当受处罚的,由该外国人入境地、入境后居住地或被害中国公民离境前居住地的人民法院管辖。

(8)正在服刑的罪犯在判决宣告前还有其他罪没有判决的,由原审地人民法院管辖;由罪犯服刑地或犯罪地的人民法院审判更为适宜的,可以由罪犯服刑地或犯罪地的人民法院管辖。罪犯在服刑期间又犯罪的,由服刑地的人民法院管辖。罪犯在脱逃期间犯罪的,由服刑地的人民法院管辖。但是,在犯罪地抓获罪犯并发现其在脱逃期间的犯罪的,由犯罪地的人民法院管辖。

(9)网络犯罪案件的管辖:

①犯罪地公安机关管辖为主,居住地公安机关管辖为辅。

②犯罪地包括用于实施犯罪行为的网站服务器所在地,网络接入地,网络建立者、管理者所在地,被侵害的计算机信息系统或其管理者所在地等。

③有多个犯罪地的,由最初受理的公安机关或主要犯罪地公安机关立案侦查;有争议的,由共同上级公安机关指定有关

公安机关立案侦查。

④特殊情况,由异地公安机关立案侦查更有利于查清犯罪事实、保证案件公正处理的跨省(自治区、直辖市)重大网络犯罪案件,可以由公安部协商最高人民检察院和最高人民法院指定管辖。

第五章 回避

第一节 回避的理由、种类与适用人员

一、理由

(1)是本案当事人或当事人的近亲属:
①夫、妻、父、母、子、女、同胞兄弟姐妹。
②与当事人有直系血亲、三代以内旁系血亲以及近姻亲关系的审判人员都应当回避。
③与本案的辩护人、诉讼代理人有近亲属关系的审判人员也应当回避。

(2)本人或他的近亲属和本案有利害关系。

(3)担任过本案的证人、鉴定人、辩护人、诉讼代理人。

【注意】担任过本案的翻译人员的审判人员也应回避。

(4)与本案当事人有其他关系,可能影响公正处理案件的。

【注意】必须达到"可能影响公正处理案件"的程度。

(5)接受当事人及其委托的人请客送礼,或违反规定会见当事人及其委托的人。

(6)参加过本案侦查、起诉的侦查、检察人员不能再担任本案的审判人员,或参加过本案侦查的侦查人员,不能再担任本案的检察人员。

【注意】该规定适用于检察院书记员、法庭书记员、司法警察和翻译人员、鉴定人。

(7)在一个审判程序中参与过本案审判工作的合议庭成员,不得再参与本案其他程序的审判:
①该规定适用于法庭书记员、翻译人员和鉴定人。
②例外:发回重新审判的案件,一审法院作出裁判后又进入二审程序或死刑复核程序的,原二审程序或死刑复核程序中的合议庭组成人员,无需因之前曾参与本案的审理程序而回避。

二、种类

表8-8 回避的种类

自行回避	审判、检察、侦查人员主动要求退出诉讼活动。
申请回避	当事人及其法定代理人、辩护人、诉讼代理人认为审判、检察、侦查人员等有法定应当回避情形的,向人民法院、检察院或公安机关提出申请要求回避。
指令回避	审判、检察、侦查人员既无自行回避,也未被申请回避,由其所在机关的有关组织或负责人依职权命令其退出诉讼活动。

三、适用人员

（一）审判人员

各级法院院长、副院长、审判委员会委员、庭长、副庭长、审判员、助理审判员和人民陪审员。

（二）检察院人员

检察长、副检察长、检察委员会委员、检察员和助理检察员。

（三）侦查人员

具体侦查人员和对具体案件的侦查有权参与讨论和作出决定的负责人。

（四）书记员、翻译人员、鉴定人

应当注意的是，证人不适用回避。

第二节 回避的程序

表8-9 回避的程序

回避期间	(1)侦查、检察人员应在相应的诉讼阶段及时告知当事人等有申请回避权。 (2)审判长在开庭时应告知当事人等有申请回避权。 (3)合议庭可在庭前会议中就是否申请回避了解情况、听取意见。
回避的申请	(1)当事人及其法定代理人、辩护人、诉讼代理人申请。 (2)口头或书面申请，并说明理由或提供有关证明资料。 (3)被申请者一般应暂停参与本案的诉讼活动（但侦查人员在作出回避决定以前或复议期间除外）。
回避的 审查与决定	(1)审判、检察、侦查人员回避由法院院长、检察长、公安机关负责人决定；法院院长的回避由本院审判委员会决定（院长不得参加）。 (2)检察长和公安机关负责人（正职）的回避由同级检察委员会决定；书记员、翻译人员和鉴定人的回避按诉讼阶段和所属机关，由院长、检察长、公安机关负责人决定。 (3)出庭检察人员的回避：法院应当休庭，并通知检察院。
回避决定作出前 的诉讼活动效力	(1)被决定回避的公安机关负责人、侦查人员、鉴定人、记录人和翻译人员，在回避决定作出以前所进行的诉讼活动是否有效，由作出决定的机关根据案件情况决定。 (2)被决定回避的检察人员在回避决定作出以前所取得的证据和进行的诉讼行为是否有效，由检察委员会或检察长根据案件具体情况决定。
回避决定的复议	(1)对公安机关：5日内向原决定机关申请复议一次，决定机关应在5日内作出复议决定并书面通知申请人。 (2)对检察机关：5日内向原决定机关申请复议一次，决定机关应在3日内作出复议决定并书面通知申请人。 (3)对法院：可以申请复议一次。

第六章　辩护与代理

第一节　辩护

一、有效辩护原则

（1）犯罪嫌疑人、被告人作为刑事诉讼当事人在整个诉讼过程中应当享有充分辩护权。

（2）允许犯罪嫌疑人、被告人聘请合格的能够有效履行辩护职责的辩护人为其辩护，这种辩护同样应当覆盖从侦查到审判甚至执行阶段的整个刑事诉讼过程。

（3）国家应当保障犯罪嫌疑人、被告人自行辩护权充分行使，并通过设立法律援助制度确保犯罪嫌疑人、被告人能够获得符合最低标准并具有实质意义的律师帮助。

二、辩护的种类

（一）自行辩护

贯穿于刑事诉讼的始终。

（二）委托辩护

指犯罪嫌疑人、被告人依法委托律师或其他公民担任辩护人，协助其进行辩护。

犯罪嫌疑人、被告人可以自己委托辩护人，其在押的，也可以由其监护人、近亲属代为委托辩护人。

（1）公诉案件的犯罪嫌疑人在被侦查机关第一次讯问或采取强制措施之日起，有权委托辩护人。但侦查期间，只能委托律师担任辩护人；被告人有权随时委托辩护人。

（2）公安司法机关的告知义务。

①侦查机关在第一次讯问犯罪嫌疑人或对犯罪嫌疑人采取强制措施之日起，应当告知犯罪嫌疑人有权委托辩护人。

②检察院自收到移送审查起诉的案件材料之日起3日以内，应当告知犯罪嫌疑人有权委托辩护人。

③法院自受理案件之日起3日以内，应当告知被告人有权委托辩护人。

（3）犯罪嫌疑人、被告人在押期间要求委托辩护人的，法院、检察院、公安机关应当及时向犯罪嫌疑人、被告人的监护人、近亲属或其指定人员转达其要求。

（三）法律援助辩护

（1）特点：

①必须以犯罪嫌疑人、被告人没有委托辩护人为前提。

②适用于从侦查、审查起诉到审判的整个刑事诉讼过程。

③只能由律师担任，其他人不得担任。

（2）分类：

①申请法律援助。

②通知法院援助。

③值班律师。

（详见本节"四、法律援助辩护"的内容。）

三、辩护人

（一）辩护人的范围与人数

1.可以担任辩护人的人

（1）律师。

（2）人民团体或犯罪嫌疑人、被告人所在单位推荐的人。

（3）犯罪嫌疑人、被告人的监护人、亲友。

【注意】外国、无国籍犯罪嫌疑人、被告人委托律师辩护的，只能委托中国律师作为辩护人。

2. 不能担任辩护人的人

表 8-10　不能担任辩护人的人

(1) 正在被执行刑罚或处于缓刑、假释考验期间的人。 (2) 依法被剥夺、限制人身自由的人。 (3) 无行为能力或限制行为能力的人。 (4) 人民法院、人民检察院、公安机关、国家安全机关、监狱的现职人员。 (5) 人民陪审员。 (6) 与本案审理结果有利害关系的人。 (7) 外国人或无国籍人。 (8) 被开除公职和被吊销律师、公证员执业证书的人(注意:此项为 2018 年《刑诉法修改决定》内容)。 第(4)项至第(8)项规定的人员,如果是被告人的监护人、近亲属,由被告人委托担任辩护人的,可以准许。
审判人员和法院其他工作人员从法院离任后 2 年内,检察人员从检察院离任后 2 年内,不得以律师身份担任辩护人。
审判人员和法院其他工作人员从法院离任后,检察人员从检察院离任后,不得担任原任职法院或检察院所办理案件的辩护人,但作为被告人的监护人、近亲属进行辩护的除外。
审判人员和人民法院其他工作人员的配偶、子女或父母不得担任其任职法院所审理案件的辩护人,但作为被告人的监护人、近亲属进行辩护的除外。
检察人员的配偶、子女不得担任该检察人员所任职检察院办理案件的辩护人。

【注意】

(1) 近亲属的范围。

(2) 正在执行的刑罚包括主刑和附加刑;依法被剥夺、限制人身自由的人包括被公安司法机关采取了刑事诉讼强制措施或依据其他法律法规被限制或剥夺人身自由的人。

(3) 检察人员的父母可担任该检察人员所任职检察院办理案件的辩护人。

3. 辩护人的人数

(1) 一名犯罪嫌疑人可以委托 1~2 人作为辩护人。

(2) 一名辩护人不得作为 2 名以上同案犯罪嫌疑人、被告人的辩护人;也不得作为 2 名以上的未同案处理但实施的犯罪存在关联的犯罪嫌疑人、被告人的辩护人。

(二) 辩护人的诉讼地位与责任

1. 诉讼地位

具有独立的诉讼地位,是独立的诉讼参与人。

依法独立履行职务,只维护犯罪嫌疑人、被告人的合法权益,没有控诉的义务。

2. 责任

(1) 从实体上——根据事实和法律,提出犯罪嫌疑人、被告人无罪、罪轻或减轻、免除其刑事责任的材料和意见,帮助公安司法机关全面理解案件,正确适用法律。

(2) 从程序上——帮助犯罪嫌疑人、被告人依法正确行使其诉讼权利,并在其诉讼权利受到侵犯时,向公安司法机关提出意见或向有关单位提出控告。

(3) 为犯罪嫌疑人、被告人提供其他法律帮助。

（三）辩护人的权利

表8-11　辩护人的权利

权利	内容
了解侦查事项权	辩护律师在侦查期间可以向侦查机关了解犯罪嫌疑人涉嫌的罪名，当时已查明的该罪的主要事实，犯罪嫌疑人被采取、变更、解除强制措施的情况以及侦查机关延长侦查羁押期限等情况。
阅卷权	（1）案卷材料是指包括诉讼文书和证据材料在内所有材料。 （2）检察院对案件审查起诉之日起。 （3）辩护律师无需批准，其他辩护人需经法院或检察院许可。 （4）辩护律师提出阅卷要求的，检察院、法院应当当时安排其阅卷，无法当时安排的，应当向辩护律师说明并安排其在3个工作日以内阅卷，不得限制辩护律师阅卷的次数和时间。 （5）复制案卷材料的，检察院和法院只收取工本费；系法律援助辩护律师的，应当免收或减收费用。
会见通信权	（1）辩护律师持"三证"可同在押的犯罪嫌疑人、被告人会见和通信；其他辩护人需经法院、检察院许可。 （2）辩护律师持"三证"要求会见的，看守所应保证辩护律师在48小时以内见到犯罪嫌疑人、被告人。 （3）犯罪嫌疑人、被告人委托2名律师担任辩护人的，2名律师可同时会见；辩护律师可以带1名律师助理协助会见。 （4）对于危害国家安全犯罪案件、恐怖活动犯罪案件，辩护律师在侦查期间要求会见在押的犯罪嫌疑人，应经侦查机关许可。待有碍侦查或可能泄露国家秘密的情形消失后，应当许可其会见。 （5）会见犯罪嫌疑人、被告人的过程不被监听。
核实证据权	自案件移送审查之日起，有向犯罪嫌疑人、被告人核实有关证据的权利。
调查取证权	（1）向证人或其他有关单位和个人取证：辩护律师经其同意，可向其收集与本案有关的材料。 （2）向被害人或其近亲属、被害人提供的证人取证：辩护律师征得其同意，且征得检察院、法院许可，可以向其收集与本案有关的材料。辩护律师提出书面申请的，检察院、法院应在7日以内作出是否许可的决定，不予许可的，应书面说明理由；辩护律师口头提出申请的，办案机关可以口头答复。 （3）申请检察院、法院代为调查取证：辩护律师提出书面申请的，检察院、法院应在3日以内作出是否许可的决定，不予许可的，应书面说明理由；辩护律师口头提出申请的，办案机关可以口头答复。 （4）申请检察院、法院调取未随案移送的证明犯罪嫌疑人、被告人无罪或罪轻证据：检察院、法院认为辩护律师申请调取证据材料已收集并与案件事实有联系的应及时调取。相关证据材料提交后应及时通知辩护律师查阅、摘抄、复制。
申请解除期限届满的强制措施的权利	办案机关应当在3日以内作出处理决定。
获得通知权	（1）犯罪嫌疑人、被告人被采取、变更、解除强制措施的情况，侦查机关延长侦查羁押期限等情况。 （2）移送审查起诉、退回补充侦查、提起公诉、延期审理、二审不开庭审理、宣告判决等重大程序性决定，以及检察院将直接受理立案侦查案件报请上一级检察院审查决定逮捕等情况。 （3）侦查机关应当在案件移送审查起诉后3日以内，检察院应当在提起公诉后3日以内，将案件移送情况告知辩护律师。

(续表)

参与法庭调查与法庭辩论权	
提出意见权	(1)检察院审查批准逮捕可以听取辩护律师意见;辩护律师提出要求的应当听取其意见。 (2)对未成年人审查批捕必须听取辩护律师意见。 (3)案件侦查终结前辩护律师提出要求的,侦查机关应当听取其意见;辩护律师提出书面意见的,应当附卷。 (4)检察院审查起诉应当听取辩护人、值班律师意见;辩护人、值班律师提出书面意见应当附卷。 (5)犯罪嫌疑人认罪认罚的,检察院应当听取犯罪嫌疑人、辩护人或者值班律师、被害人及其诉讼代理人对认罪认罚从宽事项的意见,并记录在案。 (6)法院在速裁程序审理案件判决宣告前应当听取辩护人的意见和被告人的最后陈述意见。 (7)二审法院二审不开庭审理的,应当听取辩护人意见。 (8)最高人民法院复核死刑案件,辩护律师提出要求的,应当听取辩护律师的意见。
申诉控告权	辩护人认为公安机关、检察院、法院及其工作人员阻碍其依法行使诉讼权利的,有权向同级或上一级检察院申诉或控告,检察院应在受理后10日内进行审查。
人身保障权	(1)辩护人涉嫌犯罪的,应当由公安机关、检察院报请办理辩护人所承办案件的侦查机关的上一级侦查机关指定其他侦查机关立案侦查,或由上一级侦查机关立案侦查。不得指定办理辩护人所承办案件的侦查机关的下级侦查机关立案侦查。 (2)侦查机关对诉讼活动中涉嫌犯罪的律师采取强制措施后,应当在48小时以内通知其所在的律师事务所或所属的律师协会。
保密权	辩护律师对于在执业活动中知悉的委托人的有关情况和信息,有权予以保密。
拒绝辩护权	当事人委托事项违法,委托人利用律师提供的服务从事违法活动或委托人隐瞒事实时,律师有权拒绝辩护。

【注意】

(1)"三证"指律师执业证书、律师事务所证明和委托书或法律援助公函。

(2)辩护律师以外的辩护人申请查阅、摘抄、复制卷宗材料,具有下列情形之一的,检察院可不予许可:

①同案犯罪嫌疑人在逃的。

②案件事实不清,证据不足,或遗漏罪行、同案犯罪嫌疑人需要补充侦查的。

③涉及国家秘密或商业秘密的。

④有事实表明存在串供、毁灭、伪造证据或危害证人人身安全可能的。

(四)辩护人的义务

(1)不得帮助犯罪嫌疑人、被告人隐匿、毁灭、伪造证据或串供,不得威胁、引诱证人作伪证以及进行其他干扰司法机关诉讼活动的行为。

(2)接受委托后,应当及时告知办理案件的机关接受委托的情况。审判期间,辩护人接受被告人委托的,应当在接受委托之日起3日内,将委托手续提交法院;法律援助机构决定为被告人指派律师提供辩护的,承办律师应在接受指派之日起3日内,将法律援助手续提交法院。

（3）辩护人收集的有关犯罪嫌疑人不在犯罪现场、未达到刑事责任年龄、属于依法不负刑事责任的精神病人的证据,应当及时告知公安机关、人民检察院。

（4）辩护律师对执业过程中知悉的其委托人或其他人员准备实施、正在实施危害国家安全、公共安全以及严重危及他人人身安全犯罪的,应当及时告知司法机关,公安司法机关应当为反映有关情况的辩护律师保密。

（5）不得违反规定会见法官、检察官以及其他有关人员;不得向法官、检察官以及其他有关人员行贿,介绍贿赂或指导、诱导当事人行贿,或以其他不正当方式影响法官、检察官以及其他有关人员依法办理案件。

四、法律援助辩护

（一）申请

（1）犯罪嫌疑人、被告人因经济困难或其他原因没有委托辩护人的,本人及其近亲属可以向法律援助机构提出申请。对于符合法律援助条件的,法律援助机构应当指派律师为其提供辩护。

【注意】此处没有"法定代理人"。

（2）对于在押的犯罪嫌疑人、被告人,办案机关收到其提出的法律援助申请后,应尽快转交所在地的法律援助机构。法院转交期间为24小时,检察院转交期间为3天,公安机关转交期间为24小时。

（二）通知法律援助

1. 法定情形

（1）盲、聋、哑人。

（2）尚未完全丧失辨认或控制自己行为能力的精神病人。

（3）可能被判处无期徒刑、死刑的。

（4）未成年人。

（5）高级人民法院复核死刑案件,被告人没有委托辩护人的,法院应当通知法律援助机构指派律师为其提供辩护。

【注意】是"高级人民法院"复核死刑案件而非"最高人民法院"复核死刑立即执行案件。

（6）缺席审判案件,被告人及其近亲属没有委托辩护人的,法院应当通知法律援助机构指派律师为其提供辩护。

（7）强制医疗被申请人或被告人没有委托诉讼代理人的,法院应当通知法律援助机构指派律师为其提供法律帮助。

【注意】是"法律帮助"而非"辩护"。

2. 可以通知的情形（适用于法院）

（1）共同犯罪中,其他被告人已经委托辩护人的。

（2）有重大社会影响的案件。

（3）检察院抗诉的案件。

（4）被告人的行为可能不构成犯罪的。

（5）有必要指派律师辩护的其他情形。

3. 办案机关的告知义务

（1）公安机关:在第一次讯问犯罪嫌疑人或对其采取强制措施时,应当告知。

（2）检察机关:自收到移送审查起诉的案件材料之日起3日以内,应当告知。

（3）法院:自受理案件之日起3日以内,应当告知。

（4）法律援助机构应当在接到公安司法机关通知后3日以内指派律师,并将律师的姓名、单位、联系方式书面通知公安司法机关。

（三）值班律师

（1）法律援助机构可以在人民法院、看守所等场所派驻值班律师。犯罪嫌疑人、被告人没有委托辩护人,法律援助机构没有指派律师为其提供辩护的,由值班律师为犯罪嫌疑人、被告人提供法律帮助。

（2）人民法院、人民检察院、公安机关应当告知犯罪嫌疑人、刑事被告人有获得值班律师法律帮助的权利。犯罪嫌疑人、刑事被告人及其近亲属提出法律帮助请求的,人民法院、人民检察院、公安机关应当通知值班律师为其提供法律帮助。

(3)工作职责:

①解答法律咨询。

②引导和帮助犯罪嫌疑人、刑事被告人及其近亲属申请法律援助,转交申请材料。

③为自愿认罪认罚的犯罪嫌疑人、刑事被告人提供程序选择建议,对检察机关定罪量刑建议提出意见,犯罪嫌疑人签署认罪认罚具结书应当有值班律师在场。

④申请变更强制措施。

⑤对案件处理提出意见。

⑥对刑讯逼供、非法取证情形代理申诉、控告。

(4)不提供出庭辩护服务。符合法律援助条件的犯罪嫌疑人、刑事被告人,可以依申请或通知由法律援助机构为其指派律师提供辩护。

(5)应当依法保守工作中知晓的国家秘密、商业秘密和当事人隐私,但犯罪嫌疑人、刑事被告人或其他人准备或正在实施危害国家安全、公共安全以及严重危害他人人身安全的犯罪事实和信息除外。

五、拒绝辩护

(一)犯罪嫌疑人、被告人拒绝辩护人为其辩护

1.普通情形(视具体情况而定)

被告人当庭拒绝辩护人辩护,要求另行委托辩护人或指派律师的,合议庭应当准许。

被告人拒绝辩护人辩护后,没有辩护人的,应当宣布休庭;仍有辩护人的,庭审可以继续进行。

有多名被告人的案件,部分被告人拒绝辩护人辩护后,没有辩护人的,根据案件情况,可以对该被告人另案处理,对其他被告人的庭审继续进行。

2.法律援助情形

被告人拒绝法律援助机构指派的律师为其辩护,坚持自己行使辩护权的,法院认为理由正当的,应当准许。

属于应当提供法律援助的情形,被告人拒绝指派的律师为其辩护的,须另行委托辩护人;被告人未另行委托辩护人的,法院应在3日内书面通知法律援助机构另行指派律师为其提供辩护。

3.重新开庭后被告人再次当庭拒绝辩护

法院可以准许,但被告人不得再次另行委托辩护人或要求另行指派律师,应由其自行辩护。属于应当提供法律援助的情形,法院不予准许。

4.另行委托的情形另行委托辩护人或指派律师的,自案件宣布休庭之日起至第15日止,由辩护人准备辩护,但被告人及其辩护人自愿缩短时间的除外。

【注意】普通被告人可以拒绝两次,结局是自行辩护;通知法律援助被告人只可拒绝一次,结局是有律师辩护。

(二)律师拒绝继续为犯罪嫌疑人、被告人辩护

(1)律师接受委托后,发现委托事项违法、委托人利用律师提供的服务从事违法活动或委托人故意隐瞒与案件有关的重要事实的,律师有权拒绝辩护或代理。(律师不得轻易拒绝辩护。)

(2)法庭审理过程中,辩护律师因法定情况拒绝为被告人辩护或被告人拒绝辩护律师为其辩护的,辩护律师可向法庭申请休庭,以便更换辩护律师后继续协助被告人行使辩护权。

第二节 刑事代理

一、与辩护的区别

表 8-12 刑事代理与辩护的区别

区别	辩护	刑事代理
产生	犯罪嫌疑人、被告人委托;当其在押时,可以由其监护人、近亲属代为委托辩护人。	由被害人及其法定代理人或其近亲属、自诉案件自诉人及其法定代理人、附带民事诉讼当事人及其法定代理人委托。
表现形式	包括犯罪嫌疑人、被告人委托和法院指定辩护两种。	只存在被代理人委托一种方式。
诉讼地位	辩护人具有独立诉讼地位。	刑事诉讼代理人只能在被代理人授权范围内进行诉讼活动,受被代理人意志限制。
承担的诉讼职能	辩护职能。	公诉案件被害人、自诉案件自诉人代理人承担控诉职能。

二、委托主体

(一)公诉案件被害人的代理

(1)委托主体:被害人及其法定代理人或近亲属。

【注意】只有此处有"近亲属"。

(2)委托时间:自案件移送审查起诉之日起。

(3)检察院告知:检察院自收到移送审查起诉的案件材料起 3 日以内,应当告知被害人及其法定代理人或近亲属有权委托诉讼代理人。

(4)代理范围:以委托代理协议中的规定为依据。

(二)自诉案件的代理

(1)委托主体:自诉人及其法定代理人。

(2)委托时间:随时委托。

(3)法院告知:法院自受理自诉案件之日起 3 日以内,应当告知自诉人及其法定代理人有权委托诉讼代理人,并告知如果经济困难,可以申请法律援助。

(4)代理范围:由于自诉案件被告人有权提起反诉,反诉案件的代理人一般具有双重身份,既是被告人的辩护人,又是反诉的诉讼代理人。需办理双重委托手续,明确代理权限。

(三)附带民事诉讼当事人的代理

(1)委托主体:附带民事诉讼当事人及其法定代理人。

【注意】是"当事人"而非"原告"。

(2)委托时间:随时委托。

(3)检察院、法院告知:同上,3 日以内。

(四)犯罪嫌疑人、被告人逃匿、死亡案件违法所得没收程序中的代理

犯罪嫌疑人、被告人的近亲属和其他利害关系人有权申请参加法院对检察院提出的没收违法所得申请的审理程序,也可以委托诉讼代理人参加诉讼。

(详见第二十三章"犯罪嫌疑人、被告人逃匿、死亡案件违法所得的没收程序"。)

(五)强制医疗程序中的代理

法院审理强制医疗案件,应当通知被申请人或被告人的法定代理人到场。被申请人或被告人没有委托诉讼代理人的,法院应当通知法律援助机构指派律师为其提供法律帮助。

（详见第二十四章"依法不负刑事责任的精神病人的强制医疗程序"。）

三、诉讼代理人的范围、职责和权利

（一）范围

诉讼代理人的范围同辩护人。

（二）职责

根据事实和法律，维护被害人、自诉人或附带民事诉讼当事人的合法权益。

（三）权利

（1）经检察院、法院许可，可以查阅、摘抄、复制与本案有关的材料。

（2）律师担任代理人的，参照辩护人调查取证权。

（3）申诉、控告权，参照辩护人申诉、控告权。

第七章 刑事证据

第一节 刑事证据概述

一、概念

法律规定的形式表现出来的能够证明案件事实情况的材料。

包括：物证；书证；证人证言；被害人陈述；犯罪嫌疑人、被告人供述和辩解；鉴定意见；勘验、检查、辨认、侦查实验等笔录；视听资料、电子数据。

二、刑事证据的基本属性

表8-13 刑事证据的基本属性

客观性	（1）刑事证据的首要属性和最本质特征。 （2）必须是客观存在的事实，不以人的主观意志为转移。 （3）任何主观想象、虚构、猜测、假设、臆断、梦境，以及来源不明、道听途说的并非客观存在的材料，都不能成为刑事诉讼证据。
关联性	（1）必须与案件事实有客观联系，对证明刑事案件事实具有某种实际意义。 （2）是证据的一种客观属性，根源于证据事实同案件事实之间的客观联系。 （3）与案件事实相关联的形式不局限于因果联系。 （4）如果证据与案件事实之间联系紧密，则该证据证明力较强，在诉讼中所起作用较大。
合法性	（1）收集、运用证据主体要合法。只有法律规定的有权主体收集、运用的证据才能作为认定案件事实的根据。 （2）证据的提供、收集和审查的程序要合法。 （3）形式合法。不仅证据要符合《刑事诉讼法》规定的8种形式，其提出形式也应符合法律要求，如鉴定意见必须采用书面形式等。 （4）必须经法定程序出示和查证。未经法庭查证属实，均不得作为定案依据。
三个基本属性互相联系、缺一不可。 客观性和关联性涉及的是刑事证据的内容，合法性涉及的是刑事证据的形式。 客观性、关联性需要通过诉讼程序来审查和检验，而合法性是客观性和关联性的法律保证。 客观性、关联性和合法性表明了刑事证据内容和形式的统一。	

三、基本原则

（一）证据裁判原则

（1）认定案件事实必须依靠证据，没有证据就不能认定案件事实。

（2）用于认定案件事实的证据必须具有证据能力，即具有证据资格。

（3）用于定案的证据必须是在法庭上

查证属实的证据,除非法律另有规定。

（二）自由心证原则

（1）自由判断。即除法律另有规定的以外,证据及其证明力由法官自由判断,法律不作预先规定。

（2）内心确信。即法官通过对证据的判断所形成的内心信念,并且应达到深信不疑的程度,由此判定事实。

《最高人民法院关于民事诉讼证据的若干规定》第 64 条规定:"审判人员应当依照法定程序,全面、客观地审核证据,依据法律的规定,遵循法官职业道德,运用逻辑推理和日常生活经验,对证据有无证明力和证明力大小独立进行判断,并公开判断的理由和结果。"这表明自由心证原则在一定程度上得到了我国认可。

（三）直接言词原则

（详见第十四章"刑事审判概述"）。

第二节 刑事证据的种类

一、物证和书证

表 8-14 刑事证据的种类

物证	（1）指证明案件真实情况的一切物品和痕迹。 （2）以其外部特征、物品属性、存在状况等来发挥证明作用。具有较强的客观性、稳定性。 （3）由于物证所包含的信息内容通常只能反映案件中的某些片段或个别情节,而不能一步到位地直接证明案件中的主要事实,只能作为间接证据。
书证	（1）必须以物质材料为载体,不限于文字,图形和符号也可以成为其载体。 （2）所记载的内容或所表达的思想,必须与待证明的案件事实有关联,能够被用来证明案件事实。 【注意】放火案中被损坏的书籍虽记载内容,但属于物证。
书证与物证的比较	（1）书证以内容证明案件事实;物证以物质属性和外观特征证明案件事实。 （2）如果一个物体同时具有以上两种作用,其既是书证又是物证。
物证的收集程序	（1）收集和调取的物证应当是原物,只有在原物取得困难时,方可拍摄或制作足以反映原物外形或内容的照片、录像或复制品。 （2）原物的照片、录像或复制品,不能反映原物的外形和特征的,不能作为证据使用。 （3）拍摄物证的照片、录像,制作人不得少于 2 人,并应当附有制作过程的文字说明及原物存放何处的说明,并由制作人签名或盖章。 （4）移送案件时,应当将物证随同案卷一并移送。
书证的收集程序	同物证的收集程序。

二、证人证言、被害人陈述与犯罪嫌疑人、被告人的供述与辩解

表 8-15 证人证言、被害人陈述与犯罪嫌疑人、被告人的供述与辩解及其收集程序

证人证言	（1）指证人就其所了解的案件情况向公安司法机关所作的陈述。 【注意】证人证言一般是以笔录加以固定的口头陈述,但记录证人陈述的录音录像也属于证人证言。 （2）证人是犯罪嫌疑人、被告人、被害人以外的人。 （3）证人陈述的是亲身感知的事实。 【注意】猜测性、评论性、推断性证言,不得作为证据使用。 （4）容易受到证人主观因素和客观条件的影响。 （5）证人证言不可替代。

(续表)

被害人陈述	(1)指刑事被害人就其受害情况和其他与案件有关的情况向公安司法机关所作的陈述。 【注意】被害人既可以是自然人,也可以是法人;而证人只能是自然人。 (2)容易受各种主客观因素的影响。
犯罪嫌疑人、被告人的供述与辩解	(1)指犯罪嫌疑人、被告人就有关案件的情况向侦查、检察和审判人员所作的陈述,主要包括犯罪嫌疑人、被告人承认自己有罪的供述和说明自己无罪、罪轻的辩解。 (2)属于何种证据: ①检举同案其他共犯:属于犯罪嫌疑人、被告人供述和辩解。 ②检举他人或非共犯:属于证人证言。 (3)可以全面、具体反映案件事实。 (4)常常呈现出反复无常的"易变性"。
证人证言的收集	(1)询问证人应当首先告知其应当如实提供证言,如有意作伪证或隐匿罪证要负法律责任。 (2)应当个别和口头进行。 (3)严禁对证人采用拘留、刑讯、威胁、引诱、欺骗等非法方法,也不得诱导证人提供证言。 (4)询问时,应当全面、如实地对证言内容进行客观记录,不能加入办案人员的主观臆想和个人判断。
被害人陈述的收集	参照证人证言的收集,但要注意对被害人隐私权的保护和情绪疏导。
犯罪嫌疑人、被告人供述与辩解的收集	(1)重证据、重调查研究,不轻信口供。 (2)禁止以威胁、引诱、欺骗等非法方法提取口供,采用刑讯逼供等非法手段取得的供述,不能作为定案的根据。 (3)只有被告人供述,没有其他证据的,不能认定被告人有罪和处以刑罚;没有被告人供述,证据确实充分的,可以认定被告人有罪和处以刑罚。

三、鉴定意见与勘验、检查、辨认、侦查实验笔录

鉴定意见	公安司法机关为了解决案件中某些专门性问题指派或聘请具有专门知识和技能的人进行鉴定后所作的书面意见。 (1)具有特定的书面形式。 (2)是鉴定人对专门性问题从科学、技术或专门知识的角度提出的鉴别判断意见。 (3)实行鉴定人负责制。鉴定人应独立鉴定,对鉴定意见负责并在鉴定意见书上签名或盖章。多人参加的鉴定,对鉴定意见有不同意见的,应当注明。单位公章不能代替个人签名或盖章。 (4)内容仅限于解决案件所涉及的专门性问题,不就法律问题提供意见。 (5)鉴定意见受利害关系影响较小。 (6)鉴定人必须由公安司法机关指派或聘请。
勘验笔录	办案人员对与犯罪有关的场所、物品、尸体等进行勘查检验后所作的记录。
检查笔录	办案人员为确定被害人、犯罪嫌疑人、被告人的某些特征、伤害情况和生理状态,对他们的人身进行检验和观察后所作的客观记载。
辨认笔录	客观全面记录辨认过程和辨认结果,并由有关在场人员签名的记录。
侦查实验笔录	对试验条件、试验过程和试验结果的客观记录。

四、视听资料、电子数据

表 8-16 视听资料、电子数据的概念和特点

视听资料、电子数据的概念	（1）以录音录像电子计算机或其他高科技设备所存储的信息证明案件真实情况资料。 （2）案件发生过程中形成的，以数字化形式存储、处理、传输，能够证明案件事实的数据。包括但不限于： ①网页、博客、微博客、朋友圈、贴吧、网盘等网络平台发布的信息。 ②手机短信、电子邮件、即时通信、通讯群组等网络应用服务的通信信息。 ③用户注册信息、身份认证信息、电子交易记录、通信记录、登录日志等信息。 ④文档、图片、音视频、数字证书、计算机程序等电子文件。
视听资料、电子数据的特点	（1）形式多样，直观性强，客观实在，内容丰富。 （2）既易于保存，又有容易被损坏、覆盖、灭失。 （3）占用空间少，传送和运输方便。 （4）可以反复重现，作为证据易于使用，审查核实时便于操作。 （5）存在被伪造、变造的可能性。 （6）对技术要求高，伴随科技发展的进程而不断更新、变化。

五、刑事证据的审查判断

表 8-17 刑事证据的审查判断

物证、书证的审查判断	（1）在勘验、检查、搜查过程中提取、扣押的物证、书证，未附笔录或清单，不能证明物证、书证来源的，不得作为定案的根据。 （2）对来源、收集程序有疑问，不能作出合理解释的，不得作为定案的根据。 （3）收集程序方式有瑕疵，经补正或作出合理解释的，可以采用。
证人证言的审查判断	（1）下列情形不得作为定案的根据： ①询问证人没有个别进行的。 ②书面证言没有经证人核对确认的。 ③询问聋、哑人，应当提供通晓聋、哑手势的人员而未提供的。 ④询问不通晓当地通用语言、文字的证人，应当提供翻译人员而未提供的。 （2）收集程序、方式有瑕疵，经补正或作出合理解释的，可以采用。 （3）证人当庭作出的证言与其庭前证言矛盾，证人能够作出合理解释，并有相关证据印证的，应当采信其庭审证言；不能作出合理解释，而其庭前证言有相关证据印证的，可以采信其庭前证言。 （4）经人民法院通知，证人没有正当理由拒绝出庭或出庭后拒绝作证，法庭对其证言的真实性无法确认的，该证人证言不得作为定案的根据。 【注意】并不是只要证人不出庭，其证人证言便不得作为定案依据。
被害人陈述的审查判断	适用审查证人证言的规定。
犯罪嫌疑人、被告人供述和辩解的审查判断	（1）被告人供述具有下列情形之一的，不得作为定案的根据： ①讯问笔录没有经被告人核对确认的。 ②讯问聋哑人，应当提供通晓聋哑手势的人员而未提供的。 ③讯问不通晓当地通用语言、文字的被告人，应当提供翻译人员而未提供的。 （2）讯问笔录有瑕疵，经补正或作出合理解释的，可以采用。 （3）被告人庭审中翻供，但不能合理说明翻供原因或其辩解与全案证据矛盾，而其庭前供述与其他证据相互印证的，可以采信其庭前供述。被告人庭前供述和辩解存在反复，但庭审中供认，且与其他证据相互印证的，可以采信其庭审供述；被告人庭前供述和辩解存在反复，庭审中不供认，且无其他证据与庭前供述印证的，不得采信其庭前供述（有证据印证即可采用）。

	(续表)
鉴定意见 的审查判断	(1)经人民法院通知鉴定人拒不出庭作证的,鉴定意见不得作为定案根据。 (2)《刑诉法解释》第85条规定了鉴定意见不得作为定案根据的情形。
勘验、检查、 辨认侦查实验等 笔录的审查判断	(1)勘验、检查笔录存在明显不符合法律规定和其他有关规定的情形,不能作出合理解释或说明的,不得作为定案的根据。 (2)下列情形不得作为定案的根据: ①不是在侦查人员主持下进行的。 ②辨认人在辨认前见到辨认对象的。 ③辨认活动没有个别进行的。 ④辨认对象没有混杂在具有类似特征的其他对象中,或供辨认的对象数量不符合规定的。 ⑤辨认中给辨认人明显暗示或明显有指认嫌疑的。 ⑥违反有关规定,不能确定辨认笔录真实性的其他情形。
视听资料、电子数据 的审查判断	下列情形不得作为定案的根据: (1)经审查无法确定真伪的。 (2)制作、取得的时间、地点、方式等有疑问,不能提供必要证明或作出合理解释的。
行政机关所搜集 证据的转化	(1)行政机关在行政执法和查办案件过程中收集的物证、书证、视听资料、电子数据等证据材料,在刑事诉讼中可以作为证据使用;经法庭查证属实,且收集程序符合有关法律、行政法规规定的,可以作为定案的依据(《刑诉法解释》)。 (2)行政机关在行政执法和查办案件过程中收集的物证、书证、视听资料、电子数据证据材料,应当以该机关的名义移送,经人民检察院审查符合法定要求的,可以作为证据使用(《高检规则》)。 (3)行政机关在行政执法和查办案件过程中收集的鉴定意见、勘验、检查笔录,经人民检察院审查符合法定要求的,可以作为证据使用。 (4)人民检察院办理直接受理立案侦查的案件,对于有关机关在行政执法和查办案件过程中收集的涉案人员供述或相关人员的证言、陈述,应当重新收集;确有证据证实涉案人员或相关人员因路途遥远、死亡、失踪或丧失作证能力,无法重新收集,但供述、证言或陈述的来源、收集程序合法,并有其他证据相印证,经人民检察院审查符合法定要求的,可以作为证据使用。 【注意】即言词证据原则上重新收集。 (5)监察机关依照《监察法》收集的物证、书证、证人证言、被调查人供述和辩解、视听资料、电子数据等证据材料,在刑事诉讼中可以作为证据使用。

第三节 刑事证据的分类

(1)原始证据与传来证据。
(2)有罪证据与无罪证据。
(3)言词证据与实物证据。

【注意】鉴定意见是言词证据。

(4)直接证据与间接证据

①虽然直接证据能够单独地、直接地证明案件主要事实,但在直接证据的运用中应当坚持孤证不能定案的原则。

②完全依靠间接证据认定有罪时必须遵守以下规则:

a. 证据已经查证属实。

b. 证据之间相互印证,不存在无法排除的矛盾和无法解释的疑问。

c. 全案证据已经形成完整的证明体系。

d. 根据证据认定案件事实足以排除合理怀疑,结论具有唯一性。

e. 运用证据进行的推理符合逻辑和经验。

第四节　刑事证据规则

一、关联性规则

（1）只有与案件事实有关的材料，才能作为证据使用。

（2）没有关联性的证据不具有可采性，但具有关联性的证据未必都具有可采性。

（3）我国有关司法解释体现了关联性规则的精神，例如《刑诉法解释》第203条规定："控辩双方申请证人出庭作证，出示证据……对方对此提出异议，认为有关证据与案件无关或明显重复、不必要，法庭经审查异议成立的，可以不予准许。"

二、非法证据排除规则

表8-18　非法证据排除规则

排除范围	言词证据	（1）采用刑讯逼供等非法方法收集的犯罪嫌疑人、被告人供述和采用暴力、威胁等非法方法收集的证人证言、被害人陈述。 （2）采取殴打、违法使用戒具等暴力方法，变相肉刑的恶劣手段，以暴力或严重损害本人及其近亲属合法权益等进行威胁的方法，使犯罪嫌疑人、被告人遭受难以忍受的痛苦而违背意愿作出的供述。 （3）采用非法拘禁等非法限制人身自由的方法收集的犯罪嫌疑人、被告人供述。 （4）采用暴力、威胁以及非法限制人身自由等非法方法收集的证人证言、被害人陈述。 【注意】《关于办理刑事案件严格排除非法证据若干问题的规定》新增"非法拘禁等非法限制人身自由的方法收集的犯罪嫌疑人、被告人供述"。
	实物证据	收集物证、书证不符合法定程序，可能严重影响司法公正的，应当予以补正或作出合理解释；不能补正或作出合理解释的予以排除。
重复性供述排除的例外		采用刑讯逼供方法使犯罪嫌疑人、被告人作出供述，之后犯罪嫌疑人、被告人受该刑讯逼供行为影响而作出的与该供述相同的重复性供述，应当一并排除，但下列情形除外： （1）侦查期间，根据控告、举报或自己发现等，侦查机关确认或不能排除以非法方法收集证据而更换侦查人员，其他侦查人员再次讯问时告知诉讼权利和认罪的法律后果，犯罪嫌疑人自愿供述的。 （2）审查逮捕、审查起诉和审判期间，检察人员、审判人员讯问时告知诉讼权利和认罪的法律后果，犯罪嫌疑人、被告人自愿供述的。
侦查阶段的排除	依申请	犯罪嫌疑人及其辩护人在侦查期间可以向人民检察院申请。 对犯罪嫌疑人及其辩护人提供相关线索或材料，人民检察院应当调查核实。调查结论应当书面告知犯罪嫌疑人及其辩护人。 对确有以非法方法收集证据情形的，检察院应当向侦查机关提出纠正意见。侦查机关对审查认定的非法证据应当予以排除，不得作为提请批准逮捕、移送审查起诉的根据。
	依职权	（1）重大案件检察院驻看守所检察人员应当在侦查终结前询问犯罪嫌疑人，核查是否存在刑讯逼供、非法取证情形，并同步录音录像。经核查，确有上述情形的，侦查机关应当及时排除非法证据，不得作为提请批准逮捕、移送审查起诉的根据。 （2）对侦查终结的案件侦查机关应当全面审查证明证据收集合法性的证据材料，依法排除非法证据。排除后，证据不足的，不得移送审查起诉。 （3）侦查机关发现办案人员非法取证的，应当依法作出处理，并可另行指派侦查人员重新调查取证。

(续表)

审查逮捕起诉阶段的排除	依申请	(1)审查逮捕、审查起诉期间讯问犯罪嫌疑人,应当告知其有权申请排除非法证据,并告知诉讼权利和认罪的法律后果。 (2)审查逮捕、审查起诉期间,犯罪嫌疑人及其辩护人申请并提供相关线索或材料的,人民检察院应当调查核实。调查结论应当书面告知犯罪嫌疑人及其辩护人。
	依职权	(1)人民检察院在审查起诉期间发现侦查人员以刑讯逼供等非法方法收集证据的,应当依法排除相关证据并提出纠正意见,必要时人民检察院可以自行调查取证。 (2)人民检察院对审查认定的非法证据,应当排除,不得作为批准或决定逮捕、提起公诉的根据。被排除的非法证据应当随案移送,并写明为依法排除的非法证据。 (3)人民检察院依法排除非法证据后,证据不足,不符合逮捕、起诉条件的,不得批准或决定逮捕、提起公诉。 (4)对于人民检察院排除有关证据导致对涉嫌的重要犯罪事实未予认定,从而作出不批准逮捕、不起诉决定,或对涉嫌的部分重要犯罪事实决定不起诉的,公安机关、国家安全机关可要求复议、提请复核。
排除的辩护		(1)法律援助值班律师可以为犯罪嫌疑人、被告人提供法律帮助,对刑讯逼供、非法取证情形代理申诉、控告。 (2)犯罪嫌疑人、被告人及其辩护人申请排除非法证据,应当提供涉嫌非法取证的人员、时间、地点、方式、内容等相关线索或材料。 (3)辩护律师自检察院对案件审查起诉之日起,可以查阅、摘抄、复制讯问笔录、提讯登记、采取强制措施或侦查措施的法律文书等证据材料。其他辩护人经人民法院、人民检察院许可,也可以查阅、摘抄、复制上述证据材料。 (4)犯罪嫌疑人、被告人及其辩护人向人民法院、人民检察院申请调取公安机关、国家安全机关、人民检察院收集但未提交的讯问录音录像、体检记录等证据材料,人民法院、人民检察院经审查认为犯罪嫌疑人、被告人及其辩护人申请调取的证据材料与证明证据收集的合法性有联系的,应当予以调取;认为与证明证据收集的合法性没有联系的,应当决定不予调取并向犯罪嫌疑人、被告人及其辩护人说明理由。
审判阶段的排除	程序的启动	依申请: (1)人民法院向被告人及其辩护人送达起诉书副本时,应当告知其有权申请排除非法证据。 (2)申请排除非法证据,应当在开庭审理前提出,但在庭审期间发现相关线索或材料等情形除外。人民法院应当在开庭审理前将申请书和相关线索或材料的复制件送交人民检察院。 (3)在开庭审理前申请排除非法证据,未提供相关线索或材料,不符合法律规定的申请条件的,人民法院对申请不予受理。
		依职权: 法庭审理过程中,审判人员认为可能存在《刑事诉讼法》规定的以非法方法收集证据情形的,应当对证据收集合法性进行法庭调查。

(续表)

对非法证据排除申请的处理	开庭前	(1)被告人及其辩护人在开庭审理前申请排除非法证据,按照法律规定提供相关线索或材料的,人民法院应当召开庭前会议;人民检察院应当通过出示有关证据材料等方式,有针对性地对证据收集的合法性作出说明。人民法院可以核实情况,听取意见。 【注意】不能在庭前会议中排除。 (2)人民检察院可以决定撤回有关证据,撤回的证据,没有新的理由,不得在庭审中出示。 (3)被告人及其辩护人可以撤回排除非法证据的申请;撤回申请后,没有新的线索或材料,不得再次对有关证据提出排除申请。 (4)公诉人、被告人及其辩护人在庭前会议中对证据收集是否合法未达成一致意见,人民法院对证据收集的合法性有疑问的,应当在庭审中进行调查;人民法院对证据收集的合法性没有疑问,且没有新的线索或材料表明可能存在非法取证的,可以决定不再进行调查。
	庭审中	(1)未在开庭审理前申请,而在法庭审理过程中提出申请的,应当说明理由。 (2)法庭经审查,对证据收集的合法性有疑问的,应当进行调查;没有疑问的,应当驳回申请。 (3)法庭驳回排除非法证据申请后,被告人及其辩护人没有新的线索或材料,以相同理由再次提出申请的,法庭不再审查。 (4)庭审期间,法庭决定对证据收集的合法性进行调查的,应当先行当庭调查。但为防止庭审过分迟延,也可以在法庭调查结束前进行调查。
	证明	(1)提出责任:当事人及其辩护人、诉讼代理人应提供相关线索或材料。 (2)证明责任:证明证据收集合法性责任由检察院承担。 (3)证明标准:确实、充分。
法庭调查	开庭前的调查	(1)被告人及其辩护人申请人民法院通知侦查人员或其他人员出庭,人民法院认为现有证据材料不能证明证据收集的合法性,确有必要通知上述人员出庭作证或说明情况的,可以通知上述人员出庭。 (2)公诉人宣读起诉书后,法庭应当宣布开庭审理前对证据收集合法性审查及处理情况。
	庭审中的调查	(1)公诉人对证据收集的合法性加以证明,可以出示讯问笔录、提讯登记、体检记录、采取强制措施或侦查措施的法律文书、侦查终结前对讯问合法性的核查材料等证据材料,有针对性地播放讯问录音录像,提请法庭通知侦查人员或其他人员出庭说明情况。 (2)公诉人提交的取证过程合法的说明材料,应当经有关侦查人员签名,并加盖公章。未经有关侦查人员签名的,不得作为证据使用。上述材料不能单独作为证明取证过程合法的根据。 (3)被告人及其辩护人可以出示相关线索或材料,并申请法庭播放特定时段的讯问录音录像。 (4)侦查人员或其他人员出庭,应当向法庭说明证据收集过程,并就相关情况接受发问。对发问方式不当或内容与证据收集的合法性无关的,法庭应当制止。 (5)公诉人、被告人及其辩护人可以对证据收集的合法性进行质证、辩论。

(续表)

		(6)法庭对控辩双方提供的证据有疑问的,可以宣布休庭,对证据进行调查核实。必要时,可以通知公诉人、辩护人到场。 (7)法庭对证据收集的合法性进行调查后,应当当庭作出是否排除有关证据的决定。必要时,可以宣布休庭,由合议庭评议或提交审判委员会讨论,再次开庭时宣布决定。 (8)在法庭作出是否排除有关证据的决定前,不得对有关证据宣读、质证。
	法庭处理	(1)经法庭审理确认存在相关规定所规定的以非法方法收集证据情形,对有关证据应当予以排除。法庭根据相关线索或材料对证据收集的合法性有疑问,而人民检察院未提供证据或提供的证据不能证明证据收集的合法性,不能排除存在相关规定所规定的以非法方法收集证据情形的,对有关证据应当予以排除。 (2)对依法予以排除的证据,不得宣读、质证,不得作为判决的根据。 (3)人民法院排除非法证据后,案件事实清楚,证据确实、充分,依据法律认定被告人有罪的,应当作出有罪判决;证据不足,不能认定被告人有罪的,应当作出证据不足、指控的犯罪不能成立的无罪判决;案件部分事实清楚,证据确实、充分的,依法认定该部分事实。 (4)人民法院对证据收集合法性的审查、调查结论,应当在裁判文书中写明,并说明理由。
二审阶段的排除	审查的启动	(1)人民检察院、被告人及其法定代理人提出抗诉、上诉,对第一审人民法院有关证据收集合法性的审查、调查结论提出异议的,第二审人民法院应当审查。 (2)被告人及其辩护人在第一审程序中未申请排除非法证据,在第二审程序中提出申请的,应当说明理由。第二审人民法院应当审查。 (3)人民检察院在第一审程序中未出示证据证明证据收集的合法性,第一审人民法院依法排除有关证据的,人民检察院在第二审程序中不得出示之前未出示的证据,但在第一审程序后发现的除外。 第二审法院对证据收集合法性的调查参照第一审程序规定。
	二审法院的处理	(1)第一审人民法院对被告人及其辩护人排除非法证据的申请未予审查,并以有关证据作为定案根据,可能影响公正审判的,第二审人民法院可以裁定撤销原判,发回原审人民法院重新审判。 (2)第一审法院对依法应当排除而未排除的,第二审法院可以依法排除非法证据。排除非法证据后,原判决认定事实和适用法律正确、量刑适当的,应当裁定驳回上诉或抗诉,维持原判;原判决认定事实没有错误,但适用法律有错误,或量刑不当的,应当改判;原判决事实不清楚或证据不足的,可以裁定撤销原判,发回原审法院重新审判。

三、自白任意规则

只有基于被追诉人自由意志而作出的自白(即承认有罪的供述),才具有可采性。

严禁刑讯逼供和以威胁、引诱、欺骗以及其他非法方法收集证据,不得强迫任何人证实自己有罪。

四、传闻证据规则

如无法定理由,任何人在庭审期间以

外及庭审准备期间以外的陈述,不得作为认定被告人有罪的证据。

(一)书面传闻证据

亲身感受了案件事实的证人在庭审期日以外所作的书面证人证言以及警检人员所作的(证人)询问笔录。

(二)言词传闻证据

证人并非就自己亲身感知的事实作证,而是向法庭转述他从别人那里听到的情况。

《刑事诉讼法》第61条规定,"证人证言必须在法庭上经过公诉人、被害人和被告人、辩护人双方质证并且查实以后,才能作为定案的根据"。

但是,我国立法上又允许一部分证人可以不出庭作证。由此可见,我国现行立法并没有规定传闻证据排除规则,只是部分地体现了该规则的精神。

五、意见证据规则

证人只能陈述自己亲身感受和经历的事实,而不得陈述对该事实的意见或结论。

【注意】意见证据规则只约束证人,不适用鉴定人。证人不能发表猜测性、评论性、推断性的证言,但是鉴定人却可以发表自己的专业意见。

六、补强证据规则

补强证据规则,指为了防止误认事实或发生其他危险性,而在运用某些证明力显然薄弱的证据认定案情时,必须有其他证据补强其证明力,才能被法庭采信为定案根据。

补强证据,指用以增强另一证据证明力的证据。一开始收集到的对证实案情有重要意义的证据,称为"主证据",而用以印证该证据真实性的其他证据,就称为"补强证据"。

(1)补强证据必须满足以下条件
①必须具有证据能力。
②必须具有担保补强对象真实的能力。
③必须具有独立的来源。

(2)《刑事诉讼法》第55条规定,"只有被告人供述,没有其他证据的,不能认定被告人有罪和处以刑罚;没有被告人供述,证据确实、充分的,可以认定被告人有罪和处以刑罚"。

(3)下列证据应当慎重使用,有其他证据印证的,可以采信:
①生理上、精神上有缺陷,对案件事实的认知和表达存在一定困难,但尚未丧失正确认知、表达能力的被害人、证人和被告人所作的陈述、证言和供述。
②与被告人有亲属关系或其他密切关系的证人所作的有利于被告人的证言,或与被告人有利害冲突的证人所作的不利于被告人的证言。

七、最佳证据规则

在证明一项文书内容的过程中,如果其内容对案件审理重要,除非是因可证明的提出人重大过失之外的其他原因,否则必须使用原始的文书。

第五节 刑事诉讼证明

一、概念

侦查、检察、审判人员依照法定程序收集证据,审查判断证据,运用证据来确定有无犯罪,是谁实施了犯罪,犯罪人的罪责轻重以及其他有关事实的诉讼活动。

二、刑事诉讼证明对象

指诉讼中必须用证据加以证明的案件事实。

(一)需要证明的对象

刑事诉讼证明对象包括实体法方面的

事实和程序法方面的事实两大类。

证据本身不是刑事诉讼证明的对象，应当运用证据证明的案件事实包括：

（1）被告人、被害人的身份。

（2）被指控的犯罪是否存在。

（3）被指控的犯罪是否为被告人所实施。

（4）被告人有无刑事责任能力，有无罪过，实施犯罪的动机、目的。

（5）实施犯罪的时间、地点、手段、后果以及案件起因等。

（6）被告人在共同犯罪中的地位、作用。

（7）被告人有无从重、从轻、减轻、免除处罚情节。

（8）有关附带民事诉讼、涉案财物处理的事实。

（9）有关管辖、回避、延期审理等的程序事实。

（10）与定罪量刑有关的其他事实。

（二）不需要证明的对象

（1）一般人共同知晓的常识性事实。

（2）人民法院生效裁判所确认的并且未依审判监督程序重新审理的事实。

（3）法律法规的内容以及适用等属于审判人员履行职务所应当知晓的事实。

（4）在法庭审理中不存在异议的程序事实。

（5）法律规定的推定事实。

（6）自然规律或定律。

【注意】法庭审理中不存在异议的实体事实仍需提出证据进行证明。

三、刑事诉讼证明责任

（1）公诉案件中，证明犯罪嫌疑人、被告人有罪的责任，由人民检察院承担。

（2）自诉案件的自诉人应当对其控诉承担证明责任。

（3）在例外情况下，犯罪嫌疑人、被告人应当承担提出证据的责任。

主要指《刑法》规定的巨额财产来源不明罪，被告人负有说明明显超过合法收入的那部分财产、支出的来源的责任，如果不能说明来源的，则以巨额财产来源不明罪论处。

（4）人民检察院提起公诉，应当遵循客观公正原则，对被告人有罪、罪重、罪轻的证据都应当向人民法院提出。

四、刑事诉讼证明标准

（一）有罪判决的证明标准

案件事实清楚，证据确实、充分。

证据确实、充分，应当符合以下条件：

（1）定罪量刑的事实都有证据证明。

（2）据以定案的证据均经法定程序查证属实。

（3）综合全案证据，对所认定事实已排除合理怀疑。

（二）从重处罚的证明标准

适用证据确实、充分的证明标准。

（三）疑罪从无的处理

（1）未经人民法院依法判决，对任何人都不得确定有罪。

（2）人民检察院在审查起诉阶段，对于二次补充侦查的案件，仍然认为证据不足，不符合起诉条件的，应当作出不起诉决定。

（3）人民法院在审判阶段，经过法庭审理，合议庭对证据不足，不能认定被告人有罪的，应当作出证据不足、指控的犯罪不能成立的无罪判决。

第八章 强制措施

第一节 强制措施概述

一、概念与特点

（一）概念

公安机关、人民检察院和人民法院为了保证刑事诉讼的顺利进行，依法对刑事案件的犯罪嫌疑人、被告人的人身自由进行限制或剥夺的各种强制性方法。

按照强制程度高低的顺序排列依次为拘传、取保候审、监视居住、拘留与逮捕。前三项是限制人身自由的强制措施，后两项是剥夺人身自由的强制措施。

（二）特点

（1）主体特定性：只有公安机关（包括其他侦查机关）、人民检察院和人民法院才有权适用强制措施。

（2）对象唯一性：仅适用于犯罪嫌疑人、被告人。

（3）内容是限制或剥夺犯罪嫌疑人、被告人人身自由，不包括对物的强制处分。

（4）是预防性措施，而非惩罚性措施。

（5）适用上具有法定性。

（6）时间上具有临时性：强制措施是一种临时性措施，随着刑事诉讼的进程，强制措施应当根据案件的进展情况予以变更或解除。

二、适用的原则

（1）必要性原则。

（2）相当性原则。

（3）变更性原则：指强制措施的适用需要随着诉讼的进展、犯罪嫌疑人、被告人及案件情况的辩护而即时变更或解除。

三、公民的扭送

对于有下列情形的人，任何公民都可以立即扭送公安机关、人民检察院或人民法院处理：

（1）正在实行犯罪或在犯罪后即时被发觉的。

（2）通缉在案的。

（3）越狱逃跑的。

（4）正在被追捕的。

【注意】

①公民扭送不是强制措施，只是配合公安司法机关采取强制措施的一种辅助手段。

②与拘留的适用情形作区分。

第二节 拘传

一、概念

拘传是公安机关、人民检察院和人民法院对未被羁押的犯罪嫌疑人、被告人，依法强制其到案接受讯问的一种强制措施。

表 8-19 拘传与传唤的区别

不同点	传唤	拘传
强制力	自动到案	强制到案
适用对象	所有当事人	犯罪嫌疑人、被告人
是否需要法律文书	大多情况下需出示传唤证，但现场发现的犯罪嫌疑人，侦查人员经出示工作证件可以口头传唤，应在讯问笔录中注明。	必须出示拘传证。

二、拘传的程序

表8-20 拘传的对象、适用主体、地点、手续和时间

适用对象	犯罪嫌疑人、被告人
适用主体	公安机关、其他侦查机关、人民法院、人民检察院
地点	拘传犯罪嫌疑人,应当在犯罪嫌疑人所在市、县内的地点进行。 犯罪嫌疑人的工作单位与居住地不在同一市、县的,拘传应当在犯罪嫌疑人的工作单位所在的市、县进行;特殊情况下,也可以在犯罪嫌疑人居住地所在的市、县内进行。
手续	(1)由案件的经办人填写呈请拘传报告书,经本部门负责人审核后,由公安机关负责人、检察院检察长、法院院长批准,签发拘传证。 (2)执行拘传的公安、司法人员不得少于2人。 (3)拘传时,应当向被拘传人出示拘传证。 (4)犯罪嫌疑人到案后,应当责令其在拘传证上填写到案时间,应立即对其进行讯问。讯问结束后,由其在拘传证上填写讯问结束时间。
时间	(1)传唤、拘传持续的时间不得超过12小时;案情特别重大、复杂,需要采取拘留、逮捕措施的,传唤、拘传持续的时间不得超过24小时。不得以连续传唤、拘传的形式变相拘禁犯罪嫌疑人。传唤、拘传犯罪嫌疑人,应当保证犯罪嫌疑人的饮食和必要的休息时间。 (2)两次拘传间隔的时间一般不少于12小时,不得以连续拘传的方式变相拘禁犯罪嫌疑人。

第三节 取保候审

一、概念

取保候审是人民法院、人民检察院和公安机关对未被逮捕的犯罪嫌疑人、被告人,为防止其逃避侦查、起诉和审判,责令其提出保证人或交纳保证金,并出具保证书,保证随传随到的一种强制方法。

二、取保候审的程序

表8-21 取保候审的程序

启动	依申请	犯罪嫌疑人、被告人及其法定代理人、近亲属或辩护人有权申请变更强制措施;法院、检察院和公安机关收到申请后,应当在3日以内作出决定。
	依职权	公检法机关根据案件具体情况,可以直接主动地依职权决定取保候审。
执行机关	公安机关(国家安全机关)	
适用情形	(1)可能判处管制、拘役或独立适用附加刑的。 (2)可能判处有期徒刑以上刑罚,采取取保候审不致发生社会危险性的。 (3)患有严重疾病、生活不能自理,怀孕或正在哺乳自己婴儿的妇女,采取取保候审不致发生社会危险性的。 (4)羁押期限届满,案件尚未办结,需要采取取保候审的。	

	(续表)
不得适用的情形	(1)对累犯,犯罪集团的主犯,以自伤、自残办法逃避侦查的犯罪嫌疑人,严重暴力犯罪以及其他严重犯罪的犯罪嫌疑人不得取保候审,但适用情形中第(3)项、第(4)项情形除外。 (2)人民检察院对于严重危害社会治安的犯罪嫌疑人,以及其他犯罪性质恶劣、情节严重的犯罪嫌疑人不得取保候审。
保证方式	保证人保证与保证金保证
被取保候审人的义务 — 法定义务	(1)未经执行机关批准不得离开所居住的市、县。 (2)住址、工作单位和联系方式发生变动的,在24小时以内向执行机关报告。 (3)在传讯的时候及时到案。 (4)不得以任何形式干扰证人作证。 (5)不得毁灭、伪造证据或串供。 【注意】被监视居住的犯罪嫌疑人、被告人有正当理由需要离开所居住的市、县或执行监视居住的处所,应当经执行机关批准。如果取保候审是由检察院、法院决定的,执行机关在批准之前,应当征得决定机关同意。
被取保候审人的义务 — 酌定义务	法院、检察院和公安机关可以根据案件情况,责令被取保候审的犯罪嫌疑人、被告人遵守以下一项或多项规定: (1)不得进入特定的场所。 (2)不得与特定的人员会见或通信。 (3)不得从事特定的活动。 (4)将护照等出入境证件、驾驶证件交执行机关保存。
被取保候审人违反义务的后果	(1)被取保候审的犯罪嫌疑人、被告人违反前两款规定,已交纳保证金的,没收部分或全部保证金,并且区别情形,责令犯罪嫌疑人、被告人具结悔过,重新交纳保证金、提出保证人,或对其监视居住、予以逮捕。对违反取保候审规定,需要予以逮捕的,可以对犯罪嫌疑人、被告人先行拘留。 (2)对于法院和检察院决定的取保候审,如果发现犯罪嫌疑人、被告人在取保候审期间有违反上述法定义务和酌定义务的行为,执行取保候审的县级公安机关应当及时通知作出取保候审决定的法院和检察院。
期限	12个月,侦查、起诉、审判阶段分别计算。 【注意】被取保候审人违反规定,被依法没收部分或全部保证金后,检察院或法院仍决定对其取保候审的,取保候审的期限应当连续计算。

三、取保候审的保证方式

分为保证人保证和保证金保证。

对同一犯罪嫌疑人、被告人决定取保候审的,不能同时采用保证人和保证金两种方式。

(一)保证人保证

表8-22 保证人保证的知识要点

适用情形	(1)犯罪嫌疑人、被告人无力交纳保证金的。 (2)犯罪嫌疑人、被告人系未成年人或已满75周岁的。 (3)其他不宜收取保证金的情形。

保证人条件	(1) 与本案无牵连。 (2) 有能力履行保证义务。 (3) 享有政治权利,人身自由未受到限制。 (4) 有固定的住处和收入。
保证人数量	1~2 名。
保证人义务	(1) 监督被保证人遵守取保候审期间应当履行的义务。 (2) 发现被保证人可能发生或已经发生违反规定的行为,应当及时向执行机关报告。
对违反义务保证人的惩罚	(1) 保证人未履行保证义务的,查证属实后,经县级以上公安机关负责人批准,制作对保证人罚款决定书,对保证人处1 000元以上2万元以下罚款,在3日以内向保证人宣布;构成犯罪的,依法追究刑事责任。 (2) 根据案件事实和法律规定,认为已经构成犯罪的被告人在取保候审期间逃匿的,如果系保证人协助被告人逃匿,或保证人明知藏匿地点但拒绝向公安司法机关提供的,对保证人应当依法追究刑事责任。
保证人救济	(1) 保证人对罚款决定不服的,可以在5日以内向作出决定的公安机关申请复议。公安机关应当在收到复议申请后7日以内作出决定。 (2) 保证人对复议决定不服的,可以在收到复议决定书后5日以内向上一级公安机关申请复核1次。上一级公安机关应当在收到复核申请后7日以内作出决定。对上级公安机关撤销或变更罚款决定的,下级公安机关应当执行。 (3) 对于保证人罚款的决定已过复议期限,或经上级公安机关复核后维持原决定的,公安机关应当及时通知指定的银行将保证人罚款按照国家的有关规定上缴国库,并在3日以内通知决定取保候审的机关。
如果保证人在取保候审期间不愿继续担保或丧失担保条件或保证义务履行能力的,取保候审决定机关应当在收到保证人的申请或发现其丧失担保条件后的3日以内,责令犯罪嫌疑人重新提出保证人或交纳保证金,或变更强制措施,并将变更情况通知公安机关。	

(二)保证金保证

表 8-23 保证金保证的知识要点

保证金数额	(1) 起点数额:1 000元。 (2) 对于未成年犯罪嫌疑人,检察机关可以责令交纳500元以上的保证金。 (3) 公安机关决定取保候审,移送检察院审查起诉,检察院决定继续采取保证金方式取保候审,且被取保候审人没有违反取保候审义务情形的,不变更保证金数额,不再重新收取保证金。 (4) 考虑因素:被取保候审人的社会危险性;案件的性质、情节;可能判处刑罚的轻重;被取保候审人的经济状况等。
保证金收取与管理	(1) 由县级以上执行机关统一收取和管理。 (2) 县级以上执行机关应在其指定的银行设立取保候审保证金专门账户,委托银行代为收取和保管保证金。 (3) 应当以人民币交纳。

（续表）

保证金退还	（1）犯罪嫌疑人、被告人在取保候审期间未违反规定的，取保候审结束时，凭解除取保候审的通知或有关法律文书到银行领取退还的保证金。 （2）对被取保候审的被告人的判决、裁定生效后，应当解除取保候审、退还保证金的，如果保证金属于其个人财产，人民法院可以书面通知公安机关将保证金移交人民法院，用以退赔被害人、履行附带民事赔偿义务或执行财产刑，剩余部分应当退还被告人。
保证金没收	（1）没收保证金由执行机关决定。决定没收5万元以上保证金的，应当经设区的市一级以上公安机关负责人批准。没收保证金的决定，公安机关应当在3日以内向被取保候审人宣读。 （2）被取保候审人或其法定代理人对没收保证金的决定的救济：同保证人对罚款的救济。

第四节 监视居住

一、概念

公安机关、人民检察院、人民法院在刑事诉讼过程中，对于符合逮捕条件但具有法定情形的犯罪嫌疑人、被告人，责令在一定期限内不得离开住处或指定的居所，并对其活动予以监视和控制的一种强制措施。

二、监视居住的程序

表8-24 监视居住的知识要点

决定机关	公安机关、人民检察院、人民法院
执行机关	公安机关（国家安全机关）
适用对象	（1）患有严重疾病、生活不能自理的。 （2）怀孕或正在哺乳自己婴儿的妇女。 （3）系生活不能自理的人的唯一扶养人。 【注意】"系生活不能自理的人的唯一扶养人"中的"扶养"包括父母、祖父母、外祖父母对子女、孙子女、外孙子女的抚养和子女、孙子女、外孙子女对父母、祖父母、外祖父母的赡养以及配偶、兄弟姐妹之间的相互扶养。 （4）因为案件的特殊情况或办理案件的需要，采取监视居住措施更为适宜的。 （5）羁押期限届满，案件尚未办结，需要采取监视居住措施的。 （6）（替代取保候审）对符合取保候审条件，但犯罪嫌疑人、被告人不能提出保证人，也不交纳保证金的，可以监视居住。
种类	住处监视居住与指定居所监视居住
被监视居住人的义务	（1）未经执行机关批准不得离开执行监视居住的处所。 （2）未经执行机关批准不得会见他人或通信。 （3）在传讯的时候及时到案。 （4）不得以任何形式干扰证人作证。 （5）不得毁灭、伪造证据或串供。 （6）将护照等出入境证件、身份证件、驾驶证件交执行机关保存。 【注意】和被取保候审人的义务作区分。
被监视居住人违反义务的后果	情节严重的，可以予以逮捕；需要予以逮捕的，可以对犯罪嫌疑人、被告人先行拘留。

(续表)

解除	依申请	犯罪嫌疑人及其法定代理人、近亲属或辩护人认为监视居住法定期限届满,向公安机关、检察院及法院提出解除监视居住要求的,公安机关、检察院及法院应当在3日以内审查决定。
	依职权	监视居住期限届满或发现不应追究犯罪嫌疑人、被告人刑事责任的,应当及时解除监视居住。 解除监视居住的,应当由办案人员提出意见,报部门负责人审核,最后由公安机关负责人、检察院检察长及法院院长决定。
期限		最长不得超过6个月。
刑期折抵		被判处管制的,指定居所监视居住1日折抵刑期1日;被判处拘役、有期徒刑的,指定居所监视居住2日折抵刑期1日。

三、指定居所监视居住

（一）适用情形

（1）犯罪嫌疑人、被告人无固定住处的。

（2）犯罪嫌疑人、被告人涉嫌危害国家安全犯罪、恐怖活动犯罪,在住处执行可能有碍侦查的,经上一级公安机关批准,也可以在指定的居所执行。

【注意】

（1）固定住处指犯罪嫌疑人在办案机关所在地的市、县内工作、生活的合法居所。

（2）"在住处执行可能有碍侦查"的情形包括：①可能毁灭、伪造证据,干扰证人作证或串供的；②可能自杀或逃跑的；③可能导致同案犯逃避侦查的；④在住处执行监视居住可能导致犯罪嫌疑人面临人身危险的；⑤犯罪嫌疑人的家属或其所在单位的人员与犯罪有牵连的；⑥可能对举报人、控告人、证人及其他人员等实施打击报复的。

（3）指定的居所应当符合下列条件：①具备正常的生活、休息条件；②便于监视、管理；③能够保证办案安全。采取指定居所监视居住的,不得在看守所、拘留所、监狱等羁押、监管场所以及留置室、讯问室等专门的办案场所、办公区域执行。

（二）指定居所监视居住的通知

除无法通知的以外,应当在执行监视居住后24小时以内,将指定居所监视居住的原因和处所通知被监视居住人的家属。

无法通知的情形消除后,应当立即通知其家属。

无法通知包括以下情形：

（1）被监视居住人无家属的。

（2）与其家属无法取得联系的。

（3）受自然灾害等不可抗力阻碍的。

（三）监视方法

可以采取电子监控、不定期检查等监视方法对其遵守监视居住规定的情况进行监督；在侦查期间,可以对被监视居住的犯罪嫌疑人的通信进行监控。

【注意】仅在侦查期间,才可以对犯罪嫌疑人的通信进行监控。

（四）人民检察院对指定居所监视居住的监督

（1）对决定的监督

人民检察院经审查发现存在下列违法情形的,应当及时通知有关机关纠正：

①不符合指定居所监视居住的适用条件的。

②未按法定程序履行批准手续的。

③在决定过程中有其他违反《刑事诉讼法》规定的行为的。

（2）对执行的监督

人民检察院发现下列违法情形的,应当及时提出纠正意见：

①在执行指定居所监视居住后 24 小时以内没有通知被监视居住人的家属的。

②在羁押场所、专门的办案场所执行监视居住的。

③为被监视居住人通风报信、私自传递信件、物品的。

④对被监视居住人刑讯逼供、体罚、虐待或变相体罚、虐待的。

⑤有其他侵犯被监视居住人合法权利行为或其他违法行为的。

第五节 拘留

一、概念

公安机关、人民检察院等侦查机关对直接受理的案件,在侦查过程中,遇有紧急情况,依法临时剥夺某些现行犯或重大嫌疑分子的人身自由的一种强制措施。

二、与行政拘留、司法拘留的区别

表 8-25 刑事拘留与行政拘留的区别

不同点	刑事拘留	行政拘留
法律性质	诉讼行为,不具有惩罚性	行政制裁,具有惩罚性
适用对象	现行犯或重大嫌疑分子	尚未构成犯罪的一般违法行为人
适用目的	保障刑事诉讼活动顺利进行	惩罚和教育一般违法行为人
羁押期限	最长为 37 日	1～15 日
适用机关	公安机关和检察院决定,公安机关执行	公安机关

表 8-26 刑事拘留与司法拘留的区别

不同点	刑事拘留	司法拘留
法律性质	预防性措施,针对可能出现妨碍刑事诉讼的行为	排除性措施,针对已经出现的妨碍诉讼程序的严重行为
适用机关	公安机关和检察院决定,公安机关执行	法院决定,由法院的司法警察执行,交公安机关有关场所看管
适用对象	现行犯或重大嫌疑分子	妨碍诉讼程序的所有人
羁押期限	最长为 37 日	最长为 15 日
与判决的关系	羁押期限可以折抵刑期	与判决结果没有关系

三、拘留的程序

表 8-27 拘留的程序知识要点

决定主体	(1)公安机关依法需要拘留现行犯或重大嫌疑分子,由承办单位填写呈请拘留报告书,由县级以上公安机关负责人批准,制作拘留证,然后由提请批准拘留的单位负责执行。 (2)检察院决定拘留的案件,应当由办案人员提出意见,经办案部门负责人审核后,由检察长决定。决定拘留的案件,检察院应当将有关法律文书和案由、犯罪嫌疑人基本情况的材料送交同级公安机关,由公安机关负责执行。

执行主体	公安机关
适用情形	公安机关对于现行犯或重大嫌疑分子,如果有下列情形之一可以先行拘留: (1)正在预备犯罪、实行犯罪或在犯罪后即时被发觉的。 (2)被害人或在场亲眼看见的人指认他犯罪的。 (3)在身边或住处发现有犯罪证据的。 (4)犯罪后企图自杀、逃跑或在逃的。 (5)有毁灭、伪造证据或串供可能的。 (6)不讲真实姓名、住址,身份不明的。 (7)有流窜作案、多次作案、结伙作案重大嫌疑的。 对于检察院直接受理的案件中符合上述第④项、第⑤项规定,需要拘留犯罪嫌疑人的,由检察院作出决定,由公安机关执行。 检察院对于监察机关移送起诉的已采取留置措施的案件,应当对犯罪嫌疑人先行拘留,留置措施自动解除。 【注意】此项为2018年《刑诉法修改决定》内容。
出示拘留证	公安机关必须向被拘留人出示拘留证,并责令被拘留人在拘留证上签名或捺手印。
送看守所羁押	(1)拘留后,应当立即将被拘留人送看守所羁押,至迟不得超过24小时。 (2)公安机关对被拘留的人,应当在拘留后的24小时以内进行讯问。在发现不应当拘留的时候,必须立即释放,发给释放证明。异地执行拘留时,应当通知被拘留人所在地的公安机关,被拘留人所在地的公安机关应当予以配合。 (3)对检察院决定拘留的人,由检察院负责讯问。
通知家属	(1)除无法通知,或涉嫌危害国家安全犯罪、恐怖活动犯罪,通知可能有碍侦查的情形以外,应当在拘留后24小时以内,通知被拘留人的家属。有碍侦查的情形消失以后,应当立即通知被拘留人的家属。 (2)无法通知的具体情形包括: ①犯罪嫌疑人、被告人不讲真实姓名,住址、身份不明的;没有家属的。 ②提供的家属联系方式无法取得联系的。 ③因自然灾害等不可抗力导致无法通知的。 (3)有碍侦查的具体情形包括: ①可能毁灭、伪造证据,干扰证人作证或串供的。 ②可能引起同案犯逃避、妨碍侦查的。 ③犯罪嫌疑人的家属与犯罪有牵连的。
拘留期限	公安机关决定拘留(提请批捕期限+审查批捕期限): (1)3+7天。 (2)7+7天(经县级以上公安机关负责人批准)。 (3)30+7天(流窜作案、多次作案、结伙作案的重大嫌疑分子)。
	检察院决定拘留14+3天。 检察院对留置的犯罪嫌疑人先行拘留10+4天(决定是否逮捕、取保候审或者监视居住)。

第六节 逮捕

一、概念

公安机关、人民检察院和人民法院,为了防止犯罪嫌疑人或被告人实施妨碍刑事诉讼的行为,逃避侦查、起诉、审判或发生社会危险性,而依法暂时剥夺其人身自由的一种强制措施。

二、逮捕的权限与适用情形

表 8-28　逮捕的权限与适用情形

批准机关	检察院
决定机关	检察院：检察院在侦查及审查起诉中，认为犯罪嫌疑人符合法律规定的逮捕条件，有权自行决定逮捕。 法院：法院直接受理自诉案件中，对被告人需要逮捕的，法院有决定权。
执行机关	公安机关：公安机关无权自行决定逮捕。

适用情形	逮捕的 基本条件	(1) 有证据证明有犯罪事实。 ①有证据证明发生了犯罪事实。 ②有证据证明该犯罪事实是犯罪嫌疑人实施的。 ③证明犯罪嫌疑人实施犯罪行为的证据已经查证属实的。 犯罪事实既可以是单一犯罪行为的事实，也可以是数个犯罪行为中任何一个犯罪行为的事实。 (2) 批准或者决定逮捕，应当将犯罪嫌疑人、被告人涉嫌犯罪的性质、情节、认罪认罚等情况，作为是否可能发生社会危险性的考虑因素。 【注意】此款为 2018 年《刑诉法修改决定》内容。 (3) 可能判处徒刑以上刑罚 (4) 采取取保候审尚不足以防止发生下列社会危险性的： ①可能实施新的犯罪的。 ②有危害国家安全、公共安全或者社会秩序的现实危险。 ③可能毁灭、伪造证据，干扰证人作证或者串供的。 ④可能对被害人、举报人、控告人实施打击报复的。 ⑤企图自杀或者逃跑的。
	径行 逮捕	(1) 有证据证明有犯罪事实，可能判处 10 年有期徒刑以上刑罚。 (2) 有证据证明有犯罪事实，可能判处徒刑以上刑罚，曾经故意犯罪或者身份不明的。
	转化 逮捕	被取保候审、监视居住的犯罪嫌疑人、被告人违反取保候审、监视居住规定，情节严重的，可以予以逮捕。
不予逮捕 的情形	应当不予 逮捕的情形	(1) 不符合上述逮捕基本条件的。 (2) 有《刑事诉讼法》第 16 条规定的情形之一的。
	可以不予 逮捕的情形	(1) 属于预备犯、中止犯，或者防卫过当、避险过当的。 (2) 主观恶性较小的初犯，共同犯罪中的从犯、胁从犯，犯罪后自首、有立功表现或者积极退赃、赔偿损失、确有悔罪表现的。 (3) 过失犯罪的犯罪嫌疑人，犯罪后有悔罪表现，有效控制损失或者积极赔偿损失的。 (4) 犯罪嫌疑人与被害人双方根据《刑事诉讼法》的有关规定达成和解协议，经审查，认为和解自愿、合法且已经履行或者提供担保的。 (5) 犯罪嫌疑人系已满 14 周岁未满 18 周岁的未成年人或者在校学生，本人有悔罪表现，其家庭、学校或者所在社区、居民委员会、村民委员会具备监护、帮教条件的。 (5) 年满 75 周岁以上的老年人。

【注意】

犯罪嫌疑人有违反取保候审、监视居住规定的行为,根据情况不同,人民检察院应当(可以)对犯罪嫌疑人予以逮捕。

三、特殊情况的批准机关

(一)对人民代表大会代表的逮捕

(1)对本级人民代表大会代表的批准或决定逮捕,由检察院报请本级人民代表大会主席团或者常务委员会许可,报请许可手续的办理由侦查机关负责。

(2)对上级人民代表大会代表的批准或决定逮捕,由检察院层报该代表所属的人民代表大会同级的检察院报请许可。

(3)对下级人民代表大会代表的批准或决定逮捕,可以直接报请该代表所属的人民代表大会主席团或者常务委员会许可,也可以委托该代表所属的人民代表大会同级的检察院报请许可;对担任乡、民族乡、镇的人民代表大会代表的犯罪嫌疑人的批准或者决定逮捕,由县级检察院报告乡、民族乡、镇的人民代表大会。对担任两级以上的人民代表大会代表的批准或决定逮捕,分别依照上述规定报请许可。

(4)对担任办案单位所在省、市、县(区)以外的其他地区人民代表大会代表的犯罪嫌疑人的批准或决定逮捕,应当委托该代表所属的人民代表大会同级的检察院报请许可;担任两级以上人民代表大会代表的,应当分别委托该代表所属的人民代表大会同级的人民检察院报请许可。

(二)对外国人、无国籍人的逮捕

(1)外国人、无国籍人涉嫌危害国家安全犯罪的案件或者涉及国与国之间政治、外交关系的案件以及在适用法律上确有疑难的案件,认为需要逮捕犯罪嫌疑人的,按照《刑事诉讼法》规定,分别由基层人民检察院或者分、州、市人民检察院审查并提出意见,层报最高人民检察院审查。

最高人民检察院经审查认为需要逮捕的,经征求外交部的意见后,作出批准逮捕的批复,经审查认为不需要逮捕的,作出不批准逮捕的批复。

基层人民检察院或者分、州、市人民检察院根据最高人民检察院的批复,依法作出批准或者不批准逮捕的决定。

(2)层报过程中,上级人民检察院经审查认为不需要逮捕的,应当作出不批准逮捕的批复,报送的人民检察院根据批复依法作出不批准逮捕的决定。基层人民检察院或者分、州、市人民检察院经审查认为不需要逮捕的,可以直接依法作出不批准逮捕的决定。

(3)外国人、无国籍人涉嫌上述规定以外的其他犯罪案件,决定批准逮捕的人民检察院应当在作出批准逮捕决定后48小时以内报上一级人民检察院备案,同时向同级人民政府外事部门通报。上一级人民检察院对备案材料经审查发现错误的,应当依法及时纠正。

(三)检察院办理审查逮捕的危害国家安全的案件

人民检察院办理审查逮捕的危害国家安全的案件,应当报上一级人民检察院备案。上一级人民检察院对报送的备案材料经审查发现错误的,应当依法及时纠正。

四、逮捕的批准和决定程序

（一）检察院对公安机关提请逮捕的批准程序

表8-29　检察院对公安机关提请逮捕的批准程序

检察院审查	（1）检察院在接到公安机关的报捕材料后，由侦查监督部门指定办案人员进行审查。办案人员提出批准或不批准逮捕的意见，经部门负责人审核后，报请检察长批准或决定；重大案件应当经检察委员会讨论决定。 （2）人民检察院办理审查逮捕案件，发现应当逮捕而公安机关未提请批准逮捕的犯罪嫌疑人的，应当建议公安机关提请批准逮捕。如果公安机关仍不提请批准逮捕或者不提请批准逮捕的理由不能成立的，人民检察院也可以直接作出逮捕决定，送达公安机关执行。
讯问犯罪嫌疑人	（1）对是否符合逮捕条件有疑问的。 （2）犯罪嫌疑人要求向检察人员当面陈述的。 （3）侦查活动可能有重大违法行为的。 （4）案情重大疑难复杂的。 （5）犯罪嫌疑人系未成年人的。 （6）犯罪嫌疑人是盲、聋、哑人或是尚未完全丧失辨认或控制自己行为能力的精神病人的。
听取律师意见	（1）人民检察院审查批准逮捕，可以听取辩护律师的意见；辩护律师提出要求的，应当听取辩护律师的意见。 （2）犯罪嫌疑人、被告人是未成年人的，应当听取辩护律师的意见。 （3）辩护律师提出不构成犯罪、无社会危险性、不适宜羁押、侦查活动有违法犯罪情形等书面意见的，办案人员应当审查，并在审查逮捕意见书中说明是否采纳的情况和理由。
期限	（1）犯罪嫌疑人已被拘留的，检察院应在7日内作出是否批准逮捕的决定。 （2）犯罪嫌疑人未被拘留的，检察院应在接到提请批准逮捕书后的15日内作出是否批准逮捕的决定，重大、复杂的案件不得超过20日。
决定作出与执行	（1）检察院经审查应当分别作出以下决定： ①对于符合逮捕条件的，作出批准逮捕的决定，连同案卷材料送达公安机关执行，并可以对收集证据、适用法律提出意见。 ②对于不符合逮捕条件的，作出不批准逮捕决定，应当说明理由，连同案卷材料送达公安机关执行。需要补充侦查的，应当同时通知公安机关。 （2）决定的执行： ①对于人民检察院批准逮捕的决定，公安机关应当立即执行，并将执行回执及时送达作出批准决定的人民检察院；如果未能执行，也应当将回执送达人民检察院，并写明未能执行的原因。 ②对于人民检察院决定不批准逮捕的，公安机关在收到不批准逮捕决定书后，应当立即释放在押的犯罪嫌疑人或者变更强制措施，并将执行回执在收到不批准逮捕决定书后的3日以内送达作出不批准逮捕决定的人民检察院。
公安机关救济	公安机关认为检察院不批准逮捕的决定有错误的，可以向同级检察院要求复议，但是必须将被拘留的犯罪嫌疑人立即释放。如果意见不被接受，可以向上一级检察院提请复核。

（二）检察院决定逮捕的程序

1.省级以上检察院立案侦查案件的决定逮捕

（1）由侦查部门填写逮捕犯罪嫌疑人意见书，连同案卷材料和证据、讯问犯罪嫌疑人录音、录像一并移送本院侦查监督部门审查。

（2）期限：

①犯罪嫌疑人已被拘留，侦查部门在拘留后7日以内报请；侦查监督部门在收

到逮捕意见书后7日以内,由检察长或检委会决定是否逮捕,特殊情况下决定逮捕的时间可以延长1日至3日。

②犯罪嫌疑人未被拘留,侦查监督部门应当在收到逮捕意见书后15日以内由检察长或检委会决定是否逮捕,重大、复杂的案件,不得超过20日。

2.省级以下(不含省级)检察院立案侦查案件的决定逮捕

(1)由下级检察院侦查部门制作报请逮捕书,报检察长或者检察委员会审批后,连同案卷材料、讯问犯罪嫌疑人录音、录像一并报上一级人民检察院审查,报请逮捕时应当说明犯罪嫌疑人的社会危险性并附相关证据材料。

(2)期限:

①犯罪嫌疑人已被拘留,下级人民检察院侦查部门在拘留后7日以内报请;上一级检察院在收到报请逮捕书后7日以内作出是否逮捕的决定,特殊情况下,决定逮捕的时间可以延长1日至3日。

②犯罪嫌疑人未被拘留,上一级检察院应当在收到报请逮捕书后15日以内作出是否逮捕决定,重大复杂的案件,不得超过20日。

③报送案卷材料、送达法律文书的路途时间计算在上一级人民检察院审查逮捕期限以内。

3.检察院对于监察机关移送起诉的已采取留置措施的案件,认为需要逮捕的应当在拘留后的10日以内作出决定。在特殊情况下,决定的时间可以延长1日至4日。

(三)法院决定逮捕的程序

(1)对于检察院提起公诉时未予逮捕的被告人,法院认为符合逮捕条件应予逮捕的,也可以决定逮捕。

(2)对于直接受理的自诉案件,认为需要逮捕被告人时,由办案人员提交法院院长决定,对于重大、疑难、复杂案件的被告人的逮捕,提交审判委员会讨论决定。

五、逮捕的执行程序

(1)逮捕证由县级以上公安机关负责人签发逮捕证,立即执行。

(2)执行逮捕的人员不得少于2人。

(3)逮捕后,应当立即送看守所羁押。除无法通知的以外,应当在逮捕后24小时以内,通知被逮捕人的家属。

(4)法院、检察院对于各自决定逮捕的人,公安机关对于经检察院批准逮捕的人,都必须在逮捕后的24小时以内进行讯问。

(5)异地逮捕的,公安机关应当通知被逮捕人所在地的公安机关,被逮捕人所在地的公安机关应当协助执行。

六、羁押必要性审查

犯罪嫌疑人、被告人被逮捕后,检察院仍应当对羁押的必要性进行审查。对不需要继续羁押的,应当建议予以释放或变更强制措施。

表8-30 羁押必要性审查的知识要点

启动	(1)检察机关对羁押必要性的审查是依职权进行的,不以有关诉讼参与人提出审查的申请为前提。 (2)犯罪嫌疑人、被告人及其法定代理人、近亲属或者辩护人可以申请人民检察院进行羁押必要性审查,申请时应当说明不需要继续羁押的理由,有相关证据或者其他材料的,应当提供。

(续表)

方式	(1) 人民检察院可以对羁押必要性审查案件进行公开审查。涉及国家秘密、商业秘密、个人隐私的案件除外。公开审查可以邀请与案件没有利害关系的人民代表大会代表、政协委员、人民监督员、特约检察员参加。 (2) 人民检察院进行羁押必要性审查，可以采取以下方式： ①审查犯罪嫌疑人、被告人不需要继续羁押的理由和证明材料。 ②听取犯罪嫌疑人、被告人及其法定代理人、辩护人的意见。 ③听取被害人及其法定代理人、诉讼代理人的意见，了解是否达成和解协议。 ④听取现阶段办案机关的意见。 ⑤听取侦查监督部门或者公诉部门的意见。 ⑥调查核实犯罪嫌疑人、被告人的身体状况。 ⑦其他方式。
评估因素	犯罪嫌疑人、被告人涉嫌犯罪事实、主观恶性、悔罪表现、身体状况、案件进展情况、可能判处的刑罚和有无再危害社会的危险等。
处理结果	(1) 应当向办案机关提出释放或者变更强制措施的建议： ①案件证据发生重大变化，没有证据证明有犯罪事实或者犯罪行为系犯罪嫌疑人、被告人所为的。 ②案件事实或者情节发生变化，犯罪嫌疑人、被告人可能被判处拘役、管制、独立适用附加刑、免予刑事处罚或者判决无罪的。 ③继续羁押犯罪嫌疑人、被告人，羁押期限将超过依法可能判处的刑期的。 ④案件事实基本查清，证据已经收集固定，符合取保候审或者监视居住条件的。 (2)（了解即可）犯罪嫌疑人、被告人具有下列情形之一，且具有悔罪表现，不予羁押不致发生社会危险性的，可以向办案机关提出释放或者变更强制措施的建议： ①预备犯或者中止犯； ②共同犯罪中的从犯或者胁从犯； ③过失犯罪的； ④防卫过当或者避险过当的； ⑤主观恶性较小的初犯； ⑥系未成年人或者年满75周岁的人； ⑦与被害方依法自愿达成和解协议，且已经履行或者提供担保的； ⑧患有严重疾病、生活不能自理的； ⑨系怀孕或者正在哺乳自己婴儿的妇女； ⑩系生活不能自理的人的唯一扶养人； ⑪可能被判处1年以下有期徒刑或者宣告缓刑的； ⑫其他不需要继续羁押犯罪嫌疑人、被告人的情形。
审查期限	应当在立案后10个工作日以内决定是否提出释放或者变更强制措施的建议。案件复杂的可以延长5个工作日。
结案	(1) 经审查认为有继续羁押必要的，由检察官决定结案，并通知办案机关。 (2) 经审查认为无继续羁押必要的，检察官应当报经检察长或者分管副检察长批准，以本院名义向办案机关发出释放或者变更强制措施建议书，并要求办案机关在10日以内回复处理情况。办案机关未在10日以内回复处理情况的，可以报经检察长或者分管副检察长批准，以本院名义向其发出纠正违法通知书，要求其及时回复。

第七节　强制措施的变更

一、启动方式

（一）依申请

犯罪嫌疑人、被告人及其法定代理人、近亲属或者辩护人有权申请变更强制措施。

人民法院、人民检察院和公安机关收到申请后,应当在3日以内作出决定;不同意变更强制措施的,应当告知申请人,并说明不同意的理由。

（二）依职权

人民法院、人民检察院和公安机关如果发现对犯罪嫌疑人、被告人采取强制措施不当的,应当及时撤销或者变更。

公安机关释放被逮捕的人或者变更逮捕措施的,应当通知原批准的人民检察院。

【注意】公安机关"通知"即可,不需要检察院许可。

二、应当变更的情形

（1）犯罪嫌疑人、被告人被羁押的案件,不能在法律规定的侦查羁押、审查起诉、一审、二审期限内办结的,对犯罪嫌疑人、被告人应当予以释放;需要继续查证、审理的,对犯罪嫌疑人、被告人可以取保候审或者监视居住。

（2）第一审人民法院判决被告人无罪、不负刑事责任或者免除刑事处罚,被告人在押的,应当在宣判后立即释放。

（3）被逮捕的被告人具有下列情形之一的,人民法院应当变更强制措施或者予以释放：

①第一审人民法院判处管制、宣告缓刑、单独适用附加刑,判决尚未发生法律效力的。

②被告人被羁押的时间已到第一审人民法院对其判处的刑期期限的。

③案件不能在法律规定的期限内审结的。

三、可以变更的情形

（1）患有严重疾病、生活不能自理的;
（2）怀孕或者正在哺乳自己婴儿的;
（3）系生活不能自理的人的唯一扶养人。

第九章　附带民事诉讼

第一节　附带民事诉讼概述

一、必须以刑事诉讼的成立为前提

【注意】法院准许检察院撤回起诉的公诉案件,对已经提起的附带民事诉讼,可以进行调解;不宜调解或者经调解不能达成协议的,应当裁定驳回起诉,并告知附带民事诉讼原告人可以另行提起民事诉讼。

二、被害人由于被告人的犯罪行为遭受物质损失

（一）犯罪行为

犯罪行为指被告人在刑事诉讼过程中被指控涉嫌犯罪的行为,而不要求是法院以生效裁判确定构成犯罪的行为。

(二)物质损失

(1)仅限于被害人因人身权利受到犯罪侵犯或财物被犯罪分子毁坏而遭受的物质损失,不包括精神损失。

(2)物质损失包括已经遭受的实际损失和必然造成的物质损失,不包括残疾赔偿金与死亡赔偿金。

(3)下列两种情况法院不受理附带民事诉讼:

①被告人非法占有、处置被害人财产的,应当依法予以追缴或者责令退赔。

②国家机关工作人员在行使职权时,侵犯他人人身、财产权利构成犯罪,被害人或者其法定代理人、近亲属提起附带民事诉讼的,人民法院不予受理,但应当告知其可以依法申请国家赔偿。

(4)附带民事诉讼当事人就民事赔偿问题达成调解、和解协议的,赔偿范围、数额不受前述规定的限制。

第二节 附带民事诉讼的提起

表 8-31 附带民事诉讼的提起的知识要点

原告人	(1)因犯罪行为遭受物质损失的公民。 (2)因犯罪行为遭受物质损失的企业、事业单位、机关、团体等。 (3)被害人死亡或丧失行为能力的,其法定代理人、近亲属有权提起附带民事诉讼。 (4)被害人系未成年人或限制行为能力人,其法定代理人可以代为(即以被害人的名义)提起附带民事诉讼。 (5)国家财产、集体财产遭受损失,受损失的单位未提起附带民事诉讼的,检察院可以在提起公诉时提起附带民事诉讼。
被告人	(1)刑事案件的被告人以及未被追究刑事责任的其他共同侵害人。 (2)刑事被告人的监护人。 (3)死刑罪犯的遗产继承人。 (4)共同犯罪案件中,案件审结前死亡被告人的遗产继承人。 【注意】共同犯罪案件,同案犯在逃的,不应列为附带民事诉讼被告人。逃跑的同案犯到案后,被害人或其法定代理人、近亲属可以对其提起附带民事诉讼,但已经从其他共同犯罪人处获得足额赔偿的除外。 (5)对被害人的物质损失依法应当承担赔偿责任的其他单位和个人。
提起期间	(1)刑事立案后及时提起。 (2)一审未提起附带民事诉讼,二审提起的,二审法院可以依法进行调解;调解不成的,告知当事人可以在刑事判决、裁定生效后另行提起民事诉讼。 (3)被害人或其法定代理人、近亲属在刑事诉讼过程中未提起附带民事诉讼,另行提起民事诉讼的,法院可以进行调解,或根据物质损失情况作出判决。
提起方式	提交附带民事诉状。
起诉条件	(1)提起附带民事诉讼的起诉人符合条件。 (2)有明确的被告人。 (3)有请求赔偿的具体要求和事实、理由。 (4)属于法院受理附带民事诉讼的范围。

第三节 附带民事诉讼的财产保全

表 8-32 附带民事诉讼的财产保全的知识要点

诉前财产保全	申请主体	有权提起附带民事诉讼的人。
	适用情形	情况紧急,不立即申请保全将会使其合法权益受到难以弥补的损害。
	受理法院	被保全财产所在地、被申请人居住地或对案件有管辖权的法院。
	担保	申请人应当提供担保,申请人不提供担保的,裁定驳回申请。
	期限	法院接受申请后必须在48小时内作出裁定;采取保全措施的应当立即开始执行。
	解除	申请人在法院受理刑事案件后15日内未提起附带民事诉讼的,法院应当解除保全措施。
诉中财产保全	启动	依申请:附带民事诉讼原告人提出申请。 依职权:法院主动采取。
	适用情形	因被告人行为或者其他原因使附带民事判决难以执行的案件。
	提供担保	法院采取诉中财产保全措施可以责令申请人提供担保,申请人不提供担保裁定驳回申请。
	期限	法院接受申请后,对情况紧急的必须在48小时内作出裁定;采取保全措施的应当立即开始执行。

第四节 附带民事诉讼的审判

表 8-33 附带民事诉讼的审判的知识要点

审判组织	附带民事诉讼应当同刑事案件一并审判,只有为防止刑事案件审判过分迟延,才可在刑事案件审判后由同一审判组织继续审理附带民事诉讼。
刑事部分与附带民事部分的关系	(1)原则先刑后民。 (2)一般只能先审理刑事部分,后审理附带民事部分,而不能先审理附带民事部分,后审理刑事部分。 (3)同一审判组织的成员确实不能继续参与审判的,可以更换。 (4)附带民事诉讼部分判决对案件事实认定不得同刑事判决相抵触。 (5)附带民事诉讼部分的延期审理,一般不影响刑事判决的生效。
受理	(1)法院收到附带民事诉状后,应当进行审查,并在7日内决定是否立案。符合法定条件的应当受理;不符合的应当裁定不予受理。 (2)侦查、审查起诉期间,有权提起附带民事诉讼的人提出赔偿要求,经公安机关、人民检察院调解,当事人双方已经达成协议并全部履行,被害人或者其法定代理人、近亲属又提起附带民事诉讼的,法院不予受理,但有证据证明调解违反自愿、合法原则的除外。 (3)法院受理附带民事诉讼后,应当在5日内将附带民事起诉状副本送达附带民事诉讼被告人及其法定代理人,或者将口头起诉的内容及时通知附带民事诉讼被告人及其法定代理人,并制作笔录。

	(续表)
当事人缺席	(1)附带民事诉讼原告人经传唤,无正当理由拒不到庭,或者未经法庭许可中途退庭的,应当按撤诉处理。 (2)刑事被告人以外的附带民事诉讼被告人经传唤,无正当理由拒不到庭,或者未经法庭许可中途退庭的,附带民事部分可以缺席判决。
证明责任	附带民事诉讼当事人对自己提出的主张,有责任提供证据。
调解	(1)可以根据自愿、合法的原则进行调解。经调解达成协议的,应当制作调解书。调解书经双方当事人签收后,即具有法律效力。 (2)调解达成协议并即时履行完毕的可以不制作调解书,但应制作笔录,经双方当事人、审判人员、书记员签名或者盖章后即发生法律效力。 (3)调解未达成协议或者调解书签收前当事人反悔的,附带民事诉讼应当同刑事诉讼一并判决。
量刑参考	审理刑事附带民事诉讼案件,法院应当结合被告人赔偿被害人物质损失的情况认定其悔罪表现,并在量刑时予以考虑。
对检察院提起附带民事诉讼的处理	检察院提起附带民事诉讼的,法院经审理认为附带民事诉讼被告人依法应当承担赔偿责任的,应当判令附带民事诉讼被告人直接向遭受损失的单位作出赔偿;遭受损失的单位已经终止,有权利义务继受人的,应当判令其继受人作出赔偿;没有权利义务继受人的,应当判令其向人民检察院交付赔偿款,由人民检察院上缴国库。
被告人的行为不构成犯罪的处理	法院认定公诉案件被告人的行为不构成犯罪,对已经提起的附带民事诉讼,经调解不能达成协议的,应当一并作出刑事附带民事判决。
诉讼费用	法院审理附带民事诉讼案件,不收取诉讼费。
审理期限	法院在受理刑事附带民事诉讼案件后3个月内无法审结的,经上一级法院批准,可以延长3个月的审理期限。

第十章 期间、送达

第一节 期间

一、概念

期间,指公安机关、人民检察院和人民法院,以及当事人和其他诉讼参与人分别进行一定的刑事诉讼活动所必须遵守的时间期限。

期日,指公安司法人员和诉讼参与人共同进行刑事诉讼活动的特定时间。

二、计算单位和方法

期间以时、日、月计算。

(一)开始的时、日不计算在期间以内

"时"和"日"不能互相换算。

以月计算的,自本月某日至下月某日为1个月。如果本月31日收案,而下月无31日时,则至下月的最后一日为1个月。半个月一律按15天计算。

(二)节假日应当计算在期间以内

期间的最后一日为节假日的,以节假日后的第一日为期满日期,但犯罪嫌疑人、被告人或者罪犯在押期间,应当至期满之日为止,不得因节假日而延长。

（三）对于法定期间的计算，不包括路途时间

通过邮寄的上诉状或者其他文件，应以当地交邮盖印邮戳的时间为准。

（四）上诉状或其他文件在期满前已经交邮的，不算过期

以当地邮局所盖邮戳为准。

三、期间的重新计算

仅适用于公安司法机关的办案期限。

（一）侦查期间发现犯罪嫌疑人另有重要罪行的

（1）自发现之日起重新计算侦查羁押期限。

"另有重要罪行"指与逮捕时的罪行不同种的重大犯罪和同种的、影响罪名认定、量刑档次的重大犯罪。

（2）犯罪嫌疑人不讲真实姓名、住址，身份不明的，应当对其身份进行调查，侦查羁押期限自查清其身份之日起计算，但是不得停止对其犯罪行为的侦查取证。

（二）补充侦查和发回重新审判的案件

（1）公安机关或检察院补充侦查完毕移送检察院或法院后，检察院或法院重新计算审查起诉或审理期限。

（2）二审法院发回原审法院重新审判的案件，原审法院从收到发回案件之日起，重新计算审理期限。

（三）改变管辖的公诉案件

对检察院和法院改变管辖的公诉案件，从改变后的办案机关收到案件及有关案卷、证据材料之日起重新计算办案期限。

【注意】对犯罪嫌疑人作精神病鉴定的期间不计入办案期限，其他鉴定期间都应当计入办案期限。对于鉴定时间较长，办案期限届满仍不能终结的案件，自期限届满之日起，应当对被羁押的犯罪嫌疑人、被告人变更强制措施，改为取保候审或监视居住。

四、期间的恢复

（1）当事人提出恢复期间的申请。

（2）是由于不能抗拒的原因或者有其他正当理由而耽误期限。

（3）在障碍消除后5日以内提出。

（4）由人民法院裁定，人民法院查证属实后，应当裁定准许。

第二节 送达

一、直接送达

（1）公安司法机关指派专人将诉讼文书直接送交收件人本人。

（2）如果本人不在，其成年家属或者所在单位的负责人员代为签收。

【注意】直接送达不等于送达至本人。

二、留置送达

（1）适用于收件人本人或者代收人拒绝接收或者拒绝签名、盖章的情形。

（2）具体程序：送达人可以邀请他的邻居或者其他见证人到场，说明情况，在送达回证上注明拒收的事由和日期，由送达人、见证人签名或者盖章，将诉讼文书留在收件人、代收人的住处或者单位；也可以把诉讼文书留在受送达人的住处，并采用拍照、录像等方式记录送达过程，即视为送达。

（3）留置送达与交给收件人或代收人具有同样的法律效力。

三、委托送达

（1）直接送达诉讼文书有困难的，可以委托收件人所在地的人民法院代为送达。

（2）应当将委托函、委托送达的诉讼文书及送达回证寄送受托法院。受托法院

收到后,应当登记,在 10 日内送达收件人,并将送达回证寄送委托法院;无法送达的,应当告知委托法院,并将诉讼文书及送达回证退回。

四、邮寄送达

(1)应当将诉讼文书、送达回证挂号邮寄给收件人。

(2)挂号回执上注明的日期为送达日期。

(3)收件人签收挂号邮寄的诉讼文件后即认为已经送达。

五、转交送达

(1)收件人是军人的,可以通过其所在部队团级以上单位的政治部门转交。

(2)收件人正在服刑的,可以通过执行机关转交。

(3)收件人正在被采取强制性教育措施的,可以通过强制性教育机构转交。

(4)由有关部门、单位代为转交诉讼文书的,应当请有关部门、单位收到后立即交收件人签收,并将送达回证及时寄送人民法院。

第十一章 立案

第一节 立案概述

一、特征

(1)立案是刑事诉讼的起始程序。
(2)立案是刑事诉讼的必经程序。
(3)立案是法定机关的专门活动。

刑事诉讼中,公诉案件要经过立案、侦查、起诉、审判和执行 5 个诉讼阶段,自诉案件一般只经过起诉、立案、审判和执行 4 个阶段。

二、立案的材料来源

(1)公安机关或者人民检察院自行发现的犯罪事实或者获得的犯罪线索。

(2)单位和个人的报案或者举报。

【注意】向公安司法机关报案或者举报,既是任何单位和个人依法相应的权利,也是其依法应当履行的义务。

(3)被害人的报案或者控告;
(4)犯罪人的自首。

三、立案的条件

表 8-34 不同案件类型的立案条件

案件类型	立案条件
公诉案件	(1)有犯罪事实(事实条件) (2)追究刑事责任(法律条件)
自诉案件	(1)属于刑事自诉案件的范围 (2)属于该人民法院管辖 (3)刑事案件的被害人告诉的 (4)有明确的被告人、具体的诉讼请求和能证明被告人犯罪事实的证据

第二节 立案程序与立案监督

一、立案的程序

表 8-35 立案材料的接受、审查和处理

对立案材料的接受	(1)公安机关、人民检察院和人民法院对于报案、控告、举报和自首,都应当接受,然后依法处理,而不得以任何理由拒绝或者推诿。 (2)对于不属于自己管辖的,应当移送主管机关,并且通知报案人、控告人、举报人。对于不属于自己管辖而又必须采取紧急措施的,应当先采取紧急措施,然后移送主管机关。 (3)报案、控告和举报可以用书面或口头形式提出。 (4)接受控告、举报的工作人员应当向控告人、举报人说明诬告应负的法律责任。 (5)公检法机关应当保障报案人、控告人、举报人及其近亲属的安全。
对立案材料的审查	人民法院、人民检察院或者公安机关对于报案、控告、举报和自首的材料,应当按照管辖范围,迅速进行审查。
对立案材料的处理	(1)认为有犯罪事实需要追究刑事责任的时候,应当立案。 (2)认为没有犯罪事实,或者犯罪事实显著轻微,不需要追究刑事责任的时候,不予立案并且将不立案的原因通知控告人。

二、立案监督

(一)控告人的监督

(1)控告人对公安机关的不立案决定不服的,可以在收到不予立案通知书后7日内向原决定的公安机关申请复议。

原决定的公安机关应当在收到复议申请后7日内作出决定,并书面通知控告人。

对该复议决定不服的,可以在收到复议决定书后7日内向上一级公安机关申请复核。

(2)控告人对人民检察院不立案的决定不服时,可以在收到不立案通知书后10日内申请复议。

(二)人民检察院对公安机关立案活动的监督

1.材料来源

(1)通过人民检察院的各种业务活动发现。

(2)通过被害人的申诉获得。

2.监督范围

(1)人民检察院经调查、核实有关证据材料,认为需要公安机关说明不立案理由的,经检察长批准,应当要求公安机关书面说明不立案理由。

(2)有证据证明公安机关可能存在违法动用刑事手段插手民事、经济纠纷,或者利用立案事实报复陷害、敲诈勒索以及谋取其他非法利益等违法立案情形,尚未提请批准逮捕或者移送审查起诉的,经检察长批准,应当要求公安机关书面说明立案理由。

3.处理

(1)没有犯罪事实发生,或者犯罪情节显著轻微不需要追究刑事责任,或者具有其他依法不追究刑事责任情形的,及时答复投诉人或者行政执法机关。

(2)不属于被投诉的公安机关管辖的,应当将有管辖权的机关告知投诉人或者行政执法机关,并建议向该机关控告或者移送。

(3)公安机关尚未作出不予立案决定的,移送公安机关处理。

(4)有犯罪事实需要追究刑事责任,属于被投诉的公安机关管辖,且公安机关

已作出不立案决定的,经检察长批准,应当要求公安机关书面说明不立案理由。

4. 要求公安机关说明理由

公安机关应当在7日内说明。

(1)人民检察院审查认为理由不能成立的,经检察长或检委会讨论决定,应当通知公安机关立案或撤销案件。

(2)人民检察院审查认为理由成立的,在10日内告知被害人及其法定代理人、近亲属或者行政执法机关。

5. 公安机关复议

(1)公安机关认为人民检察院撤销案件通知有错误要求的,要求同级人民检察院复议。

(2)公安机关不接受人民检察院复议决定的,提请上一级人民检察院复核。

6. 人民检察院对执行情况监督

(1)公安机关在收到通知立案书或者通知撤销案件书后超过15日不予立案或者既不提出复议、复核,也不撤销案件的,人民检察院应当发出纠正违法通知书予以纠正。公安机关仍不纠正的,报上一级人民检察院协商同级公安机关处理。

(2)公安机关立案后3个月内未侦查终结的,可以向公安机关发出立案监督案件催办函,要求公安机关及时向人民检察院反馈侦查工作进展情况。

(3)对于公安机关管辖的国家机关工作人员利用职务实施的重大犯罪案件,人民检察院通知公安机关立案,公安机关不予立案的,经省级以上人民检察院决定,人民检察院可以直接立案侦查。

第十二章 侦查

第一节 侦查概述

原则与司法控制

(一)侦查的原则

(1)迅速及时;
(2)客观全面;
(3)深入细致;
(4)依靠群众;
(5)遵守法制;
(6)保守秘密;
(7)比例原则。

(二)侦查的司法控制

1. 存在的问题

(1)侦查手段滥用;

(2)违法行为的存在和缺乏制裁。

2. 司法控制

(1)强行性侦查措施:主要针对逮捕、羁押、搜查等较严厉的措施;由法官进行事前审查。

(2)任意性侦查措施:可由侦查机关独立作出决定。

(3)针对侦查过程中违法行为的存在和缺乏制裁,应当对其进行事后审查。应允许公民采取提起行政诉讼的方式寻求司法救济。

第二节 侦查行为

一、讯问犯罪嫌疑人

表 8-36 讯问犯罪嫌疑人的知识要点

讯问人员	(1)必须由公安机关或者人民检察院的侦查人员负责进行。 (2)讯问时,侦查人员不得少于2人。 (3)讯问同案的犯罪嫌疑人,应当分别进行。
讯问地点	(1)对于不需要逮捕拘留的犯罪嫌疑人,可以传唤到犯罪嫌疑人所在的市、县内的指定地点或者到他的住处进行讯问,但应出示公安机关或人民检察院的证明文件。 (2)对在现场发现的犯罪嫌疑人,经出示工作证件,可以口头传唤,但应在讯问笔录中注明。 (3)犯罪嫌疑人被送交看守所羁押以后,侦查人员对其进行讯问应在看守所内进行。
讯问时间	(1)传唤、拘传持续的时间最长不得超过12小时,案情特别重大、复杂,需要采取拘留、逮捕措施的,传唤、拘传持续的时间不得超过24小时;两次传唤间隔的时间一般不得少于12小时。 (2)不得以连续传唤、拘传的形式变相拘禁犯罪嫌疑人。 (3)传唤、拘传犯罪嫌疑人,应当保证犯罪嫌疑人的饮食和必要的休息时间。 (4)对于已经被拘留或者逮捕的犯罪嫌疑人,应当在拘留或者逮捕后的24小时以内讯问,在发现不应当拘留或者逮捕的时候,必须立即释放。
讯问过程	(1)应首先讯问犯罪嫌疑人是否有犯罪行为。 (2)如果犯罪嫌疑人承认有犯罪行为,即让其陈述有罪的情节;如果犯罪嫌疑人否认有犯罪事实,则让其作无罪的辩解,然后根据其陈述向其提出问题。 (3)对侦查人员的提问,犯罪嫌疑人应如实回答,但对与本案无关问题,有权拒绝回答。 (4)应告知犯罪嫌疑人享有的诉讼权利,如实供述自己罪行可以从宽处理和认罪认罚的法律规定。 (5)应制作讯问笔录,犯罪嫌疑人请求自行书写供述的应当准许。 (6)严禁刑讯逼供或以威胁引诱欺骗以及其他非法方法获取供述。
特殊讯问主体	(1)讯问聋、哑或不通晓当地通用语言文字的犯罪嫌疑人,应当有通晓聋、哑手势的人或者当地通用语言文字且与本案无利害关系的人员参加,并将这种情况记明笔录。 (2)讯问未成年人,应当通知法定代理人或者合适的成年人在场。 (3)讯问女性未成年人,应当有女工作人员在场。
录音录像	(1)侦查人员讯问犯罪嫌疑人时可以对讯问过程进行录音或者录像;对于可能判处无期徒刑、死刑案件或者其他重大犯罪案件,应当对讯问过程进行录音或者录像。 (2)录音或者录像应当全程进行,保持完整性。 (3)应在讯问笔录中注明,检察院、法院可以根据需要调取讯问犯罪嫌疑人的录音或者录像,有关机关应当及时提供。 (4)严格按照有关规定要求,在规范的讯问场所讯问犯罪嫌疑人,严格依照法律规定对讯问过程全程同步录音录像,逐步实行对所有案件的讯问过程全程同步录音录像。
讯问合法性核查	对公安机关、国家安全机关和人民检察院侦查的重大案件,由检察院驻看守所检察人员询问犯罪嫌疑人,核查是否存在刑讯逼供、非法取证情形,并同步录音录像。经核查确有刑讯逼供、非法取证情形的,侦查机关应当及时排除非法证据,不得作为提请批准逮捕、移送审查起诉的根据。

二、询问证人、被害人

表 8-37 询问证人、被害人的知识要点

询问证人	询问主体	(1)只能由侦查人员进行。 (2)应当个别进行。
	询问地点	可以在现场进行,但应出示工作证件;也可以到证人所在单位、住处或者证人提出地点进行,但必须出示公安机关或者人民检察院的证明文件。
	询问过程	(1)应当告知证人如实地提供证据、证言,有意作伪证或者隐匿罪证要负的法律责任。同时,也应当告知证人依法享有的各种诉讼权利,保障证人及其近亲属的安全。 (2)应让证人就他所知道的案件情况作连续的详细叙述,问明其所述事实来源和根据,然后提问。 (3)应当制作笔录。
	询问特殊主体	(1)询问聋、哑或不通晓当地通用语言文字的证人,应当有通晓聋、哑手势的人或者当地通用语言文字且与本案无利害关系人员参加,并将这种情况记明笔录。 (2)询问未成年证人,应当通知法定代理人或者合适的成年人在场。 (3)询问女性未成年证人,应当有女工作人员在场。
询问被害人		同询问证人的程序。

三、勘验、检查

表 8-38 勘验、检查的知识要点

勘验	现场勘验	(1)保护好现场。任何单位和个人,都有义务保护犯罪现场,并且立即通知公安机关派员勘验。接案后,侦查人员应当迅速赶到案发现场,并保护好现场。 (2)侦查人员进行现场勘验时,必须持有公安机关或人民检察院的证明文件。 (3)必要时,可以指派或聘请具有专门知识的人,在侦查人员的主持下进行勘验。还应邀请 2 名与案件无关的见证人在场。 (4)侦查人员在现场勘验时,应当及时向现场周围的群众、被害人、目睹人、报案人等调查访问,收集、固定和保全各种证据。 (5)现场勘验的情况应制成笔录,侦查人员、参加勘验的其他人员和见证人都应当在笔录上签名或盖章。
	物证检验	(1)必须及时、认真、细致地对物证进行检验,如果需要专门技术人员进行检验和鉴定的,应当指派或聘请鉴定人进行鉴定。 (2)物证检验应当制作笔录,参加检验的侦查人员、鉴定人和见证人均应签名或者盖章。
	尸体检验	(1)对于死因不明的尸体,经县级以上公安机关负责人批准,可以解剖尸体或者开棺检验,并且通知死者家属到场。 (2)尸体检验的情况,应当制作笔录,并由侦查人员、法医或医师签名或者盖章。

(续表)

检查	人身检查	（1）对被害人、犯罪嫌疑人进行人身检查，必须由侦查人员进行。必要时也可以在侦查人员的主持下，聘请法医或医师严格依法进行，不得侮辱被检查人的人格。 （2）对犯罪嫌疑人进行人身检查，必要时，可以强制进行。但对被害人的人身检查，不得强制进行。检查妇女的身体，应当由女工作人员或者医师进行。 （3）人身检查的情况应当制作笔录，并由侦查人员和进行检查的法医或医师签名或盖章。 （4）提取指纹信息，采集血液、尿液等生物样本也应当制作笔录，并由侦查人员和进行提取、采集的法医或医师签名或盖章。
侦查实验		（1）为了查明案情，在必要的时候，经公安机关负责人批准，可以进行侦查实验；检察长对自侦案件也可批准进行侦查实验。进行侦查实验时，禁止一切足以造成危险、侮辱人格或者有伤风化的行为。 （2）应当由侦查人员进行侦查实验，在必要的时候可以聘请有关人员参加，也可以要求犯罪嫌疑人、被害人、证人参加。 （3）侦查实验的情况应当写成笔录，由参加实验的人签名或者盖章。
复验、复查		（1）人民检察院审查案件的时候，对公安机关的勘验、检查，认为需要复验、复查时，可以要求公安机关复验、复查，并且可以派检察人员参加。 （2）复验、复查可以退回公安机关进行，也可以由人民检察院自己进行。对于退回公安机关的，人民检察院也可以派员参加。 （3）复验、复查应当遵守的法律程序和规则与勘验、检查相同。

四、搜查

表8-39 搜查的知识要点

实施主体	只能由侦查人员进行。
搜查对象与范围	既可以是犯罪嫌疑人，也可以是其他可能隐藏罪犯或者犯罪证据的人； 既可对人身进行，也可对被搜查人的住处、物品和其他有关场所进行。
搜查程序	（1）搜查时，必须向被搜查人出示搜查证（公安机关负责人、检察长签发），否则被搜查人有权拒绝搜查。 （2）在执行逮捕、拘留时，有下列紧急情况之一，不另用搜查证也可以进行搜查： ①犯罪嫌疑人可能随身携带凶器的； ②犯罪嫌疑人可能隐藏爆炸、剧毒等危险物品的； ③犯罪嫌疑人可能隐匿、毁弃、转移犯罪证据的； ④犯罪嫌疑人可能隐匿其他犯罪嫌疑人的； ⑤其他紧急情况。 搜查结束后，搜查人员应当在24小时内向检察长报告，及时补办有关手续。 （3）任何单位和个人，有义务按照公安机关和人民检察院的要求，交出可以证明犯罪嫌疑人有罪或者无罪的物证、书证、视听资料等证据。 （4）搜查时，应当有被搜查人或者他的家属、邻居或者其他见证人在场。 （5）搜查的情况应当制作成笔录，由侦查人员和被搜查人或者他的家属、邻居或者其他见证人签名或者盖章。如果被搜查人或者他的家属在逃或者拒绝签名、盖章，应当在笔录上注明。
特殊搜查主体	搜查妇女的身体，应当由女工作人员进行。

五、查封、扣押物证、书证

表8-40　查封、扣押物证、书证的知识要点

实施主体	只能由侦查人员进行。
查封、扣押范围	仅限于查明与案件有关的具有证据意义的各种物品和文件。
所需文件	（1）侦查人员如果是在勘验、检查和搜查中发现需要扣押的物品、文件，凭勘查证和搜查证即可予以扣押；如果是单独进行扣押，则应持有侦查机关的证明文件。 （2）对查封、扣押的财物、文件，应当会同在场见证人和被查封、扣押财物、文件持有人查点清楚，当场开列清单一式二份，由侦查人员、见证人和持有人签名或者盖章，一份交给持有人，另一份附卷备查。
对邮件、电报的扣押	侦查人员认为需要扣押犯罪嫌疑人的邮件、电报时，经公安机关或人民检察院批准，即可通知邮电机关将有关的邮件、电报检交扣押。不需要继续扣押时，应当立即通知邮电机关。
对存款、汇款、债券、股票、基金份额的查询、冻结、扣押	（1）检察院、公安机关根据侦查犯罪需要可依照规定查询、冻结犯罪嫌疑人的存款、汇款、债券、股票、基金份额等财产。有关单位和个人应当配合。 【注意】人民检察院、公安机关不能扣划上述财产。 （2）上述财产已被冻结的，不得重复冻结，但可轮候冻结。冻结存款、汇款等财产的期限为6个月，冻结债券、股票、基金份额等证券的期限为2年。
处理	（1）对查封扣押的财物、文件要妥善保管或者封存，不得使用、调换或者损毁。 （2）对查封、扣押的财物、文件、邮件、电报或者冻结的存款、汇款、债券、股票、基金份额等财产，经查明确实与案件无关的，应当在3日以内解除查封、扣押、冻结，予以退还。 （3）对于被扣押、冻结的债券、股票、基金份额等财产，在扣押、冻结期间权利人申请出售，经审查认为不损害国家利益、被害人利益，不影响诉讼正常进行的，以及扣押、冻结的汇票、本票、支票的有效期即将届满的，经检察长批准，可以在案件办结前依法出售或者变现，所得价款由检察机关指定专门的银行账户保管，并及时告知当事人或者其近亲属。 （4）当事人和辩护人、诉讼代理人、利害关系人对于司法机关及其工作人员对与案件无关的财物采取查封、扣押、冻结措施的，应当解除查封、扣押、冻结措施。不解除的，对于贪污、挪用、私分、调换、违反规定使用查封、扣押、冻结的财物的行为，有权向该机关申诉或者控告。受理申诉或者控告的机关应当及时处理。对处理不服的，可以向同级人民检察院申诉；人民检察院直接受理的案件，可以向上一级人民检察院申诉。人民检察院对申诉应当及时进行审查，情况属实的，通知有关机关予以纠正。
电子数据的提取和收集、冻结	（1）电子数据的提取、收集详见第七章"刑事证据"。 （2）电子数据的冻结具有下列情形之一的，经县级以上公安机关负责人或者检察长批准，可以对电子数据进行冻结： ①数据量大，无法或者不便提取的； ②提取时间长，可能造成电子数据被篡改或者灭失的； ③通过网络应用可以更为直观地展示电子数据的； ④其他需要冻结的情形。 （3）电子数据的检查和侦查实验。 ①对扣押的原始存储介质或者提取的电子数据，可以通过恢复、破解、统计、关联、比对等方式进行检查。必要时，可以进行侦查实验。

(续表)

电子数据的 提取和收集、 冻结	②电子数据检查,应当对电子数据存储介质拆封过程进行录像,并将电子数据存储介质通过写保护设备接入检查设备进行检查;有条件的,应当制作电子数据备份,对备份进行检查;无法使用写保护设备且无法制作备份的,应当注明原因,并对相关活动进行录像。 ③电子数据检查应当制作笔录,注明检查方法、过程和结果,由有关人员签名或者盖章。进行侦查实验的,应当制作侦查实验笔录,注明侦查实验的条件、经过和结果,由参加实验的人员签名或者盖章。

六、鉴定

表 8-41　鉴定的知识要点

鉴定人的选任	(1)以指派或者聘请的方式选定。 (2)鉴定人必须具有解决本案中涉及的专门问题的专门知识和技能,并且不具有回避情形。
鉴定过程 注意事项	(1)侦查机关应当为鉴定人进行鉴定提供必要条件,及时向鉴定人送交有关检材和对比样本等原始材料,介绍与鉴定有关的情况,并且明确提出要求鉴定解决的问题,但是不得暗示或者强迫鉴定人作出某种鉴定意见。 (2)鉴定人故意作虚假鉴定的,应承担法律责任。 (3)鉴定人进行鉴定后,应当写出鉴定意见,并且签名。共同鉴定中,几个鉴定人意见有分歧的,应当在鉴定意见上写明分歧的内容和理由,并且分别签名或者盖章; (4)侦查机关应当将用作证据的鉴定意见告知犯罪嫌疑人、被害人,如果犯罪嫌疑人、被害人提出申请,可以补充鉴定或者重新鉴定。

七、技术侦查措施

表 8-42　技术侦查措施的知识要点

技术侦查措施	种类	电话监听、GPS 定位、电子信息监控等方式。
	适用案件 范围	(1)公安机关、国家安全机关适用技术侦查措施的案件范围:危害国家安全犯罪、恐怖活动犯罪、黑社会性质的组织犯罪、重大毒品犯罪或者其他严重危害社会的犯罪案件。 (2)人民检察院适用技术侦查措施的案件范围:利用职权实施的严重侵犯公民人身权利的重大犯罪案件。 (3)追捕被通缉或者批准、决定逮捕的在逃的犯罪嫌疑人、被告人。
	批准手续	(1)决定机关:公安机关、国家安全机关、人民检察院自侦部门。 (2)执行机关:公安机关、国家安全机关。 (3)批准决定应当根据侦查犯罪的需要,确定采取技术侦查措施的种类和适用对象。批准决定自签发之日起 3 个月以内有效。对于不需要继续采取技术侦查措施的,应当及时解除;对于复杂、疑难案件,期限届满仍有必要继续采取技术侦查措施的,经过批准,有效期可以延长,每次不得超过 3 个月。

（续表）

	注意事项	（1）采取技术侦查措施，必须严格按照批准的措施种类、适用对象和期限执行。在有效期限内，需要变更技术侦查措施种类或者适用对象的，应当重新办理批准手续。 （2）侦查人员对采取技术侦查措施过程中知悉的国家秘密、商业秘密和个人隐私，应当保密；对采取技术侦查措施获取的与案件无关的材料，必须及时销毁。采取技术侦查措施获取的材料，只能用于对犯罪的侦查、起诉和审判，不得用于其他用途。 （3）公安机关依法采取技术侦查措施，有关单位和个人应当配合，并对有关情况予以保密。
	收集作为证据	（1）采取技术侦查措施收集的材料作为证据使用的，批准采取技术侦查措施的法律文书应当附卷，辩护律师可以依法查阅、摘抄、复制，在审判过程中可以向法庭出示。 （2）依照法律规定采取侦查措施收集的材料在刑事诉讼中可以作为证据使用。如果使用该证据可能危及有关人员的人身安全，或者可能产生其他严重后果的，应当采取不暴露有关人员身份、技术方法等保护措施，必要的时候，可以由审判人员在庭外对证据进行核实。
有关人员隐匿身份实施侦查		为了查明案情，在必要的时候，经县级以上公安机关负责人决定，可以由有关人员隐匿其身份实施侦查。但是，不得诱使他人犯罪，不得采用可能危害公共安全或者发生重大人身危险的方法。
控制下交付		对涉及给付毒品等违禁品或者财物的犯罪活动，公安机关根据侦查犯罪的需要，可以依照规定实施控制下交付。

八、通缉

表8-43　通缉的知识要点

实施主体	（1）只有公安机关有权发布通缉令。 （2）公安机关在自己管辖的地区以内，可以直接发布通缉令，如果超出自己管辖的地区，应当报请有权决定的上级机关发布。 （3）人民检察院可以作出通缉的决定，但应当由公安机关发布通缉令。
对象	被通缉的对象必须是依法应当逮捕而在逃的犯罪嫌疑人，包括依法应当逮捕而在逃的和已被逮捕但在羁押期间逃跑的犯罪嫌疑人。

九、辨认

表8-44　辨认的知识要点

批准	公安机关、人民检察院在各自管辖案件的侦查过程中，需要辨认犯罪嫌疑人的，应当分别经办案部门负责人或者检察长批准。
实施人员	辨认应当在侦查人员的主持下进行。主持辨认的侦查人员不得少于2人。

(续表)

辨认程序	(1)在辨认前应当向辨认人详细询问被辨认对象的具体特征,尤其是要避免辨认人见到被辨认对象,并应当告知辨认人有意作虚假辨认应当承担的法律责任。 (2)多个辨认人对同一辨认对象进行辨认时,应当由每位辨认人单独进行。必要的时候,可以有见证人在场。 (3)辨认时应将辨认对象混杂在其他人员或者物品中不得给予辨认人任何暗示。 (4)公安机关侦查的案件,在辨认犯罪嫌疑人时,被辨认的人数不得少于7人;辨认照片时,被辨认的照片不得少于10张。人民检察院自侦案件,辨认犯罪嫌疑人时,被辨认的人数为5至10人,照片为5至10张;辨认物品时,同类物品不得少于5件,照片不得少于5张。 (5)对犯罪嫌疑人的辨认,辨认人不愿公开进行的,可以在不暴露辨认人的情况下进行,侦查人员应当为其保密。 (6)《公安机关办理刑事案件程序规定》(以下简称《公安部规定》)规定:对辨认经过和结果,应当制作辨认笔录,由侦查人员、辨认人、见证人签名。必要时,应当对辨认过程进行录音或者录像。 《高检规则》规定:对于辨认的情况,应当制作笔录,由检察人员、辨认人、见证人签字。对辨认对象应当拍照,必要时可以对辨认过程进行录音、录像。

第三节 侦查终结

一、条件和对案件的处理

(一)条件

(1)犯罪事实已经查清;

(2)案件的证据确实、充分;

(3)法律手续完备。

(二)对案件的处理

表8-45 侦查终结对案件的处理

听取意见 【注意】《刑诉法修改决定》的内容		(1)在侦查过程中,侦查机关应当告知犯罪嫌疑人享有的诉讼权利和认罪认罚可能导致的法律后果,听取犯罪嫌疑人及其辩护人或者值班律师的意见,犯罪嫌疑人自愿认罪认罚的,记录在案并附卷。 (2)犯罪嫌疑人向看守所工作人员或辩护人、值班律师表示愿意认罪认罚的,有关人员应当及时书面告知办案单位。
公安机关对案件的处理	移送检察院审查起诉	(1)公安机关侦查终结案件,应当做到犯罪事实清楚,证据确实、充分,并且写出起诉意见书,连同案卷材料、证据一并移送同级人民检察院审查决定;同时将案件移送情况告知犯罪嫌疑人及其辩护律师。 (2)犯罪嫌疑人自愿认罪的,应当记录在案,随案移送并在起诉意见书中写明有关情况。
	撤销案件	(1)如果公安机关在侦查过程中,发现不应对犯罪嫌疑人追究刑事责任的,应当撤销案件;犯罪嫌疑人已被逮捕的,应当立即释放,发给释放证明,并且通知原批准逮捕的人民检察院。 (2)犯罪嫌疑人自愿如实供述涉嫌犯罪的事实,有重大立功或者案件涉及国家重大利益,需要撤销案件的,办理案件的公安机关应当层报公安部,由公安部提请最高人民检察院批准。

检察院对案件的处理【注意】《刑诉法修改决定》的内容	提起公诉	（1）人民检察院经过侦查，认为犯罪事实清楚，证据确实、充分，依法应当追究刑事责任的案件，应当写出侦查终结报告，并且制作起诉意见书。 （2）移送审查起诉时，应当同时将案件移送情况告知犯罪嫌疑人及其辩护律师。 （3）人民检察院向人民法院提起公诉的，应当在起诉书中写明被告人认罪认罚情况，提出量刑建议，并同时移送被告人的认罪认罚具结书等材料。
	不起诉	（1）对于犯罪情节轻微，依照刑法规定不需要判处刑罚或者免除刑罚的案件，应写出侦查终结报告并且制作不起诉意见书。 （2）侦查终结报告和起诉意见书或者不起诉意见书由侦查部门负责人审核，检察长批准。 （3）犯罪嫌疑人自愿如实供述涉嫌犯罪的事实，有重大立功或者案件涉及国家重大利益的，经最高人民检察院批准，人民检察院可以作出不起诉决定，也可以对涉嫌数罪中的一项或者多项提起公诉。
	撤销案件	检察院在侦查过程中或者侦查终结后，发现具有下列情形之一的，侦查部门应当制作拟撤销案件意见书，报请检察长或者检察委员会决定： （1）具有《刑事诉讼法》第16条规定情形之一的； （2）没有犯罪事实的，或者依照刑法规定不负刑事责任或者不是犯罪的； （3）虽有犯罪事实，但不是犯罪嫌疑人所为的，对于共同犯罪的案件，如有符合本条规定情形的犯罪嫌疑人，应当撤销对该犯罪嫌疑人的立案。

二、侦查的羁押期限

犯罪嫌疑人在侦查中被逮捕以后到侦查终结的期限。

（一）一般羁押期限

（1）对犯罪嫌疑人逮捕后的侦查羁押期限不得超过2个月。

（2）如果犯罪嫌疑人在逮捕以前已被拘留的，拘留的期限不包括在侦查羁押期限内。

（二）特殊羁押期限

（1）案情复杂、期限届满不能终结的案件，可以经上一级人民检察院批准延长1个月。

（2）下列案件在上述规定的3个月内仍不能侦查终结，经省、自治区、直辖市人民检察院批准或者决定，可以再延长2个月：

①交通十分不便的边远地区的重大复杂案件；

②重大的犯罪集团案件；

③流窜作案的重大复杂案件；

④犯罪涉及面广，取证困难的重大复杂案件。

（3）对犯罪嫌疑人可能判处10年有期徒刑以上刑罚，在上述规定的5个月内仍不能侦查终结，经省、自治区、直辖市人民检察院批准或者决定，可以再延长2个月。

（4）因为特殊原因，在较长时间内不宜交付审判的特别重大复杂的案件，由最高人民检察院报请全国人民代表大会常务委员会批准延期审理。

公安机关对案件提请延长羁押期限的，应当在羁押期限届满7日前提出，并书面呈报延长羁押期限案件的主要案情和延长羁押期限的具体理由，人民检察院应当在羁押期限届满前作出决定。最高人民检察院直接立案侦查的案件，由最高人民检察院依法决定。

三、羁押期限的重新计算

（1）在侦查期间，发现犯罪嫌疑人另

有重要罪行的,自发现之日起依照《刑事诉讼法》第156条的规定重新计算侦查羁押期限。

公安机关依照上述规定重新计算侦查羁押期限的,不需要经人民检察院批准,但应当报人民检察院备案,人民检察院可以进行监督。

(2)犯罪嫌疑人不讲真实姓名、住址,身份不明的,应当对其身份进行调查,侦查羁押期限自查清其身份之日起计算,但是不得停止对其犯罪行为的侦查取证。

对于犯罪事实清楚,证据确实、充分,确实无法查明其身份的,也可以按其自报的姓名起诉、审判。

(3)犯罪嫌疑人、被告人在押的案件,除对犯罪嫌疑人、被告人的精神病鉴定期间不计入办案期限外,其他鉴定期间都应当计入办案期限。

对于因鉴定时间较长,办案期限届满仍不能终结的案件,自期限届满之日起,应当对被羁押的犯罪嫌疑人、被告人变更强制措施,改为取保候审或者监视居住。

第四节 补充侦查

一、概念

公安机关或者人民检察院依照法定程序,在原有侦查工作的基础上进行补充收集证据的一种侦查活动。

并不是每个案件都必须进行补充侦查,只适用于事实不清、证据不足或者遗漏罪行、遗漏同案犯罪嫌疑人的案件。

由人民检察院决定,公安机关或者人民检察院实施。

二、种类

表8-46 补充侦查的种类

审查批捕阶段		(1)人民检察院对于公安机关提请批准逮捕的案件进行审查后,应当根据情况分别作出批准逮捕或者不批准逮捕的决定。 (2)对于批准逮捕的决定,公安机关应当立即执行,并且将执行情况通知人民检察院。 (3)对于不批准逮捕的,人民检察院应当说明理由,需要补充侦查的,应当通知公安机关。
审查起诉阶段	形式	(1)人民检察院审查案件,对于需要补充侦查的,可以退回公安机关补充侦查,也可以自行侦查(检察院是决定主体)。 (2)人民检察院经审查,认为需要补充核实的,应当退回监察机关补充调查,必要时可以自行补充侦查。(注意:此项为《刑诉法修改决定》内容)
	期限与次数	(1)应当在1个月以内补充侦查完毕。 (2)补充侦查以两次为限。 (3)退回补充侦查完毕移送审查起诉后,人民检察院重新计算审查起诉期限。 (4)人民检察院在审查起诉中决定自行侦查的,应当在审查起诉期限内侦查完毕。
	处理	(1)经过一次补充侦查的案件,人民检察院仍然认为证据不足,不符合起诉条件的,可以作出不起诉决定。 (2)如果案件经过两次补充侦查,仍然证据不足,不符合起诉条件的,人民检察院应当作出不起诉决定。 (3)人民检察院对已经退回侦查机关两次补充侦查的案件,在审查起诉中又发现新的犯罪事实的,应当移送侦查机关立案侦查;对已经查清的犯罪事实,应当依法提起公诉。

		(续表)
法庭审理阶段	形式	(1)在法庭审判过程中,检察人员发现提起公诉的案件需要补充侦查,提出延期审理建议的,合议庭可以同意。人民检察院应当自行侦查,必要时可以要求公安机关提供协助。(人民法院是决定主体,但须以人民检察院的建议为前提。) (2)合议庭在案件审理过程中,发现被告人可能有自首、立功等法定量刑情节,而起诉和移送的证据材料没有这方面的证据材料的,应当通知人民检察院移送。 (3)审判期间,被告人提出新的立功线索的,人民法院可以建议人民检察院补充侦查。人民检察院应当审查有无理由,并作出是否退回补充侦查的决定。人民检察院不同意的,可以要求人民法院就起诉指控的犯罪事实依法作出裁判。
	期限与次数	(1)应当在1个月以内补充侦查完毕。 (2)以两次为限。

第五节 侦查监督

一、概念

人民检察院依法对侦查机关的侦查活动是否合法进行的监督。

二、范围

当事人和辩护人、诉讼代理人、利害关系人对于司法机关及其工作人员有下列行为之一的,有权向该机关申诉或者控告:

(1)采取强制措施法定期限届满,不予以释放、解除或者变更的;

(2)应当退还取保候审保证金不退还的;

(3)对与案件无关的财物采取查封、扣押、冻结措施的;

(4)应当解除查封、扣押、冻结不解除的;

(5)贪污、挪用、私分、调换、违反规定使用查封、扣押、冻结的财物的。

受理申诉或者控告的机关应当及时处理。对处理不服的,可以向同级人民检察院申诉;人民检察院直接受理的案件,可以向上一级人民检察院申诉。人民检察院对申诉应当及时进行审查,情况属实的,通知有关机关予以纠正。

第十三章 起诉

第一节 概述

一、概念

公诉,指依法享有刑事起诉权的国家专门机关代表国家向法院提起诉讼,要求法院通过审判确定被告人有被指控的罪行并给予相应的刑事制裁的诉讼活动。

自诉,指刑事被害人及其法定代理人、近亲属等,以个人的名义向法院起诉,要求保护被害人的合法权益,追究被告人的刑事责任的诉讼活动。

二、原则

我国实行公诉为主、自诉为辅的犯罪追诉机制。

在起诉原则上,我国采用以起诉法定主义为主,兼采起诉便宜主义,检察官的裁量权受到严格限制。

第二节　提起公诉的程序

一、审查起诉

是否提起公诉由人民检察院审查决定。

(一)管辖

(1)上级公安机关指定下级公安机关立案侦查的案件,需要逮捕犯罪嫌疑人的,由侦查该案件的公安机关提请同级人民检察院审查批准;需要提起公诉的,由侦查该案件的公安机关移送同级人民检察院审查起诉。

(2)各级人民检察院提起公诉,应当与人民法院审判管辖相适应。

公诉部门收到移送审查起诉的案件后,经审查认为不属于本院管辖的,应当在5日以内经由案件管理部门移送有管辖权的人民检察院。

认为属于上级人民法院管辖的第一审案件的,应当报送上一级人民检察院,同时通知移送审查起诉的公安机关。

认为属于同级其他人民法院管辖的第一审案件的,应当移送有管辖权的人民检察院或者报送共同的上级人民检察院指定管辖,同时通知移送审查起诉的公安机关。

上级人民检察院受理同级公安机关移送审查起诉案件,认为属于下级人民法院管辖的,可以交下级人民检察院审查,由下级人民检察院向同级人民法院提起公诉,同时通知移送审查起诉的公安机关。

(3)一人犯数罪、共同犯罪和其他需要并案审理的案件,只要其中一人或者一罪属于上级人民检察院管辖的,全案由上级人民检察院审查起诉。

(二)内容

(1)人民检察院审查案件必须查明:

①犯罪事实、情节是否清楚,证据是否确实、充分,犯罪性质和罪名的认定是否正确;

②有无遗漏罪行和其他应当追究刑事责任的人;

③是否属于不应追究刑事责任的;

④有无附带民事诉讼;

⑤侦查活动是否合法。

(2)司法实践中,人民检察院在审查起诉过程中,还要注意审查以下内容:

①案件是否属于本院管辖;

②证据是否随案移送,不宜移送证据的清单、照片或者其他证明文件是否随案移送;

③与犯罪有关的财务及其孳息是否扣押、冻结并妥善保管,以供核查。

(三)审查起诉的步骤和方法

表8-47　审查起诉的步骤和方法

审阅案卷材料	制作阅卷笔录。
讯问与听取意见	必经程序:人民检察院审查案件,应当讯问犯罪嫌疑人,听取辩护人或者值班律师、被害人及其诉讼代理人的意见,并记录在案。辩护人或者值班律师、被害人及其诉讼代理人提出书面意见的,应当附卷。 【注意】此部分为《刑诉法修改决定》内容。

（续表）

认罪认罚案件 【注意】《刑诉法修改决定》的内容	（1）听取意见事项。犯罪嫌疑人认罪认罚的，人民检察院应当告知其享有的诉讼权利和认罪认罚的法律规定，听取犯罪嫌疑人、辩护人或者值班律师、被害人及其诉讼代理人对下列事项的意见，并记录在案： ①涉嫌的犯罪事实、罪名及适用的法律规定； ②从轻、减轻或者免除处罚等从宽处罚的建议； ③认罪认罚后案件审理适用的程序； ④其他需要听取意见的事项。 （2）签署认罪认罚具结书。人民检察院依照规定听取值班律师意见的，应当提前为值班律师了解案件有关情况提供必要的便利。犯罪嫌疑人自愿认罪，同意量刑建议和程序适用的，应当在辩护人或者值班律师在场的情况下签署认罪认罚具结书。 （3）犯罪嫌疑人认罪认罚，有下列情形之一的，不需要签署认罪认罚具结书： ①犯罪嫌疑人是盲、聋、哑人，或者是尚未完全丧失辨认或者控制自己行为能力的精神病人的； ②未成年犯罪嫌疑人的法定代理人、辩护人对未成年人认罪认罚有异议的； ③其他不需要签署认罪认罚具结书的情形。
审查证据及非法证据排除	（1）人民检察院审查案件，可以要求公安机关提供法庭审判所必需的证据材料；认为可能存在以非法方法收集证据情形的，可以要求其对证据收集的合法性作出说明。 （2）人民检察院公诉部门在审查中发现侦查人员以非法方法收集犯罪嫌疑人供述、被害人陈述、证人证言等证据材料的，应当依法排除非法证据并提出纠正意见，同时可以要求侦查机关另行指派侦查人员重新调查取证，必要时人民检察院也可以自行调查取证。
补充侦查	详见本编第十二章第四节。

（四）审查起诉的期限

（1）人民检察院对于监察机关、公安机关移送起诉的案件，应当在1个月以内作出决定，重大、复杂的案件，可以延长15日；犯罪嫌疑人认罪认罚，符合速裁程序适用条件的，应当在10日以内作出决定，对可能判处的有期徒刑超过1年的，可以延长至15日。

（2）人民检察院审查起诉的案件，改变管辖的，从改变后的人民检察院收到案件之日起计算审查起诉期限。

（3）补充侦查的案件，补充侦查完毕移送人民检察院后，人民检察院重新计算审查起诉期限。

二、提起公诉

（一）条件

（1）犯罪嫌疑人的犯罪事实已经查清。

（2）证据确实、充分。

（3）依法应当追究犯罪嫌疑人的刑事责任。

（二）起诉案件的移送

人民检察院对于决定提起公诉的案件，应当向人民法院移送起诉书、案卷材料、证据，并且应当按照审判管辖的规定，向同级人民法院提起公诉。

【注意】人民检察院向人民法院提起公诉时，应当将案卷材料和全部证据移送人民法院，包括犯罪嫌疑人、被告人翻供的材料，证人改变证言的材料，以及对犯罪嫌疑人、被告人有利的其他证据材料。犯罪嫌疑人认罪认罚的，人民检察院应当就主刑、附加刑、是否适用缓刑等提出量刑建议，并随案移送认罪认罚具结书等材料。

三、不起诉

表 8–48　不起诉的知识要点

法定不起诉	（1）没有犯罪事实； （2）情节显著轻微、危害不大，不认为是犯罪的； （3）犯罪已过追诉时效期限的； （4）经特赦令免除刑罚的； （5）依照刑法告诉才处理的犯罪没有告诉或者撤回告诉的； （6）犯罪嫌疑人、被告人死亡的； （7）其他法律规定免予追究刑事责任的。	
酌定不起诉	条件	（1）犯罪嫌疑人的行为已经构成犯罪； （2）犯罪情节轻微，依照刑法规定不需要判处刑罚或者免除刑罚的。
	情形	（1）犯罪嫌疑人在中华人民共和国领域外犯罪，依照我国刑法规定应当负刑事责任，但在外国已经受过刑事处罚的； （2）犯罪嫌疑人是聋、哑人，或者是盲人犯罪的； （3）犯罪嫌疑人因防卫过当或者紧急避险超过必要限度，并造成不应有的危害而犯罪的； （4）为犯罪准备工具，制造条件的； （5）在犯罪过程中自动中止或自动有效地防止犯罪结果发生的； （6）在共同犯罪中，起次要或辅助作用的； （7）被胁迫、诱骗参加犯罪的； （8）犯罪嫌疑人自首或者在自首后有立功表现的。
证据不足不起诉（存疑不起诉）	对于补充侦查的案件，人民检察院仍然认为证据不足，不符合起诉条件的，且没有退回补充侦查必要的，可以作出不起诉的决定。 对于两次补充侦查的案件，人民检察院仍然认为证据不足，不符合起诉条件的，应当作出不起诉的决定。	
	情形	（1）犯罪构成要件事实缺乏必要的证据予以证明的； （2）据以定罪的证据存在疑问，无法查证属实的； （3）据以定罪的证据之间、证据与案件事实之间的矛盾不能合理排除的； （4）根据证据得出的结论具有其他可能性，不能排除合理怀疑的； （5）根据证据认定案件事实不符合逻辑和经验法则，得出的结论明显不符合常理的。
	再次起诉	人民检察院根据刑事诉讼法的规定决定不起诉的，在发现新证据，符合起诉条件时可以提起公诉。
附条件不起诉	专为未成年人刑事案件增设的制度（详见本编第二十章"未成年人刑事案件诉讼程序"）。	
和解不起诉	对于达成和解协议的案件，公安机关可以向人民检察院提出从宽处理的建议。人民检察院可以向人民法院提出从宽处罚的建议；对于犯罪情节轻微，不需要判处刑罚的，可以作出不起诉的决定。人民法院可以依法对被告人从宽处罚。	
认罪认罚 从宽不起诉 【注意】此部分为《刑诉法修改决定》内容	犯罪嫌疑人自愿如实供述涉嫌犯罪的事实，有重大立功或者案件涉及国家重大利益的，经最高人民检察院批准，人民检察院可以作出不起诉决定，也可以对涉嫌数罪中的一项或者多项提起公诉。	

（续表）

不起诉的程序		制作不起诉决定书。
	批准条件	(1)经检察长或者检查委员会决定； (2)省级以下人民检察院办理直接受理立案侦查的案件，拟作不起诉决定的，应当报请上一级人民检察院批准； (3)对于监察机关移送审查起诉的案件，人民检察院对于有《刑事诉讼法》规定的不起诉的情形的，经上一级人民检察院批准，依法作出不起诉的决定。
	不起诉决定书的宣布与送达	公开宣布，同时将不起诉决定书分别送达下列机关和人员： (1)被不起诉人和他的所在单位。如果被不起诉人在押的，应当立即释放；被采取其他强制措施的，应当通知执行机关解除。人民检察院决定不起诉的案件，可以根据案件的不同情况，对被不起诉人予以训诫或者责令具结悔过、赔礼道歉、赔偿损失。 (2)对公安机关移送起诉的案件应将不起诉决定书送达公安机关。 (3)对于有被害人的案件应将不起诉决定书送达被害人。
	解除查封扣押冻结	人民检察院决定不起诉的案件，应当同时对侦查中查封、扣押、冻结的财物解除查封、扣押、冻结。 对被不起诉人需要给予行政处罚、处分或者需要没收其违法所得的，人民检察院应当提出检察意见，移送有关主管机关处理。有关主管机关应当将处理结果及时通知人民检察院。
	移送有关主管机关处理	根据案件的不同情况，对被不起诉人予以训诫或者责令具结悔过、赔礼道歉、赔偿损失。 对被不起诉人需要给予行政处罚、行政处分的，人民检察院应当提出检察意见，连同不起诉决定书一并移送有关主管机关处理，并要求有关主管机关及时通报处理情况。
不起诉的救济	当事人的申诉	被不起诉人的申诉	对于依酌定不起诉作出不起诉决定的，被不起诉人如果不服，可以自收到决定书后7日以内向人民人民检察院申诉。
		被害人的申诉	(1)如果对不起诉决定不服，可以自收到不起诉决定书后7日以内向上一级人民检察院申诉，也可以不经申诉，直接向人民法院起诉； (2)人民检察院收到人民法院受理被害人对被不起诉人起诉的通知后，人民检察院应当终止复查，将作出不起诉决定所依据的有关案件材料移送人民法院。
		申诉形式	书面或口头。
		复查期限	人民检察院复查不服不起诉决定的申诉，应当在立案3个月以内作出复查决定，案情复杂的，复查期限不得超过6个月。
	公安机关的复议与复核		公安机关认为不起诉的决定有错误的时候，可以要求复议，人民检察院应当在收到要求复议意见书后的30日以内作出复议决定，通知公安机关。 如果意见不被接受，可以向上一级人民检察院提请复核。 上一级人民检察院应当在收到提请复核意见书后的30日以内作出决定，制作复核决定书送交提请复核的公安机关和下级人民检察院。
	监察机关的复议		监察机关认为不起诉的决定有错误的，可以向上一级人民检察院提请复议。

【注意】

被害人可以针对上述法定不起诉、酌定不起诉、存疑不起诉决定向上一级人民检察院申诉,而被不起诉人只能对酌定不起诉向作出不起诉决定的人民检察院申诉。

第三节　提起自诉的程序

一、案件范围

(1)告诉才处理的案件。
(2)被害人有证据证明的轻微刑事案件。
(3)被害人有证据证明对被告人侵犯自己人身、财产权利行为应当依法追究刑事责任,而公安机关或者人民检察院不予追究被告人刑事责任的案件。

二、受理条件

(1)有适格的自诉人:被害人+特殊情形下其法定代理人、近亲属。
(2)有明确的被告人和具体的诉讼请求。
(3)属于自诉案件的范围。
(4)被害人有证据证明。
(5)属于受诉人民法院管辖。

三、程序

(1)提起自诉应当提交刑事自诉状。
(2)同时提起附带民事诉讼的,应当提交刑事附带民事自诉状。

第十四章　刑事审判概述

第一节　刑事审判的概念与特征

一、概念

人民法院在控、辩双方及其他诉讼参与人参加下,依照法定的权限和程序,对于依法向其提出诉讼请求的刑事案件进行审理和裁判的诉讼活动。

审理主要是对案件的有关事实进行举证、调查、辩论;而裁判则是在审理的基础上,依法就案件的实体问题或某些程序问题作出公正的处理决定。

审理是裁判的前提和基础,裁判是审理的目的和结果,二者构成辩证统一的整体。

二、特征

被动性、独立性、中立性、职权性、程序性、亲历性、公开性、公正性与终局性,九个特征。

三、刑事审判程序

(1)第一审程序。
(2)第二审程序。
(3)特殊案件的复核程序。
(4)审判监督程序。

第二节　刑事审判模式

一、当事人主义模式

英美法系国家:法官消极中立;控辩双方积极主动、平等对抗;控辩双方共同控制庭审进程。

二、职权主义模式

大陆法系国家:法官居于中心地位;控

辩双方消极被动;法官掌握程序控制权。

三、混合主义模式

以日本、意大利为代表:以当事人主义为主,以职权主义为补充。

四、我国刑事审判模式

（一）1979年《刑事诉讼法》确立的特点

（1）庭前审查为实体性审查。

（2）法官完全主导和控制审判程序,审判程序以法官积极主动的证据调查为中心。

（3）被告人的诉讼地位弱化,辩护权受到抑制。

（4）法官协助检察官行使控诉职能。

（二）1996年《刑事诉讼法》修正对当事人主义的改革

（1）庭前审查由实体性审查改为程序性审查。

（2）强化控方的举证责任和辩方的辩护职能,弱化了法官的调查功能。

（3）扩大辩护方的权利范围,强化了庭审的对抗性。

（三）2012年《刑事诉讼法》再次修改,对控辩式庭审方式的深化改革

（1）完善回避制度,规定辩护人有权申请回避及复议。

（2）改革辩护制度,完善法律援助制度,扩大了强制辩护的适用范围,强化辩护律师的会见权、阅卷权、申请调取证据权及保守职业秘密权等执业权利。

（3）修改证据制度,规定公诉案件中被告人有罪的举证责任由人民检察院承担,建立非法证据排除规则,完善了证人保护制度,建立了证人作证补偿制度。

（4）完善审判程序,建立强制证人出庭作证制度。

此外,辩护人有权申请法庭通知有专门知识的人出庭就鉴定人作出的鉴定意见提出意见,辩护人可以就定罪、量刑问题进行辩论,等等。

（四）2018年《刑诉法修改决定》

（1）保障国家监察体制改革的顺利进行,完善监察与刑事诉讼的衔接。

（2）加强反腐败国际追逃追赃的工作力度,丰富反腐败和国际追逃追赃的手段,建立刑事缺席审判制度。

（3）与深化司法体制改革密切相关的内容,在总结认罪认罚从宽制度和速裁程序试点工作经验的基础上,将在司法实践中可复制、可推广、行之有效的经验上升为法律。

第三节 刑事审判的原则

一、审判公开原则

人民法院审判案件,除法律另有规定的以外,一律公开进行。

除了法庭评议以外,审理案件和宣告判决,一律公开进行。

（一）不公开的案件

（1）涉及国家秘密或者个人隐私的案件,不公开审理。

（2）开庭审理时被告人不满18周岁的案件,不公开审理。

（3）涉及商业秘密的案件,当事人申请不公开审理的,可以不公开审理。

（二）不公开审理的要求

（1）应当当庭宣布不公开审理的理由。

（2）任何人不得旁听,但法律另有规定的除外。

（3）宣告判决必须公开。

（4）共同犯罪中,只要有一个被告人符合不公开审理的情形,整个案件都不应公开审理。

二、直接言词原则

【注意】简易程序、速裁程序是直接言

词原则的例外。

三、辩论原则

是控辩对抗的体现。

四、集中审理原则

（1）不换人。
（2）不换庭。
（3）不中断。

第四节 审级制度

一、两审终审制

（略）

二、两审终审制的例外

（1）最高人民法院审理的第一审案件为一审终审。
（2）判处死刑的案件，必须依法经过死刑复核程序核准后，判处死刑的裁判才能生效并交付执行。
（3）地方各级人民法院依照刑法规定在法定刑以下判处刑罚的案件，必须经过最高人民法院核准，判决、裁定才能生效。

第五节 审判组织

一、独任制

基层人民法院适用简易程序、速裁程序的案件可以由审判员一人独任审判。

二、合议制

（一）组成方式（【注意】此部分为《刑诉法修改决定》内容。）

人民陪审员和法官组成合议庭审判案件，由法官担任审判长，可以组成3人合议庭，也可以由法官3人与人民陪审员4人组成7人合议庭。

（1）基层人民法院、中级人民法院审判第一审案件，应当由审判员3人或者由审判员和人民陪审员共3人或者7人组成合议庭进行。

可能判处10年以上有期徒刑、无期徒刑、死刑，社会影响重大的刑事案件，由人民陪审员和法官组成7人合议庭进行。

（2）高级人民法院审判第一审案件，应当由审判员3人至7人或者由审判员和人民陪审员共3人或者7人组成合议庭进行。

（3）最高人民法院审判第一审案件，应当由审判员3人至7人组成合议庭进行。

（4）人民法院审判上诉和抗诉案件，由审判员3人或者5人组成合议庭进行。

（5）最高人民法院和高级人民法院复核死刑和死刑缓期执行的案件，应当由审判员3人组成合议庭进行。

（二）组成原则

（1）人数是单数。
（2）只能是经过合法任命的本院的审判员、助理审判员和在本院执行职务的人民陪审员担任。
（3）合议庭由院长或者庭长指定审判员1人担任审判长；院长或者庭长参加审判案件时，自己担任审判长。助理审判员由本院院长提出，经审判委员会通过，可以临时代行审判员职务，并可以担任审判长。
（4）合议庭组成人员确定后，除因回避或者其他特殊情况不能继续参加案件审理的之外，不得在案件审理过程中更换。更换合议庭成员，应当报请院长或者庭长决定。合议庭成员的更换情况应当及时通知诉讼当事人。

（三）合议庭的活动原则

（1）合议庭成员地位与权责平等。
（2）合议庭全体成员参加审理与评议。
依法不开庭审理的案件，合议庭全体成员均应当阅卷，必要时提交书面阅卷意见。
（3）审判长最后发表评议意见。

(4) 少数服从多数。
(5) 审理并且评议后作出判决。
(6) 合议庭组成人员存在违法审判的,应当追究相关责任。

下列情形之一的,合议庭成员不承担责任:
① 因对法律理解和认识上的偏差而导致案件被改判或者发回重审的;
② 因对案件事实和证据认识上的偏差而导致案件被改判或者发回重审的;
③ 因新的证据而导致案件被改判或者发回重审的;
④ 因法律修订或者政策调整而导致案件被改判或者发回重审的;
⑤ 因裁判所依据的其他法律文书被撤销或变更而导致案件被改判或者发回重审的;
⑥ 其他依法履行审判职责不应当承担责任的情形。

（四）人民陪审员制度

表8-49　人民陪审员制度的知识要点

案件范围	人民法院审判第一审刑事、民事、行政案件,有下列情形之一的,由人民陪审员和法官组成合议庭进行: (1) 涉及群体利益、公共利益的; (2) 人民群众广泛关注或者其他社会影响较大的; (3) 案情复杂或者有其他情形,需要由人民陪审员参加审判的。 人民法院审判下列第一审案件,由人民陪审员和法官组成7人合议庭进行: (1) 可能判处10年以上有期徒刑、无期徒刑、死刑,社会影响重大的刑事案件; (2) 根据民事诉讼法、行政诉讼法提起的公益诉讼案件; (3) 涉及征地拆迁、生态环境保护、食品药品安全,社会影响重大的案件; (4) 其他社会影响重大的案件。 第一审刑事案件被告人、民事案件原告或者被告、行政案件原告申请由人民陪审员参加合议庭审判的,人民法院可以决定由人民陪审员和法官组成合议庭审判。
任职条件	公民担任人民陪审员,应当具备下列条件: (1) 拥护中华人民共和国宪法; (2) 年满28周岁; (3) 遵纪守法、品行良好、公道正派; (4) 具有正常履行职责的身体条件。 担任人民陪审员,一般应当具有高中以上文化程度。
不得担任人民陪审员的情形	(1) 人民代表大会常务委员会的组成人员,监察委员会、人民法院、人民检察院、公安机关、国家安全机关、司法行政机关的工作人员; (2) 律师、公证员、仲裁员、基层法律服务工作者; (3) 其他因职务原因不适宜担任人民陪审员的人员。 此外,还有: (1) 受过刑事处罚的; (2) 被开除公职的; (3) 被吊销律师、公证员执业证书的; (4) 被纳入失信被执行人名单的; (5) 因受惩戒被免除人民陪审员职务的; (6) 其他有严重违法违纪行为,可能影响司法公信的。

(续表)

陪审员的产生与任期	(1)人民陪审员的名额,由基层人民法院根据审判案件的需要,提请同级人民代表大会常务委员会确定。人民陪审员的名额数不低于本院法官数的3倍。 (2)司法行政机关会同基层人民法院、公安机关,从辖区内的常住居民名单中随机抽选拟任命人民陪审员数5倍以上的人员作为人民陪审员候选人,对人民陪审员候选人进行资格审查,征求候选人意见。 (3)司法行政机关会同基层人民法院,从通过资格审查的人民陪审员候选人名单中随机抽选确定人民陪审员人选,由基层人民法院院长提请同级人民代表大会常务委员会任命。 (4)因审判活动需要,可以通过个人申请和所在单位、户籍所在地或者经常居住地的基层群众性自治组织、人民团体推荐的方式产生人民陪审员候选人,经司法行政机关会同基层人民法院、公安机关进行资格审查,确定人民陪审员人选,由基层人民法院院长提请同级人民代表大会常务委员会任命。依照前款规定产生的人民陪审员,不得超过人民陪审员名额数的1/5。 (5)人民陪审员经人民代表大会常务委员会任命后,应当公开进行就职宣誓。宣誓仪式由基层人民法院会同司法行政机关组织。人民陪审员的任期为5年,一般不得连任。
构成	人民陪审员和法官组成合议庭审判案件,由法官担任审判长,可以组成3人合议庭,也可以由法官3人与人民陪审员4人组成7人合议庭。
职权	(1)审判长应当履行与案件审判相关的指引、提示义务,但不得妨碍人民陪审员对案件的独立判断。合议庭评议案件,审判长应当对本案中涉及的事实认定、证据规则、法律规定等事项及应当注意的问题,向人民陪审员进行必要的解释和说明。 (2)人民陪审员参加3人合议庭审判案件,对事实认定、法律适用,独立发表意见,行使表决权。 (3)人民陪审员参加7人合议庭审判案件,对事实认定,独立发表意见,并与法官共同表决;对法律适用,可以发表意见,但不参加表决。 (4)合议庭评议案件,实行少数服从多数的原则。人民陪审员同合议庭其他组成人员意见分歧的,应当将其意见写入笔录。合议庭组成人员意见有重大分歧的,人民陪审员或者法官可以要求合议庭将案件提请院长决定是否提交审判委员会讨论决定。
回避与职务要求	(1)回避,参照有关法官回避的法律规定执行。 (2)人民陪审员参加审判活动,应当遵守法官履行职责的规定,保守审判秘密、注重司法礼仪、维护司法形象。
抽选	(1)基层人民法院审判案件需要由人民陪审员参加合议庭审判的,应当在人民陪审员名单中随机抽取确定。 (2)中级人民法院、高级人民法院审判案件需要由人民陪审员参加合议庭审判的,在其辖区内的基层人民法院的人民陪审员名单中随机抽取确定。
培训	人民陪审员的培训、考核和奖惩等日常管理工作,由基层人民法院会同司法行政机关负责。对人民陪审员应当有计划地进行培训。人民陪审员应当按照要求参加培训。
奖励与免除	(1)对于在审判工作中有显著成绩或者有其他突出事迹的人民陪审员,依照有关规定给予表彰和奖励。 (2)人民陪审员有下列情形之一,经所在基层人民法院会同司法行政机关查证属实的,由院长提请同级人民代表大会常务委员会免除其人民陪审员职务: ①本人因正当理由申请辞去人民陪审员职务的; ②具有《人民陪审员法》第6条、第7条所列情形之一的; ③无正当理由,拒绝参加审判活动,影响审判工作正常进行的; ④违反与审判工作有关的法律及相关规定,徇私舞弊,造成错误裁判或者其他严重后果的。人民陪审员有前述第③④项所列行为的,可以采取通知其所在单位、户籍所在地或者经常居住地的基层群众性自治组织、人民团体,在辖区范围内公开通报等措施进行惩戒;构成犯罪的,依法追究刑事责任。

(五)审判委员会

1. 概念

人民法院内部对审判工作实行集体领导的组织形式。

各级人民法院设立审判委员会,实行民主集中制。

审判委员会的职责是总结审判经验,讨论重大的或者疑难的案件和其他有关审判工作的问题。

2. 提请审委会讨论决定的案件

(1)拟判处死刑的案件、人民检察院抗诉的案件,合议庭应当提请院长决定提交审判委员会讨论决定。

(2)对合议庭成员意见有重大分歧的案件、新类型案件、社会影响重大的案件以及其他疑难、复杂、重大的案件,合议庭认为难以作出决定的,可以提请院长决定提交审判委员会讨论决定。

(3)人民陪审员可以要求合议庭将案件提请院长决定是否提交审判委员会讨论决定。

(4)独任审判的案件,审判员认为有必要的,也可以提请院长决定提交审判委员会讨论决定。

3. 处理

(1)对提请院长决定提交审判委员会讨论决定的案件,院长认为不必要的,可以建议合议庭复议一次。

(2)审判委员会讨论案件,应当在合议庭审理的基础上进行,并且应当充分听取合议庭成员关于审理和评议情况的说明。审判委员会的决定,合议庭、独任审判员应当执行;有不同意见的,可以建议院长提交审判委员会复议。

第十五章 第一审程序

第一节 公诉案件第一审程序

一、庭前审查

表8-50 庭前审查的主体、形式、审查的处理与期限

主体	人民法院
形式	程序性审查
审查后处理	(1)对于起诉书中有明确的指控犯罪事实的,应当决定开庭审判; (2)属于告诉才处理的案件,应当退回人民检察院,并告知被害人有权提起自诉; (3)不属于本院管辖或者被告人不在案的,应当退回人民检察院; (4)需要补充材料的,应当通知人民检察院在3日内补送; (5)依照刑事诉讼法宣告被告人无罪后,人民检察院根据新的事实、证据重新起诉的,应当依法受理; (6)裁定准许撤诉的案件,没有新的事实、证据,重新起诉的,应当退回人民检察院; (7)符合刑事诉讼法规定的情形的,应当裁定终止审理或者退回人民检察院; (8)被告人真实身份不明,但符合《刑事诉讼法》第160条第2款规定的应当依法受理。
期限	是否受理,应当在7日内审查完毕。期限计入人民法院的审理期限。

二、庭前准备

（一）开庭审理前法院应进行的工作

（1）确定审判长及合议庭组成人员；

（2）开庭10日前将起诉书副本送达被告人、辩护人；

（3）通知当事人、法定代理人、辩护人、诉讼代理人在开庭5日前提供证人、鉴定人名单，以及拟当庭出示的证据；申请证人、鉴定人、有专门知识的人出庭的，应当列明有关人员的姓名、性别、年龄、职业、住址、联系方式；

（4）开庭3日前将开庭的时间、地点通知人民检察院；

（5）开庭3日前将传唤当事人的传票和通知辩护人、诉讼代理人、法定代理人、证人、鉴定人等出庭的通知书送达；通知有关人员出庭，也可以采取电话、短信、传真、电子邮件等能够确认对方收悉的方式；

（6）公开审理的案件，在开庭3日前公布案由、被告人姓名、开庭时间和地点。

（二）庭前会议

1. 条件

（1）人民法院适用普通程序审理刑事案件，对于证据材料较多、案情疑难复杂、社会影响重大或者控辩双方对事实证据存在较大争议等情形的，可以决定在开庭审理前召开庭前会议。

（2）控辩双方可以申请人民法院召开庭前会议。申请召开庭前会议的，应当说明需要处理的事项。人民法院经审查认为有必要的，应当决定召开庭前会议；决定不召开庭前会议的，应当告知申请人。

（3）被告人及其辩护人在开庭审理前申请排除非法证据，并依照法律规定提供相关线索或者材料的，人民法院应当召开庭前会议。

2. 内容

（1）召开庭前会议，审判人员可以就下列问题向控辩双方了解情况，听取意见：

①是否对案件管辖有异议；

②是否申请有关人员回避；

③是否申请不公开审理；

④是否申请排除非法证据；

⑤是否提出新的证据材料；

⑥是否申请重新鉴定或者勘验；

⑦是否申请调取在侦查、审查起诉期间公安机关、人民检察院收集但未随案移送的证明被告人无罪或者罪轻的证据材料；

⑧是否申请向证人或有关单位、个人收集、调取证据材料；

⑨是否申请证人、鉴定人、侦查人员、有专门知识的人出庭，是否对出庭人员名单有异议；

⑩与审判相关的其他问题。

（2）对于前款规定中可能导致庭审中断的事项，人民法院应当依法作出处理，在开庭审理前告知处理决定，并说明理由。控辩双方没有新的理由，在庭审中再次提出有关申请或者异议的，法庭应当依法予以驳回。

三、法庭审判

（一）开庭

（1）书记员进行准备工作。

（2）审判长宣布开庭，传被告人到庭后对被告人进行查明身份。

（3）审判长公布案件来源、起诉案由以及是否公开审理，对不公开审理的案件宣布不公开审理的理由。

（4）审判长宣布合议庭组成人员、书记员、公诉人、辩护人、鉴定人和翻译人员名单，告知当事人及其法定代理人、辩护人、诉讼代理人在法庭审理过程中依法享有的诉讼权利。

（5）审判长应分别询问当事人、法定代理人是否申请回避及理由。

同案犯同时传唤到庭，逐一查明身份

和基本情况后,集中宣布上述事项和被告人在庭审中的权利,询问是否申请回避,避免重复。

对于召开庭前会议的案件,在庭前会议中处理诉讼权利事项的,可以在开庭后告知诉讼权利的环节,一并宣布庭前会议对有关事项的处理结果。

被告人认罪认罚的,审判长应当告知被告人享有的诉讼权利和认罪认罚的法律规定,审查认罪认罚的自愿性和认罪认罚具结书内容的真实性、合法性。

(二)法庭调查

1. 公诉人宣读起诉书

先由公诉人宣读起诉书;有附带民事诉讼的,再由附带民事诉讼原告人或者其法定代理人、诉讼代理人宣读附带民事起诉状。

起诉书指控的被告人的犯罪事实为两起以上的,法庭调查一般应当分别进行。

公诉人宣读起诉书后,对于召开庭前会议的案件,法庭应当宣布庭前会议报告的主要内容。有多起犯罪事实的案件,法庭可以在有关犯罪事实的法庭调查开始前,分别宣布庭前会议报告的相关内容。

对于庭前会议中达成一致意见的事项,法庭可以向控辩双方核实后当庭予以确认;对于未达成一致意见的事项,法庭可以在庭审涉及该事项的环节归纳争议焦点,听取控辩双方意见,依法作出处理。

2. 被告人、被害人陈述

3. 讯问、发问当事人

(1)公诉人就起诉书指控的犯罪事实讯问被告人。

(2)发问被告人。

(3)经审判长准许,控辩双方可以向被害人、附带民事诉讼原告人发问。

(4)审判人员可以讯问被告人。必要时,可以向被害人、附带民事诉讼当事人发问。

4. 出示、核实证据

表 8-51　出示、核实证据的知识要点

证人出庭	应当出庭的条件	(1)控辩双方对证人证言有异议; (2)该证人证言对案件定罪量刑有重大影响; (3)人民法院认为证人有必要出庭作证。 人民警察就其执行职务时目击的犯罪情况作为证人出庭作证,适用前述规定。
	拒不出庭的处理	(1)经人民法院通知,证人没有正当理由不出庭作证的,人民法院可以强制其到庭,但是被告人的配偶、父母、子女除外。 (2)证人没有正当理由拒绝出庭或者出庭后拒绝作证的,予以训诫,情节严重的,经院长批准,处以10日以下的拘留。被处罚人对拘留决定不服的,可以向上一级人民法院申请复议。复议期间不停止执行。
	可以不出庭的情形	(1)在庭审期间身患严重疾病或者行动极为不便的; (2)居所远离开庭地点且交通极为不便的; (3)身处国外短期内无法回国的; (4)有其他客观原因,确实无法出庭的。 具有上述规定情形的,可以通过视频等方式作证。
	补助	(1)证人因履行作证义务而支出的交通、住宿、就餐等费用,应当给予补助。证人作证的补助列入司法机关业务经费,由同级政府财政予以保障。 (2)有工作单位的证人作证,所在单位不得克扣或者变相克扣其工资、奖金及其他福利待遇。

(续表)

鉴定人出庭	应当出庭的条件	(1)控辩双方对鉴定意见有异议； (2)人民法院认为鉴定人有必要出庭。
	不出庭的处理	应当出庭的鉴定人经人民法院通知未出庭作证的,鉴定意见不得作为定案的根据。 鉴定人由于不能抗拒的原因或者有其他正当理由无法出庭的,人民法院可以根据案件审理情况决定延期审理。
证人、鉴定人与被害人的保护		(1)审判危害国家安全犯罪、恐怖活动犯罪、黑社会性质的组织犯罪、毒品犯罪等案件,证人、鉴定人、被害人因出庭作证,本人或者其近亲属的人身安全面临危险的,人民法院应当采取不公开其真实姓名、住址和工作单位等个人信息,或者不暴露其外貌、真实声音等保护措施; (2)审判期间,证人、鉴定人、被害人提出保护请求的,人民法院应当立即审查;认为确有保护必要的,应当及时决定采取相应保护措施; (3)决定对出庭作证的证人、鉴定人、被害人采取不公开个人信息的保护措施的,审判人员应当在开庭前核实其身份,对证人、鉴定人如实作证的保证书不得公开,在判决书、裁定书等法律文书中可以使用化名等代替其个人信息。
有专门知识的人出庭	条件	(1)控辩双方申请法庭通知有专门知识的人出庭,就鉴定意见提出意见; (2)法庭认为有必要。
	人数	不得超过2人。有多种类鉴定意见的,可以相应增加人数。
侦查人员或有关人员出庭	条件	(1)控辩双方对侦破经过、证据来源、证据真实性或者证据收集合法性等有异议; (2)人民法院经审查认为有必要的。
询问规则		(1)证人、鉴定人到庭后,审判人员应当核实其身份、与当事人以及本案的关系,并告知其有关作证的权利义务和法律责任。证人、鉴定人作证前,应当保证向法庭如实提供证言、说明鉴定意见,并在保证书上签名。 (2)向证人、鉴定人发问,应当先由提请通知的一方进行;发问完毕后,经审判长准许,对方也可以发问。 (3)向证人发问应当遵循以下规则: ①发问的内容应当与本案事实有关; ②不得以诱导方式发问; ③不得威胁证人; ④不得损害证人的人格尊严; ⑤不得泄露证人的个人隐私。 上述规定适用于对被告人、被害人、附带民事诉讼当事人、鉴定人、有专门知识的人的讯问、发问。 (4)控辩双方的讯问、发问方式不当或者内容与本案无关的,对方可以提出异议,申请审判长制止,审判长应当判明情况予以支持或者驳回;对方未提出异议的,审判长也可以根据情况予以制止。 (5)审判人员认为必要时,可以询问证人、鉴定人、有专门知识的人。 (6)向证人、鉴定人、有专门知识的人发问应当分别进行。证人、鉴定人、有专门知识的人经控辩双方发问或者审判人员询问后,审判长应当告知其退庭。证人、鉴定人、有专门知识的人不得旁听对本案的审理。 (7)证人证言之间存在实质性差异的,法庭可以传唤有关证人到庭对质。审判长可以分别询问证人,就证言的实质性差异进行调查核实。经审判长准许,控辩双方可以向证人发问。审判长认为有必要的,可以准许证人之间相互发问。

(续有)

出示宣读证据	(1)公诉人、辩护人应当向法庭出示物证,让当事人辨认,对未到庭的证人的证言笔录、鉴定人的鉴定意见、勘验笔录和其他作为证据的文书,应当庭宣读。审判人员应当听取公诉人、当事人和辩护人、诉讼代理人的意见。 (2)证人出庭作证的,其庭前证言一般不再出示、宣读,但下列情形除外: ①证人出庭作证时遗忘或者遗漏庭前证言的关键内容,需要向证人作出必要提示的; ②证人的当庭证言与庭前证言存在矛盾,需要证人作出合理解释的。 为核实证据来源、证据真实性等问题,或者帮助证人回忆,经审判长准许,控辩双方可以在询问证人时向其出示物证、书证等证据。 (3)控辩双方对证人证言、被害人陈述、鉴定意见无异议,有关人员不需要出庭的,或者有关人员因客观原因无法出庭且无法通过视频等方式作证的,可以出示、宣读庭前收集的书面证据材料或者作证过程录音录像。被告人当庭供述与庭前供述的实质性内容一致的,可以不再出示庭前供述;当庭供述与庭前供述存在实质性差异的,可以出示、宣读庭前供述中存在实质性差异的内容。 (4)采用技术侦查措施收集的证据,应当当庭出示。当庭出示、辨认、质证可能危及有关人员的人身安全,或者可能产生其他严重后果的,应当采取不暴露有关人员身份、不公开技术侦查措施和方法等保护措施。

5.调取新证据

(1)法庭审理过程中,当事人和辩护人、诉讼代理人有权申请通知新的证人到庭,调取新的物证,申请重新鉴定或者勘验。法庭认为有必要的,应当同意,并宣布延期审理;不同意的,应当说明理由并继续审理。

(2)审判期间,合议庭发现被告人可能有自首、坦白、立功等法定量刑情节,而人民检察院移送的案卷中没有相关证据材料的,应当通知人民检察院移送。审判期间,被告人提出新的立功线索的,人民法院可以建议人民检察院补充侦查。

(3)审判期间,公诉人发现案件需要补充侦查,建议延期审理的,合议庭可以同意,但建议延期审理不得超过两次。人民检察院将补充收集的证据移送人民法院的,人民法院应当通知辩护人、诉讼代理人查阅、摘抄、复制。补充侦查期限届满后,经法庭通知,人民检察院未将案件移送人民法院,且未说明原因的,人民法院可以决定按人民检察院撤诉处理。

(4)人民法院向人民检察院调取需要调查核实的证据材料,或者根据被告人、辩护人的申请,向人民检察院调取在侦查、审查起诉期间收集的有关被告人无罪或者罪轻的证据材料,应当通知人民检察院在收到调取证据材料决定书后3日内移交。

(5)公诉人申请出示开庭前未移送人民法院的证据,辩护方提出异议的,审判长应当要求公诉人说明理由;理由成立并确有出示必要的,应当准许。辩护方提出需要对新的证据做辩护准备的,法庭可以宣布休庭,并确定准备辩护的时间。辩护方申请出示开庭前未提交的证据的,参照适用前两款的规定。

6.合议庭调查核实证据

(1)在法庭调查过程中,合议庭对于证据有疑问的,可以宣布休庭,对该证据进行调查核实。人民法院调查核实证据时,可以进行勘验、检查、查封、扣押、鉴定和查询、冻结,必要时,可以通知检察人员、辩护人到场。

(2)对公诉人、当事人及其法定代理人、辩护人、诉讼代理人补充的和法庭庭外调查核实取得的证据,应当经过当庭质证才能作为定案的根据。但是,经庭外征求意见,控辩双方没有异议的除外。有关情况,应当记录在案。

(3)法庭决定在庭外对技术侦查证据进行核实的,可以召集公诉人和辩护律师到场。在场人员应当履行保密义务。

(三)法庭辩论

(1)法庭辩论应当在审判长的主持下,按照下列顺序进行:

①公诉人发言(发表公诉词);
②被害人及其诉讼代理人发言;
③被告人自行辩护;
④辩护人辩护(发表辩护词);
⑤控辩双方进行辩论。

(2)附带民事部分的辩论应当在刑事部分的辩论结束后进行,先由附带民事诉讼原告人及其诉讼代理人发言,后由附带民事诉讼被告人及其诉讼代理人答辩。

(3)人民检察院可以提出量刑建议并说明理由,量刑建议一般应当具有一定的幅度。当事人及其辩护人、诉讼代理人可以对量刑提出意见并说明理由。

(4)被告人认罪的,可以引导控辩双方主要围绕量刑和其他有争议的问题进行;被告人不认罪或者辩护人作无罪辩护的,可以引导控辩双方先辩论定罪问题,后辩论量刑问题。

(5)法庭辩论过程中,审判长应当充分听取控辩双方的意见,对控辩双方与案件无关、重复或者指责对方的发言应当提醒、制止。

(6)法庭辩论过程中,合议庭发现与定罪、量刑有关的新的事实,有必要调查的,审判长可以宣布暂停辩论,恢复法庭调查,在对新的事实调查后,继续法庭辩论。

(四)被告人最后陈述

(1)审判长宣布法庭辩论终结后,合议庭应当保证被告人充分行使最后陈述的权利。

(2)制止的情形:

①被告人在最后陈述中多次重复自己的意见的,审判长可以制止;
②陈述内容蔑视法庭、公诉人,损害他人及社会公共利益,或者与本案无关的,应当制止;
③在公开审理的案件中,被告人最后陈述的内容涉及国家秘密、个人隐私或者商业秘密的,应当制止。

(3)被告人在最后陈述中提出新的事实、证据,合议庭认为可能影响正确裁判的,应当恢复法庭调查;被告人提出新的辩解理由,合议庭认为可能影响正确裁判的,应当恢复法庭辩论。

(五)法庭评议和宣判

1. 评议

应当根据已经查明的事实、证据和有关法律规定,在充分考虑控辩双方意见的基础上,确定被告人是否有罪、构成何罪,有无从重、从轻、减轻或者免除处罚的情节,应否处以刑罚,判处何种刑罚,附带民事诉讼如何解决,查封、扣押、冻结的财物及其孳息如何处理等,并依法作出判决、裁定。

合议庭成员应当在评议笔录上签名。

2. 宣判

宣告判决,一律公开进行。公诉人、辩护人、诉讼代理人、被害人、自诉人或者附带民事诉讼原告人未到庭的,不影响宣判的进行。宣判有以下两种方式:

(1)当庭宣判:5日内送达判决书。
(2)定期宣判:宣告后应当立即送达判决书。

3. 作出判决、裁定

表8-52 人民法院审理第一审公诉案件后作出判决、裁定的情形

起诉指控的事实清楚,证据确实、充分,依据法律认定指控被告人的罪名成立的	应当作出有罪判决。
起诉指控的事实清楚,证据确实、充分,指控的罪名与审理认定的罪名不一致的	应当按照审理认定的罪名作出有罪判决(法院应当在判决前听取控辩双方的意见,必要时,可以重新开庭)。

(续表)

案件事实清楚,证据确实、充分,依据法律认定被告人无罪的	应当判决宣告被告人无罪。
证据不足,不能认定被告人有罪的	应当作出证据不足、指控的犯罪不能成立的无罪判决(检察院依照新的事实、证据材料重新起诉,法院受理的案件,依法作出裁判的,前案判决不予撤销)。
案件部分事实清楚,证据确实、充分的	应当作出有罪或者无罪的判决(对事实不清、证据不足部分,不予认定)。
被告人因不满16周岁,不予刑事处罚的	应当判决宣告被告人不负刑事责任。
被告人是精神病人,在不能辨认或者不能控制自己行为时造成危害结果,不予刑事处罚的	
犯罪已过追诉时效期限且不是必须追诉,或者经特赦令免除刑罚的	应当裁定终止审理。
被告人死亡的	应当裁定终止审理。
	根据已查明的案件事实和认定的证据,能够确认无罪的,应当判决宣告被告人无罪。

对于认罪认罚案件,人民法院依法作出判决时,一般应当采纳人民检察院指控的罪名和量刑建议,但有下列情形的除外:
(1)被告人的行为不构成犯罪或者不应当追究其刑事责任的;
(2)被告人违背意愿认罪认罚的;
(3)被告人否认指控的犯罪事实的;
(4)起诉指控的罪名与审理认定的罪名不一致的;
(5)其他可能影响公正审判的情形。
人民法院经审理认为量刑建议明显不当,或者被告人、辩护人对量刑建议提出异议的,人民检察院可以调整量刑建议。人民检察院不调整量刑建议或者调整量刑建议后仍然明显不当的,人民法院应当依法作出判决。
【注意】此部分为《刑诉法修改决定》内容。

四、补充起诉、追加起诉、变更起诉、撤回起诉

表8-53 补充起诉、追加起诉、变更起诉、撤回起诉的知识要点

补充起诉 追加起诉 变更起诉	(1)人民法院审理公诉案件,发现有新的事实,可能影响定罪的,人民检察院可以要求补充起诉或者变更起诉,人民法院可以建议人民检察院补充起诉或者变更起诉; (2)人民法院建议人民检察院补充起诉或者变更起诉的,人民检察院应当在7日以内回复意见。人民检察院不同意或者在7日内未回复意见的,人民法院应当就起诉指控的犯罪事实,依照最高人民法院《刑诉法解释》第241条的规定作出判决、裁定。

(续表)

撤回起诉	(1)在人民法院宣告判决前,人民检察院发现具有下列情形之一的,可以撤回起诉: ①不存在犯罪事实的; ②犯罪事实并非被告人所为的; ③情节显著轻微、危害不大,不认为是犯罪的; ④证据不足或证据发生变化,不符合起诉条件的; ⑤被告人因未达到刑事责任年龄,不负刑事责任的; ⑥法律、司法解释发生变化导致不应当追究被告人刑事责任的; ⑦其他不应当追究被告人刑事责任的。 (2)对于撤回起诉的案件,人民检察院应当在撤回起诉后 30 日以内作出不起诉决定。需要重新侦查的,应当在作出不起诉决定后将案卷材料退回公安机关,建议公安机关重新侦查并书面说明理由。 (3)对于撤回起诉案件,没有新事实或者新证据,人民检察院不得再行起诉。
程序	应当报经检察长或者检察委员会决定,并以书面方式在人民法院宣告判决前向人民法院提出。

五、单位犯罪案件的审理程序

(一)审查

人民法院受理单位犯罪案件,除依照有关规定进行审查外,还应当审查起诉书是否列明被告单位的名称、住所地、联系方式,法定代表人、主要负责人以及代表被告单位出庭的诉讼代表人的姓名、职务、联系方式。需要人民检察院补充材料的,应当通知人民检察院在 3 日内补送。

(二)诉讼代表人

详见第三章第二节"诉讼参与人"。

(三)财物处理

被告单位的违法所得及其孳息,尚未被依法追缴或者查封、扣押、冻结的,人民法院应当决定追缴或者查封、扣押、冻结。

为保证判决的执行,人民法院可以先行查封、扣押、冻结被告单位的财产,或者由被告单位提出担保。

【注意】注意对被告单位的财产保全措施和附带民事诉讼被告人的财产保全措施的区别。

(四)补充起诉

对应当认定为单位犯罪的案件,人民检察院只作为自然人犯罪起诉的,人民法院应当建议人民检察院对犯罪单位补充起诉。

人民检察院仍以自然人犯罪起诉的,人民法院应当依法审理,按照单位犯罪中的直接负责的主管人员或者其他直接责任人员追究刑事责任,并援引《刑法》分则关于追究单位犯罪中直接负责的主管人员和其他直接责任人员刑事责任的条款。

(五)特殊情况

审判期间,被告单位被撤销、注销、吊销营业执照或者宣告破产的,对单位犯罪直接负责的主管人员和其他直接责任人员应当继续审理。

审判期间,被告单位合并、分立的,应当将原单位列为被告单位,并注明合并、分立情况。对被告单位所判处的罚金以其在新单位的财产及收益为限。

六、法庭秩序

表 8-54　法庭秩序的知识要点

诉讼参与人、旁听人员应当遵守的纪律	(1)服从法庭指挥,遵守法庭礼仪。 (2)不得鼓掌、喧哗、哄闹、随意走动。 (3)不得对庭审活动进行录音、录像、摄影,或者通过发送邮件、博客、微博客等方式传播庭审情况,但经人民法院许可的新闻记者除外。 (4)旁听人员不得发言、提问。 (5)不得实施其他扰乱法庭秩序的行为。
对诉讼参与人或者旁听人员扰乱法庭秩序的处理	(1)情节较轻的,应当警告制止并进行训诫。 (2)不听制止的,可以指令法警强行带出法庭。 (3)情节严重的,报经院长批准后,可以对行为人处1 000元以下的罚款或者15日以下的拘留。 (4)未经许可录音、录像、摄影或者通过邮件、博客、微博客等方式传播庭审情况的,可以暂扣存储介质或者相关设备。
救济	诉讼参与人、旁听人员对罚款、拘留的决定不服的,可以直接向上一级人民法院申请复议,也可以通过决定罚款、拘留的人民法院向上一级人民法院申请复议。通过决定罚款、拘留的人民法院申请复议的,该人民法院应当自收到复议申请之日起3日内,将复议申请、罚款或者拘留决定书和有关事实、证据材料一并报上一级人民法院复议。 复议期间,不停止决定的执行。
对担任辩护人、诉讼代理人的律师的处理	(1)严重扰乱法庭秩序,被强行带出法庭或者被处以罚款、拘留的,人民法院应当通报司法行政机关,并可以建议依法给予相应处罚。 (2)辩护人严重扰乱法庭秩序,被强行带出法庭或者被处以罚款、拘留,被告人自行辩护的,庭审继续进行;被告人要求另行委托辩护人,或者被告人属于应当提供法律援助情形的,应当宣布休庭。
追究刑事责任	聚众哄闹、冲击法庭或者侮辱、诽谤、威胁、殴打司法工作人员或者诉讼参与人,严重扰乱法庭秩序,构成犯罪的,应当依法追究刑事责任。

七、庭审笔录

开庭审理的全部活动,应当由书记员制作笔录;笔录经审判长审阅后,分别由审判长和书记员签名。

人民法院通过使用智能语音识别系统同步转换生成的庭审文字记录,经审判人员、书记员、诉讼参与人核对签字后,作为法庭笔录管理和使用。

适用简易程序审理民事案件的庭审录音录像,经当事人同意的,可以替代法庭笔录。

八、延期审理、中止审理和终止审理

表 8-55　延期审理、中止审理和终止审理的知识要点

延期审理	情形	(1)需要通知新的证人到庭,调取新的物证,重新鉴定或者勘验的。 (2)检察人员发现提起公诉的案件需要补充侦查,提出建议的。 (3)由于申请回避而不能进行审判的。
	时间	(1)延期审理的开庭日期,可以当庭确定,也可以另行确定。 (2)因补充侦查导致延期审理的案件,人民检察院应当在1个月以内补充侦查完毕。延期审理的案件,符合《刑事诉讼法》第208条第1款规定的,可以报请上级人民法院批准延长审理期限。
	次数	不得超过2次。

(续表)

中止审理	情形	(1) 被告人患有严重疾病，无法出庭的。 (2) 被告人脱逃的。 (3) 自诉人患有严重疾病，无法出庭，未委托诉讼代理人出庭的。 (4) 由于不能抗拒的原因。 中止审理的原因消失后，应当恢复审理。
	时间	不计入审理期限。
	特殊情况	有多名被告人的案件，部分被告人具有《刑事诉讼法》第206条第1款规定情形的，人民法院可以对全案中止审理；根据案件情况，也可以对该部分被告人中止审理，对其他被告人继续审理。对中止审理的部分被告人，可以根据案件情况另案处理。
终止审理	情形	(1) 犯罪已过追诉时效期限的。 (2) 经特赦令免除刑罚的。 (3) 依照刑法告诉才处理的犯罪，没有告诉或者撤回告诉的。 (4) 被告人死亡的。 (5) 其他法律规定免予追究刑事责任的。

九、第一审程序的审限

（一）审理期限

（1）公诉案件，应当在受理后2个月以内宣判，至迟不得超过3个月。

（2）对于可能判处死刑的案件或者附带民事诉讼的案件，以及有《刑事诉讼法》第56条规定情形之一的，经上一级人民法院批准，可以延长3个月。

（3）因特殊情况还需要延长的，报请最高人民法院批准。

（二）特殊起算

（1）人民法院改变管辖的案件，从改变后的人民法院收到案件之日起计算审理期限。

（2）人民检察院补充侦查的案件，补充侦查完毕移送人民法院后，人民法院重新计算审理期限。

第二节 自诉案件的第一审程序

一、自诉案件的受理程序

（1）对自诉案件，人民法院应当在15日内审查完毕。经审查，符合受理条件的，应当决定立案，并书面通知自诉人或者代为告诉人。

（2）有下列情形之一的，应当说服自诉人撤回起诉；自诉人不撤回起诉的，裁定不予受理：

①不属于最高人民法院《刑诉法解释》第1条规定的案件的；

②缺乏罪证的；

③犯罪已过追诉时效期限的；

④被告人死亡的；

⑤被告人下落不明的；

⑥除因证据不足而撤诉的以外，自诉人撤诉后，就同一事实又告诉的；

⑦经人民法院调解结案后，自诉人反悔，就同一事实再行告诉的。

（3）对已经立案，经审查缺乏罪证的自诉案件，自诉人提不出补充证据的，人民法院应当说服其撤回起诉或者裁定驳回起诉；自诉人撤回起诉或者被驳回起诉后，又提出了新的足以证明被告人有罪的证据，再次提起自诉的，人民法院应当受理。

（4）自诉人对不予受理或者驳回起诉的裁定不服的，可以提起上诉。

第二审人民法院查明第一审人民法院作出的不予受理裁定有错误的,应当在撤销原裁定的同时,指令第一审人民法院立案受理;查明第一审人民法院驳回起诉裁定有错误的,应当在撤销原裁定的同时,指令第一审人民法院进行审理。

（5）自诉人明知有其他共同侵害人,但只对部分侵害人提起自诉的,人民法院应当受理,并告知其对其他共同侵害人放弃告诉的法律后果;自诉人对其他共同侵害人放弃告诉,判决宣告后又对其他共同侵害人就同一事实提起自诉的,人民法院不予受理。

共同被害人中只有部分人告诉的,人民法院应当通知其他被害人参加诉讼,并告知其不参加诉讼的法律后果。

被通知人接到通知后表示不参加诉讼或者不出庭的,视为放弃告诉。

第一审宣判后,被通知人就同一事实又提起自诉的,人民法院不予受理。但是,当事人另行提起民事诉讼的,不受最高人民法院《刑诉法解释》限制。

二、特点

表8-56　自诉案件的特点

可以适用简易程序	应当开庭审判,程序参照公诉案件第一审程序的规定进行。对于告诉才处理的案件或者被害人有证据证明的轻微刑事案件,可以适用简易程序,由审判员1人独任审判。
可以调解	（1）人民法院审理自诉案件,可以在查明事实、分清是非的基础上,根据自愿、合法的原则进行调解。 调解达成协议的,应当制作刑事调解书,由审判人员和书记员署名,并加盖人民法院印章。调解书经双方当事人签收后,即具有法律效力;调解没有达成协议,或者调解书签收前当事人反悔的,应当及时作出判决。 （2）经人民法院调解结案后,自诉人反悔,就同一事实再行告诉,人民法院应当说服自诉人撤回起诉;自诉人不撤回起诉,裁定不予受理。
可以和解与撤诉	（1）判决宣告前自诉案件的当事人可以自行和解,自诉人可以撤回自诉。 （2）自诉人经两次传唤,无正当理由拒不到庭,或者未经法庭准许中途退庭的,人民法院应当裁定按撤诉处理。 【注意】附带民事诉讼的原告人经过传唤无正当理由拒不到庭的按撤诉处理,无次数要求。 （3）部分自诉人撤诉或者被裁定按撤诉处理的,不影响案件的继续审理。 （4）人民法院经审查,认为和解、撤回自诉确属自愿的,应当裁定准许;认为系被强迫、威吓等,并非出于自愿的,不予准许。 （5）裁定准许撤诉或者当事人自行和解的自诉案件,被告人被采取强制措施的,人民法院应当立即解除。
可以反诉	（1）反诉必须符合下列条件: ①反诉的对象必须是本案自诉人; ②反诉的内容必须是与本案有关的行为; ③反诉的案件必须是告诉才处理的案件和被害人有证据证明的轻微刑事案件; ④反诉应在诉讼过程中提出。 （2）反诉案件适用自诉案件的规定,应当与自诉案件一并审理。自诉人撤诉的,不影响反诉案件的继续审理 （3）第二审期间,自诉案件的当事人提出反诉的,应当告知其另行起诉。

【注意】公诉转自诉案件不适用调解、反诉

三、特殊性

(1) 对依法宣告无罪的案件,其附带民事部分应当依法进行调解或者一并作出判决。

(2) 被告人实施两个以上犯罪行为,分别属于公诉案件和自诉案件,人民法院可以一并审理。对自诉部分的审理,适用自诉的规定。

(3) 自诉案件当事人因客观原因不能取得的证据,申请人民法院调取的,应当说明理由,并提供相关线索或者材料。人民法院认为有必要的,应当及时调取。

(4) 被告人在自诉案件审判期间下落不明的,人民法院应当裁定中止审理。被告人到案后,应当恢复审理,必要时应当对被告人依法采取强制措施。

四、审限

人民法院审理自诉案件的期限,被告人被羁押的,与普通公诉案件第一审的审理期限相同;未被羁押的,应当在受理后6个月以内宣判。

第三节 简易程序

一、适用范围

表 8-57 简易程序的适用范围

适用简易程序的案件	(1) 案件事实清楚、证据充分。 (2) 被告人承认自己所犯罪行,对指控的犯罪事实没有异议。 (3) 被告人对适用简易程序没有异议。
不适用简易程序的案件	(1) 被告人是盲、聋、哑人。 (2) 被告人是尚未完全丧失辨认或者控制自己行为能力的精神病人。 (3) 有重大社会影响。 (4) 共同犯罪案件中部分被告人不认罪或者对适用简易程序有异议。 (5) 辩护人作无罪辩护的。 (6) 被告人认罪但经审查认为可能不构成犯罪的。 (7) 不宜适用简易程序审理的其他情形。

二、简易程序的特点

(一) 只适用基层人民法院的第一审程序

(二) 可以由审判员一人独任审判

适用简易程序审理案件,对可能判处3年有期徒刑以下刑罚的,可以组成合议庭进行审判,也可以由审判员1人独任审判;对可能判处的有期徒刑超过3年的,应当组成合议庭进行审判。

适用简易程序审理公诉案件,人民检察院应当派员出席法庭。

(三) 简化法庭调查和法庭辩论程序

(1) 人民法院应当在开庭3日前,将开庭的时间、地点通知人民检察院、自诉人、被告人、辩护人,也可以通知其他诉讼参与人。通知可以采用简便方式,但应当记录在案。

(2) 被告人有辩护人的,应当通知其出庭。

(3) 审判长或者独任审判员应当当庭询问被告人对指控的犯罪事实的意见,告知被告人适用简易程序审理的法律规定,确认被告人是否同意适用简易程序。

(4)可以对庭审作如下简化：

①公诉人可以摘要宣读起诉书；

②公诉人、辩护人、审判人员对被告人的讯问、发问可以简化或者省略；

③对控辩双方无异议的证据，可以仅就证据的名称及所证明的事项作出说明；对控辩双方有异议，或者法庭认为有必要调查核实的证据，应当出示，并进行质证；

④控辩双方对与定罪量刑有关的事实、证据没有异议的，法庭审理可以直接围绕罪名确定和量刑问题进行。适用简易程序审理案件，判决宣告前应当听取被告人的最后陈述。

（四）简易程序与普通程序的转化

（1）发现对被告人可能判处的有期徒刑超过3年的，应当转由合议庭审理。

（2）有下列情形之一的，应当转为普通程序审理：

①被告人的行为可能不构成犯罪的；

②被告人可能不负刑事责任的；

③被告人当庭对起诉指控的犯罪事实予以否认的；

④案件事实不清、证据不足的；

⑤被告人违背意愿认罪认罚的；

⑥不应当或者不宜适用简易程序的其他情形。

（3）转为普通程序审理的案件，审理期限应当从决定转为普通程序之日起计算。

【注意】简易程序可以转化为普通程序，但普通程序不能转化为简易程序。

（五）审理期限较短

（1）适用简易程序审理案件，人民法院应当在受理后20日以内审结；

（2）对可能判处的有期徒刑超过3年的，可以延长至1个半月。

第四节 速裁程序

（【注意】本节为《刑诉法修改决定》内容。）

一、适用范围

表8-58 速裁程序的适用范围

适用速裁程序的案件	（1）案件事实清楚，证据确实、充分的。 （2）可能判处3年有期徒刑以下刑罚的。 （3）被告人认罪认罚并同意适用速裁程序的。
不适用速裁程序的案件	（1）被告人是盲、聋、哑人，或者是尚未完全丧失辨认或者控制自己行为能力的精神病人的； （2）被告人是未成年人的； （3）案件有重大社会影响的； （4）共同犯罪案件中部分被告人对指控的犯罪事实、罪名、量刑建议或者适用速裁程序有异议的； （5）被告人与被害人或者其法定代理人没有就附带民事诉讼赔偿等事项达成调解或者和解协议的； （6）其他不宜适用速裁程序审理的。

二、速裁程序的特点

（一）只适用于基层人民法院的第一审程序

（二）由审判员一人独任审判

（三）简化庭审程序

（1）人民法院适用速裁程序审理案件，应当当庭询问被告人对被指控的犯罪事实、量刑建议及适用速裁程序的意见，听取公诉人、辩护人、被害人及其诉讼代理人的意见。

（2）适用速裁程序审理案件，不受刑事诉讼法规定的送达期限的限制，一般不进行法庭调查、法庭辩论，但在判决宣告前应当听取辩护人的意见和被告人的最后陈述。

（四）速裁程序与普通程序的转化

（1）被告人违背意愿认罪认罚的。

（2）被告人否认指控的犯罪事实的。

（3）其他不宜适用速裁程序或者简易程序审理的情形。

（五）审理期限较短

（1）适用速裁程序审理案件，人民法院应当在受理后 10 日以内审结。

（2）对可能判处的有期徒刑超过 1 年的，可以延长至 15 日。

第五节 判决、裁定和决定

一、判决的概念与种类

（一）概念

判决是人民法院通过审理对案件的实体问题作出的处理决定。它是人民法院代表国家行使审判权，在个案适用法律上的具体体现。

（二）种类

1. 根据有、无罪划分

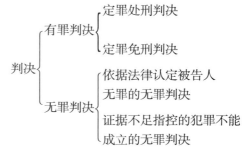

2. 根据有无附带民事诉讼划分

判决 { 刑事判决 / 附带民事判决

二、裁定的概念、种类与适用范围

（一）概念

裁定是人民法院在案件审理过程中和判决执行过程中，对程序性问题和部分实体问题所作出的处理决定。

（二）分类

1. 根据裁定解决的问题划分

裁定 { 程序性裁定 / 实体性裁定

2. 根据诉讼阶段划分

裁定 { 一审裁定 / 二审裁定 / 再审裁定 / 核准死刑裁定等

3. 根据其适用方式划分

裁定 { 口头裁定 / 书面裁定

（三）适用范围

适用于解决程序性问题，主要指是否恢

复诉讼期限、中止审理、维持原判、撤销原判并发回重审、驳回公诉或自诉、核准死刑等。

适用于解决实体性问题，主要指减刑、假释、撤销缓刑、减免罚金，以及对犯罪嫌疑人、被告人逃匿、死亡案件违法所得的没收等。

三、决定的概念与适用范围

（一）概念

公安机关、人民检察院、人民法院在诉讼过程中依法就有关诉讼程序问题作出的一种处理。

（二）适用范围

是否回避的决定；立案或不立案的决定；采取各种强制措施或变更强制措施的决定；实施各种侦查行为的决定；撤销案件的决定；延长侦查中羁押犯罪嫌疑人的期限的决定；起诉或不起诉决定；开庭审判的决定；庭审中解决当事人和辩护人、诉讼代理人申请通知新的证人到庭、调取新的物证、申请重新鉴定或勘验的决定；延期审理的决定；抗诉的决定；提起审判监督程序的决定；对依法不负刑事责任的精神病人进行强制医疗的决定；等等。

四、判决、裁定和决定的比较

表 8-59 判决、裁定和决定的区别

区别	判决	裁定	决定
适用对象	实体问题	程序 + 实体	程序
适用阶段	审判	审判 + 执行	各个阶段
适用机关	法院	法院	诉讼涉及的各机关
形式	书面	书面 + 口头	书面 + 口头
数量	一个案件仅一个生效判决	一个案件可有多个裁定	一个案件可有多个决定
救济	不服未生效判决，可上诉或抗诉（10 天内）	部分未生效裁定，可上诉或抗诉（5 天内）	一经作出立即生效，不得上诉或抗诉，部分可申请复议一次（回避、司法拘留、罚款）

第十六章　第二审程序

第一节　第二审程序概述

第二审程序，指第一审人民法院的上一级人民法院，对不服第一审人民法院尚未发生法律效力的判决或裁定提出上诉或者抗诉的案件进行审理时所适用的诉讼程序。第二审程序不是审理刑事案件的必经程序。

第二节 第二审程序的提起

一、上诉与抗诉的比较

表 8-60　上诉与抗诉的比较

区别	上诉	抗诉
主体	(1) 自诉人及其法定代理人。 (2) 被告人及其法定代理人。 (3) 经被告人同意的辩护人和近亲属。 (4) 附带民事诉讼的当事人和他们的法定代理人。 地方各级人民法院在宣告第一审判决、裁定时,应当明确告知有上诉权的人的上诉权。 【注意】 (1) 被告人的辩护人和近亲属不是案件的当事人,没有独立的上诉权,但经被告人同意可以提出上诉。 (2) 附带民事诉讼的当事人和他们的法定代理人,只有权对地方各级人民法院一审判决、裁定中的附带民事诉讼部分提出上诉,对判决、裁定中的刑事部分无权上诉。	(1) 抗诉主体:有权对一审未生效判决、裁定抗诉的机关是一审人民法院的同级人民检察院。 (2) 申请抗诉的主体:被害人及其法定代理人不服地方各级人民法院第一审判决的,自收到判决书后 5 日以内,有权请求人民检察院提出抗诉。人民检察院自收到被害人及其法定代理人的请求后,5 日以内应当作出是否抗诉的决定并且答复请求人。 【注意】被害人没有上诉权。
理由	有上诉权的人只要不服第一审未生效的判决、裁定,就有权依法提出上诉,人民法院应当受理,并引起第二审程序。	法院第一审判、裁定确有错误包括: (1) 认定事实不清、证据不足的; (2) 有确实、充分的证据证明有罪而判无罪,或者无罪判有罪的; (3) 重罪轻判、轻罪重判,适用刑罚明显不当的; (4) 认定罪名不正确,一罪判数罪、数罪判一罪,影响量刑或者造成严重社会影响的; (5) 免除刑事处罚或适用缓刑错误的; (6) 人民法院在审理过程中严重违反法律规定的诉讼程序的。
期限	不服判决的上诉、抗诉期限为 10 日;不服裁定的上诉、抗诉期限为 5 日。 上诉、抗诉的期限,从接到判决书、裁定书的第二日起计算。 对附带民事判决、裁定的上诉、抗诉期限,应当按照刑事部分的上诉、抗诉期限确定。附带民事部分另行审判的,上诉期限也应当按照刑事诉讼法规定的期限确定。	
提起方式	书面 + 口头	只能书面

（续表）

区别	上诉	抗诉
提出途径	(1)可以通过原审人民法院提出，也可直接向上一级人民法院提出。 (2)上诉人通过第一审人民法院提出上诉，第一审人民法院应当审查。符合法律规定的，应当在上诉期满后3日内将上诉状连同案卷、证据移送上一级人民法院，并将上诉状副本送交同级人民检察院和对方当事人。 (3)上诉人直接向第二审人民法院提出上诉的，第二审人民法院应当在收到上诉状后3日内将上诉状交第一审人民法院。第一审人民法院应当审查上诉是否符合法律规定。符合法律规定的，应当在接到上诉状后3日内将上诉状连同案卷、证据移送上一级人民法院，并将上诉状副本送交同级人民检察院和对方当事人。	(1)地方各级人民检察院对同级人民法院的第一审判决、裁定的抗诉，应当通过第一审人民法院提交抗诉书。第一审人民法院应当在抗诉期满后3日内将抗诉书连同案卷、证据移送上一级人民法院，并将抗诉书副本送交当事人。 上级人民检察院如果认为抗诉不当，可以向同级人民法院撤回抗诉，并且通知下级人民检察院。下级人民检察院如果认为上一级人民检察院撤回抗诉不当的，可以提请复议。上一级人民检察院应当复议，并将复议结果通知下级人民检察院。 (2)上一级人民检察院在上诉、抗诉期限内，发现下级人民检察院应当提出抗诉而没有提出抗诉的案件，可以指令下级人民检察院依法提出抗诉。
撤诉	(1)上诉人在上诉期限内要求撤回上诉的，人民法院应当准许。 (2)上诉人在上诉期满后要求撤回上诉，第二审人民法院应当审查。经审查，认为原判认定事实和适用法律正确，量刑适当，应当裁定准许撤回上诉；认为原判事实不清、证据不足或者将无罪判为有罪、轻罪重判的，应当不予准许，继续按照上诉案件审理。 (3)被判处死刑立即执行的被告人提出上诉，在第二审开庭后宣告裁判前申请撤回上诉的，应当不予准许，继续按照上诉案件审理。	(1)人民检察院在抗诉期限内撤回抗诉的，第一审人民法院不再向上一级人民法院移送案件。 (2)人民检察院在抗诉期满后、第二审人民法院宣告裁判前撤回抗诉的，第二审人民法院可以裁定准许，并通知第一审人民法院和当事人。
	在上诉、抗诉期满前撤回上诉、抗诉的，第一审判决、裁定在上诉、抗诉期满之日起生效。在上诉、抗诉期满后要求撤回上诉、抗诉，第二审人民法院裁定准许的，第一审判决、裁定应当自第二审裁定书送达上诉人或者抗诉机关之日起生效。	

第三节　第二审程序的审判

一、第二审程序的审判原则

（一）全面审查原则

第二审人民法院应当就第一审判决认定的事实和适用法律进行全面审查，不受上诉或者抗诉范围的限制。

(1)共同犯罪案件，只有部分被告人提出上诉，或者自诉人只对部分被告人的判决提出上诉，或者人民检察院只对部分被告人的判决提出抗诉的，第二审人民法院应当对全案进行审查，一并处理。

(2)共同犯罪案件，上诉的被告人死亡，其他被告人未上诉的，第二审人民法院仍应对全案进行审查。

经审查，死亡的被告人不构成犯罪的，应当宣告无罪；构成犯罪的，应当终止审理。

对其他同案被告人仍应作出判决、裁定。

（3）刑事附带民事诉讼案件，只有附带民事诉讼当事人及其法定代理人上诉的，第二审人民法院应当对全案进行审查。

经审查，第一审判决的刑事部分并无不当的，第二审人民法院只需就附带民事部分作出处理；第一审判决的附带民事部分事实清楚，适用法律正确的，应当以刑事附带民事裁定维持原判，驳回上诉。

（二）上诉不加刑原则

（1）审理被告人或者其法定代理人、辩护人、近亲属提出上诉的案件，不得加重被告人的刑罚，并应当执行下列规定：

①同案审理的案件，只有部分被告人上诉的，既不得加重上诉人的刑罚，也不得加重其他同案被告人的刑罚；

②原判事实清楚，证据确实、充分，只是认定的罪名不当的，可以改变罪名，但不得加重刑罚；

③原判对被告人实行数罪并罚的，不得加重决定执行的刑罚，也不得加重数罪中某罪的刑罚；

④原判对被告人宣告缓刑的，不得撤销缓刑或者延长缓刑考验期；

⑤原判没有宣告禁止令的，不得增加宣告禁止令；原判宣告禁止令的，不得增加内容、延长期限；

⑥原判对被告人判处死刑缓期执行没有限制减刑的，不得限制减刑；

⑦原判事实清楚，证据确实、充分，但判处的刑罚畸轻、应当适用附加刑而没有适用的，不得直接加重刑罚、适用附加刑，也不得以事实不清、证据不足为由发回第一审人民法院重新审判。必须依法改判的，应当在第二审判决、裁定生效后，依照审判监督程序重新审判。

（2）人民检察院抗诉或者自诉人上诉的案件，不受上诉不加刑原则的限制。

（3）人民检察院只对部分被告人的判决提出抗诉，或者自诉人只对部分被告人的判决提出上诉的，第二审人民法院不得对其他同案被告人加重刑罚。

（4）被告人或者其法定代理人、辩护人、近亲属提出上诉的案件，第二审人民法院发回重新审判后，除有新的犯罪事实，人民检察院补充起诉的以外，原审人民法院不得加重被告人的刑罚。

二、第二审案件的审理

（一）开庭审理

1. 适用范围

（1）被告人、自诉人及其法定代理人对第一审认定的事实、证据提出异议，可能影响定罪量刑的上诉案件。

（2）被告人被判处死刑的上诉案件。

（3）人民检察院抗诉的案件。

（4）其他应当开庭审理的案件。

2. 审理地点

案件发生地或者原审人民法院所在地进行。

3. 检察院的出庭与阅卷

人民检察院提出抗诉的案件或者第二审人民法院开庭审理的公诉案件，同级人民检察院都应当派员出庭。抗诉案件，人民检察院接到开庭通知后不派员出庭，且未说明原因的，人民法院可以裁定按人民检察院撤回抗诉处理，并通知第一审人民法院和当事人。

第二审人民法院应当在决定开庭审理后及时通知人民检察院查阅案卷。人民检察院应当在1个月以内查阅完毕。自通知后的第二日起，人民检察院查阅案卷的时间不计入审理期限。

4. 辩护

第二审期间被告人除自行辩护外，还可以继续委托第一审辩护人或者另行委托辩护人辩护。

共同犯罪案件只有部分被告人提出上诉,或者自诉人只对部分被告人的判决提出上诉,或者人民检察院只对部分被告人的判决提出抗诉,其他同案被告人也可以委托辩护人辩护。

5. 流程

除参照适用第一审程序的有关规定外,应当按照下列规定进行:

(1)法庭调查;

(2)法庭辩论;

(3)重点围绕对第一审判决、裁定有争议的问题或者有疑问的部分进行;

(4)同案审理的案件,未提出上诉、检察院也未对其判决提出抗诉的被告人要求出庭的,应当准许;出庭的被告人可以参加法庭调查和辩论;

(5)第二审期间,人民检察院或者被告人及其辩护人提交新证据的,人民法院应当及时通知对方查阅、摘抄或者复制。

(二)不开庭审理

1. 概念

即以上诉内容和一审的全部案卷为基础,通过调查讯问方式进行的审理。

应当讯问被告人,听取其他当事人、辩护人、诉讼代理人的意见后,进行评议和作出裁判,而不进行法庭调查和法庭辩论活动。

不开庭审理的案件,也应公开宣判。

2. 要求

(1)合议庭全体成员应当阅卷,必要时应当提交书面阅卷意见。

(2)讯问被告人,听取其供述和辩解以及对一审裁判的意见;共同犯罪案件,对没有上诉的被告人也应当讯问。

(3)应当听取其他当事人、辩护人、诉讼代理人的意见。

(4)合议庭评议和宣判。

三、对上诉、抗诉案件的处理

表 8-61　对上诉、抗诉案件的处理

裁定驳回上诉或者抗诉,维持原判	(1)原判决认定事实和适用法律正确、量刑适当的,应当裁定驳回上诉或者抗诉,维持原判。 (2)一审量刑畸轻、应当适用附加刑而没有适用的,二审维持原判,后以审判监督程序进行处理。
改判	(1)原判决认定事实没有错误,但适用法律有错误,或者量刑不当的,应当改判。 (2)原判决事实不清或者证据不足,可以在查清事实后改判。 【注意】第二审人民法院查清事实的,不得发回重新审判。
裁定撤销原判发回重审	(1)原判决事实不清或者证据不足的,也可以裁定撤销原判,发回原审人民法院重审。原审人民法院对于依照上述规定发回重新审判的案件作出判决后,被告人提出上诉或者人民检察院提出抗诉的,第二审人民法院应当依法作出判决或者裁定,不得再发回原审人民法院重新审判。 (2)有以下程序违法情形的: ①违反本法有关公开审判的规定的; ②违反回避制度的; ③剥夺或者限制了当事人的法定诉讼权利,可能影响公正审判的; ④审判组织的组成不合法的; ⑤其他违反法律规定的诉讼程序,可能影响公正审判的。 (3)原审人民法院对于发回重新审判的案件,应当另行组成合议庭,依照第一审程序进行审判。对于重新审判后的判决可以上诉、抗诉。

四、对自诉案件的处理

表8-62　自诉案件的三种处理方式

调解	应当制作调解书,第一审判决、裁定视为自动撤销。
自行和解	应当裁定准许撤回自诉,并撤销第一审判决、裁定。
反诉	应当告知其另行起诉。

五、对附带民事诉讼案件的处理

(一)法律效力

(1)刑事附带民事诉讼案件,只有附带民事诉讼当事人及其法定代理人上诉的,第一审刑事部分的判决在上诉期满后即发生法律效力。

应当送监执行的第一审刑事被告人是第二审附带民事诉讼被告人的,在第二审附带民事诉讼案件审结前,可以暂缓送监执行。

(2)第二审人民法院审理对刑事部分提出上诉、抗诉,附带民事部分已经发生法律效力的案件,发现第一审判决、裁定中的附带民事部分确有错误的,应当依照审判监督程序对附带民事部分予以纠正。

(3)第二审人民法院审理对附带民事部分提出上诉、刑事部分已经发生法律效力的案件,发现第一审判决、裁定中的刑事部分确有错误的,应当依照审判监督程序对刑事部分进行再审,并将附带民事部分一并审理。

(二)对反诉的处理

第二审期间,第一审附带民事诉讼原告人增加独立的诉讼请求或者第一审附带民事诉讼被告人提出反诉的,第二审人民法院可以根据自愿、合法的原则进行调解;调解不成的,告知当事人另行起诉。

六、第二审的审理期限

(一)审理期限

(1)应当在2个月以内审结。

(2)对于可能判处死刑的案件或者附带民事诉讼的案件,以及有《刑事诉讼法》第158条规定情形之一的,经省、自治区、直辖市高级人民法院批准或者决定,可以延长2个月。

(3)因特殊情况还需要延长的,报请最高人民法院批准。最高人民法院受理上诉、抗诉案件的审理期限,由最高人民法院决定。

(二)重新计算

第二审人民法院发回原审人民法院重新审判的案件,原审人民法院从收到发回的案件之日起,重新计算审理期限。

七、委托审判

第二审人民法院可以委托第一审人民法院代为宣判,并向当事人送达第二审判决书、裁定书。第一审人民法院应当在代为宣判后5日内将宣判笔录送交第二审人民法院,并在送达完毕后及时将送达回证送交第二审人民法院。

委托宣判的,第二审人民法院应当直接向同级人民检察院送达第二审判决书、裁定书。

第四节　对查封、扣押、冻结在案财物的处理

一、对扣押、冻结在案财物的处理

(1)公安机关、人民检察院和人民法院对查封、扣押、冻结的犯罪嫌疑人、被告人的财物及其孳息,应当妥善保管,以供核查,并制作清单,随案移送。任何单位和个人不得挪用或者自行处理。

(2)对被害人的合法财产,应当及时返还。对违禁品或者不宜长期保存的物品,应当依照国家有关规定处理。

(3)对作为证据使用的实物应当随案移送,对不宜移送的,应当将其清单、照片

或者其他证明文件随案移送。

（4）人民法院作出的判决生效以后，有关机关应当根据判决对查封、扣押、冻结的财物及其孳息进行处理。对查封、扣押、冻结的赃款赃物及其孳息，除依法返还被害人的以外，一律上缴国库。

案外人对查封、扣押、冻结的财物及其孳息提出权属异议的，人民法院应当审查并依法处理。经审查，不能确认查封、扣押、冻结的财物及其孳息属于违法所得或者依法应当追缴的其他涉案财物的，不得没收。

对于被扣押、冻结的债券、股票、基金份额等财产，在扣押、冻结期间权利人申请出售，经扣押、冻结机关审查，不损害国家利益、被害人利益，不影响诉讼正常进行的，以及扣押、冻结的汇票、本票、支票的有效期即将届满的，可以在判决生效前依法出售或者变现，所得价款由扣押、冻结机关保管，并及时告知当事人或者其近亲属。

人民检察院、公安机关不能扣划被告人的存款、汇款、债券、股票、基金份额等财产。

（5）对于扣押、冻结的与本案无关的财物，已列入清单的，人民法院应当通知扣押、冻结机关依法处理。被告人被判财产刑的，人民法院应当通知扣押、冻结机关将拟返还被告人的财物移交人民法院执行刑罚。

（6）对于犯罪嫌疑人、被告人死亡，依照刑法规定应当追缴其违法所得及其他涉案财产的，适用《刑事诉讼法》第五编第四章规定的程序，由人民检察院向人民法院提出没收违法所得的申请。

二、违法处理扣押、冻结在案财物的法律责任

司法工作人员贪污、挪用或者私自处理查封、扣押、冻结的财物及其孳息的，依法追究刑事责任；不构成犯罪的，给予处分。

第十七章 死刑复核程序

第一节 死刑复核程序

一、特点

（一）审理对象特定

只适用于判处死刑的案件，包括死刑立即执行和死刑缓期二年执行案件。

（二）是死刑案件的终审程序

死刑案件除经过第一审、第二审程序以外，必须经过死刑复核程序。

只有经过复核并核准的死刑判决才发生法律效力。

（三）所处的诉讼阶段特殊

在死刑判决作出之后，发生法律效力并交付执行之前。

（四）核准权具有专属性

只有最高人民法院和高级人民法院有权进行死刑复核。

（五）程序启动上具有自动性

只要二审法院审理完毕或者一审后经过法定的上诉期或者抗诉期被告人没有提出上诉、人民检察院没有提起抗诉，人民法院就应当自动将案件报送高级人民法院或最高人民法院核准。

(六)报请复核方式特殊

逐级上报,不得越级报核。

二、判处死刑立即执行案件的复核程序

(一)死刑案件的核准权

除依法由最高人民法院判决的以外,都应当报请最高人民法院核准。

(二)判处死刑立即执行案件的报请复核

(1)中级人民法院判处死刑第一审案件,被告人未上诉、人民检察院未抗诉的,在上诉、抗诉期满后10日内报请高级人民法院复核。

高级人民法院同意判处死刑的,应当在作出裁定后10日内报请最高人民法院核准;不同意的,应当依照第二审程序提审或者发回重新审判。

(2)中级人民法院判处死刑的第一审案件,被告人上诉或者人民检察院抗诉,高级人民法院裁定维持的,应当在作出裁定后10日内报请最高人民法院核准。

(3)高级人民法院判处死刑的第一审案件,被告人未上诉、人民检察院未抗诉的,应当在上诉、抗诉期满后10日内报请最高人民法院核准。

高级人民法院复核死刑案件,应当讯问被告人。

(三)报请复核的材料及要求

报请复核的死刑、死刑缓期执行案件,应当一案一报。

报送的材料包括报请复核的报告,第一、二审裁判文书,死刑案件综合报告各5份以及全部案卷、证据。死刑案件综合报告,第一、二审裁判文书和审理报告应当附送电子文本。同案审理的案件应当报送全案案卷、证据。曾经发回重新审判的案件,原第一、二审案卷应当一并报送。

报请复核的报告,应当写明案由、简要案情、审理过程和判决结果。

(四)复核程序

(1)最高人民法院、高级人民法院复核死刑案件(含死缓),应当由审判员3人组成合议庭进行。

(2)最高人民法院复核死刑案件,应当讯问被告人;高级人民法院复核死刑案件(含死缓),应当提审被告人。

(3)审查核实案卷材料。

(4)听取辩护律师意见。

(5)最高人民检察院提出意见。

(6)制作复核审理报告。

(7)向最高人民检察院通报死刑复核结果。

(五)复核后的处理

表8-63 复核后的处理

应当裁定核准	原判认定事实和适用法律正确、量刑适当、诉讼程序合法的。
纠正后作出核准的判决、裁定	原判认定的某一具体事实或者引用的法律条款等存在瑕疵,但判处被告人死刑并无不当的。
裁定不予核准并撤销原判发回重新审判	(1)原判事实不清、证据不足的。 (2)复核期间出现新的影响定罪量刑的事实、证据的。 (3)原判认定事实正确,但依法不应当判处死刑的。 (4)原审违反法定诉讼程序,可能影响公正审判的。
多个罪名	对一人有两个以上罪名被判处死刑的数罪并罚案件,最高人民法院复核后,认为其中部分犯罪的死刑判决、裁定事实不清、证据不足的,应当对全案裁定不予核准,并撤销原判,发回重新审判;认为其中部分犯罪的死刑判决、裁定认定事实正确,但依法不应当判处死刑的,可以改判,并对其他应当判处死刑的犯罪作出核准死刑的判决。

	(续表)
多名被告人	对有两名以上被告人被判处死刑的案件,最高人民法院复核后,认为其中部分被告人的死刑判决、裁定事实不清、证据不足的,应当对全案裁定不予核准,并撤销原判,发回重新审判;认为其中部分被告人的死刑判决、裁定认定事实正确,但依法不应当判处死刑的,可以改判,并对其他应当判处死刑的被告人作出核准死刑的判决。

(1)最高人民法院裁定不予核准死刑的,根据案件情况,可以发回第二审人民法院或者第一审人民法院重新审判。
【注意】最高人民法院《关于适用刑事诉讼法第二百二十五条第二款有关问题的批复》:对于最高人民法院不予核准死刑,发回第二审人民法院重新审判的案件,无论此前第二审人民法院是否曾以原判决事实不清楚或者证据不足为由发回重新审判,原则上不得再发回第一审人民法院重新审判;有特殊情况确需发回第一审人民法院重新审判的,需报请最高人民法院批准。
对于最高人民法院裁定不予核准死刑,发回第二审人民法院重新审判的案件,第二审人民法院根据案件特殊情况,又发回第一审人民法院重新审判的,第一审人民法院作出判决后,被告人提出上诉或者人民检察院提出抗诉的,第二审人民法院应当依法作出判决或者裁定,不得再发回重新审判。
(2)高级人民法院依照复核程序审理后报请最高人民法院核准死刑,最高人民法院裁定不予核准,发回高级人民法院重新审判的,高级人民法院可以依照第二审程序提审或者发回重新审判。
(3)第一审人民法院重新审判的,应当开庭审理。第二审人民法院重新审判的,可以直接改判;必须通过开庭查清事实、核实证据或者纠正原审程序违法的,应当开庭审理。
(4)最高人民法院裁定不予核准死刑,发回重新审判的案件,原审人民法院应当另行组成合议庭审理,但最高人民法院以"复核期间出现新的影响定罪量刑的事实、证据"或者"原判认定事实正确,但依法不应当判处死刑"的案件除外。

第二节 判处死刑缓期二年执行案件的复核程序

一、核准权

中级人民法院判处死刑缓期执行的第一审案件,被告人未上诉、人民检察院未抗诉的,应当报请高级人民法院核准。

二、判处死刑缓期二年执行案件的复核后的处理

表8-64 判处死刑缓期二年执行案件的复核后的处理

情形	处理
原判认定事实和适用法律正确、量刑适当、诉讼程序合法的。	应当裁定核准。
原判认定的某一具体事实或者引用的法律条款等存在瑕疵,但判处被告人死刑缓期执行并无不当的。	在纠正后作出核准的判决、裁定。
原判认定事实正确,但适用法律有错误,或者量刑过重的。	应当改判。
原判事实不清、证据不足的。	(1)可以裁定不予核准撤销原判,发回重新审判。 (2)可以依法改判。
复核期间出现新的影响定罪量刑的事实、证据的。	(1)可以裁定不予核准撤销原判,发回重新审判。 (2)审理后依法改判。
原审违反法定诉讼程序,可能影响公正审判的。	应当裁定不予核准撤销原判,发回重新审判。
高级人民法院复核死刑缓期执行案件,不得加重被告人的刑罚。	

第三节 法定刑以下判处刑罚以及犯罪分子具有特殊情况，不受执行刑期限制的假释案件的复核程序

一、法定刑以下判处刑罚案件的复核程序

（一）报请程序

（1）被告人未上诉、人民检察院未抗诉的，在上诉、抗诉期满后3日内报请上一级人民法院复核。上一级人民法院同意原判的，应当书面层报最高人民法院核准；不同意的，应当裁定发回重新审判，或者改变管辖按照第一审程序重新审理。原判是基层人民法院作出的，高级人民法院可以指定中级人民法院按照第一审程序重新审理。

【注意】只要上级有一个法院不同意，案件便需要重新审理。

（2）被告人上诉或者人民检察院抗诉的，应当依照第二审程序审理。第二审维持原判，或者改判后仍在法定刑以下判处刑罚的，应当依照前项规定层报最高人民法院核准。

（二）核准处理

（1）最高人民法院予以核准的，应当作出核准裁定书；不予核准的，应当作出不核准裁定书，并撤销原判决、裁定，发回原审人民法院重新审判或者指定其他下级人民法院重新审判。

（2）发回第二审人民法院重新审判的案件，第二审人民法院可以直接改判；必须通过开庭查清事实、核实证据或者纠正原审程序违法的，应当开庭审理。

二、犯罪分子具有特殊情况，不受执行刑期限制的假释案件的复核程序

（一）报请程序

（1）中级人民法院依法作出假释裁定后，应当报请高级人民法院复核。高级人民法院同意的，应当书面报请最高人民法院核准；不同意的，应当裁定撤销中级人民法院的假释裁定。

（2）高级人民法院依法作出假释裁定的，应当报请最高人民法院核准。

（二）核准处理

最高人民法院予以核准的，应当作出核准裁定书；不予核准的，应当作出不核准裁定书，并撤销原裁定。

第十八章 审判监督程序

第一节 概述

一、概念

审判监督程序又称再审程序，指人民法院、检察院对于已经发生法律效力的判决和裁定，发现在认定事实上或者适用法律上确有错误，依职权提起并由人民法院对案件重新审判的一种诉讼程序。

二、特点

（1）审理对象是已经发生法律效力的

判决、裁定,包括正在执行和已经执行完毕的判决、裁定。

(2)由各级人民法院院长提交本院审判委员会决定,最高人民法院和上级人民法院决定以及最高人民检察院和上级人民检察院提出抗诉而提起。

(3)必须经有权的人民法院或者人民检察院审查,认为已生效的判决、裁定在认定事实或者适用法律上确有错误时,才能提起。

(4)按照审判监督程序审判案件的法院,既可以是原审人民法院,也可以是提审的任何上级人民法院。

(5)按照审判监督程序审判案件将根据原来是第一审案件或者第二审案件而分别依照第一审程序和第二审程序进行。

(6)再审不加刑。除人民检察院抗诉的之外,再审一般不得加重原审被告人的刑罚。

【注意】是"一般不得加重",而非"不得加重"。

再审决定书或者抗诉书只针对部分原审被告人的,不得加重其他同案原审被告人的刑罚。

第二节 审判监督程序的提起

一、提起审判监督程序的材料来源

当事人及其法定代理人、近亲属的申诉;人民法院、人民检察院在办案过程中和检查工作时发现的错误裁判;各级人民代表大会代表提出的纠正错案的议案;机关、团体、企事业单位、新闻媒体、人民群众等对生效判决、裁定提出的质疑、意见和情况反馈等。

上述材料来源并不必然引起审判监督程序,是否提起审判监督程序,取决于是否有法定的理由。

在上述提起审判监督程序的材料来源中,当事人及其法定代理人、近亲属的申诉是最主要的一种形式。

(一)申诉

指当事人及其法定代理人、近亲属对人民法院已经发生法律效力的判决、裁定不服,向人民法院或者检察院提出重新处理请求的诉讼活动。

申诉提出后,不能停止判决、裁定的执行。

(二)申诉与上诉的比较

表8-65 申诉与上诉的比较

区别	申诉	上诉
对象	已经发生法律效力的判决、裁定。	尚未发生法律效力的一审判决、裁定。
主体	(1)当事人及其法定代理人、近亲属。 (2)认为已经发生法律效力的判决、裁定侵害其合法权益的案外人。 可以委托律师代为进行。	被告人、自诉人、附带民事诉讼当事人及其法定代理人、经被告人同意的被告人的辩护人及近亲属。
受理机关	原审人民法院及其上级人民法院及相对应的人民检察院。	原审人民法院及其上一级人民法院。
期限	刑罚执行完毕2年内。	对判决的上诉期限是10日,对裁定的上诉期限是5日。
后果	不能直接引起审判监督程序; 不能停止生效判决、裁定的执行。	必然引起二审程序,导致一审判决、裁定不能生效。

【注意】
(1)被害人没有上诉权但是有申诉权;

(2)近亲属没有独立的上诉权,只能在被告人同意的情况下上诉;近亲属有独立的申诉权,无需被告人同意。

(3)申诉的提出、受理及审查处理。

(1)申诉的提出

当事人及其法定代理人、近亲属的申诉,既可以向人民法院提出,也可以向人民检察院提出。

应当提交:申诉状;原一、二审判决书、裁定书等法律文书;其他相关材料。

(2)申诉的受理

表8-66 申诉的两种受理方式

应当受理	(1)人民法院对刑事案件的申诉人在刑罚执行完毕后两年内提出的申诉。 (2)超过两年提出申诉,具有下列情况之一的,应当受理: ①可能对原审被告人宣告无罪的; ②原审被告人在规定期限内向人民法院提出申诉,人民法院未受理的; ③属于疑难、复杂、重大案件的。
不予受理	(1)不符合上述规定的申诉。 (2)不符合法定主体资格的申诉。 (3)上级人民法院对经终审人民法院的上一级人民法院依照审判监督程序审理后维持原判或者经两级人民法院依照审判监督程序复查均驳回的申诉案件,一般不予受理。但申诉人提出新理由达到法定条件的除外。 (4)最高人民法院再审裁判或者复查驳回的案件,申诉人仍不服提出申诉的。

3. 申诉的审查处理

(1)人民法院对申诉的审查处理。

表8-67 人民法院对申诉的审查处理

申诉由终审 人民法院 审查处理	(1)第二审人民法院裁定准许撤回上诉的案件,申诉人对第一审判决提出申诉的,可以由第一审人民法院审查处理;上一级人民法院对未经终审人民法院审查处理的申诉,可以告知申诉人向终审人民法院提出申诉,或者直接交终审人民法院审查处理,并告知申诉人;案件疑难、复杂、重大的,也可以直接审查处理。 (2)对未经终审人民法院及其上一级人民法院审查处理,直接向上级人民法院申诉的,上级人民法院可以告知申诉人向下级人民法院提出。 (3)对死刑案件的申诉,可以由原核准的人民法院直接审查处理,也可以交由原审人民法院审查。原审人民法院应当写出审查报告,提出处理意见,层报原核准的人民法院审查处理。 (4)对刑事附带民事案件中仅就民事部分提出申诉的,人民法院一般不予再审立案。但有证据证明民事部分明显失当且原审被告人有赔偿能力的除外。
审查期限	对立案审查的申诉案件,应当在3个月内作出决定,至迟不得超过6个月。
重新审判	(1)有新证据证明原判决、裁定认定的事实确有错误,可能影响定罪量刑的。 (2)据以定罪量刑的证据不确实、不充分、依法应当予以排除,或者证明案件事实的主要证据之间存在矛盾的。 (3)原判决、裁定适用法律确有错误的。 (4)违反法律规定的诉讼程序,可能影响公正审判的。 (5)审判人员在审理该案件时有贪污受贿,徇私舞弊,枉法裁判行为的。
驳回申诉	申诉不具有上述情形的,应当说服申诉人撤回申诉;对仍然坚持申诉的,应当书面通知驳回。申诉人对驳回申诉不服的,可以向上一级人民法院申诉。上一级人民法院经审查认为申诉不符合规定的,应当说服申诉人撤回申诉;对仍然坚持申诉的,应当驳回或者通知不予重新审判。

【注意】

(1) 最高人民法院《刑诉法解释》对决定重新审判情形的进一步规定：

经审查，具有下列情形之一的，应当根据刑事诉讼法的规定，决定重新审判：①有新的证据证明原判决、裁定认定的事实确有错误，可能影响定罪量刑的；②据以定罪量刑的证据不确实、不充分、依法应当排除的；③证明案件事实的主要证据之间存在矛盾的；④主要事实依据被依法变更或者撤销的；⑤认定罪名错误的；⑥量刑明显不当的；⑦违反法律关于溯及力规定的；⑧违反法律规定的诉讼程序，可能影响公正裁判的；⑨审判人员在审理该案件时有贪污受贿、徇私舞弊、枉法裁判行为的。申诉不具有上述情形的，应当说服申诉人撤回申诉；对仍然坚持申诉的，应当书面通知驳回。

(2) 具有下列情形之一，可能改变原判决、裁定据以定罪量刑的事实的证据，应当认定为刑事诉讼法规定的新的证据：①原判决、裁定生效后新发现的证据；②原判决、裁定生效前已经发现，但未予收集的证据；③原判决、裁定生效前已经收集，但未经质证的证据；④原判决、裁定所依据的鉴定意见，勘验、检查等笔录或者其他证据被改变或者否定的。

(2) 人民检察院对申诉的审查处理。

①当事人及其法定代理人、近亲属对已经发生法律效力的判决、裁定，认为有错误向人民检察院申诉的，人民检察院控告申诉部门、监所检察部门应当分别处理，依法审查，将审查结果告知申诉人。

经审查，人民法院原判决、裁定正确的，驳回申诉，并制作驳回申诉通知书；原判决、裁定确有错误，需要纠正的，应制作改判建议书，建议人民法院重新审理；必要时经报检察长或检察委员会决定，可按审判监督程序提出抗诉。

②对不服人民法院已经发生法律效力的刑事判决、裁定的申诉，经两级人民检察院办理且省级人民检察院已经复查的，如果没有新的事实和理由，人民检察院不再立案复查，但原审被告人可能被宣告无罪或者判决、裁定有其他重大错误可能的除外。

二、提起审判监督程序的主体

（一）各级人民法院院长和审判委员会

各级人民法院院长对本院已经发生法律效力的判决和裁定，如果发现在认定事实上或者在适用法律上确有错误，必须提交审判委员会处理。审判委员会讨论后，如果认为原判决、裁定确有错误，应当作出另行组成合议庭再审的决定。如果院长发现原属本院第一审，但又经上一级人民法院二审的判决或裁定确有错误，则只能向二审人民法院提出意见，第二审人民法院决定是否再审。

（二）最高人民法院和其他上级人民法院

(1) 最高人民法院对各级人民法院已经发生法律效力的判决和裁定，上级人民法院对下级人民法院已经发生法律效力的判决和裁定，如果发现确有错误，有权提审或者指令下级人民法院再审。

(2) 上级人民法院发现下级人民法院已经发生法律效力的判决、裁定确有错误的，可以指令下级人民法院再审；原判决、裁定认定事实正确但适用法律错误，或者案件疑难、复杂、重大，或者有不宜由原审人民法院审理情形的，也可以提审。

上级人民法院指令下级人民法院再审的，一般应当指令原审人民法院以外的下级人民法院审理；由原审人民法院审理更有利于查明案件事实、纠正裁判错误的，可以指令原审人民法院审理。

（三）最高人民检察院和其他上级人民检察院

最高人民检察院对各级人民法院已经发生法律效力的判决和裁定，上级人民检察院对下级人民法院已经发生法律效力的判决和裁定，如果发现确有错误，有权按照审判监督程序向同级人民法院提起抗诉。

地方各级人民检察院发现同级人民法院已经发生法律效力的判决和裁定确有错误时，无权按照审判监督程序提出抗诉，应当报请上级人民检察院按照审判监督程序，向它的同级人民法院提出抗诉。

三、提起审判监督程序的理由

（一）原判决、裁定在认定事实上确有错误

（1）有新的证据证明原判决、裁定认定的事实确有错误。

（2）据以定罪量刑的证据不确实、不充分或者证明案件事实的主要证据之间存在矛盾。

（二）原判决、裁定在适用法律上确有错误

（1）有罪判无罪，无罪判有罪，混淆罪与非罪的界限。

（2）重罪轻判，轻罪重判，量刑不当。

（3）认定罪名不正确，一罪判数罪，数罪判一罪，影响定罪量刑或者造成严重的社会影响。

（4）免予刑事处罚或者适用缓刑错误。

（5）对具有法定从重、从轻、减轻处罚情节的，没有依法从重、从轻、减轻处罚，使量刑显失公正。

此外，严重违反法律规定的诉讼程序，可能影响公正审判的，或者审判人员在审理该案件时有贪污受贿、徇私舞弊、枉法裁判的行为。

四、提起审判监督程序的方式

（一）人民法院提起审判监督程序的方式

表 8-68　人民法院提起审判监督程序的方式

决定再审	各级人民法院院长对本院已经发生法律效力的判决和裁定，如果发现在认定事实或适用法律上确有错误，经提交审判委员会讨论决定再审从而提起审判监督程序的一种方式。
指令再审	（1）最高人民法院对各级人民法院已经发生法律效力的判决和裁定，上级人民法院对下级人民法院已经发生法律效力的判决和裁定，如果发现确有错误，可以指令下级人民法院再审从而提起审判监督程序的一种方式。 （2）上级人民法院指令下级人民法院再审的，应当指令原审人民法院以外的下级人民法院审理；由原审人民法院审理更为适宜的，即更有利于查明案件事实、纠正裁判错误的，也可以指令原审人民法院审理。
决定提审	最高人民法院对各级人民法院已经发生法律效力的判决和裁定，上级人民法院对下级人民法院已经发生法律效力的判决和裁定，如果发现确有错误，需要重新审理，而直接组成合议庭，调取原审案卷和材料，并进行审判从而提起审判监督程序的一种方式。
制作再审决定书	对决定依照审判监督程序重新审判的案件，除人民检察院抗诉的以外，人民法院应当制作再审决定书。

（二）人民检察院提起审判监督程序的方式——提起抗诉

最高人民检察院对各级人民法院发生法律效力的判决、裁定，上级人民检察院对下级人民法院已经发生法律效力的判决、裁定，如果发现确有错误，向同级人民法院提出抗诉从而提起审判监督程序的一种方式。

1. 情形

（1）有新的证据证明原判决、裁定认定的事实确有错误，可能影响定罪量刑的。

（2）据以定罪量刑的证据不确实、不充分的。

（3）据以定罪量刑的证据依法应当予以排除的。

（4）据以定罪量刑的主要证据之间存在矛盾的。

（5）原判决、裁定的主要事实依据被依法变更或者撤销的。

（6）认定罪名错误且明显影响量刑的。

（7）违反法律关于追诉时效期限的规定的。

（8）量刑明显不当的。

（9）违反法律规定的诉讼程序，可能影响公正审判的。

（10）审判人员在审理案件的时候有贪污受贿，徇私舞弊，枉法裁判行为的。

2. 提出抗诉

最高人民检察院发现各级人民法院已经发生法律效力的判决、裁定，上级人民检察院发现下级人民法院已经发生法律效力的判决或者裁定确有错误时，可以直接向同级人民法院提出抗诉，或者指令作出生效判决、裁定的人民法院的上一级人民检察院按照审判监督程序向人民法院提出抗诉。人民检察院依照审判监督程序向人民法院提出抗诉的，应当将抗诉书副本报送上一级人民检察院。

3. 人民法院对检察院抗诉的审查处理

（1）应在一个月内立案。

（2）法院立案审查后的处理：

①不属于本院管辖的，应当将案件退回人民检察院；

②按照抗诉书提供的住址无法向被提出抗诉的原审被告人送达抗诉书的，应当通知人民检察院 3 日内重新提供原审被告人的住址；逾期未提供的，将案件退回人民检察院；

③以有新证据为由提出抗诉，抗诉书未附有新的证据目录、证人名单和主要证据复印件或者照片的，应当通知人民检察院 3 日内补送相关材料，逾期未补送的，将案件退回人民检察院；

人民法院决定退回的刑事抗诉案件，人民检察院经补充相关材料后再次提出抗诉，经审查符合受理条件的，人民法院应当受理。

人民检察院按照审判监督程序提出的刑事抗诉案件，接受抗诉的人民法院应当组成合议庭进行审理。涉及新证据需要指令下级人民法院再审的，接受抗诉的人民法院应当在接受抗诉之日起 1 个月以内作出决定，并将指令再审决定书送达提出抗诉的人民检察院。

4. 二审抗诉与再审抗诉的比较

表 8-69　二审抗诉与再审抗诉的比较

区别	二审抗诉	再审抗诉
对象	尚未发生法律效力的一审判决、裁定	已发生法律效力的判决、裁定
权限	除最高人民检察院外，任何一级人民检察院有权对同级人民法院的一审判决、裁定提出二审抗诉	除最高人民检察院有权对同级的最高人民法院发生法律效力的判决、裁定提出再审抗诉外，其他各级人民检察院只能对其下级人民法院发生法律效力的判决、裁定提出再审抗诉

（续表）

审判机关	提出抗诉的上一级人民法院	提出抗诉的同级人民法院
期限	对判决提出抗诉的期限是10日、对裁定提出抗诉的期限是5日	无
效力	阻止第一审判决、裁定发生法律效力	并不导致原判决、裁定在人民法院按照审判监督程序重新审判期间停止执行

【注意】

最高人民检察院只能提出再审抗诉，不能提出二审抗诉，基层人民检察院只能提出二审抗诉，不能提出再审抗诉。

第三节　依照审判监督程序对案件的重新审判

一、再审立案

表8-70　再审立案的情况

地方各级人民法院、专门人民法院	(1)本院作出的终审裁判，符合再审立案条件的。 (2)下一级人民法院复查驳回或者再审改判，符合再审立案条件的。 (3)上级人民法院指令再审的。 (4)人民检察院依法提出抗诉的。
最高人民法院	(1)本院作出的终审裁判，符合再审立案条件的。 (2)高级人民法院复查驳回或者再审改判，符合再审立案条件的。 (3)最高人民检察院依法提出抗诉的。 (4)最高人民法院认为应由自己再审的。

二、重新审判的程序

（一）审理方式

表8-71　重新审判的审理方式

应当开庭审理	(1)应当开庭审理的情形：依照第一审程序审理的；依照第二审程序需要对事实或者证据进行审理的；人民检察院按照审判监督程序提出抗诉的；可能对原审被告人(上诉人)加重刑罚的；有其他应当开庭审理情形的。 (2)人民法院开庭审理的再审案件，同级人民检察院应当派员出席法庭。 (3)开庭审理的再审案件，再审决定书或者抗诉书只针对部分原审被告人，其他同案原审被告人不出庭不影响审理的，可以不出庭参加诉讼。
可以不开庭审理	(1)原审被告人、原审自诉人已经死亡或者丧失行为能力的。 (2)原判决、裁定认定事实清楚，证据确实、充分，但适用法律错误、量刑畸重的。

（二）强制措施与中止执行

1.强制措施

人民法院决定再审的案件，需要对被告人采取强制措施的，由人民法院依法决定。

人民检察院提出抗诉的再审案件，需要对被告人采取强制措施的，由人民检察院依法决定。

人民法院按照审判监督程序审判的案件，可以决定中止原判决、裁定的执行。

2. 中止执行

对决定依照审判监督程序重新审判的案件,除人民检察院抗诉的以外,人民法院应当制作再审决定书。

再审期间不停止原判决、裁定的执行,但被告人可能经再审改判无罪,或者可能经再审减轻原判刑罚而致刑期届满的,可以决定中止原判决、裁定的执行,必要时,可以对被告人采取取保候审、监视居住措施。

(三)审理程序

(1)依照审判监督程序重新审判的案件,人民法院应当重点针对申诉、抗诉和决定再审的理由进行审理。必要时,应当对原判决、裁定认定的事实、证据和适用法律进行全面审查。

(2)原审人民法院审理依照审判监督程序重新审判的案件,应当另行组成合议庭。

(3)原来是第一审案件,应当依照第一审程序进行审判,所作的判决、裁定可以上诉、抗诉;原来是第二审案件,或者是上级人民法院提审的案件,应当依照第二审程序进行审判,所作的判决、裁定是终审的判决、裁定。

(4)开庭审理的再审案件,系人民法院决定再审的,由合议庭组成人员宣读再审决定书;系人民检察院抗诉的,由检察人员宣读抗诉书;系申诉人申诉的,由申诉人或者其辩护人、诉讼代理人陈述申诉理由。

(四)撤诉

(1)人民法院审理人民检察院抗诉的再审案件,人民检察院在开庭审理前撤回抗诉的,应当裁定准许;人民检察院接到出庭通知后不派员出庭,且未说明原因的,可以裁定按撤回抗诉处理,并通知诉讼参与人。

(2)人民法院审理申诉人申诉的再审案件,申诉人在再审期间撤回申诉的,应当裁定准许;申诉人经依法通知无正当理由拒不到庭,或者未经法庭许可中途退庭的,应当裁定按撤回申诉处理,但申诉人不是原审当事人的除外。

(五)中止审理与终止审理

原审被告人(原审上诉人)收到再审决定书或者抗诉书后下落不明或者收到抗诉书后未到庭的,人民法院应当中止审理;原审被告人(原审上诉人)到案后,恢复审理;如果超过2年仍查无下落的,应当裁定终止审理。

(六)重新审判后的处理

表8-72 再审案件经过重新审理后的处理

情形	处理
原判决、裁定认定事实和适用法律正确、量刑适当的。	应当裁定驳回申诉或者抗诉,维持原判决、裁定。
原判决、裁定定罪准确、量刑适当,但在认定事实、适用法律等方面有瑕疵的。	应当裁定纠正并维持原判决、裁定。
原判决、裁定认定事实没有错误,但适用法律错误,或者量刑不当的。	应当撤销原判决、裁定,依法改判。
依照第二审程序审理的案件,原判决、裁定事实不清或者证据不足的。	(1)可以在查清事实后改判; (2)可以裁定撤销原判,发回原审人民法院重新审判。
原判决、裁定事实不清或者证据不足的。	(1)经审理,事实已经查清的,应当根据查清的事实依法裁判; (2)事实仍无法查清,证据不足,不能认定被告人有罪的,应当撤销原判决、裁定,判决宣告被告人无罪。

情形	处理
原判决、裁定认定被告人姓名等身份信息有误,但认定事实和适用法律正确、量刑适当的。	作出生效判决、裁定的人民法院可以通过裁定对有关信息予以更正。
对再审改判宣告无罪并依法享有申请国家赔偿权利的当事人,人民法院宣判时,应当告知其在判决发生法律效力后可以依法申请国家赔偿。	

(七)重新审判的期限

(1)人民法院按照审判监督程序重新审判的案件,应当在作出提审、再审决定之日起3个月以内审结,需要延长期限的,不得超过6个月。

(2)接受抗诉的人民法院按照审判监督程序审判抗诉的案件,审理期限适用前款规定;对需要指令下级人民法院再审的,应当自接受抗诉之日起1个月以内作出决定,下级人民法院审理案件的期限适用前款规定。

第十九章 执行

第一节 概述

一、执行的依据

(1)已过法定期限没有提出上诉、抗诉的判决和裁定。

(2)终审的判决和裁定。

(3)高级人民法院核准的死刑缓期二年执行的判决、裁定。

(4)最高人民法院核准的死刑和法定刑以下处刑的判决和裁定,以及最高人民法院核准的因特殊情况不受执行刑期限制的假释的裁定。

二、执行机关

表8-73 执行机关及其职责

机关名	职责
人民法院	负责无罪、免除刑罚、罚金和没收财产及死刑立即执行判决的执行。
监狱	负责有期徒刑、无期徒刑、死刑缓期二年执行判决的执行。
未成年犯管教所	负责对未成年犯判决的执行。
公安机关	负责拘役、剥夺政治权利和在被交付执行刑罚前剩余刑期在3个月以下的执行。
社区矫正机构	对被判处管制、宣告缓刑、假释或者暂予监外执行的罪犯,由社区矫正机构负责执行。

第二节 各种判决、裁定的执行程序

一、死刑立即执行判决的执行

表8-74 死刑立即执行判决的执行

执行死刑命令的签发	最高人民法院判处和核准的死刑立即执行的判决、裁定,应当由最高人民法院院长签发执行死刑的命令。
执行死刑的机关及期限	(1)最高人民法院的执行死刑命令,由高级人民法院交付第一审人民法院执行。第一审人民法院接到执行死刑命令后,应当在7日内执行。 (2)在死刑缓期执行期间故意犯罪,最高人民法院核准执行死刑的,由罪犯服刑地的中级人民法院执行。
执行死刑的场所和方法	(1)采用枪决或者注射等方法执行。 (2)采用注射方法执行死刑的,应当在指定的刑场或者羁押场所内执行。 (3)采用枪决、注射以外的其他方法执行死刑的,应当事先层报最高人民法院批准。
执行死刑前的具体要求	(1)第一审人民法院在执行死刑前,应当告知罪犯有权会见其近亲属。罪犯申请会见并提供具体联系方式的,人民法院应当通知其近亲属。罪犯近亲属申请会见的,人民法院应当准许,并及时安排会见。 (2)第一审人民法院在执行死刑3日前,应当通知同级人民检察院派员临场监督。 (3)执行死刑前,指挥执行的审判人员对罪犯应当验明正身,讯问有无遗言、信札,并制作笔录,再交执行人员执行死刑。 (4)执行死刑应当公布,禁止游街示众或者其他有辱罪犯人格的行为。

二、死刑缓期二年执行、无期徒刑、有期徒刑和拘役判决的执行

(1)被判处死刑缓期二年执行、无期徒刑、有期徒刑、拘役的罪犯,交付执行时在押的,第一审人民法院应当在判决、裁定生效后10日内,将判决书、裁定书、起诉书副本、自诉状复印件、执行通知书、结案登记表送达看守所,由公安机关将罪犯交付执行。

罪犯需要收押执行刑罚,而判决、裁定生效前未被羁押的,人民法院应当根据生效的判决书、裁定书将罪犯送交看守所羁押,并依照前款的规定办理执行手续。

(2)同案审理的案件中,部分被告人被判处死刑,对未被判处死刑的同案被告人需要羁押执行刑罚的,应当在其判决、裁定生效后10日内交付执行。但是,该同案被告人参与实施有关死刑之罪的,应当在最高人民法院复核讯问被判处死刑的被告人后交付执行。

(3)执行机关应当将罪犯及时收押,并且通知罪犯家属。

(4)执行通知书回执经看守所盖章后,应当附卷备查。

(5)死刑缓期二年执行的期间,从判决或者裁定核准死刑缓期二年执行的法律文书宣告或者送达之日起计算。

(6)被判处有期徒刑、拘役的罪犯,执行期满,应当由执行机关发给释放证明书。

三、管制、有期徒刑缓刑、拘役缓刑判决的执行

(一)交付执行

(1)第一审人民法院判处拘役或有期徒刑宣告缓刑的犯罪分子,判决尚未发生法律效力的,不能立即交付执行。

(2)如果被宣告缓刑的罪犯在押,第一审人民法院应当先行作出变更强制措施的决定,改为监视居住或者取保候审,并立即通知有关公安机关。

(3) 对被判处管制、宣告缓刑的罪犯，人民法院应当核实其居住地。宣判时，应当书面告知罪犯到居住地县级司法行政机关报到的期限和不按期报到的后果。判决、裁定生效后10日内，应当将判决书、裁定书、执行通知书等法律文书送达罪犯居住地的县级司法行政机关，同时抄送罪犯居住地的县级人民检察院。

(二) 对管制、缓刑犯罪的考察与处理

(1) 社区矫正机构应当按照人民法院的判决，向罪犯及其原所在单位或者居住地群众宣布其犯罪事实、被管制的期限，以及罪犯在执行期间应当遵守的规定。被管制的罪犯执行期满，应当通知本人，并向其所在单位或者居住地的群众宣布解除管制。

(2) 罪犯在缓刑考验期内犯新罪或者被发现在判决宣告前还有其他罪没有判决，应当撤销缓刑的，由审判新罪的人民法院撤销原判决、裁定宣告的缓刑，并书面通知原审人民法院和执行机关。

(3) 缓刑考验期内，有下列情形之一的，原作出缓刑判决、裁定的人民法院应当在收到执行机关的撤销缓刑建议书的1个月内，作出撤销缓刑的裁定：

①违反禁止令，情节严重的；

②无正当理由不按规定时间报告或者接受社区矫正期间脱离监管，超过1个月的；

③因违反监督管理规定受到治安管理处罚，仍不改正的；

④受到执行机关3次警告仍不改正的；

⑤违反有关法律、行政法规和监督管理规定，情节严重的其他情形。

人民法院撤销缓刑的裁定，一经作出，立即生效。

人民法院应当将撤销缓刑裁定书送交罪犯居住地的县级司法行政机关，由其根据有关规定将罪犯交付执行。撤销缓刑裁定书应当同时抄送罪犯居住地的同级人民检察院和公安机关。

(4) 对宣告缓刑的犯罪分子，在缓刑考验期内，依法实行社区矫正，如果没有《刑法》第77条规定的情形，缓刑考验期满，原判的刑罚就不再执行，并公开予以宣告。

四、剥夺政治权利判决的执行

对被单处剥夺政治权利的罪犯，人民法院应当在判决、裁定生效后10日内，将判决书、裁定书、执行通知书等法律文书送达罪犯居住地的县级公安机关，并抄送罪犯居住地的县级人民检察院。被判处剥夺政治权利的罪犯，执行期满，应当由执行机关书面通知本人及其所在单位、居住地基层组织。

五、罚金、没收财产的执行程序

表8-75 罚金、没收财产的执行程序

执行主体	由第一审人民法院负责裁判执行的机构执行。 被执行人或者被执行财产在外地的，可以委托当地人民法院执行。 受托法院在执行财产刑后，应当及时将执行的财产上缴国库。在必要的时候，可以会同公安机关执行。
执行时间	(1) 罚金在判决规定的期限内一次或者分期缴纳。期满无故不缴纳或者未足额缴纳的，人民法院应当强制缴纳。经强制缴纳仍不能全部缴纳的，在任何时候，包括主刑执行完毕后，发现被执行人有可供执行的财产的，应当追缴。 (2) 被判处罚金的罪犯，期满不缴纳的，人民法院应当强制缴纳；如果由于遭遇不能抗拒的灾祸等原因缴纳确实有困难的，经人民法院裁定，可以延期缴纳、酌情减少或者免除。 (3) 判处没收财产的，判决生效后，应当立即执行。 (4) 人民法院办理刑事裁判涉财产部分执行案件的期限为6个月。有特殊情况需要延长的，经本院院长批准，可以延长。

（续表）

执行异议	（1）执行财产刑和附带民事裁判过程中，案外人对被执行财产提出权属异议的，人民法院应当参照民事诉讼法有关执行异议的规定进行审查并作出处理。 （2）执行过程中，案外人或被害人认为刑事裁判中对涉案财物是否属于赃款赃物认定错误或者应予认定而未认定，向执行法院提出书面异议，可以通过裁定补正的，执行机构应当将异议材料移送刑事审判部门处理；无法通过裁定补正的，应当告知异议人通过审判监督程序处理。
执行顺序	（1）人身损害赔偿中的医疗费用； （2）退赔被害人的损失； （3）其他民事债务； （4）罚金； （5）没收财产。 【注意】债权人对执行标的依法享有优先受偿权，其主张优先受偿的，人民法院应当在医疗费用受偿后，予以支持。
中止执行	（1）执行标的物系人民法院或者仲裁机构正在审理案件的争议标的物，需等待该案件审理完毕确定权属的； （2）案外人对执行标的物提出异议的； （3）应当中止执行的其他情形。 中止执行的原因消除后，应当恢复执行。
终结执行	（1）据以执行的判决、裁定被撤销的； （2）被执行人死亡或者被执行死刑，且无财产可供执行的； （3）被判处罚金的单位终止，且无财产可供执行的； （4）依照《刑法》第53条规定免除罚金的； （5）应当终结执行的其他情形。 裁定终结执行后，发现被执行人的财产有被隐匿、转移等情形的，应当追缴。
执行回转	财产刑全部或者部分被撤销的，已经执行的财产应当全部或者部分返还被执行人；无法返还的，应当依法赔偿。
执行范围	（1）行政机关对被告人就同一事实已经处以罚款的，人民法院判处罚金时应当折抵，扣除行政处罚已执行的部分。 （2）判处没收财产的，应当执行刑事裁判生效时被执行人合法所有的财产。 （3）执行没收财产或罚金刑，应当参照被扶养人住所地政府公布的上一年度当地居民最低生活费标准，保留被执行人及其所扶养家属的生活必需费用。
执行措施	（1）人民法院刑事审判中可能判处被告人财产刑、责令退赔的，刑事审判部门应当依法对被告人的财产状况进行调查；发现可能隐匿、转移财产的，应当及时查封、扣押、冻结其相应财产。 （2）刑事审判或者执行中，对于侦查机关已经采取的查封、扣押、冻结，人民法院应当在期限届满前及时续行查封、扣押、冻结。人民法院续行查封、扣押、冻结的顺位与侦查机关查封、扣押、冻结的顺位相同。对侦查机关查封、扣押、冻结的财产，人民法院执行中可以直接裁定处置，无需侦查机关出具解除手续，但裁定中应当指明侦查机关查封、扣押、冻结的事实。
追缴	（1）对赃款赃物及其收益，人民法院应当一并追缴。 （2）被执行人将刑事裁判认定为赃款赃物的涉案财物用于清偿债务、转让或者设置其他权利负担，具有下列情形之一的，人民法院应予追缴： ①第三人明知是涉案财物而接受的； ②第三人无偿或者以明显低于市场的价格取得涉案财物的； ③第三人通过非法债务清偿或者违法犯罪活动取得涉案财物的； ④第三人通过其他恶意方式取得涉案财物的。 （3）第三人善意取得涉案财物的，执行程序中不予追缴。作为原所有人的被害人对该涉案财物主张权利的，人民法院应当告知其通过诉讼程序处理。

六、无罪判决和免除刑罚判决的执行程序

（1）由人民法院执行。

（2）人民法院判决被告人无罪、免除刑事处罚的，如果被告人在押，在宣判后应当立即释放。

第三节 执行的变更程序

一、死刑执行的变更

（一）死刑暂停执行的情形

第一审人民法院在接到执行死刑命令后、执行前，发现有下列情形之一的，应当暂停执行，并立即将请求停止执行死刑的报告和相关材料层报最高人民法院：

（1）罪犯可能有其他犯罪的；

（2）共同犯罪的其他犯罪嫌疑人到案，可能影响罪犯量刑的；

（3）共同犯罪的其他罪犯被暂停或者停止执行死刑，可能影响罪犯量刑的；

（4）罪犯揭发重大犯罪事实或者有其他重大立功表现，可能需要改判的；

（5）罪犯怀孕的；

（6）判决、裁定可能有影响定罪量刑的其他错误的。

最高人民法院经审查，认为可能影响对罪犯定罪量刑的，应当裁定停止执行死刑；认为不影响的，应当决定继续执行死刑。

（二）死刑停止执行的情形

下级人民法院接到最高人民法院执行死刑的命令后，应当在7日以内交付执行。但是发现有下列情形之一的，应当停止执行，并且立即报告最高人民法院，由最高人民法院作出裁定：

（1）在执行前发现判决可能有错误的；

（2）在执行前罪犯揭发重大犯罪事实或者有其他重大立功表现，可能需要改判的；

（3）罪犯怀孕的。

前款第（1）项、第（2）项停止执行的原因消失后，必须报请最高人民法院院长再签发执行死刑的命令才能执行；由于前款第（3）项原因停止执行的，应当报请最高人民法院依法改判。

（三）最高人民法院对停止执行死刑的案件的处理

表8-76 最高人民法院对停止执行死刑的案件的处理

情形	处理
确认罪犯怀孕的。	应当改判。
确认罪犯有其他犯罪，依法应当追诉的。	裁定不予核准死刑，撤销原判，发回重新审判。
确认原判决、裁定有错误或者罪犯有重大立功表现，需要改判的。	裁定不予核准死刑，撤销原判，发回重新审判。
确认原判决、裁定没有错误，罪犯没有重大立功表现，或者重大立功表现不影响原判决、裁定执行的。	裁定继续执行死刑，院长重新签发执行死刑命令。

二、死刑缓期二年执行的变更

（一）变更为死刑立即执行

被判处死刑缓期二年执行的罪犯，在死刑缓期执行期间，如果故意犯罪，情节恶劣，查证属实，应当执行死刑的，由高级人民法院报请最高人民法院核准；对于故意犯罪未执行死刑的，死刑缓期执行的期间重新计算，并报最高人民法院备案。

(二)死刑缓期二年执行的减刑

1. 依法减刑

被判处死刑缓期二年执行的罪犯,在死刑缓期执行期间,如果没有故意犯罪,死刑缓期执行期满,应当予以减刑的,由执行机关提出书面意见,报请高级人民法院裁定。

2. 限制减刑

对被判处死刑缓期二年执行的累犯以及因故意杀人、强奸、抢劫、绑架、放火、爆炸、投放危险物质或者有组织的暴力性犯罪被判处死刑缓期二年执行的犯罪分子,人民法院根据犯罪情节等情况可以同时决定对其限制减刑。

三、暂予监外执行

(一)概念

暂予监外执行是指被判处有期徒刑(个别无期徒刑例外)或者拘役的罪犯,由于出现了法定的某种特殊情形,不适宜在监狱或者其他刑罚执行机关执行刑罚时,暂时采取的一种变通执行的方法。

(二)暂予监外执行的对象

(1)被判处有期徒刑或者拘役的罪犯。

(2)被判处无期徒刑的怀孕或者正在哺乳自己婴儿的罪犯。

(三)暂予监外执行的条件

对被判处有期徒刑或者拘役的罪犯,有下列情形之一的,可以暂予监外执行:

(1)有严重疾病需要保外就医的;

(2)怀孕或者正在哺乳自己婴儿的妇女;

(3)生活不能自理,适用暂予监外执行不致危害社会的。

对被判处无期徒刑的罪犯,有前款第(2)项规定情形的,可以暂予监外执行。

对适用保外就医可能有社会危险性的罪犯,或者自伤自残的罪犯,不得保外就医。对罪犯确有严重疾病,必须保外就医的,由省级人民政府指定的医院诊断并开具证明文件。

(四)暂予监外执行的适用程序

1. 暂予监外执行的决定

表8-77 暂予监外执行的决定

交付执行前	由交付执行的人民法院决定。
交付执行后	暂予监外执行由监狱或者看守所提出书面意见,报省级以上监狱管理机关或者设区的市一级以上公安机关批准。
暂予监外执行申请	对于被告人可能被判处拘役、有期徒刑、无期徒刑,符合暂予监外执行条件的,被告人及其辩护人有权向人民法院提出暂予监外执行的申请,看守所可以将有关情况通报人民法院。人民法院应当进行审查,并在交付执行前作出是否暂予监外执行的决定。

2. 对暂予监外执行罪犯的执行

(1)执行机构。由社区矫正机构负责执行。

(2)有下列情形之一的,应当及时收监:

①发现不符合暂予监外执行条件的;

②严重违反有关暂予监外执行监督管理规定的;

③暂予监外执行的情形消失后,罪犯刑期未满的。

对于人民法院决定暂予监外执行的罪犯应当予以收监的,由人民法院作出决定,将有关的法律文书送达公安机关、监狱或者其他执行机关。

(3)不符合暂予监外执行条件的罪犯通过贿赂等非法手段被暂予监外执行的,在监外执行的期间不计入执行刑期;罪犯在暂予监外执行期间脱逃的,脱逃的期间不计入执行刑期。

(4)罪犯在暂予监外执行期间死亡的,执行机关应当及时通知监狱或者看守所。

四、减刑、假释

(一)适用对象与条件

表 8-78 减刑、假释的适用对象与条件

减刑	适用对象	适用于被判处管制、拘役、有期徒刑或者无期徒刑的罪犯。死刑缓期执行罪犯的减刑不在这一范围内。
	条件	(1)在执行期间,认真遵守监规,接受教育改造,确有悔改或者立功表现的,可以减刑。 (2)有重大立功表现的,应当减刑。
假释	适用对象	(1)适用于被判处有期徒刑、无期徒刑的犯罪分子。 (2)对累犯以及因故意杀人、强奸、抢劫、绑架、放火、爆炸、投放危险物质或者有组织的暴力性犯罪被判处10年以上有期徒刑、无期徒刑的罪犯,不得假释。因前述情况和犯罪被判处死刑缓期二年执行的罪犯,被减为无期徒刑、有期徒刑后,也不得假释。
	条件	(1)已实际执行一定的刑期,即被判处有期徒刑的犯罪分子,执行原判刑期1/2以上,被判处无期徒刑的犯罪分子,实际执行13年以上的。 (2)认真遵守监规,接受教育改造,确有悔改,没有再犯罪危险的。 (3)对犯罪分子决定假释时,应当考虑其假释后对所居住社区的影响。
如有特殊情况,经最高人民法院核准,可不受上述限制。		

(二)审理

1.适用程序

表 8-79 减刑、假释变更刑罚的同意和裁定机关

变更的刑罚	同意(提出)机关	裁定机关
死刑缓期执行	同级监狱管理机关审核同意	罪犯服刑地的高级人民法院
无期徒刑	同级监狱管理机关审核同意	罪犯服刑地的高级人民法院
有期徒刑和被减为有期徒刑	执行机关提出	罪犯服刑地的中级人民法院
拘役、管制	执行机关审核同意	罪犯服刑地的中级人民法院
对暂予监外执行罪犯的减刑,应当根据情况,分别适用上述有关规定。		

2.审理组织与审理方式

(1)审理组织。

法院审理减刑、假释案件,应当依法由审判员或者由审判员和人民陪审员组成合议庭进行。

(2)审理方式。

审理减刑、假释案件,应当组成合议庭,可以采用书面审理的方式,但下列案件应当开庭审理:

①因罪犯有重大立功表现提请减刑的;

②提请减刑的起始时间、间隔时间或者减刑幅度不符合一般规定的;

③社会影响重大或者社会关注度高的;

④公示期间收到投诉意见的;

⑤人民检察院有异议的；
⑥有必要开庭审理的其他案件。

能够当庭宣判的当庭宣判；不能当庭宣判的，可以择期宣判。

人民法院不开庭审理减刑、假释案件，可以就被报请减刑、假释犯罪是否符合减刑、假释条件进行调查核实或者听取有关方面意见。

人民法院书面审理减刑案件，可以提讯被报请减刑罪犯；书面审理假释案件，应当提讯被报请假释罪犯。

减刑、假释案件的开庭审理由审判长主持。

3.处理方式

人民法院审理减刑、假释案件，应当按照下列情形分别处理：

①符合法律规定的减刑、假释条件的，作出予以减刑、假释的裁定；
②被报请减刑的罪犯符合法律规定的减刑条件，但执行机关报请的减刑幅度不适当的，对减刑幅度作出相应调整后作出予以减刑的裁定；
③不符合法律规定的减刑、假释条件的，作出不予减刑、假释的裁定。

人民法院作出减刑、假释裁定后，应当在7日内送达提请减刑、假释的执行机关、同级人民检察院以及罪犯本人。人民检察院认为减刑、假释裁定不当，在法定期限内提出书面纠正意见的，人民法院应当在收到意见后另行组成合议庭审理，并在1个月内作出裁定。

减刑、假释裁定作出前，执行机关书面提请撤回减刑、假释建议的，是否准许，由人民法院决定。

减刑、假释裁定书应当通过互联网依法向社会公布。

人民检察院认为人民法院减刑、假释裁定不当，在法定期限内提出书面纠正意见的，人民法院应当在收到纠正意见后另行组成合议庭审理，并在一个月内作出裁定。

人民法院发现本院已经生效的减刑、假释裁定确有错误的，应当另行组成合议庭审理；发现下级人民法院已经生效的减刑、假释裁定确有错误的，可以指令下级人民法院另行组成合议庭审理。

（三）假释的撤销

（1）罪犯在假释考验期限内犯新罪或者被发现在判决宣告前还有其他罪没有判决，应当撤销缓刑、假释的，由审判新罪的人民法院撤销原判决、裁定宣告的假释，并书面通知原审人民法院和执行机关。

（2）罪犯在假释考验期限内，有下列情形之一的，原作出假释判决、裁定的人民法院应当在收到执行机关的撤销假释建议书后1个月内，作出撤销假释的裁定：

①违反禁止令，情节严重的；
②无正当理由不按规定时间报到或者接受社区矫正期间脱离监管，超过1个月的；
③因违反监督管理规定受到治安管理处罚，仍不改正的；
④受到执行机关3次警告仍不改正的；
⑤违反有关法律、行政法规和监督管理规定，情节严重的其他情形。

人民法院撤销假释的裁定，一经作出，立即生效。人民法院应当将撤销假释裁定书送交罪犯居住地的县级司法行政机关，由其根据有关规定将罪犯交付执行。撤销假释裁定书应当同时抄送罪犯居住地的同级人民检察院和公安机关。

第四节 对新罪、漏罪和申诉的处理

一、对新罪、漏罪的处理

罪犯在服刑期间又犯罪的，或者发现了判决的时候所没有发现的罪行，由执行机关移送人民检察院处理。

二、对申诉的处理

监狱和其他执行机关在刑罚执行中,如果认为判决有错误或者罪犯提出申诉,应当转请人民检察院或者原判人民法院处理。

第五节 人民检察院对执行的监督

一、对死刑裁判执行的监督

(1)人民法院在交付执行死刑前,应当通知同级人民检察院派员临场监督。

(2)临场监督执行死刑的检察人员应当依法监督执行死刑的场所、方法和执行死刑的活动是否合法。

(3)在执行死刑过程中,人民检察院临场监督人员根据需要可以进行拍照、录像;执行死刑后,人民检察院临场监督人员应当检查罪犯是否确已死亡,并填写死刑执行临场监督笔录,签名后入卷归档。

(4)人民检察院发现人民法院在执行死刑活动中有侵犯被执行死刑罪犯的人身权、财产权或者其近亲属、继承人合法权利等违法情形的,应当依法向人民法院提出纠正意见。

二、对暂予监外执行的监督

(1)监狱、看守所提出暂予监外执行的书面意见的,应当将书面意见的副本抄送人民检察院。人民检察院可以向决定或者批准机关提出书面意见。

(2)决定或批准暂予监外执行的机关应当将暂予监外执行的决定抄送人民检察院。人民检察院经审查认为暂予监外执行不当的,应当自接到通知之日起1个月以内将书面纠正意见送交决定或者批准暂予监外执行的机关。决定或者批准暂予监外执行的机关接到人民检察院的书面意见后,应当立即对该决定重新核查。

三、对减刑、假释的监督

(1)执行机关提出建议书,报请人民法院审核裁定,并将建议书副本抄送人民检察院。人民检察院可以向人民法院提出书面意见。

(2)人民检察院认为人民法院减刑、假释的裁定不当,应当在收到裁定书副本后20日内,向人民法院提出书面纠正意见。人民法院应当在收到纠正意见后1个月以内重新组成合议庭进行审理,作出最终裁定。

四、对执行刑罚活动的监督

人民检察院对执行机关执行刑罚的活动是否合法实行监督。如果发现有违法的情况,应当通知执行机关纠正。

第二十章 未成年人刑事案件诉讼程序

第一节 未成年人刑事案件诉讼程序概述

刑事诉讼中的特别程序,案件范围包括:

(1)犯罪嫌疑人、被告人实施涉嫌犯罪行为时已满14周岁、未满18周岁的刑事案件。

(2)少年法庭审理的案件范围:

①被告人实施被指控的犯罪时不满18周岁、人民法院立案时不满20周岁的案件；

②被告人实施被指控的犯罪时不满18周岁、人民法院立案时不满20周岁，并被指控为首要分子或者主犯的共同犯罪案件；

③其他共同犯罪案件有未成年被告人的，或者其他涉及未成年人的刑事案件是否由少年法庭审理，由院长根据少年法庭工作的实际情况决定。

第二节 未成年人刑事案件诉讼程序的方针和原则

表8-80 未成年人刑事案件诉讼程序的方针和原则

教育、感化、挽救方针与教育为主惩罚为辅原则	（1）讯问应适合未成年犯罪嫌疑人、被告人特点。 （2）检察院作出不起诉决定需要对其进行教育或开展相应监督。 （3）法庭教育是审理未成年人案件不可或缺的环节。
保障未成年犯罪嫌疑人、被告人诉讼权利原则	（1）法定代理人在场： ①在讯问和审判时，应当通知未成年犯罪嫌疑人、被告人的法定代理人到场。无法通知、法定代理人不能到场或者法定代理人是共犯的，也可以通知未成年犯罪嫌疑人、被告人的其他成年亲属，所在学校、单位、居住地基层组织或者未成年人保护组织的代表到场，并将有关情况记录在案。到场的法定代理人可以代为行使未成年犯罪嫌疑人、被告人的诉讼权利。 ②到场的法定代理人或者其他人员认为办案人员在讯问、审判中侵犯未成年人合法权益的，可以提出意见。讯问笔录、法庭笔录应当交给到场的法定代理人或者其他人员阅读或者向他宣读。 ③讯问女性未成年犯罪嫌疑人，应当有女工作人员在场。 ④审判未成年人刑事案件，未成年被告人最后陈述后，其法定代理人可以进行补充陈述。 （2）使用戒具： ①《高检规则》：讯问未成年犯罪嫌疑人一般不得使用戒具。对于确有人身危险性，必须使用戒具的，在现实危险消除后，应当立即停止使用。 ②最高人民法院《刑诉法解释》：在法庭上不得对未成年被告人使用戒具，但被告人人身危险性大，可能妨碍庭审活动的除外。必须使用戒具的，在现实危险消除后，应当立即停止使用。
分案处理原则	（1）公安司法机关在刑事诉讼过程中应当对未成年人案件与成年人案件实行诉讼程序分离、分案处理，对犯罪的未成年人与犯罪的成年人分别关押、分别执行。 （2）对分案起诉至同一人民法院的未成年人与成年人共同犯罪案件，可以由同一个审判组织审理；不宜由同一个审判组织审理的，可以分别由少年法庭、刑事审判庭审理。 （3）未成年人与成年人共同犯罪案件，由不同人民法院或者不同审判组织分别审理的，有关人民法院或者审判组织应当互相了解共同犯罪被告人的审判情况，注意全案的量刑平衡。
审理不公开原则	（1）审判的时候被告人不满18周岁的案件，不公开审理。但是经未成年被告人及其法定代理人同意，未成年被告人所在学校和未成年人保护组织可以派代表到场。 （2）对依法公开审理，但可能需要封存犯罪记录的案件，不得组织人员旁听。 （3）不公开审理的案件宣判应当一律公开，但不得采取召集大会的形式。
保密原则	对涉案未成年人的资料予以保密，不得向外界泄露。

(续表)

全面调查原则	(1)公、检、法机关根据情况可以对未成年犯罪嫌疑人、被告人的成长经历、犯罪原因、监护教育等情况进行调查。 (2)社会调查报告： ①公、检、法机关可自行开展调查并制作调查报告,也可以委托其他主体进行； ②辩护人也可以提交反映未成年人全面情况的书面材料； ③对未成年被告人情况的调查报告,以及辩护人提交的有关未成年被告人情况的书面材料,法庭应当审查并听取控辩双方的意见。上述报告和材料可以作为法庭教育和量刑的参考。
社会参与原则	融入社会因素,由普通民众和社会组织等社会力量在刑事诉讼各个环节对未成年人提供辅助和支持。
法院援助辩护原则	(1)未成年犯罪嫌疑人、被告人没有委托辩护人的,人民法院、人民检察院、公安机关应当通知法律援助机构指派律师为其提供辩护。 【注意】通知法院援助辩护以到案和审判时的年龄为标准。 (2)法庭审理过程中,未成年被告人或其法定代理人当庭拒绝辩护人辩护,法庭予以准许后,重新开庭时再次当庭拒绝辩护人辩护,如被告人已满18周岁,法庭可以准许,但不得再另行委托辩护人或要求另行指派律师,由其自行辩护。
严格限制适用逮捕措施原则	(1)对于罪行较轻,具备有效监护条件或者社会帮教措施,没有社会危险性或者社会危险性较小,不逮捕不致妨害诉讼正常进行的未成年犯罪嫌疑人,应当不批准逮捕。 (2)对于罪行比较严重,但主观恶性不大,有悔罪表现,具备有效监护条件或者社会帮教措施,符合法律相关规定,不逮捕不致妨害诉讼正常进行的未成年犯罪嫌疑人,可以不批准逮捕。
犯罪记录封存原则	(1)封存范围： 犯罪的时候不满18周岁,被判处5年有期徒刑以下刑罚的,应当对相关犯罪记录予以封存。 (2)查询被封的犯罪记录： 犯罪记录被封存的,不得向任何单位和个人提供,但司法机关为办案需要或者有关单位根据国家规定进行查询的除外。依法进行查询的单位,应当对被封存的犯罪记录的情况予以保密。 (3)犯罪记录解除封存： ①公安机关：被封存犯罪记录的未成年人,如果发现漏罪,合并被判处5年有期徒刑以上刑罚的； ②检察院：发现漏罪,且漏罪与封存记录之罪数罪并罚后被决定执行5年有期徒刑以上刑罚的； ③实施新的犯罪,且新罪与封存记录之罪数罪并罚后被决定执行5年有期徒刑以上刑罚的。

第三节 未成年人刑事案件诉讼程序具体规定

一、立案程序

公安机关办理未成年人刑事案件时,应当重点查清未成年犯罪嫌疑人实施犯罪行为时是否已满14周岁、16周岁、18周岁的临界年龄。

经过审查,对于不符合立案条件,如未达到刑事责任年龄,情节显著轻微、危害不大,不认为是犯罪的,可将案件材料转交有关部门处理,或通知其监护人严加监管、教育,并且要协调各方,落实帮教措施。

二、侦查程序

侦查程序应当注意采用与未成年人身心特点相适应的传唤和讯问方法。传唤未成年犯罪嫌疑人、被告人，可以采用较为缓和的方式，比如通过其父母、监护人进行。

讯问未成年犯罪嫌疑人的程序与使用戒具见"保障未成年犯罪嫌疑人、被告人诉讼权利原则"。

三、起诉

(一)酌定不起诉

为体现对未成年人的特殊保护，《人民检察院办理未成年人刑事案件的规定》对未成年人刑事案件适用酌定不起诉进行了特别规定，鼓励对未成年人适用酌定不起诉进行审前分流。(详见第十三章"起诉")

(二)附条件不起诉

表 8-81　附条件不起诉的知识要点

适用条件	(1)未成年人涉嫌《刑法》分则第四章(侵犯公民人身权利、民主权利罪)、第五章(侵犯财产罪)、第六章(妨害社会管理秩序罪)规定的犯罪。 (2)可能被判处 1 年有期徒刑以下刑罚。 (3)符合起诉条件。 (4)有悔罪表现。
听取意见	人民检察院在作出附条件不起诉的决定以前，应当听取公安机关、被害人、未成年犯罪嫌疑人的法定代理人、辩护人的意见。 被害人是未成年人的，还应当听取被害人的法定代理人、诉讼代理人的意见。
召开听证会	公安机关或者被害人对附条件不起诉有异议或争议较大的案件，检察院可以召集侦查人员、被害人及其法定代理人、诉讼代理人、未成年犯罪嫌疑人及其法定代理人、辩护人举行不公开听证会，听取各方的理由和意见。
送达	人民检察院作出附条件不起诉的决定后，应当制作附条件不起诉决定书，并在 3 日以内送达公安机关、被害人或者其近亲属及其诉讼代理人、未成年犯罪嫌疑人及其法定代理人、辩护人。
救济	被害人： (1)被害人不服附条件不起诉决定，在收到附条件不起诉决定书 7 日以内申诉的，由上一级检察院未成年人刑事检察机构立案复查，报请检察长决定。 (2)被害人不服附条件不起诉决定，在收到附条件不起诉决定书 7 日后提出申诉的，由作出附条件不起诉决定的人民检察院未成年人刑事检察机构另行指定检察人员审查后决定是否立案复查，报请检察长决定。 (3)上级人民检察院经复查作出起诉决定的，应当撤销下级人民检察院的附条件不起诉决定，由下级人民检察院提起公诉，并将复查决定抄送移送审查起诉的公安机关。 【注意】被害人不服附条件不起诉决定的，不能直接向人民法院提起自诉。 公安机关： (1)复议：公安机关认为附条件不起诉决定有错误，要求复议的，人民检察院未成年人刑事检察机构应当另行指定检察人员进行审查并提出审查意见，经部门负责人审核，报请检察长或者检察委员会决定。人民检察院应当在收到要求复议意见书后的 30 日以内作出复议决定，通知公安机关。 (2)复核：上一级人民检察院收到公安机关对附条件不起诉决定提请复核的意见书后，应当交由未成年人刑事检察机构办理。未成年人刑事检察机构应当指定检察人员进行审查并提出审查意见，经部门负责人审核，报请检察长或者检察委员会决定。上一级人民检察院应当在收到提请复核意见书后的 30 日以内作出决定，制作复核决定书送交提请复核的公安机关和下级人民检察院。经复核改变下级人民检察院附条件不起诉决定的，应当撤销下级人民检察院作出的附条件不起诉决定，交由下级人民检察院执行。

（续表）

对被附条件不起诉人的监督考察	考验期： 6个月以上1年以下,从人民检察院作出附条件不起诉的决定之日起计算。 考验期不计入案件审查起诉期限。
	附带条件： (1)遵守法律法规,服从监督； (2)按照考察机关的规定报告自己的活动情况； (3)离开所居住的市、县或者迁居,应当报经考察机关批准； (4)按照考察机关的要求接受矫治和教育。
适用结果	有以下情形的,撤销附条件不起诉,提起公诉： (1)实施新的犯罪的； (2)发现决定附条件不起诉以前还有其他犯罪需要追诉的； (3)违反治安管理规定,造成严重后果,或者多次违反治安管理规定的； (4)违反考察机关有关附条件不起诉的监督管理规定,造成严重后果,或者多次违反考察机关有关附条件不起诉的监督管理规定的。
	移送侦查机关立案侦查： 对于未成年犯罪嫌疑人在考验期内实施新的犯罪或者在决定附条件不起诉以前还有其他犯罪需要追诉的,人民检察院应当移送侦查机关立案侦查。
	作出不起诉的决定： 被附条件不起诉的未成年犯罪嫌疑人,在考验期间没有上述情形,考验期满的,人民检察院应当作出不起诉决定。

四、审判程序

（一）告知诉讼权利与义务

人民法院向未成年被告人送达起诉书副本时,应当向其讲明被指控的罪行和有关法律规定,并告知其审判程序和诉讼权利、义务。

（二）适用简易程序

应当征求未成年被告人及其法定代理人、辩护人的意见。上述人员提出异议的,不适用简易程序。

（三）近亲属到庭

被告人实施被指控的犯罪时不满18周岁,开庭时已满18周岁、不满20周岁的,人民法院开庭时,一般应当通知其近亲属到庭。经法庭同意,近亲属可以发表意见。近亲属无法通知、不能到场或者是共犯的,应当记录在案。

（四）法庭设置

人民法院应当在辩护台靠近旁听区一侧为未成年被告人的法定代理人或者《刑事诉讼法》第281条第1款规定的其他成年亲属、代表设置席位。

审理可能判处5年有期徒刑以下刑罚或者过失犯罪的未成年人刑事案件,可以采取适合未成年人特点的方式设置法庭席位。

（五）审判语言

法庭审理过程中,审判人员应当根据未成年被告人的智力发育程度和心理状态,使用适合未成年人的语言表达方式。发现有对未成年被告人诱供、训斥、讽刺或者威胁等情形的,审判长应当制止。

（六）量刑建议

控辩双方提出对未成年被告人判处管制、宣告缓刑等量刑建议的,应当向法庭提供有关未成年被告人能够获得监护、帮教以及对所居住社区无重大不良影响的书面材料。

（七）法庭教育

（1）法庭辩论结束后，法庭可以根据案件情况，对未成年被告人进行教育；判决未成年被告人有罪的，宣判后，应当对未成年被告人进行教育。

（2）对未成年被告人进行教育，可以邀请诉讼参与人、其他成年亲属、代表以及社会调查员、心理咨询师等参加。

（八）法定代理人补充陈述

未成年被告人最后陈述后，法庭应当询问其法定代理人是否补充陈述。

（九）宣判

应当公开进行，但不得采取召开大会等形式。

对依法应当封存犯罪记录的案件，宣判时，不得组织人员旁听；有旁听人员的，应当告知其不得传播案件信息。定期宣告判决的未成年人刑事案件，未成年被告人的法定代理人无法通知、不能到庭或者是共犯的，法庭可以通知其他成年亲属、代表到庭，并在宣判后向未成年被告人的成年亲属送达判决书。

（十）心理疏导与测评

对未成年人刑事案件，人民法院根据情况，可以对未成年被告人进行心理疏导；经未成年被告人及其法定代理人同意，也可以对未成年被告人进行心理测评。

（十一）亲情会见

开庭前和休庭时，法庭根据情况，可以安排未成年被告人与其法定代理人或者其他成年亲属、代表会见。

第二十一章 当事人和解的公诉案件诉讼程序

第一节 刑事和解的适用条件

（1）犯罪嫌疑人、被告人真诚悔罪。
（2）获得被害人谅解。
（3）被害人自愿和解。

为了保证被害人和解的自愿性，公安机关、人民检察院和人民法院应对和解自愿性进行审查。

（4）犯罪嫌疑人、被告人在5年以内未曾故意犯罪，包括已经被追究的故意犯罪和未被追究的故意犯罪。

第二节 刑事和解适用案件范围

（1）因民间纠纷引起，涉嫌《刑法》分则第四章（侵犯公民人身权利、民主权利罪）、第五章（侵犯财产罪）规定的犯罪案件，可能判处3年有期徒刑以下刑罚的案件。

有下列情形之一的，不属于因民间纠纷引起的犯罪案件：

①雇凶伤害他人的；
②涉及黑社会性质组织犯罪的；

③涉及寻衅滋事的；
④涉及聚众斗殴的；
⑤多次故意伤害他人身体的；
⑥其他不宜和解的。
(2)除渎职犯罪以外的,可能判处 7 年有期徒刑以下刑罚的过失犯罪案件。

渎职罪的犯罪客体主要是国家机关的正常管理活动,其侵害的直接对象是国家利益而非公民个人人身权利、民主权利以及财产权利,仅"获得被害人谅解"这一条件就无法满足,因此刑事和解无从适用。

第三节　刑事和解的程序

表 8-82　刑事和解程序的知识要点

和解主体	被害人： (1)被害人死亡的,其近亲属可以与被告人和解。近亲属有多人的,达成和解协议,应当经处于同一继承顺序的所有近亲属同意。 (2)被害人系无行为能力或者限制行为能力人的,其法定代理人、近亲属可以代为和解。
	被告人： (1)被告人的近亲属经被告人同意,可以代为和解。 (2)被告人系限制行为能力人的,其法定代理人可以代为和解。
协商事项	(1)赔偿损失、赔礼道歉等民事责任事项； (2)被害人及其法定代理人或者近亲属是否要求或者同意公安机关、人民检察院、人民法院对犯罪嫌疑人依法从宽处理。
不得协商事项	案件的事实认定、证据采信、法律适用和定罪量刑等依法属于公安机关、人民检察院、人民法院职权范围的事宜。
侦查阶段的和解	(1)自愿、合法性审查。 (2)达成和解的,公安机关应当主持制作和解协议书。 (3)应当及时履行和解协议。 (4)公安机关向检察机关提出从宽处理的意见。
审查起诉阶段的和解	(1)和解的启动：双方当事人可以自行达成和解,也可以经人民调解委员会、村民委员会、居民委员会、当事人所在单位或者同事、亲友等组织或者个人调解后达成和解。人民检察院对于适用刑事和解的案件,可以建议当事人进行和解,并告知相应的权利义务,必要时可以提供法律咨询。 (2)自愿、合法性审查。 (3)达成和解的,人民检察院应当主持制作和解协议书。 (4)和解协议书约定的赔偿损失内容,应当在双方签署协议后立即履行,至迟在人民检察院作出从宽处理决定前履行。确实难以一次性履行的,在被害人同意并提供有效担保的情况下,也可以分期履行。 【注意】公安机关、人民法院制作的和解协议不能分期履行。 (5)对公安机关从宽处罚的意见应当充分考虑。 (6)人民检察院可以向人民法院提出从宽处罚的量刑建议。 (7)当事人在不起诉决定作出之前反悔的,可以另行达成和解。不能另行达成和解的,人民检察院应当依法作出起诉或者不起诉决定。当事人在不起诉决定作出之后反悔的,人民检察院不撤销原决定,但有证据证明和解违反自愿、合法原则的除外。 (8)犯罪嫌疑人或者其亲友等以暴力、威胁、欺骗或者其他非法方法强迫、引诱被害人和解,或者在协议履行完毕之后威胁、报复被害人的,应当认定和解协议无效。已经作出不批准逮捕或者不起诉决定的,人民检察院根据案件情况可以撤销原决定,对犯罪嫌疑人批准逮捕或者提起公诉。

(续表)

审判阶段的和解	（1）对公安机关、人民检察院主持制作的和解协议书，当事人提出异议的，人民法院应当审查。经审查，和解是自愿、合法的，予以确认，无需重新制作和解协议书；和解不具有自愿性、合法性的，应当认定无效。和解协议被认定无效后，双方当事人重新达成和解的，人民法院应当主持制作新的和解协议书。 （2）自愿、合法性审查。 （3）人民法院主持制作和解协议书，对和解协议中的赔偿损失内容，双方当事人要求保密的，人民法院应当准许，并采取相应的保密措施。 （4）和解协议约定的赔偿损失内容，被告人应当在协议签署后即时履行。和解协议已经全部履行，当事人反悔的，人民法院不予支持，但有证据证明和解违反自愿、合法原则的除外。 （5）附带民事诉讼：双方当事人在侦查、审查起诉期间已经达成和解协议并全部履行，被害人或者其法定代理人、近亲属又提起附带民事诉讼的，人民法院不予受理，但有证据证明和解违反自愿、合法原则的除外；被害人或者其法定代理人、近亲属提起附带民事诉讼后，双方愿意和解，但被告人不能即时履行全部赔偿义务的，人民法院应当制作附带民事调解书。 （6）对达成和解协议的案件，人民法院应当对被告人从轻处罚；符合非监禁刑适用条件的，应当适用非监禁刑；判处法定最低刑仍然过重的，可以减轻处罚；综合全案认为犯罪情节轻微不需要判处刑罚的，可以免除刑事处罚。共同犯罪案件，部分被告人与被害人达成和解协议的，可以依法对该部分被告人从宽处罚，但应当注意全案的量刑平衡。

第二十二章　缺席审判程序

（【注意】本章为《刑诉法修改决定》内容。）

一、适用条件

（1）贪污贿赂犯罪案件，以及需要及时进行审判，经最高人民检察院核准的严重危害国家安全犯罪、恐怖活动犯罪案件，犯罪嫌疑人、被告人在境外，监察机关、公安机关移送起诉，人民检察院认为犯罪事实已经查清，证据确实、充分，依法应当追究刑事责任的。

【注意】是"在境外"而非"逃匿境外"。

（2）因被告人患有严重疾病无法出庭，中止审理超过6个月，被告人仍无法出庭，被告人及其法定代理人、近亲属申请或者同意恢复审理的。

（3）被告人死亡的，法院应当裁定终止审理，但有证据证明被告人无罪，法院经缺席审理确认无罪的。

（4）法院按照审判监督程序重新审判的被告人死亡的案件。

【注意】由于《刑事诉讼法》第16条规定："有下列情形之一的，不追究刑事责任，已经追究的，应当撤销案件，或者不起诉，或者终止审理，或者宣告无罪：……（五）犯罪嫌疑人、被告人死亡的……"故在此意义之上，法院只能使用缺席审判程序对按照审判监督程序重新审判的被告人死亡的案件宣告无罪。

二、贪污贿赂犯罪、严重危害国家安全犯罪、恐怖活动犯罪案件的缺席审判程序

表8-83 贪污贿赂犯罪、严重危害国家安全犯罪、恐怖活动犯罪案件的缺席审判程序

启动	(1)监察机关、公安机关移送起诉。 (2)人民检察院认为犯罪事实已经查清,证据确实、充分,依法应当追究刑事责任。 (3)人民检察院向人民法院提起公诉。
管辖法院	犯罪地、被告人离境前居住地或者最高人民法院指定的中级人民法院。
审判组织	合议庭。
审理方式	开庭审理。
域外送达	法院应当通过有关国际条约规定的或者外交途径提出的司法协助方式,或者被告人所在地法律允许的其他方式,将传票和人民检察院的起诉书副本送达被告人。传票和起诉书副本送达后,被告人未按要求到案的,法院应当开庭审理,依法作出判决,并对违法所得及其他涉案财产作出处理。
法律援助辩护	(1)被告人有权委托辩护人,被告人的近亲属可以代为委托辩护人。 (2)被告人及其近亲属没有委托辩护人的,法院应当通知法律援助机构指派律师为其提供辩护。
送达	法院应当将判决书送达被告人及其近亲属、辩护人。
上诉及抗诉	(1)被告人或者其近亲属不服判决的,有权向上一级法院上诉。 (2)辩护人经被告人或者其近亲属同意,可以提出上诉。 (3)人民检察院认为人民法院的判决确有错误的,应当向上级人民法院提出抗诉。
交付执行	罪犯在判决、裁定发生法律效力后到案的,法院应当将罪犯交付执行刑罚。
重新审理	(1)审理过程中,被告人自动投案或者被抓获的,法院应当重新审理。 (2)交付执行刑罚前,法院应当告知罪犯有权对判决、裁定提出异议。罪犯对判决、裁定提出异议的,法院应当重新审理。 (3)依照生效判决、裁定对罪犯的财产进行的处理确有错误的,应当予以返还、赔偿。

第二十三章 犯罪嫌疑人、被告人逃匿、死亡案件违法所得的没收程序

一、适用条件

对于贪污贿赂犯罪、恐怖活动犯罪等重大犯罪案件,犯罪嫌疑人、被告人逃匿,在通缉1年后不能到案,或者犯罪嫌疑人、被告人死亡,依照刑法规定应当追缴其违法所得及其他涉案财产的,人民检察院可以向人民法院提出没收违法所得的申请。

【注意】"重大犯罪案件"包括:①犯罪嫌疑人、被告人可能被判处无期徒刑以上

刑罚的;②案件在本省、自治区、直辖市或者全国范围内有较大影响的;③其他重大犯罪案件。

息,以及被告人非法持有的违禁品、供犯罪所用的本人财物,应当认定为《刑事诉讼法》第298条第1款规定的"违法所得及其他涉案财产"。

二、没收对象

实施犯罪行为所取得的财物及其孳

三、启动

表8-84 犯罪嫌疑人、被告人逃匿、死亡案件违法所得的没收程序的启动

侦查阶段	(1)公安机关立案侦查案件:经县级以上公安机关负责人批准,公安机关应当写出没收违法所得意见书,连同相关证据材料一并移送同级人民检察院。 【注意】是"意见书"而非"建议书"。 (2)监察机关在调查贪污贿赂、失职渎职等职务犯罪案件过程中,被调查人逃匿,在通缉1年后不能到案,或者死亡的,由监察机关提请人民检察院依照法定程序,向人民法院提出没收违法所得的申请。 【注意】是"提请"。 (3)人民检察院自侦案件:依职权启动违法所得没收程序。
审查起诉阶段	(1)负责部门:公诉部门; (2)审查期限:30日以内作出决定,经检察长批准,可以延长15日。 (3)处理结果:经审查认为不符合没收违法所得程序适用条件的,应当作出不提出没收违法所得申请的决定,并向公安机关书面说明理由;认为需要补充证据的,应当书面要求公安机关补充证据,必要时也可以自行调查。公安机关补充证据的时间不计入人民检察院办案期间。 (4)监督:①人民检察院发现公安机关应当启动违法所得没收程序而不启动的,可以要求公安机关在7日以内书面说明不启动的理由。经审查,认为公安机关不启动理由不能成立的,应当通知公安机关启动违法所得没收程序;②人民检察院发现公安机关在违法所得没收程序的调查活动中有违法情形的,应当向公安机关提出纠正意见。 (5)犯罪嫌疑人归案:在审查公安机关移送的没收违法所得意见书的过程中,在逃的犯罪嫌疑人、被告人自动投案或者被抓获的,人民检察院应当终止审查,并将案卷退回公安机关处理。 (6)审查起诉期间启动没收程序:在人民检察院审查起诉过程中,犯罪嫌疑人死亡,或者贪污贿赂犯罪、恐怖活动犯罪等重大犯罪案件的犯罪嫌疑人逃匿,在通缉1年后不能到案,依照刑法规定应当追缴其违法所得及其他涉案财产的,人民检察院可以直接提出没收违法所得的申请。
审判阶段	被告人死亡的裁定终止审理;被告人脱逃的裁定中止审理。 检察院可以依法另行向法院提出没收违法所得的申请,法院不能直接作出没收违法所得的裁定。

四、第一审程序

表8-85 犯罪嫌疑人、被告人逃匿、死亡案件违法所得的没收程序的第一审程序

管辖法院	犯罪地或者犯罪嫌疑人、被告人居住地的中级人民法院。
审判组织	合议庭。
对申请的处理	(1)不属于本院管辖的,应当退回人民检察院。 (2)材料不全的,应当通知人民检察院在3日内补送。 (3)属于违法所得没收程序受案范围和本院管辖,且材料齐全的,应当受理。

(续表)

对没收财产的查封、扣押、冻结	人民检察院尚未查封、扣押、冻结申请没收的财产或者查封、扣押、冻结期限即将届满,涉案财产有被隐匿、转移或者毁损、灭失危险的,人民法院可以查封、扣押、冻结申请没收的财产。
公告	人民法院决定受理没收违法所得的申请后,应当在15日内发出公告,公告期为6个月。
申请参加诉讼	(1)公告期间申请:犯罪嫌疑人、被告人的近亲属和其他利害关系人申请参加诉讼的,应当在公告期间提出。犯罪嫌疑人、被告人的近亲属应当提供其与犯罪嫌疑人、被告人关系的证明材料,其他利害关系人应提供申请没收的财产系其所有的证据材料。 (2)公告期满后申请:犯罪嫌疑人、被告人的近亲属和其他利害关系人在公告期满后申请参加诉讼,能够合理说明原因,并提供证明申请没收的财产系其所有的证据材料的,人民法院应当准许。
开庭审理	公告期满后,人民法院应当组成合议庭对申请没收违法所得的案件进行审理。利害关系人申请参加诉讼的,人民法院应当开庭审理。没有利害关系人申请参加诉讼的,可以不开庭审理。
检察院派员出庭	人民法院对没收违法所得的申请进行审理,人民检察院应当承担举证责任,应当派员出席法庭。
审理结果	(1)案件事实清楚,证据确实、充分,申请没收的财产确属违法所得及其他涉案财产的,除依法返还被害人的以外,应当裁定没收; (2)不符合没收违法所得适用条件的,应当裁定驳回申请。
被告人到案	在审理申请没收违法所得的案件过程中,在逃的犯罪嫌疑人、被告人到案的,人民法院应当裁定终止审理。人民检察院向原受理申请的人民法院提起公诉的,可以由同一审判组织审理。
被告人死亡或脱逃	在审理案件过程中,被告人死亡或者脱逃,符合没收违法所得程序适用条件的,人民检察院可以向人民法院提出没收违法所得的申请。 人民检察院向原受理案件的人民法院提出申请的,可以由同一审判组织依照法律规定的程序审理。
审限	参照公诉案件第一审普通程序的审理期限执行,公告期间和请求刑事司法协助的时间不计入审理期限。

【注意】贪污贿赂犯罪现在由监察机关进行调查。

五、第二审程序

表8-86 犯罪嫌疑人、被告人逃匿、死亡案件违法所得的没收程序的第二审程序

上诉、抗诉	对没收违法所得或者驳回申请的裁定,犯罪嫌疑人、被告人的近亲属和其他利害关系人或者人民检察院可以在5日内提出上诉、抗诉。
审理结果	(1)原裁定正确的,应当驳回上诉或者抗诉,维持原裁定; (2)原裁定确有错误的,可以在查清事实后改变原裁定;也可以撤销原裁定,发回重新审判; (3)原审违反法定诉讼程序,可能影响公正审判的,应当撤销原裁定,发回重新审判。
审限	参照公诉案件第二审普通程序的审理期限执行,公告期间和请求刑事司法协助的时间不计入审理期限。

六、裁定生效后的救济

（一）犯罪嫌疑人、被告人到案后的救济

没收违法所得裁定生效后，犯罪嫌疑人、被告人到案并对没收裁定提出异议，人民检察院向原作出裁定的人民法院提起公诉的，可以由同一审判组织审理。

（1）原裁定正确的，予以维持，不再对涉案财产作出判决。

（2）原裁定确有错误的，应当撤销原裁定，并在判决中对有关涉案财产一并作出处理。

（二）其他情形的救济

除犯罪嫌疑人、被告人到案并对没收裁定提出异议外，人民法院生效的没收裁定确有错误的，应当依照审判监督程序予以纠正。

已经没收的财产，应当及时返还；财产已经上缴国库的，由原没收机关从财政机关申请退库，予以返还；原物已经出卖、拍卖的，应当退还价款；造成犯罪嫌疑人、被告人以及利害关系人财产损失的，应当依法赔偿。

第二十四章　依法不负刑事责任的精神病人的强制医疗程序

第一节　强制医疗程序概述

一、概念

为避免社会危害和保障精神疾病患者利益的目的而采取的，对精神疾病患者的人身自由予以一定限制，并对其所患精神疾病进行治疗的特殊保安处分措施。

二、特征

（一）适用对象的特殊性

实施暴力行为、危害公共安全或严重危害公民人身安全、经法定程序鉴定依法不负刑事责任的精神病人。

（二）适用强制措施的强制性

如果行为人符合强制医疗的法定适用条件，无论本人或其家属是否同意，只要经人民法院决定都应强制入院，在专门的医疗机构接受监护隔离和康复治疗。

（三）适用目的的双重性

（1）通过积极康复治疗，使被强制对象恢复健康、改善精神状况，从而达到维护精神病人身体健康利益的目的。

（2）通过强制性医疗，消除被强制对象的人身危险性，使其不再对社会公众构成威胁，从而实现保障公众安全、维护社会和谐有序的目的。

三、强制医疗程序的适用条件

（1）行为人须实施了危害公共安全或者严重危害公民人身安全的暴力行为。

（2）行为人须为经法定程序鉴定属依法不负刑事责任的精神病人。

（3）行为人须有继续危害社会可能性。

第二节　强制医疗具体程序

一、启动程序

（一）公安机关

1. 强制医疗意见书

公安机关应当在 7 日以内写出强制医疗意见书,经县级以上公安机关负责人批准,连同相关证据材料和鉴定意见一并移送同级人民检察院。

【注意】公安机关没有直接启动强制医疗程序的权力,只能提出强制医疗意见书。

2. 保护性约束措施

（1）对实施暴力行为的精神病人,在人民法院决定强制医疗前,经县级以上公安机关负责人批准,公安机关可以采取临时的保护性约束措施。必要时,可以将其送精神病医院接受治疗。

（2）对于精神病人已没有继续危害社会的可能,解除约束后不致发生社会危险性的,公安机关应当及时解除保护性约束措施。

（二）检察院

1. 审查公安机关移送的强制医疗意见书

（1）30 日以内作出是否提出强制医疗申请的决定。

（2）经审查认为不符合强制医疗程序适用条件的,应当作出不提出强制医疗申请的决定,并向公安机关书面说明理由;认为需要补充证据的,应当书面要求公安机关补充证据,必要时也可以自行调查。

公安机关补充证据的时间不计入人民检察院的办案期限。

2. 对公安机关的监督

（1）对启动强制医疗程序的监督。

人民检察院发现公安机关应当启动强制医疗程序而不启动的,可以要求公安机关在 7 日以内书面说明不启动的理由。

经审查,认为公安机关不启动强制医疗程序的理由不能成立的,应当通知公安机关启动程序。

（2）对临时保护性约束措施的监督。

①人民检察院发现公安机关对涉案精神病人进行鉴定的程序违反法律或者采取临时保护性约束措施不当的,应当提出纠正意见。公安机关应当采取临时保护性约束措施而尚未采取的,人民检察院应当建议公安机关采取临时保护性约束措施。

②人民检察院监所检察部门发现公安机关对涉案精神病人采取临时保护性约束措施时有体罚、虐待等违法情形的,应当提出纠正意见。

3. 申请启动强制医疗程序

（1）审查起诉中,犯罪嫌疑人经鉴定系依法不负刑事责任的精神病人的,人民检察院应当作出不起诉决定,认为符合强制医疗程序适用条件的,应当向人民法院提出强制医疗的申请,并制作强制医疗申请书。

（2）提出申请的人民检察院。

由被申请人实施暴力行为所在地的基层人民检察院提出;由被申请人居住地的人民检察院提出更为适宜的,可以由被申请人居住地的基层人民检察院提出。

二、审理程序

表 8-87　强制医疗审理程序

管辖法院	（1）由被申请人实施暴力行为所在地的基层人民法院管辖。 （2）由被申请人居住地的人民法院审判更为适宜的,可以由被申请人居住地的基层人民法院管辖。

(续表)

审判组织	合议庭。
对强制医疗申请的处理	(1)不属于本院管辖的,应当退回人民检察院。 (2)材料不全的,应当通知人民检察院在3日内补送。 (3)属于强制医疗程序受案范围和本院管辖,且材料齐全的,应当受理。
法定代理人	审理强制医疗案件,应当通知被申请人或者被告人的法定代理人到场。
法律援助	被申请人或者被告人没有委托诉讼代理人的,应当通知法律援助机构指派律师担任其诉讼代理人,为其提供法律帮助。 【注意】是"法律帮助"而非"法律辩护"。
开庭审理	审理强制医疗案件,应当开庭审理。但是,被申请人、被告人的法定代理人请求不开庭审理,并经人民法院审查同意的除外。
会见被申请人	审理人民检察院申请强制医疗的案件,应当会见被申请人。
被申请人出庭	被申请人要求出庭,人民法院经审查其身体和精神状态,认为可以出庭的,应当准许。出庭的被申请人,在法庭调查、辩论阶段,可以发表意见。
审理结果	(1)符合强制医疗条件的,应当作出对被申请人强制医疗的决定。 (2)被申请人属于依法不负刑事责任的精神病人,但不符合强制医疗条件的,应当作出驳回强制医疗申请的决定;被申请人已经造成危害结果的,应当同时责令其家属或者监护人严加看管和医疗。 (3)被申请人具有完全或者部分刑事责任能力,依法应当追究刑事责任的,应当作出驳回强制医疗申请的决定,并退回人民检察院依法处理。
法院审理案件过程中适用强制医疗程序的审理结果	(1)被告人符合强制医疗条件的,应当判决宣告被告人不负刑事责任,同时作出对被告人强制医疗的决定。 (2)被告人属于依法不负刑事责任的精神病人,但不符合强制医疗条件的,应当判决宣告被告人无罪或者不负刑事责任;被告人已经造成危害结果的,应当同时责令其家属或者监护人严加看管和医疗。 (3)被告人具有完全或者部分刑事责任能力,依法应当追究刑事责任的,应当依照普通程序继续审理。
二审发现符合强制医疗条件	可以依照强制医疗程序对案件作出处理,也可以裁定发回原审人民法院重新审判。
执行	人民法院决定强制医疗的,应当在作出决定后5日内,向公安机关送达强制医疗决定书和强制医疗执行通知书,由公安机关将被决定强制医疗的人送交强制医疗。
审理期限	1个月。

三、救济程序

（一）对强制医疗决定的复议

（1）被决定强制医疗的人、被害人及其法定代理人、近亲属对强制医疗决定不服的,可以自收到决定书之日起5日内向上一级人民法院申请复议。复议期间不停止执行强制医疗的决定。

（2）上一级人民法院应当组成合议庭审理,并在1个月内,按照下列情形分别作出复议决定：

①符合强制医疗条件的,应当驳回复议申请,维持原决定；

②不符合强制医疗条件的,应当撤销

原决定;

③原审违反法定诉讼程序,可能影响公正审判的,应当撤销原决定,发回原审人民法院重新审判。

(二)对被告人不负刑事责任判决与强制医疗的决定的抗诉、复议

对最高人民法院《刑诉法解释》第533条第(一)项规定的判决、决定,人民检察院提出抗诉,同时被决定强制医疗的人、被害人及其法定代理人、近亲属申请复议的,上一级人民法院应当依照第二审程序一并处理。

四、强制医疗的解除

(一)解除程序的启动

1. 强制医疗机构建议解除

强制医疗机构应当定期对被强制医疗的人进行诊断评估。对于已不具有人身危险性,不需要继续强制医疗的,应当及时提出解除意见,报决定强制医疗的人民法院批准。

2. 被强制医疗人及其近亲属申请解除

被强制医疗人及其近亲属申请解除强制医疗应当向决定强制医疗的人民法院提出。

被强制医疗的人及其近亲属提出的解除强制医疗申请被人民法院驳回,6个月后再次提出申请的,人民法院应当受理。

(二)法院审查

人民法院应当组成合议庭进行审查,并在1个月内,按照下列情形分别处理:

(1)已不具有人身危险性,不需要继续强制医疗的,应当作出解除强制医疗的决定,并可责令被强制医疗人的家属严加看管和医疗;

(2)仍具有人身危险性,需要继续强制医疗的,应当作出继续强制医疗的决定。

(三)决定的送达与执行

人民法院应当在作出决定后5日内将决定书送达强制医疗机构、申请解除强制医疗的人、被决定强制医疗的人和人民检察院。决定解除强制医疗的,应当通知强制医疗机构在收到决定书的当日解除强制医疗。

五、检察院对强制医疗决定的监督

(1)人民检察院认为强制医疗决定或者解除强制医疗决定不当,在收到决定书后20日内提出书面纠正意见的,人民法院应当另行组成合议庭审理,并在1个月内作出决定。

(2)人民检察院发现人民法院或者审判人员审理强制医疗案件违反法律规定的诉讼程序,应当向人民法院提出纠正意见。

(3)人民法院在审理案件过程中发现被告人符合强制医疗条件,作出被告人不负刑事责任的判决后,拟作出强制医疗决定的,人民检察院应当在庭审中发表意见。

第二十五章 涉外刑事诉讼程序与司法协助制度

第一节 涉外刑事诉讼程序

一、概念

涉外刑事诉讼包括诉讼活动涉及外国人、无国籍人或者某些诉讼活动需要在国外进行两种情况。

二、案件范围

（1）中国公民在中国领域外对外国公民、无国籍人、外国法人犯罪的案件。

（2）外国公民、无国籍人、外国法人在中国领域内对中国国家、组织或者公民犯罪的案件。

（3）外国公民、无国籍人、外国法人在中国领域内触犯中国刑法对外国公民、无国籍人、外国法人犯罪的案件。

（4）中国缔结或者参加的国际条约规定的中国有义务管辖的国际犯罪行为。

（5）外国公民、无国籍人、外国法人在中国领域外对中国国家或者公民实施的按照中国刑法规定应判处最低刑为3年以上有期徒刑的犯罪案件。

（6）某些刑事诉讼活动需要在国外进行的非涉外刑事案件。包括：

①我国《刑法》第7条、第8条规定的中国公民在中国领域外犯罪的案件；

②中国公民在中国领域内犯罪后潜逃出境的案件；

③犯罪嫌疑人、被告人、被害人均为中国公民，但证人是外国人且诉讼时已出境的案件。

（7）外国司法机关管辖的，根据国际条约或者互惠原则，外国司法机关请求中国司法机关为其提供刑事司法协助的案件。

三、适用的法律

中国法律以及中国参加或者缔结的国际条约或国际公约。

四、特有原则

（一）适用中国刑事法律和信守国际条约相结合（我国声明保留的除外）的原则

（二）外国籍犯罪嫌疑人、被告人享有中国法律规定的诉讼权利并承担诉讼义务的原则

外国籍犯罪嫌疑人、被告人既不能享有本国法规定的诉讼权利，也不必承担本国法所规定的诉讼义务。

（三）使用中国通用的语言文字进行诉讼的原则

（1）司法机关在进行涉外刑事诉讼时，使用中华人民共和国通用的语言、文字进行预审、法庭审判和调查、讯问。

（2）人民法院的诉讼文书为中文本。外国籍当事人不通晓中文的，应当附有外文译本，译本不加盖人民法院印章，以中文本为准。

（3）司法机关应当为外国籍当事人提供翻译。外国籍当事人通晓中国语言、文字，拒绝他人翻译，或者不需要诉讼文书外文译本的，应当由其本人出具书面声明。

（四）外国籍当事人委托中国律师辩护或代理的原则

（1）外国籍被告人委托律师辩护，或者外国籍附带民事诉讼原告人、自诉人委

托律师代理诉讼的,应当委托具有中华人民共和国律师资格并依法取得执业证书的律师。

(2) 外国籍被告人在押的,其监护人、近亲属或者其国籍国驻华使、领馆可以代为委托辩护人。其监护人、近亲属代为委托的,应当提供与被告人关系的有效证明。

(3) 外国籍当事人委托其监护人、近亲属担任辩护人、诉讼代理人的,被委托人应当提供与当事人关系的有效证明。经审查,符合刑事诉讼法、有关司法解释规定的,人民法院应当准许。

(4) 外国籍被告人没有委托辩护人的,人民法院可以通知法律援助机构为其指派律师提供辩护。被告人拒绝辩护人辩护的,应当由其出具书面声明,或者将其口头声明记录在案。被告人属于应当提供法律援助情形的,依照最高人民法院《刑诉法解释》第45条的规定处理。

五、其他规定

(一) 管辖

第一审涉外刑事案件,除《刑事诉讼法》第21条至第23条规定的以外,由基层人民法院管辖。

必要时,中级人民法院可以指定辖区内若干基层人民法院集中管辖第一审涉外刑事案件,也可以依照《刑事诉讼法》第24条的规定,审理基层人民法院管辖的第一审涉外刑事案件。

(二) 国籍确认

外国人的国籍以其入境时的有效证件予以确认;国籍不明的,根据公安机关或者有关国家驻华使、领馆出具的证明确认。

国籍确实无法查明的,以无国籍人对待,适用涉外刑事案件审理程序。

(三) 事项通知

(1) 涉外刑事案件宣判后,应当及时将处理结果通报同级人民政府外事主管部门。

(2) 对外国籍被告人执行死刑的,死刑裁决下达后执行前,应当通知其国籍国驻华使、领馆。

(3) 外国籍被告人在案件审理中死亡的,应当及时通报同级人民政府外事主管部门,并通知有关国家驻华使、领馆。

(4) 需要向有关国家驻华使、领馆通知有关事项的,应当层报高级人民法院,由高级人民法院通知。

(四) 探视与会见

(1) 涉外刑事案件审判期间,外国籍被告人在押,其国籍国驻华使、领馆官员要求探视的,可以向受理案件的人民法院所在地的高级人民法院提出。人民法院应当根据我国与被告人国籍国签订的双边领事条约规定的时限予以安排;没有条约规定的,应当尽快安排。必要时,可以请人民政府外事主管部门协助。

(2) 涉外刑事案件审判期间,外国籍被告人在押,其监护人、近亲属申请会见的,可以向受理案件的人民法院所在地的高级人民法院提出,并依照相关规定提供与被告人关系的证明。人民法院经审查认为不妨碍案件审判的,可以批准。

(3) 被告人拒绝接受探视、会见的,可以不予安排,但应当由其本人出具书面声明。

(五) 公开审理

(1) 审理应当公开进行,但依法不应公开审理的除外。

(2) 外国籍当事人国籍国驻华使、领馆官员要求旁听的,可以向受理案件的人民法院所在地的高级人民法院提出申请,人民法院应当安排。

(六) 跨国委托书与证明

外国籍当事人从中华人民共和国领域外寄交或者托交给中国律师或者中国公民的委托书,以及外国籍当事人的监护人、近亲属提供的与当事人关系的证明,必须经所在国公证机关证明,所在国中央外交主管机关或者其授权机关认证,并经我国驻该国使、领馆认证,但我国与该国之间有互免认证协定的除外。

(七)境外证据材料

(1)经审查,能够证明案件事实且符合刑事诉讼法规定的,可以作为证据使用,但提供人或者我国与有关国家签订的双边条约对材料的使用范围有明确限制的除外;

(2)材料来源不明或者其真实性无法确认的,不得作为定案的根据;

(3)当事人及其辩护人、诉讼代理人提供来自境外的证据材料的,该证据材料应当经所在国公证机关证明,所在国中央外交主管机关或者其授权机关认证,并经我国驻该国使、领馆认证。

第二节 刑事司法协助

一、刑事司法协助的法律依据

(1)国家间共同参加的国际公约;
(2)国家间签订的刑事司法协助条约;
(3)国家间临时达成的关于刑事司法协助的互惠协议;
(4)国内的法律规定;
(5)有关的司法解释、行政法规。

二、刑事司法协助的主体

(1)我国人民法院和外国法院;
(2)我国人民检察院和外国检察机关;
(3)我国公安机关和外国警察机关。

第九编 行政法与行政诉讼法

【寄语】

　　学习和复习行政法与行政诉讼法，首先要从系统论角度把握宏观指导、微观分析。头脑中要清楚每一个具体的知识点或法律条文是隶属或归属于哪一章节。就像office办公软件菜单，首先要分清首层菜单、子菜单、下一级子菜单——即理解概念之间的上下位关系。

　　行政法的知识体系由三部分组成：主体、行为、责任，或称组织、活动、监督。

　　任何一个部门法都首先要静态构筑主体资格，其次是探讨其法律行为，最后是追究该主体实施违法行为之后的责任。

　　行政法的主体部分重在探讨行政一方当事人资格，所以，有关行政机关及其派出的组织以及授权与委托的组织、公务员的知识就成为第二章要阐述的内容，此为"主体论"；第三章至第九章分别探讨抽象行政行为与具体行政行为的形式，尤其是以行政许可、行政处罚、行政强制为核心的已经制定单行法来调整的具体行政行为，此为"行为论"；第十章至第二十一章分别阐述行政复议、行政诉讼、国家赔偿三大责任制度，此为"责任论"，是历年来司考、法考中所考分值最高的部分。

　　纲举目张，考生要深刻理解三大板块各自的功能角色及其相互关系，复习时注意行政法中前后呼应与贯通的四条线索与脉络：

　　第一，行政法的六大基本原则是对行政许可法、行政处罚法、行政强制法、行政程序法、行政复议法及行政诉讼原则共有属性的抽象、概括和总结。

　　第二，行政组织与公务员部分的内容与许可、处罚、强制、复议、诉讼、赔偿主体的一致性与差异性。其一为行政一方：行政机关、法定授权组织、行政委托组织，在不同的行政法制度中称为许可机关、处罚机关、强制机关、行政合同甲方、被申请人、被告、赔偿义务机关等。其二为行政相对人，立法表述为公民、法人或者其他组织，在不同的行政法制度中称为申请人、被许可人或利害关系人、当事人或被处罚人、被执行人、行政合同乙方、申请人或第三人、原告或第三人、请求权人等，注意其范围上的差异。

　　第三，合法性标准问题，具体行政行为的一般合法要件、复议决定的种类适用条件（多一个合理性）、行政诉讼中合法性审查原则的标准与一审判决的种类及其适用条件的内在联系。因为具体行政行为的五项合法要件就是在行政诉讼中人民法院对其进行合法性审查的标准，也是认定其违法而予以撤销的法定条件，这部分内容可以说是行政法的核心和精髓。

　　第四，行政机关申请法院执行的脉络，即非诉讼行政案件的执行。行政相对人对具体行政行为不服、不起诉又不履行的，由作出该具体行政行为的行政机关申请法院强制执行，在《行政处罚法》第51条、《行政复议法》第33条、《行政强制法》第5章及最高人民法院《关于适用〈中华人民共和国行政诉讼法〉的解释》（以下简称《适用行政诉讼法的解释》）第155—161条均有规范。

　　以上四条主线就是行政法的"纲"，其他绝大部分知识点则是其"目"。

　　学习运用图表法帮助掌握知识。以图表内容之间的从属、并列、包容、交叉关系,形象地表达出行政法的理论、制度及其之间的关系,能够有效地帮助考生迅速掌握行政法的理论和制度。考生若能够自己在复习时找出规律、列出图表,能帮助牢固记忆、把握相关知识点。

在已进行的十六届国家司法考试、一届国家统一法律职业资格考试中,共考过近400道真题。对历年考试真题的掌握几乎成为通过考试的必由之路。反复做真题有助于我们感悟命题的重点和命题技术的变化,找到一种"题感"。在做真题的过程中,要勤于独立思考,不先看答案,不过度依赖他人提供的解析,把每一次做真题的过程都当作是一次模考。

备考的时间和精力有限,对行政法应抓大放小、突出重点,学会"选择与放弃"!

2014～2017年国家司法考试的题目及2018年首届国家统一法律职业资格考试的真题就是我们准备2019年第二届法律职业资格考试的"范本",就是行政法与行政诉讼法的重点与"大"!行政法与行政诉讼法各"子法"所占分值的从大到小的排序为:《行政诉讼法》及其司法解释、《行政复议法》及其实施条例、《国家赔偿法》及其司法解释、《行政强制法》《立法法》(含行政法规、规章制定程序条例)、《行政处罚法》《行政许可法》《公务员法》及其处分条例、《治安管理处罚法》《政府信息公开条例》等。

至于收录于法规汇编中的其他法规可作"小"来看待和处理。

预祝2019年法考考生好运相伴!

张　锋
2019年2月于中国政法大学

第一章　行政法概述

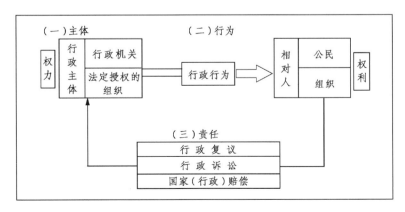

图9-1　行政法体系

第一节　行政法基本概念

一、行政

行政即国家行政机关对公共事务的组织与管理，其目的是谋求公共利益、维护公共秩序，增进公共福利。

分类：

有利行政—给付行政—授益行政

不利行政—负担行政—损益行政

前者典型的如行政许可、行政给付与行政救助；突出便民，程序设计简便灵活，适用信赖保护。后者典型的如行政处罚、行政强制等；突出公平，程序严格，不适用信赖保护。

二、行政权

行政活动必须依法进行，这是行政法产生和发展的奠基性原则。

三、行政法

指调整国家行政活动中发生的各种社会关系的法律规范的总称。

主要调整两大类关系：

（1）行政主体作用于行政相对人的关系，即行政管理关系或称行政关系。功能为行政主体管理、指挥、命令、约束、支配相对人，维护与实现公共利益。

特点：

①必有一方为行政主体，另一方为处于被管理、支配地位的行政相对人。

②法律地位不平等，行政主体处于优越和主导的地位。

③是在行政主体行使行政职权过程中发生的。

④不以双方当事人的合意为前提，依行政主体的单方意思表示而决定成立。如税务机关向纳税义务人征纳税款的行为、交通警察指挥、疏导交通的行为等。

（2）相对人作用于行政主体的关系，即监督行政的关系，功能为监督、制约、矫正、控制、保障行政主体及其行为合法性，以保护相对人的合法权益。

特点：

①基于行政关系而发生。

②依申请，即基于行政相对人的请求而启动。

③在第三者的主持下进行，如行政复议是在上级行政机关的主持下展开，行政诉讼是在人民法院的主持下展开。

④法律地位平等。

⑤核心是追究行政主体的法律责任。

这种关系主要由行政复议、行政诉讼和行政赔偿三大制度构成，三者追求的精神和目的是一致的，即保障行政行为的合法性，恢复行政相对人被侵犯的权利。如相对人对上述税务机关、和公安交通管理部门的行政行为不服，应依法申请复议、提起行政诉讼或请求赔偿。

四、行政法的特点

（1）在形式上没有一部完整、统一、系统的成文实体法法典，而是各种行政性法律规范的总和。

（2）行政职权职责统一性（见行政法的第六个基本原则）。

（3）行政法律规范制定、修改、废除的经常性（稳定性差、周期短），变动性较强。

（4）实体规范与程序规范没有明确界分，且常常存在于一个法律文件之中。如《治安管理处罚法》第一、二、三章为实体规范，第四章处罚程序中又规定了调查、决定和执行三个程序，属程序规范。

五、行政法律关系

从法理意义上理解主体、内容、客体三要素即可，法律事实与法律行为可导致行政法律关系的产生、变更和消灭。

第二节 行政法的渊源

（1）宪法：作为"母法"，宪法中含有大量的行政法规范。

（2）法律：含全国人民代表大会制定的基本法律和全国人民代表大会常务委员会制定的非基本法律。

（3）行政法规：国务院制定的效力低于宪法和法律的规范性法律文件。

（4）地方性法规：省、自治区、直辖市，省会市，经济特区的市以及经国务院批准的较大的市和所有设区的市的人民代表大会及其常务委员会制定的规范性文件。

（5）民族自治条例和单行条例：自治区、自治州、自治县三级民族自治地方的人民代表大会（注意：不包括自治地方的人民代表大会常务委员会）制定的规范性文件。民族乡不是民族自治地方，不享有民族自治权。

（6）规章。

①部门规章（国务院组成部门＋具有行政管理职能的直属机构，约45个制定主体）

②地方政府规章（共288个；含省、自治区、直辖市、省会市、经国务院批准的较大的市、经济特区市及所有设区的市的人民政府）

2015年《立法法》修订后，地方立法的权限扩大到所有设区的市，但无论是地方性法规还是地方政府规章，其权限限于该市的"城乡建设与管理、环境保护、历史文化保护"三项内容。

（7）国际条约和协定。

（8）法律解释。

上述法律文件中上位法优于下位法；同位法中新法优于旧法、特别法优于一般法。

上述前五类法律文件服务于：
①审理的依据；
②许可的设定；
③处罚的设定；
④强制的设定。

第三节 行政法的基本原则

一、合法行政原则

（一）必须遵守现行有效的法律

（1）行政行为（抽象行政行为与具体行政行为）不得与法律相抵触。

（2）负有积极执行和实施现行有效法律规定的义务。

（二）应当依照法律授权进行活动

（1）采取的行政措施必须有立法性规定的明确授权，职权法定。

行政法上对行政主体与行政相对人适用的规则不同，判断违法的标准不同：

前者"无法律即无行政"；后者"法无明令禁止即可"。

（2）没有立法性规定的授权，行政机关不得作出不利行政（以行政处罚、强制为典型代表）即剥夺相对人权利、课以义务的行政行为。中国共产党第十八届中央委员会第四次全体会议（以下简称十八届四中全会）决定对此阐述为行政机关不得法外设定权力，没有法律法规依据不得作出减损公民、法人和其他组织合法权益或者增加其义务的决定。

行政主体和相对人违法标准的不同：

相对人违法是违反了强制性禁止规定；行政主体实施的行为没有明确的法律根据即构成违法。具体行政行为违法还包括无相应的事实根据、违反法定程序、超越职权、滥用职权与行政处罚显失公正。

二、合理行政原则

行政行为应当具有理性基础，禁止行政主体的武断专横和随意。表现为：

（1）公平公正原则，要平等对待行政相对人，不偏私，不歧视。

（2）考虑相关因素原则，行使行政自由裁量权时，只能考虑符合立法授权目的的各种因素，不得考虑不相关因素。

（3）比例原则，行政机关采取的措施和手段应当是必要、适当的；有多种手段可选择时，应当尽量避免采用损害行政相对人权益的方式，如果为达致行政目的必须对相对人的权益造成不利影响，不利影响应当被限制在尽可能小的范围和限度内，使失去的利益与保护的利益两者处于适当的比例之中。

三、程序正当原则

（1）行政公开原则。
（2）公众参与原则。
（3）回避原则。

四、高效便民原则

（一）行政效率高效

（1）积极履行法定职责。
（2）遵守法定时限。

（二）便利当事人原则

在行政活动中不增加相对人程序负担，方便相对人到行政机关办理相关事宜。

五、诚实守信原则

1. 行政信息真实原则

行政机关公布的信息应当真实、准确、可信，不能提供虚假信息和材料。

2. 信赖保护原则

非因法定事由并经法定程序，行政机关不得撤销、变更已经生效的行政（许可）决定。

3. 行政允诺应予兑现

（1）当行政机关作出两个相互矛盾的行政行为，往往一个是有利行政（在前），另一个是不利行政（在后），对行政相对人应适用信赖保护（诚实守信）原则。

（2）授益行政后的行业整顿、收回、关闭、撤回、停止等，应适用信赖保护原则。

（3）由于政策的变化相对人的行为从合法变成违法，应适用信赖保护原则。

（4）行政机关公告或决定允诺的条件和优惠不兑现时，应适用诚实守信原则。

六、权责统一原则

（一）行政效能原则

行政机关依法履行经济、社会和文化事务管理职责，要由法律、法规赋予其相应的执法手段，保证政令有效。

（二）责任行政原则

行政机关违法或不当行使职权，应当依法承担法律责任。

对行政法的六大原则既要能从论述题角度加以论述，也应能从选择题角度回答，还要能从案例简析题角度回答。

第二章 行政组织与公务员

第一节 行政主体

一、概念

（1）行政主体是享有行政职权、能以自己的名义行使国家行政职权，作出影响行政相对人权利、义务的行政行为，并能有其本身对外承担法律责任的组织。

（2）行政法主体是指双方当事人，行政主体和相对人。

表 9-1　行政组织与行政主体

名称	标准	具体含义	表现形式
行政组织	目的	实现国家行政职能	行政机关、行政机构（内设机构、派出机构）
	编制	以行政职位为基本构成单位，行政编制	
行政主体	名义	以自己的名义行使行政职权	行政机关及法律、法规授权的企业、事业组织企事业编制
	职权	享有行政职权（法律、法规授权）	
	责任	能独立承担法律责任	

表 9-2　行政主体资格

		行政复议被申请人	行政诉讼被告	行政赔偿义务机关
行政机关及其派出机关		可以	可以	可以
行政机构	内设机构	不可以	在法律、法规授权范围内可以	可以
	派出机构	在法律、法规授权范围内可以	在法律、法规授权范围内可以	可以
法律、法规授权的组织		可以	可以	可以
行政机关委托的组织		不可以（委托机关）	不可以（委托机关）	不可以（委托机关）

二、行政机关

（一）概念

指依据宪法或组织法规定设置，行使国家行政职权，管理国家行政事务的国家机关。

（二）分类

1. 中央行政机关

掌握国务院行政机构的性质和国务院组成部门及各部门的制定主体及制定权限。

2. 地方行政机关（四级）

省（自治区、直辖市）级、地市（自治州、盟）级、县（自治县、不设区的市、市辖区）级、乡（民族乡）镇级的政府及其工作部门（乡政府的内设部门不具有对外职能）。

县级政府的工作部门有行政主体资格，源于单行法的授权，具体处罚权、许可权、检查权各不相同，需根据单行法的具体规定来判定。如《行政处罚法》规定："行政处罚由违法行为发生地的县级以上地方人民政府具有行政处罚权的行政机关管辖。法律、行政法规另有规定的除外。"

3. 一般权限行政机关与部门权限行政机关

前者如国务院和地方各级人民政府，职能综合：设立的派出组织称派出机关；后者如国务院各部委、地方人民政府的工作部门。

4. 行政机关的派出机关

（1）省、自治区人民政府设立的派出

机构(行政公署)设立的主要条件是"在必要的时候"和"经国务院批准"。行政公署在行政争议中既可能是被申请人,也可能是复议机关。

(2)县、自治县人民政府设立的区公所,设立的主要条件是"在必要的时候"和"经省、自治区、直辖市的人民政府批准"。

(3)市辖区、不设区的市的人民政府设立的街道办事处,设立的主要条件是"经上一级人民政府批准",职能综合,相当于一级政府。

5.行政机关及其下设机构

县级以上人民政府的部门权限机关通常会下设四种机构:

(1)内设机构司、局、科,以该机关的名义作出影响相对人权利义务的行政行为。

(2)行政机关的派出机构,如某某派出所、分局。派出机构的行为即为设立该机构的机关的行为。

(3)行政机关的临时性机构或称议事协调机构,行使临时性行政职权。如财务税收物价大检查办公室、春运办、行政审批制度改革领导小组等。

(4)行政机关组建的机构,如某某局执法大队、稽查大队,被赋予行政检查权,但一般不享有以自己名义行使行政处罚和强制的职权。

以上四大机构关键是看单行法律、法规对其是否有所授权,有授权的而其又以自己的名义行使该职权,其自己独立承担相应的法律责任;没有授权的,对其行为由设立其的机关承担责任。

【注意】(1)国务院各部门与国务院组成部门是两个不同的概念。国务院各部门包括国务院组成部门、办公厅、办事机构、直属机构、归口局、直属事业单位;而国务院组成部门仅指所属各部委。

(2)县局经授权具有主体资格,如《治安管理处罚法》规定国务院公安部门负责全国的治安管理工作。县级以上地方各级人民政府公安机关负责本行政区域内的治安管理工作。这是单行法赋予县级以上人民政府工作部门主管机关地位以及对他们的笼统授权的经典表述。

县级以上地方各级人民政府部门包括县、自治县、不设区的市和市辖区,地区、地级市、自治州(盟),省、自治区、直辖市的厅局委办。不包括乡镇人民政府及其工作部门。

第二节 行使行政职权的非政府组织

一、法定授权的组织

(一)概念

根据法律法规规章规定,可以以自己的名义从事行政管理活动、参加行政复议、行政诉讼并承担相应法律责任的非政府组织。

(二)范围

1.中央一级

(1)部级:

①事业单位编制。如中国地震局、气象局;中国银行保险监督管理委员会、中国证券监督管理委员会和全国社会保障基金理事会。

②社会团体。如轻工总会、纺织总会等。

(2)局级:国家林业局、国家体育总局下设的若干管理中心等。

中央一级的法定授权组织具有职权先天而得,即依"三定方案"或部级的批复(相当于规章)而取得的特点。

2.地方一级

地方一级的法定授权组织主要是企业、事业单位。其行政职权主要由于成立后法律、法规的一般授权而继受取得,而非在成立时就先天享有某一行政职权。如作为事业单位的社会保险经办机构的社会保险基金管理中心公共工程质量监督站；锅炉压力监测研究所；特种设备检测中心等。

企业单位的分类下则一定是国有企业，特别是公用企业的自来水、煤气、天然气、液化气公司。

（三）法律地位

（1）享有与行政机关相同的行政主体地位，可以称为"准"行政机关。

（2）以自己名义行使法律、法规的授权并就其行为对外承担法律责任。

（3）在自己的权限范围内实施行政职权时无需向主管行政机关请示、汇报。

（4）执行本身固有职能时与一般企、事业单位没有差别，不享有行政主体的地位。

二、行政机关委托的组织——受托组织

为提高行政效率，行政机关委托其他非行政机关的社会组织去行使某一行政职权。

委托出去的职权可能是处罚权、许可权或管理权；行政许可的委托只能委托给其他行政机关，不能委托给企事业单位。委托机关应当将受委托行政机关和受委托实施行政许可的内容予以公告。

（一）行政机关委托组织的概念

受行政机关的委托而享有行政职权从而成为行政行为实施者的社会组织。

是公法上的委托代理关系，受托组织主要是事业单位，如受卫生局委托的卫生监督所，受公安局委托的交通协管，以及村委会、居委会等。

行政委托分为两种：其一，行政机关之间的委托，如2018年主观题中市建设规划局与城建大队签订的协议；其二，行政机关委托给事业单位的委托。前者如《森林法》规定农村居民采伐自留山和个人承包集体的林木，由县级林业主管部门或者其委托的乡、镇人民政府依照有关规定审核发放采伐许可证；后者如《公路工程质量管理办法》规定县级以上人民政府交通主管部门设置的公路工程质量监督机构委托的，代表交通主管部门行使行政执法职能，具体负责公路工程质量监督工作。此处的公路工程质量监督机构不是行政编制，是受托组织。

（二）受委托组织的条件

（1）必须是依法成立的具有管理公共事务职能的组织，即该组织必须经过合法的审批或登记程序成立，行政职权不能委托给非法组织。

（2）具有熟悉相关法律、法规、规章和业务的工作人员，这是最重要的行为能力要件。

（3）应具备（如果需要）某种专业的技术检查或技术鉴定的条件。

前两个为必备条件，第三个是或然条件。

（三）行政委托的规则

（1）依法委托，行政委托应该具有法律、法规或者规章的依据。

（2）书面委托，委托机关应以书面形式出具委托书，两者是委托关系而非合同关系，其委托的内容和期限必要时予以公告，便于监督。

（3）委托权限应小于至多等于委托机关的权限，应避免模糊和笼统的委托。委托职权的性质可以是处罚权，也可能是其他管理权。

（4）由委托者的行政机关承受受托组织行为的法律后果有一种"名为授权实为委托"的情形需要注意，即行政机关在没有法律、法规或者规章规定的情况下，授权其内设机构、派出机构或者其他组织行使行政职权的，应当视为委托。当事人不服提起诉讼的，应当以该行政机关为被告。

（5）委托机关对受委托组织负有检查

监督的职责并可基于公共利益的需要而撤销委托。

(四)受委托组织的法律地位

是行政职权的行为主体但不是责任主体。

第三节 公务员法

一、公务员的概念与范围

公务员指依法履行公职、纳入国家行政编制、由国家财政负担工资福利的工作人员。

(一)包括下列人员

(1)在中国共产党和八个民主党派机关中履行公职的工作人员。

(2)在各级人民代表大会常务委员会中履行公职的工作人员。

(3)在各级人民政治协商会议中履行公职的工作人员。

(4)在各级行政机关中履行公职的工作人员,即指在行政机关中从事公务的勤杂人员以外的工作人员。这是公务员中人数最多的。

(5)在各级人民法院中履行公职的工作人员,包括法官、法警、书记员和其他行政人员。

(6)在各级人民检察院中履行公职的工作人员,包括检察官、法警、书记员和其他行政人员。

(7)在各级国家监察委员会中履行公职的工作人员。

(二)职位分类

综合管理类、行政执法类和专业技术类;综合管理类又分为领导职务和非领导职务(职级)公务员。

二、公务员的条件、权利、义务

(一)条件

具有中华人民共和国国籍、年满18周岁、拥护中华人民共和国宪法和中国共产党领导及社会主义制度、具有良好的品行、正常履行职责的身体条件和心理素质、符合职位要求的文化程度和工作能力以及法律规定的其他条件。

(二)义务

模范遵守宪法和法律、按照规定的权限和程序认真履行职责、维护国家的安全、荣誉和利益、忠于职守、勤勉尽责、服从和执行上级依法作出的决定和命令、保守国家秘密和工作秘密、遵守纪律、恪守职业道德、社会公德、清正廉洁、公道正派以及法律规定的其他义务。

(三)权利

获得履行职责应当具有的工作条件、非因法定事由法定程序不被免职降职辞退或者处分、获得工资报酬享受福利保险待遇、培训、对机关工作和领导人员提出批评和建议、提出申诉和控告、申请辞职以及法律规定的其他权利。

三、公务员管理制度

分为"进、管、出"三个环节。

(一)"进",主要指录用与任职

(1)职务实行选任制和委任制;领导成员实行任期制。

(2)对专业性较强的职位和辅助性职位实行聘任制。

(二)"管"包括考核、惩戒、职务升降、培训、交流与回避

(1)考核。分为平时与定期;年度考核确定不称职的,降低一个职务层次。

(2)因工作需要在机关外兼职,应当经有关机关批准,并不得领取兼职报酬。禁止在企业或者其他营利性组织中兼任职务。

(3)惩戒。分为警告、记过、记大过、降级、撤职、开除。

公务员执行公务时,认为上级的决定或者命令有错误的,可以向上级提出改正或撤销的意见;上级不改变或者要求立即执行的,应当执行,后果由上级负责;但是,执行明显违法的决定或者命令的,应当依法承担相应的责任。

此处"明显违法"的决定或者命令,指刑讯逼供、做假账、走私等,应当依法承担相应的责任。这是诸多单行法中规定的"追究主管人员与直接责任人员"责任的来源。

(4)职务升降。应逐级晋升;特别优秀或因工作特殊需要的,可按规定破格或越一级晋升。

晋升领导职务应当实行任职前公示制度和任职试用期制度。

(5)培训。

(6)交流。包括调任、转任和挂职锻炼三种方式

(7)回避。包括任职回避、执行公务回避以及地域回避。

(三)"出"指辞职、辞退、退休

(1)辞职。分为辞去公职和辞去领导职务。

辞去公职,应当向任免机关提出书面申请。但是,未满国家规定的最低服务年限的,在涉及国家秘密等特殊职位任职或者离开上述职位不满国家规定的脱密期限的,重要公务尚未处理完毕且须由本人继续处理的,正在接受审计、纪律审查、监察调查或者涉嫌犯罪司法程序尚未终结的,不得辞去公职。

辞去领导职务,除因公辞职、自愿辞职外,还包括引咎辞职和责令辞职。领导成员因工作严重失误、失职造成重大损失或者恶劣社会影响的,或者对重大事故负有领导责任的,应当引咎辞去领导职务;领导成员应当引咎辞职或者因其他原因不再适合担任现任领导职务,本人不提出辞职的,应当责令其辞去领导职务。

(2)辞退。有以下情况的,予以辞退:在年度考核连续2年被确定为不称职的;不胜任现职工作又不接受其他安排的;因所在机关调整撤销合并或者缩减编制员额需要调整工作,本人拒绝合理安排的;不履行公务员义务,不遵守公务员纪律,经教育仍无转变,不适合继续在机关工作,又不宜给予开除处分的;旷工或者因公外出、请假期满无正当理由逾期不归连续超过15天,或者一年内累计超过30天的。但是,因公致残被确认丧失或者部分丧失工作能力的、患病或者负伤在规定的医疗期内的、女性公务员在孕期产假哺乳期内的,不得辞退。

(3)退休。从业限制:公务员辞去公职或者退休的,原系领导成员的公务员在离职3年内,其他公务员在离职2年内,不得到与原工作业务直接相关的企业或者其他营利性组织任职,不得从事与原工作业务直接相关的营利性活动。

(四)公职的保障

(1)物质保障、工资福利保险。

(2)权益保障(申诉控告制度)。

公务员对涉及本人的人事处理不服的,可以自知道该人事处理之日起30日内向原处理机关申请复核;对复核结果不服的,可以自接到复核决定之日起15日内,按照规定向同级公务员主管部门或者作出该人事处理的机关的上一级机关提出申诉;也可以不经复核,直接提出申诉。

对省级以下机关作出的申诉处理决定不服的,可以向作出处理决定的上一级机关提出再申诉。

受理机关应30日内作出复核决定;60日内作出处理决定;案情复杂的,延长时间不得超过30日。复核、申诉期间不停止人事处理的执行。

聘用制公务员,60日内向人事争议仲

裁委员会申请仲裁;对仲裁裁决不服的,可以自接到仲裁裁决书之日起15日内向人民法院提起民事诉讼。裁决生效后可以申请法院执行。

第三章　抽象行政行为

第一节　抽象行政行为概述

一、概念

指国家行政机关依据法定权限和程序,制定、修改、废止和解释行政、法规规章和有普遍约束力的决定、命令的活动。

特征:

①是国家行政机关实施的行为。

②是一种制定规则的行为。

③具有执行性、补充性、自主性三种类型。

二、法律规范的效力及其冲突适用规则

（一）等级效力规则

（1）下位法服从上位法。

宪法最高;法律高于行政法规、地方性法规、规章;行政法规高于地方性法规规章;地方性法规高于本级和下级地方政府规章;省级政府的规章高于本行政区域内的较大的市的政府规章。

（2）规章之间具有同等效力:部门规章之间、部门规章与地方政府规章之间。

（3）民族自治地方的人民代表大会制定自治条例和单行条例（注意:常务委员会无权），可以根据本民族、地区的需要,对上位法作变通规定,在本民族、本地区优先适用该规定。

（4）全国人民代表大会授权经济特区所在的省、市人民代表大会及其常务委员会制定的经济特区法规也可对上位法作变通规定,在经济特区优先适用。

（二）冲突适用规则及裁决

（1）同一制定主体的规范效力冲突规则（法律、行政法规、地方性法规、自治条例和单行条例、规章）:

①法无溯及力,有利（赋权）的除外。

②特别法优于一般法;新法优于旧法;若新的一般规定和旧的特别规定相冲突,由制定机关裁决。

（2）不同主体制定的规范的效力冲突规则:

①授权制定的法规（含授权制定的行政法规与经济特区法规）与法律相冲突,由全国人民代表大会常务委员会裁决。

②部门规章之间由国务院裁决。

③地方性法规与部门规章冲突,国务院认为适用地方性法规就适用;认为应适用部门规章的,报全国人民代表大会常务委员会裁决。

（三）立法监督

（1）事前控制、批准。

全国人民代表大会常务委员会批准自治区的自治条例与单行条例;省级人民代表大会常务委员会批准自治州、自治县的自治条例与单行条例以及较大市的地方性法规。

具有许可性质——不批准不生效。

（2）撤销或改变的主体和权限。

①领导关系:可撤可变。

②监督关系:只撤不变。

③授权关系:可双撤。既可以撤销被授权者制定的超越授权范围或者违背授权目的的法规,必要时也可以撤销授权。

(3)备案。

①部门规章和地方政府规章报国务院备案。

②地方政府规章应当同时报本级人民代表大会常务委员会备案。

③较大的市的人民政府制定的规章应当同时报省、自治区的人民代表大会常务委员会和人民政府备案。

第二节 行政法规

一、概念与权限

指国务院为领导和管理国家各项行政工作,根据宪法和法律按照法定程序制定的有关政治、经济、文化、劳动和社会保障等规范性文件的总称。

(一)以宪法和法律为根据

(1)执行具体法律规定事项,即为执行法律的规定需要制定行政法规的事项。

(2)实施宪法规定职权事项,即国务院行政管理职权的事项。

(3)全国人民代表大会授权事项。授权决定应当明确授权的目的和范围。

国务院应当严格按照授权的目的和范围行使被授予的权力,不得转授权。

(二)下列事项只能制定法律

(1)国家主权事项。

(2)各级人民代表大会、人民政府、人民法院和人民检察院的产生、组织和职权。

(3)民族区域自治制度,特别行政区制度、基层群众自治制度。

(4)犯罪和刑罚。

(5)对公民政治权利的剥夺、限制人身自由的强制措施和处罚。

(6)税种的设立、税率的确定和税收征收管理等税收基本制度。

(7)对非国有财产的征收(私房拆迁、建设用地征地)。

(8)民事基本制度。

(9)基本经济制度以及财政、税收、海关、金融和外贸的基本制度。

(10)诉讼和仲裁制度。

(11)必须由全国人民代表大会及其常务委员会制定法律的其他事项。

上述11项内容中法律绝对保留事项有:有关犯罪和刑罚;对公民政治权利的剥夺、限制人身自由的强制措施和处罚、司法制度。

【注意】地方立法——地方性法规和地方政府规章,不能就人事争议仲裁进行立法。因为根据《立法法》规定的立法权限,仲裁事项属于全国人民代表大会及其常务委员会的专属立法权限,地方性法规和规章无权作出调整。

二、制定程序

表9-3 条例、规定、办法的制定程序

名称	条例、规定、办法(规章不得称条例)
权限	执行上位法律规定的事项——执行性立法; 实施宪法规定的国务院职权事项——自主性立法; 执行全国人民代表大会及其常务委员会授权的事项(但限于法律相对保留的事项)。
立项	国务院有关部门报请立项; 国务院法制机构拟订年度立法工作计划报国务院审批。

(续表)

名称	条例、规定、办法（规章不得称条例）
起草	有关部门起草或由国务院法制机构起草、组织起草； 深入调研，广泛听取意见。
审查	国务院法制机构负责审查； 听证——直接涉及相对人切身利益的可以听证，有关行政许可的必须听证。
决定	一为国务院常务会议审议（总理决定）； 一为国务院审批[实为实施细则性质的行政法规由总理（含副总理）传阅批准]。
公布	总理签署国务院令发布，国务院公报文本为标准文本。
生效	原则：公布后30日后。 例外：涉及国家安全、外汇汇率、货币政策确定及公布后不立即施行将有碍的，可自公布之日起。
备案	公布后30日内由国务院办公厅报全国人民代表大会常务委员会备案。
解释	若为条文本身的，国务院各部门和省府可要求解释，由国务院法制机构拟订解释草案报国务院同意后，由国务院或其授权的有关部门公布； 若为具体应用问题的，国务院各部门和省府的法制机构可请求解释，由国务院法制机构解释答复； 涉及重大问题的由其提出意见报国务院同意后答复。

三、监督程序

（一）撤销的条件与标准

行政法规有下列情形之一的，可以由有权机关予以改变或者撤销：超越权限的；违反上位法规定的；违背法定程序的。

（二）审查的要求与建议

国务院、中央军事委员会、最高人民法院、最高人民检察院和各省、自治区、直辖市的人民代表大会常务委员会认为行政法规、地方性法规、自治条例和单行条例同宪法或者法律相抵触的，可以向全国人民代表大会常务委员会书面提出进行审查的要求，由常务委员会工作机构分送有关的专门委员会进行审查、提出意见。

上述规定以外的其他国家机关和社会团体、企业事业组织以及公民认为行政法规、地方性法规、自治条例和单行条例同宪法或者法律相抵触的，可以向全国人民代表大会常务委员会书面提出进行审查的建议，由常委会的工作机构进行研究，必要时送有关的专门委员会进行审查、提出意见。

《行政法规制定程序条例》《规章制定程序条例》中的生效及报备案均为30日。

第三节 规章和有普遍约束力的决定、命令

一、部门规章

（一）概念和原则

指国务院组成部门和具有行政管理职能的直属机构，依照规章制定程序条例，制定、发布的行政规范性文件的总称。

基本原则包括：

一致性原则、权利保障原则、权力责任统一原则、体现改革精神原则、精简统一效率原则。

（二）制定机关

包括国务院各部、委员会、中国人民银行、审计署和具有行政管理职能的直属机构。

(三)制定权限

属于执行法律或者国务院的行政法规、决定、命令的事项(即为执行性或者补充性的行政规范,而不是自主性的行政规范)。比地方政府规章有自主性立法的权限要小。

(四)制定程序

立项、起草、审查、决定和公布、备案与解释。

(五)监督程序

(1)部门规章和地方政府规章报国务院备案;地方政府规章应当同时报本级人民代表大会常务委员会和国务院备案;设区的市、自治区的人民政府制定的规章应当同时报省、自治区的人民代表大会常务委员会和人民政府备案。

(2)国家机关、社会团体、企业事业组织、公民认为部门规章同法律、行政法规相抵触的可以向国务院书面提出审查的建议,由国务院法制机构研究处理。

(六)改变或撤销的权限

(1)国务院有权改变或者撤销不适当的部门规章和地方政府规章。

(2)地方人民代表大会常务委员会有权撤销本级人民政府制定的不适当的规章。

(3)省、自治区的人民政府有权改变或者撤销下一级人民政府制定的不适当的规章。

(4)有下列情形之一的,由有关机关依法予以改变或者撤销:

①超越权限的;

②下位法违反上位法规定的;

③规章之间对同一事项的规定不一致,经裁决应当改变或者撤销一方的规定的;

④规章的规定被认为不适当,应当予以改变或者撤销的;

⑤违背法定程序的。

二、地方政府规章

(一)概念

指省、自治区和直辖市和设区的市、自治州的人民政府,可以根据地方政府规章的制定权限和程序发布的规范性文件。

(二)效力

效力等级低于法律、行政法规和地方性法规。地域效力限于本行政区域。

(三)制定主体

省、自治区、直辖市的人民政府,较大的市的人民政府(含省会市、较大的市、经济特区)。

(四)制定权限

立项、起草、审查、决定和公布、备案。

(1)制定根据:法律、行政法规和本省、自治区、直辖市的地方性法规的规定。

(2)规定事项:

①为执行法律、行政法规、地方性法规的规定需要制定的地方政府规章事项(执行性规章);

②属于本行政区域的具体行政管理事项(自主性规章)。

(五)制定程序

国务院批准的较大的市的人民代表大会及其常务委员会有权制定地方性法规,政府有权制定地方政府规章。根据《立法法》的规定,较大的市的政府规章应同时报本级人民代表大会常务委员会、省级人民代表大会常务委员会和政府、国务院备案。

三、规定

(一)概念

行政机关针对不特定对象发布的能反复适用的行政规范性文件。

(二)基本特征

规范对象的不特定性和适用次数的反复性。

(三)制定主体

国务院及其部门和地方各级人民政府及其工作部门(乡政府的部门除外)。

(四)制定权限

按照《宪法》和《地方组织法》规定的权限。

(五)制定程序和监督程序

参考规章的制定程序和改变与撤销的权限。

(六)在行政法中的地位为

(1)不得设定行政许可、行政处罚、行政强制措施、强制执行。

(2)在行政复议中可以被复议申请人一并提出合法性审查申请。

(3)有权规定行政机关履行法定职责的期限。

(4)在行政审判中经法院甄别为合法有效的可以在裁判文书中引用。

表9-4 部门规章、地方政府规章和规定的知识要点

		部门规章	地方政府规章	规定(有普遍约束力的决定、命令)
基本原则		一致性原则、权利保障原则、权力责任统一原则、体现改革精神原则、精简统一效率原则。		
效力		部门规章之间、部门规章与地方政府规章之间具有同等效力,在各自的权限范围内施行。	效力等级低于法律、行政法规和地方性法规。限于本行政区域。	
基本特征				规范对象的不特定性和适用次数的反复性。
制定机关		国务院各部、委员会、中国人民银行、审计署和具有行政管理职能的直属机构。	(1)省、自治区、直辖市的人民政府。(2)较大的市的人民政府(含省会市、较大的市、经济特区)。	国务院及其部门和地方各级人民政府及其工作部门(乡政府的部门除外)。
制定权限		属于执行法律或者国务院的行政法规、决定、命令的事项(即为执行性或者补充性的行政规范,而不是自主性的行政规范)。比地方政府规章有自主性立法的权限小。	(1)制定根据:法律、行政法规和本省、自治区、直辖市的地方性法规的规定。(2)规定事项:①为执行法律、行政法规、地方性法规的规定需要制定的地方政府规章事项(执行性规章)。②属于本行政区域的具体行政管理事项(自主性规章)。	按照《宪法》和《地方组织法》规定的权限。
制定程序		立项、起草、审查、决定和公布、备案与解释。		
监督程序	备案	部门规章和地方政府规章报国务院备案;地方政府规章应当同时报本级人民代表大会常务委员会和国务院备案;较大的市的人民政府制定的规章应当同时报省、自治区的人民代表大会常务委员会和人民政府备案。		
	抵触处理	国家机关、社会团体、企业事业组织、公民认为部门规章、地方政府规章同法律、行政法规相抵触的可以向国务院书面提出审查的建议,由国务院法制机构研究处理。国家机关、社会团体、企业事业组织、公民认为较大的市的人民政府规章同法律、法规相抵触或者违反其上位法的规定的,也可以由省、自治区的人民政府法制机构研究处理。		

(续表)

	部门规章	地方政府规章	规定(有普遍约束力的决定、命令)
改变或撤销的权限	(1)国务院有权改变或者撤销不适当部门规章和地方政府规章。 (2)地方人民代表大会常务委员会有权撤销本级人民政府制定的不适当的规章。 (3)省、自治区的人民政府有权改变或者撤销下一级人民政府制定的不适当的规章。 (4)县级以上地方各级人民政府有权改变或者撤销各个工作部门的不适当的命令、指示和下级人民政府不适当的决定、命令。 (5)有下列情形之一的,由有关机关依法予以改变或者撤销: ①超越权限的。 ②下位法违反上位法规定的。 ③规章之间对同一事项的规定不一致,经裁决应当改变或者撤销一方的规定的。 ④规章的规定被认为不适当,应当予以改变或者撤销的。 ⑤违背法定程序的。		
在行政法中的地位	(略)	(略)	(1)不得设定行政许可、行政处罚、行政强制措施、强制执行。 (2)在行政复议中可以被复议申请人一并提出合法性审查申请。 (3)有权规定行政机关履行法定职责的期限。 (4)在行政审判中经法院甄别为合法有效的可以在裁判文书中引用。

第四章 具体行政行为概述

第一节 具体行政行为的概念和分类

一、具体行政行为

行政主体针对特定的对象,就特定事项设定权利、义务而作出具体处理决定的行为。又称行政执法行为。

二、基本要素

具体行政行为是法律行为、是对特定人与特定事项的处理、是单方行政职权行为、是外部性处理行为(即作用于相对人的行为)。

三、分类(前已述及)

分为:依职权和依申请的行政行为;羁束和裁量的行政行为;授益和负担的行政行为;要式与不要式的行政行为。

第二节 具体行政行为的成立和效力

一、成立

成立是发生法律效力的前提。

必须同时满足三个条件：

(1) 主体是享有行政职权的行政机关，实施该具体行政行为的工作人员意志健全具有行为能力。

(2) 内容上，向对方当事人作出具有效果的意思表示。

(3) 程序上，按照法律规定的时间和方式送达相对人。

具体行政行为的不成立具体在行政处罚制度中表现为：行政处罚作出时不告知处罚的理由、事实和依据，以及拒绝听取当事人的陈述和申辩。

二、效力的种类

(一) 拘束力

一经生效，行政机关和对方当事人都必须遵守，其他国家机关和社会成员必须予以尊重的效力。

(二) 确定力

内容不再争议、不得随意更改的效力，非依法定理由经法定程序不得更改具体行政行为的内容。

(三) 执行力

运用国家强制力迫使当事人履行义务或者以其他方式实现具体行政行为权利、义务安排的效力。

三、具体行政行为的效力终止

即失效、无效、撤销和废止。

(一) 没有违法因素的，自然失效

具体行政行为为其设定专属性权益或者义务的自然人死亡，签名人放弃具体行政行为赋予的权益；具体行政行为为其设定专属义务的法人或者其他组织终止；具体行政行为规定的法律义务已经履行完毕或者有关客观事实已经消失。

(二) 有违法因素的，视其违法的程度分为无效的与可撤销

1. 无效

条件：构成犯罪的违法行为；明显缺乏法律依据；明显缺乏事实根据。

确定无效后，原则上应当恢复到具体行政行为发布以前的状态，由此给善意当事人合法权益造成损害的，行政机关应当予以赔偿。

2. 撤销

条件：证据不足、事实不清的；适用依据错误的；违反法定程序的；超越职权或滥用职权的。

必须经法定程序由国家机关作出撤销决定。法定程序指行政复议、行政诉讼和监督行政的程序。

撤销具有溯及力，行政关系恢复原状。具体行政行为因为被撤销而丧失法律效力后，如果相关义务已经履行或执行，能够恢复原状的，应当恢复原状。被撤销的具体行政行为给当事人造成损失的，行政机关应当予以赔偿。

(三) 废止

条件：依据的法律法规规章政策被修改、废止或撤销；客观事实发生重大变化或者已经不复存在；所期望的法律效果已经实现。

自废止之日起丧失效力、没有溯及力；原则上，具体行政行为废止之前给予当事人的利益不再收回，当事人也不能对已履行的义务要求补偿。如果废止使当事人的合法权益受到严重损失，或者带来严重的社会不公正的，行政机关应当给予受到损失的当事人以必要的补偿。

第三节 具体行政行为的一般合法要件

表 9-5 具体行政行为的合法、可撤销、无效

具体行政行为的合法要件（缺一不可）	无效的具体行政行为（有一即可）	可撤销的具体行政行为（有一即可）
有确凿的事实、证据	明显缺乏事实根据	无事实根据和证据
正确地适用法律、法规、规章及其他规范性文件	明显缺乏法律根据	适用法律错误
遵守法定行政程序		违反法定程序
符合法定权限，未超越职权		超越职权
未滥用职权		滥用职权
	构成犯罪的违法行为	

表 9-6 要件的确认

要件	合法（缺一不可）	违法（之一）
证据	确凿	主要证据不足
适用法律、法规	正确	错误
法定程序	符合	违反
职权	依法行使	超越
		滥用

具体行政行为的合法要件，在整个行政法制度中最为重要，是行政法中的"脊梁"、红线、一个最主要的脉络和线索。

第四节 具体行政行为的类型

一、行政监督检查

是一种独立的、不依附其他行为的具体行政行为。

行政监督检查的职权表现是：进入权；了解权、查阅权、询问权、复制权；索取资料权；搜查权；检查权。

二、行政确认

指行政主体依法对行政相对人的法律地位、法律关系或者有关法律事实进行甄别，给予确定、认可、证明或否定并予以宣告的具体行政行为。

法律特征：

（1）只有行政机关以及法律、法规授权的组织，针对行政法律规范所规定的需要确认事项，依照法定的程序及条件作出的确认行为才能称为行政确认。

（2）行政主体的确认权不是源自于当事人的委托，而是直接来源于国家行政管理权，是由相关法律规范授予的，是行政主体所为的具有强制力的行政行为，有关当事人必须服从，否则将要承担相应的法律责任。

（3）是对行政相对人的法律地位、权利、义务的认定。通过行政行为，确定行政

相对人是否具备某种法律地位,享有某种权利,是否应承担某种义务。

（4）属于要式行政行为,必须以法定的书面形式作出。

（5）属于羁束行政行为。是对特定法律事实或者法律关系是否存在的宣告,而某种法律事实或者法律关系是否存在,是由客观事实和法律规定决定的。因此,行政主体的确认行为,没有自由裁量的余地,或者说很少自由裁量的空间,只能严格按照法律规定和技术鉴定规范进行。行政确认行为包括确定、认定、证明、登记、鉴证等行为。

三、行政征收与征用

（1）行政征收是国家取得财产所有权的重要方式,指行政主体凭借国家行政权,根据国家和社会公共利益的需要,依法向行政相对人强制地征收税、费或者实物的行政行为。

具有特征：

①强制性。

②法定性。

③无偿性。

【注意】2004年宪法修正案规定对私有财产、农村集体土地所有权的行政征收应予补偿,这是对以往传统理论认为行政征收属无偿性的一次颠覆。

（2）行政征用指国家通过行政主体对非国家所有的财物进行强制有偿地征购和使用。特征：

①处分性。并不导致征用对象的所有权转移,如对船只的强制使用。

②强制性。

③有偿性。应当向被征用人支付一定的补偿费或其他有关费用。

④法定性。

⑤可诉性。对行政征用行为不服的,可申请复议或提起行政诉讼;或经复议后提起行政诉讼。

四、行政裁决

行政机关根据法律授权,主持解决当事人之间发生的与行政管理事项密切相关的特定的民事纠纷的活动。

行政裁决的特点：

（1）主体是国家行政机关。

行政裁决是行政机关行使行政职权的活动,属行政行为的性质。

（2）行政机关居间解决有关民事纠纷的活动。

行政机关作为中间人,裁断平等主体之间的民事纠纷。

（3）职权来源于法律的明确授权。

非经法律明确授权,行政机关不享有行政裁决的职权。

（4）是一种准司法程序。

行政裁决必须按法律明确规定的程序,客观、公正地审查证据、调查事实,依法作出公正的裁决。

行政裁决是行政机关依据法定职权介入平等主体之间的民事活动行为,即裁决与处理平等主体之间的民事纠纷。

如"九大自然资源"权属争议的确认、环保专利侵权的处理、拆迁纠纷的裁决等。

【注意】根据《行政诉讼法》第61条的规定,行政诉讼中可一并审理民事争议。

第五章 行政许可

第一节 行政许可概述

一、概念

指法定的享有许可权的行政机关根据公民、法人和其他组织的申请,经依法审查,是否准予其从事特定活动的一种具体行政行为。

(一)特点

(1)具体行政行为。

(2)依申请的行政行为,在没有相对人申请的情况下,行政机关不能主动实施。

(3)要式行政行为,有颁发许可证件、加贴标签、加盖印章三种形式,不存在口头许可的形式。

(4)授益性(或赋权性)行政行为。

(5)需经过依法审查的行政行为,行政机关应当根据事前公布的标准和条件对申请人的申请进行审查,从而作出是否准予的决定。

实践中,审批(宽于许可),特许,认可,核准,登记等都是行政许可。

(二)行政机关管理措施、行政确认与行政许可的关系

根据立法精神和解释,对行政机关管理措施、行政确认与行政许可的关系作出以下界定:

(1)行政执法人员的资格认证是行政机关的内部管理措施,不属于行政许可事项。

(2)工商年检不是行政许可,是主管机关对企业实行监督管理的一种手段。

(3)税费减免的审批不是许可,这种行为似乎也是依申请而给予申请人利益,但不是行政许可。

(4)结婚证、房产证不是行政许可,是行政确认。

(三)有些主体的行为可以区分为独立的几个阶段

(1)"九大自然资源"的初始登记是行政许可。

如颁发土地所有权证的行为属于行政许可、适用许可法规定的程序;但在依法取得"九大自然资源"的权属后发生纠纷的,由主管机关的再次确权行为不属于许可,是行政确认。

(2)企业的设立和社会团体的成立的初始登记属于行政许可,但之后的抵押登记、转移登记、注销登记不属于行政许可。

(3)机动车的注册登记属于许可,但变更、转移、抵押、注销登记不是行政许可。

(4)船舶的国籍(初始)登记属于行政许可,但使用权、抵押登记不属于许可。

二、原则

(1)依法设定和实施。

(2)设立和实施行政许可,应当遵循公开、公平、公正、非歧视的原则。

(3)提高办事效率,提供优质服务的便民原则。

(4)保证公民、法人和其他组织陈述权、申辩权和提供法律救济。

(5)信赖保护原则,即依法变更或者撤回生效许可并予以补偿。

(6)法律监督原则。

第二节　行政许可的设定

一、设定

包括行政许可的创设权和规定权。

创设权指上位法未对行政许可作出规范，下位法自主设立行政许可的权力。

规定权指上位法对行政许可已经作出规范，下位法在其许可事项范围内的具体落实和细化的权力。

（一）可以设定许可的事项（适用范围）

表9-7　可以设定许可的事项及决定方式

分类	适用范围	一般决定方式
安全（综合）	适用于行政机关需要按照法定条件予以批准的，直接涉及国家安全、公共安全、经济宏观调控、生态环境保护以及直接关系人身健康、生命财产安全等的特定活动。	审批
特许	适用于行政机关赋予公民、法人或者其他组织特定权利并且数量有限制的自然资源的开发利用、有限公共资源的配置，直接关系公共利益的行业中垄断性企业的市场准入和法定经营活动等事项。	招标、拍卖
认可	适用于行政机关通过考试、考核方式确定为公众提供服务、直接关系公共利益，并且要求具备特殊信誉、特殊条件或者特殊技能的自然人、法人或者其他组织的资格、资质的事项。	考试、考核
核准	适用于行政机关依据技术标准、经济技术规范审核、认定的直接关系公共安全、人身健康、生命财产安全的重要设备、设施的设计、建造、安装和运营、直接关系人身健康、生命财产安全的特定产品、物品的检验、检疫等事项。	符合技术标准、经济技术规范的予以核准
登记	适用于法人或者其他组织的设立、变更、终止等确立民事权利能力和行为能力的事项。	登记
其他	法律、行政法规规定可以设定行政许可的其他事项。	

（二）不宜设定（置）行政许可的事项

（1）自主决定机制优先。

行政许可的本质是政府决定，但市场经济的本质在于经济主体自主决定，因此，公民、法人或其他组织能够自主决定的，就不应当由政府决定，即不设立行政许可。

（2）市场竞争机制能够有效调节的，可以不设定行政许可。

（3）行业组织或者中介机构能够自律管理的，可以不设定行政许可。

（4）行政机关采用事后监督等其他行政管理方式能够解决的。

政府管理的事项，可以分为事前控制和事后监督两类。行政许可属于事前控制，但事前控制是以牺牲相对人的自由为代价的。因此，对于自由经济的市场来说，能够通过事后监督等方式解决的，可以不设定行政许可。

二、设定权限和形式

（一）经常性行政许可

由全国人民代表大会及其常务委员会的法律、国务院的行政法规或决定、有权的地方人民代表大会及其常务委员会的地方性法规设定。

（二）非经常性行政许可

国务院可以以决定形式，省、自治区、直辖市人民政府可以以规章形式（以一年为有效期）设定非经常性行政许可。

（三）地方性法规和省级政府规章设定行政许可的"四个禁止"

（1）不得设定应当由国家统一确定的公民、法人或者其他组织的资格、资质的行政许可。

（2）不得设定企业或者其他组织的设立登记及其前置性行政许可。

（3）不得限制其他地区的个人或者企业到本地区从事生产经营和提供服务。

（4）不得限制其他地区的商品进入本地区市场。

（四）行政许可的规定权

上位法已经有规定，下位法需要具体规定时的落实权。

规则有二：

（1）不得增设行政许可。

（2）对行政许可作出的具体规定，不得增设违反上位法的其他条件。

（五）评价机制

（1）设定机关的自行修改与废止。

（2）实施机关的报告。

（3）相对人的意见和建议向谁提出。

（六）经济类许可的终止制度

省级政府对行政法规设定的有关经济事务的行政许可，根据本行政区域经济和社会发展情况，认为通过《行政许可法》第13条所列方式能够解决的，报国务院批准后，可以在本行政区域内停止实施该行政许可。

第三节　行政许可的实施主体

一、行政许可权作为一种行政职权，原则上只能由行政机关实施

并非任何行政机关都天然享有行政许可权，只有依法享有行政许可职权的行政机关才能在其法定职权范围内实施行政许可。

二、授予行政机关以外的其他社会组织实施

必须符合以下条件：

（1）职权来源依据必须是法律、法规明确授予行政许可权。

（2）被授权的组织必须具有管理公共事务职能。

三、依法委托其他行政机关实施

条件：

（1）作为委托者的行政机关必须具有所委托的行政许可权，委托者不可能将自己没有的权力委托他人。

（2）受托者必须是行政机关，即一个行政机关对另一个行政机关的委托，不能将行政许可权委托行政机关以外的社会组织，如事业单位去实施。

（3）委托行为必须依照法律、法规、规章的规定进行，即必须有法律、法规、规章的依据。

（4）委托机关应当将受委托行政机关和受委托实施行政许可的内容予以公告。

受托的行政机关与委托的行政机关之间是一种公法上的委托代理关系。受委托的行政机关在委托的范围内，以委托行政机关的名义实施行政许可；委托行政机关对受委托的行政机关实施行政许可的行为应当负责监督，并对该行为产生的后果承担法律责任。由于委托与受托之间存在着特定的身份关系，受托机关不得再委托其他组织实施行政许可。

行政许可的委托只发生在行政机关内部，分为：

（1）上级委托下级，如市建委、市规划局委托区县建委、规划局颁发规划许可证或房产证。

（2）部门权限机关委托另一部门权限机关，如《烟草专卖法》规定：经营烟草制品零售业务的企业或者个人，由县级人民

政府工商行政管理部门根据上一级烟草专卖行政主管部门的委托,审查批准发给烟草专卖零售许可证。

(3)部门权限机关委托下一级的综合权限机关,如《森林法》规定:农村居民采伐自留山和个人承包集体的林木,由县级林业主管部门或者其委托的乡、镇人民政府依照有关规定审核发放采伐许可证。

四、许可机关内部关系的规则

(一)相对集中许可权

省级人民政府可以决定一个行政机关行使有关行政机关的行政许可权。

条件:在实体上必须是根据精简、统一、效能的原则;在程序上须经国务院批准。

(二)一个窗口对外

行政许可需要行政机关内设的多个机构办理的,应当确定一个机构统一受理行政许可申请,统一送达行政许可决定。

(三)并联审批或统一办理

行政许可依法由地方人民政府两个以上部门分别实施的,本级人民政府可以确定一个部门受理行政许可申请,并转告有关部门分别提出意见后统一办理;也可以组织有关部门联合办理、集中办理。

第四节 行政许可的实施程序

一、申请与公示义务

(1)行政许可属于依申请的行为,因此应由相对人提出许可申请来发动行政许可程序。

①提出申请一般应当是书面形式。

②需要采用格式文本的,行政机关应当向申请人提供申请书的格式文本。

③行政机关应当将法律、法规、规章规定的有关行政许可的事项、依据、条件、范文、程序、期限以及需要提交的全部材料的目录在办公场所公示。

(2)受理申请。

对于申请人的申请,行政机关应当进行审查,申请材料齐全、符合法定形式的,应当受理。

①申请事项依法不需要取得行政许可的,应当即时告知申请人不受理。

②申请事项依法不属于被申请机关职权范围的,应当即时作出不予受理的决定,并告知申请人向有关行政机关申请。

③申请材料不齐全或不符合法定形式的,应当当场或在5日内一次告知申请人需要补正的全部材料。

(3)审查申请。

(4)作出许可决定。

经审查后,申请人的申请符合法定条件、标准的,应当依法作出准予行政许可的书面决定;反之,应当作出不予行政许可的决定、书面说明理由并告知申请行政复议或提起行政诉讼的权利。

二、听证程序

行政许可的听证可以分为依职权的听证与依申请的听证两种。

(1)依职权的听证,即行政机关依据法定职权主动举行的听证。

①法定依职权的听证。法律、法规、规章规定实施行政许可应当听证的事项,行政机关应当主动举行听证,如《价格法》中关于公益事业的涨价必须举行听证的规定。

②行政机关认为需要举行听证的。应当向社会公告,并举行听证。

(2)依申请的听证,即行政机关应公民或组织的申请而举行的听证。

行政许可不仅涉及申请人的利益,而且也可能会影响到其他利害关系人的利益。直接涉及申请人与他人之间重大利益关系的,行政机关在作出行政许可决定前,应当告知申请人、利害关系人享有要求听证的权利,申请人、利害关系人在被告知听证权利之日起 5 日内提出听证申请的,行政机关应当在 20 内组织听证。

举行听证要制作听证笔录,听证笔录经当事人核对无误后签字。行政机关仅仅应当根据听证笔录,作出行政许可决定。这就明确了听证笔录要作为作出行政许可决定依据的法律地位。

三、期限制度

（一）受理期限

相对人提出行政许可申请予以受理的期限。

收到申请材料之日为申请受理之日是原则;需要补正的 5 日补正期为受理期限。

（二）决定期限

（1）一般期限（单一办理的）为受理行政许可申请之日起 20 日;延长期限为 10 日,但需经本行政机关负责人批准,法律、法规另有规定的除外。

（2）统一办理、联合办理、集中办理的期限为 45 日,经本级政府负责人批准,可以延长 15 日（没有"法律、法规另有规定的除外"这一规定）。

（3）由上级行政机关决定的行政许可,下级行政机关的审查期限为受理行政许可申请之日起 20 日内。法律、法规另有规定的除外。

（三）送达期限

行政机关作出准予行政许可的决定后,其颁发、送达行政许可证件的期限为作出决定之日起 10 日内。

四、变更与延续

（一）变更

被许可人在取得行政许可后,因其拟从事的活动的部分内容超出准予行政许可决定或者行政许可证件规定的活动范围,而申请行政机关对原行政许可准予其从事的活动的相应内容予以改变。

变更许可是对被许可人已经取得的行政许可的内容进行变更,向作出准予行政许可的决定的行政机关申请,由其审查并决定。

（二）延续、延展

（1）在行政许可的有效期届满后,被许可人需要延续取得的行政许可的有效期的,应当在该行政许可有效期届满 30 日前提出。

法律、法规、规章（含部门规章、地方政府规章）对期限另有规定除外。

（2）默示批准。行政机关应当在有效期届满前作出是否准予延续的决定,逾期未作决定的,视为准予延续。

（3）有关行政许可的规定应当公布;未经公布的,不得作为实施行政许可的依据。行政许可的实施和结果,除涉及国家秘密、商业秘密或者个人隐私的外,应当公开。未经申请人同意,行政机关及其工作人员、参与专家评审等的人员不得披露申请人提交的商业秘密、未披露信息或者保密商务信息,法律另有规定或者涉及国家安全、重大社会公共利益的除外;行政机关依法公开申请人前述信息的,允许申请人在合理期限内提出异议。

（4）符合法定条件、标准的,申请人有依法取得行政许可的平等权利,行政机关不得歧视任何人。

五、特别程序

对特殊行政许可适用专门程序。

（1）对有数量限制的特许类行政许可,原则上要举行招标、拍卖。

（2）对公民资格类行政许可,要举行考试。

（3）对核准类行政许可,要按照公布的技术标准、技术规范进行检验、检测、检疫。

（4）对登记类许可,只实行形式审查的,符合条件的,要当场予以登记。

第五节　行政许可的撤销与注销

一、撤销

作出行政许可决定的行政机关或其上级行政机关,依职权或者根据利害关系人的请求作出的对已生效的行政许可使其既向前、又向后失去法律效力的决定。

（一）由于许可机关的原因导致许可被撤销的情形

（1）滥用职权、玩忽职守。
（2）超越职权。
（3）违反法定程序。
（4）对不具备申请资格或者不符合法定条件的申请人准予行政许可。
（5）其他。

（二）由于被许可人的理由导致许可被撤销的情形

（1）欺骗。
（2）贿赂。

（三）撤销的后果

（1）由于第一种原因导致许可被撤销的,对被许可人的合法权益造成损害的,行政机关应予赔偿。
（2）由于第二种原因导致许可被撤销的,被许可人基于行政许可所取得的利益不受保护。
（3）撤销行政许可可能对公共利益造成重大损害的,不予撤销,但可确认其违法,并责令其采取相应的补救措施。

二、注销

（1）指被许可人因特定事实的出现不再具备行政许可的条件,或行政许可已无实际意义时,许可机关作出的终止许可的程序行为。
（2）注销不是行政处罚,不具有惩戒的色彩。
（3）注销的主体仅为原许可机关。
（4）以下情形之一的,予以注销：
①行政许可有效期届满未延续的。
②赋予公民特定资格的行政许可,该公民死亡或者丧失行为能力的。
③法人或者其他组织依法终止的。
④行政许可依法被撤销、撤回,或者行政许可证件依法被吊销的。
⑤因不可抗力导致行政许可事项无法实施的。
⑥法律、法规规定的应当注销行政许可的其他情形。

【注意】行政许可的撤回、吊销、撤销与注销的异同。

表9-8　行政许可效力终止性变化

种类	主体	该不该发许可	理由	溯及	赔偿或补偿
撤销	上级机关、原机关	×	不具备条件	√	赔偿
吊销	原机关	√	事后重大违法	×	否
撤回	原机关	√	失去依据或情势变更	√	补偿
注销	原机关	√	主体灭、无实际意义	×	否
废止	原机关、上级机关	√	情势变更	×	否

第六节 法律责任

一、设定违法

属立法违法,有关机关应当责令设定该行政许可的机关改正,或者依法予以撤销。

二、行政许可机关及公务员的责任

行政机关及其工作人员有下列情形之一的,由其上级行政机关或者监察机关责令改正;情节严重的,对直接负责的主管人员和其他直接责任人员依法给予行政处分:

(1)对符合法定条件的行政许可申请不予受理的;

(2)不在办公场所公示依法应当公示的材料的;

(3)在受理、审查、决定行政许可过程中,未向申请人、利害关系人履行法定告知义务的;

(4)申请人提交的申请材料不齐全、不符合法定形式,不一次告知申请人必须补正的全部内容的;

(5)违法披露申请人提交的商业秘密、未披露信息或者保密商务信息的;

(6)以转让技术作为取得行政许可的条件,或者在实施行政许可的过程中直接或者间接地要求转让技术的;

(7)未依法说明不受理行政许可申请或者不予行政许可的理由的;

(8)依法应当举行听证而不举行听证的。

三、相对人的责任

(一)申请人的责任

申请人隐瞒有关情况或者提供虚假材料申请行政许可的,行政机关不予受理或者不予行政许可,并给予警告;行政许可申请属于直接关系公共安全、人身健康、生命财产安全事项的,申请人在一年内不得再次申请该行政许可。

(二)被许可人的责任

被许可人以欺骗、贿赂等不正当手段取得行政许可的,行政机关应当依法给予行政处罚;取得的行政许可属于直接关系公共安全、人身健康、生命财产安全事项的,申请人在三年内不得再次申请该行政许可。

(三)行政处罚

被许可人有下列行为之一的,行政机关应当依法给予行政处罚:

(1)涂改、倒卖、出租、出借行政许可证件,或者以其他形式非法转让行政许可的。

(2)超越行政许可范围进行活动的。

(3)向负责监督检查的行政机关隐瞒有关情况、提供虚假材料或者拒绝提供反映其活动情况的真实材料的。

(4)法律、法规、规章规定的其他违法行为。

第七节 行政许可诉讼

一、受案范围

许可与否、许可程序以及许可后效力变化的管理。

(1)许可机关作出的实体上行政许可与否的决定以及相应的不作为。

许可的,行政程序中的利害关系人往往会成为原告;不予许可的,申请人将成为原告。

(2)事实上终止许可的过程行为。

许可机关在实施许可过程中的程序性告知、听证等通知行为具有不可诉的性质,但行政许可程序性行为足以导致行政许可事实上终止或不予许可的,则因程序的瑕疵又具有可诉性。

(3)查阅权诉讼。

许可机关未履行公开行政许可决定或

者未提供许可监督检查记录的,行政许可法虽然用了"公众"一词,但结合目前我国的行政诉讼体制,此时的原告还是应限定为特定的利害关系人。

查阅权属知情权的范畴,不属于人身权、财产权。

(4)许可机关就许可的变更、延续、撤回、注销、撤销等事项作出的管理行为及其相应的不作为。

二、被告

作出行政许可决定的机关(注意有上下级情况下的被告确认):

(1)下级决定但须经上级批准的,当事人对批准或者不批准行为不服提起诉讼的,以上级行政机关为共同被告。

(2)下级初审上级决定的,当事人对不予初步审查或者不予上报不服提起诉讼的,以下级行政机关为被告。此处的下级含法律、法规授权的组织。

(3)"统一办理"或"并联审批"的,以对当事人作出具有实质影响的不利行为的机关为被告。

三、审理

(一)被告怠于举证及其补救

被告在诉讼程序中怠于举证发生在后,行政许可行为发生在之前的行政程序中,且受到信赖保护原则的约束。如果仅因为被告疏于举证就撤销一个有利行政行为,对被许可人显失公平。此种情形设置的特殊规则为:

(1)被告不提供或者无正当理由逾期提供证据的,与被诉行政许可行为有利害关系的第三人可以向人民法院提供。

(2)第三人对无法提供的证据,可以申请人民法院调取;人民法院在当事人无争议,但涉及国家利益、公共利益或者他人合法权益的情况下,也可以依职权调取证据。

(3)第三人提供或者人民法院调取的证据能够证明行政许可行为合法的,人民法院应当判决驳回原告的诉讼请求。

(二)法律适用

(1)适用新法为原则。

人民法院审理行政许可案件,应当以申请人提出行政许可申请后实施的新的法律规范为依据。但是,判断许可行为的基准法应为当时旧法。

以下情况应当适用旧法:

①行政机关在旧的法律规范实施期间,无正当理由拖延审查行政许可申请至新的法律规范实施。

②适用新的法律规范不利于申请人。

(2)准予行政许可决定违反旧法但符合新法的,称作旧法下的行政许可瑕疵被新法"治愈",被许可人的利益实际上已经受到新法的保护,行政许可已经具有一种值得法律保护的安定性价值,故在处理方式上不宜判决撤销,应当首选判决确认该决定违法,这样就保留了行政许可的效果。

同时,如果准予行政许可决定不损害公共利益和利害关系人合法权益的,还可以判决驳回原告的诉讼请求。

(三)对关联行政行为的审查标准

关联行为指作为被诉许可行为基础的其他前置审批行为的行政决定或者文书。

《最高人民法院关于审理行政许可案件若干问题的规定》规定了审查标准,低于民告"官"的行政诉讼合法性审查,高于"官"告民的非诉讼案件执行的审查标准(三项重大违法标准,参见《行政强制法》第58条),有相关法条规定的情形之一的,法院不予认可。

四、判决

(一)不予许可案件的判决

法院认为原告请求准予许可的理由成

立,且被告没有裁量余地的(羁束行政),可以在判决理由中写明,并判决撤销不予许可决定,责令被告重新作出决定。

(二)查阅权诉讼的判决

被告无正当理由拒绝原告查阅行政许可决定及有关档案材料或者监督检查记录的,人民法院可以判决被告在法定或者合理期限(法院指定期间)内准予原告查阅。

五、补偿及其标准

(一)程序

行政先行处理。行政机关变更或者撤回已经生效的行政许可,公民、法人或者其他组织仅主张行政补偿的,应当先向行政机关提出申请;行政机关在法定期限或者合理期限内不予答复或者对行政机关作出的补偿决定不服的,可以依法提起行政补偿诉讼。

人民法院审理行政补偿案件可以适用调解。

(二)标准

实际损失与实际投入:一般的在实际损失范围内确定补偿数额;特许的一般按照实际投入的损失确定补偿数额。

第六章 行政处罚

第一节 行政处罚的概念和原则

一、概念

享有行政处罚权的特定的行政主体,对违反行政管理秩序尚未触犯刑律而又依法应当受到处罚的公民、法人和其他组织所给予的一种法律制裁。

特点:

(1)是国家行政机关行使国家惩罚权的活动。

(2)是处理公民、法人或者其他组织违法行为的管理活动,区别于行政机关对内部行政机关工作人员的行政处分。

(3)是维护国家行政管理秩序的具体行政行为,不同于人民法院惩罚犯罪的刑罚。

(4)具有实体性、最终性、结论性的特点,不同于具有程序性、临时性、可解除性的行政强制措施。

(5)是一种制裁和处罚,区别于类似"恢复原状"性质的不具有制裁性质的"责令改正或限期改正"。

《行政处罚法》规定的行政机关实施行政处罚时,应当责令当事人改正或者限期改正违法行为,此类虽以行政机关的名义作出,但不是行政处罚。

二、原则

(一)处罚法定原则

(1)公民、法人或者其他组织的行为,只有法律明文规定应予行政处罚的才受处罚。

(2)行政处罚设定权只能由法律规定的国家机关在法定职权范围内行使。

(3)行政处罚的适用,必须严格依照有关违法行为构成的实体法和适用行政处罚的程序法进行,否则无效。

(二)公正、公开的原则

公正:应承担的违法责任与所受到的

行政处罚相适应；

公开：未经公布的规定，不能作为行政处罚的依据，否则无效。

（三）处罚与教育相结合原则

（四）当事人权利保障原则

《行政处罚法》赋予当事人陈述权、申辩权、听证权、申请复议权、提起行政诉讼与请求赔偿权等14项权利。

相对人正当、合法地行使权利可以有效阻却行政机关不正当地行使权力。

（五）权力制约原则

（1）三个分离制度：

①调查人员与决定人员的分离。

②决定罚款的机关与收缴罚款的机构分离。

③听证主持人与调查人员的分开。

（2）当场处罚的备案制度。

（3）政府的监督与当事人的申诉和检举相结合，加强了对处罚权的制约。

第二节 行政处罚的种类与设定

行政处罚的设定权涉及法律文件制定主体的级别及权限、相对人的违反行政法义务的行为和行政处罚的罚则形式三个方面的问题。

表9-9 行政处罚的设定、种类与性质

设定权属			种类（罚则）	性质
		—	行政拘留、劳动教养（已废止）、驱逐出境	人身罚
法律	行政法规	地方性法规	吊销企业营业执照（效力终止）	行为罚
			吊销许可证（效力终止）	
			责令停产停业（效力终止）	
			没收违法所得、工具、违禁品、标的	财产罚
		规章 部门规章 地方政府规章	罚款	
			警告、通报（要式行为）	申诫罚

【注意】暂扣驾驶执照（许可证）若为程序之目的，是行政强制措施；吊扣许可证或驾驶执照为实体结论，则是行政处罚。

一、关于人身自由罚

（一）行政拘留

仅公安机关实施，法律绝对保留的事项。

（1）限制加重原则。

合并执行不得超过20日。

（2）违反治安管理行为人有下列情形之一，不执行行政拘留处罚：

①已满14周岁不满16周岁的。

②已满16周岁不满18周岁，初次违反治安管理的。

③70周岁以上的老年人。

④怀孕或者哺乳自己不满1周岁婴儿的妇女。

（3）界定。

①行政拘留不属于限制人身自由的行政强制措施，而属于行政处罚。

②人民法院在行政诉讼中排除妨碍诉讼行为的司法拘留属于强制措施。

③刑事拘留是刑事强制措施，行政拘留是行政处罚。

（二）限期出境或驱逐出境

限期出境不对违法行为人采取强制措施。

驱逐出境则可以对当事人采取强制带离等强制措施。

1. 规则

（1）仅限于外国人。

（2）属于附加处罚，应当在处以警告、罚款、拘留的同时附加适用。

2. 界定

驱逐出境的决定是行政处罚，但将其付诸实践的行为是行政强制执行。

二、行为能力罚

（一）责令停产停业

是附期限的行政处罚，属于行政许可的中止，是暂时使许可证失去法律效力，经整改符合要求的，无需重新进行申请许可就可恢复其权利；期限届满未达到整改目标的，则有可能导致吊销许可证或营业执照的后果。

（二）吊销许可证

许可证可能是法人或非法人组织所享有的，如电影拍摄许可证；也可能是公民或自然人所享有的，如律师执业资格证。

行使处罚权主体是许可证颁发机关，是对许可证效力的终止而非中止，是对许可证持有人某一单项行为能力的废止，不涉及该许可证享有组织的主体资格。

（三）吊销企业营业执照

（1）中央一级的法律、行政法规才能创设吊销企业营业执照这一罚则，地方性法规无权创设。

（2）撤销和吊销：撤销针对的是从行政行为成立时就包含违法因素，不该颁发许可证和执照；吊销针对的是发证环节没问题，由于许可证持有人日后重大的违法行为使许可机关认为不足以再让其持有许可证的，向后失去许可证法律效力的行政行为。

（3）除行政应急状态下，属地管辖的人民政府有权实施责令停产停业、吊销许可证和营业执照外，常态下应由证照法定的颁发机关吊销和责令停产停业。

三、财产罚

（一）没收

没收对象有以下四类：

（1）非法所得，指行为人从事非法活动赚取的收入。

（2）违禁品，指管制刀具、非法印刷品、淫秽物品等。

（3）实施违法行为的工具，如用于赌博的赌具等。

（4）相关的物品、违法涉及的标的物，如未经许可下海捕捞的鱼虾。

（二）罚款

（1）区别于人民法院判处附加刑的罚金和对实施妨碍诉讼行为的诉讼参与人的罚款。

（2）不同于间接行政强制执行的执行罚。

（3）是公安机关最常用的治安管理处罚形式。《治安管理处罚法》增加了500和1 000元两个档次的罚款，500元以下罚款可以由派出所决定。

对以上这两项财产罚没所取得标的物一律上缴国库，任何人不得私分或变相私分，截留或变相截留。

四、申诫罚

申诫罚即警告。

（1）施加的是对相对人精神或心理上的压力，不涉及相对人实际物质利益上的减少。

（2）是要式行为，需要制作处罚决定书，但一旦送达或公布即相对人知悉其内容即发生法律效力，不需要相对人的履行和实际执行。

治安处罚中公安机关的警告可以由治安派出所决定。

五、其他处罚的设定

除上述处罚种类之外,只有法律、行政法规才有权规定上述行政处罚种类和形式之外的处罚形式,地方性法规、部门规章和地方政府规章都无权设定新的处罚种类。

第三节 行政处罚的实施主体、管辖与适用

一、实施主体

（一）行政机关

（1）行政处罚由具有行政处罚权的行政机关在法定职权范围内实施。

（2）处罚权的合并与转移。

国务院或经国务院授权的省、自治区、直辖市人民政府可以决定一个行政机关行使有关行政机关的行政处罚权,但限制人身自由的行政处罚权只能由公安机关行使。

县政府无权成立综合执法大队而将原属于其他机关的行政处罚权合并与转移。

（二）法定授权的组织

1. 条件

（1）该组织具有管理公共事务的职能。

（2）法律、法规的明确授权。

（3）在法定授权范围内行使行政处罚权。

2. 特征

（1）以自己的名义实施行政处罚。

（2）以自己的名义参加行政复议、行政诉讼,并承担相应的法律后果。

（三）行政机关委托的组织

1. 受委托组织的条件

（1）必须是依法成立的具有公共管理职能的事业单位。

（2）该组织有熟悉有关法律、法规、规章和业务的工作人员;如果需要对违法行为进行技术检查或者技术鉴定的,应当具备相应的检查或鉴定的条件。

2. 行政机关实施委托的条件

（1）具有法律、法规或者规章的依据。

（2）委托事项必须在该行政机关的法定权限以内。

（3）对被委托组织实施行政处罚的行为进行监督。

（4）对被委托组织实施行政处罚的行为后果承担法律责任。

3. 受委托组织的行为规则

（1）以委托行政机关的名义实施行政处罚。

（2）实施行政处罚不得超出委托范围。

（3）不得再（转）委托其他任何组织或者个人实施行政处罚。

二、行政处罚的管辖与适用

（一）管辖

1. 级别管辖

县级以上人民政府有处罚权的行政机关管辖。

乡、镇政府级的治安、税务派出所等没有处罚权,但法律、行政法规（不含地方性法规）另有规定的除外。

2. 地域管辖

原则上为违法行为发生地（或发现地）的行政机关管辖,属地主义。

（二）应受处罚行为的构成要件

行政处罚通常不考虑主观要件,只以结果论。

以下条件须同时具备,缺一不可：

（1）必须确已实施了违法行为。

（2）违法行为具有违反行政法规范的性质。

（3）实施违法行为的主体是具有责任能力的公民、法人或者其他组织。

(4)依法应当受到处罚。

(三)适用规则

1. 责令改正

责令改正或者限期改正违法行为不是处罚。是以行政行为为载体,责令当事人承担的民事责任。

2."一事不二罚"

行政处罚是结论,结论应当是唯一的,不能对当事人的同一行为有两个结论。

对当事人的同一违法行为一个行政机关罚款后,排斥该机关的第二次罚款,也排斥另一机关的第二次罚款。否则,当事人有权抗辩。

对第二次罚款提起行政诉讼,法院应以适用法律错误撤销后一个罚款行为,原因是立法上的竞合。

(四)决定处罚的裁量情节

1. 不予处罚的情节

(1)不满14周岁的人有违法行为的。

(2)精神病人在不能辨认或者不能控制自己行为时有违法行为的。

(3)违法行为轻微并及时纠正,没有造成危害后果的。

2. 从轻或者减轻处罚的情节

(1)主动消除或者减轻违法行为危害后果的。

(2)受他人胁迫有违法行为的。

(3)配合行政机关查处违法行为有立功表现的。

(4)其他应依法从轻或者减轻处罚的。

(五)行政处罚折抵刑罚

1. 人身权的折抵

先行行政拘留的折抵徒刑、拘役。

2. 财产权的折抵

先行罚款的折抵相应的刑罚罚金。

(六)追究(溯)时效

(1)行政处罚的一般追诉时效为2年,2年内未被发现的不予处罚。这里的"发现"指:

①对违法行为只要启动调查、取证和立案程序即为发现。

②群众举报后被认定属实的,以举报时间为准。

(2)关于行政处罚追诉时效的起算点。原则上从违法行为发生之日起计算。

以下两种情况从行为终了之日起计算。

①"连续状态"属多个行为:当事人基于一个违法故意、违反同一个规定、连续实施数个独立行为。三个条件同时具备才属于"连续状态"。

②"继续状态"是一个行为,处于持续不断的状态,如非法持有管制刀具、违法占地等。所以对于未经批准而建造的不动产,虽建房行为在3年前,但何时发现何时处罚。

(3)法律另有规定的除外。

目前规定追溯时效的单行法律有两个:

①《治安管理处罚法》规定的6个月。

②《税收征收管理法》规定的一般3年,特殊情况可以延长至5年(但税款追缴即行政征收没有时限,即何时发现何时可责令补税,只是不能处罚)。

第四节　行政处罚的决定程序

一、一般规则

在简易程序和一般程序中均应遵循的规定。

(1)公民、法人或者其他组织违反行政管理秩序的行为,依法应当给予行政处罚的,行政机关必须查明事实;违法事实不清的,不得给予行政处罚。

(2)行政机关在作出行政处罚决定之前,应当告知当事人作出行政处罚决定的事实、理由及依据,并告知当事人依法享有的权利。

(3)当事人有权进行陈述和申辩。行政机关必须充分听取当事人的意见,对当事人提出的事实、理由和证据,进行复核;当事人提出的事实、理由或者证据成立的,行政机关应当采纳。行政机关不得因当事人的申辩而加重处罚。

行政机关不告知当事人作出行政处罚决定的事实、理由及依据;或者拒绝听取当事人的陈述与申辩的,行政处罚不能成立。

二、简易程序

（一）特点

时间较短;可由执法人员一人实施处罚。

（二）适用条件

(1)违法事实清楚、法定依据明确。

(2)处罚种类和幅度分别是对公民处以 50 元（治安和交通处罚已变更为 200 元）以下罚款、对法人或者其他组织处以 1 000 元以下的罚款或者警告。

（三）简易程序的内容

(1)表明公务身份,向当事人出示执法身份证件。

(2)认定事实,制作现场笔录。

(3)告知与听取意见,向当事人说明处罚的事实、理由和依据并听取其陈述与申辩。

(4)制作处罚决定书,填写预定格式、编有号码的处罚决定书。

(5)送达,将处罚决定书当场交付当事人。

(6)备案,回所属机关登记备案（人民警察应在 24 小时内）。

三、一般程序

（一）调查取证

(1)收集书证、物证、视听资料等实物证据。

(2)证人自书证言与调查笔录、询问笔录、访问笔录。

执法人员取证不合法的,庭审时不被法院采信。

(3)依法进行的检查、勘验并制作相应的笔录。

(4)遇到专门性问题超出常识水平,应请专门的人或机构进行专门的检验鉴定。应请法定的鉴定机构,但对鉴定结论负责的是鉴定人个人。

(5)可以采取随机抽样取证的方法取证。

(6)可以采取证据保全措施。先行登记保存,7 日内及时处理。

（二）行政处罚决定

1.作出处罚主体的种类。

(1)独任制:主管负责人审批。

(2)合议制:行政机关集体讨论。对情节复杂或者重大违法行为给予较重的行政处罚,行政机关的负责人应当集体讨论决定。

2.四个实体结论

(1)给予处罚的决定,确有应受处罚的违法行为的。

(2)不予处罚的决定,违法行为轻微及时纠正,没有造成危害后果的,依法可以不予处罚。

(3)违法事实不成立,依法不处罚的决定。

(4)移送的决定,违法行为涉嫌构成犯罪的,移送司法机关。

3.处罚决定的送达

在 7 日内送达处罚决定书。

四、听证程序

听证是一般程序中的一个阶段,在调查终结以后、作出决定之前。

具体内容以及与行政许可中的听证程序之比较见表 9-10:

表 9-10　行政许可与行政处罚听证程序比较

	行政许可	行政处罚
启动	(1)法定及涉及公益的依职权。 (2)依申请。	(1)针对责令停产停业、吊销许可证或执照、较大数额罚款等。 (2)依申请。
期限	申请人、利害关系人被告知权利起5日内提出申请,行政机关20日内组织听证。	当事人被告知权利起3日内提出申请。
方式	公开进行。	除涉及国家秘密、商业秘密、个人隐私外,公开进行。
主持人	非该申请审查人员主持,可申请回避。	非本案调查人员主持,可申请回避。
出席		可亲自参加,也可委托1～2人代理。
笔录的效力(是否确立案卷排他)	行政机关应当根据听证笔录,作出行政许可决定。	(未规定)
费用	申请人、利害关系人不承担。	由组织听证的行政机关承担,当事人不承担。

第五节　行政处罚的执行程序

一、原则

当事人应在处罚决定的期限内予以全面履行。

二、关于罚款的履行和强制执行

(1)罚缴分离。
(2)履行缴纳罚款的期限。
被处罚人应在15日内交到指定银行。
(3)可以当场收缴的罚款有:
①20元以下的罚款。
②不当场收缴事后难以执行的(执法人员自由裁量)。
③当事人事后缴纳确有困难,经当事人申请,执法人员也可以当场收缴。
④当场收缴罚款,执法人员必须出具省级财政部门统一印发的收据,否则当事人可以拒绝缴纳。
(4)当事人可以申请分期、暂缓缴纳。
(5)间接强制执行。
如当事人到期不缴纳罚款的,行政机关可以每日加收3%的罚款(《行政强制法》规定不超过本金)。这一规定赋予我国所有具有罚款处罚权的行政机关都具有了间接强制执行权(执行罚)。

三、单行法规定的对财产的执行权

依法将查封、扣押的财产拍卖,或者将冻结的存款划拨。
查封、扣押、冻结是行政强制措施;拍卖、划拨才属于行政强制执行措施。

四、申请人民法院予以强制执行

行政机关申请法院执行即非诉案件的执行,人民法院与行政机关之间是公务协助关系,但在行政诉讼中则是监督与被监督的关系。

表 9–11　行政处罚的决定与执行

	简易程序	普通程序
适用条件	（1）违法事实确凿并有法律依据。 （2）对公民 50 元（治安处罚已为 200 元）以下、对组织 1 000 元以下罚款或者警告。	
决定程序	可当场作出决定，须报所属机关备案（治安处罚 24 小时内备案）。	执法人员不得少于 2 人。
交付期限	处罚决定书当场交付。	当事人不在场的，应当在 7 日内送达处罚决定书。
收缴罚款	（1）"罚执分立""收支两条线"。 （2）当事人应当自收到决定书之日起 15 日内到指定银行缴款。 （3）执法人员当场收缴的罚款，应自收缴之日起 2 日内交至行政机关；在水上当场收缴的罚款，应自抵岸之日起 2 日内交至行政机关；行政机关应在 2 日内将罚款交付指定银行。	
	20 元以下罚款或者不当场收缴事后难以执行的，可当场收缴。	边远、水上、交通不便地区，当事人向指定银行缴款确有困难的，经当事人提出，可当场收缴。

第六节　治安管理处罚

一、种类

（1）警告。
（2）罚款。
（3）行政拘留。
（4）吊销公安机关发放的许可证。
（5）附加处罚：限期出境或驱逐出境。

二、违反治安管理的行为及其处罚

违反治安管理的行为包括四大类：扰乱公共秩序的；妨害公共安全的；侵犯人身权利、财产权利的；妨害社会管理的。

三、治安处罚程序

（一）调查程序

（1）受理。
公安机关认为不属于违反治安管理行为的，应当告知报案人、控告人、举报人、投案人，并说明理由。
（2）保密与回避制度。
（3）传唤制度。

询问查证的时间不得超过 8 小时，并应及时将传唤的原因和处所通知被传唤人家属。
无正当理由不接受传唤或者逃避传唤的人，可以强制传唤。
（4）严禁非法取证。
以刑讯逼供或者采用威胁、引诱、欺骗等非法手段收集的证据不得作为处罚的根据。
（5）检查的程序。
检查时，警察不得少于 2 人；必须出示工作证件和县级以上人民政府公安机关开具的检查证明文件。
检查妇女的身体，应当由女性工作人员进行。

（二）决定程序

1. 决定权限
治安处罚由县级以上人民政府公安机关决定；警告和 500 元以下的罚款可以由公安派出所决定。

2. 简易程序
事实清楚、证据确凿，作出警告或者 200 元以下罚款的，可以当场作出治安管理处罚决定。

3. 限定结案期限

自受理之日起不得超过30日;案情重大、复杂的,经上一级公安机关批准,可以延长30日。鉴定的期间不计入内。

4. 折抵

行政拘留前先行采取行政强制措施的(如传唤、留置盘查),一日折抵一日。

5. 送达文书

公安机关应当向被处罚人宣告治安管理处罚决定书,并当场交付被处罚人;无法当场向被处罚人宣告的,应当在2日内送达被处罚人;有被侵害人的,公安机关应当将决定书副本抄送被侵害人。

6. 听证条件

公安机关作出吊销许可证以及处2 000元以上罚款的治安管理处罚决定前,应当告知违反治安管理行为人有权要求举行听证;违反治安管理行为人要求听证的,公安机关应当及时依法举行听证。

7. 申诉途径为选择式

当事人可在60日内申请复议,或在3个月内提起行政诉讼。但不停止处罚执行。在复议、诉讼期间具体行政行为的效力依然存在,是处在确定状态的。

(三) 执行程序

1. 拘留的强制执行

对被决定给予行政拘留处罚的人,由作出决定的公安机关送达拘留所执行。

2. 拘留的担保人与保证金

被处罚人不服行政拘留决定的,可以向公安机关提出暂缓执行行政拘留的申请。公安机关认为暂缓执行行政拘留不致发生社会危险的,由被处罚人或者其近亲属提出担保人,或者按每日行政拘留200元的标准交纳保证金,行政拘留的处罚决定暂缓执行。

3. 罚款的执行

受到罚款处罚的人应当自收到处罚决定书之日起15日内,到指定的银行缴纳罚款。

第七章 行政强制

第一节 行政强制法概述

一、概念、特点

行政强制指行政主体为达到行政目的,依据法定职权和程序作出的对相对人的财产、人身及行为产生强制力的单方行为的总称。

行政强制由行政强制措施、行政强制执行组成。

(1) 行政强制措施指行政机关在行政活动中,为制止违法行为、防止证据损毁、避免危害发生、控制危险扩大等情形,依法对公民的人身自由或者对公民、法人或者其他组织的财产实施暂时性控制的具体行政行为。

(2) 行政强制执行指行政机关或者行政机关申请人民法院,对不履行行政决定的公民、法人或者其他组织,依法强制其履行义务的具体行政行为。

(3) 共性。

①职权的法定性,行政强制职权必须来自法律、法规的明确授权。

②目的多重性以及由此决定的种类的多样性。行政强制的采取可以是为了预防、避免违法行为或不利后果、危险状态的

发生,也可以是为了控制违法行为、不利后果和危险状态的蔓延与扩大,还可以是为了调查取证和执行的便利,最重要的是实现为其他行政决定具体行政行为所确定的义务状态。

③所采取行为具有的强制性。

④针对对象的广泛性,既可以对作为相对人的公民的人身自由进行暂时的限制,也可以对作为相对人的法人或者其他组织及公民的财产,包括经营行为进行强制。

(4)差异。

①法定理由不同。行政强制措施实施的法定理由是为制止违法行为、防止证据损毁、避免危害发生、控制危险扩大等情形;而行政强制执行的实施是基于行政相对人拒绝履行行政决定设定的义务。

②范围不同。

③公民权益影响程度不同。

④法定种类、方式上不同。行政强制措施主要有限制人身自由和限制财产流通两大类;行政强制执行的方式主要有强制划拨存款或汇款、强制拍卖或变卖财产、代履行、加处罚款或滞纳金等。

⑤对证据掌握的程度不同。行政强制措施只要有初步证据就可以采取,只要主管行政机关发现行政相对人有违法的端倪、嫌疑就可以采取;但行政强制执行的实施则必须建立在充分、确凿的证据基础之上。

⑥所处的行政程序阶段不同。行政强制措施往往是行政处罚的前置阶段和前置程序;行政强制执行则通常是行政程序的最后一个阶段,是其终点。

二、调整对象、适用范围

(一)行政强制措施

"暂时性控制"使之处在确定状态是行政强制措施的本质特征。

特点:法定性、程序性、中间性、临时性、期限性、可解除性、对权利的限制性、证据的初步性、可诉性。

1. 限制人身自由的行政强制措施

必须有"法律"作为依据,行政法规、地方性法规、规章等都无权设定。

(1)留置盘问。

时间最多不超过 24 小时,特殊情况下经县级以上公安机关批准可以延长至 48 小时,并应当留有盘问记录。

留置盘问后可能发现犯罪行为而引起刑事拘留或逮捕的刑事诉讼程序;也可能导致行政拘留的行政处罚程序。

(2)传唤。

一般期限为 8 小时。无正当理由不接受传唤或逃避传唤的,公安机关可以强制传唤。

(3)管束或约束身体。

公安机关对醉酒的人必要时可以使用约束带将其约束至酒醒。

(4)扣留。

在海关监管区和海关附近沿海沿边地区,对走私嫌疑人经关长批准可以对其扣留 24 小时,在特殊情况下,可以延长至 48 小时。

如有证据认为其构成犯罪的,海关必须将其移送有管辖权的司法机关。

(5)强制隔离戒毒。

(6)收容教育。

对卖淫嫖娼人员由公安机关收容教育。

(7)强制收治。

卫生行政部门及医疗保健机构有权根据传染病防治法规定对甲类传染病人和病原携带者以及乙类传染病中的部分传染病病人予以强制治疗。

(8)强制医学留观。

针对疑似病人,由公安机关协助执行。

(9)强制隔离。

对密切接触者予以强制隔离。

典型的如"非典"期间,北京市人民政

府紧急通知授权区县卫生行政主管部门可以划定隔离区域。这里的卫生机构属于行政法上法定授权的组织,具有行政主体资格,其实施的隔离与治疗措施属于具体行政行为的行政强制措施。

(10)禁闭。

《海商法》规定:为保障在船人员和船舶的安全,船长有权对在船上进行违法、犯罪活动的人采取禁闭或者其他必要措施,并防止其隐匿、毁灭、伪造证据。

(11)拘留审查、限制活动范围。

《出境入境管理法》规定:当场盘问、继续盘问、拘留审查、限制活动范围、遣送出境措施。

上述限制人身自由的行政强制措施除(4)扣留、(9)强制隔离、(10)禁闭是非公安机关实施的以外,其余的均由公安机关实施。

2. 限制财产流通的行政强制措施

(1)查封场所、设施或者财物。

(2)扣押财物。

(3)冻结存款、汇款。

(4)其他限制财产流通的行政强制措施,如收缴。

(二)行政强制执行

1. 特点

(1)以行政相对人逾期不履行义务为前提。

相对人不履行义务必须有主观上的故意,即有履行能力而故意不履行或拒绝履行;有正当理由不能履行义务的,不能适用行政强制执行。

(2)目的是使其他具体行政行为确定的义务得以实现。

(3)根据是生效的行政决定或称具体行政行为。

(4)主体既指行政机关,也指行政机关申请人民法院予以的执行。

(5)行政机关可以在不损害公共利益和他人合法权益的情况下,与当事人达成执行协议。执行协议可以约定分阶段履行;当事人采取补救措施的,可以减免加处的罚款或者滞纳金。当事人不履行执行协议的,行政机关应当恢复强制执行。

2. 间接强制

(1)加处罚款或滞纳金。

必备要件:

①适用于必须由本人履行、他人无法替代的义务,包括作为义务和不作为义务。

②数额必须由法律、法规明文规定,执行机关不得自行设定。法律、法规只规定幅度的,执行机关可在幅度范围内行使自由裁量权,根据具体情况确定数额,以能促使义务人履行义务为限。

③加处罚款或滞纳金按日计算,从义务人履行义务的期限届满之日起,直至义务人履行义务止。

(2)代履行。

指义务人不履行可由第三人代为履行的义务时,由第三人代为履行并向义务人征收必要费用的强制执行措施。如拆除违章建筑时,行政机关可先请人代为拆除,再由义务人支付费用。

必备条件:

①是作为义务,如拆除违章建筑。

②义务人在法定期限内故意不履行义务。

3. 直接强制

直接强制的适用有非常严格的条件:

①法律明确授权。

②穷尽间接强制方式。

③严格贯彻适度原则。

直接强制的方式(强制执行方式限于"法律"的规定,包括对财产、对行为以及对人身的强制执行方式):

①划拨存款、汇款。

②拍卖或者依法处理查封、扣押的场所、设施或者财物。

③排除妨碍、恢复原状。

④其他强制执行方式。

4. 我国享有行政强制执行权的行政机关及其种类

（1）所有有罚款权的机关都有加处3%执行罚的间接强制执行权,加处罚款或滞纳金的金额不得超过本金。

（2）任何机关都享有代履行的间接强制执行权。

表9-12 强制执行主体及执行措施

主体	强制执行措施
公安	强制传唤；强制拘留；强制带离现场；遣送出境；强制带离（《集会游行示威法》第27条、《治安管理处罚法》第24条；《出入境管理法》第62、77条）
工商（市场监管）	强制划拨和拍卖
税务	强制拍卖、扣缴（《税收征收管理法》第40条）
外汇管理	强制收兑
金融（人民银行）、审计、财政	划拨存款
海关	强制抵缴、变卖（《海关法》第93条）
专利局	强制他人许可使用专利
质监局	强制检定计量器具
社会保险费征收机构	拍卖
县级人民政府	强制服兵役（《兵役法》第61条）；强制拆除建设工程（《城乡规划法》第68条）

（三）行政强制适用的除外

（1）应对突发事件的应急措施或者临时措施不适用。

（2）行政机关采取金融业审慎监管措施（限制分红、限制资产转让、限制股东转让股权、阻止直接责任人出境和禁止其处分财产权利等）和进出境货物强制性技术监控措施不适用。

三、立法原则

（一）依法原则,或称行政强制合法原则

（1）按照法定的权限、范围、条件和程序设定行政强制。

①有权设定行政强制的只有法律、行政法规和地方性法规（其中行政强制执行只能由法律设定）,规章和其他规范性文件都没有设定行政强制的权限。

②有权设定行政强制的机关必须按照《立法法》《行政强制法》等法律的规定设定行政强制。

③法律对行政强制措施的对象、条件、种类作了规定的,行政法规、地方性法规不得作出扩大规定。

（2）按照法定的权限、范围、条件和程序实施行政强制。

（二）行政强制适当原则

（1）设定适当。

（2）实施适当。

多种强制手段都可以实现行政目的的,应当选择对当事人损害最小的方式。

（三）教育与强制相结合的原则

行政机关作出强制执行决定前,应当事先以书面形式催告当事人履行义务。

（四）禁止滥用原则,或称不得谋利原则

（1）不得使用被查封、扣押的财产。

（2）妥当保管,不得使用或者毁损；造

成损失的,应当承担赔偿责任。

(3)不得收取保管费,因查封、扣押发生的保管费用由行政机关承担。

(4)收支两条线。

(5)合理确定代履行费用。

(五)救济与赔偿原则,也称权利保障原则

(1)陈述权、申辩权。未经行政相对人行使陈述权、申辩权,行政行为的程序往往不具有正当性。

(2)申请行政复议、提起行政诉讼和行政赔偿请求权(属于具体行政行为即可纳入《国家赔偿法》规定的国家赔偿的范围)。

(3)请求司法赔偿。人民法院在强制执行中有违法行为或者扩大强制执行范围受到损害的,属于司法赔偿。

第二节 行政强制的设定

一、行政强制措施的设定权

(一)创设权

(1)原则上行政强制措施由法律设定。

(2)行政法规的设定权:尚未制定法律,且属于国务院行政管理职权事项的,行政法规可以设定除限制人身自由,冻结存款、汇款以及应当由法律规定的行政强制措施以外的其他行政强制措施。

(3)地方性法规的设定权:尚未制定法律、行政法规,且属于地方性事务的,地方性法规可以设定查封场所、设施或者财物和扣押财物的行政强制措施。

(4)设定权的限制:法律、法规以外的其他规范性文件不得设定行政强制措施。

(二)规定权及其限制

法律对行政强制措施的对象、条件、种类作了规定的,行政法规、地方性法规不得作出扩大规定。

法律中未设定行政强制措施的,行政法规、地方性法规不得设定行政强制措施。

但是,法律规定特定事项由行政法规规定具体管理措施的,行政法规可以设定除限制人身自由、冻结存款、汇款以及应当由法律规定的行政强制措施以外的其他行政强制措施。

二、行政强制执行的设定权

行政强制执行只能由法律设定,实行法律绝对保留。行政法规、地方性法规、规章均无权设定行政强制执行。

法律没有规定行政机关强制执行的,作出行政决定的行政机关应当申请人民法院强制执行。

表9-13 行政许可、处罚、措施、执行设定权一览表

	法律	行政法规	地方性法规	规章
行政许可	经常性许可	经常性与无期限的非经常性许可	经常性许可	(省级)期限1年的非经常性许可
行政处罚	所有种类,限制人身自由绝对保留	限制人身自由除外	除限制人身自由+吊销企业营业执照外的处罚	警告+罚款(小额=1000元)
行政强制措施	所有(限制人身自由及冻结存款、汇款的绝对保留)	除法律绝对保留外	仅查封、扣押	无权
行政强制执行	所有强制执行方式均为绝对保留	无权	无权	无权

三、行政强制设定程序制度

(一) 听取意见、说明理由制度

应当采取听证会、论证会等形式听取意见,并向制定机关说明设定该行政强制的必要性、可能产生的影响以及听取和采纳意见的情况。

(二) 评价制度

1. 设定评价

行政强制的设定机关应当定期对其设定的行政强制进行评价;对已设定的行政强制,认为不适当的,应当对设定该行政强制的规定及时予以修改或者废止。

2. 实施评价

行政强制的实施机关可以对已设定的行政强制的实施情况及存在的必要性适时进行评价,并将意见报告该行政强制的设定机关。

3. 公众评价

公民、法人或者其他组织可以向行政强制的设定机关和实施机关就行政强制的设定和实施提出意见和建议。有关机关应当认真研究论证,并以适当方式予以反馈。

第三节 行政强制措施实施程序

一、一般规定

(一) 实施主体

(1) 由行政机关实施。

(2) 在法律、法规规定的职权范围内实施。

(3) 特定情况下,法律、行政法规授权的组织也享有行政强制措施的实施权。

(4) 实施权不得委托。

(5) 实施权的集中行使。

(6) 必须由行政机关具备资格的行政执法人员实施。

(二) 一般实施程序

(1) 实施前须向行政机关负责人报告并经批准。

(2) 由 2 名以上行政执法人员实施并出示执法身份证件。

(3) 应当通知当事人到场。当事人不到场的邀请见证人到场。

(4) 当场告知当事人采取行政强制措施的理由、依据以及当事人依法享有的权利、救济途径。

(5) 执法人员听取当事人的陈述和申辩。

(6) 现场笔录由当事人和行政执法人员签名或者盖章。当事人拒绝的,在笔录中予以注明;当事人不到场的,由见证人和行政执法人员签名或者盖章。

(7) 法律、法规规定的其他程序。

(三) 两类特殊情况下的法定程序要求

(1) 针对当场实施行政强制措施的特殊要求:

情况紧急,需要当场实施行政强制措施的,行政执法人员应当在 24 小时内向行政机关负责人报告,并补办批准手续。行政机关负责人认为不应当采取行政强制措施的,应当立即解除。

(2) 针对实施限制公民人身自由的行政强制措施的特殊要求:

①行政机关依照法律规定实施限制公民人身自由的行政强制措施,应当当场告知或者实施行政强制措施后立即通知当事人家属实施行政强制措施的行政机关、地点和期限。

②行政执法人员在紧急情况下当场采取限制人身自由的行政强制措施的,应当在返回行政机关后,立即向行政机关负责人报告并补办批准手续。

二、查封、扣押

(一) 决定主体及理由

(1) 应当由法律、法规规定的行政机关实施,其他任何行政机关或者组织不得实施。

(2)查封、扣押的法定情形：

①发现违禁物品。

②防止证据损毁。

③防止当事人转移财物,逃避法定义务。

④在生产经营场所发现涉嫌违法的行为或者违禁物品；

⑤其他。

(3)禁止情形。

①不得查封、扣押与违法行为无关的场所、设施或者财物。

②不得查封、扣押公民个人及其所扶养家属的生活必需品。

③不得重复查封。

(二)决定程序

应当履行行政强制法规定的程序,制作并当场交付查封、扣押决定书和清单。

决定书载明下列事项：

(1)当事人的姓名或者名称、地址。

(2)查封、扣押的理由、依据和期限。

(3)查封、扣押场所、设施或者财物的名称、数量等。

(4)申请行政复议或者提起行政诉讼的途径和期限。

(5)行政机关的名称、印章和日期。

当场向当事人交付查封、扣押清单。一式二份,由当事人和行政机关分别保存。

(三)查封、扣押期限

(1)一般期限为30日。

(2)延长期限：情况复杂的,经行政机关负责人批准,期限可以延长30日。

(3)除外期间：不包括检测、检验、检疫或者技术鉴定的期限。

(四)对查封、扣押财物的保管和处理

1.保管主体及责任

(1)不得使用或者损毁；造成损失的应当承担赔偿责任。

(2)行政机关可以委托第三人保管,第三人不得损毁或者擅自转移、处置；因第三人的原因造成的损失,行政机关先行赔付后,有权向第三人追偿。

(3)保管费用由行政机关承担。

2.先行处理

(1)先行处理的物品必须是易腐烂、变质等不易保存的物品,如鲜活动植物、临近保质期的食品。

(2)必须有法律、法规的依据。

(3)报本机关主要负责人批准。

(五)非法财物的处理

非法财物包括：当事人非法占有的财物；财物虽系当事人所有,因被用于非法活动而被没收；违禁品。

处理方式：

①销毁；

②按照国家规定公开拍卖；

③按照国家有关规定处理。

(六)解除查封、扣押的情形

(1)当事人没有违法行为。

(2)查封、扣押的场所、设施或者财物与违法行为无关。

(3)行政机关对违法行为已经作出处理决定,不再需要查封、扣押。

(4)查封、扣押期限已经届满。

(5)其他不再需要采取查封、扣押措施的情形。

三、冻结

(一)实施主体

(1)只有法律才能授权行政机关(或者具有管理公共事务职能的组织)实施冻结存款、汇款的行政强制措施。

(2)不得委托其他行政机关或者组织实施冻结存款、汇款。

(二)程序

应当履行行政强制法规定的程序,并

向金融机构交付冻结通知书;3日内向当事人交付冻结决定书。

冻结决定书应当载明下列事项:
(1)当事人的姓名或者名称、地址;
(2)冻结的理由、依据和期限;
(3)冻结的账号和数额;
(4)申请行政复议或者提起行政诉讼的途径和期限;
(5)行政机关的名称、印章和日期。

(三)期限

(1)自冻结存款、汇款之日起30日内,行政机关应当作出处理决定或者作出解除冻结决定。

(2)延长期限:情况复杂的,经行政机关负责人批准,可以延长,但是延长期限不得超过30日。法律另有规定的除外。

(四)解除冻结的法定情形

(1)当事人没有违法行为。
(2)冻结的存款、汇款与违法行为无关。
(3)行政机关对违法行为已经作出处理决定,不再需要冻结。
(4)冻结期限已经届满。
(5)其他。

(五)冻结推定失效

期限届满,行政机关逾期未作出处理决定或解除冻结决定的,金融机构应当自冻结期满之(次)日起解除冻结。

(六)遵循的原则

(1)适当性原则,冻结存款、汇款的数额应当与违法行为涉及的金额相当。
(2)不得重复冻结原则。

【注意】金融机构不得在冻结前向当事人泄露信息、不得拖延。

第四节 行政机关强制执行程序

一、一般规定

行政机关依法作出行政决定后,当事人在行政机关决定的期限内不履行义务的,具有行政强制执行权的行政机关依法强制执行。

特点:
(1)执行依据是已经生效的行政决定。
(2)行政决定具有可执行内容。
(3)当事人在行政决定要求的或者合理的履行期限内无正当理由不履行义务。
(4)行政机关依法享有就该事项的行政强制执行权。

(一)催告

以书面形式作出,并载明下列事项:
(1)履行义务的期限、方式。
(2)涉及金钱给付的,应当有明确的金额和给付方式。
(3)当事人依法享有的陈述权和申辩权。

(二)行政强制执行决定

以书面形式作出,并载明下列事项:
(1)当事人的姓名或者名称、地址。
(2)强制执行的理由、依据、方式和时间。
(3)申请行政复议或者提起行政诉讼的途径和期限。
(4)行政机关的名称、印章和日期。

(三)实施

(1)在文书送达后,行政机关根据执行内容、标的等,分别采取不同的强制执行措施。

(2)在强制执行实施过程中,如遇当事人或其他人妨碍,执行机关及其工作人员可以依法运用适当手段予以排除,但所运用手段的限度以排除妨碍为限,不得过度,更不能采用非法手段。

(3)不得在夜间或者法定节假日实施行政强制执行;但是,情况紧急的除外。

(4)不得对居民生活采取停止供水、供电、供热、供燃气等方式迫使当事人履行相关行政决定。

【注意】不能停水、电、热、气的对象不包括法人或者其他组织。

(5)但书:行政机关可以在夜间或者法定节假日作出立即强制执行决定或者决定立即实施代履行的情形:

①催告期间对有证据证明有转移或者隐匿财物迹象的。

②要立即清除道路、河道、航道或者公共场所的遗洒物、障碍物或者污染物,当事人不能清除的。

(四)中止执行与终结执行

(1)中止执行:

①当事人履行行政决定确有困难或者暂无履行能力的。

②第三人对执行标的主张权利,确有理由的。

③执行可能造成难以弥补的损失,且中止执行不损害公共利益的。

④行政机关认为需要中止执行的其他情形。

中止执行的情形消失后,行政机关应当恢复执行;对没有明显社会危害,当事人确无能力履行,中止执行满3年未恢复执行的,行政机关不再执行。

(2)终结执行:

①公民死亡,无遗产可供执行,又无义务承受人的。

②法人或者其他组织终止,无财产可供执行,又无义务承受人的。

③执行标的灭失的。

④据以执行的行政决定被撤销的。

⑤行政机关认为需要终结执行的其他情形。

(五)执行和解

执行和解是《行政强制法》的一大创新之处。

(1)可以约定分阶段履行。

(2)当事人采取补救措施的,可以减免加处的罚款或者滞纳金。

(3)执行协议应当履行,当事人不履行执行协议,行政机关应当恢复强制执行。

(六)行政强制执行回转

在执行中或者执行完毕后,据以执行的行政决定被撤销、变更,或者执行错误的,应当恢复原状或者退还财物;不能恢复原状或者退还财物的,依法给予国家赔偿。

(七)对违法建筑物等的强制拆除

(1)应当由行政机关予以公告,限期当事人自行拆除。

(2)当事人在法定期限内不申请行政复议或者提起行政诉讼,又不拆除的,行政机关可依法强制拆除。

(3)这种强制权并非对所有行政机关的普遍授权。

二、金钱给付义务的执行

(一)加处罚款或者滞纳金

(1)前提:当事人逾期不履行金钱给付义务。

(2)法律明确规定。

(3)行政机关应当将加处罚款或者滞纳金的标准告知当事人。

(4)总数额不得超出金钱给付义务的数额。

(5)实施加处罚款或者滞纳金超过30日,经催告当事人仍不履行的,具有行政强制执行权的行政机关可以强制执行。

(二)划拨存款、汇款

(1)只能由法律规定的行政机关决定。

(2)书面通知金融机构,金融机构接到通知后应当立即划拨。

法律规定以外的行政机关或者组织要求划拨当事人存款、汇款的,金融机构应当拒绝。

(三)拍卖

由行政机关委托拍卖机构依照拍卖法

的规定办理。

三、代履行

当事人不履行行政决定所确定的义务,而该义务又可以由他人代替履行时,行政机关自行或者委托第三人代替当事人履行,并由当事人承担履行义务所需费用的行政强制执行方式;

不作为义务、具有高度人身属性的义务和金钱给付义务,不能适用代履行。

(一)适用类型

(1)作为义务。

(2)应当是可由他人代为履行的,不具备高度的人身属性。

(二)法律授权模式

普遍授权模式,只要符合代履行的法定条件,所有行政机关都可以实施,而不仅限于具有行政强制执行权的行政机关。

(三)适用条件

(1)行政决定确定的当事人的义务是排除妨碍、恢复原状等义务。

(2)当事人在行政决定要求的履行期限内拒不履行该义务,或者没有能力履行。

(3)经催告,当事人仍不履行。

(4)当事人不履行义务的状态或者后果具有现实的或者必然的危害性。

(5)有法律的明确规定。

(四)即时代履行

需要立即清除道路、河道、航道或者公共场所的遗洒物、障碍物或者污染物,当事人不能清除的,行政机关可以决定立即实施代履行;当事人不在场的,行政机关应当在事后立即通知当事人,并依法作出处理。

第五节 申请人民法院强制执行

即非诉行政案件的执行,见本编第十七章第二节。

第八章 行政合同与行政给付

第一节 行政合同

一、概念

指行政机关为实现公共利益或者行政管理目标,在行使行政职权过程中与行政相对人协商订立的具有行政法上权利、义务内容的协议,亦称行政协议。

(一)种类

(1)政府特许经营合同。

(2)国有土地及其他国有自然资源使用权出让合同。

(3)土地、房屋等征收、征用补偿合同。

(4)政府与社会资本合作项目(PPP)。

(5)清洁生产协议。

(6)政府投资的保障性住房的租赁、买卖等合同。

(7)其他合同。

(二)特征

(1)主体是行政机关。

(2)内容是对行政方当事人自由的限制、公益权与经济补偿的平衡。

(3)双方当事人承担更多的公法责任。

二、基本制度

(一)订立和效力

(1)缔约能力:行政当事人应当具有相应的权利能力和行为能力。

(2)形式:应当依法决定,基本排除当事人之间的自由约定。原则上采用书面形式。

(3)内容:由当事人约定。行政机关不得超越其权限并符合法律授权目的,对方当事人有对此给予特别注意的义务。主要条款除遵循民事合同法的规定外,国家行政主管部门可以依法作出规定。

(4)订立方式:遵守要约、承诺规则,原则上应当依法采用招标或者其他竞争性的方式。

(5)效力:自成立时生效。法律、行政法规规定应当经批准、登记、备案等手续生效的,依照其规定。

(二)无效

(1)行政机关超越法定职权订立的。

(2)依据无效的具体行政行为订立的。

(3)法律、行政法规规定的其他情形。

(三)履行

(1)实际履行原则。

(2)本人亲自履行原则。

(3)全面、适当履行原则。

(4)诚实信用原则。

第二节 行政给付

一、概念

又称行政物质帮助,指行政主体在特定情况下根据申请人的申请,依照有关法律、法规、规章或者政策的规定,赋予其一定的物质权益或者与物质有关的权益的具体行政行为。

特定情况指:公民年老、疾病或者丧失劳动能力以及在公民下岗、失业、低经济收入或者遭受天灾、人祸等情况。主要有物质和资金帮助。

法律特征:

(1)有利行政行为,是行政主体依法作出的向行政相对人给付金钱或者实物的授益性行政行为。

(2)是通过行政主体的行政行为等单方面形成,给付主体与受领人之间是一种金钱或者实物的给付关系,这种关系的实现既是给付主体的职责,又是受领人的权利。

(3)可以是依申请行政行为,也可以是依职权行政行为。

(4)行政给付的对象是特定的行政相对人,具有较强的限定性和倾向性。

行政给付的类型有:

抚恤金、特定人员的离退休金;社会救济、福利金;自然灾害救济金及救济物资。

二、种类

(一)物质、资金帮助

(1)由民政、劳动和社会保障、科技行政机关支付的城市和农村的最低生活保障金、农村五保户救济金、遇自然灾害的生活救济金及食品药品、社会保险费等。

(2)国家对企业科技开发的财政支持费用等。

(二)公用机构设立、运行

公用机构指公立学校、邮政局、医院、养老院、博物馆、图书馆、电视台、广播电台、环境卫生与垃圾处理机构等。

第九章　行政程序与政府信息公开

第一节　行政程序

一、概述

（一）概念

指行政主体实施行政行为的方式、步骤、顺序和时限的总和。

（二）特点

（1）法定性：对行政权的事前控制。
（2）多样性。
（3）分散性。

（三）分类

（1）行政立法程序。
（2）计划程序。
（3）具体行政行为程序：许可、处罚等。
（4）行政指导程序。
（5）行政合同程序，包括政府采购程序。

（四）意义

（1）扩大公民参政权行使的途径。
（2）保护行政相对人的程序权益。
（3）提高行政效率。
（4）监督行政主体依法行使职权。

二、原则

（一）公开原则

除涉及国家秘密、商业秘密和个人隐私外，行政活动应当一律公开。

（二）公正、公平原则

（三）当事人参与原则

在行政机关作出不利行政决定之前，应当给予行政相对人陈述事实、申辩理由的权利和机会，否则，行政决定即缺乏程序正当性（《行政处罚法》规定此情形为行政处罚不能成立）。

（四）效率原则

行政程序既要满足保护相对人的合法权益，又要旨在提高行政效率，单位时间内尽可能输出更多的公务服务。

三、基本制度

表 9-14　行政程序的基本制度的内涵与意义

基本制度	内涵	意义
听证制度	行政主体听取行政相对人或争议当事人意见。	保障相对人发表意见的权利，充分体现了行政参与原则。
信息公开制度	行政机关向公民、法人或其他组织公开政府文件、档案材料和其他政府信息。	保障公民的知情权；知情权是公民行使行政参与权的前提。
说明理由制度	行政决定必须阐明其理由和真实用意，特别适用于行使裁量权和不利于当事人的行政行为。	防止行政专横和权力滥用，便于司法审查和法制监督。
行政案卷制度	行政决定只能以行政案卷体现的事实作为根据而排斥案卷外且相对人又不知晓的事实作为行政行为的依据（行政许可法规定了案卷排他原则；反倾销、反补贴行政案件审理中也确定了案卷唯一性的制度）。	使行政决定建立于按照法定程序形成的客观事实之上，排除外界对行政决定的不当影响和干预。

第二节 政府信息公开

一、概述

指公民、组织对行政机关在行使职权的过程中掌握或控制的信息拥有知情权,除法律明确规定的不予公开事项外,行政机关应当通过有效方式向公众和当事人公开。

二、主要内容

(一)适用范围

(1)政府信息指"行政机关在履行职责过程中制作或者获取的,以一定形式记录、保存的信息"。其一,不能把信息等同于文件;其二,政府信息与存储形式无关,只要信息能有效可读即可;其三,与信息来源、价值无关。

(2)适用的主体包括两类,一为行政机关;二为法律、法规授权的具有管理公共事务职能的组织。

(二)公开的范围

分为不予公开、主动公开和依申请公开三种情况:

1. 不得公开的信息

涉及国家秘密、商业秘密、个人隐私的政府信息;不得危及国家安全、公共安全、经济安全和社会稳定。

2. 主动公开的信息

(1)涉及公民、法人或者其他组织切身利益的。

(2)需要社会公众广泛知晓或者参与的。

(3)反映本行政机关机构设置、职能、办事程序等情况的。

(4)其他依照法律、法规和国家有关规定应当主动公开的。

3. 依申请公开的信息

相对人可以根据自身生产、生活、科研等特殊需要,向国务院部门、地方各级人民政府及县级以上地方人民政府部门申请获取相关政府信息。

(三)公开的方式和程序

1. 主动公开的方式和程序

(1)通过政府公报、政府网站、新闻发布会以及报刊、广播、电视等便于公众知晓的方式公开。

(2)各级人民政府应当在国家档案馆、公共图书馆设置政府信息查阅场所,并配备相应的设施、设备,为公民、法人或者其他组织获取政府信息提供便利。

(3)行政机关可以根据需要设立公共查阅室、资料索取点、信息公告栏、电子信息屏等场所、设施,公开政府信息。

(4)行政机关应当及时向国家档案馆、公共图书馆提供主动公开的政府信息。

2. 依申请公开的方式和程序

(1)应当采用书面形式(包括数据电文形式)。

(2)采用书面形式确有困难的,申请人可以口头提出,由受理该申请的行政机关代为填写政府信息公开申请。

(3)行政机关认为申请公开的政府信息涉及商业秘密、个人隐私,公开后可能损害第三方合法权益的,应当书面征求第三方的意见;第三方不同意公开的,不得公开;但是,行政机关认为不公开可能对公共利益造成重大影响的,应当予以公开,并将决定公开的政府信息内容和理由书面通知第三方。

3. 相关费用

行政机关主动公开政府信息不得收取费用。

对依申请提供政府信息,可以收取检索、复制、邮寄等成本费用。

行政机关不得通过其他组织、个人以有偿服务方式提供政府信息。

4. 救济方式

知情权被侵犯可以提起行政救济。

相对人认为行政机关在政府信息公开工作中的具体行政行为侵犯其合法权益的,可以依法申请行政复议或者提起行政诉讼。

三、政府信息公开行政诉讼

(一)受案范围

1. 予以受理的政府信息公开行政诉讼案件范围

(1)向行政机关申请获取政府信息,行政机关拒绝提供或者逾期不予答复(不作为)的。

(2)认为行政机关提供的政府信息不符合其在申请中要求的内容或者法律、法规规定的适当形式的。

(3)认为行政机关主动公开或者依他人申请公开政府信息侵犯其商业秘密、个人隐私的。

(4)认为行政机关提供的与其自身相关的政府信息记录不准确,要求该行政机关予以更正,该行政机关拒绝更正、逾期不予答复或者不予转送有权机关处理的;

(5)其他侵权的。

认为侵权且造成损害的,可以一并或单独提起行政赔偿诉讼。认为行政机关不依法履行主动公开义务,直接向法院起诉的,法院不受理,但应告知当事人先向行政机关申请获取相关政府信息。而对行政机关的答复或者逾期不予答复不服的,可以向法院直接提起诉讼。

2. 不予受理的政府信息公开行政诉讼案件范围

(1)因申请内容不明确,行政机关要求申请人作出更改、补充且对申请人权利、义务不产生实际影响的告知行为。

(2)要求行政机关提供政府公报、报纸、杂志、书籍等公开出版物,行政机关予以拒绝的。

(3)要求行政机关为其制作、搜集政府信息,或对若干政府信息进行汇总、分析、加工(事实行为),行政机关予以拒绝的。

(4)行政程序中的当事人、利害关系人以政府信息公开名义申请查阅案卷材料,行政机关告知其应按照相关法律、法规的规定办理的。

(二)被告

(1)依申请(被动)公开的,相对人向国务院部门、地方各级人民政府及县级以上地方人民政府部门依申请公开的,以作出答复的机关为被告;不作为的,以受理申请的机关作为被告。

(2)主动公开的,以公开该政府信息的机关为被告。

(3)法律、法规授权的具有管理公共事务职能的组织公开信息的,该组织为被告。

(4)文书上署名的机关为被告,包括以下三种情形:

①政府信息公开与否的答复依法报经有权机关批准的;

②是否可以公开系由国家保密管理部门或者省级保密管理部门确定的;

③行政机关在公开政府信息前与有关行政机关进行沟通、确认的。

(三)审理

应视情况采取适当的审理方式(不公开审理),以避免泄露涉及国家秘密、商业秘密、个人隐私或者法律规定的其他应保密的信息。

(四)举证责任

1. 被告承担举证责任的

(1)被告拒绝向原告提供政府信息的,应对拒绝的根据以及履行法定告知和说明理由义务的情况举证。

(2)因公共利益决定公开涉及商业秘密、个人隐私政府信息的,被告应对认定公共利益以及不公开可能对公共利益造成重大影响的理由进行举证和说明。

（3）被告拒绝更正与原告相关的政府信息记录的,应对拒绝的理由进行举证和说明。

不过,被告能够证明政府信息涉及国家秘密,请求在诉讼中不予提交的,法院应准许。

2. 原告负责举证的

（1）被告以政府信息与申请人自身生产、生活、科研等特殊需要无关为由不予提供的,法院可以要求原告对特殊需要事由作出说明。

（2）原告起诉被告拒绝更正政府信息记录的,应提供其向被告提出过更正申请以及政府信息与其自身相关且记录不准确的事实根据。另,被告主张政府信息不存在,原告能够提供该政府信息系由被告制作或者保存的相关线索的,可以申请法院调取证据。

（五）裁判

1. 支持原告诉讼请求的

法院判令被告作为、暂停作为或不作为。

（1）被告对依法应公开的政府信息拒绝或者部分拒绝公开的,法院应撤销或者部分撤销被诉不予公开决定,并判决被告在一定期限内公开。尚需被告调查、裁量的,判决其在一定期限内重新答复。

（2）被告提供的政府信息不符合申请人要求的内容或者法律、法规规定的适当形式的,法院应判决被告按照申请人要求的内容或者法律、法规规定的适当形式提供。

（3）法院经审理认为被告不予公开的政府信息可以作区分处理的,应判决被告限期公开可以公开的内容。

（4）被告依法应更正而不更正与原告相关的政府信息记录的,法院应判决被告在一定期限内更正。尚需被告调查、裁量的,判决其在一定期限内重新答复。被告无权更正的,判决其转送有权更正的行政机关处理。

（5）被告对原告要求公开或者更正政府信息的申请无正当理由逾期不予答复的,法院应判决被告在一定期限内答复。

（6）被告公开政府信息涉及原告商业秘密、个人隐私且不存在公共利益等法定事由的,法院应判决确认公开政府信息的行为违法,承担赔偿责任。

2. 驳回原告诉讼请求的

（1）不属于政府信息、政府信息不存在、依法属于不予公开范围或者依法不属于被告公开的。

（2）申请公开的政府信息已经向公众公开,被告已经告知申请人获取该政府信息的方式和途径的。

（3）起诉被告逾期不予答复,理由不成立的。

（4）以政府信息侵犯其商业秘密、个人隐私为由反对公开,理由不成立的。

（5）要求被告更正与其自身相关的政府信息记录,理由不成立的。

（6）不能合理说明申请获取政府信息系根据自身生产、生活、科研等特殊需要（申请人资格）,且被告据此不予提供的。

（7）无法按照申请人要求的形式提供政府信息,且被告已通过安排申请人查阅相关资料提供复制件或者其他适当形式提供的。

（8）其他应判决驳回诉讼请求的。

第十章 行政复议

第一节 行政复议的概念和原则

一、概念

公民、法人或其他组织认为行政机关的具体行政行为侵犯其合法权益而依法向上一级行政机关或法律、法规规定的其他机关提出申诉,由受理机关对具体行政行为进行复查、认定、评价并作出决定的一种行政法律制度(或活动)。

二、特点

(1)监督性。
(2)非诉性。
(3)层级性。
(4)救济性。
(5)准司法性。

三、基本原则

(1)合法原则。
(2)公开原则。
(3)公正原则。
(4)及时原则(即效率原则)。
(5)便民原则。

第二节 行政复议范围

一、可申请行政复议的事项

(一)对具体行政行为的申请复议

(1)对行政机关作出的警告、罚款、没收违法所得、没收非法财物、责令停产停业、暂扣或者吊销许可证、暂扣或者吊销执照、行政拘留等行政处罚决定不服的。

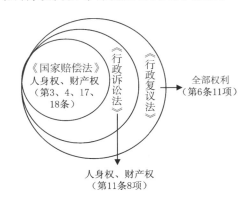

图 9-2 行政复议范围示意

(2)对行政机关作出的限制人身自由或者查封、扣押、冻结财产(限制财产流通)等行政强制措施决定不服的。

(3)对行政机关作出的有关许可证、执照、资质证、资格证等证书变更、中止、撤销的决定不服的。

(4)对行政机关作出的关于确认土地、矿藏、水流、森林、山岭、草原、荒地、滩涂、海域等自然资源的所有权或者使用权的决定不服的。

(5)认为行政机关侵犯合法的经营自主权的。

(6)认为行政机关变更或者废止农业承包合同,侵犯其合法权益的。

(7)认为行政机关违法集资、征收财物、摊派费用或者违法要求履行其他义务的。

(8)认为符合法定条件,申请行政机关颁发许可证、执照、资质证、资格证等证书,或者申请行政机关审批、登记有关事项,行政机关没有依法办理的。

(9)申请行政机关履行保护人身权利、财产权利、受教育权利的法定职责,行政机关没有依法履行的。

(10)申请行政机关依法发放抚恤金、社会保险金或者最低生活保障费,行政机关没有依法发放的。

(11)认为行政机关的其他具体行政行为侵犯其合法权益的。

(二)对抽象行政行为申请复议

公民、法人或者其他组织认为行政机关的具体行政行为所依据的下列规定不合法,在对具体行政行为申请行政复议时,可以一并向行政复议机关提出对该规定的审查申请:

(1)国务院部门的规定。

(2)县级以上地方各级人民政府及其工作部门的规定。

(3)乡、镇人民政府的规定。

上述所列规定不含国务院部、委员会规章和地方人民政府规章。规章的审查依照法律、行政法规办理。

二、排除事项

不服行政机关作出的行政处分或者其他人事处理决定的,依照有关法律、行政法规的规定提出申诉。

不服行政机关对民事纠纷作出的调解或者其他处理(但拆迁裁决可复议),依法申请仲裁或者向人民法院提起诉讼。

第三节 行政复议参加人

一、申请人

(1)只能是公民、法人或者其他组织。

(2)必须是认为自身合法权益受到侵害,并依法提出复议申请的公民、法人或者组织。分为以下情况:

①合伙企业申请行政复议的,应当以核准登记的企业为申请人,由执行合伙事务的合伙人代表该企业参加行政复议。

②其他合伙组织申请行政复议的,由合伙人共同申请行政复议。

③不具备法人资格的其他组织申请行政复议的,由该组织的主要负责人代表该组织参加行政复议;没有主要负责人的,由共同推选的其他成员代表该组织参加行政复议。

④股份制企业申请复议的,股份制企业的股东大会、股东代表大会、董事会认为行政机关作出的具体行政行为侵犯企业合法权益的,可以以企业的名义申请行政复议。

⑤行政复议申请权的转移与承受:公民死亡引起申请权转移,由其近亲属承受;法人终止引起的申请权转移,由承受其权利的法人或者其他组织申请。

二、代理人

(1)委托代理人参加行政复议的主体是申请人、第三人,不包括被申请人。

(2)委托代理人不得超过2名。

(3)委托形式原则上必须是授权委托书;但公民在特殊情况下无法书面委托的,也可以口头委托;申请人、第三人解除或者变更委托的应向行政复议机构报告。

三、被申请人

(1)独立被申请人。

一个行政主体实施的。

(2)共同被申请人。

①行政机关与法律、法规授权的组织以共同的名义作出具体行政行为的,行政机关和法律、法规授权的组织为共同被申请人。

②行政机关与其他组织(未有法定授权的)以共同名义作出具体行政行为的,仅行政机关为被申请人。

(3)行政机关被撤销后,由继续行使被

撤销行政机关权限的行政机关为被申请人。

（4）法定授权的组织自己独立实施行政行为时，自己作为被申请人。

（5）下级行政机关依照法律、法规、规章规定，经上级行政机关批准作出具体行政行为的，批准机关为被申请人。

【注意】此种情形下，行政诉讼中以对外决定文书上署名的机关为被告。

（6）派出机关尤其是行政专员公署可独立作为被申请人。

（7）行政机关设立的派出机构、内设机构或者其他组织，未经法律、法规、规章授权，对外以自己名义作出具体行政行为的，该行政机关为被申请人；若该机构有法律、法规、规章授权的，该机构为被申请人。

四、第三人

行政复议期间，行政复议机构认为申请人以外的公民、法人或者其他组织与被审查的具体行政行为有利害关系的，可以通知其作为第三人参加行政复议。

行政复议期间，申请人以外的公民、法人或者其他组织与被审查的具体行政行为有利害关系的，可以向行政复议机构申请作为第三人参加行政复议。

第三人不参加行政复议，不影响行政复议案件的审理。

第三人在行政复议开始后终结前，经过申请或者复议机关决定参加行政复议；第三人可以委托代理人代为参加行政复议。

五、复议管辖

（1）县级以上地方政府工作部门作为被申请人的，由申请人进行选择，可以向本级人民政府，也可以向上一级人民政府的相应主管部门提出复议申请。

复议管辖中的下列行政机关属于垂直领导，只能向上级主管部门申请复议：

①全国范围：国家安全、海关、金融、税务、外汇管理、证监会；

②省以下：国土资源、市场监管。省以下垂直领导意味着省级行政机关不是垂直领导，而是双重领导；《行政复议法实施条例》规定，原则上对省级以下行政机关实行垂直领导的也可以向本级人民政府申请复议，省、自治区、直辖市另作规定的除外。

③注意：市场监管局为双重领导。

【注意】复议管辖中应重点把握以下几种特殊情况：

（1）垂直领导又包括全国范围的和省以下的（不含省，省为双重领导）。

（2）向本级政府申请复议。《集会游行示威法》规定对公安机关不予许可游行示威的决定不服的，只能向本级人民政府申请复议。

（3）省部的行为自己复议。

（2）对省、自治区、直辖市人民政府以外的地方各级人民政府的具体行政行为不服，上一级人民政府是行政复议机关。对省级人民政府依法设立的行政公署所属的县级人民政府作出的具体行政行为申请复议的，该行政公署是复议机关。

（3）国务院部门或者省、自治区、直辖市人民政府作为被申请人时的行政复议机关，是作出该具体行政行为的国务院部门或者省、自治区、直辖市人民政府。复议之后出现选择权——申请人既可以向国务院申请裁决，也可以以该省部为被告提起行政诉讼。

（4）县级以上的地方人民政府依法设立的派出机关作为被申请人的（行政公署、街道办事处、区公所、开发区管委会），设立该派出机关的人民政府为复议机关。

（5）政府工作部门依法设立的派出机构（法律、法规有授权的）作为被申请人的，设立该派出机构的部门或者该部门的本级地方人民政府是复议机关。

（6）法律、法规、规章授权的组织作为

被申请人的,由直接管理该组织的地方人民政府、地方人民政府工作部门或者国务院部门作为行政复议机关。

(7)两个或者两个以上的行政机关为共同被申请人的,由他们的共同上一级行政机关作为行政复议机关。

(8)继续行使被撤销行政机关职权的行政机关作为被申请人时,由继续行使职权的行政机关的上一级行政机关作为复议机关。

表9-15 行政复议管辖

	被申请人	复议机关
地方人民政府	省级人民政府	该省级人民政府
	地区行政公署所属县级人民政府	地区行政公署
	乡级、县级、地市级人民政府	上一级地方人民政府
县以上人民政府工作部门	国务院部门(含国家局)	该国务院部门(该国家局)
	地方政府部门	本级人民政府、上一级主管部门
垂直领导的机关	(1)全国:海关、金融、税务、国安、外汇管理、海事; (2)省以下:市场监管、国土资源。	(1)全国:仅上一级主管部门; (2)省以下:可以向本级政府申请,但省级政府另有规定的除外。
派出机关	行政公署	省、自治区人民政府
	区公所	县、自治县人民政府
	街道办事处	不设区的市、市辖区人民政府
县以上人民政府工作部门	法律、法规授权	设立该派出机构的部门或者该部门的本级地方人民政府
	法律、法规未授权	设立该派出机构的部门为被申请人,按该部门为被申请人具体确定复议机关
法律、法规授权的组织		直接管理该组织的行政机关

第四节 行政复议的申请和受理

一、行政复议的申请

(一)申请时间

1. 申请期限

60日内;法律有关于超过60日规定的,依照法律的规定。

2. 起算

(1)对行政作为申请复议的:

①当场作出的,自作出之日起计算。

②直接送达的,自受送达人签收之日起计算。

③邮寄送达的,自受送达人在邮件签收单上签收之日起计算;没有邮件签收单的,自受送达人在送达回执上签名之日起计算。

④通过公告形式告知的,自公告规定的期限届满之日起计算。

⑤行政机关作出具体行政行为时未告知公民、法人或者其他组织,事后补充告知的,自补充告知的通知之日起计算。

⑥被申请人能够证明公民、法人或者其他组织知道具体行政行为的,自证据材料证明其知道之日起计算。

行政机关作出具体行政行为,依法应当向有关公民、法人或者其他组织送达法律文书而未送达的,视为该公民、法人或者其他组织不知道该具体行政行为。

(2)对行政不作为申请复议的:

①有履行期限规定的,自履行期限届满之日起计算。

②没有履行期限规定的,自行政机关收到申请满60日起计算。

履行期限规定包括法律、法规、规章和规定即具有普遍约束力的决定、命令。

(3)公民、法人或者其他组织在紧急情况下请求行政机关履行保护人身权、财产权的法定职责,行政机关不履行的,行政复议申请期限不受上述规定的限制。

3.法定期限的耽搁

不可抗力或其他正当理由,在障碍消除之日起继续计算。

(二)申请形式

1.书面形式

申请人书面申请行政复议的,可以采取当面递交、邮寄或者传真等方式提出行政复议申请。有条件的行政复议机构可以接受以电子邮件形式提出的行政复议申请。

2.口头形式

申请人口头申请行政复议的,行政复议机构应当当场制作行政复议申请笔录交申请人核对或者向申请人宣读,并由申请人签字确认。

二、复议申请的受理

(一)行政复议受理的条件

(1)有明确的申请人和符合规定的被申请人。

(2)申请人与具体行政行为有利害关系。

(3)有具体的行政复议请求和理由。

(4)在法定申请期限内提出。

(5)属于行政复议法规定的行政复议范围。

(6)属于收到行政复议申请的行政复议机构的职责范围。

(7)其他行政复议机关尚未受理同一行政复议申请,人民法院尚未受理同一主体就同一事实提起的行政诉讼。

(二)受理及其期限

复议机关应当在收到行政复议申请后的5日内,对申请进行审查并作出以下决定:

(1)对不符合法律规定的申请,决定不予受理,并书面告知申请人。

(2)对符合法律规定但是不属于本机关受理的行政复议申请,应当告知申请人向有关行政机关提出。

(3)除了前面两种情形以外,行政复议申请自行政复议机关负责法制工作的机构收到申请之日,即为受理之日。

(4)受理复议申请与办理行政复议案件均不得收取任何费用。

(三)对行政复议机关无理拒绝受理的处理

(1)由上级行政机关责令该行政复议机关受理。

(2)在必要时,由上级行政机关直接受理。

(四)行政复议申请的转送

1.转送的义务及情形

有下列情形之一的,县级地方人民政府收到属于其他行政复议机关受理的行政复议申请,有义务转送有关行政复议机关(从管辖角度看,是选择管辖):

(1)对县级以上地方人民政府依法设立的派出机关的具体行政行为不服的,向设立该派出机关的人民政府申请行政复议。

(2)对政府工作部门依法设立的派出机构依照法律、法规或者规章规定,以自己的名义作出的具体行政行为不服的,向设立该派出机构的部门或者该部门的本级地方人民政府申请行政复议。

(3)对法律、法规授权的组织的具体

行政行为不服的,分别向直接管理该组织的地方人民政府、地方人民政府工作部门或者国务院部门申请行政复议。

(4)对两个或者两个以上行政机关以共同的名义作出的具体行政行为不服的,向其共同上一级行政机关申请行政复议。

(5)对被撤销的行政机关在撤销前所作出的具体行政行为不服的,向继续行使其职权的行政机关的上一级行政机关申请行政复议。

2.转移的期限

收到该行政复议申请后的7日内。转移时应当同时告知行政复议申请人。

3.接受转移的处理

在法定期限内作出有关受理的决定,但是接受转送的受理时间应当从收到转送之日起计算。

三、行政复议与行政诉讼的关系

(一)选择式

只要法律、法规没有明确规定,相对人对具体行政行为不服的,既可以申请复议,对复议决定不服后再提起诉讼;也可以直接起诉。

(二)复议必经式

法律、法规规定行政相对人对具体行政行为不服的,必须先申请复议后才可以提起诉讼,如税收征收管理法规定对征收行为不服的必须先申请复议。

公民、法人或者其他组织认为行政机关的具体行政行为侵犯其已经依法取得的土地、矿藏、水流、森林、山岭、草原、荒地、滩涂、海域等自然资源的所有权或者使用权的,应当先申请行政复议;对行政复议决定不服的,可以依法向人民法院提起行政诉讼。

【注意】《行政复议法》第30条复议前置与复议终局权,是著名的"麻烦"条款,最高人民法院在2003年、2005年分别作过司法解释。

适用《行政复议法》第30条第1款的前提是"已经依法取得"的"九大自然资源"的所有权、使用权,即"九大自然资源"已有"名分"了、有"证"了。该款的"具体行政行为"指行政司法行为中的再次确认,不包括行政处罚、行政强制措施等其他具体行政行为。以上两个条件同时满足才是复议必经式。

如果当事人还没有依法取得"九大自然资源"的"证书",在没有"名分"的情况下进行原始、初始登记时就不适用复议前置。因为"九大自然资源"的初始登记属于行政许可,不是行政确认。所以,行政机关颁发"九大自然资源"的所有权或使用权证书的行为不属于复议必经式。

该条第2款规定,省级人民政府作为复议机关,根据国务院或者省、自治区、直辖市人民政府对行政区划的勘定、调整或者征收土地的决定,对地市级政府作出的确认土地、矿藏、水流、森林、山岭、草原、荒地、滩涂、海域等自然资源的所有权或者使用权的行政复议决定为最终裁决。赋予省级政府的特权,前提是:其一,行政行为只能是确认,这一点与第1款保持一致,不包括"九大自然资源"的初始登记;其二,对象还是"九大自然资源";其三,主体是省政府作复议机关;其四,必须是根据两机关(国务院和自己)的两决定(行政区划的勘定、调整或征收土地)而作出的复议决定。

其他单行法如《土地管理法》《矿产资源法》《水法》《森林法》《草原法》《海域使用管理法》等自然资源的单行法律、法规规定的主体及其行为均可成为命题的形式和材料。

(三)选择终局式

对国务院部门或者省、自治区、直辖市人民政府的具体行政行为不服的,向作出该具体行政行为的国务院部门或者省、自治区、直辖市人民政府申请行政复议。

对行政复议决定不服的,可以向人民法院提起行政诉讼;也可以向国务院申请复议,由国务院作出最终裁决。

但对《行政复议法》第14条的正确理解并不能得出对省部级机关的行为不服属于复议必经式的结论,而是意味着相对人对行政诉讼的选择权。

四、具体行政行为在行政复议期间的效力

（一）不停止执行

行政复议期间具体行政行为不停止执行,但实践中作为被申请人的行政机关没有强制执行权,而作为申请人的相对人又不履行的,就使具体行政行为事实上处于停止执行的状态。

（二）被申请人有强制执行权而可以停止执行的情形

此种情形限于以下4种：

①被申请人认为需要停止执行的。

②行政复议机关认为需要停止执行的,区别于行政诉讼,法院无此依职权的权力。

③申请人申请停止执行,行政复议机关认为其要求合理而决定停止执行的。

④法律规定停止执行的。

第五节　行政复议案件的审理

一、审理方式

原则上实行书面方式。

指行政复议机关根据书面材料查清案件事实并作出行政复议决定的方式。

若申请人提出或行政复议机关负责法制工作的机构认为有必要时,可选择书面方式以外的其他适用方式进行审理。

二、举证责任

（一）被申请人承担

被申请人不履行,则视为该具体行政行为没有证据,行政复议机关可以决定撤销;且直接负责的主管人员和其他直接责任人员还将受到警告、记过、记大过的行政处分;构成犯罪的,将被依法追究刑事责任。

（二）申请人的举证义务

以下情形由申请人提供证明材料：

（1）认为被申请人不履行法定职责的,提供曾经要求被申请人履行法定职责而被申请人未履行的证明材料。

（2）申请行政复议时一并提出行政赔偿请求的,提供受具体行政行为侵害而造成损害的证明材料。

（3）法律、法规规定需要申请人提供证据材料的其他情形。

三、申请人、第三人的知情权

申请人和第三人可对被申请人提出的书面答复和其他有关材料进行查阅,但是涉及国家秘密、商业秘密或者个人隐私的材料除外。

除上述三种事项外,行政机关不得以其他理由拒绝申请人和第三人行使查阅权,且行政复议机关应当为申请人、第三人查阅有关材料提供必要条件。

四、审理程序

（1）审理行政复议案件,应当由2名以上行政复议人员参加。

（2）行政复议机构认为必要时,可以实地调查核实证据;对重大、复杂的案件,申请人提出要求或者行政复议机构认为必要时,可以采取听证的方式审理。

（3）行政复议人员向有关组织和人员调查取证时,可以查阅、复制、调取有关文件和资料,向有关人员进行询问。

调查取证时,行政复议人员不得少于2人,并应当向当事人或者有关人员出示证件。被调查单位和人员应当配合,不得拒绝或者阻挠。

需要现场勘验的,现场勘验所用时间不计入行政复议审理期限。

(4)依照行政复议法规定申请原级行政复议的案件,由原承办具体行政行为有关事项的部门或者机构提出书面答复,并提交作出具体行政行为的证据、依据和其他有关材料。

(5)行政复议期间涉及专门事项需要鉴定的,当事人可以自行委托鉴定机构进行鉴定,也可以申请行政复议机构委托鉴定机构进行鉴定(鉴定费用由当事人承担,鉴定所用时间不计入行政复议审理期限)。

(6)申请人在行政复议决定作出前自愿撤回行政复议申请的,经行政复议机构同意,可以撤回。

撤回的,不得再以同一事实和理由提出行政复议申请;申请人能够证明撤回违背其真实意思表示的除外。

(7)行政复议期间被申请人改变原具体行政行为的,不影响行政复议案件的审理。但是,申请人依法撤回行政复议申请的除外。

(8)公民、法人或者其他组织对行政机关行使法律、法规规定的自由裁量权作出的具体行政行为不服申请行政复议,申请人与被申请人在行政复议决定作出前自愿达成和解的,应当向行政复议机构提交书面和解协议;和解内容不损害社会公共利益和他人合法权益的,行政复议机构应当准许。

【注意】《行政复议法实施条例》允许当事人之间达成和解协议是立法亮点之一。

和解的成立应当满足以下条件:

①作为复议标的的具体行政行为必须是行使自由裁量权的行为;

②在行政复议决定作出之前;

③和解协议的内容必须既不损害社会公共利益,也不损害他人的合法权益。同时,申请人与被申请人必须向复议机构提交达成的书面和解协议。

五、中止

(1)作为申请人的自然人死亡,其近亲属尚未确定是否参加行政复议的。

(2)作为申请人的自然人丧失参加行政复议的能力,尚未确定法定代理人参加行政复议的。

(3)作为申请人的法人或者其他组织终止,尚未确定权利、义务承受人的。

(4)作为申请人的自然人下落不明或者被宣告失踪的。

(5)申请人、被申请人因不可抗力,不能参加行政复议的。

(6)案件涉及法律适用问题,需要有权机关作出解释或者确认的。

(7)案件审理需要以其他案件的审理结果为依据,而其他案件尚未审结的。

(8)其他需要中止行政复议的情形。

行政复议中止的原因消除后,应当及时恢复审理。行政复议机构中止、恢复案件的审理,应当告知有关当事人。

行政复议中止制度的确立,有利于更为有效地保护行政复议申请人的合法权益,增强行政复议程序解决纠纷的能力。

六、终止

(1)申请人要求撤回行政复议申请,行政复议机构准予撤回的。

(2)作为申请人的自然人死亡,没有近亲属或者其近亲属放弃行政复议权利的。

(3)作为申请人的法人或者其他组织终止,其权利、义务的承受人放弃行政复议权利的。

(4)申请人与被申请人依照规定,经行政复议机构准许达成和解的。

(5)申请人对行政拘留或者限制人身自由的行政强制措施不服申请行政复议后,因申请人同一违法行为涉嫌犯罪,该行政拘留或者限制人身自由的行政强制措施变更为刑事拘留的。

【注意】①行政复议中止,满60日行政复议中止的原因仍未消除的,行政复议终止。②行政复议终止后,申请人就不能通过行政复议手段解决争议。

七、行政复议调解

有下列情形之一的,行政复议机关可以按照自愿、合法的原则进行调解:

①公民、法人或者其他组织对行政机关行使法律、法规规定的自由裁量权作出的具体行政行为不服申请行政复议的。

②当事人之间的行政赔偿或者行政补偿纠纷。

行政复议调解应当制作书面复议调解书。

应载明:行政复议请求、事实、理由和调解结果,并加盖行政复议机关印章。行政复议调解书经双方当事人签字,即具有法律效力。

调解未达成协议或者调解书生效前一方反悔的,行政复议机关应当及时作出行政复议决定。

【注意】不是所有的行政复议案件均适用调解,而限定于行政机关行使自由裁量权和有关金钱的补偿和赔偿的案件,且在调解书生效前还是可以反悔的。

八、对"规定"和"依据"的审查与处理

(一)依申请提出对行政规定进行审查申请的

(1)对该规定有权处理的,应在30日内依法处理。

(2)对该规定无权处理的,应当在7日内按照法定程序转送有权处理的行政机关依法处理。

(3)接受行政复议机关转送的有权机关,应当在60日内依法作出处理。

(4)在对行政规定进行处理期间,应当中止对具体行政行为的审查。中止情况应当记录在案,并通知当事人。

(二)依职权发现具体行政行为依据不合法的

(1)该行政复议机关有权处理的,应当在30日内依法处理;

(2)行政复议机关无权处理的,应当在7日内按照法定程序转送有权处理的国家机关处理。

(3)在对具体行政行为依据进行处理期间,应当中止对具体行政行为的审查。

第六节 行政复议的决定和执行

一、驳回复议申请的决定

(1)申请人认为行政机关不履行法定职责申请行政复议,行政复议机关受理后发现该行政机关没有相应法定职责或者在受理前已经履行法定职责的。

(2)受理行政复议申请后,发现该行政复议申请不符合行政复议法和条例规定的受理条件的。

上级行政机关认为行政复议机关驳回行政复议申请的理由不成立的,应当责令其恢复审理。

二、对具体行政行为的决定

(一)决定程序

行政复议机关负责法制工作的机构对具体行政行为进行审查,提出审查处理意见;行政复议机关的负责人作出行政复议决定。

(二)决定种类

1. 维持的决定

条件:

(1)证据确凿,事实清楚。

（2）适用依据正确。
（3）符合法定程序。
（4）未超越职权。
（5）未滥用职权。
（6）内容适当。

六个条件同时具备，缺一不可，复议机关方可作出维持的决定。

2.撤销、确认违法决定

条件：

（1）主要证据不足、主要事实不清的。
（2）适用依据错误的。
（3）违反法定程序的。
（4）超越与滥用职权的。
（5）具体行政行为明显不当的。

上述条件只要具备其中之一的即构成了复议机关作出撤销、变更与确认违法决定的法定理由。

3.变更的决定

具体行政行为有下列情形之一，行政复议机关可以决定变更：

（1）认定事实清楚，证据确凿，程序合法，但是明显不当或者适用依据错误的。
（2）认定事实不清，证据不足，但是经行政复议机关审理查明事实清楚，证据确凿的。

行政复议机关在对被申请人的行政处罚或者其他具体行政行为进行复议时，不得作出增加处罚种类或加重对申请人处罚的行政复议决定。

【注意】决定撤销具体行政行为或者确认该具体行政行为违法的，可以责令被申请人在一定期限内重新作出具体行政行为。

法律、法规、规章未规定期限的重新作出具体行政行为的期限为60日。

4.履行的决定

被申请人不履行法定职责的，复议机关作出责令其在一定期限内履行的复议决定（不保护权利、不颁发许可证、不颁发行政给付的）。

5.推定撤销的决定

被申请人不提出书面答复、提交当初作出具体行政行为的证据、依据和其他有关材料的，复议机关即视为该具体行政行为无证据、依据，从而作出撤销该行为的决定。

6.附带损害赔偿的决定

决定撤销、变更或确认具体行政行为违法后，复议机关作出的对符合国家赔偿法规定的责令被申请人赔偿的决定，但仅限于财产权。

（1）依申请：相对人请求赔偿，复议机关依法责令赔偿。
（2）依职权：相对人未提出赔偿请求，复议机关主动作出的赔偿决定。

三、执行

（一）行政复议决定的生效

（1）法定期限内作出行政复议决定并制作行政复议决定书。
（2）依法送达行政复议决定书。

（二）被申请人不履行义务及其执行措施

被申请人不履行义务情形包括完全不履行或无正当理由不及时履行。

行政复议机关或者上级行政机关有权采取责令被申请人限期履行的执行措施。

（三）申请人不履行义务及其执行措施

申请人不履行义务情形：申请人逾期不起诉又不履行行政复议决定的。

措施：

（1）维持具体行政行为的行政复议决定，由作出具体行政行为的行政机关依法强制执行或者申请人民法院强制执行。
（2）变更具体行政行为的行政复议决定，由行政复议机关依法强制执行，或者申请人民法院强制执行。

第十一章 行政诉讼概述

一、行政诉讼的概念和特征

（一）概念

行政诉讼，指公民、法人或者其他组织认为行政机关的行政行为侵犯其合法权益而以该机关为被告依法起诉，由人民法院依法审理并作出裁判的司法活动。

（二）特征

（1）当事人地位具有特殊性。

原告恒定为作为行政管理相对一方的公民、法人和其他组织；被告恒定为作为行政主体的行政机关和法律、法规授权的组织；审理者为行政审判庭。

（2）行政诉讼的形成完全有赖于原告的主动提出，而其是否提起又取决于其主观判断是否"认为侵权"。

（3）原告的起诉必须"依法"进行。

（4）原告争议并诉请法院审查的是被告的具体行政行为而非抽象行政行为。

二、行政诉讼法的渊源

（1）宪法中有关行政诉讼的法律规范。

（2）行政诉讼法典——《中华人民共和国行政诉讼法》。

（3）人民法院组织法、人民检察院组织法中的有关规定。

（4）民事诉讼法典。法院审理行政案件适用民事诉讼法必须符合下述规则：不冲突规则；诉讼法优先适用规则。

（5）单行法律、法规。

（6）国际条约。

（7）法律解释：立法解释；司法解释（最高人民法院关于行政诉讼问题的解释、规定和批复）。

三、基本原则

（1）人民法院依法独立行使行政审判权原则。

（2）以事实为根据、以法律为准绳原则。

这里的事实既指行政机关调查认定的事实、与本案有关的其他事实，也包括行政诉讼程序事实。

（3）行政行为合法性审查原则

①审查的主体是人民法院，具体由行政审判庭承办。

②审查的方式是开庭审理，包括公开开庭方式和依法不公开的开庭方式。

③审查的范围或广度，主要是具体行政行为，个别情况包括行政规章层级效力以下的抽象行政行为。

④审查程度或层次，是行政行为合法与否，不含合理与否。

⑤审查的标准之"六大要素"，六大要素必须同时为"是"，该行政行为才为合法；一个为"否"，该行政行为即为违法：

A. 是否有相应的事实根据、证据确凿；

B. 适用法律、法规、规章和其他规范性文件是否正确；

C. 是否符合法定行政程序；

D. 是否超越职权；

E. 是否滥用职权；

F. 是否明显不当。

⑥注意四个"非"，属于不支持范畴：

A. 非行政行为合理性，如诉请审查行政行为合理性则法院直接判驳；

B. 非公安、国安的刑事司法行为，此

种刑事司法行为非行政行为;

　　C.非相对人及其之间的行为;

　　D.非作为本案诉讼标的的其他行政行为。

　　(4)当事人的法律地位平等原则。

　　该原则为行政诉讼制度与其他行政制度的重要区别。

　　在进入法院之前的行政程序中行政主体与行政相对人是不平等的,所以要突出保护弱者原告的合法权益,诉讼双方处于同位同格的地位平等争讼。

　　(5)使用民族语言文字原则。

　　(6)当事人有权辩论原则。

　　(7)合议、回避、公开审判和两审终审原则。

　　人民法院公开审理行政案件,但涉及国家秘密、个人隐私和法律另有规定的除外。

　　一起案件经过两级法院审判终结。

　　(8)人民检察院实行法律监督原则。

　　事后监督——提出审判监督程序上的抗诉。

第十二章　行政诉讼的受案范围

第一节　应予受理的案件

一、对具体行政行为不服的案件

　　(1)对行政拘留、暂扣或者吊销许可证和执照、责令停产停业、没收违法所得、没收非法财物、罚款、警告等行政处罚不服的。

　　(2)对限制人身自由或者对财产的查封、扣押、冻结等行政强制措施和行政强制执行不服的。

　　(3)申请行政许可,行政机关拒绝或者在法定期限内不予答复,或者对行政机关作出的有关行政许可的其他决定不服的。

　　(4)对行政机关作出的关于确认土地、矿藏、水流、森林、山岭、草原、荒地、滩涂、海域等自然资源的所有权或者使用权的决定不服的。

　　(5)对征收、征用决定及其补偿决定不服的。

　　(6)申请行政机关履行保护人身权、财产权等合法权益的法定职责,行政机关拒绝履行或者不予答复的。

　　(7)认为行政机关侵犯其经营自主权或者农村土地承包经营权、农村土地经营权的。

　　(8)认为行政机关滥用行政权力排除或者限制竞争的。

　　此为2017年最新修订的《行政诉讼法》的特点之一:

　　①反垄断法、反不正当竞争法规定行政机关和法律、法规授权的具有管理公共事务职能的组织不得滥用行政权力,限定或者变相限定单位或者个人经营、购买、使用其指定的经营者提供的商品;禁止上述主体实施的妨碍商品在地区之间自由流通的行为,制定含有排除、限制竞争内容的规定等;

　　②相对人、利害关系人认为上述行为侵犯其合法权益的,均可提起行政诉讼。

　　(9)认为行政机关违法集资、摊派费用或者违法要求履行其他义务的。

（10）认为行政机关没有依法支付抚恤金、最低生活保障待遇或者社会保险待遇的。

（11）认为行政机关不依法履行、未按照约定履行或者违法变更、解除政府特许经营协议、土地房屋征收补偿协议等协议的。

（12）认为行政机关侵犯其他人身权、财产权等合法权益的。

二、对抽象行政行为不服的附带提出

公民、法人或者其他组织认为行政行为所依据的国务院部门和地方人民政府及其部门制定的规范性文件不合法，在对（具体）行政行为提起诉讼时，可以一并请求对该规范性文件进行审查，但该规范性文件不含部门规章和地方政府规章。

第二节　不予受理的事项

一、法律明确规定不受理的事项

（1）国防、外交等国家行为。

（2）抽象行政行为。

行政法规、规章或者行政机关制定、发布的具有普遍约束力的决定、命令，其具有普遍约束力、对象不特定、反复适用的特点。

行政规章层级致力以下的抽象行政行为可以被提出附带审查。

（3）内部人事管理行为。

（4）法定终局裁决行为：

必须为全国人民代表大会及其常务委员会制定、通过的法律所规定的终局裁决行为。

（5）刑事司法行为。

（6）行政调解行为与法定行政仲裁行为。

（7）不具强制力的行政指导行为。

（8）驳回当事人对行政行为提起申诉的重复处理行为。

（9）不产生实际影响的行为。

二、根据立法精神和解释不属于受案范围的事项

（1）医疗事故鉴定。

（2）火灾事故责任认定。

当事人对火灾事故责任认定不服的，依据公安部火灾事故调查规定，可以申请重新认定。

（3）交通事故责任认定。

对交通事故责任认定不服的，可以向上一级公安机关申请重新认定。

（4）劳动能力鉴定。

（5）劳动局的劳动监察指令。

【注意】劳动局作出的行政处理决定具有可诉性，亦可以被劳动局申请人民法院非诉案件执行。

【备考提示】专业性、技术性较强的行为中含有更多的技术成分，以上涉及的几种鉴定或认定，要么主体不是行政机关，要么具有较强的专业性、技术性，法院作为非技术部门无法对该行为作出判断，因此以上行为都不属于行政诉讼中法院应予司法审查的行政行为。

第十三章 行政诉讼的管辖

第一节 级别管辖

一、基层法院管辖的案件

除法律另有规定的以外,基层法院管辖所有第一审行政案件。

当事人向有管辖权的基层人民法院起诉,受诉人民法院在7日内未立案也未作出裁定,当事人向中级人民法院起诉的,中级人民法院应当根据不同情况在7日内分别作出以下处理:

(1)要求有管辖权的基层人民法院依法处理;

(2)指定本辖区其他基层人民法院管辖;

(3)决定自己审理。

二、中级法院管辖以下四类案件

(一)海关处理的案件

海关属全国范围内垂直领导,行使职权不受行政区划的限制。

(二)以国务院各部门为被告的案件

包括国务院各部委行署、直属机构、"归口局"以及直属事业单位中有法律、法规授权的证监会等。

(三)以县级以上人民政府为被告的案件

不包括对政府所属的厅、局、委、办提起诉讼的案件。

(四)本辖区重大、复杂案件

(1)社会影响较大的共同诉讼、集团诉讼案件(5人以上)。

(2)重大涉外行政案件:

①原告是外国的公民、法人或者其他组织;

②案件的审理涉及国际条约的适用;

③案件的客体是涉及国际关系的事项,裁判的执行需要外国法院承认;

④国际贸易、反倾销、反补贴等行政案件。

(3)涉港、澳、台地区的行政案件。

(4)其他重大、复杂案件。是否社会影响重大等,一般由中级人民法院判断。

当事人以案件重大复杂为由或者认为有管辖权的基层人民法院不宜行使管辖权,直接向中级人民法院起诉,中级人民法院应当根据不同情况在7日内分别作出以下处理:

①指定本辖区其他基层人民法院管辖;

②决定自己审理;

③书面告知当事人向有管辖权的基层人民法院起诉。

中级人民法院管辖的四类案件是必须掌握的重点内容,有以下几点:

①国务院部门这一概念的范围,包括"归口局";

②国务院各部门有可能到省会市的基层人民法院作被告;

③被告为县级以上人民政府的,由中级人民法院管辖,但不含其职能部门;

④涉外案件与涉港澳台地区的案件是并列的关系,后者不能称"涉外"。

三、省高级人民法院、最高人民法院管辖的案件

省高级人民法院、最高人民法院管辖

本辖区(全省、全国)重大、复杂案件。

案件是否重大、复杂由省高级人民法院、最高人民法院判断。

最高人民法院有权受理其认为应该审理的所有行政案件。

第二节 地域管辖

一、一般地域管辖

由最初作出行政行为的行政机关所在地的人民法院管辖。

行政诉讼法规定三种情况均可在最初作出行政行为的行政机关所在地人民法院管辖：

（1）未经复议的案件；
（2）经复议维持的案件；
（3）经复议改变的案件。

对上述"改变"的解释：

（1）改变原行政行为所认定的主要事实和证据的；
（2）变更原行政行为所适用的规范性文件，且对定性产生影响；
（3）撤销、部分撤销或者变更原行政行为处理结果的。

行政诉讼的一般地域管辖不同于民事诉讼上的"原告就被告"或"被告所在地"。特殊性在于有可能经过行政复议，会出现：第一次作出行政行为的下级机关；第二次作出行政行为复议决定的复议机关。

第一次作出行政行为的机关所在地法院永远有管辖权，这就是行政案件的一般地域管辖。

二、特殊地域管辖

（1）因不动产的所有权、使用权提起的行政诉讼，由不动产所在地的人民法院管辖。

（2）对限制人身自由的行政强制措施不服提起的诉讼：

被告所在地、原告所在地（包括户籍所在地、经常居住地、被限制人身自由地）法院都有管辖权，但此处仅为限制人身自由的行政强制措施，不包括限制财产流通的行政强制措施，也不包括行政拘留，因为行政拘留属于行政处罚。

原告所在地不包括工作单位所在地，应当是原告的户籍所在地、经常居住地和被限制人身自由地。

经常居住地也不包括住院治疗一年以上的医疗机构所在地。

（3）财产权与人身权共诉案件

最高人民法院《关于适用〈中华人民共和国行政诉讼法〉的解释》第8条第2款规定："对行政机关基于同一事实，既采取限制公民人身自由的行政强制措施，又采取其他行政强制措施或者行政处罚不服的，由被告所在地或者原告所在地的人民法院管辖。"

（4）专门法院（海事、军事、铁路）与派出法庭均不审理行政案件，也不审查和执行行政机关申请执行其具体行政行为的案件。

（5）为避免行政干预，经最高人民法院批准，省高级人民法院可确定若干人民法院受理跨行政区域的行政案件。

三、选择管辖（共同管辖）

两个以上人民法院都有管辖权的案件，原告可以选择其中一个人民法院提起诉讼。

原告向两个以上有管辖权的人民法院提起诉讼的，由最先收到起诉状的人民法院管辖。

【注意】此处与民事诉讼不同，民事诉讼由"最先立案"的法院管辖。

第三节 裁定管辖

当事人提出管辖异议，应当在接到人

民法院应诉通知之日起 10 日内以书面形式提出：

（1）提出管辖异议是当事人的权利，只有原告、被告、第三人可以提出；

（2）管辖权异议应当以书面形式向法院提出；

（3）异议书应当说明理由；

（4）管辖权异议应当在接到法院应诉通知之日起 10 日内提出；

（5）法院应当作出书面裁定，送达各方当事人；当事人对裁定不服的，有权在裁定送达后 10 日内提起上诉。

表 9-16　行政诉讼管辖总结表

	情形	管辖法院
级别管辖	全国、全省范围内重大、复杂的第一审案件	最高人民法院、高级人民法院
级别管辖	（1）海关处理的案件； （2）对国务院各部门或县级以上人民政府行政行为提起诉讼的案件； （3）重大的共同诉讼、集团诉讼案件； （4）重大涉外或涉港澳台案件	中级人民法院
级别管辖	以上情形外的所有案件	基层人民法院
一般地域管辖	未经复议的案件	作出原行政行为的行政机关所在地人民法院
一般地域管辖	复议机关维持原具体行政行为的案件	作出原行政行为的行政机关所在地人民法院；复议机关所在地人民法院
一般地域管辖	复议机关改变原具体行政行为的案件（改变原行政行为的处理结果）	作出原行政行为的行政机关所在地人民法院；复议机关所在地人民法院
特殊地域管辖	对限制人身自由的行政强制措施不服的案件	原告所在地（户籍所在地、经常居住地、被限制人身自由地）人民法院；被告所在地人民法院
特殊地域管辖	既对人身又对财产实施行政处罚或采取行政强制措施的案件	原告所在地（户籍所在地、经常居住地、被限制人身自由地）人民法院；被告所在地人民法院
特殊地域管辖	不动产争议的案件	不动产所在地人民法院
选择管辖	两个以上人民法院都有管辖权的案件	原告可以选择其中一个人民法院起诉；原告向两个以上有管辖权的人民法院起诉的，由最先收到起诉状的人民法院管辖 （【注意】与民事诉讼、刑事诉讼不同）
移送管辖	人民法院受理的案件不属于自己管辖	移送有管辖权的人民法院（受移送的人民法院不得自行移送）
指定管辖	有管辖权的人民法院由于特殊原因不能行使管辖权	由上级人民法院指定管辖
指定管辖	人民法院对管辖权发生争议，争议双方协商不成的	由共同上级人民法院指定管辖

第十四章 行政诉讼参加人

第一节 行政诉讼的原告

在了解行政诉讼的原告之前,首先要了解行政诉讼各主体之间的相互关系,这对于准确理解诉讼参加人至关重要。

表9-17 行政诉讼参加人、行政诉讼当事人与诉讼代表人

	概念	范围
行政诉讼参加人	在整个或部分诉讼过程中参加行政诉讼,对行政诉讼程序能够产生重大影响的人	诉讼当事人、诉讼代理人
行政诉讼当事人	因行政行为发生争议,以自己的名义进行诉讼,并受人民法院裁判拘束的主体	原告、被告;上诉人、被上诉人;申请执行人、被申请执行人
诉讼代表人	人数众多的一方当事人,推选出代表,为维护本方的利益而进行诉讼活动的人	(1)执行合伙事务的合伙人; (2)其他组织的主要负责人; (3)一方原告为5人以上的,应推选1～5名诉讼代表人

一、概念

原告是认为自己的合法权益受到行政机关的行政行为侵犯而以自己的名义依法提起诉讼的公民、法人或者其他组织。

"行政行为的相对人"原本为理论上的概念,修订后的行政诉讼法将其写入法典,从而成为法律上的概念。

二、原告的确定

不考虑是否具备民法上的行为能力或法人资格,而考虑其能否独立承担财产性责任,并认为行政行为侵犯其合法权益。

(一)直接相对人

指承受行政行为的公民、法人或者其他组织。

(1)公民死亡的,其近亲属可以提起诉讼。

(2)公民因被限制人身自由而不能提起诉讼的,其近亲属可以依其口头或者书面委托以该公民的名义提起诉讼。

(3)法人或者其他组织终止,承受其权利的法人或者其他组织或自然人可以提起诉讼。

(二)受害人

指受到其他公民(加害人)违法行为侵害的人。

在发生损害时,行政机关可能有两种做法:一是不予处理;二是处罚了加害人,但受害人认为处罚过轻。

(三)相邻权人

相邻权主要包括截水、排水、通行、通风、采光等权利。

(四)公平竞争权人

公平竞争权扩大了"人身权、财产权"

这一权利标准。

公平竞争权是《宪法》第 33 条规定的平等权的延伸。

(五)投资人、出资人、设立人、债权人

联营企业、中外合资或者合作企业的联营、合资、合作各方,认为联营、合资、合作企业权益或者自己一方合法权益受具体行政行为侵害的,均可以自己的名义提起诉讼。

债权人以行政机关对债务人所作的行政行为损害其债权实现为由提起行政诉讼的,人民法院应当告知其就民事争议提起民事诉讼,但行政机关作出行政行为时依法应予保护或者应予考虑的除外。

事业单位、社会团体、基金会、社会服务机构等非营利法人的出资人、设立人认为行政行为损害法人合法权益的,可以自己的名义提起诉讼。

(六)农村土地承包人等土地使用权人

对行政机关处分其使用的农村集体所有土地行为不服,可以自己的名义提起诉讼。

(七)合伙或其他非法人组织

合伙企业向法院提起诉讼的,应当以核准登记的字号为原告,由执行合伙企业事务的合伙人作诉讼代表人;其他合伙组织提起诉讼的,合伙人为共同原告。

(八)非国有企业

被行政机关注销、撤销、合并、强令兼并、出售、分立或者改变企业隶属关系的,该企业或者其法定代表人可以提起诉讼。

(九)股份制企业

股东大会、股东代表大会、董事会(作出判断)均可以企业名义起诉。

(十)债权人、投诉人、业主委员会及过半数的业主

对于行政机关作出的涉及业主共有利益的行政行为,可以自己的名义提起诉讼。

业主委员会不起诉的,专有部分占建筑物总面积过半数或者占总户数过半数的业主可以提起诉讼。

三、原告资格的转移

(一)条件

(1)享有原告资格的主体在法律上不复存在。

(2)有原告资格的人死亡或终止时,未逾诉讼保护期限。

(二)自然人原告转移

近亲属可以提起诉讼。

近亲属包括配偶、父母、子女、兄弟姐妹、祖父母、外祖父母、孙子女、外孙子女和其他具有扶养、赡养关系的亲属。

(三)法人或者其他组织原告资格的转移

其权利承受人可以起诉。可能是另一个法人或其他组织,也可能是自然人。

(1)消灭:由法律规定的组织承受,如上级企业或者清算组。

(2)分立:诉权由分立后的一个或几个新的法人或者新的组织来行使。

(3)合并:新的法人或者其他组织是原有的法人或者组织权益的承受者。

(四)转移程序

继受原告资格的公民或者组织应当向人民法院提供其近亲属的证明或者作为被终止的组织的权利承受者的证明文件。

四、检察机关提起行政公益诉讼

该制度是对现行《行政诉讼法》中原告资格的突破。

全国人民代表大会常务委员会《关于授权最高人民检察院在部分地区开展公益诉讼试点工作的决定》(以下简称《试点工作的决定》),授权最高人民检察院在生态

环境和资源保护、国有资产保护、国有土地使用权出让、食品药品安全等领域在13个省市开展提起公益诉讼试点。

公益诉讼是涉及公共利益的诉讼，在没有特定的受害人、被侵害人提起诉讼时，赋予没有利害关系、以维护公共利益为己任的检察机关在法定情形下以程序法意义上原告人身份提起诉讼，既包括民事公益诉讼，也包括行政公益诉讼。

（一）行政公益诉讼的范围

人民检察院认为在生态环境和资源保护、国有资产保护、国有土地使用权出让、食品药品安全等领域负有监督管理职责的行政机关或者法律、法规、规章授权的组织违法行使职权或不履行法定职责，造成国家和社会公共利益受到侵害，有权向人民法院提起行政公益诉讼。

（二）行政公益诉讼的程序

1. 应当提交的材料

（1）起诉状，并按照被告人数提出副本；

（2）被告的行为造成国家和社会公共利益受到侵害的初步证明材料；

（3）人民检察院已经履行向相关行政机关提出检察建议、督促其纠正违法行政行为或者依法履行职责必经的诉前程序的证明材料。

2. 诉讼请求

人民检察院提起行政公益诉讼，可以向人民法院提出撤销或者部分撤销违法行政行为、在一定期限内履行法定职责、确认行政行为违法或者无效等诉讼请求。人民法院对行政公益诉讼案件宣告判决或者裁定前，人民检察院申请撤诉的，是否准许，由人民法院裁定。

3. 管辖

由最初作出行政行为的行政机关所在地基层人民法院管辖；经复议的案件，也可以由复议机关所在地基层人民法院管辖。

对国务院部门或者县级以上地方人民政府所作的行政行为提起公益诉讼的案件以及本辖区内重大、复杂的公益诉讼案件，由中级人民法院管辖。

4. 审判组织与审理规则

（1）原则上适用人民陪审制；

（2）公开审理；

（3）免交诉讼费用。

5. 诉讼权利义务

参照行政诉讼法关于原告诉讼权利义务的规定。

6. 被告

生态环境和资源保护、国有资产保护、国有土地使用权出让等领域行使职权或者负有行政职责的行政机关，以及法律、法规、规章授权的组织。

7. 法律适用

《试点工作的决定》没有规定的，适用行政诉讼法及相关司法解释的规定。

（三）裁判及司法建议

依照行政诉讼法对行政行为相对人、相关人提出的撤销之诉、请求作为之诉、确认违法之诉和确认无效之诉作出判决。

第二节　行政诉讼的被告

一、概念

行政诉讼被告，原告的对称，指被提起诉讼经人民法院通知应诉的作出行政行为的行政机关或法定授权的组织。

（1）被告是行政机关或者法律、法规、规章授权的组织。

（2）被告应当是对被诉行政行为承担实体法律责任的行政机关：

①行政行为的作出机关；

②委托的行政机关（受委托的机关应当以委托机关的名义作出行政行为，后果也应当由委托的行政机关承担）；

③行政机关的所属机构（行政机关在

没有法律、法规和规章授权的情况下,以自己的名义作出行政行为,或者超越法定授权的种类作出行政行为的,都应当由所属的行政机关承担后果);

④作出撤销行政机关的决定或者继续行使职权的行政机关;

⑤其他依照法律规定应当对被诉行政行为承担法律后果的行政机关。

(3)被告由人民法院通知应诉,决定权在法院,不在原告。

①被告的变更:

法院征得原告的同意后,可以变更被告;

如果法院认为应当变更被告,而原告不同意的,则由法院裁定驳回起诉。

②被告的追加:

有两个以上的被告,原告只起诉其中一个行政机关而不同意追加另一行政机关的,没有被起诉的行政机关只能作为第三人。

二、被告的确定

(1)直接起诉(未经复议):"谁行为,谁被告"。

(2)共同被告:两个以上行政机关作出同一行政行为的,共同作出行政行为的行政机关是共同被告。

(3)经上级批准的:以在对外发生法律效力的法律文书上署名的机关为被告。仅采用形式的标准,注意此点与复议被申请人确定的差别,复议是由最终批准的机关作被申请人。

(4)复议后的被告(注意与行政复议、国家赔偿比较):①原机关与复议机关为共同被告,结合一般地域管辖,复议机关到下级机关所在地法院应诉将会是一种常态。②复议机关的复议决定加重损害的,赔偿请求人只对作出原决定的行政机关提起行政赔偿诉讼,作出原决定的行政机关为被告;赔偿请求人只对复议机关提起行政赔偿诉讼的,复议机关为被告。③复议机关不作为的:对原行政行为不服,作出原行政行为的机关为被告;对复议机关不作为不服,复议机关为被告。被告与诉讼标的应当是匹配的。

(5)法定授权的:该组织是被告——含高校、律协、注册会计师协会。这里有资格授权的为法律、法规和规章。

(6)行政委托:委托的行政机关为被告,受托组织不承担对外的法律责任,仅为行为主体,非责任主体。亦含高校、律协、注册会计师协会等。

(7)行政机关和非行政机关共同署名:①非行政机关有法律、法规、规章授权的,为共同被告。②非行政机关无法律、法规、规章授权的,仅行政机关为被告。

(8)行政机关被撤销或职权变更:继续行使其职权的行政机关为被告;没有继续行使其职权的行政机关的,由决定撤销的行政机关为被告。

(9)诉不作为的:以收到申请而超过两个月不履行法定职责的机关为被告。

(10)内设机构、派出机构、组建机构和临时性机构:①无法定授权的以设立的机关为被告。②有法律、法规、规章授权的,该机构是被告。③越权的,法律、法规或者规章授权行使行政职权的行政机关内设机构、派出机构或者其他组织超出法定授权范围实施行政行为,当事人不服提起诉讼的,应当以实施该行为的机构或者组织为被告。④无权授权(名为授权,实为委托):行政机关在没有法律、法规或者规章规定的情况下,授权其内设机构、派出机构或者其他组织行使行政职权的,应当视为委托。应以该行政机关为被告。

(11)房屋征收部门:

市、县级人民政府确定的房屋征收部门组织实施房屋征收与补偿工作过程中作出行政行为,被征收人不服提起诉讼的,以房屋征收部门为被告。征收实施单位受房屋征收部门委托,在委托范围内从事的行为,被征收人不服提起诉讼的,应当以房屋征收部门为被告。

【注意】一个依法设立的具有行政主体资格的行政机关,可能下设四个机构:①内设机构(乡镇政府的内设机构不具有对外作出行政行为的主体资格,换言之,行政行为适格主体的下限是"县局"和乡镇政府);②派出机构;③临时性机构;④组建机构。

这四个机构的被告资格问题关键是看单行法对其有无授权。有法律、法规、规章授权的,该机构是被告;无法定授权的,设立该机构的机关是被告。

表 9-18 行政诉讼被告资格的确认

情形		被告
行政机关作出行政行为的		该行政机关
经行政复议后		维持的,原行为机关与复议机关为共同被告
		改变的,复议机关
	不作为的	对原行政行为不服的,原行为机关
		对不作为不服的,复议机关
行政委托的		委托机关
经上级机关批准而作出行政行为的		生效行政处理决定书上盖章的机关
若干行政机关共同作出同一行政行为的		该若干机关为共同被告
不作为案件	实质标准	有承担作为职责的行政机关
	形式标准	接到申请的行政机关

表 9-19 行政机关下设四个机构与被告

机构名称	授权状况	被告	被告举例
内设机构	无法定授权	设立机关	按顺序: (1)部下的司或局里的处; (2)××分局或派出所; (3)执法大队或稽查大队; (4)××领导小组或××办公室
派出机构	有法律、法规授权	该机构	派出所、消防监督机构
组建机构	有授权而越权(法律、法规授权行使行政职权的行政机关内设机构、派出机构或者其他组织,超出法定授权范围实施行政行为)	实施该行为的机构或者组织	派出所罚款 600 元的,该所是被告(派出所不能作出拘留决定,只能作事实上的限制人身自由的强制措施)
临时性机构	无权授权(名为授权,实为委托):行政机关在无法律、法规、规章规定的情况下,授权其内设机构、派出机构或其他组织行使行政职权的,应视为委托	该行政机关	

【注意】这部分是历年考试中出题频率最高的知识点。

三、法院对被告资格的确认

(1) 原告起诉的被告不适格,法院通知变更,原告不同意的,法院不能强行变更,只能裁定驳回起诉。

(2) 原告遗漏被告,法院应通知原告追加被告;原告不同意的,只能通知其作为第三人参加诉讼。

四、被告资格的转移

(1) 具有被告资格的行政机关或法定授权组织被撤销;行政机关被撤销后,其职权继续由其他主体行使,由继续行使职权的机关作被告。

(2) 若行政机关的行政职权被消灭而不复存在的,由作出撤销决定的行政机关作被告,而不是同级人民代表大会或常务委员会作被告。

表 9-20 原、被告资格的转移

原告		被告	
自然人	近亲属,包括配偶、父母、子女、兄弟姐妹、祖父母、外祖父母、孙子女、外孙子女和其他具有扶养、赡养关系的亲属	行政机关	其职权继续由其他主体行使的,被告是继续行使职权的机关
法人或其他组织	承受其权利的法人或者其他组织		其职权不复存在的,下放到企业或社会组织的,由作出撤销决定的行政机关作被告

第三节 行政诉讼第三人

一、概述

行政诉讼第三人,指同提起诉讼的行政行为有利害关系或同案件处理结果有利害关系,自己主动申请或者经人民法院通知参加到他人业已开始的诉讼中来的其他公民、法人或者其他组织。

第三人参加诉讼具有维护自身合法权益的目的,也有协助法院查明案件事实、正确解决纠纷的客观作用。

第三人具有独立的诉讼地位,享有当事人的诉讼权利和义务;有权提出与本案有关的诉讼主张(或称参诉意见,非诉讼请求);对法院判决第三人承担义务或减损第三人权益的有权提起上诉,转化为狭义当事人的上诉人。

第三人经合法传唤无正当理由拒不到庭,或者未经法庭许可中途退庭的,不影响案件的审理。

"应当"通知参加诉讼的第三人没有被一审法院通知的,构成诉讼主体的遗漏。二审法院应当裁定发回重审,一审法院另行组成合议庭进行审理。

二、第三人的类型

(一) 类似于原告地位的第三人

(1) 行政处罚案件中的被处罚人或受害人:被处罚人起诉的,受害人为第三人;受害人起诉的,被处罚人为第三人。

(2) 在房地产、矿产、森林等行政确权案件中的被确权人或其他主张权利的人。

(3) 行政许可案件中的被许可人或许可争议人(利害关系人)。

(4) 行政裁决案件中一方不服向法院起诉的,未起诉一方。

(5) 其他受行政行为影响的未起诉的

利害关系人。

（二）类似于被告地位的第三人

（1）不具有行政主体资格的，与行政机关共同署名作出处理决定的非行政组织。

（2）两个作出相互矛盾行政行为的行政机关，一个被诉，另一个可以为第三人。

（3）应当追加被告而原告不同意追加的，法院应通知其作为第三人参加诉讼。

三、第三人的确认

（1）参加诉讼的时间在原被告的诉讼程序已开始判决未作出之前。

（2）第三人参加诉讼的途径有自己主动申请和被法院通知参加两种，但关键因素取决于法院。

（3）第三人享有当事人的诉讼地位，享有上诉权，法院应当通知第三人参加诉讼而不通知的，构成诉讼主体的遗漏。

表9-21　不同情形下第三人的确认

情形		第三人
行政处罚案件	加害人不服处罚作为原告起诉	受害人
	受害人不服处罚作为原告起诉	加害人
	同一处罚案件中，部分人起诉，而另一部分人不起诉	没有起诉的其他人
行政确权裁决案件中，一部分人不服向法院起诉		另一部分人
与行政机关共同署名作出处理决定的非行政组织		该非行政组织
应当追加被告而原告不同意追加的		其他具有被告资格的行政机关

第四节　共同诉讼人

一、概念

当事人一方或者双方为二人以上，因同一行政行为发生的行政案件，或者因同类的行政行为发生的行政案件，人民法院认为可以合并审理并经当事人同意的，为共同诉讼。

二、必要共同诉讼人

（一）条件

（1）同一行政行为。

（2）发生了不可分割的法律或者事实联系。

（3）共同诉讼人都是独立主体，一人行为对其他的共同诉讼人没有法律上的约束力。

行政机关的同一行政行为涉及两个以上利害关系人，其中一部分利害关系人对行政行为不服提起诉讼，人民法院应当通知没有起诉的其他利害关系人作为第三人参加诉讼。

（二）主要情形

（1）两个以上的当事人，因共同违法而被一个行政机关在一个处罚决定中分别予以处罚。

（2）法人或组织因违法而被处罚，该法人或组织的负责人或直接行为人同时被一个处罚决定处罚。

（3）两个以上共同受害人，对行政机关的同一行政行为均表示不服而诉诸法院，起诉的共同受害人即为共同原告。

（4）两个以上行政机关以一个共同行

政决定的形式,处理或处罚了一个或若干个当事人。

三、普通共同诉讼人

因行政行为为同一种类而引发的共同诉讼的主体。

普通的共同诉讼是分别独立的几个诉,人民法院只是出于诉讼经济原则的考虑,人为地将其合并审理。

第五节 诉讼代理人

一、诉讼代理人

以当事人名义,在代理权限范围内,代理当事人进行诉讼活动的人。

(一)特点

(1)以行政诉讼当事人的名义进入诉讼程序。

(2)在代理权限以内的诉讼行为的法律后果归属于被代理人,由被代理人吸收、承受后果。

(3)参加诉讼的目的不是为了维护自己的权益,而是维护被代理人的合法权益。

(二)种类

1. 法定代理人

依法直接享有代理权限,代理无诉讼行为能力的公民(未成年人和精神病人)进行行政诉讼的人。

法定代理人主要指未成年人的监护人。

2. 指定代理人

法定代理人之间互相推诿代理责任时,由人民法院指定其中一人为行政诉讼的代理人。

3. 委托代理人

受当事人、法定代理人委托,代为进行行政诉讼的人。

由行政诉讼双方当事人可知,行政诉讼的代理人主要是委托代理人,因为未成年人、精神病人提起行政诉讼的情况是很少的。2014年修订的《行政诉讼法》对代理人的范围有所限制,体现在该法第31条规定中。

二、诉讼代表人

(1)原告方人数5人以上。

(2)实行诉讼代表制。

(3)法院的裁判效力不仅及于诉讼代表人,也及于其他未参加诉讼的当事人。

(4)诉讼代表人可以由原告在指定的期限内推选产生,若在法院限定期限内未选定的,则由法院依职权从原告中指定。

(5)诉讼代表人的总数限为1至5人。

第十五章 行政诉讼程序

第一节 起诉与受理

一、起诉条件

(一)一般条件

(1)原告。

行政行为的相对人以及其他与行政行为有利害关系的公民、法人或者其他组织。

(2)有明确的被告。

如果原告不清楚应以谁为被告,法院应当帮助原告确定适格被告,并要求原告在起诉书中补正。

(3)有具体的诉讼请求和事实根据。

行政机关作出行政行为时,没有制作

或者没有送达法律文书,公民、法人或者其他组织不服向法院起诉的,只要能证明行政行为存在,法院即应当依法受理。

行政诉讼具体的诉讼请求包括以下几类:

①请求判决撤销或者变更行政行为;
②请求判决行政机关履行法定职责或者给付义务;
③请求判决确认行政行为违法;
④请求判决确认行政行为无效;
⑤请求判决行政机关予以赔偿或者补偿;
⑥请求解决行政协议争议;
⑦请求一并审查规章以下规范性文件;
⑧请求一并解决相关民事争议;
⑨其他诉讼请求。

当事人未能正确表达诉讼请求的,人民法院应当予以释明。

(4)属于人民法院的受案范围和受诉法院管辖。

(二)起诉的时间要件

分为起诉作为、不作为、被限制人身自由、经复议四种。

表9-22 起诉的时间要件

		正常:作出+知内容+知诉权	6个月:行政行为作出+知内容+知诉权
起诉作为	最长保护期	未告知诉权或起诉期限的	6个月:知道诉权或起诉期限之日起算,但最长不超过知道行为内容后一年
		不知行为内容的	6个月:从知道行为内容之日起算,但最长不超过行为作出后5年/不动产的为20年
起诉不作为		(不履行法定职责)	6个月:2个月履行期满后,法律、法规另有规定的从其规定(紧急情况的不受前述限制)
被限制人身自由	6个月:恢复自由后(限制自由时间不计算在内)		
经复议		作出决定	15日:收到决定之日起,法律另有规定的除外(不含法规、规章)
		不作为的	15日:期满之日起,法律另有规定的除外(不含法规)

期限:起点——之日起,实为之次日起;终点——变通的截至实际休假的次日。不包括(交邮后的)在途时间。

【审题规律】题目中交代计算起诉期限起点的关键词有:查阅到、被告知、出示材料和证书、了解到、查询到、方得知、签收。考查起诉期限(6个月)的计算起点或最长保护期的计算起点:要么知道诉权,要么知道行政行为的内容,要么行政行为作出之日。

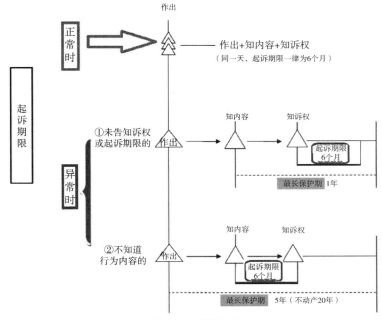

图 9-3 起诉期限

1. 关于不服复议决定的起诉期限

不服复议决定的起诉期限为收到复议决定之日起 15 日，但单行法律另有规定的除外，如《专利法》规定 3 个月仍然有效。

2. 关于复议机关不作为的起诉期限

公民、法人或者其他组织可以在复议期满之日起 15 日内向人民法院起诉；复议是必经程序，而复议机关不受理的，在收到不予受理决定书之日起 15 日内向人民法院起诉。

3. 关于直接起诉的期限

行政诉讼法规定应在 6 个月内向人民法院提出。

单行法律有规定为 15 日、1 个月或 30 日的，仍然有效。

（1）最长保护期一：

行政机关作出行政行为时，未告知公民、法人或者其他组织诉权或者起诉期限的，起诉期限从公民、法人或者其他组织知道或者应当知道诉权或者起诉期限之日起计算，但从知道或者应当知道行政行为内容之日起最长不得超过 1 年。

复议决定未告知公民、法人或者其他组织诉权或者法定起诉期限的，适用前述规定。

（2）最长保护期二：

公民、法人或者其他组织不知道行政机关作出的行政行为内容的，其起诉期限从知道或者应当知道该行政行为内容之日起计算。

对涉及不动产的行政行为从作出之日起超过 20 年、其他行政行为从作出之日起超过 5 年提起诉讼的，人民法院不予受理。

4. 行政机关不履行法定职责的

（1）法律、法规规定了履行期限的，从该期限届满之日起计算 6 个月的起诉期限。

（2）未规定履行期限，行政机关在接到申请之日起两个月内不履行的，原告在 6 个月内可以起诉。

（3）紧急情况。紧急情况下请求行政机关履行保护人身权、财产权的法定职责，行政机关不履行的，不受上述限制，可以立即起诉。

5.起诉期限迟延的处理

(1)顺延

不可抗力的,从原因消除之日起10日内申请延期,法院审查批准。

(2)不计入期限内

被行政机关限制人身自由且不能委托代理人的。

【备考提示】判断行政诉讼起诉期限与最长保护期是否超过,关键是准确确定其计算起点:

①从知道诉权和起诉期限之日起;

②从知道行政行为内容之日起;

③从行政行为作出之日起。

(三)起诉的程序要件

(1)在单行法律、法规未规定申请复议为提起诉讼的必经程序的:

①公民、法人或者其他组织可以申请复议,也可以直接向人民法院提起行政诉讼;

②向复议机关申请复议,复议机关已经受理的,在法定复议期限内不得向人民法院起诉;

③向复议机关申请行政复议后,又经复议机关同意撤回复议申请,在法定起诉期限内对原行政行为提起诉讼的,人民法院应当依法受理;

④向人民法院起诉,已经受理的,不得申请复议;

⑤既提起诉讼又申请行政复议的,由先受理的机关管辖;同时受理的,由公民、法人或者其他组织选择。

(2)法律、法规规定应当先申请复议的:

①未申请复议直接起诉的,人民法院不予受理;

②复议机关不受理复议申请或者在法定期限内不作出复议决定,公民、法人或者其他组织不服,依法向人民法院提起诉讼的,人民法院应当依法受理。

(3)选择了行政复议后还可提起诉讼;选择了行政诉讼后不能申请复议。

二、起诉效果

(一)行政法公务优先规则

起诉不停止执行,原告在诉讼期间应当继续履行行政行为的义务。

被告如有强制执行权还可以先行强制执行,或在诉讼中申请人民法院强制执行。

(二)裁定停止执行的情形

(1)被告认为需要停止执行的。

(2)原告或者利害关系人申请停止执行,人民法院认为该行政行为的执行会造成难以弥补的损失,并且停止执行不损害国家利益、社会公共利益的。

(3)人民法院认为该行政行为的执行会给国家利益、社会公共利益造成重大损害的。

(4)法律、法规规定停止执行的(复议制度中只有"法律"有资格规定)。

当事人对停止执行或者不停止执行的裁定不服的,可以申请复议。

三、法院的受理

受理的标志是立案。

(1)有下列情形之一,已经立案的,应当裁定驳回起诉:

①不符合《行政诉讼法》第49条规定的;

②超过法定起诉期限且无正当理由的;

③错列被告且拒绝变更的;

④未按照法律规定由法定代理人、指定代理人、代表人为诉讼行为的;

⑤未按照法律、法规规定先向行政机关申请复议的;

⑥重复起诉的;

⑦撤回起诉后无正当理由再行起诉的;

⑧行政行为对其合法权益明显不产生

实际影响的；
⑨诉讼标的已为生效裁判所羁束的；
⑩不符合其他法定起诉条件的。
(2)人民法院经过阅卷、调查和询问当事人,认为不需要开庭审理的,可以径行裁定驳回起诉。

第二节 第一审普通程序

一、审理方式

应公开审理、开庭审理并由合议庭审理。
基于行政诉讼的特殊性,对原告与被告分别适用不同的规则。
(1)原告无法变更,原告无起诉资格的,案件即不成立。
(2)被告可以变更或追加：
①原告对人民法院认为应当追加的被告,同意追加的,追加为共同被告;不同意追加的,人民法院通知该行政主体作为第三人参加诉讼(对原告诉权的尊重)；
②原告起诉的被告不适格,人民法院应变更为适格被告。原告同意的,变更;原告不同意的,作出驳回原告起诉的裁定。

二、调解适用

附条件地适用调解。
行政机关行使自由裁量权的行为引起的复议案件可以适用调解。
行政赔偿、行政补偿以及行政机关行使法律、法规规定的自由裁量权案件可以适用调解。
调解应当遵循自愿、合法原则;不得损害国家利益、社会公共利益和他人合法权益。

三、庭审的特点

(1)行政诉讼庭审模式的特殊性在于审查被告行政行为的合法性,而不是审查原告行为的合法性。
行政行为的合法与否的标准和条件,是行政行为的一般合法要件,是法院维持与撤销行政行为的条件。
(2)庭审审查：
①行政行为是否具有相应的事实根据；
②依据是否合法；
③是否遵守法定行政程序；
④是否超越与滥用职权(如为行政处罚还要看其是否显失公正)。
原告行为的合法性包含在审查具体行政行为事实根据中,故而可以说行政诉讼是审被告,而不是审原告。

四、审理期限

一审法院在6个月内作出一审判决,鉴定、处理管辖权异议以及中止诉讼的时间不计算在内。
基层人民法院有特殊情况需要延长的报高级人民法院批准,并报中级人民法院备案;高级人民法院一审案件需要延长的报最高人民法院批准。

第三节 简易程序

一、适用主体

基层人民法院和中级人民法院。
与民事诉讼简易程序只能适用于基层人民法院和它的派出法庭不同,中级人民法院审理第一审行政案件也可以适用简易程序。
高级人民法院、最高人民法院审理行政案件不能适用简易程序。

二、适用简易程序案件的条件

以下三者同时具备,才可以适用简易程序：
①事实清楚；
②权利义务关系明确；

③争议不大。

三、案件类型

（1）被诉行政行为是依法当场作出的，属于简易行政程序的。

（2）案件涉及款额2 000元以下的。

如争议的罚款数额、抚恤金、最低生活保障金、社会保险金数额在2 000元以下的案件；涉及查封、扣押、冻结的财物或者所争议的价值在2 000元以下的案件等。

（3）政府信息公开案件。

（4）当事人各方同意适用简易程序的，也可以适用简易程序。

只有第一审行政案件，当事人各方才可以约定适用简易程序。

上诉案件、依照审判监督程序再审的案件，当事人不能约定适用简易程序。

四、不适用简易程序的情况

（1）上诉的二审案件。

（2）发回重审的上诉案件，虽然也是按照第一审程序审理，但不能适用简易程序。

（3）再审的案件。

第四节 第二审程序

一、上诉期限及上诉的受理

（1）当事人对一审判决不服的在15日内提起上诉。

（2）当事人对不予受理、驳回起诉和管辖异议的裁定不服的在10日内提起上诉。

（3）通过原审法院上诉的，原审法院应当在5日内将上诉状副本送达被上诉人，被上诉人在收到上诉状副本之日起10日内提出答辩状。

被上诉人不提出答辩状的，不影响法院对案件的审理。

（4）原审法院收到上诉状、答辩状，应当在5日内连同全部案卷报送二审法院。二审法院经过审查，如果认为上诉符合法定条件的，应予受理；如果认为上诉不符合法定条件的，应当裁定不予受理。

二、二审当事人

（1）第一审人民法院作出判决和裁定后，当事人均提起上诉，上诉各方均为上诉人。

（2）诉讼当事人中的一部分人提出上诉，没有提出上诉的对方当事人为被上诉人。

（3）其他当事人依原审诉讼地位列明。

三、审理方式

（1）人民法院对上诉案件，应当组成合议庭，开庭审理。

（2）经过阅卷、调查和询问当事人，对没有提出新的事实、证据或者理由，合议庭认为不需要开庭审理的，也可以不开庭审理。

四、审理对象

（1）全面审查原则，包括对一审裁判和被诉行政行为进行全面审查。

（2）二审法院审理上诉案件，需要改变原审判决，应当同时对被诉行政行为作出判决。

五、二审对原审遗漏问题的处理

（1）原审判决遗漏了必须参加诉讼的当事人或者诉讼请求的，二审法院应当裁定撤销原审判决，发回重审。

（2）原审判决遗漏行政赔偿请求，二审法院经审查认为依法不应当予以赔偿的，应当判决驳回行政赔偿请求；二审法院经审理认为依法应当予以赔偿的，在确认被诉行政行为违法的同时，可以就行政赔偿问题进行调解；调解不成的，应当就赔偿部分发回重审。

(3)当事人在二审期间提出行政赔偿请求的,二审法院可以进行调解;调解不成的,告知当事人对赔偿请求另行起诉。

六、审理期限

第二审人民法院在3个月内作出终审判决。

基层人民法院有特殊情况需要延长的直接报高级人民法院批准,并报中级人民法院备案。

高级人民法院一审案件需要延长的报最高人民法院批准。

七、二审裁判

(1)原判决、裁定认定事实清楚,适用法律、法规正确,判决或者裁定驳回上诉,维持原判决、裁定。

(2)原判决、裁定认定事实错误或者适用法律、法规错误,依法改判、撤销或者变更。

(3)原判决认定基本事实不清、证据不足,发回原审人民法院重审,或者查清事实后改判。

(4)原判决遗漏当事人或者违法缺席判决等严重违反法定程序的,裁定撤销原判决,发回原审人民法院重审。

原审人民法院对发回重审的案件作出判决后,当事人提起上诉的,第二审人民法院不得再次发回重审。

人民法院审理上诉案件,需要改变原审判决的,应当同时对被诉行政行为作出判决。

第五节 审判监督程序

法院发现已经发生法律效力的判决、裁定违反法律、法规规定,依法对案件再次进行审理的程序。

审判监督程序也称再审程序,是特殊程序,不是每一个案件都必须经过的程序。

一、提起

(一)提起的条件

(1)发生法律效力的法院的判决、裁定。

(2)特殊情况下,行政赔偿调解书也可以成为提起再审程序的对象。

(二)提起的理由

(1)原判决、裁定认定的事实主要证据不足。

(2)原判决、裁定适用法律、法规确有错误。

(3)违反法定程序,可能影响案件正确裁判。

(4)符合下述当事人申请再审法定情形之一的:

①不予立案或者驳回起诉确有错误的;

②有新的证据,足以推翻原判决、裁定的;

③原判决、裁定认定事实的主要证据不足、未经质证或者系伪造的;

④原判决、裁定适用法律、法规确有错误的;

⑤违反法律规定的诉讼程序,可能影响公正审判的;

⑥原判决、裁定遗漏诉讼请求的;

⑦据以作出原判决、裁定的法律文书被撤销或者变更的;

⑧审判人员在审理该案件时有贪污受贿、徇私舞弊、枉法裁判行为的。

(三)提起的主体

人民法院和人民检察院。

(1)各级人民法院院长对本院的判决、裁定,有权提请审判委员会决定是否再审。

(2)最高人民法院对地方各级人民法院、上级人民法院对下级人民法院的判决、裁定,有权提起审判监督程序。

(3)人民检察院对人民法院的判决、裁定,发现违反法律、法规规定的,有权按照法定程序提出抗诉。人民检察院抗诉的,人民法院必须予以再审。

(四)提起的期限

当事人向上一级人民法院申请再审的,应当在判决、裁定、调解书发生法律效力后6个月内提出。

人民法院接到当事人的再审申请后,经审查符合再审条件的,应当立案并及时通知各方当事人。

二、审理

(一)程序

(1)发生法律效力的判决、裁定是由第一审法院作出的,按照第一审程序审理,作出的判决、裁定,当事人可以上诉。

(2)发生法律效力的判决、裁定是由第二审法院作出的,按照第二审程序审理,作出的判决、裁定是发生法律效力的判决、裁定。

(3)上级法院按照审判监督程序提审的,按照第二审程序审理,所作的判决、裁定是发生法律效力的判决、裁定。

(4)原审法院审理再审案件,应当另行组成合议庭。

(二)处理

(1)人民法院经过审理,认为原生效判决、裁定确有错误,在撤销原生效判决或者裁定的同时,按以下两种方式处理:

①对生效判决、裁定的内容作出相应裁判;

②裁定撤销生效判决或者裁定后,发回作出生效判决、裁定的法院重审。

(2)人民法院经过审理,发现生效裁判有下列情形之一的,应当裁定发回作出生效判决、裁定的法院重审:

①审理本案的审判人员、书记员应当回避而未回避的;

②依法应当开庭审理而未经开庭即作出判决的;

③未经合法传唤当事人而缺席判决的;

④遗漏必须参加诉讼的当事人的;

⑤对与本案有关的诉讼请求未予裁判的;

⑥其他违反法定程序可能影响案件正确裁判的。

(三)再审对程序问题的处理

(1)第一审人民法院作出实体判决后,第二审人民法院认为不应当立案的,在撤销第一审人民法院判决的同时,可以发回重审,也可以径行驳回起诉。

(2)第二审人民法院维持第一审人民法院不予立案裁定错误的,再审法院应当撤销第一审、第二审人民法院裁定,指令第一审人民法院受理。

第十六章 行政诉讼的特殊制度与规则

第一节 行政诉讼证据

一、现场笔录与电子数据

(一)现场笔录

(1)必须现场制作,不能事后补作。

(2)应当有当事人的签名或盖章。

(3)见证人在可能的情况下应当签名或盖章。

(二)电子数据

电子邮件、电子数据交换、网上聊天记录、博客、微博客、手机短信、电子签名、域名等形成或者存储在电子介质中的信息。

二、举证责任

（一）被告负举证责任

被告对作出的行政行为负有举证责任，不提供或者无正当理由逾期提供证据的，视为被诉行政行为没有相应的证据。

1. 举证期限

收到起诉状副本之日起15日内（与提交答辩状的期限相同）。

2. 举证范围

行政行为的事实依据和法律依据。

3. 举证期限内无正当理由不能举证或逾期举证的后果——承担不利后果。

4. 被告补充证据

在诉讼过程中，被告及其诉讼代理人不得自行向原告和证人收集证据，但下列情况可以补充证据：

①被告在作出行政行为时已收集证据，但因不可抗力等正当事由不能提供的；

②原告或者第三人在诉讼过程中，提出了其在被告实施行政行为过程中没有提出的反驳理由或者证据的。

（二）原告的举证

与被告负举证责任相比，原告只能称作负责举证。

原告可以提供证明被诉行政行为违法的证据，原告提供的证据不成立的，不免除被告对被诉行政行为合法性的举证责任。

下列属于原告负责举证的范围，如果举证不力，会导致一定的消极法律后果，如法院裁定不予受理或者驳回起诉、判决驳回诉讼请求或者判决驳回行政赔偿请求等。

1. 起诉条件

如果被告认为原告起诉超过法定期限的，由被告承担举证责任。也就是说，如果被告不能证明原告的起诉超过法定的起诉期限，则推定原告的起诉符合法定的起诉期限。

2. 起诉不作为

在起诉被告不作为的案件中，原告应当提供其在行政处理程序中曾经提出申请的证据材料。但有下列情形的除外：

①被告应当依职权主动履行法定职责的；

②原告因被告受理申请的登记制度不完备等正当事由不能提供相关证据材料并能够作出合理说明的。

3. 行政赔偿诉讼

在行政赔偿诉讼中，原告应当对被诉行政行为造成损害的事实提供证据，对行为的存在、损害的存在以及行为与损害之间的因果关系予以证明。

4. 原告或者第三人的举证期限

（1）一般规定：原告或者第三人应当在开庭审理前或者人民法院指定的交换证据之日提供证据。

（2）延期提供：因正当事由申请延期提供证据的，经人民法院准许，可以在法庭调查中提供。

表9-23 举证责任的分配

	原告		被告
初步证明责任	证明起诉符合法定条件，但被告认为原告起诉超过起诉期限的除外	行政行为合法性证明责任	被告对作出的行政行为负有举证责任，应当提供作出该行政行为的证据和所依据的规范性文件
不作为证明责任	在起诉被告不作为的案件中，证明其提出过申请的事实		原告可以提供证明被诉行政行为违法的证据。原告提供的证据不成立的，不免除被告对被诉行政行为合法性的举证责任
损害证明责任	在一并提起的行政赔偿诉讼中，证明因受被诉行政行为侵害而造成损害的事实		

表 9-24 举证期限

	原告	被告
举证时限	应在开庭审理前或人民法院指定的交换证据之日	在收到起诉状副本之日起15日内提供
延期提供	申请延期经法院准许的,也可在法庭调查中提供	因不可抗力或客观不能控制的其他正当事由,申请延期并经法院批准的,应在正当事由消除后10日内提供
逾期后果	视为放弃举证权利	视为被诉行政行为没有相应的证据

三、提供证据的要求

如果当事人向人民法院提供的证据是域外形成的证据,应当说明证据来源,经所在国公证机关证明,并经驻华使领馆认证或者履行中国与证据所在国订立的有关条约中规定的证明手续(港澳台地区依有关规定)。

提供的证据涉及国家秘密、商业秘密或者个人隐私的,提供人应当作出明确标注并向法庭说明,法庭予以审查确认。

当事人对所提供的证据应当予以分类编号并对证据材料作出简要说明。提供每一种证据的具体要求见下表:

表 9-25 提供证据的要求

书证	(1)原件,有困难的可提供复印件; (2)由部门保管的复印件,须加盖印章; (3)提供专业性强的资料的,应附有说明; (4)谈话、笔录等应有签名、盖章。
物证	(1)原物,有困难的可提供复制件等; (2)数量较多的种类物,提供其中的一部分即可。
视听资料 电子数据	(1)原始载体,有困难的可提供复制件; (2)注明制作方法、制作时间、制作人和证明对象等; (3)声音资料应附有该声音内容的文字记录。
证人证言	(1)写明证人基本情况; (2)证人签名,不能签名的,盖章; (3)注明出具日期; (4)附有证明证人身份的文件。
鉴定意见	应载明委托人、委托事项、相关材料、技术手段、鉴定依据、鉴定资格说明、签名盖章。
现场笔录	时间、地点、事件、双方签名,当事人拒签或不能的,应注明原因。
其他	(1)域外证据,应说明来源,经所在国公证,并经中国驻该国使领馆认证,或履行两国间条约的有关规定; (2)提供港、澳、台地区形成的证据的,按有关规定办理; (3)外文证据,应附有中译本,并由翻译机构盖章或翻译人员签名。 涉及国家秘密、商业秘密、个人隐私的,应注明并向法庭说明,法庭予以审查确认。

四、人民法院调取与保全证据

(一)人民法院调取证据

1. 依职权的

(1)涉及国家利益、公共利益或者他人合法权益的事实认定的。

(2)涉及依职权追加当事人、中止诉讼、终结诉讼、回避等程序性事项的。

人民法院有权向有关行政机关以及其他组织、公民调取证据。

2. 依申请的

原告或者第三人及其诉讼代理人提供了证据线索,但无法自行收集的下列证据:

(1)由国家机关保存而须由人民法院调取的证据材料;

(2)涉及国家秘密、商业秘密、个人隐私的证据材料;

(3)确因客观原因不能自行收集的其他证据材料,有权申请法院调取的。

3. 禁止

法院调取证据的目的主要是为了核实被告举证的真实性,不得为证明被诉行政行为的合法性而调取被告在作出行政行为时未收集的证据。

(二)人民法院保全证据

当事人向法院申请保全证据的,应当在举证期限届满前以书面形式提出,且应说明证据的名称和地点、保全的内容和范围、申请保全的理由等事项。

人民法院可以要求其提供相应的担保。

人民法院可以根据具体情况,采取查封、扣押、拍照、录音、录像、复制、鉴定、勘验、制作询问笔录等保全措施。法院保全证据时,可以要求当事人或者其诉讼代理人到场。

五、证据的对质辨认和核实

(一)质证的原则

证据应当在法庭上出示,并经庭审质证。未经庭审质证的证据,不能作为定案的依据。

当事人在庭前证据交换过程中没有争议并记录在卷的证据,经审判人员在庭审中说明后,可以作为认定案件事实的依据。

当事人围绕证据的关联性、合法性和真实性,证据有无证明效力以及证明效力大小,进行质证。

(二)出示证据

当事人申请人民法院调取的证据,由申请调取证据的当事人在庭审中出示,并由当事人质证。

人民法院依职权调取的证据,由法庭出示,并可就调取该证据的情况进行说明,听取当事人意见。

【注意】对法院依职权调取的证据没有用"质证"一词,而只是听取当事人的意见,通常,当事人无论发表什么意见法院都会采信该证据。

(三)书证、物证和视听资料

当事人应当出示证据的原件或者原物。

视听资料应当当庭播放或者显示,并由当事人进行质证。

(四)证人原则上应当出庭作证

凡是知道案件事实的人,都有出庭作证的义务。

三种特殊证人:

1. 行政执法人员

下述情形,原告或者第三人可以要求相关行政执法人员作为证人出庭作证(如现场执法的交警、城管人员):

①对现场笔录的合法性或者真实性有异议的;

②对扣押财产的品种或者数量有异议的;

③对检验的物品取样或者保管有异议的;

④对行政执法人员的身份的合法性有

异议的。

2. 鉴定人

当事人要求鉴定人出庭接受询问的,鉴定人应当出庭。

鉴定人因正当事由不能出庭的,经法庭准许可以不出庭,只由当事人对其书面鉴定结论进行质证。

3. 专家证人

对被诉行政行为涉及的专门性问题,当事人可以向法庭申请由专业人员出庭进行说明,法庭也可以通知专业人员出庭说明。

必要时,法庭可以组织专业人员进行对质。

(五)新证据

在二审程序中,对当事人依法提供的新证据,法庭应当进行质证;当事人对一审认定的证据仍有争议的,法庭也应当进行质证。

按照审判监督程序审理的案件,对当事人依法提供的新证据,法庭应当进行质证;因原判决、裁定认定事实的证据不足而提起再审所涉及的主要证据,法庭也应当进行质证。

新证据包括以下三种:

①在一审程序中应当准予延期提供而未获准许的证据;

②当事人在一审程序中依法申请调取而未获准许或者未取得,法院在二审程序中调取的证据;

③原告或者第三人提供的在举证期限届满后发现的证据。

六、证据的审核认定(法院对证据的关联性、合法性和真实性进行认证)

(一)概念和内容

证据审核认定,指法官在听取当事人对证据的说明、对质和辨认后,对证据作出的采信与否的认定,是法院对当事人举证、质证结果的评价和认定。

证据审核认定的主体是合议庭的法官。

审核认定的内容是对证据真实性、关联性和合法性作出确认,其中法庭应当根据案件的具体情况,从以下三个方面审查证据的合法性:

①证据是否符合法定形式;

②证据的取得是否符合法律、法规、司法解释和规章的要求;

③是否有影响证据效力的其他违法情形。

(二)不能作为定案依据的证据

(1)严重违反法定程序收集的证据材料。

(2)以偷拍、偷录、窃听等手段获取侵害他人合法权益的证据材料(必须同时侵权)。

(3)以利诱、欺诈、胁迫、暴力等不正当手段获取的证据材料。

(4)当事人无正当事由超出举证期限提供的证据材料。

(5)在中华人民共和国领域以外或者在中华人民共和国港澳台地区形成的未办理法定证明手续的证据材料。

(6)当事人无正当理由拒不提供原件、原物,又无其他证据印证,且对方当事人不予认可的证据的复制件或者复制品。

(7)被当事人或者他人进行技术处理而无法辨明真伪的证据材料。

(8)不能正确表达意志的证人提供的证言。

(9)以违反法律禁止性规定或者侵犯他人合法权益的方法取得的证据,不能作为认定案件事实的依据。

(10)不具备合法性和真实性的其他证据材料。

(三)非法证据排除规则

下列证据不能作为认定被诉行政行为合法的依据:

①被告及其诉讼代理人在作出行政

为后或者在诉讼程序中自行收集的证据；

②被告在行政程序中非法剥夺公民、法人或者其他组织享有的陈述、申辩或者听证权利所采用的证据；

③原告或者第三人在诉讼程序中提供的，被告在行政程序中未作为行政行为依据的证据；

④复议机关在复议过程中收集和补充的证据，或者作出原行政行为的行政机关在复议程序中未向复议机关提交的证据，不能作为法院维持原行政行为的根据；

⑤被告在二审过程中向法庭提交在一审过程中没有提交的证据，不能作为二审法院撤销或者变更一审裁判的根据。

（四）证据效力大小的判断

（1）国家机关以及其他职能部门依职权制作的公文文书优于其他书证。

（2）鉴定结论、现场笔录、勘验笔录、档案材料以及已经过公证或者登记的书证优于其他书证、视听资料和证人证言。

（3）原件、原物优于复制件、复制品。

（4）法定鉴定部门的鉴定结论优于其他鉴定部门的鉴定结论。

（5）法庭主持勘验所制作的勘验笔录优于其他部门主持勘验所制作的勘验笔录。

（6）原始证据优于传来证据。

（7）其他证人证言优于与当事人有亲属关系或者其他密切关系的证人提供的对该当事人有利的证言。

（8）出庭作证的证人证言优于未出庭作证的证人证言。

（9）数个种类不同、内容一致的证据优于一个孤立的证据。

第二节 行政诉讼的法律适用

一、含义

人民法院按照法定程序将法律、法规以及法院决定参照的规章具体运用于各种行政案件，对被诉行政行为的合法性进行审查的活动。

二、适用的规则

（1）法律、行政法规与地方性法规是行政审判的依据。

（2）规章的参照适用。

人民法院审理行政案件，对规章进行参酌和鉴定后，对符合法律、行政法规规定的规章予以适用，参照规章进行审理，并将规章作为审查行政行为合法性的根据；对不符合或不完全符合法律、法规原则精神的规章，可以不予适用。

（3）其他规范性文件在行政诉讼中的地位。

人民法院在适用其他规范性文件时，享有对其他规范性文件的审查权，拥有比规章更大的取舍权力。

在其他规范性文件发生冲突时，人民法院不必送有关机关裁决，可直接决定对一般规范性文件适用与否。

（4）对司法解释的援引。

适用最高人民法院司法解释的，应当在裁判文书中援引。

三、行政诉讼法律冲突的适用规则

（一）层级冲突适用规则

存在层级冲突时，适用"上位法优于下位法"和"特别法优于一般法"的规则。

（1）下位法缩小上位法规定的权利主体范围，或者违反上位法立法目的扩大上位法规定的权利主体范围。

（2）下位法限制或者剥夺上位法规定的权利，或者违反上位法立法目的扩大上位法规定的权利范围。

（3）下位法扩大行政主体或其职权范围。

（4）下位法延长上位法规定的履行法定职责期限。

（5）下位法以参照、准用等方式扩大

或者限缩上位法规定的义务或者义务主体的范围、性质或者条件。

（6）下位法增设或者限缩上位法规定的适用条件。

（7）下位法扩大或者限缩上位法规定的给予行政处罚的行为、种类和幅度的范围。

（8）下位法改变上位法已规定的违法行为的性质。

（9）下位法超出上位法规定的强制措施的适用范围、种类和方式，以及增设或者限缩其适用条件。

（10）法规、规章或者其他规范性文件设定不符合行政许可法规定的行政许可，或者增设违反上位法的行政许可条件。

（二）平级冲突适用规则

部门规章之间、部门规章与地方政府规章之间具有同等效力，在各自的权限范围内施行。人民法院认为它们之间不一致的，选择适用时有如下两种情况：

（1）部门规章与地方政府规章之间对相同事项的规定不一致的，人民法院一般可以按照下列情形适用：

①法律或者行政法规授权部门规章作出实施性规定的，其规定优先适用；

②尚未制定法律、行政法规的，部门规章对于国务院决定、命令授权的事项，或者对属于中央宏观调控的事项、需要全国统一的市场活动规则及对外贸易和外商投资等事项作出的规定，应当优先适用；

③地方政府规章根据法律或者行政法规的授权，根据本行政区域的实际情况作出的具体规定，应当优先适用；

④地方政府规章对属于本行政区域的具体行政管理事项作出的规定，应当优先适用；不能确定如何适用的，应当中止行政案件的审理，逐级上报最高人民法院送请国务院裁决。

（2）国务院部门之间制定的规章对同一事项的规定不一致的，人民法院一般可以按照下列情形选择适用：

①适用与上位法不相抵触的部门规章规定；

②与上位法均不抵触的，优先适用根据专属职权制定的规章规定；

③两个以上的国务院部门就涉及其职权范围的事项联合制定的规章规定，优先于其中一个部门单独作出的规定；

④不能确定如何适用的，应当中止行政案件的审理，逐级上报最高人民法院送请国务院裁决。

（三）特别冲突适用规则

在同一效力层级上，特别法优于普通法。

（四）新法优于旧法

新法优于旧法。

（五）人际冲突适用规则

人际冲突适用规则一般规定，不同民族、种族或者具有特殊身份的个人，适用就该民族、种族或者特殊身份的个体作出特别规定的法律规范。

（六）区别冲突适用规则

发生在港澳台地区的行政案件，适用在港澳台地区施行的法律规范；发生于中国内地的行政案件，则适用内地施行的法律规范。同时，此类冲突还可以通过双方协商来解决。

第三节 行政案件审理中的特殊制度

一、撤诉

（一）概念

原告或上诉人自立案始至人民法院作出裁判前，向法院撤回自己的诉讼请求，不再要求人民法院对案件进行审理的行为。

（二）条件

1.申请撤诉的条件

（1）撤诉申请人必须是原告和上诉人

或经他们特别授权的代理人。

（2）申请撤诉必须基于当事人自己真实的意思表示，出于当事人自愿。

一审中原告申请撤诉的两种情形：一是被诉行政行为没有任何变化；二是被告在一审中改变被诉行政行为，原告同意并申请撤诉。

（3）撤诉符合法律规定，不得规避法律，也不能损害公共利益和他人利益。

（4）撤诉申请必须在人民法院宣判前作出。

（5）撤诉必须经人民法院裁定准许。

2. 被告改变被诉行政行为，原告申请撤诉，符合下列条件的，人民法院应当裁定准许

（1）申请撤诉是当事人真实意思表示。

（2）被告改变被诉行政行为，不违反法律、法规的禁止性规定，不超越或者放弃职权，不损害公共利益和他人合法权益。

（3）被告已经改变或者决定改变被诉行政行为，并书面告知人民法院。

（4）第三人无异议。

3. 视为撤诉的条件

（1）原告或上诉人经合法传唤，无正当理由拒不到庭，可以按撤诉处理。

（2）原告或上诉人未经法庭许可中途退庭，可以按撤诉处理。

（3）原告或上诉人未按规定的期限预交案件受理费，又不提出缓交、减交、免交申请，或者提出申请未获批准的，按自动撤诉处理。

（三）法律后果

（1）诉讼程序终结。

（2）原告以同一事实理由重新起诉的，人民法院不予受理。

原告或上诉人未按规定期限预交案件受理费而按自动撤诉处理的，原告如果在法定期限内再次起诉或者上诉，并依法解决案件受理费预交问题的，人民法院应当受理。

（3）准予撤诉的裁定确有错误，原告申请再审的，人民法院应当通过审判监督程序撤销原准予撤诉的裁定，重新对案件进行审理。

二、被告改变被诉行政行为及其处理

（1）被告改变被诉行政行为的界定：

①改变被诉行政行为所认定的主要事实和证据；

②改变被诉行政行为所适用的规范依据且对定性产生影响；

③撤销、部分撤销或者变更被诉行政行为处理结果。

有下列情形之一的，视为被告改变其所作的行政行为：

①根据原告的请求依法履行法定职责；

②采取相应的补救、补偿等措施；

③在行政裁决案件中，书面认可原告与第三人达成的和解。

（2）被告改变被诉行政行为，原告申请撤诉，有履行内容且履行完毕的，人民法院可以裁定准许撤诉；不能即时或者一次性履行的，人民法院可以裁定准许撤诉，也可以裁定中止审理。

准许撤诉裁定可以载明被告改变被诉行政行为的主要内容及履行情况，并可以根据案件具体情况，在裁定理由中明确被诉行政行为全部或者部分不再执行。

（3）被告改变被诉行政行为时，应当书面告知人民法院。

（4）改变后的行政行为的效力及由此产生的结果一定程度上取决于原告的态度：

①原告同意被告对被诉行政行为的改变，并提出撤诉申请，经人民法院许可，诉讼终结；

②原告不同意被告对被诉行政行为的改变，不提出撤诉申请，人民法院应当继续

对原行政行为进行审理,并就原行政行为作出裁判:合法的,判决驳回原告的诉讼请求;违法的,作出确认违法的判决。

(5)对改变后的行政行为不服提起诉讼的,法院应当就新的行政行为进行审理,合法维持,违法撤销,终结原案件审理。

(6)原告起诉被告不作为,在诉讼中被告作出行政行为,原告不撤诉的,人民法院继续审查被告不作为是否合法。合法的,判决驳回原告的诉讼请求;违法的,作出确认违法的判决。

(7)二审或者再审期间行政机关改变被诉行政行为,当事人申请撤回上诉或者再审申请的,适用有关一审撤诉与被告改变的规定。

(8)申请撤诉不符合法定条件,或者被告改变被诉行政行为后当事人不撤诉的,人民法院应当及时作出裁判。

表9–26 被告改变行政行为与原告申请撤诉

时间阶段	被告行为	原告行为	法院裁判
一审、二审、再审期间	改变原行政行为	撤诉	是否准许,由法院裁定
		不撤诉	原行政行为违法的,判决确认违法;原行政行为合法的,判决驳回原告的诉讼请求
		对改变后的行政行为不服提起诉讼的	就改变后的行政行为进行审理
	原告起诉被告不作为,被告在诉讼中作出行政行为	撤诉	是否准许,由法院裁定
		不撤诉	原行政行为违法的,判决确认违法;原行政行为合法的,判决驳回原告的诉讼请求

三、缺席判决

(1)经人民法院合法传唤,被告无正当理由拒不到庭,可以缺席判决。

(2)原告或者上诉人申请撤诉,人民法院裁定不予准许的,原告或上诉人经合法传唤无正当理由拒不到庭;或者未经法庭许可中途退庭的。

表9–27 撤诉与缺席判决

		撤诉	缺席判决
条件	申请撤诉	(1)申请人须是原告或上诉人或经他们特别授权的代理人;(2)须基于当事人自己真实的意思表示,出于当事人自愿;(3)须符合法律规定,不得规避法律、损害公共利益、他人利益;(4)须在法院宣判前作出;(5)须经法院裁定准许。	(1)经法院传票传唤,被告无正当理由拒不到庭的;(2)原告或者上诉人申请撤诉,法院裁定不予准许的,原告或者上诉人经合法传唤无正当理由拒不到庭,或者未经法庭许可中途退庭的。
	视为申请撤诉	(1)原告或上诉人经合法传唤,无正当理由拒不到庭的;(2)原告或上诉人未经法庭许可中途退庭的;(3)原告或上诉人未按规定期限预交案件受理费,又不提出缓交、减交、免交申请,或者提出申请未获批准的。	
法律后果		(1)导致诉讼程序终结;(2)原告不得以同一事实和理由重新起诉。	同对席判决。

四、财产保全与先予执行

（一）财产保全

与民事诉讼相比，增加了法院财产保全的情形，即在行政行为可能不能或难以执行的情况下，法院也可以采取财产保全。

（二）先予执行

与民事诉讼先予执行明显不同的是，行政诉讼中的先予执行存在对被诉行政行为的先予执行。

（三）注意区分

（1）诉讼中的财产保全和非诉讼中的财产保全。

（2）行政机关申请法院先予执行的不需要提供担保，因为是为国家利益。先予执行的内容与民事诉讼相同。

（3）原告在诉中申请先予执行的一定是赋权行政，行政给付内容的"三金"案件（抚恤金、最低生活保障金、医疗社会保险金）。

五、审理程序的延阻

（一）延期审理

（1）必须到庭的当事人和其他诉讼参与人没有到庭。

（2）当事人申请回避，人民法院因客观原因不能立即作出是否回避的决定。

（3）需要通知新的证人到庭，调取新的证据，重新鉴定、勘验，或者需要补充调查的。

（4）其他应当延期的情形。

（二）诉讼中止

（1）原告死亡，须等待其近亲属表明是否参加诉讼的。

（2）原告丧失诉讼行为能力，尚未确定法定代理人的。

（3）作为一方当事人的行政机关、法人或者其他组织终止，尚未确定权利义务承受人的。

（4）一方当事人因不可抗力的事由不能参加诉讼的。

（5）案件涉及法律适用问题，需要送请有权机关作出解释或者确认的。

（6）案件的审判须以相关民事、刑事或者其他行政案件的审理结果为依据，而相关案件尚未审结的。

（7）其他应当中止诉讼的情形。

（三）诉讼终结

（1）原告死亡，没有近亲属或者近亲属放弃诉讼权利的。

（2）作为原告的法人或者其他组织终止后，其权利、义务的承受人放弃诉讼权利的。

（3）因原告死亡须等待其近亲属表明是否参加诉讼，或者原告丧失诉讼行为能力尚未确定法定代理人，或者作为一方当事人的行政机关、法人或者其他组织终止，尚未确定权利、义务承受人这三种原因，使诉讼中止满90日仍无人继续诉讼，又没有特殊情况的。

表9-28 审理程序的延阻

	含义	适用情形
延期审理	人民法院将已定的审理日期或正在进行的审理推迟至另一日审理。	（1）须到庭的当事人和其他诉讼参与人没有到庭；（2）当事人申请回避，人民法院因客观原因不能立即作出是否回避决定；（3）需要通知新的证人到庭，调取新的证据，重新鉴定、勘验，或者需要补充调查的；（4）其他。

(续表)

	含义	适用情形
诉讼中止	在诉讼过程中,因出现某种原因而诉讼暂时停止,待原因消除后诉讼继续进行。	(1)原告死亡,须等待其近亲属表明是否参加诉讼的;(2)原告丧失诉讼行为能力,尚未确定法定代理人的;(3)作为一方当事人的行政机关、法人或者其他组织终止尚未确定权利义务承受人的;(4)一方当事人因不可抗力的事由不能参加诉讼的;(5)案件涉及法律适用问题,需要送请有权机关作出解释或确认的;(6)案件的审判须以相关民事、刑事或者其他行政案件的审理结果为依据,而相关案件尚未审结的;(7)其他。
诉讼终结	在诉讼开始后,出现了使诉讼不可能进行或进行下去已无必要的情形,由法院决定结束对案件的审理。	(1)原告死亡,没有近亲属或者近亲属放弃诉讼权利的;(2)作为原告的法人或者其他组织终止后,其权利义务承受人放弃诉讼权利的;(3)因原告死亡、原告丧失诉讼行为能力、组织终止这三种原因,使诉讼中止满90日仍无人继续诉讼,但有特殊情况的除外。

六、合并审理

(1)两个以上行政机关分别依据不同的法律、法规对同一事实作出行政行为,公民、法人或者其他组织不服分别向同一法院起诉的。

(2)行政机关就同一事实对若干公民、法人或者其他组织分别作出行政行为,公民、法人或者其他组织不服分别向同一法院起诉的。

(3)在起诉过程中,被告对原告作出新的行政行为,原告不服向同一法院起诉的。

(4)被告对平等主体之间民事争议所作的裁决违法,当事人要求法院一并解决相关民事争议的,法院可以一并审理。

(5)必要共同诉讼,法院应合并审理。

七、相关民事争议一并审理制度

(一)概述

人民法院在审理涉及行政许可、登记、征收、征用和行政机关对民事争议所作的裁决的行政诉讼中,当事人申请一并解决相关民事争议的,人民法院可以一并审理。

对此学界一直借用刑事附带民事诉讼而对行民交叉案件表述为行政附带民事诉讼,以此对《行政诉讼法》第61条的解释实为存在误解。在(2018)最高法行申2960号裁定书中表述为:本院认为,《行政诉讼法》所确立的"一并解决相关民事争议",在性质上是行政争议与民事争议"一并解决",而不是"行政附带民事诉讼"。在(2017)最高法行申1482号裁定书中也有这样的表述:《行政诉讼法》的确对一并解决相关民事争议作出了规定,这一制度对于解决民事行政争议相互交织、减少循环诉讼、避免民事行政裁判的相互矛盾和相互推诿,具有积极意义。但是,《行政诉讼法》所规定的"一并解决相关民事争议",在性质上是行政争议与民事争议"一并解决",而不是"行政附带民事诉讼"。

(二)一并审理相关民事争议的起诉、范围与类型

1.起诉

原告提出一并解决民事诉讼,应当在第一审开庭审理前提出,有正当理由的,也可以在法庭调查中提出。

根据最高人民法院《关于适用〈中华人民共和国行政诉讼法〉的解释》第139条之规定,有下列情形之一的,人民法院应当作出不予准许一并审理民事争议的决

定,并告知当事人可以依法通过其他渠道主张权利:

①法律规定应当由行政机关先行处理的;

②违反民事诉讼法专属管辖规定或者协议管辖约定的;

③已经申请仲裁或者提起民事诉讼的;

④其他不宜一并审理的民事争议。

对不予准许的决定可以申请复议一次。

2.类型

(1)行政裁决行为引发的一并审理制度:

被告对平等主体之间民事争议所作的裁决违法,民事争议当事人要求人民法院一并解决相关民事争议的,人民法院可以一并审理——此亦为原最高人民法院《关于执行〈中华人民共和国行政诉讼法〉若干问题的解释》(已失效)第61条的规定。

(2)其他行为引发的一并审理制度:

行政许可、行政登记(主要应理解为行政确认行为)、行政征收、行政征用四类行政行为引发的一并审理制度。由人民法院的同一(行政)审判组织审理。

(三)审理规则

(1)人民法院一并审理相关民事争议,适用民事法律规范的相关规定,但法律另有规定的除外。

(2)当事人在调解中对民事权益的处分,不能作为审查被诉行政行为合法性的根据。

(3)行政争议和民事争议应当分别裁判。

当事人仅对行政裁判或者民事裁判提出上诉,未上诉的裁判在上诉期满后即发生法律效力。

一审人民法院应当将全部案卷一并移送二审人民法院,由行政审判庭审理;二审人民法院发现未上诉的生效裁判确有错误的,应当按照审判监督程序再审。

八、规范性文件的一并审查

《行政诉讼法》第53条第1款规定,公民、法人或者其他组织认为行政行为所依据的国务院部门和地方人民政府及其部门制定的规范性文件不合法,在对行政行为提起诉讼时,可以一并请求对该规范性文件进行审查。此处规定的规范性文件不含部门规章和地方政府规章。此为2014年修改《行政诉讼法》时最大的亮点之一。

参照《行政复议法》第7条的规定,《行政诉讼法》第53条规定了附带性审查的模式。即在行政诉讼中,由法官审查作为行政行为依据的行政规范性文件是否有合法依据,如发现该行政规范性文件无合法依据,则不得作为行政案件审判的依据,并向制定机关提出撤销或改变其内容的处理建议,但不得直接宣布无效或撤销。

抽象行政行为、行政规范性文件的合法性审查的标准中最重要的是如何认定下位法抵触了上位法的规定,具体内容参见本节第三部分。

第四节 涉外行政诉讼

(一)概念

具有涉外因素的行政诉讼,在我国是指外国人、无国籍人、外国组织认为我国国家行政机关及其工作人员所作的行政行为侵犯其合法权益,依法向人民法院提起行政诉讼,由人民法院对行政行为进行审查并作出裁判的活动。

(二)特征

1.主体涉外性

港、澳、台地区居民和组织的行政诉讼不属于涉外行政诉讼。

2.诉讼发生地点的特定性

(1)发生在国内;

(2)外国当事人在我国法院提起或参加行政诉讼。

3.原则和制度的特殊性

(1)同等原则；

(2)对等(限制)原则；

(3)适用国际条约原则,声明保留除外。

(三)法律适用

对我国缔结或者参加的国际条约与行政诉讼法有不同规定的,适用国际条约的规定,但我国声明保留的除外。

第十七章　行政案件的裁判与执行

第一节　行政诉讼的判决、裁定与决定

一、一审判决

一审判决是行政诉讼法的重点内容,也是法律职业资格考试应掌握的重点内容。

行政诉讼法修订的亮点之一是完善了判决类型,尤其是增加了被告败诉类的判决。

原告胜诉、被告败诉的判决有:撤销判决、确认违法判决、确认无效判决、履行保护原告申请保护权利的判决、变更判决、给付判决、继续履行行政合同的判决和赔偿与补偿判决。

(一)撤销判决

人民法院认定被诉行政行为全部或部分违法,从而作出的使行政行为全部或部分失去法律效力及责令被告重新作出行政行为的判决。

撤销判决的适用条件有五项,只要具备其中的一项,行政行为即为违法:①主要证据不足;②适用法律、法规错误;③违反法定程序;④超越职权;⑤滥用职权。

在请求与适用撤销判决时,应注意以下几点:

(1)复议机关维持行政行为的,作出原行政行为的机关和复议机关为共同被告,对这种案件,人民法院应当对复议决定和原行政行为一并作出裁判。

(2)人民法院判决撤销被诉行政行为,而判令其重新作出行政行为时,被告不得以同一事实和理由,作出与被撤销的行政行为基本相同的行政行为。

①人民法院以违反法定程序为由判决撤销被诉行政行为的,被告重新作出行政行为时不受此限；

②被告重新作出行政行为时,虽然与原行政行为结果相同,但其认定的主要事实或主要理由有变化的,不受此限制。

(3)人民法院在撤销被诉行政行为时,如果会给国家利益、公共利益或他人合法权益造成损失的,人民法院在判决撤销的同时,可以分别采取以下几种方式进行处理:

①判决被告重新作出行政行为;

②向被告和有关机关提出司法建议;

③发现违法犯罪行为的,建议有权机关依法处理。

(二)确认违法的判决

1.具有可撤销性的确认违法的判决

(1)行政行为依法应当撤销,但撤销会给国家利益、社会公共利益造成重大损害的。

(2)行政行为程序轻微违法,但对原告权利尚未产生实际影响的。

2.不需要撤销或履行判决的确认违法的判决

(1)行政行为违法,但不具有可撤销内容的。

(2)被告改变原违法行政行为,原告仍要求确认原行政行为违法的。

(3)被告不履行或者拖延履行法定职责,人民法院判决其履行已经没有实际意义的。

(三)履行判决

人民法院经审理查明被告不履行法定职责的,责令其在一定期限内履行相应职责的判决。

针对行政诉讼法规定的三种可诉的不作为而设定的(申请颁发许可证不予答复的;申请保护人身权、财产权不予答复或不履行的;未依法支付抚恤金、最低生活保障待遇或者社会保险待遇的)。

(四)变更判决

对被告实施的明显不当的行政处罚,或者涉及对款额的确定、认定的其他行政行为确有错误的,人民法院可以作出变更的判决。但不得加重原告的义务或者减损原告的权益,但利害关系人同为原告且诉讼请求相反的除外,如治安案件的被处罚人和被侵害人同时起诉(均为原告),被侵害人要求加重处罚,被处罚人要求减轻处罚。适用条件:

(1)行政行为系明显不当的行政处罚行为,人民法院对非处罚的其他行政行为不能直接判决变更(明显不当的行政处罚同时是可以撤销的);

(2)诉讼标的须为涉及对款额的确定、认定的其他行政行为。

(五)给付判决

人民法院经过审理查明被告依法负有给付义务的,应作出被告履行相应给付义务的判决。如法院将作为诉讼标的的行政罚款撤销,相对人已经缴纳的,法院可以在判决撤销罚款的同时判令被告限期返还已缴纳的罚款。

(六)确认无效的判决

(1)行政行为的实施主体不具有行政主体资格的;

(2)没有依据的;

(3)其他重大且明显违法情形。

人民法院判决确认违法或者无效的,可以同时判决责令被告采取补救措施,给原告造成损失的,依法判决被告承担赔偿责任。

(七)补偿判决

被告变更、解除政府特许经营协议、土地房屋征收补偿协议等协议合法,但未依法给予原告补偿的,人民法院应作出判令被告对原告予以补偿的判决。

被告出于公共利益的需要且有法定变更、解除行政协议的理由,给对方当事人造成损失的,应当予以补偿。

(1)合法补偿区别于违法行使职权造成的损害赔偿。

(2)该类判决适用的条件有如下五个,这五个条件须同时具备、缺一不可:

①证据确凿。

②适用法律、法规正确。

③符合法定程序。

④没有超越职权。

⑤没有滥用职权。

(八)其他驳回原告诉讼请求的判决

(1)原告申请被告履行法定职责,被告没有该项法定职责,或已经履行完毕的。

(2)原告申请被告履行给付义务(如返还已缴纳的罚款)理由不成立的。

(3)以下三种情形作出驳回原告赔偿诉讼请求的判决:

①被告的行政行为违法但尚未对原告合法权益造成损害的,如还未得到实际履行;
②原告的请求没有事实根据;
③原告的请求没有法律根据的。

【注意】驳回原告诉讼请求的判决是一种针对原告诉讼请求的实体判决,此时作为诉讼标的的行政行为仍然存在,但审判权并未触及行政权。

新修订的行政诉讼法以此类判决取代了原适用维持判决和确认合法判决的所有情形。

【注意】驳回起诉适用的是裁定,适用于程序问题,是法院对不该立案的案件受理后作出的驳回起诉人起诉行为的司法判定;驳回起诉与裁定不予受理的条件是一致的,只是一个在立案之后、一个在立案之前。

二、再审判决

（一）原审判决无错误时的继续执行

人民法院经过再审审理认为原审判决认定事实和法律均无不当时,人民法院应当裁定撤销原中止执行的裁定,继续执行原判决。

（二）认为原审判决裁定确有错误的

（1）违反法定程序可能影响案件正确裁决的,应当作出裁定,将案件发回重审:
①审判人员、书记员应当回避而未回避的;
②应当开庭审理而未经开庭即作出判决的;
③未经合法传唤当事人就缺席判决的;
④遗漏了必须参加诉讼的当事人的;
⑤对与本案有关的诉讼请求未予裁判的。

（2）人民法院经再审审理,如果认为第二审人民法院维持一审人民法院不予受理或者驳回起诉的裁定错误的,再审人民法院应当撤销一审、二审裁定,指令第一审人民法院受理。

（3）除以上两种情形外,再审人民法院认为原审判决裁定确有错误的,在撤销原生效判决、裁定的同时,可以对生效判决、裁定的内容作出相应裁判,也可以裁定撤销生效判决、裁定,发回重审。

表 9-29　行政诉讼判决的类型与适用

	类型	含义	适用
一审	撤销判决	部分或全部撤销被诉行政行为,并可以责令被告重新作出行政行为。	(1)主要证据不足的;(2)适用法律、法规错误的;(3)违反法定程序的;(4)超越职权的;(5)滥用职权的;(6)明显不当的。
	履行判决	责令被告限期履行法定职责。	被告不履行或者拖延履行法定职责的。
	变更判决	直接改变行政处罚或确定数额的行为。	行政处罚明显不当,或其他行政行为涉及对款项的确定、认定有错误的。
	驳回原告诉讼请求判决	否定原告诉讼请求,取代原维持判决和确认被诉行政行为合法或有效。	行政行为证据确凿,适用法律、法规正确,符合法定程序的,或者原告申请被告履行法定职责或者给付义务理由不成立的。
	给付判决	在认定原告请求权存在的基础上,判定对方履行义务的判决。	被告负给付义务的。

(续表)

类型		含义	适用
	确认判决	确认违法。	(1)行政行为依法应当撤销,但撤销会给国家利益、社会公共利益造成重大损害的;(2)行政行为程序轻微违法,但对原告权利不产生实际影响的;(3)行政行为违法,但不具有可撤销内容的;(4)被告改变原违法行政行为,原告仍要求确认原行政行为违法的;(5)被告不履行或者拖延履行法定职责,判决履行没有意义的。
		确认无效。	行政行为有实施主体不具有行政主体资格或者没有依据等重大且明显违法情形,原告申请确认行政行为无效的。
二审	维持原判	驳回上诉、维持原判。	原判认定事实清楚,适用法律、法规正确的。
	改判	直接改正一审判决的错误内容。	原判认定事实正确,但适用法律、法规错误的。
	改判或发回	直接改正一审判决的错误内容,或裁定撤销原判,发回原审人民法院重审。	原判认定事实不清,证据不足,或者由于违反法定程序可能影响案件正确判决的。
再审	执行原判	裁定撤销原中止执行的裁定,继续执行原判决。	原审判决认定事实和适用法律均无不当的。
	发回重审	裁定将案件发回作出生效判决的法院重新审理。	原审法院审理案件时违反法定程序可能影响案件正确裁决:(1)本案审判人员、书记员应回避而未回避的;(2)应开庭而未开庭即判决的;(3)未经合法传唤当事人而缺席判决的;(4)遗漏必须参加诉讼的当事人的;(5)对本案有关的诉讼请求未予裁判的。
	指令受理或继续审理	撤销一审、二审法院裁定,指令一审法院受理或继续审理。	第二审法院维持第一审法院不予受理或驳回起诉裁定错误的。
	改判或发回	在撤销原生效判决或裁定的同时,可以对生效判决、裁定的内容作出相应裁判,也可以裁定撤销生效判决或裁定,发回作出生效判决、裁定的法院重新审判。	原生效判决、裁定确有错误的。

三、行政诉讼裁定

裁定是针对程序问题作出的。裁定适用的情形及效力可用表9-30归纳:

表 9-30　行政诉讼裁定、决定的适用及其效力

	适用事项	法律效力
裁定	(1)不予立案;(2)驳回起诉;(3)管辖权异议;	当事人可以在一审法院作出裁定之日起 10 日内向上一级人民法院提出上诉,逾期不提出上诉的,一审法院的裁定即发生法律效力。
	(4)中止诉讼;(5)终结诉讼;(6)移送或指定管辖;(7)诉讼期间停止行为的执行或驳回停止执行的申请;(8)财产保全;(9)先予执行;(10)准许或者不准许撤诉;(11)补正裁判文书中的笔误;(12)中止或者终结执行;(13)提审、指令再审或者发回重审;(14)准许或者不准许执行行政机关的具体行政行为;(15)其他。	当事人无权提出上诉,一经宣布或者送达,即发生法律效力。
决定	(1)有关回避的事项;(2)对妨害行政诉讼的行为采取强制措施的决定;(3)审判委员会对已生效的行政案件的裁判认为应当再审的决定;(4)有关诉讼期限事项的决定;(5)行政诉讼一并审理民事争议的决定。	一经宣布或者送达,即发生法律效力。不得上诉,但法律规定当事人可以申请复议的,当事人有权申请复议。

第二节　行政诉讼的执行与非诉行政案件的执行

一、行政诉讼的执行

(一)含义

案件当事人逾期拒不履行人民法院生效的行政案件的法律文书,人民法院和有关行政机关运用国家强制力量,依法采取强制措施促使当事人履行义务,从而使生效法律文书的内容得以实现的活动。

(二)执行主体

1. 执行机关

(1)原则上由一审法院执行,特殊情况下由二审法院执行。

(2)行政机关也可以是执行主体,但必须得到法律、法规的明确授权。

2. 执行当事人

申请执行人与被申请执行人。

3. 参与执行人

除执行当事人以外的其他参与执行过程的单位或者个人。

4. 执行异议人

对执行标的主张权利,提出不同意见的个人或者组织,也称案外异议人。

提出异议时一般应采用书面形式,说明异议的理由并提供有关证据。

(三)执行根据

行政判决书、行政裁定书、行政调解书。

执行根据应为已生效法律文书;具有可供执行内容;可执行事项具体明确。

(四)执行措施

1. 对行政机关的执行措施

(1)对应当归还的罚款或者应当给付的款额,通知银行从该行政机关的账户内划拨。

(2)在规定期限内不履行的,从期满之日起,对该行政机关负责人按日处 50 元至 100 元的罚款(执行罚)。

(3)向监察机关或该行政机关的上一级行政机关提出司法建议。

(4)将行政机关拒绝履行的情况予以公告。

(5)拒不履行判决、裁定、调解书,社会影响恶劣的,可以对该行政机关直接负

责的主管人员和其他直接责任人员予以拘留；情节严重，构成犯罪的，依法追究主管人员和直接责任人员的刑事责任。

2. 对公民、法人或者其他组织

参照民事诉讼法的有关规定。

（五）执行程序（与民事诉讼相同，仅期限特殊）

（1）公民的申请期：1年。

（2）行政机关、法人或其他组织的申请期：180日。

【注意】此处的180日，指行政诉讼的执行，与行政强制法规定的3个月不同，行政强制法规定的3个月为行政机关申请人民法院执行非诉行政行为的申请期限。

（3）申请执行的期限从法律文书规定的履行期间最后一日起计算；法律文书中没有规定履行期限的，从该法律文书送达当事人之日起计算。

逾期申请的，除有正当理由外，法院不予受理。

二、非诉行政案件的执行

行政强制法增加了催告程序、救济程序、立即执行和收费的规定。

非诉行政案件执行的执行主体仅指人民法院，且基于行政机关申请执行其行政行为，宏观上两者关系的定位应该是一种公务协助的关系。

此时执行的依据是行政机关作出的表现为行政行为的行政决定，而执行的前提是相对人在法定期限内，既不提起行政诉讼也不履行行政行为所确定的义务。我国只有少数行政机关具有执行权，大部分行政机关则需要借助法院的执行权，这是非诉执行存在的实践基础。

（一）涉及主体

执行主体仅为人民法院，还涉及执行申请人和执行被申请人。

1. 执行申请人

行政机关。如果行政机关不申请而导致行政决定无法得到实施，利害关系人可以另行起诉行政机关不依法履行法定职责；行政机关怠于行使申请权或者因其过错未及时申请执行给利害关系人造成损失的，应当依法承担相应的赔偿责任。

2. 执行被申请人

行政决定确定的应履行义务的行政相对人。

（二）适用范围

（1）行政机关没有执行权的由法院执行。

（2）行政机关和人民法院都有执行权的，行政机关也可以申请人民法院执行（如税务机关的处罚、海关的行政处罚）。

（3）法律、法规规定由行政机关执行的，人民法院不予受理（如行政拘留）。

（三）唯一启动方式

行政机关向法院提出强制执行申请。

（四）申请前催告

（1）催告书一般载明下列事项：

①履行义务的期限；

②履行义务的方式；

③涉及金钱给付的，应当有明确的金额和给付方式；

④当事人依法享有的陈述权和申辩权。

（2）催告书送达10日后当事人仍未履行义务的，行政机关方可申请法院强制执行。

（五）申请执行期限

自被执行人的法定起诉期限届满之日起3个月内提出。逾期申请的，除有正当理由外，法院不予受理。

【注意】已不执行原180日的规定（《行政强制法》对此予以修正）。

（六）执行管辖

（1）行政机关申请法院强制执行其行

政行为的,由申请人即行政机关所在地的基层人民法院受理。

【注意】海关申请执行的也在基层人民法院,但海关作被告的一律在中级人民法院。

(2)执行对象为不动产的,由不动产所在地的基层法院受理。

(3)基层人民法院认为执行确有困难的,可以报请上级法院执行;上级法院可以决定由其执行,也可以决定由下级法院执行。

(七)法院的审查

1.提交以下材料

(1)强制执行申请书;

(2)行政决定书及作出决定的事实、理由和依据;

(3)当事人的意见及行政机关催告情况;

(4)申请强制执行标的情况;

(5)法律、行政法规规定的其他材料。

2.审查时间

人民法院在收到行政机关的申请后,应当在5日内作出是否受理的裁定。

3.对是否受理的救济

行政机关对人民法院不予受理的裁定有异议的,可以在15日内向上一级人民法院申请复议,上一级人民法院应当自收到复议申请之日起15日内作出是否受理的裁定。

4.审查的主体

法院受理行政机关申请执行其行政行为的案件后,应当在30日内由行政审判庭组成合议庭对行政行为的合法性进行审查,并就是否准予强制执行作出裁定(注意这里执行的是《行政强制法》第58条规定的30日,不是第57条规定的7日)。裁定不予执行的,应当说明理由,并在5日内将不予执行的裁定送达行政机关。

5.不予执行

对有以下情形之一的行政决定,法院应当裁定不予执行,在作出裁定前可以听取被执行人和行政机关的意见:

①明显缺乏事实根据的;

②明显缺乏法律、法规依据的;

③其他明显违法并损害被执行人合法权益的。

6.对不予执行的救济

行政机关对人民法院不予执行的裁定有异议的,可以自收到裁定之日起15日内向上一级人民法院申请复议,上一级人民法院应当自收到复议申请之日起30日内作出是否执行的裁定。

需要采取强制执行措施的,由法院负责强制执行非诉行政行为的机构执行(可能是行政庭,也可能是执行庭)。

(八)立即执行与执行费用

因情况紧急,为保障公共安全,行政机关可以申请人民法院立即执行。经法院院长批准,人民法院应当自作出执行裁定之日起5日内执行。

行政机关申请人民法院强制执行,不缴纳申请费。强制执行的费用由被执行人承担。

(九)非诉行政案件执行前的财产保全

(1)法院不能主动采取。

(2)行政机关申请法院强制执行的,无需提供财产担保。

第十八章　国家赔偿概述

第一节　国家赔偿的概念

一、概念

国家机关和国家机关工作人员行使职权侵犯公民、法人或者其他组织的合法权益并造成损害,依法由国家承担责任对受害人所给予的赔偿。

修订后的《国家赔偿法》确定了违法归责为主,兼有结果归责和过错归责的多元归责体系。

二、国家赔偿的界定

（一）国家赔偿与民事赔偿

表9-31　国家赔偿与民事赔偿的比较

	归责原则	赔偿程序	证明规则
国家赔偿	违法原则、结果原则、过错原则	有向赔偿义务机关提出赔偿请求的前置程序	原则上的"谁主张、谁举证",特殊情形下举证责任倒置
民事赔偿	过错原则、无过错原则、公平原则	直接向法院提出赔偿请求	谁主张、谁举证

（二）国家赔偿与国家补偿

1. 引起的原因不同

国家赔偿大多是违法行使职权行为引起的;国家补偿是合法行使职权行为引起的。

2. 发生的时间不同

国家赔偿一定发生在损害产生之后;国家补偿则可能发生在损失产生之前。

（三）国家赔偿与行政赔偿

国家赔偿与行政赔偿是整体与局部的关系,行政赔偿是国家赔偿的一部分,行政赔偿是行使行政职权引起的赔偿责任。

（四）国家赔偿与司法赔偿

国家赔偿与司法赔偿也是整体与局部的关系,司法赔偿是行使审判、检察、侦查、监狱管理职权引起的赔偿责任。司法赔偿又包括刑事赔偿和人民法院在民事、行政诉讼中的赔偿两部分。

第二节　国家赔偿的构成要件

一、致害行为的主体

必须是国家机关及其工作人员,以及法定授权或行政委托的组织。包括国家行政机关、审判机关、检察机关、侦查机关、看守所和监狱等。

二、致害行为的性质

（1）致害行为是行使职权行为本身。

（2）致害行为是与行使职权密不可分的行为,如前置程序或暴力行为等。

（3）特殊情形下工作时间外的行使职权行为以及管辖区域外的行使职权行为,

此时往往依行为主体的职责去判断是否属于行使职权的行为。

（4）致害行为是超越职权的行为。

（5）致害行为是滥用职权的行为。

三、公务员的双重身份、双重行为及其识别

（1）公务员既是自然人（公民）又是公务员，基于后一种身份所为行为是公务员行为，基于前者身份所为行为是个人行为。

（2）公务员的公民身份是绝对的，如公务员担任公职之前、退休之后，每天上班之前、下班之后，以及公休日的休息时间等"私生活"领域的身份和行为，均以公民身份所为之个人行为。这些均与行政职权无关。

（3）公务员的公务员身份及其职权行为，指其上班时间行使职权、履行职责、执行公务。

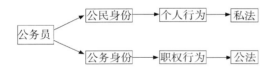

图9-4　公务员的双重身份及其行为表现

【注意】公安局或公安民警的考点：一是个人行为还是职权行为，亦可称执行公务行为（这种划分决定赔不赔）；二是行政行为还是刑事诉讼行为（这种划分决定是不是行政诉讼的受案范围以及是行政赔偿还是刑事赔偿）；三是公安民警在下班时间也具有维护治安、保障公民人身和财产安全的职责，由此来判断公安民警的作为和不作为是否可以提起赔偿之诉，这是主观题卷——案例简析题的出题点。

（4）公务员的双重身份、双重行为及其识别在行政法实践中非常重要。

实践中，一个公务员的行为是职权行为还是个人行为，决定了其承担法律责任的性质和种类。

如为前者则公务员所属的行政机关应承担法律责任和后果，如为后者则由该公务员个人承担法律责任和后果。

如何判断和识别公务员的双重身份及其行为，下述五个标准中只要具备三个即可认定为公务员行使职权的行为——即"3/5说"：

①职权或岗位因素：看是不是在岗而行使职权。

②时间标准：原则上说上班时间为行使职权行为，下班以后为个人行为。

③维护利益的标准和因素：看公务员的行为维护的是何种利益，维护公共利益是行使职权行为，维护个人利益是个人行为。

④名义的因素：看公务员是以该机关的名义，还是以个人名义实施行为。

⑤适用法律的因素：适用行政法等"公法"则为行使职权行为，适用民商法等"私法"则为个人行为。

四、致害行为必须具有违法性，但是刑事羁押除外（结果责任）

（一）修订后《国家赔偿法》归责原则体系

违法归责，同时兼有结果归责、过错归责。

（1）行政赔偿以违法为归责原则。

（2）刑事赔偿采取了违法归责和结果归责相结合的归责原则。

（3）司法赔偿采取了违法归责和过错归责相结合的原则。

（二）违法归责原则在国家赔偿法中的表述

违法归责原则在国家赔偿法中有两个具体表述，即违法和非法。

其内涵包括：

①广义的法，既含实体法，也指程序

法；既指法律、法规、规章和其他规范性文件的实体法，也包括法的基本原则和精神，如诚实守信、公平公正、公序良俗等。

②既包括积极的作为性违法，也包括消极的不作为违法。

③既包括法律行为违法，也包括事实行为违法。

五、损害结果

必须有合法权益受到侵犯并造成损害的事实。

（1）损害必须是特定的、已发生的，不能是普遍的、主观臆断和尚未发生的。

（2）受国家赔偿法保护的权利主要有人身自由权、生命健康权、财产权和精神损害。

六、因果关系

致害行为与损害结果之间必须有因果关系。

（一）两者之间存在直接、内在、必然的联系

因多种原因造成公民、法人和其他组织合法权益损害的，应当根据国家机关及其工作人员行使职权的行为对损害结果的发生或者扩大所起的作用等因素，合理确定赔偿金额。

（二）国家赔偿责任的减轻

受害人对损害结果的发生或者扩大也有过错的，应当根据其过错对损害结果的发生或者扩大所起的作用等因素，依法减轻国家赔偿责任。

第十九章 行政赔偿

第一节 行政赔偿的范围

一、行政赔偿与行政补偿

表9-32 行政赔偿与行政补偿的比较

	行政赔偿	行政补偿
原因	行政机关及其工作人员的违法行为	行政机关及其工作人员的合法行为
范围	受国家赔偿法的限制	适当补偿
程度	限于人身权和财产权，着眼于赔偿的最高数额	着眼于损害的特定性，没有数额的限制
程序	只能发生在侵权行为发生之后	可能发生在行政行为之前
性质	行政法律责任，否定和谴责	具体行政行为，补救措施
依据	《行政诉讼法》和《国家赔偿法》	单行的部门法律、法规

二、行政赔偿的范围

表 9-33 不同情形行政赔偿的范围

	侵犯人身权的赔偿	侵犯财产权的赔偿	不予赔偿的情形
行政赔偿	(1)违法拘留或者违法采取限制公民人身自由的行政强制措施的。 (2)非法拘禁或者以其他方法非法剥夺公民人身自由的。 (3)以殴打、虐待等行为或者唆使、放纵他人以殴打、虐待等行为造成公民身体伤害或者死亡的。 (4)违法使用武器、警械造成公民身体伤害或者死亡的。 (5)造成公民身体伤害或者死亡的其他违法行为。	(1)违法实施罚款、吊销许可证和执照、责令停产停业、没收财物等行政处罚的。 (2)违法对财产采取查封、扣押、冻结等行政强制措施的。 (3)违法征收、征用财产的。 (4)造成财产损害的其他违法行为。	(1)行政机关工作人员与行使职权无关的个人行为。 (2)因公民、法人和其他组织自己的行为致使损害发生的。 (3)法律规定的其他情形。

三、不予赔偿的事项

根据立法精神和相关司法解释,其他不予赔偿的事项有:

(1)立法或其他抽象行为,包括人民代表大会的立法、行政立法和司法立法行为。

(2)军事行为。

(3)公有公共设施设置欠缺或管理不善,即公共不动产的瑕疵,我国将其纳入民法的调整范畴,不属于国家赔偿的范围。

(4)国有的铁路、民航、医院、电信等国企在其业务中造成的损害。

(5)第三人的过错。

(6)不可抗力。

(7)正当防卫。

(8)紧急避险。

【注意】根据最高人民法院《关于审理行政许可案件若干问题的规定》,行政许可行为违法的,应当承担赔偿责任。

作为许可机关的被告在以下两种"多因一果"情形下承担赔偿责任:

①共同侵权——连带责任:被告在实施行政许可过程中,与他人(往往是第三人)恶意串通共同违法侵犯原告合法权益的,应当承担连带赔偿责任(全部清偿);

②混合侵权——按比例确定赔偿份额:被告与他人违法侵犯原告合法权益的,应当根据其违法行为在损害发生过程和结果中所起作用等因素,确定被告的行政赔偿责任。

被告已经依照法定程序履行了审慎合理的审查职责,因他人行为导致行政许可决定违法的,不承担赔偿责任。

第二节 行政赔偿当事人

一、赔偿请求人

(1)受害的公民、法人和其他组织有权要求赔偿。

(2)受害的公民死亡,其继承人和其他有扶养关系的亲属有权要求赔偿。

(3)受害的法人或者其他组织终止,其权利承受人有权要求赔偿。

二、赔偿义务机关

(1)实施侵权的行政机关。

(2)共同:共同行使行政职权的行政机关为共同赔偿义务机关。

(3)授权:被授权的组织。

(4)委托:委托的行政机关。

(5)撤销:继续行使其职权的行政机关为赔偿义务机关;没有继续行使其职权的行政机关的,撤销该赔偿义务机关的行政机关为赔偿义务机关。

(6)复议:经复议机关复议的,最初造成侵权行为的行政机关为赔偿义务机关,但复议机关的复议决定加重损害的,复议机关对加重的部分履行赔偿义务(注意与行政诉讼中被告的区别)。

【注意】行政赔偿义务机关与复议被申请人、行政诉讼被告人具有可比性,且绝大部分情况下是一致的。

派出所在行使罚款500元以下职权时,自己是被申请人和被告,但是派出所不能成为赔偿义务人,此时被申请人、被告与赔偿义务机关发生了分离。注意规范行政赔偿义务人特殊性的最高人民法院《关于审理行政赔偿案件若干问题的规定》第17、18、19条的规定。

第三节 行政赔偿程序

一、概述

(1)单独与一并。

①单独:

向赔偿义务机关请求处理程序(含协商),即先行处理程序。这是赔偿请求人与赔偿义务机关双方接触的程序,如协商不成立的,赔偿义务机关在2个月内作出处理决定;不服的在3个月内提起赔偿诉讼。

②一并:

申请行政复议或者提起行政诉讼时将确认行政职权行为违法与要求行政赔偿两项请求一并提出。

复议、诉讼是针对行政行为的法律效力作出的判定,而赔偿是解决行政行为违法情形下复议申请人或行政诉讼原告获得赔偿的问题。这是两个不同的请求权,后者依附于前者。一并式的程序受制于行政复议法、行政诉讼法关于程序的规定。

(2)行政赔偿诉讼程序,可由不服行政机关先行处理决定或不作为引起,也可由不服行政复议赔偿决定引起。

二、行政赔偿的先行处理程序(行政程序)

(1)申请:

①申请书的格式;

②请求人书写申请书确有困难的,可以委托他人代书;

③也可以口头申请,由赔偿义务机关记入笔录;

④若赔偿请求人不是受害人本人的,应当说明与受害人的关系,并提供相应证明。

(2)收讫凭证与告知补正:

①当面递交申请书的,赔偿义务机关应当当场出具加盖本行政机关专用印章并注明收讫日期的书面凭证。

②申请材料不齐全的,赔偿义务机关应当当场或者在5日内一次性告知赔偿请求人需要补正的全部内容。

(3)协商程序:

行政赔偿义务机关可以与赔偿请求人就赔偿方式、赔偿项目、赔偿数额进行协商。

(4)期限:

赔偿义务机关应当自收到申请之日起2个月内作出是否赔偿的决定。

(5)决定送达期限:

①决定赔偿的制作赔偿决定书,送达请求人。

②决定不予赔偿的也须书面通知赔偿请求人并说明不予赔偿的理由。

③送达期限均为10日。

(6)在行政复议中一并提出行政赔偿请求的,适用行政复议的程序。

三、行政赔偿诉讼程序(司法程序)

(一)概述

(1)一并提出:赔偿请求人在提起行

政诉讼时一并要求行政赔偿。

(2)单独提出:须以行政机关先行处理为前提。

①赔偿义务机关作为时,请求人对赔偿方式、项目、数额有异议的或对不予赔偿决定不服;

②赔偿义务机关不作为,即赔偿义务机关在2个月期限内未作出是否赔偿的决定。

(二)管辖

单独提起的行政赔偿诉讼案件由被告住所地基层法院管辖。

公民对限制人身自由的行政强制措施不服,或者对行政赔偿机关基于同一事实对同一当事人作出限制人身自由和对财产采取强制措施的具体行政行为不服,在提起行政诉讼的同时一并提出行政赔偿请求的,由受理该行政案件的法院管辖;只是单独提起行政赔偿诉讼的,由被告所在地或原告住所地或不动产所在地的法院管辖。

(三)举证责任

1.一般原则

"谁主张、谁举证",即双方负均等责任,对自己的主张均应提供证据。

2.特殊情形下的举证责任倒置

限制人身自由时公民死亡或丧失行为能力的,由赔偿义务机关负责举证。证明的内容是赔偿义务机关的行为与被限制人身自由的人的死亡或者丧失行为能力是否存在因果关系。

(四)期限

(1)赔偿请求人单独提起行政赔偿诉讼,可以在向赔偿义务机关递交赔偿申请后的2个月届满之日起3个月内提出。

(2)公民、法人或者其他组织在提起行政诉讼的同时一并提出行政赔偿请求的,其起诉期限按照行政诉讼起诉期限的规定执行。

(3)行政案件的原告可以在提起行政诉讼后至法院一审庭审结束前,提出行政赔偿请求。

四、国家赔偿的时效(适用于行政赔偿和司法赔偿)

(1)赔偿请求人请求国家赔偿的时效为2年,自其知道或者应当知道国家机关及其工作人员行使职权时的行为侵犯其人身权、财产权之日起计算,但被羁押等限制人身自由的期间不计算在内。

(2)在申请行政复议或者提起行政诉讼时一并提出赔偿请求的,适用行政复议法、行政诉讼法有关时效的规定。

(3)赔偿请求人在赔偿请求时效的最后6个月内,因不可抗力或者其他障碍不能行使请求权的,时效中止。从中止时效的原因消除之日起,赔偿请求时效期间继续计算。

表9-34 行政诉讼与行政赔偿诉讼比较

	行政诉讼	行政赔偿诉讼
适用法律	《行政诉讼法》	《行政诉讼法》《国家赔偿法》
起诉条件	(1)原告是认为行政行为侵犯其合法权益的公民、法人或其他组织; (2)有明确的被告; (3)有具体的诉讼请求; (4)属于法院受理范围及受诉法院管辖。	(1)原告是行政侵权行为的受害人; (2)有明确的被告; (3)有具体的诉讼请求; (4)属于法院受理范围及受诉法院管辖; (5)起诉时效:2年(从侵害行为被确认违法之日起)、3个月(先行处理不服或期满后)。

（续表）

	行政诉讼	行政赔偿诉讼
起诉方式	单独起诉	（1）提起行政诉讼时一并提出；（2）在行政复议机关作出决定或赔偿义务机关作出决定之后。
举证责任分配	行政机关就行政行为的合法性负举证责任	原、被告负均等责任，对自己的主张均应提供证据。在行政拘留或限制人身自由的强制措施期间公民死亡或丧失行为能力的，由被告举证证明因果关系。
适用调解与否	不适用调解	适用调解
执行	不适用先予执行	适用先予执行

第四节 行政追偿的概念和条件

一、概念

行政追偿指国家在向行政赔偿请求人支付赔偿费用之后，依法责令具有故意或重大过失的工作人员、受委托的组织或者个人承担部分或全部赔偿费用的法律制度。

二、条件

《国家赔偿法》规定，赔偿义务机关赔偿损失后，应当责令有故意或重大过失的工作人员或者受委托的组织或者个人承担部分或者全部赔偿费用。

根据上述规定，应具备下列条件：

①行政赔偿义务机关已经履行了赔偿义务；

②行政机关工作人员具有故意或者重大过失。

表9-35 行政追偿

条件	（1）行政赔偿义务机关已经履行了赔偿责任；（2）行政机关工作人员具有故意或重大过失。	
主体	追偿人	赔偿义务机关
	被追偿人	具有故意或重大过失的行政机关工作人员或法律、法规授权的组织和个人或者受行政机关委托的组织和个人
步骤	（1）查明被追偿人的过错；（2）听取被追偿人的陈述和申辩；（3）决定追偿的金额；（4）执行追偿决定。	

第二十章 司法赔偿

第一节 司法赔偿的范围

表9-36 司法赔偿的范围

	国家承担赔偿责任的情形		国家不承担赔偿责任的情形
刑事赔偿	（1）违法（刑事诉讼法）拘留，或者虽依法（刑事诉讼法）拘留，但是超期拘留，其后决定撤销案件、不起诉或者判决宣告无罪终止追究刑事责任的； （2）逮捕后，决定撤销案件（公、检）、不起诉或者判决宣告无罪终止追究刑事责任的； （3）依照审判监督程序再审改判无罪，原判刑罚已经执行的； （4）刑讯逼供或者以殴打、虐待等行为或者唆使、放纵他人以殴打、虐待等行为造成公民身体伤害或者死亡的； （5）违法使用武器、警械造成公民身体伤害或者死亡的。	（1）违法对财产采取查封、扣押、冻结、追缴等措施的； （2）依照审判监督程序再审改判无罪，原判罚金、没收财产已经执行的。	（1）因公民自己故意作虚伪供述，或者伪造其他有罪证据被羁押或者被判处刑罚的； （2）依照《刑法》规定不负刑事责任的人被羁押的（无民事行为能力人、限制民事行为能力人及精神病人）； （3）依照《刑事诉讼法》的规定不追究刑事责任的人被羁押的； （4）国家机关工作人员与行使职权无关的个人行为； （5）因公民自伤、自残等故意行为致使损害发生的； （6）法律规定的其他情形。
	解除、撤销拘留或者逮捕措施后虽尚未撤销案件、作出不起诉决定或者判决宣告无罪，但是符合下列情形之一的，终止追究刑事责任： （1）办案机关决定对犯罪嫌疑人终止侦查的； （2）解除、撤销取保候审、监视居住、拘留、逮捕措施后，办案机关超过1年未移送起诉、作出不起诉决定或者撤销案件的； （3）取保候审、监视居住法定期限届满后，办案机关超过1年未移送起诉、作出不起诉决定或者撤销案件的； （4）人民检察院撤回起诉超过30日未作出不起诉决定的； （5）人民法院决定按撤诉处理后超过30日，人民检察院未作出不起诉决定的； （6）人民法院准许刑事自诉案件自诉人撤诉的，或者人民法院决定对刑事自诉案件按撤诉处理的。 赔偿义务机关有证据证明尚未终止追究刑事责任，且经人民法院赔偿委员会审查属实的，应当决定驳回赔偿请求人的赔偿申请。		

(续表)

	国家承担赔偿责任的情形	国家不承担赔偿责任的情形
民事及行政诉讼赔偿	以下情况适用刑事赔偿程序的规定： (1)强制措施： ①对没有实施妨害诉讼行为的人或者没有证据证明实施妨害诉讼的人采取司法拘留、罚款措施的； ②超过法律规定期限实施司法拘留的； ③对同一妨害诉讼行为重复采取罚款、司法拘留措施的； ④超过法律规定金额实施罚款的。 (2)保全措施： ①依法不应当采取保全措施而采取保全措施或者依法不应当解除保全措施而解除保全措施的； ②保全案外人财产的，但案外人对案件当事人负有到期债务的情形除外； ③明显超过申请人申请保全数额或者保全范围的； ④对查封、扣押的财物不履行监管职责，严重不负责任，造成毁损、灭失的，但依法交由有关单位、个人负责保管的情形除外； ⑤变卖财产未由合法评估机构估价，或者应当拍卖而未依法拍卖，强行将财物变卖给他人的。 (3)执行措施： ①执行尚未发生法律效力的判决、裁定、民事制裁决定等法律文书的； ②违反法律规定先予执行的； ③违法执行案外人财产且无法执行回转的； ④明显超过申请数额、范围执行且无法执行回转的； ⑤执行过程中，对查封、扣押的财产不履行监管职责，严重不负责任，造成财物毁损、灭失的； ⑥执行过程中，变卖财物未由合法评估机构估价，或者应当拍卖而未依法拍卖，强行将财物变卖给他人的； ⑦执行过程中违法使用武器、警械造成公民身体伤害或者死亡的。	(1)属于《民事诉讼法》第105条、第107条第2款和第233条规定情形的； (2)申请执行人提供执行标的物错误的，但人民法院明知该标的物错误仍予以执行的除外； (3)人民法院依法指定的保管人对查封、扣押、冻结的财产违法动用、隐匿、毁损、转移或者变卖的； (4)人民法院工作人员与行使职权无关的个人行为； (5)因不可抗力、正当防卫和紧急避险造成损害后果的； (6)依法不应由国家承担赔偿责任的其他情形。

第二节 司法赔偿的当事人

表 9-37 司法赔偿的当事人

	赔偿请求人	赔偿义务机关
刑事赔偿	(1)受害的公民、法人和其他组织有权要求赔偿； (2)受害的公民死亡，其继承人和其他有扶养关系的亲属有权要求赔偿； (3)受害的法人或者其他组织终止，其权利承受人有权要求赔偿。	(1)实施：实施侵权的侦查、检察、审判、看守、监狱管理工作人员所属的机关。 (2)拘留：作出拘留决定的机关。 (3)逮捕：作出逮捕决定的机关。 (4)再审改判无罪：生效判决是一审法院作出的由一审法院赔偿；生效判决是二审法院维持或改判的由二审法院赔偿。即由作出原生效判决的法院为赔偿义务机关。 (5)二审改判无罪以及二审发回重审后作无罪处理的，作出一审有罪判决的法院为赔偿义务机关。

【注意】

(1)二审发回重审后作无罪处理的情形包括：

①一审法院重审改判无罪；

②二审发回重审,一审法院要求检察院补充侦查,检察院补充侦查后撤回起诉、作出不起诉决定或撤销案件；

③检察院在发回重审过程中主动要求撤回起诉、作出不起诉决定或撤销案件的。

(2)刑事羁押指刑事拘留、逮捕,其执行地点为看守所；此外,被判处有期徒刑1年以下,或者余刑在1年以下,不便送往劳动改造场所执行的罪犯,也可以由看守所监管执行余下刑期。

第三节　司法赔偿程序

一、概述

(一)赔偿义务机关是人民法院

(1)请求与处理程序。赔偿义务机关先行处理原则,含赔偿请求人与赔偿义务机关两者的协商程序。

(2)法院赔偿委员会的决定程序,设在中级人民法院以上的赔偿委员会决定(非判决、裁定)。

(二)赔偿义务机关不是人民法院

(1)请求与处理程序：赔偿义务机关先行处理原则,含赔偿请求人与赔偿义务机关两者的协商程序。

(2)复议程序,属于司法复议(非法院作为赔偿义务机关的)。由基层(县级)公安机关、检察机关的上一级机关复议,不能由本级人民政府复议。

(3)法院赔偿委员会的决定程序,设在中级人民法院以上的赔偿委员会决定(非判决、裁定)。

【注意】此处比法院是赔偿义务机关时多了一项复议程序。

二、司法赔偿程序分述

(一)先行处理程序

与行政赔偿的先行处理程序是相同的。

(二)司法复议程序

1. 申请期限

不作为的,赔偿义务机关在规定期限内未作出是否赔偿的决定,赔偿请求人可以自期限届满之日起30日内向赔偿义务机关的上一级机关申请复议。

作为的,包括对不予赔偿的决定和对赔偿方式、项目、数额有异议的,期限亦为30日。

2. 复议期限

复议机关应当自收到申请之日起2个月内作出决定。

3. 可不经司法复议程序

如果赔偿义务机关是人民法院,则不经过司法复议程序,直接进入赔偿委员会的决定程序。

(三)赔偿委员会的决定程序

人民法院赔偿委员会在中级人民法院以上才设立,由3人以上的奇数审判员组成。

1. 审理方式

书面审查,必要时可调查情况、收集证据；亦可听取双方的陈述、申辩及质证。

2. 举证责任

人民法院赔偿委员会处理赔偿请求,赔偿请求人和赔偿义务机关对自己提出的主张,应当提供证据。

特殊的举证责任倒置：被羁押人在羁押期间死亡或者丧失行为能力的,赔偿义务机关的行为与被羁押人的死亡或者丧失行为能力是否存在因果关系,赔偿义务机关应当提供证据。

3. 期限

3个月+3个月(经院长批准可延

长);少数服从多数,决定一经作出即生效。

4.赔偿当事人的申诉

赔偿请求人或者赔偿义务机关对赔偿委员会作出的决定,认为确有错误的,可以向上一级人民法院赔偿委员会提出申诉。

5.重新审查

(1)本院:

赔偿委员会作出的赔偿决定生效后,如发现赔偿决定违反《国家赔偿法》规定的,经本院院长决定或者上级人民法院指令,人民法院赔偿委员会应当在2个月内重新审查并依法作出决定。

(2)上一级法院:

上一级人民法院赔偿委员会也可以直接审查并作出决定。

6.检察院"提出意见"(类似抗诉)

(1)最高人民检察院对各级人民法院赔偿委员会作出的决定;

(2)上级人民检察院对下级人民法院赔偿委员会作出的决定;

(3)"再审":同级人民法院赔偿委员会应当在2个月内重新审查并依法作出决定。

三、司法追偿程序

(一)概念

有故意实施侵犯公民生命健康权行为的,以及有贪污受贿、徇私舞弊、枉法裁判行为的,赔偿义务机关赔偿后,向该司法工作人员追偿部分或者全部赔偿费用;同时不免除纪律惩戒和构成犯罪的刑事责任。

(二)范围

(1)刑讯逼供或者以殴打、虐待等行为或者唆使、放纵他人以殴打、虐待等行为造成公民身体伤害或者死亡的;

(2)违法使用武器、警械造成公民身体伤害或者死亡的;

(3)在处理案件中有贪污受贿、徇私舞弊、枉法裁判行为的。由此可见,与行政追偿不同,司法追偿的主观要件中无重大过失,只有故意。

第二十一章 国家赔偿方式、标准和费用

第一节 国家赔偿的方式

一、原则

支付赔偿金。

二、例外

返还财产或恢复原状。

三、特殊的情况产生以下赔偿方式

消除影响、恢复名誉、赔礼道歉、支付精神损害抚慰金。

第二节 国家赔偿的计算标准

一、侵犯人身自由权的

以国家统计局发布的上一年度职工日平均工资计算,年职工平均工资除以上年度的法定工作日即得出日平均工资。

【说明】国家统计局通常是在每年3月、4月间以国家统计局公告形成发布。

二、侵犯生命健康权的

表9-38 侵犯生命健康权的国家赔偿计算标准

损害程度	赔偿项目	赔偿标准
一般伤害（伤）	医疗费+误工费+护理费	误工费最高额为国家上年度职工年平均工资的5倍。误工时间根据公民接受治疗的医疗机构出具的证明确定。公民因伤致残持续误工的,误工时间可以计算至作为赔偿依据的伤残等级鉴定确定前一日。
造成残疾（残）	医疗费+护理费+残疾生活辅助具费+康复费+继续治疗所必需的费用	(1)按照国家规定的伤残等级确定公民为一级至四级伤残的,视为全部丧失劳动能力,残疾赔偿金幅度为国家上年度职工年平均工资的10倍至20倍。 (2)按照国家规定的伤残等级确定公民为五级至十级伤残的,视为部分丧失劳动能力。五至六级的,残疾赔偿金幅度为国家上年度职工年平均工资的5倍至10倍;七至十级的,残疾赔偿金幅度为国家上年度职工年平均工资的5倍以下。 (3)有扶养义务的公民部分丧失劳动能力的,残疾赔偿金可以根据伤残等级并参考被扶养人生活来源丧失的情况进行确定,最高不超过国家上年度职工年平均工资的20倍。 (4)受害的公民全部丧失劳动能力的,对其扶养的无劳动能力人的生活费发放标准,参照作出赔偿决定时被扶养人住所地所属省级人民政府确定的最低生活保障标准执行。 (5)能够确定扶养年限的,生活费可协商确定并一次性支付。不能确定扶养年限的,可按照年上限20年确定扶养年限并一次性支付生活费,被扶养人超过60周岁的,年龄每增加1岁,扶养年限减少1年;被扶养人年龄超过确定扶养年限的,被扶养人可逐年领取生活费至死亡时止。
致人死亡（亡）	死亡赔偿金+丧葬费	两项合计为国家上年度职工年平均工资的20倍;对其抚（扶）养的无劳动能力的人支付生活费:老人到去世,小孩到18周岁。

三、精神损害抚慰金

侵犯人身权（人身自由权+生命健康权）致人精神损害的应当在侵权行为影响的范围内为受害人消除影响,恢复名誉,赔礼道歉;造成严重后果的,还应支付相应的精神损害抚慰金。

精神损害抚慰金,原则上不超过人身自由权、生命健康权赔偿总额的35%,最低不低于1 000元。

四、侵犯财产权的

（一）能返还的返还

罚款、罚金、追缴、没收财产或者违法征收、征用财产的：

（1）返还执行的罚款或者罚金、追缴或者没收的金钱、解除冻结的汇款的,应当支付银行同期存款利息。利率参照赔偿义务机关作出赔偿决定时中国人民银行公布的人民币整存整取定期存款一年期基准利率确定,不计算复利。

（2）复议机关或者人民法院赔偿委员会改变原赔偿决定,利率参照新作出决定时的中国人民银行公布的人民币整存整取定期存款一年期基准利率确定。

（3）计息期间自侵权行为发生时起算至作出生效赔偿决定时止;但在生效赔偿决定作出前侵权行为停止的,计算至侵权行为停止时止。

(4) 应当返还的财产属于金融机构合法存款的,对存款合同存续期间的利息按照合同约定利率计算。应当返还的财产系国家批准的金融机构贷款的,除贷款本金外,还应当支付该贷款借贷状态下的贷款利息。

(二) 能解除的解除

查封、扣押、冻结财产的,解除对财产的查封、扣押、冻结,造成财产损坏或者灭失的,依照下述规定赔偿。

(1) 应当返还的财产损坏的,能够恢复原状的恢复原状;不能恢复原状的,按照损害程度给付相应的赔偿金。

(2) 应当返还的财产灭失的,给付相应的赔偿金;当财产不能恢复原状或者灭失时,应当按照侵权行为发生时的市场价格计算损失;市场价格无法确定或者该价格不足以弥补受害人所受损失的,可以采用其他合理方式计算损失。

(3) 财产已经拍卖或者变卖的,给付拍卖或者变卖所得的价款;变卖的价款明显低于财产价值的,应当支付相应的赔偿金(补齐差价)。

(4) 吊销许可证和执照、责令停产停业的,停业期间必要的经常性费用开支,指法人、其他组织和个体工商户为维系停产停业期间运营所需的基本开支,包括留守职工工资、必须缴纳的税费、水电费、房屋场地租金、设备租金、设备折旧费等必要的经常性费用,不包括预期利益、利润。

(5) 对财产权造成其他损害的,按照直接损失给予赔偿。

【注意】

1. 以上规定中

(1) "上年度":指赔偿义务机关作出赔偿决定时的上一年度;复议机关或者人民法院赔偿委员会改变原赔偿决定,按照新作出决定时的上一年度国家职工平均工资标准计算人身损害赔偿金;作出赔偿决定、复议决定时国家上一年度职工平均工资尚未公布的,以已经公布的最近年度职工平均工资为准。

(2) 请求时效:2 年,自其知道或者应当知道国家机关及其工作人员行使职权时的行为侵犯其人身权、财产权之日起计算(被羁押等限制人身自由的期间不计算在内。取消原"被确认违法之日起计算"的起点规定)。

(3) 费用支付:7 + 15 = 22 日。①请求人凭生效的判决书、复议决定书、赔偿决定书或者调解书,向赔偿义务机关申请支付赔偿金。②赔偿义务机关应当从收到支付赔偿金申请之日起 7 日内,依照预算管理权限向财政部门提出支付申请。③财政部门应从收到支付申请之日起 15 日内支付赔偿金。

2. 赔偿费用的支付期限及体制

请求人凭生效的判决书、复议决定书、赔偿决定书或者调解书,向赔偿义务机关申请支付赔偿金。赔偿义务机关应当从收到支付赔偿金申请之日起 7 日内,依照预算管理权限向财政部门提出支付申请。财政部门应从收到支付申请之日起 15 日内支付赔偿金(取消原来的垫付制度)。

3. 税费免征制度

办理国家赔偿案件,无论是协商、复议还是诉讼,均不收费,对赔偿请求人取得的赔偿金不征税。